KB041915

포토샵 & 일러스트레이터

100가지 디자인 테크닉

PHOTOSHOP & ILLUSTRATOR
100 DESIGN TECHNIQUE

★
MAC & WIN
CC 버전 대응

예제 파일 및 브러시,
그라데이션 제공

한 권으로
무엇이든
만들 수 있는

다양한
디자인 기술 소개

YoungJin.com Y.
영진닷컴

포토샵 & 일러스트레이터
100가지 디자인테크닉

ISBN : 978-89-314-7466-4

독자님의 의견을 받습니다.

이 책을 구입한 독자님은 영진닷컴의 가장 중요한 비평가이자 조언가입니다. 저희 책의 장점과 문제점이 무엇인지, 어떤 책이 출판되기를 바라는지, 책을 더욱 알차게 꾸밀 수 있는 아이디어가 있으면 팩스나 이메일, 또는 우편으로 연락주시기 바랍니다. 의견을 주실 때에는 책 제목 및 독자님의 성함과 연락처(전화번호나 이메일)를 꼭 남겨 주시기 바랍니다. 독자님의 의견에 대해 바로 답변을 드리고, 또 독자님의 의견을 다음 책에 충분히 반영하도록 늘 노력하겠습니다.

파본이나 잘못된 도서는 구입처에서 교환 및 환불해 드립니다.

이메일 : support@youngjin.com
주　소 : (우)08512 서울특별시 금천구 디지털로9길 32 갑을그레이트밸리 B동 10층

STAFF
저자 쿠스다 사토시 | **역자** 고영자, 최수영 | **총괄** 김태경 | **진행** 성민 | **표지 & 내지 디자인** 김유진
영업 박준용, 임용수, 김도현, 이윤철 | **마케팅** 이승희, 김근주, 조민영, 김민지, 김진희, 이현아 | **제작** 황장협 | **인쇄** 예림인쇄

DOWNLOAD SAMPLE DATA

본 도서에서 설명하는 예제 파일은 영진닷컴 홈페이지에서 도서명으로 검색 후 다운로드할 수 있으며, 다운로드한 압축 파일 해제에 필요한 **비밀번호는 P.239 하단의 [패스워드]에 기재**되어 있습니다.

다운로드 받은 예제 파일은 본 도서의 학습 용도로만 이용하실 수 있습니다. 다운로드 받은 모든 데이터는 저작물이며 코드, 그래픽, 이미지의 일부, 또 그 모든 것을 공개하거나 변형해서 사용할 수 없습니다. 다만, 이 책의 구입 특전인 브러시와 그라데이션에 관해서는 자기 작품 제작에도 이용할 수 있으므로 새로운 작품을 만들어 보기 바랍니다.

다운로드 받은 데이터의 사용으로 인해 발생한 어떠한 손해에 대해서도 저자 및 ㈜영진닷컴은 일체의 책임을 지지 않으므로 양해 바랍니다. 예제 파일을 이용하려면 컴퓨터에 Photoshop과 Illustrator가 설치되어 있어야 합니다.

Introduction

시작하면서

디자인 제작에 있어서 필수 도구로써 "Photoshop"과 "Illustrator"가 있습니다.

그래픽, Web, 일러스트, 리터치, 이미지 가공 등 모든 디자인 작업에 이 2개의 애플리케이션이 사용되고 있습니다.

본 도서는 이 2개의 소프트웨어를 이용한 특히 활용의 폭이 넓고 수요가 많은 디자인을 모았습니다. 전 10장으로 "새로운 기능과 아이디어", "사실적인 질감", "손으로 그린 효과", "아날로그 효과", "빛 효과", "텍스처", "일러스트", "문자와 선", "다양한 표현 기법", "제작 테크닉"으로 나누어 다양한 디자인 기술을 한 권에 수록했습니다.

예제는 가공, 보정, 그림과 픽셀 데이터 작업이 특기인 Photoshop을 중심으로 하고, 벡터 데이터만의 장점을 살린 Illustrator의 예제도 추가해 게재하고 있습니다. 용도나 만들고 싶은 이미지에 맞추어 애플리케이션을 선택하면 좋을 것입니다.

또한, 개정판인 본 도서에서는, 새로운 기능이나 아이디어로부터 만들어 낼 수 있는 예제나 간단하게 만들 수 있지만 보기 좋은 예제, 고품질로 웅장한 비주얼의 예제 등을 추가하여 최신 애플리케이션을 사용한 폭넓은 기술을 소개합니다.

학습용 예제 파일은 모두 다운로드할 수 있습니다. 소재를 찾을 필요가 없으므로 수고를 덜 수 있고 편하게 학습에 집중할 수 있습니다.

또, 레이어가 살아있는 예제의 완성 파일(.psd)도 일부 있습니다. 완성된 이미지만으로는 알 수 없는 기술도 있으므로 프로가 만든 psd 데이터는 많은 참고가 됩니다. 본 도서의 구입 특전으로 예제에 이용하고 있는 Photoshop의 브러시와 그러데이션의 설정 파일도 일부 준비했습니다. 이 브러시와 그러데이션 파일은 상업적 이용도 가능하며 여러분이 다른 작품 제작에도 활용할 수 있습니다. 배우는 것뿐만이 아니라 작품 만들기에도 계속 사용할 수 있는 유용한 책입니다.

본 도서를 이용하여 크리에이티브의 현장에서 빼놓을 수 없는 Photoshop과 Illustrator 모두의 애플리케이션을 능숙하게 사용하여 모든 작품 제작에 활용할 수 있기를 바랍니다.

쿠스다 사토시

Contents

차 례

Photoshop & Illustrator design technique library

CHAPTER

02

사실적인 질감의 디자인 테크닉

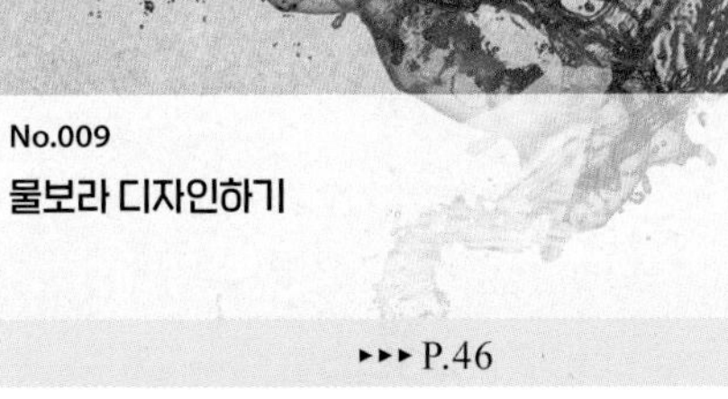

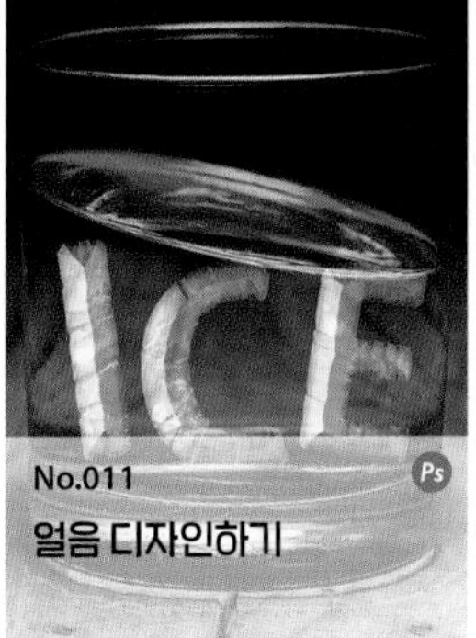

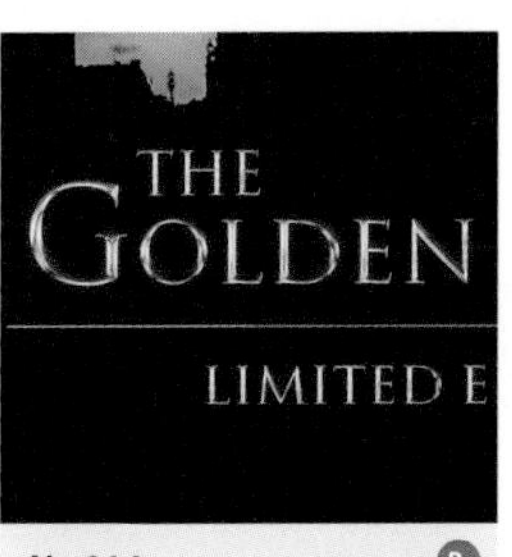

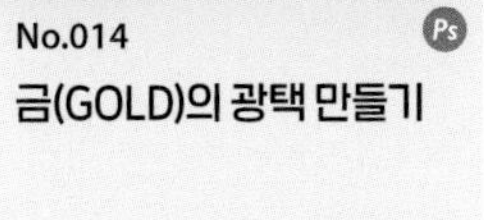

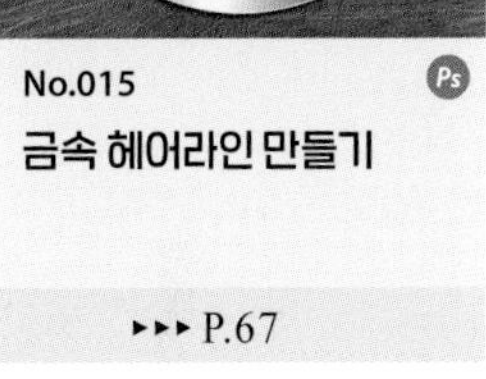

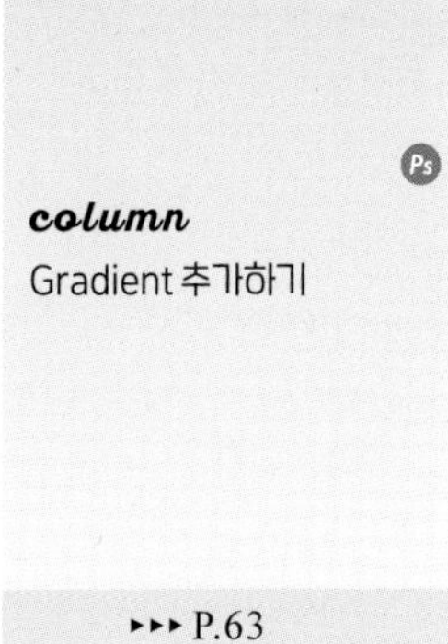

CHAPTER
03

손으로 그린 효과의 디자인 테크닉

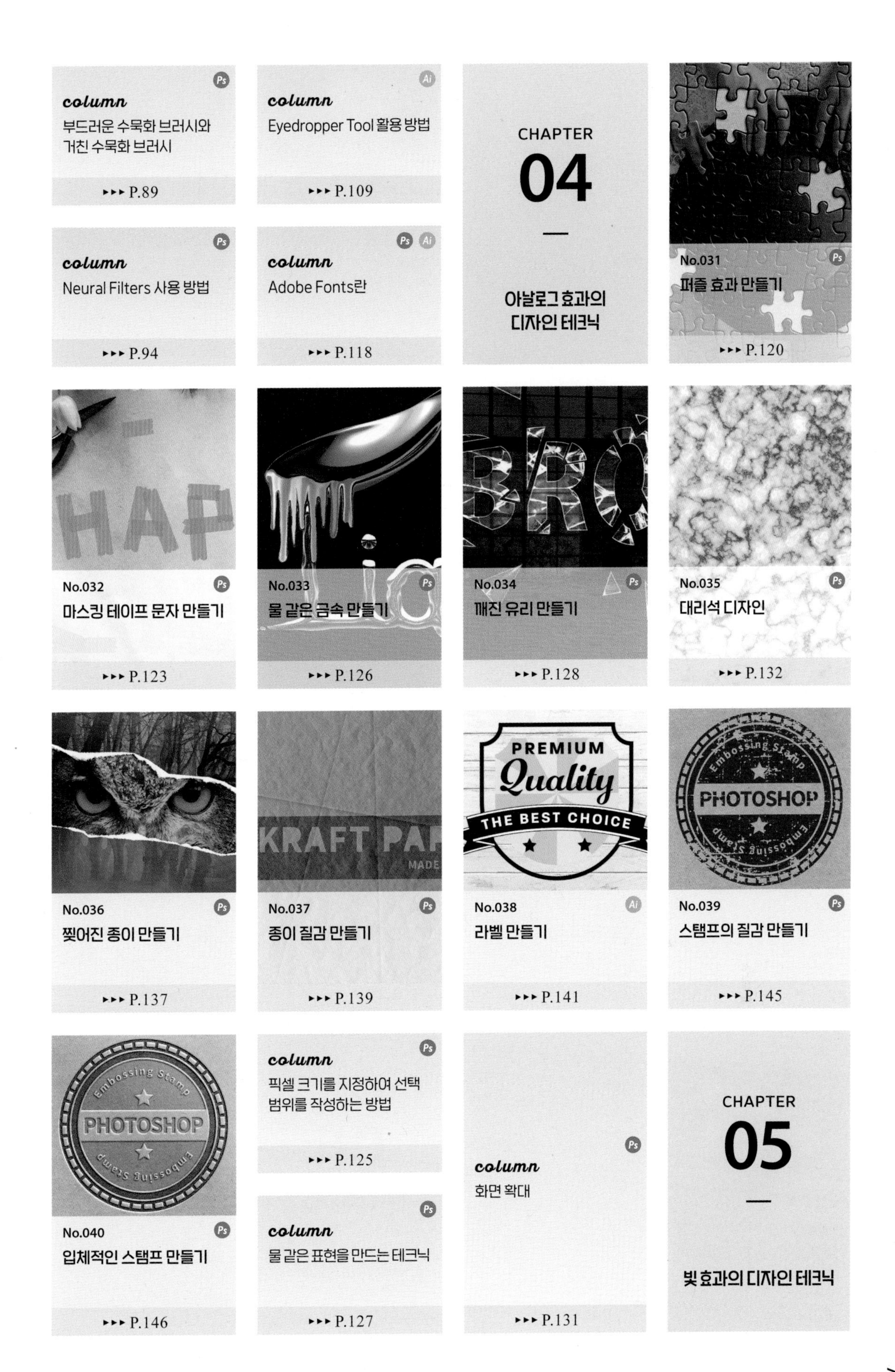

CHAPTER
06
텍스처 작성의 디자인 테크닉

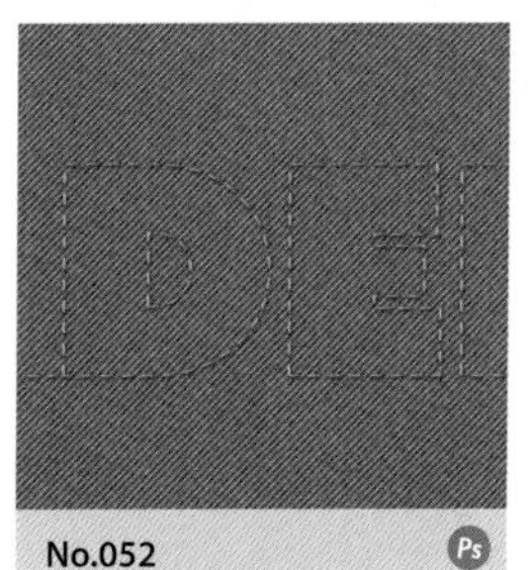

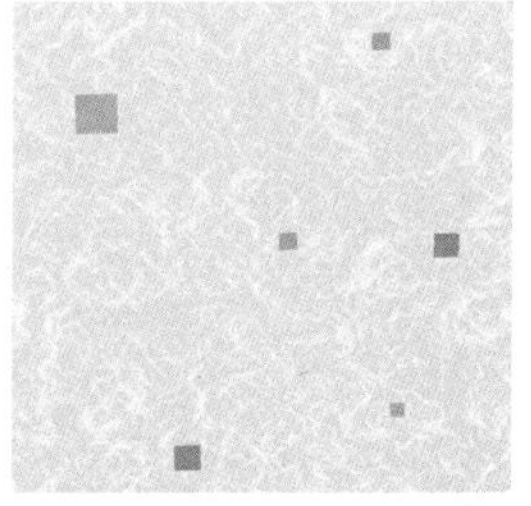

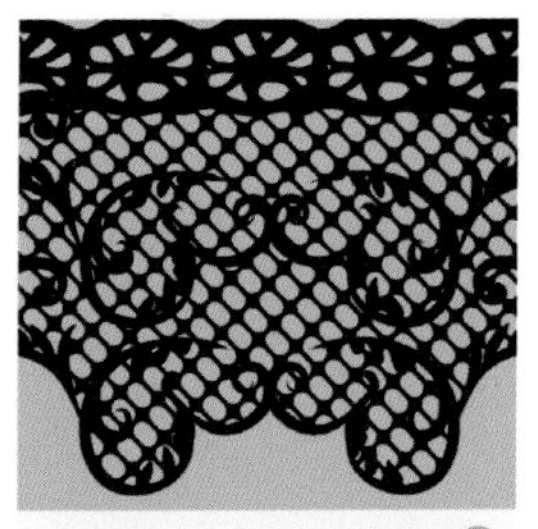

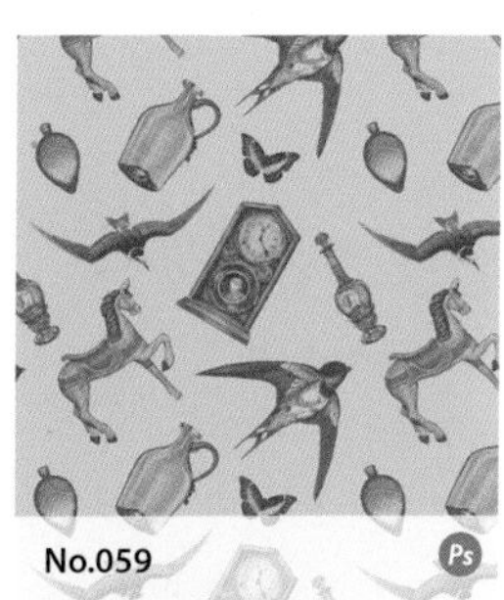

CHAPTER
07
—
일러스트 작성의 디자인 테크닉

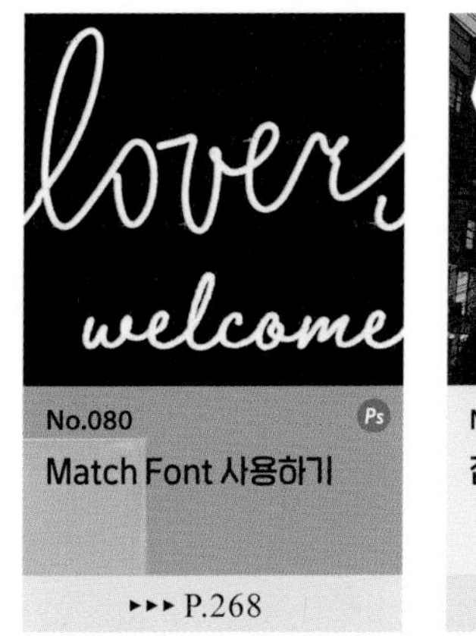

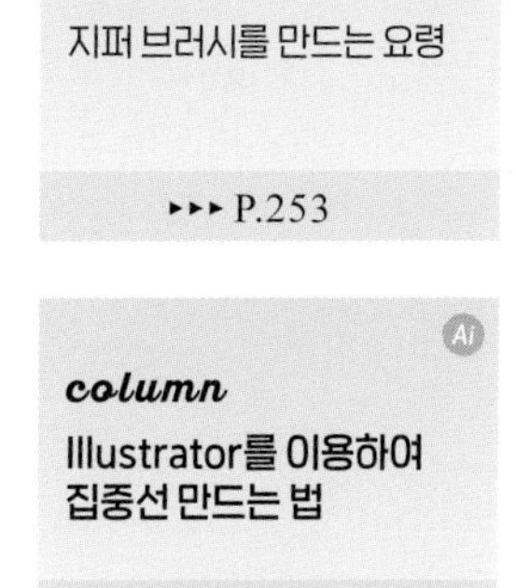

CHAPTER
09
다양한 표현의 디자인 테크닉

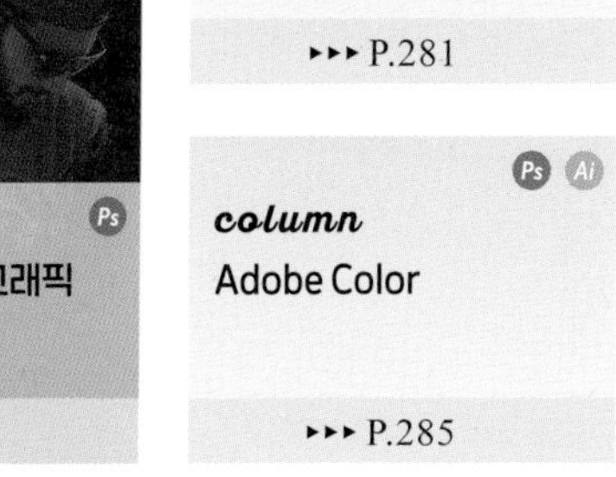

No.089
광택이 없는 아름다운 질감 만들기
▸▸▸ P.300

No.090
고래가 떠다니는 장대한 풍경
▸▸▸ P.306

CHAPTER 10 조작 테크닉

새로운 기능과 아이디어의 디자인 테크닉

새로운 기능과 기본적인 기능을 사용하여 광고나 포스터와 같이 눈에 띄는 디자인을 만들어 갑니다. 간단한데 보기 좋은 아이디어도 있어서 간편하게 만들 수 있습니다. 한번 만들어 봅시다.

CHAPTER 01

New features and ideas design techniques

Ps No.001 원하는 이미지를 사용하여 하늘 바꾸기

Photoshop의 새로운 기능인 Sky Replacement를 사용해 간단하게 하늘만 바꿉니다.

POINT 지정하는 이미지는 크기가 큰 것을 사용한다

HOW TO USE 간단하게 하늘을 다른 이미지로 바꾸고 싶을 때 사용

01 Sky Replacement 적용하기

예제 파일 [풍경.jpg]를 엽니다. 01

[Edit] – [Sky Replacement]를 선택합니다. 02

[Sky Replacement] 패널이 열리고 자동으로 하늘이 대체됩니다. 03

[Sky Replacement] 패널의 [Sky] 탭을 클릭해 열면 [Blue Skies], [Spectacular], [Sunsets] 등 폴더로 나누어진 몇 개의 프리셋 이미지가 표시됩니다. 04 이 중 어느 하나를 선택하면 하늘을 바꿀 수 있습니다. 05

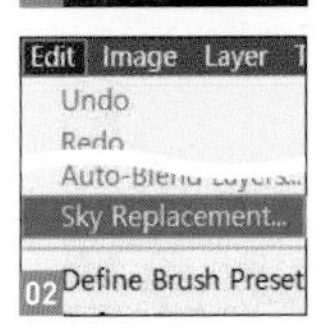

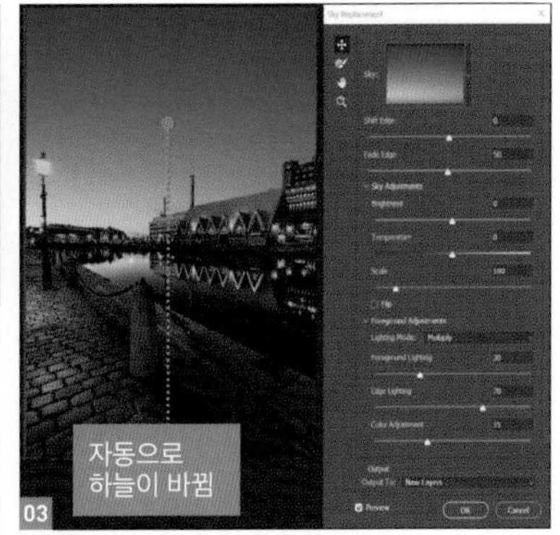

02 지정한 이미지로 바꾸기

[Sky Replacement] 패널의 [Blue Skies] 탭을 연 상태에서 오른쪽 아래의 ⊞ 버튼을 선택합니다(05의 확대 부분).

예제 파일 [별하늘.jpg]를 엽니다. 06

프리셋에 지정한 [별하늘] 이미지가 추가되므로 선택해 엽니다. 07

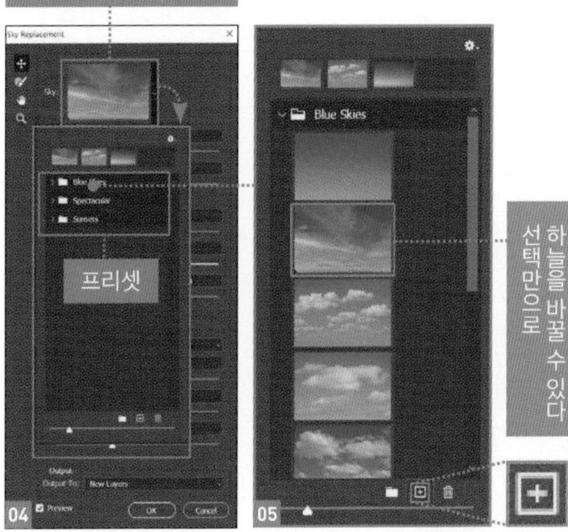

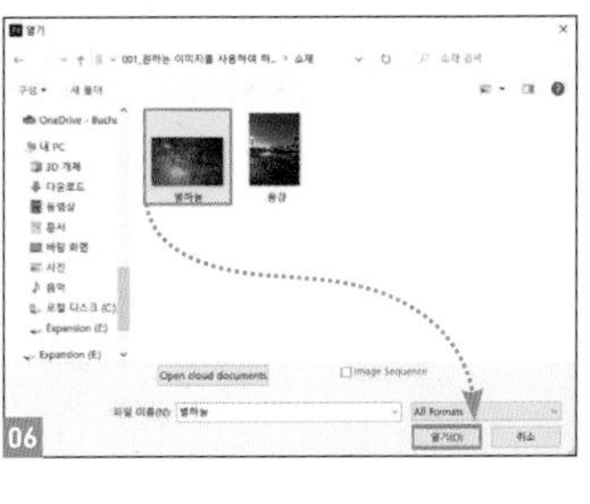

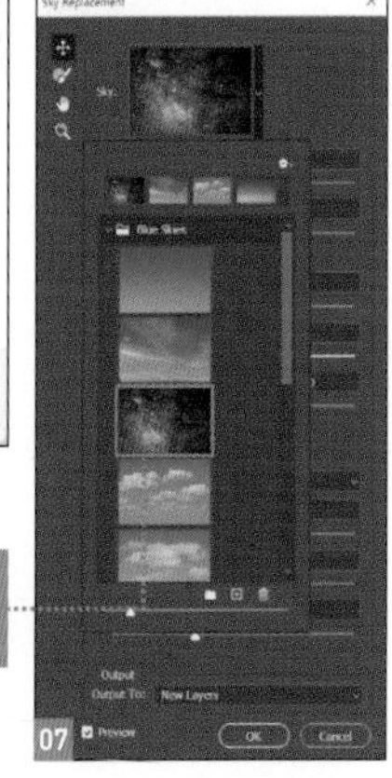

03 배경과 어우러지게 조정하기

배경과 어우러지게 설정합니다. 여기서는 배경에 맞춰 [Brightness : 15]로 밝게 하고 [Temperature : −25]로 설정하여 푸른빛을 조금 더했습니다. 08 [OK]를 클릭하여 적용합니다. 09

memo

하늘은 캔버스 상에서 드래그하여 위치를 미세하게 조정할 수도 있습니다.

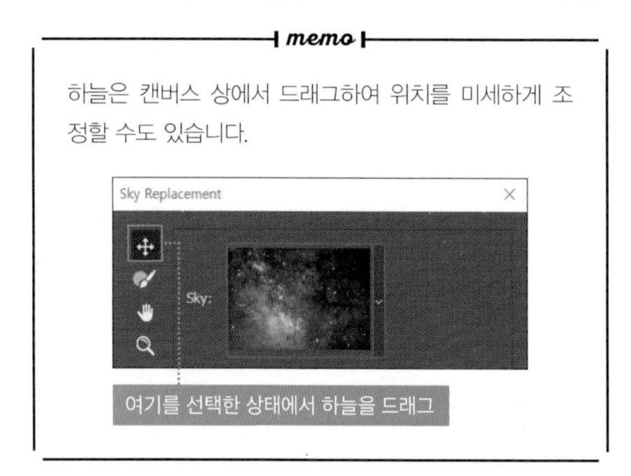

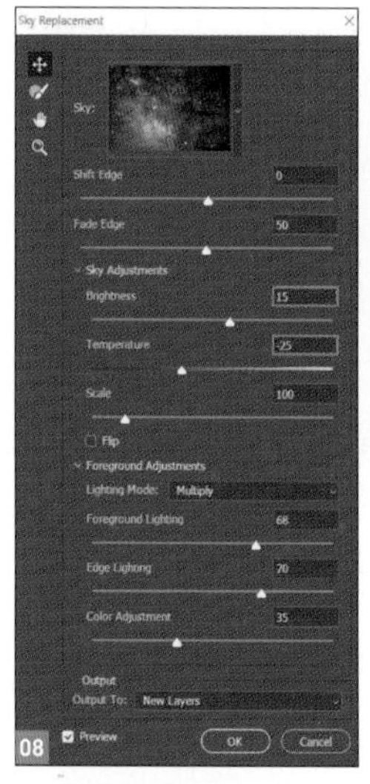

04 세세한 부분 조정하기

완성된 하늘은 원래 이미지에 영향을 주지 않도록 새로운 레이어가 만들어지며, [Sky Replacement Group]이라는 그룹 레이어가 만들어집니다. 10 또 각각의 레이어는 개별적으로 조정할 수 있습니다.

간단하게 하늘을 바꾸었지만 이미지 왼쪽 가로등에 빛이 없어졌습니다. 11

[Sky] 레이어와 [Foreground Lighting] 레이어 마스크 섬네일을 선택해 각각 조정합니다. 12

[Sky] 레이어의 레이어 마스크 섬네일을 선택해 [Brush Tool], [Foreground Color : #000000]으로 설정하고 가로등 안쪽을 드래그하여 원래 이미지가 나타나게 합니다. 13

다음으로 [Foreground Lighting] 레이어의 레이어 마스크 섬네일을 선택하고 같은 방법으로 [Brush Tool]을 사용해 가 로등과 그 주변을 드래그하여 그립니다. 14

사라졌던 가로등 빛과 주변이 밝게 빛나도록 조정했습니다. 15

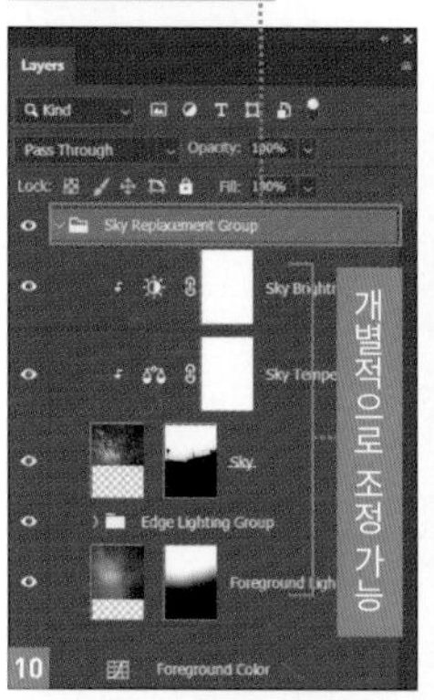

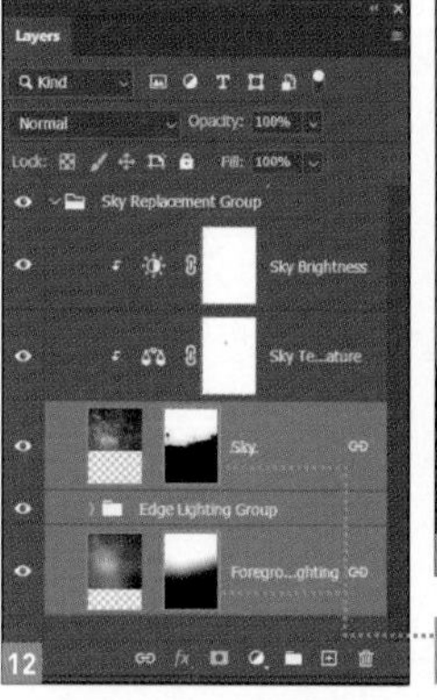

GOLDEN RUST

Lorem
ipsum dolor
sit amet, consecte-
tur adipiscing elit.
Morbi dignissim nisl non
enim ornare, in tempus
augue pretium. Praesent non
vulputate massa. Vestibulum varius pel-
lentesque metus. Nam facilisis rutrum mi,
in consequat enim feugiat ut. Pellentesque
vitae mauris venenatis odio commodo fer-
mentum. Vestibulum malesuada tristique tortor,
ut vulputate eros aliquet a. Cras et rutrum arcu.
Curabitur posuere nibh eu erat fringilla iaculis. Vi

SHORT HAIRED

congue sed enim vitae cursus. Aenean lacus mi, aliquam et
aliquam in, ornare a augue. Nam laoreet, arcu id cursus mo-
lestie, erat nulla sodales massa, id rutrum elit dolor eu leo. In-
teger nibh magna, efficitur sit amet sodales auctor, tempus
sit amet ex. Aenean purus nulla, consequat eu quam sollici-
tudin, congue consectetur velit. Phasellus venenatis luctus
nisi. Cras feugiat tempus consectetur. Donec congue
mi at bibendum egestas. Nullam eget urna felis.
Maecenas at magna tellus.Aliquam et felis sed
velit facilisis ornare. Pellentesque et egestas
felis, at rutrum metus. Etiam sagittis est in volut-
pat pellentesque. Maecenas lectus risus,
porttitor ut ex vel, dictum pellentesque justo.
Nam mollis ultrices suscipit. Sed nec dapibus
massa. Curabitur tempus vehicula malesuada.
Nulla laoreet in massa in accumsan. Donec
tempor semper est, vitae vestibulum felis. Phasel-
lus quis justo luctus, consectetur quam in, gravida
est. Pellentesque eleifend placerat risus vel facili-
sis.Nulla enim dui, feugiat non fringilla sed, facilisis
nec nisi. Phasellus sed orci ut elit tincidunt suscipit sed
quis mauris. Sed accumsan orci enim, vel aliquet ante
vestibulum eu. Pellentesque at enim a eros fringilla im-
perdiet. Vivamus sed suscipit leo, eu accumsan velit.
Mauris at lorem ligula. Curabitur porttitor turpis non ipsum
consectetur, vel sodales arcu vestibulum. Donec a leo tincidunt,
pretium purus non, ultricies libero. Integer a fermentum sem. Ves-
tibulum dictum mollis erat. Praesent nisi quam, pulvinar id turpis sit
amet, congue pellentesque erat. Duis nec fermentum lorem. Praesent
nulla justo, egestas ac ullamcorper non, vestibulum ut nisi. Integer nec
interdum eros, sed rutrum ante. Cras nec tempor nisl. Pellentesque finibus
hendrerit justo nec scelerisque.Nam rutrum nibh ut ultricies laoreet. In luctus
fringilla finibus. Donec egestas eleifend elit ut vestibulum. Praesent a arcu nisi.
Vivamus velit massa, convallis id vulputate eu, cursus non mauris. Etiam nibh
tortor, iaculis vitae mi et, laoreet semper neque. Nunc pellentesque elit nibh,
vitae malesuada massa efficitur eu. Integer ut dignissim nisi, quis mollis risus. Prae-
sent quam ligula, lobortis ut metus convallis, feugiat fermentum ex. Ut in fringilla l

HUNGARIAN VIZSLA

이미지 일부를 문자로 표현하기

Clipping Mask를 사용하여 이미지 일부를 문자로 표현합니다.

POINT 레이어의 위치와 Clipping Mask의 위치를 의식한다

HOW TO USE 광고 등의 비주얼에 사용

01 개 이미지를 부분적으로 복사하기

예제 파일 [베이스.psd]를 엽니다. 미리 오려져 있는 [개] 레이어와 연한 그라데이션의 배경이 준비되어 있습니다. 01

[Tool] 패널에서 [Rectangular Marquee Tool]을 선택하여 캔버스의 왼쪽 절반 정도를 선택합니다. 02

마우스 오른쪽 버튼 클릭을 클릭하여 [Layer Via Copy](단축키 : ⌘(Ctrl+J))를 선택합니다. 03

복사된 레이어가 만들어지면 레이어 이름을 [왼쪽]이라고 합니다. 04

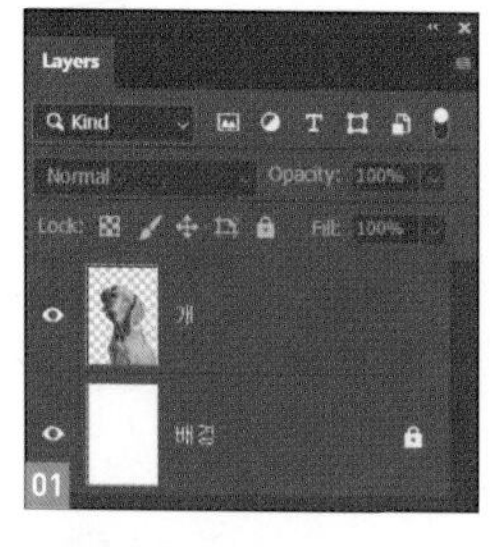

선택한 부분이 복사됨

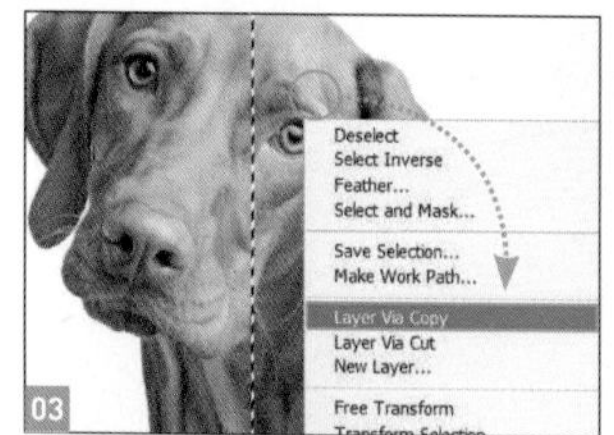

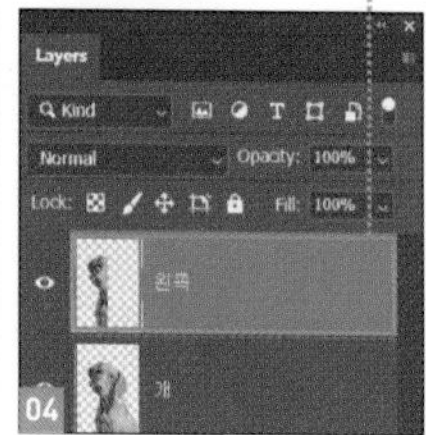

02 개의 오른쪽 절반만 선택 범위를 만들어 패스로 만들기

[Layers] 패널에서 [개] 레이어 마스크 섬네일을 ⌘(Ctrl)+클릭해 선택 범위를 만듭니다. 05 06

선택 범위가 만들어진 상태에서 [왼쪽] 레이어 마스크 섬네일을 ⌘+option(Ctrl+Alt)+클릭하여 [왼쪽] 레이어의 범위를 제외합니다. 07 개의 오른쪽만 선택 범위가 만들어집니다. 08

그대로 이미지 위에서 마우스 오른쪽 버튼을 클릭하여 [Make Work Path]를 선택합니다. 09

[Tolerance]는 [2pixels] 정도의 작은 수치로 설정하고 [OK]를 클릭합니다. 10 선택 범위가 패스로 바뀝니다. 11

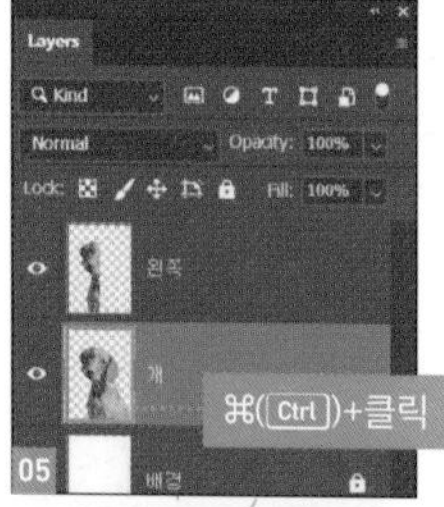

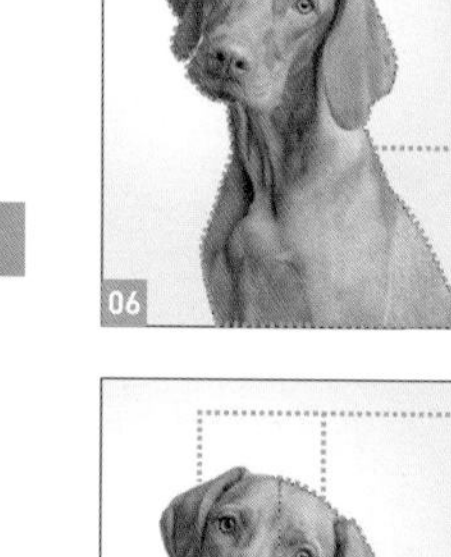

개 이미지만 선택됨

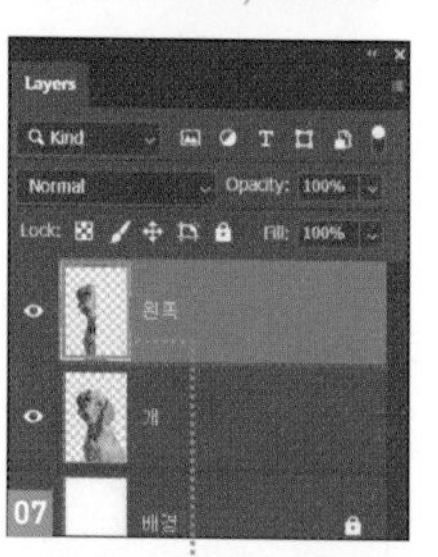

⌘+option(Ctrl+Alt)+클릭

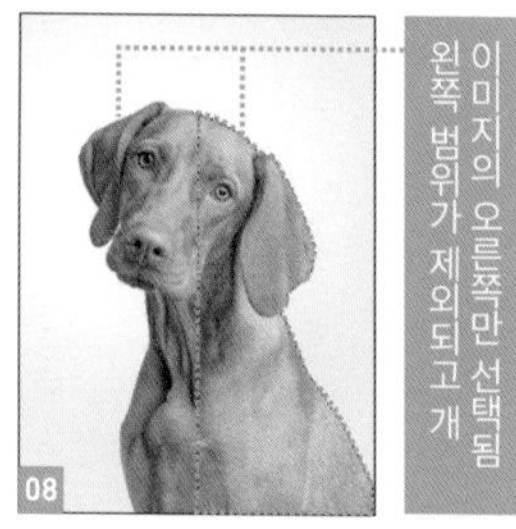

왼쪽 범위가 제외되고 개 이미지의 오른쪽만 선택됨

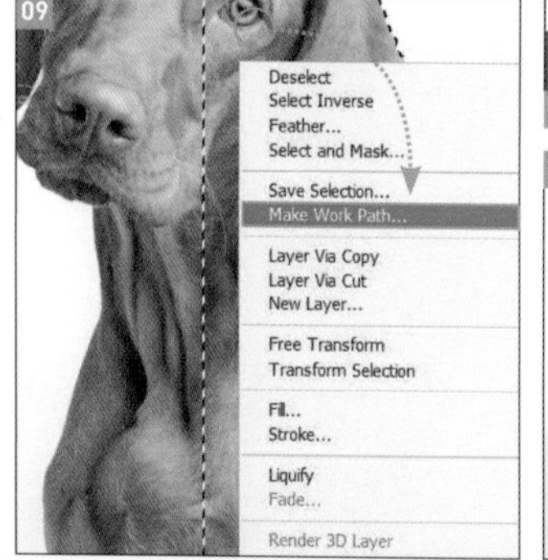

패스가 됨

03 패스 안에 문자 입력하기

예제 파일 [ipsum.txt]를 열어 텍스트를 복사합니다※. [Tool] 패널에서 [Horizontal Type Tool]을 선택합니다. [Window]-[Character]를 선택하고, [Character] 패널에서 [Font : Futura PT], [Style : Medium], [Size : 8pt], [행간 : 8pt], [자간 : -50]으로 설정합니다. 색상은 아무 색이나 상관없습니다. 12

작성한 패스 안쪽에 커서를 맞추면 13과 같이 원으로 둘러싸인 커서가 됩니다. 그 상태에서 클릭하여 복사한 텍스트를 Ctrl+V를 눌러 붙여넣습니다. 14

※ ipsum…출판물 디자인, 웹 디자인, 그래픽 디자인 등의 분야에서 사용되는 전형적인 더미 텍스트를 말한다.

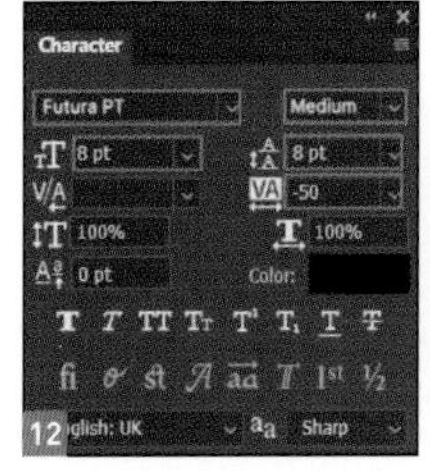

12

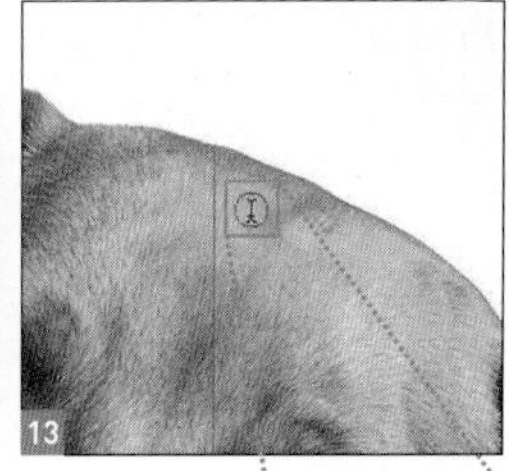
13

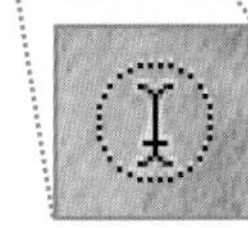

14

04 Clipping Mask를 사용하여 문자 부분이 개의 이미지가 되도록 조정하기

[Layers] 패널 아래에 있는 [Create a new group]을 클릭하여 [텍스트] 그룹을 만듭니다. 15 텍스트 레이어 [Loremipsum~]를 선택하고 드래그하여 [텍스트] 그룹에 속하도록 이동합니다. 16

[개] 레이어를 맨 위로 이동시킵니다. 17

[개] 레이어를 선택하고 마우스 오른쪽 버튼을 클릭하여 [Create Clipping Mask]를 선택합니다. 18

1개 아래에 있는 [텍스트] 그룹 레이어에만 클리핑 마스크가 적용되므로 19와 같이 텍스트 부분이 개의 이미지로 바뀝니다.

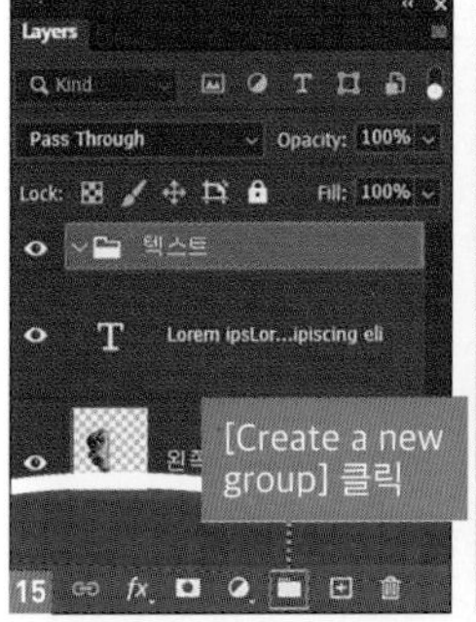

15

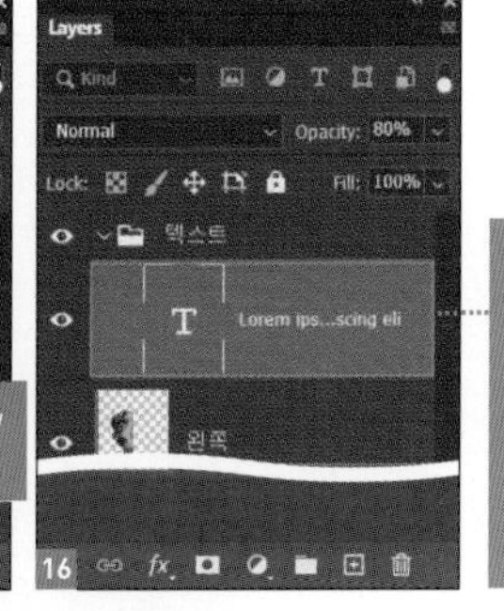

16

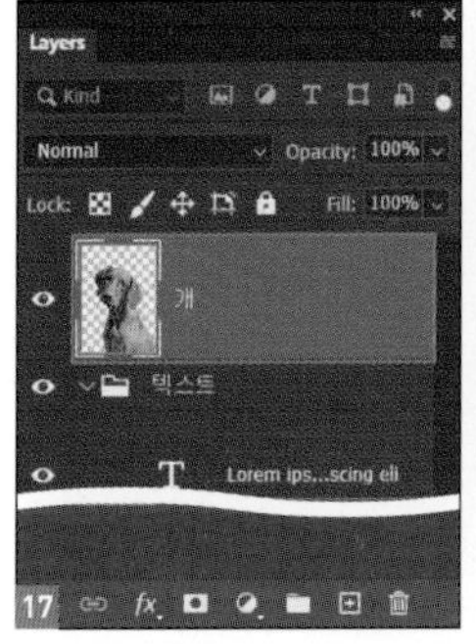

17

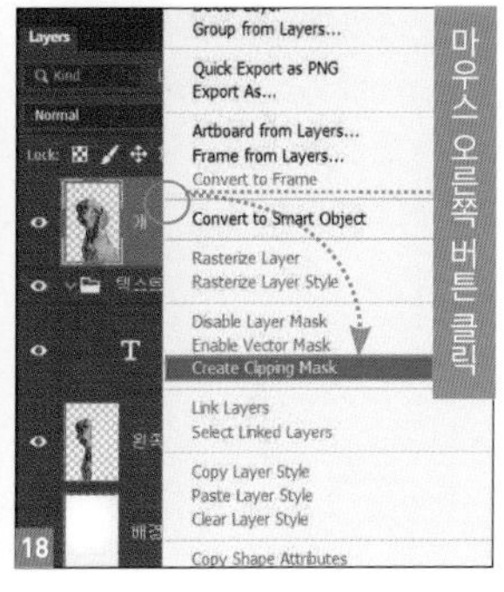

18

19

05 개의 실루엣에 맞추어 큰 사이즈의 텍스트 입력하기

[Horizontal Type Tool]을 선택합니다. 그룹 안에 텍스트를 추가합니다.

폰트를 [Font : Futura PT], [Style : Medium], [Size : 47pt]로 설정하고 20, "SHORT"라고 입력합니다.

또 다른 텍스트 레이어에서 같은 설정으로 "HAIRED"라고 입력합니다. 21

다음으로 폰트 크기만 변경해 [Size : 40pt]로 "HUNGARIAN", [Size : 84pt]로 "VIZSLA"라고 입력합니다. 22

텍스트 레이어 [Loremipsum ~]를 선택하여 문자가 겹쳐 있는 부분의 행을 바꿉니다. 23

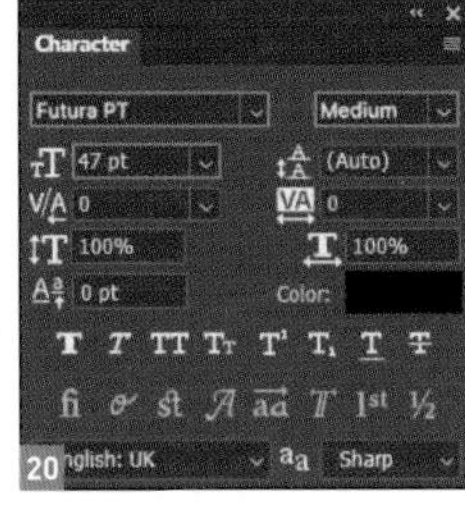

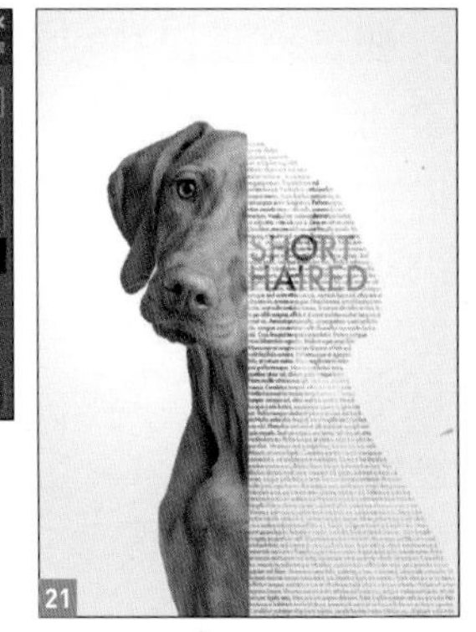

06 장식을 넣어 완성

마지막 장식으로 이미지 왼쪽 위에 문자를 배치합니다. 폰트는 [Font : Futura PT], [Style : Demi], [Size : 100pt], [행간 : 80pt], [자간 : −50], [Color : #e2d2c9]로 설정합니다. 24

문자가 크기 때문에 연한 색상으로 설정했습니다.

[배경] 레이어 위에 텍스트 레이어를 추가하고 견종 색상으로 "GOLDEN RUST"라고 입력하여 완성합니다. 25

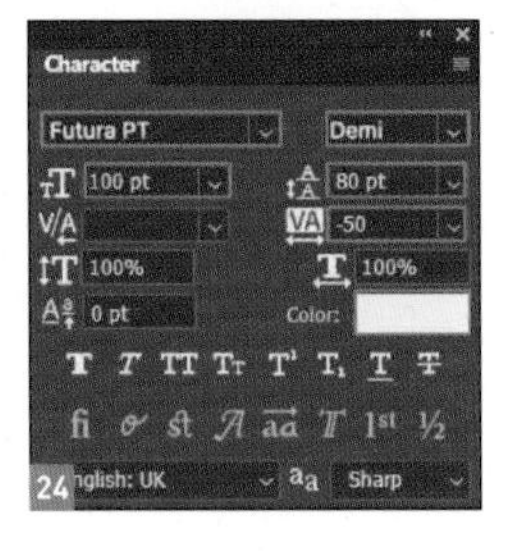

Comfortable sleeping position

도형을 효과적으로 사용한 레이아웃 만들기

이미지와 도형을 조합하여 인상적인 비주얼을 만듭니다.

POINT	Shape 모양으로 선택 범위를 만든다
HOW TO USE	광고 등의 비주얼에 사용

01 Shape 설정하기

예제 파일 [베이스.psd]를 엽니다. 이 예제는 [인물] 레이어와 인물만을 오려낸 [인물만] 레이어를 포함하고 있습니다. 01

[Tool] 패널에서 [Pen Tool]을 선택합니다. 02 [옵션] 바에서 [Tool Mode : Shape], [Fill : No Color], [Stroke : #ffffff], [Width : 7px]로 설정합니다. 03

[Stroke Options] 탭을 선택하여 [Align]을 맨 아래의 [Outline]으로 지정합니다. 04

이 설정으로 7px의 흰색 라인이 패스 바깥쪽에 만들어집니다.

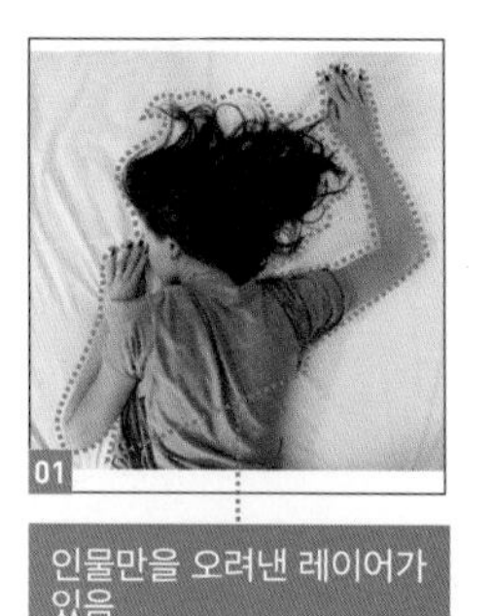
01
인물만을 오려낸 레이어가 있음

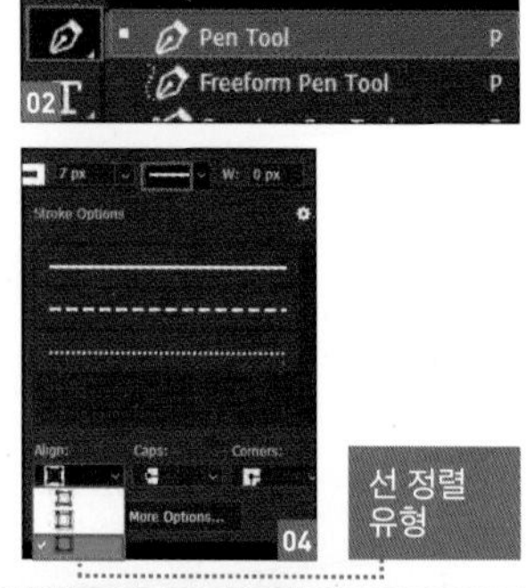

02
04
선 정렬 유형

03

02 삼각형 Shape를 만들어 선택 범위를 만들기

[Pen Tool]로 05를 참고하여 인물을 둘러싸도록 삼각형을 만듭니다.

[Shape 1] 레이어가 만들어지면 [인물] 레이어 위로+이동합니다. [Layers] 패널에서 [Shape 1] 레이어 섬네일을 ⌘ (Ctrl)+클릭하여 선택 범위를 만듭니다. 06 07

[Select]-[Inverse]를 선택합니다(단축키 : ⌘ (Ctrl)+Shift+I). 08 삼각형을 제외한 부분에 선택 범위가 만들어집니다. 09

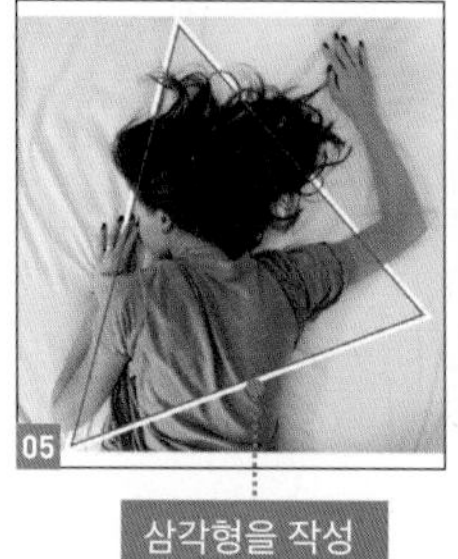
05
삼각형을 작성

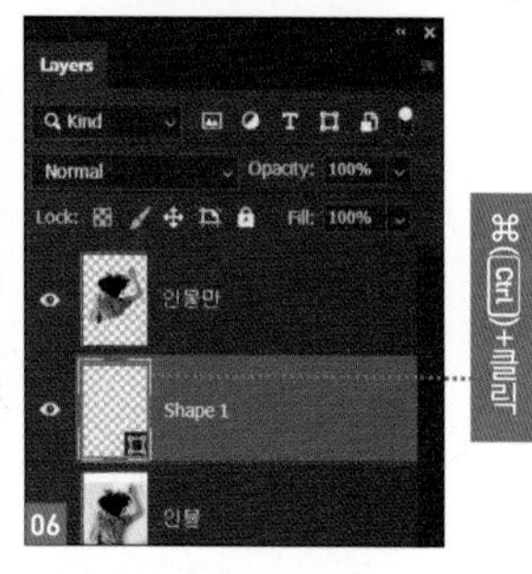

06
⌘(Ctrl)+클릭

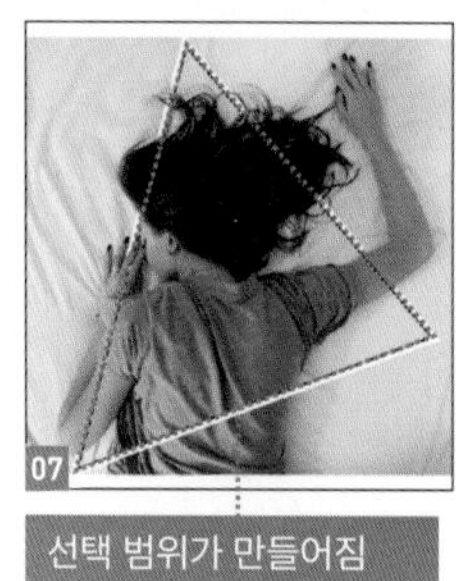
07
선택 범위가 만들어짐

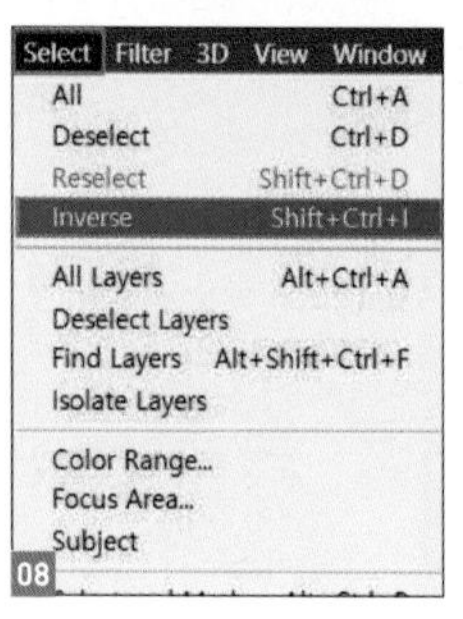

08

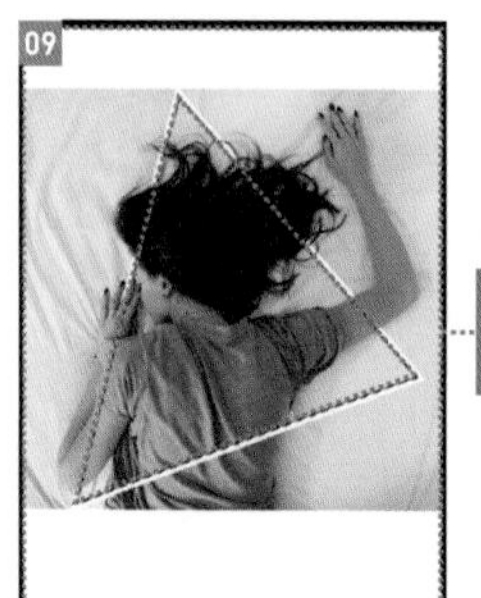
09
삼각형의 바깥쪽이 선택됨

03 삼각형의 바깥쪽 채우기

[Shape 1] 레이어 아래에 새로운 [색상] 레이어를 만듭니다. 10 [Tool] 패널에서 [Paint Bucket Tool]을 선택하고 11, [Foreground Color : #f4d5d3]로 레이어를 클릭하여 색상을 채웁니다. 12

04 삼각형 안쪽에 Drop Shadow 적용하기

[색상] 레이어를 선택하고 [Layer] – [Layer Style] – [Drop Shadow]를 선택합니다. 13

[Blend Mode Color : #000000], [Opacity : 60%], [Distance : 30px], [Size : 40px]로 설정하고 [OK]를 클릭합니다. 14 15

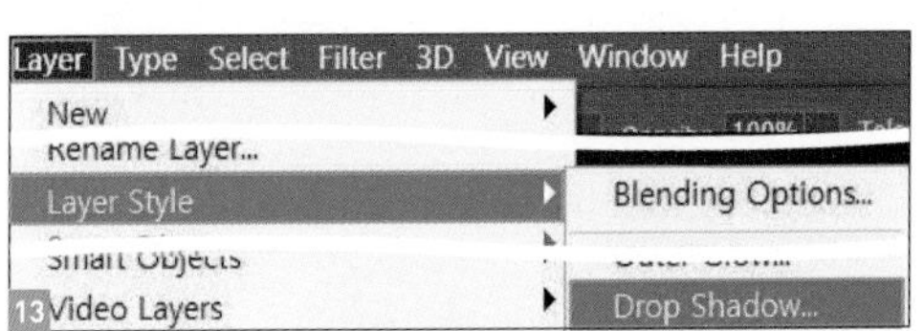

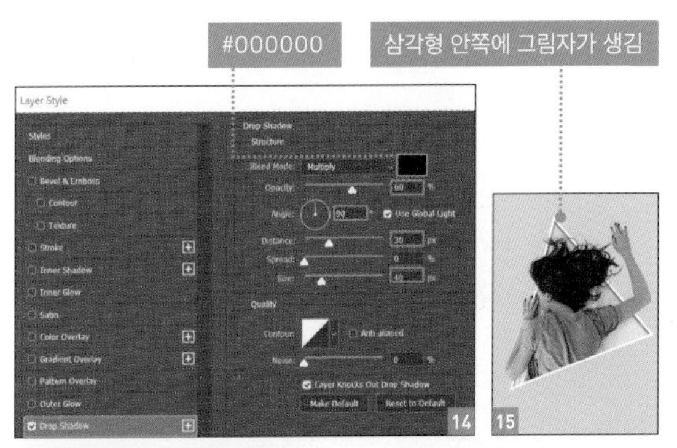

05 마지막으로 세세한 부분 조정하기

[Layers] 패널에서 [Shape 1] 레이어를 선택하고 [Opacity : 50%]로 바꾸어 배경과 어우러지게 합니다. 16 17

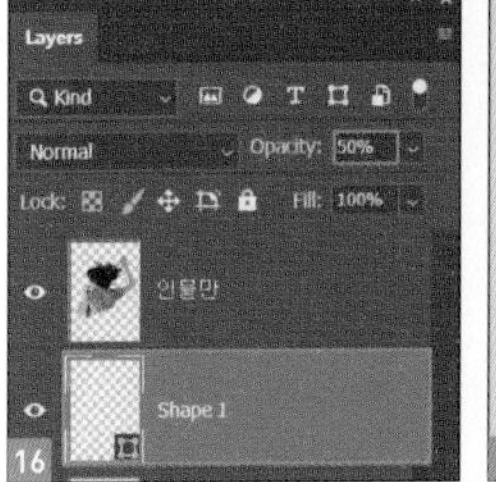

06 문자 장식 추가하기

레이어의 맨 위에 문자 장식을 추가합니다. [Tool] 패널에서 [Horizontal Type Tool]을 선택하고 "Comfortable sleeping position"이라고 입력합니다. 폰트는 [Font : Learning Curve], [Style : Bold], [Size : 35pt], [Color : #ffffff]로 설정합니다. 18

[Edit] – [Free Transform]을 선택하면 문자를 이동, 회전할 수 있습니다. 19 문자 위치를 삼각형의 오른쪽 아래로 이동하여 완성합니다. 20

Top 10 Tips
Travel Alone
Essential tips for traveling alone for the first time

Ps No.004 실루엣을 사용한 레이아웃 만들기

관련이 있는 2개의 이미지를 교묘하게 사용하여 인상적인 레이아웃을 만듭니다.

POINT 두 이미지의 특징을 알기 쉽게 레이아웃한다

HOW TO USE 광고 등의 비주얼에 사용

01 소재 배치하기

예제 파일 [베이스.psd]를 엽니다. 01 미리 B5 크기의 캔버스에 질감이 있는 소재를 배치했습니다.

예제 파일 [인물 실루엣.psd]를 엽니다. 02

인물만 오려낸 레이어를 배치한 예제입니다.

[인물 실루엣] 레이어를 이동시켜, 베이스 예제 파일에 배치합니다. 03

또, 예제 파일 [풍경.jpg]를 열고 맨 위에 배치합니다. 04 레이어 이름을 [풍경]으로 합니다. 05

01

02

03

인물 실루엣을 베이스 파일로 이동

04

풍경 이미지를 베이스 파일로 이동

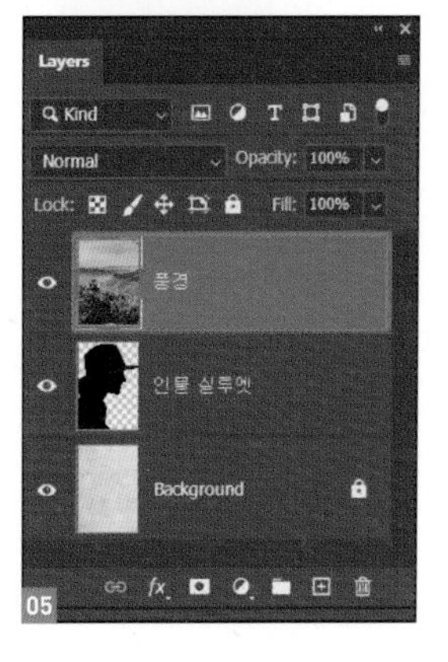

05

02 클리핑 마스크 적용하기

[풍경] 레이어를 선택하고 마우스 오른쪽 버튼을 클릭하여 [Create Clipping Mask]를 선택합니다. 06

클리핑 마스크를 적용하면 07과 같이 아래 [인물 실루엣] 레이어의 범위 안에만 풍경이 표시됩니다. [Layers] 패널을 보면 레이어 섬네일 왼쪽에 아래 방향 화살표가 추가되어 있는 것을 알 수 있습니다. 08

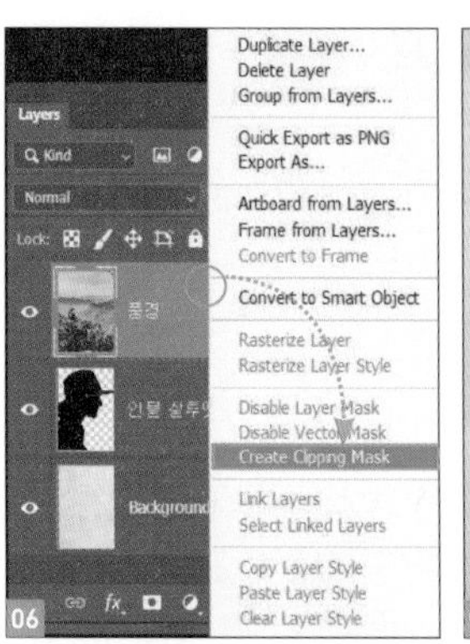

[인물 실루엣] 범위 안에 풍경이 표시

아래 방향 화살표

03 각 소재의 위치 조정하기

[인물 실루엣] 레이어의 위치를 조정합니다.

캔버스 오른쪽 아래에 텍스트를 추가하고 싶으므로 문장에 시선이 가도록 레이아웃을 조정합니다. [인물 실루엣] 레이어를 선택하고 [Edit]–[Free Transform]을 선택하여 시계방향으로 8.7° 정도 회전시키고 왼쪽으로 이동하여 배치합니다. 09 10

[풍경] 레이어도 실루엣 중심에 앉아 있는 인물이 오도록 이동시킵니다. 11

04 오른쪽 아래 공간에 문자를 배치하여 완성

원하는 디자인을 오른쪽 아래의 공간에 배치해 주세요.

예제에서는 12와 같이 문자 디자인을 배치했습니다.

memo

이 예제에서는 "실루엣"과 "풍경" 2개 이미지에 "모자를 쓴 여성"이라는 공통점을 가지고 있습니다.

또한 '옆모습 이미지'와 '뒷모습의 이미지'라는 서로 다른 방향의 이미지를 조합하여 화면에 움직임이 있도록 레이아웃을 설정했습니다.

인물 실루엣 중심으로 이동

문자 디자인 배치

Photoshop을 이용한 간단한 문자 디자인과 라인을 만드는 방법

왼쪽 페이지의 예제에서 오른쪽 아래 문자 디자인은 중앙 정렬을 유지하면서 Photoshop에서 만들었습니다.
각각의 설정은, 위의 "Top 10 Tips"는 [Font : Futura PT Cond], [Style : Medium], [Size : 26.86pt], [Color : #5f5846 (풍경의 숲 근처에서 추출)]로 입력 01, "Travel Alone"은 [Font : LiebeGerda], [Style : Bold], [Size : 48.45pt], [자간 : –25], [Color : #5f5846]으로 입력 02, "Essential tips for traveling alone for the first time"은 [Font : Futura PT], [Style : Medium], [Size : 18pt], [행간 : 28pt], [자간 : –25], [Color : #5f5846]으로 입력 03 했습니다.
라인 장식은 [Tool] 패널에서 [Rectangular Tool]의 Shape로 만들었습니다. 아래 곡선 라인은 04와 같이 Shape를 만들고 [Edit]–[Transform Path]–[Warp]를 선택하고 05, Warp에서 [Arc]를 선택합니다. 06
아래 방향으로 드래그하여 07과 같이 곡선을 만들었습니다.
문자 디자인이나 라인 변형은 Illustrator에서 만들기가 쉽지만 Photoshop으로도 만들 수 있습니다. 특히 Web 디자인 등에서는 Photoshop으로 만들기도 하므로 간단한 기능들은 기억해 두면 좋습니다.

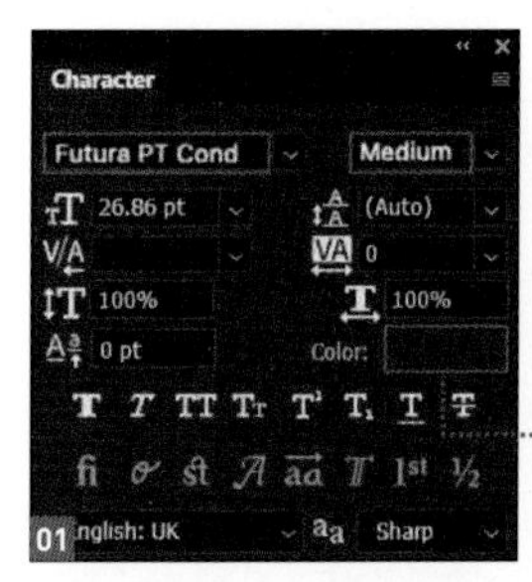

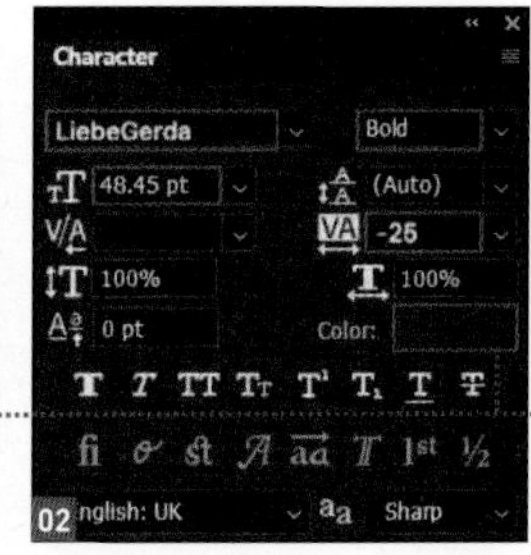

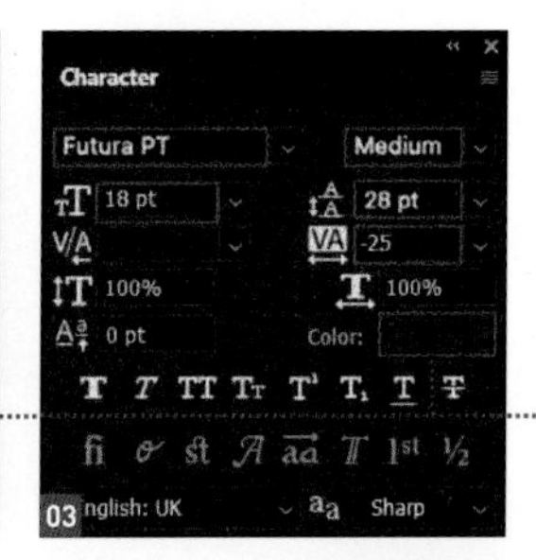

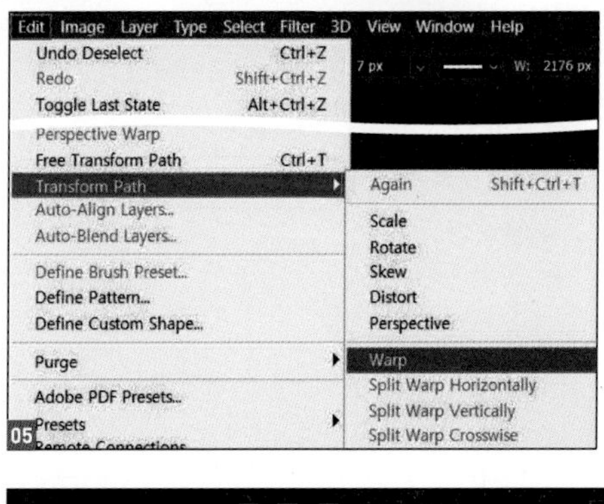

Glitch
Effect

Ps No.005 Glitch Effect 만들기

이미지가 흐트러진 듯한 분위기를 연출할 수 있는 글리치 이펙트를 소개합니다.

POINT 채널마다 필터를 적용한다

HOW TO USE 레트로 분위기나 눈길을 끄는 그래픽에 사용

01 Halftone Pattern 적용하기

예제 파일 [여인.psd]를 엽니다. 위에 새로운 레이어 [테두리]를 만듭니다. [Foreground Color : #ffffff]로 설정하여 칠합니다. 01

[Filter]-[Filter Gallery]를 선택하고, [Sketch]-[Ha lftone Pattern]을 선택하여 02와 같이 설정합니다. 03

[Blending mode : Overlay], [Opacity : 10%]로 설정합니다. 희미하게 라인이 추가됩니다. 04 05

01

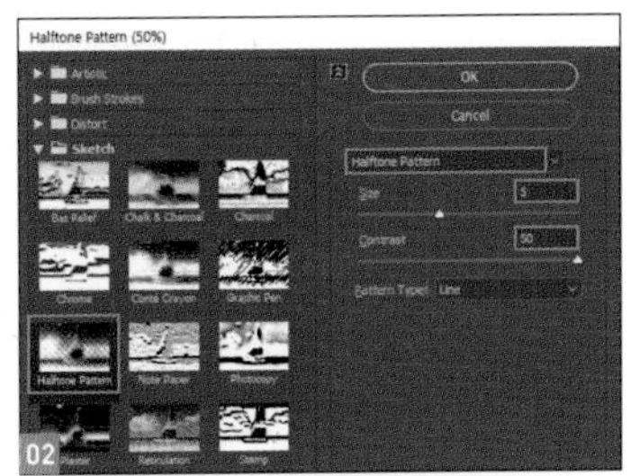

02

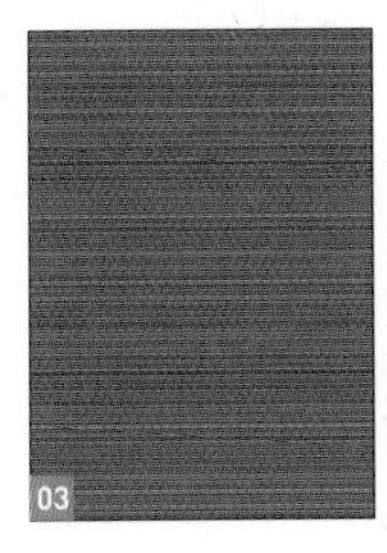
03

04

라인 추가

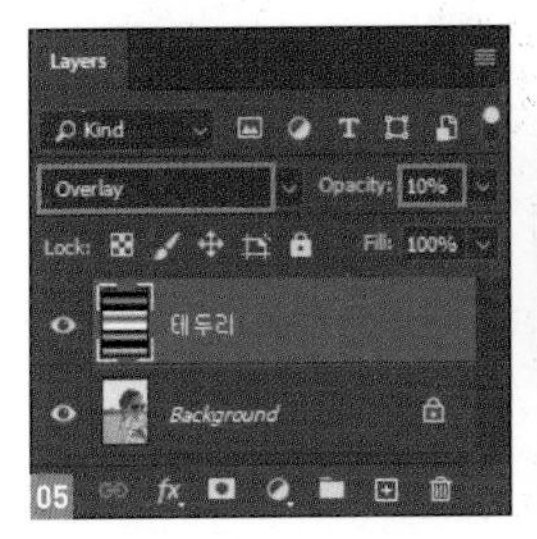

05

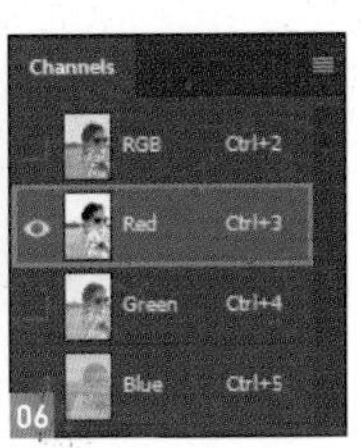

06

02 Red에 Wave 적용하기

[Background] 레이어를 선택합니다.

[Channels] 패널에서 [Red]만 선택합니다. 06 [Filter]-[Distort]-[Wave]를 선택합니다.

[Type : Square], [Undefined Areas : Repeat Edge Pixels]를 선택하고 07과 같이 설정합니다.

[Randomize]를 클릭하면 랜덤하게 이펙트가 적용되므로 원하는 이미지가 되면 [OK]를 클릭합니다. [Channels] 패널에서 RGB를 선택하면 08과 같이 됩니다.

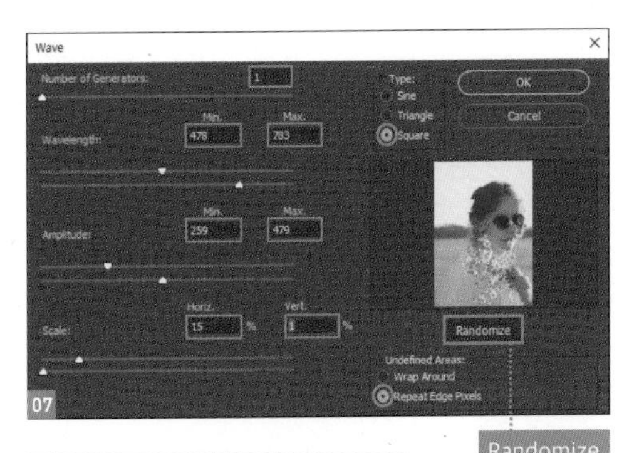

07

Randomize

08

03 Green, Blue에 Wave 적용하기

[Channels] 패널에서 [Green]만을 선택합니다. 09

[Filter]–[Distort]–[Wave]를 선택하여 10과 같이 적용합니다.

마찬가지로 [Channels] 패널에서 [Blue]를 선택하고 [Filter]–[Distort]–[Wave]를 선택하여 11과 같이 설정합니다. 채널마다 어긋난 표현이 생겼습니다. 12

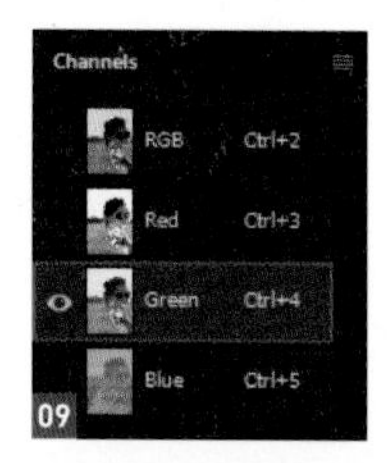

09

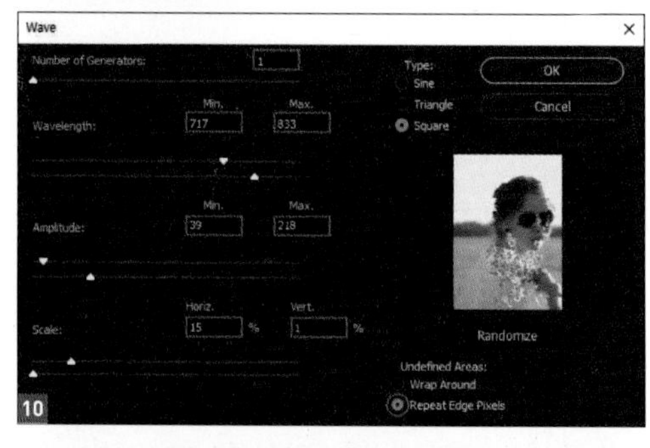

10

12

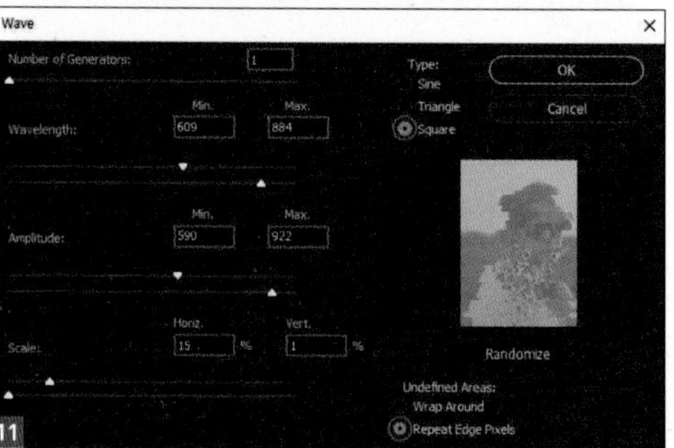

11

04 부분적으로 선택하고 차이를 표현하기

[Channels] 패널에서 [Red]만 선택합니다. [Tool] 패널에서 [Rectangular Marques Tool]을 선택하고 13과 같이 가로로 긴 선택 범위를 만듭니다. [Move Tool]을 선택하고 왼쪽으로 이동시킵니다. 14

[Channels] 패널에서 [RGB]를 선택하면 15와 같이 됩니다. 원하는 채널을 선택하고, 같은 방법으로 선택 범위를 작성 후 이동하여 변화를 줍니다. 16

[Background] 레이어를 선택하고 [Filter]–[Noise]–[Add Noise]를 선택한 후 17과 같이 [Amount : 10%]로 적용합니다. 노이즈가 더해져 레트로(복고적인) 질감이 되었습니다. 18

예제에서는 문자를 장식하여 완성했습니다.

13

14

15

차이 표현

16

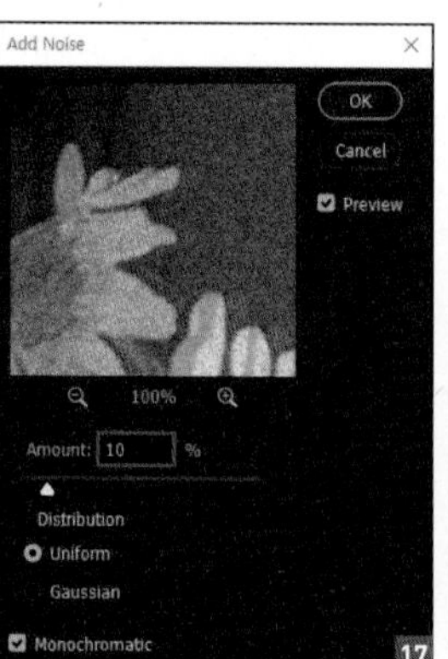

17

18

EDERAL RESERVE
NITED STATES OF
L TENDER
C AND PRIVATE
WASHINGTON
SERIE
2013
NE DOLLAR

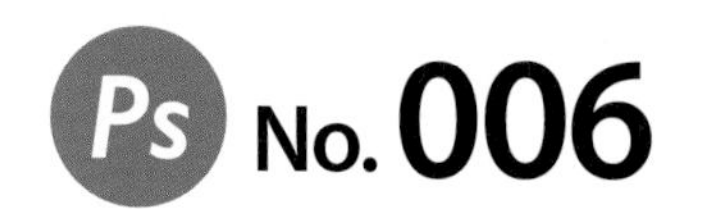

지폐와 같은 선화 만들기

사진이 지폐에 인쇄된 것 같은 선화의 질감으로 표현합니다.

POINT 파형 이미지를 겹쳐서 선화의 질감을 표현한다

HOW TO USE 지폐 느낌의 디자인이나 빈티지 느낌의 효과에 사용

01 파형 작성하기

예제 파일 [개.jpg]를 엽니다. [Image]–[Adjustments]–[Black & White]를 선택하고 Preset의 Default 상태에서 [OK]를 클릭합니다. 01

위에 새로운 [파형1] 레이어를 만들고 [Foreground Color : #ffffff]를 선택한 후 [Paint Bucket Tool]로 채웁니다. 02

[Filter]–[Filter Gallery]를 선택합니다.

[Sketch]–[Halftone Pattern]을 03과 같이 설정합니다.

[Filter]–[Distort]–[Wave]를 선택하고 04와 같이 설정합니다.

[Blending Mode : Overlay]로 설정합니다. 05 06

01

02

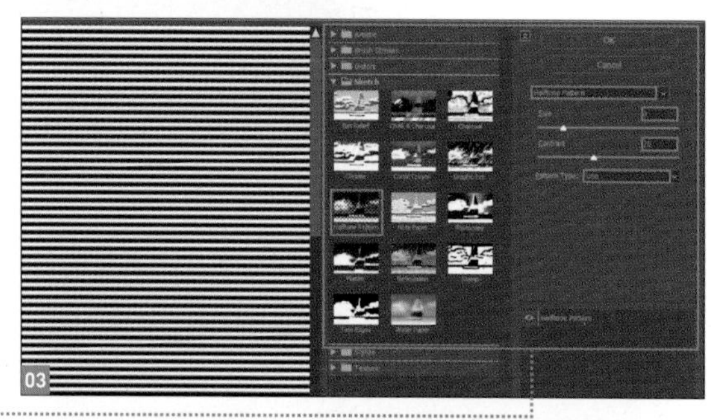
03

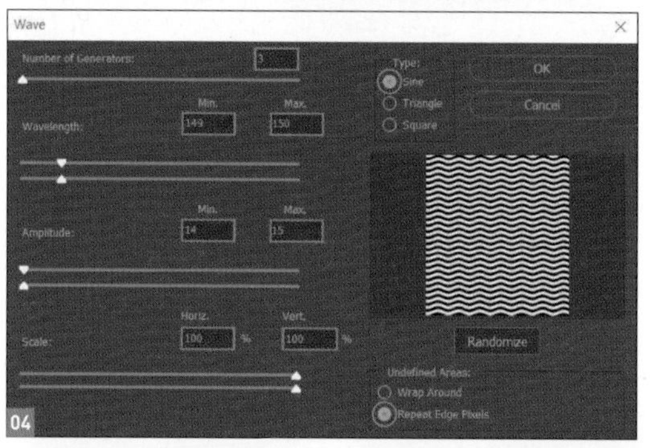

04

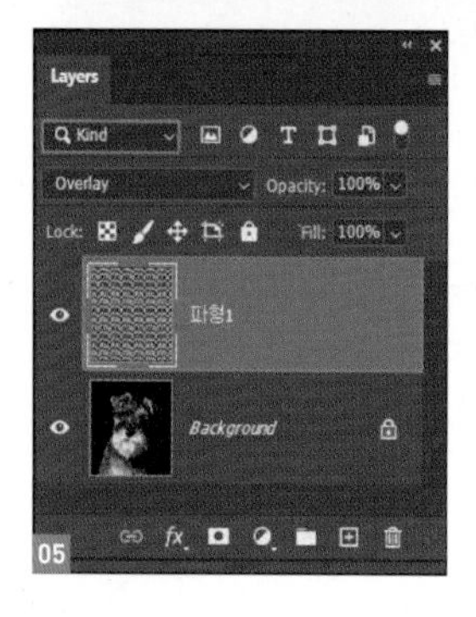

05

06

02 파형을 복사하여 합치기

[파형1] 레이어를 위에 복사하고 [Free Transform]을 선택하여 90° 회전시킵니다. 위아래가 부족한 상태가 되므로 위에 채워 배치합니다. 07

[Layers] 패널에서 어느 레이어든 상관없이 선택하고 마우스 오른쪽 버튼을 클릭 후 [Merge Visible]을 선택하여 하나로 합칩니다. 08 레이어 이름을 [개]로 합니다.

지폐의 선화와 같은 효과가 완성되었습니다. 09

07

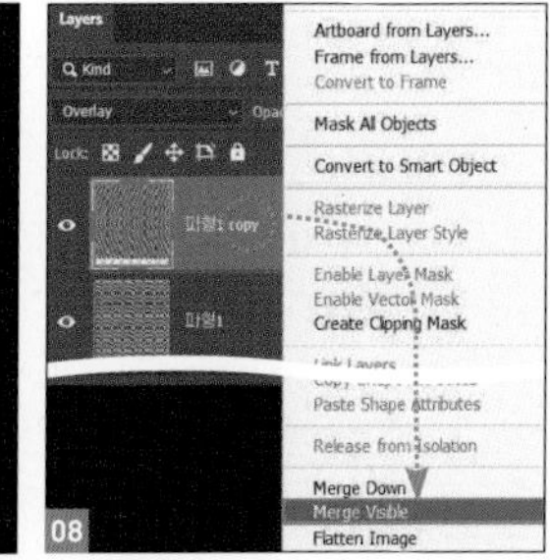

08

03 지폐와 합성하기

제공된 이미지 [지폐.psd]를 엽니다. 지폐의 인물 부분을 오려낸 [지폐] 레이어가 준비되어 있습니다.

아래에 방금 작성한 강아지 이미지를 배치합니다. [Free Transform]을 사용하여 지폐의 기울기에 맞게 회전시킵니다. 10

09

10

04 지폐와 개의 색조 정리하기

지폐와 개의 색조를 정리합니다.

[개] 레이어를 선택하고 [Image]−[Adjustments]−[Hue/Saturation]을 선택합니다.

[Colorize]에 체크하고 [Hue : 40], [Saturation : 15]로 적용합니다. 11 12

지폐 이미지는 노이즈 느낌이 있으므로 [개] 레이어를 선택하고 [Filter]−[Noise]−[Add Noise]를 선택합니다.

[Amount : 20%], [Gaussian], [Monochromatic] 13 으로 설정하고 [OK]를 클릭합니다.

색감과 질감이 조정되었습니다. 14

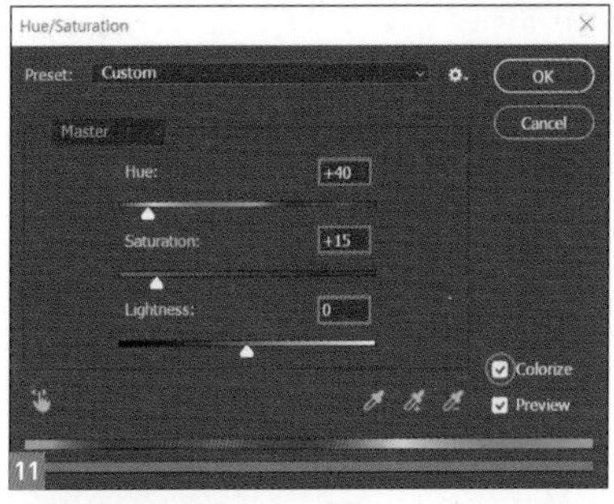

11

12

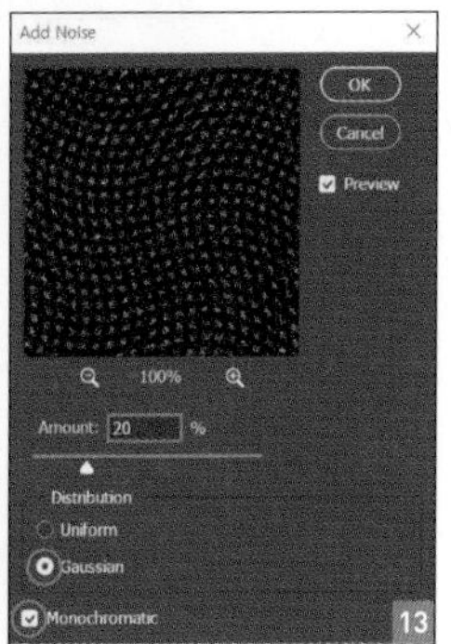

13

14

Ps No. 007

거대한 고양이가 있는 풍경

밝기, 색상, 질감을 같게 한 크기가 다른 두 이미지를 합성하여 디지털 예제다운 놀라운 이미지를 만듭니다.

POINT	밝기, 색상, 질감을 같게 한다
HOW TO USE	비현실적이고 인상적인 이미지 작성에 사용

USA TODAY

01 고양이를 배치하고 마스크로 조정하기

예제 파일 [풍경.psd]를 엽니다. 미리 화면 앞의 요소를 오려 내어 [앞쪽 이미지] 레이어와 [배경] 레이어로 구성되어 있습니다. 01 02

예제 파일 [고양이.psd]를 엽니다. 이 파일도 고양이를 오려 낸 [고양이] 레이어가 준비되어 있습니다.

[고양이] 레이어를 [앞쪽 이미지] 레이어 아래로 이동합니다. 고양이가 도로 한가운데 앉아 있도록 배치합니다. 03 04

[고양이] 레이어를 선택하고 [Layers] 패널에서 [Add layer mask]를 클릭합니다. 05

레이어 마스크 섬네일이 선택된 상태에서, [Tool] 패널의 [Brush Tool]을 선택하고 [Foreground Color : #000000]으로 설정합니다. 06 07

고양이 꼬리 부분을 드래그하여 마스크 합니다. 08

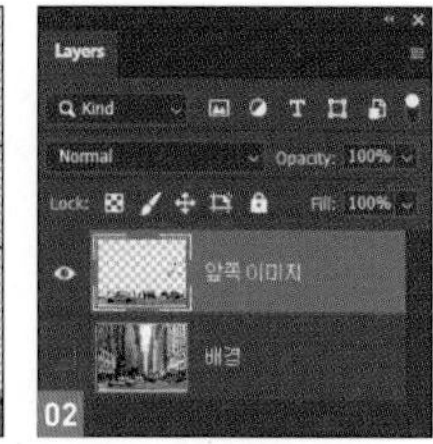

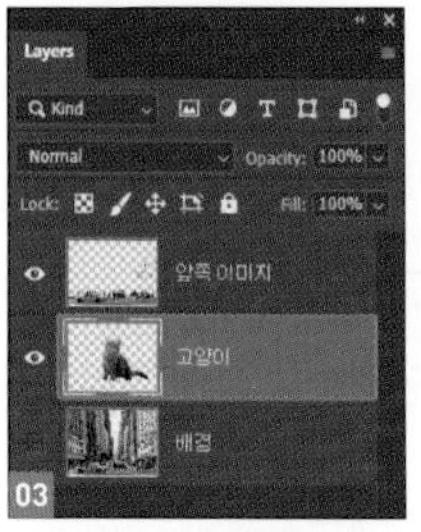

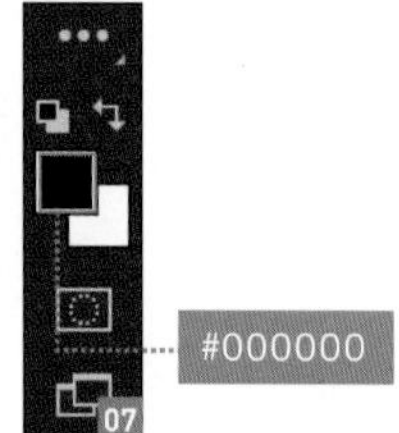

02 고양이와 도로의 접지면을 조정하기

[고양이] 레이어를 선택합니다. 09 [Tool] 패널에서 [Clone Stamp Tool]을 선택합니다. 10 [옵션] 바에서 [Brush : Soft Round], [Size : 60], [Sample : Current Layer]로 설정합니다. 11

고양이 엉덩이 부분을 추가하여 앉아 있는 것처럼 복사하면서 택시가 보이지 않도록 합니다.

택시가 사라지는 12의 위치를 참고로 option(Alt)+클릭을 눌러 복사합니다. 복사와 드래그를 반복하여 13과 같이 택시가 보이지 않도록 만듭니다.

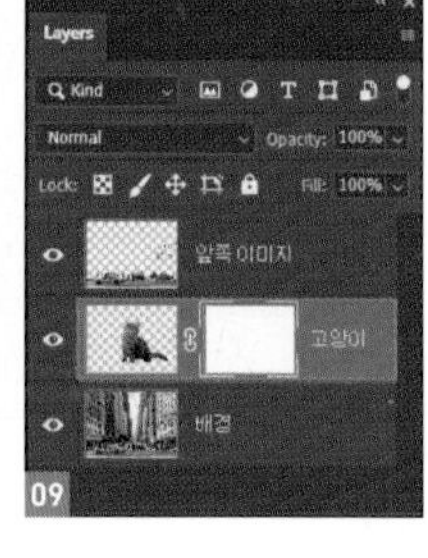

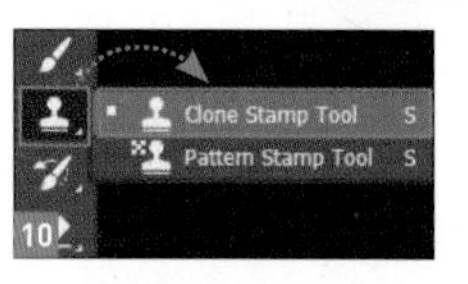

03 도로에 고양이 그림자 추가하기

[고양이] 레이어 아래에 새로운 [그림자 1] 레이어를 만듭니다. [Tool] 패널에서 [Brush Tool]을 선택하고 [Soft Round]로 설정하여 고양이의 그림자가 있을 것 같은 부분에 그림자를 그립니다. 14

그 상태로는 그림자의 색상이 너무 강하므로 [그림자 1] 레이어의 불투명도를 70%로 조절하여 이미지와 자연스럽게 어우러지게 합니다. 15 16

04 그림자 추가하기

아래에 새로운 [그림자 2] 레이어를 만듭니다.

이번에는 고양이의 다리나 엉덩이 부분 등 도로와 접하는 부분에만 그림자를 그립니다. 17

접지면은 강한 그림자가 되므로 불투명도는 100% 그대로 진행합니다. 그림자를 추가하면 앉아 있는 느낌이나 안정감이 생깁니다. 여기까지를 정리하면 레이어는 18과 같습니다.

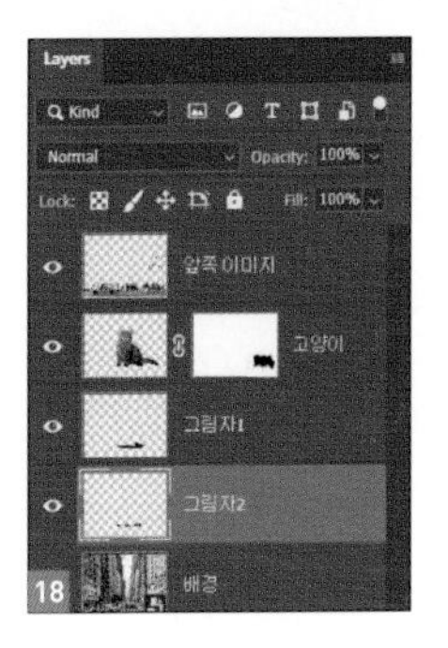

05 고양이의 밝기, 색상 조정하기

[고양이] 레이어를 선택합니다. [Image]–[Adjustments]–[Color Balance]를 선택합니다. 19 [Color Balance]에서 [Shadows]를 선택하고 [Color Levels : +15/0/0]으로 설정하여 어두운 부분에 Red를 더합니다. 20

또 [Color Balance]에서 [Midtones]를 선택하고 [Color Levels : −20/0/+20]으로 설정하여 중간 부분에 Cyan, Blue를 더합니다. 21 [OK]를 클릭해 적용합니다. 22

[Image]–[Adjustments]–[Levels]를 선택합니다. 23 [Input Levels : 0/0.9/255], [Output Levels : 0/230]으로 설정합니다. 24

빌딩의 그림자 부분으로, 하이라이트를 [230]으로 설정하여 전체적으로 어둡게 했습니다. 중간 부분은 [0.9]로 설정하여 콘트라스트를 조금 올렸습니다. 25

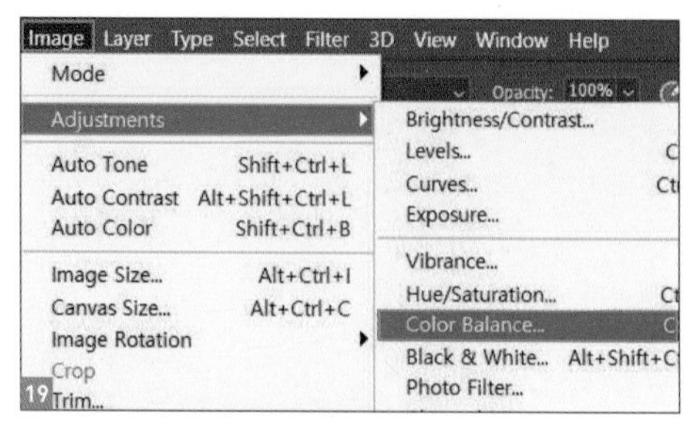

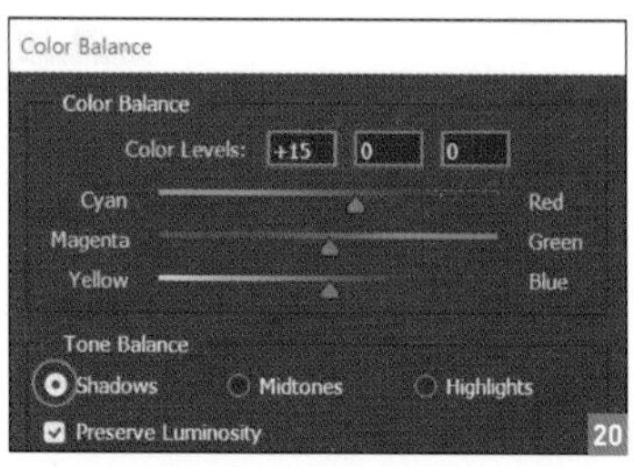

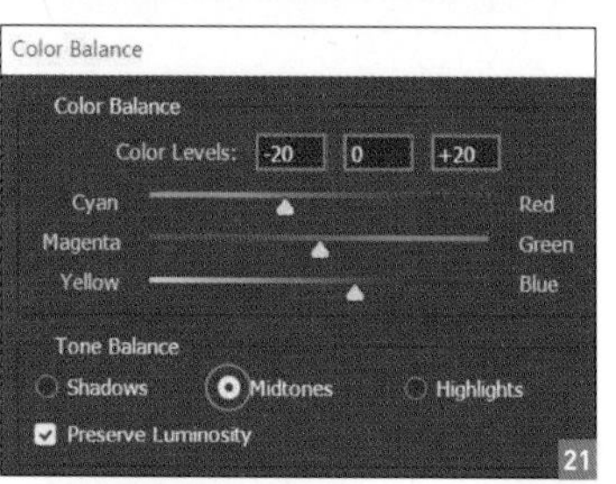

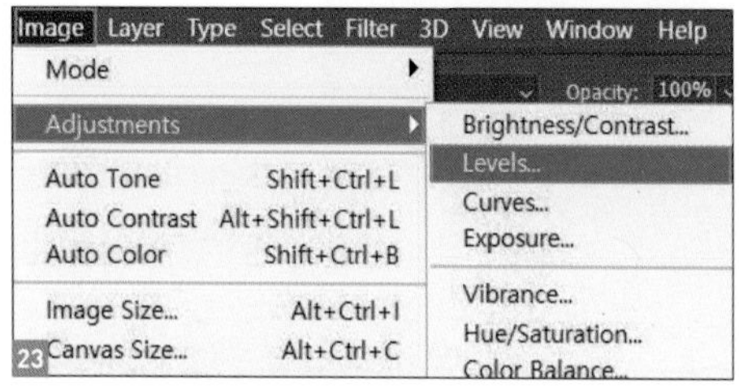

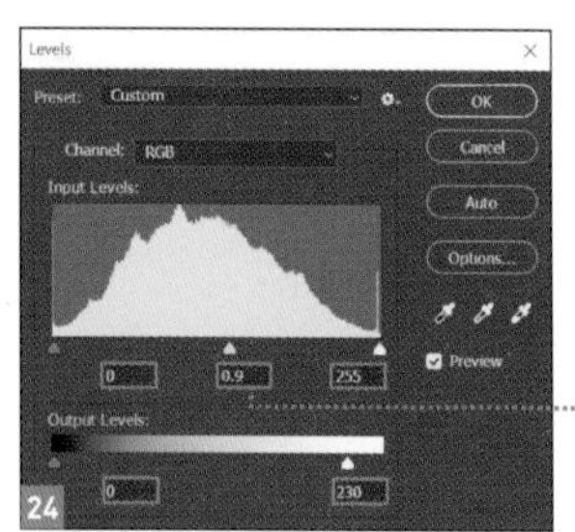

중간 부분을 0.9로 설정하여 콘트라스트를 조금 높임

06 Noise, Blur를 추가해 고양이의 질감 정돈하기

배경 이미지에 비해 고양이 이미지가 조금 더 선명하여 어울리게 수정합니다.

[Filter]–[Noise]–[Add Noise]를 선택합니다. 26 [Amount : 5%]로 설정하고 [OK]를 선택합니다. 27 노이즈의 양은 주변 빌딩의 화질을 참고합니다.

다음으로 조금만 흐리게 해서 화질을 떨어뜨립니다. [Filter]–[Blur]–[Gaussian Blur]를 선택합니다. [Radius : 0.3pixels]로 적용합니다. 28 고양이 이미지에 Noise, Blur를 추가해 배경 이미지와 매치했습니다. 29

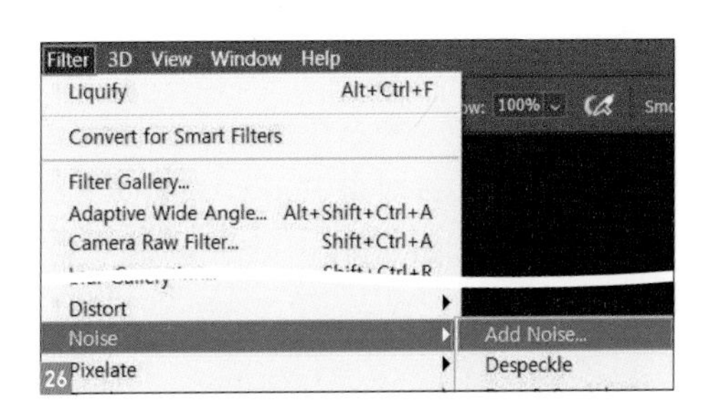

26

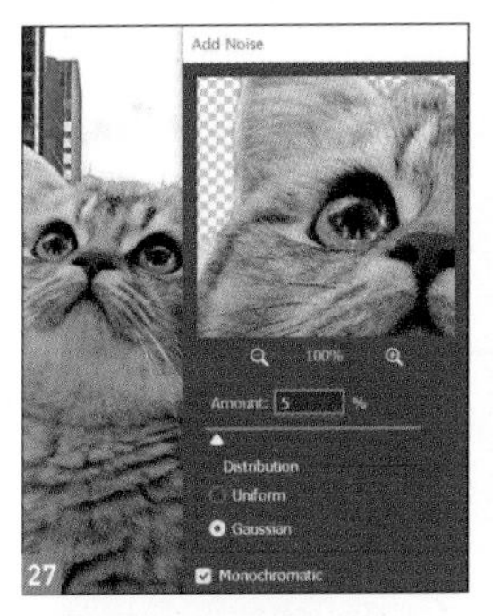

27

28

29

07 고양이에 빛 추가하기

[고양이] 레이어 위에 새로운 [빛] 레이어를 만들고, [Blending Mode : Overlay]로 설정합니다. 마우스 오른쪽 버튼을 클릭하고 [Create Clipping Mask]를 선택합니다. 30

[Brush Tool]을 선택하고 [Soft Round], [Foreground Color : #ffffff]를 선택합니다. 위에서 빛이 비치는 이미지로, 브러시 크기를 [500px] 정도로 크게 설정하고 고양이의 얼굴이나 등, 원래 빛이 비치는 윤곽 부분에 드래그하여 빛을 추가합니다. 31

빛을 추가한 후 상태를 보고 레이어의 불투명도를 조정합니다. 예제에서는 50%로 조정했습니다. 32

> **memo**
>
> 턱 아래나 화면 왼쪽의 팔이나 배 부분은 그림자가 되므로 빛을 추가하지 않습니다.

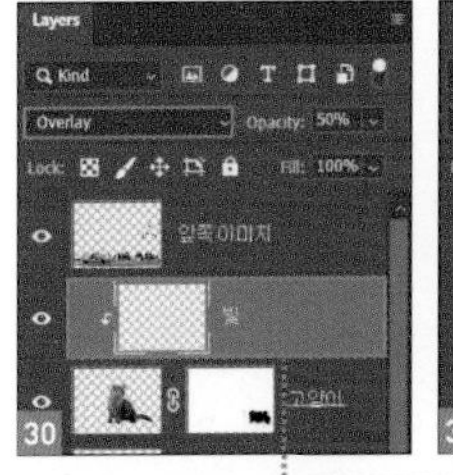

30

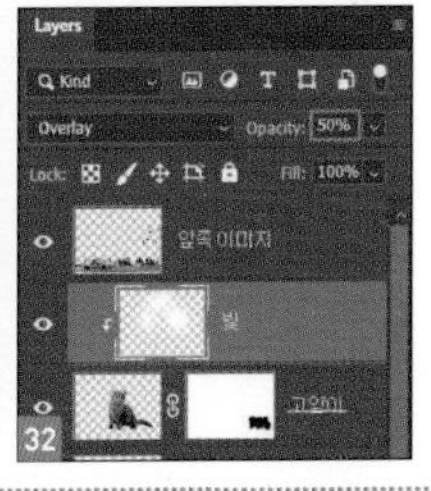

32

31

08 배경에 Blur 추가하기

고양이 이미지는 몸통 부분 근처에서 흐려지기 시작하고 엉덩이 부분은 흐려짐을 확실히 알 수 있는 이미지입니다. 비슷한 거리감으로 배경에도 Blur를 추가합니다.

[배경] 레이어를 선택합니다. [Filter]–[Blur Gallery]–[Iris Blur]를 선택합니다.33 [Blur : 5px]로 설정합니다.34

캔버스 위를 클릭하여 Blur 포인트를 3개 추가합니다.

첫 번째는 바로 앞에서 안쪽으로 원근감을 의식하여 추가합니다. 주위에 있는 컨트롤 포인트를 드래그하여 35의 모양을 참고하여 조정합니다.

두 번째는 화면 왼쪽 건물의 원근감을 의식하여 추가합니다. 클릭하여 포인트를 추가하고, 바로 앞에서 두 번째 빌딩 근처부터 흐려지기 시작하는 이미지로 조정합니다. 36을 참고하여 조정해 주십시오.

세 번째는 화면 오른쪽 건물의 원근감을 의식하여 추가합니다. 클릭하여 포인트를 추가하고, 이쪽도 바로 앞에서 두 번째 빌딩 근처부터 흐려지기 시작하는 이미지입니다. 37을 참고하여 조정합니다. 조정이 끝나면 [OK]를 클릭하여 적용합니다.

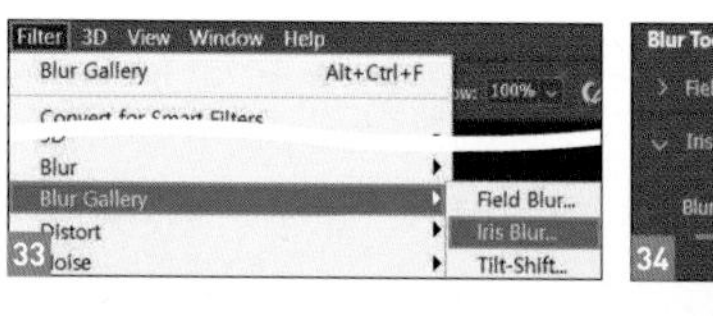

33

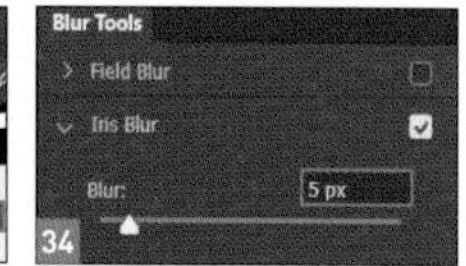

34

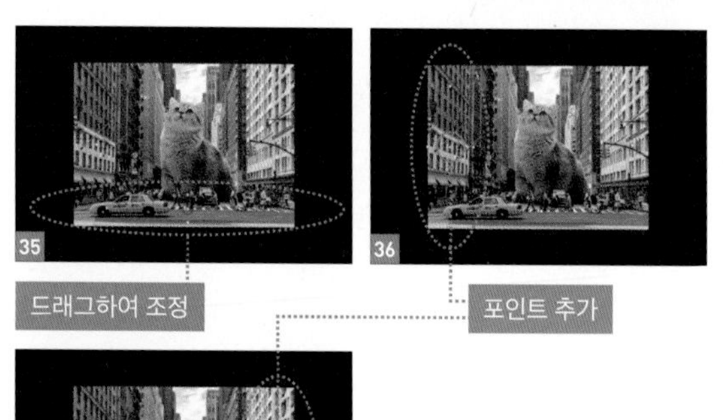

35 36 37

09 Curves를 사용하여 전체 명도를 맞추기

레이어의 맨 위에 [Create new fill or adjustment layer]–[Curves]를 추가합니다.38

왼쪽 아래의 컨트롤 포인트를 [Input : 10/Output : 50]39으로 설정하고, 컨트롤 포인트를 추가하여 [Input : 40/Output : 65]로 설정합니다.40 섀도 쪽의 계조를 조정하여 전체적으로 검은색이 균일해지고 매트한 질감이 됩니다. 하위 레이어 모두에 적용되므로 전체 밝기에 통일감이 생깁니다.41

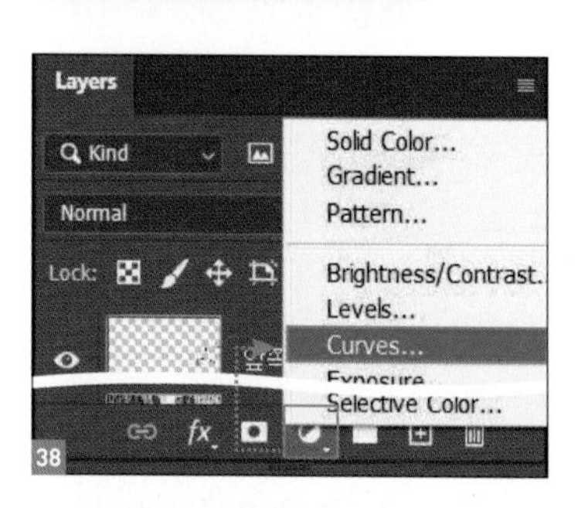

38

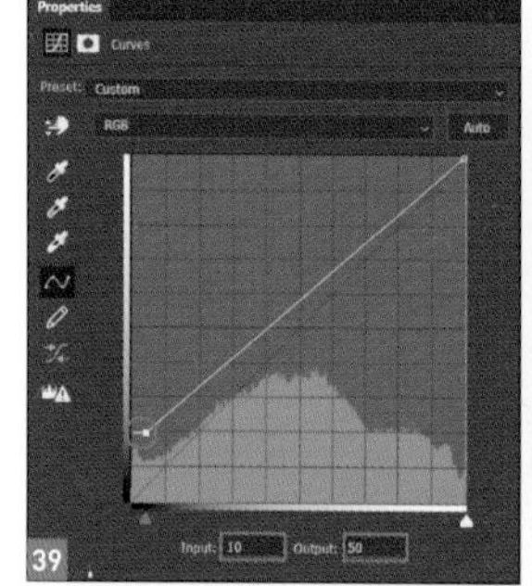
39

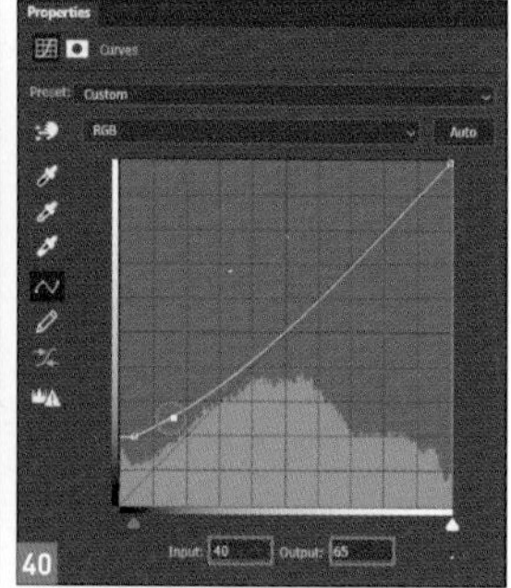
40

41

사실적인 질감의 디자인 테크닉

불꽃, 물, 눈, 얼음, 구름, 금속, 유리, 번개 등 사실적인 질감을 만들어 봅니다. 레이어 스타일, 필터를 사용하여 재현하는 방법을 배웁니다. 또, 본서 오리지널 브러시도 활용할 수 있습니다.

CHAPTER 02

Realistic material design techniques

BURNING EFFECT

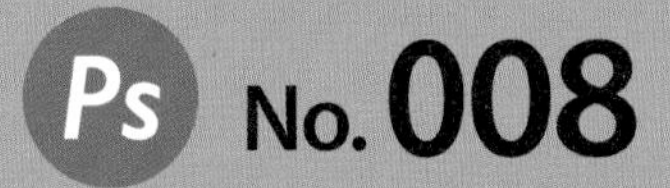

불꽃 이미지 만들기

사자 이미지의 테두리를 불꽃 이미지로 연출합니다.

POINT 필터를 사용하여 타오르는 불꽃을 표현한다

HOW TO USE 불꽃 표현에 사용

01 펜 툴로 테두리를 따라 패스 만들기

예제 파일 [사자.psd]를 엽니다.
새로운 [불꽃] 레이어를 만들고 선택합니다.
[Tool] 패널에서 [Freeform Pen Tool]을 선택하고, [옵션] 바에서 Path를 선택합니다. 01 02 사자의 갈기를 따라 클릭하여 패스를 만듭니다. 03

02 Path Make: Selection... Mask Shape

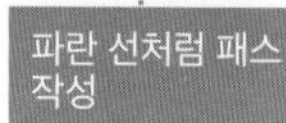

02 필터로 불꽃 만들기

[Filter]–[Render]–[Flame]을 선택하고, [Basic] 탭에서 [Flame Type : 1.One Flame Along Path]를 선택합니다. 04 05 [Advanced] 탭에서 06과 같이 설정합니다. 테두리를 따라 불꽃 이미지가 추가되었습니다. 07

memo

Flame 필터는 그래픽 카드의 성능에 따라 작업이 늦어질 수도 있습니다. 작업이 늦어질 경우에는 만든 Path의 수를 몇 번에 나누어 04~06의 과정을 작업하면 좋습니다.

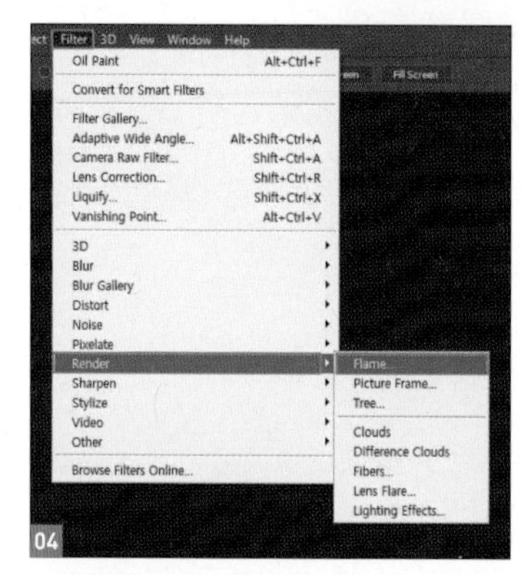

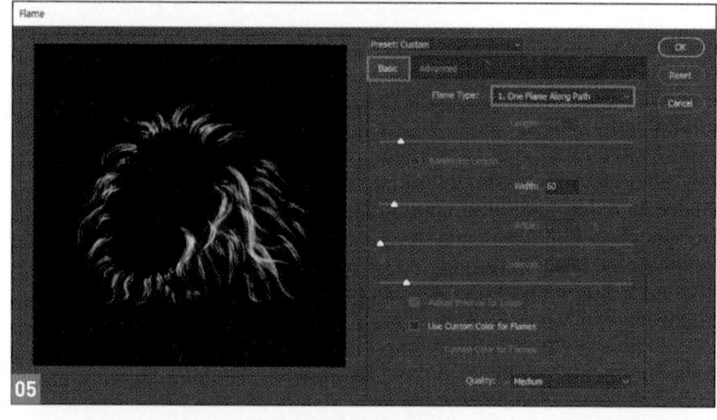

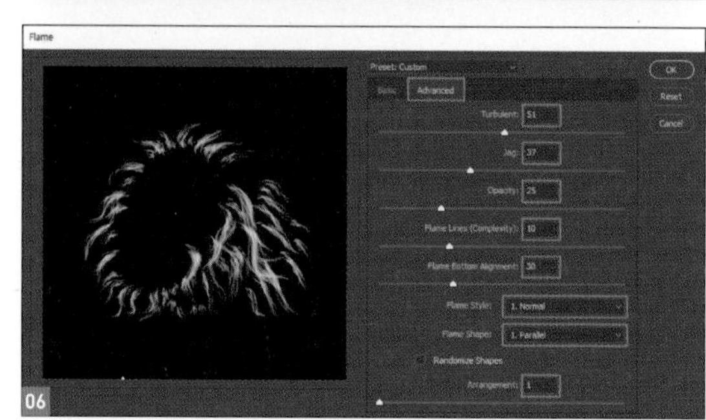

03 불꽃의 광채를 추가하기

[Layers] 패널에서 [불꽃] 레이어를 더블 클릭하여 [Layer Style]을 표시합니다. [Outer Glow]를 선택하고 08과 같이 설정합니다. Gradient의 Color는 불꽃과의 밸런스를 보고 [Color : #db7215]로 설정합니다.
타오르는 불꽃 이미지가 표현됩니다. 09

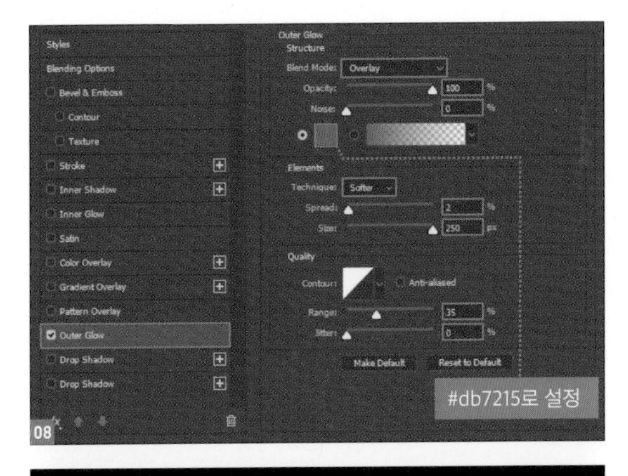

08

09

04 얼굴에 광채를 만들어 완성

[Layers] 패널 맨 위에 새로운 [얼굴 광채] 레이어를 만들고, [Blending Mode : Overlay], [Opacity : 75%]로 설정합니다. [Tool] 패널에서 [Foreground Color : #db7215]로 설정하고, Brush Tool을 사용하여 두 눈과 얼굴 윤곽에 광채를 추가해 완성합니다. 10 p.42의 제목도 **01~02** 단계와 같은 방법으로 만들었습니다.

10

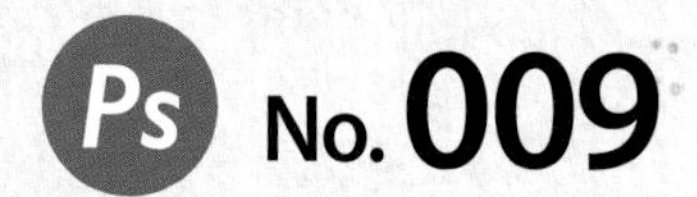

물보라 디자인하기

물보라 브러시를 사용하여 인상적인 디자인을 만듭니다.

POINT 물보라 브러시의 크기, 회전을 세밀하게 조절한다

HOW TO USE 인상적인 그래픽 제작에 사용

WATER SPLASH EFFECT

01 이미지를 복사하고, 비틀기

예제 파일 [인물.psd]를 엽니다. 레이어를 복사한 후 이름을 [물보라]라고 합니다. [물보라] 레이어에서 마우스 오른쪽 버튼 클릭하고 [Convert to Smart Object]를 선택합니다. 01

[물보라] 레이어가 선택된 상태에서 [Filter]–[Liquify]를 선택합니다. 02

[Forword Warp Tool]을 선택한 후 [Brush Tool Options]에서 [Size : 400]으로 설정하고, 인물의 등 부분을 그림과 같이 드래그하여 잡아 늘립니다. 03 04 [OK]를 클릭합니다.

[물보라] 레이어를 선택하고 [Layers] 패널 아래 아이콘 중 [Add layer mask]를 선택합니다. 05

마스크가 선택된 상태로 [Foreground Color : #000000]으로 바꾸고, [Paint Bucker Tool]로 채웁니다. 06

memo

Smart Object로 작업하면 원래의 이미지 화질을 유지해 편집, 확대, 축소 등의 작업을 할 때 화질이 떨어지지 않습니다. Smart Object는 이미지의 화질을 그대로 유지하여 작업되기 때문에 수정에 강한 데이터로써 작업할 수 있는 이점이 있습니다.

memo

⌘(Ctrl)+I의 단축키를 사용하면 Foreground Color로 채워집니다.

02 물보라 브러시를 사용하여 마스크 조정하기

미리 작성되어 있는 브러시를 사용하여 작업합니다.

제공된 브러시 파일 [Splash.abr]을 07 더블 클릭하여 브러시를 추가합니다. 08

[물보라] 레이어의 마스크 부분이 선택된 상태에서 [Brush Tool]을 선택합니다. [Fill Color : #ffffff]로 설정하고, 마스크 부분에 드래그합니다.

[Splash01], [Splash02] 브러시를 사용하여 인물의 등 부분에 물보라를 추가합니다.

브러시의 Roundness와 Angle을 바꾸면서 그리면 좋습니다. 09 10

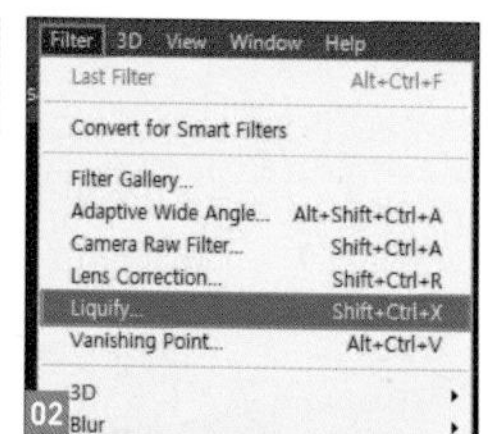

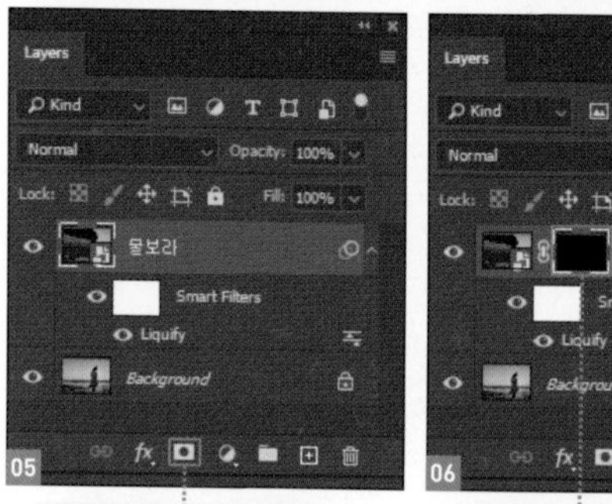

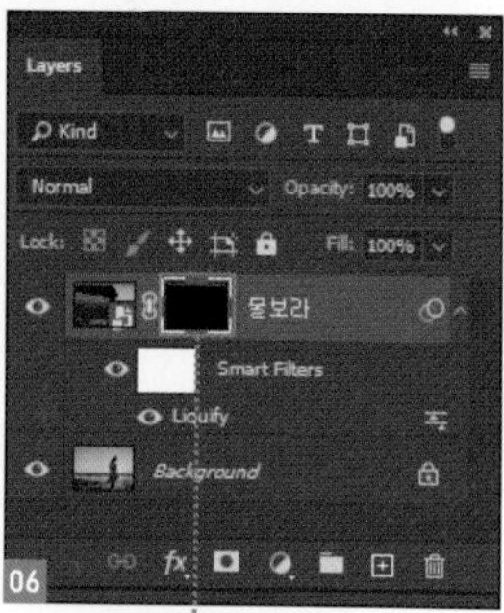

검은색으로 채우기

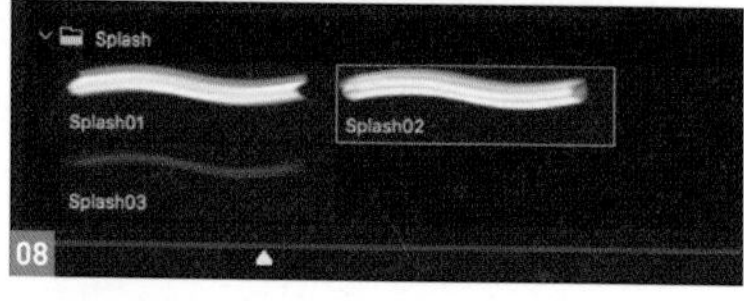

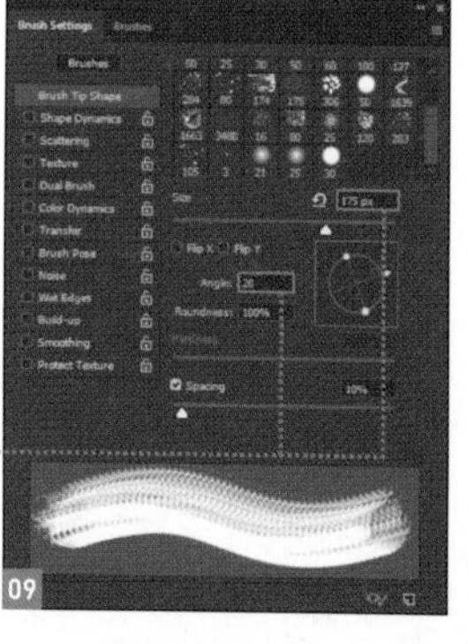

변경하면서 그리기

03 균형을 생각하면서 물보라 추가하기

작업 화면의 균형을 생각하면서 물보라를 추가해 봅니다. 물보라 모양이 갖추어지면 [Splash03] 브러시를 사용하여 작은 물방울도 추가합니다. 11

이 시점에서 [Filter]–[Liquify]의 적용 상태가 신경 쓰이는 경우에는 다시 다듬어 줍니다.

11

04 물보라를 더욱 가다듬기

예제 파일 [한지.psd]를 엽니다. 레이어의 제일 아래에 배치하고, [Background] 레이어를 숨깁니다. 12

이 상태로 [물보라] 레이어에서 물보라를 추가합니다. 13

등에 [Filter]–[Liquify]로 작업된 부분이 자연스럽지 않다면, 14 맨 위에 새로운 [물보라 2] 레이어를 작성하고, [Tool] 패널에서 [Eyedropper Tool]을 선택하여 인물로부터 Foreground Color를 추출하고, [Brush Tool]을 사용하여 신경이 쓰이는 부분에 물보라를 더 추가합니다. 15

적당히 조정해 나가면 좋습니다. 16

P.46의 완성된 예제는 하단에 "WATER SPLASH EFFECT"라는 문자를 배치하여 완성했습니다.

12

13

memo

Brush Tool을 선택하여 작업 중 option(Alt)를 누르면 Eyedropper Tool로 전환됩니다.

memo

[Splash.abr] 브러시를 사용하면 손쉽게 물보라 디자인을 만들 수 있습니다.
간단한 작업부터 이번 예제에서 설명하고 있는 것과 같이 본격적인 작품 제작까지 다양한 이용 형태에 맞추어 브러시를 활용해 보면 좋습니다.

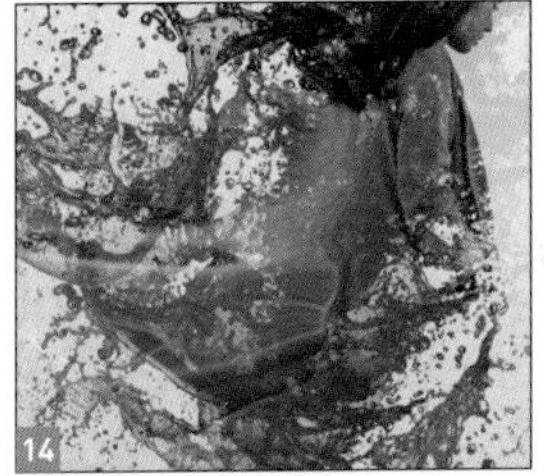
14

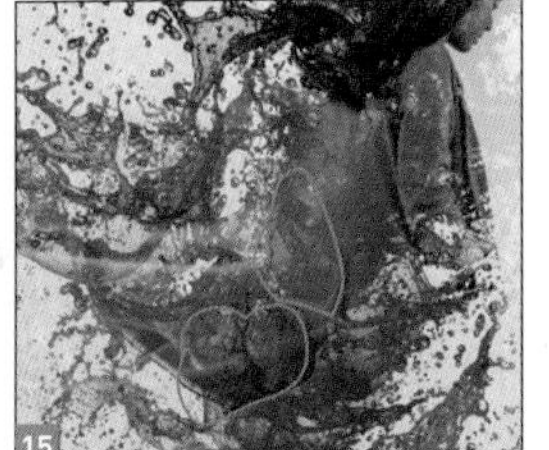
15

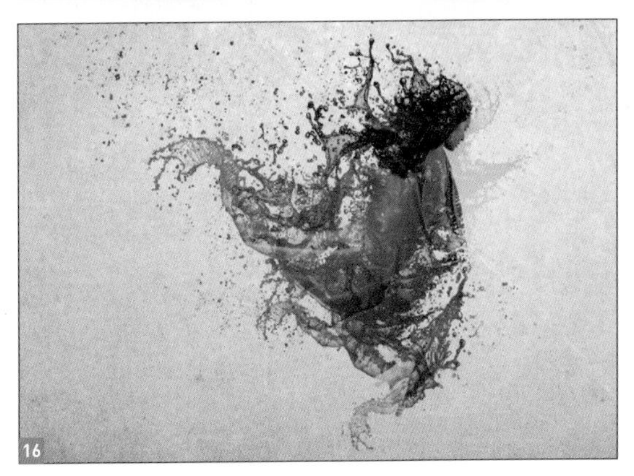
16

01 Channel Mixer를 사용하여 눈이 오는 배경으로 바꾸기

예제 파일에서 [들판.psd]를 불러옵니다.

[Layers] 패널에서 [Create new fill or adjustment layer] 아이콘을 클릭한 후 Channel Mixer를 선택하고, [Blending Mode : Lighten]으로 설정합니다. 01 02

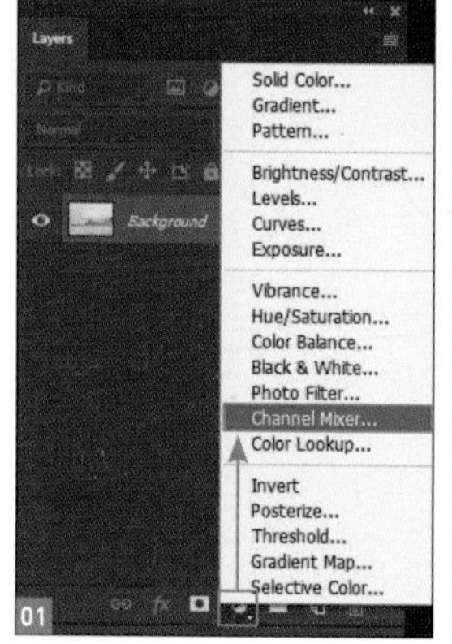

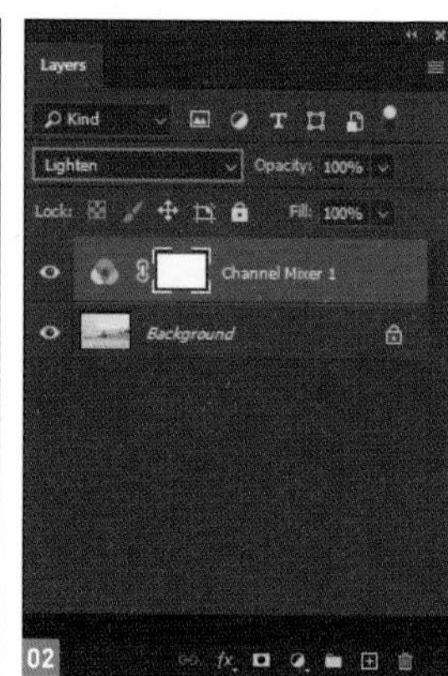

Ps No.010

눈 이미지 만들기

평범한 풍경 사진에서 눈이 흩날리는 이미지를 만들어 봅니다.

POINT Channel Mixer를 사용하여 색칠한다

HOW TO USE 손쉽게 사진의 인상을 바꾸고 싶을 때 사용

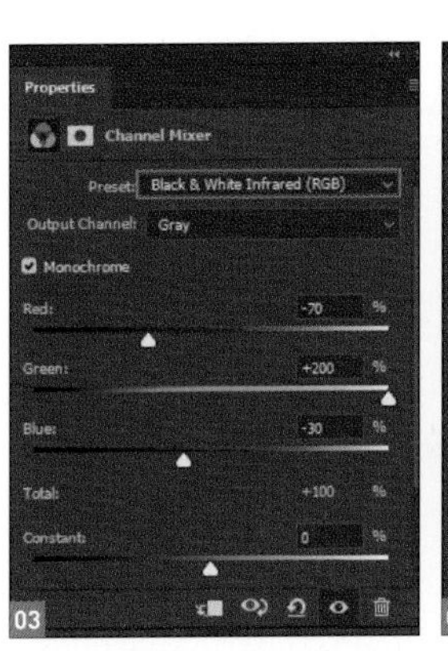

03

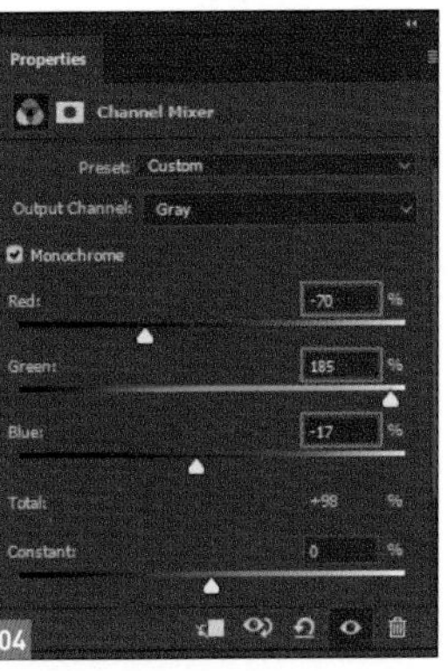

04

[Properties] 패널에서 [Preset]을 [Black & White Infrared (RGB)]로 설정합니다. 03

이 상태에서는 꽃밭이 하얗게 변해 버리므로 [Red : −70%], [Green : +185%], [Blue : −17%]로 설정하여 04 이미지를 그림과 같이 만듭니다. 05

05

02 Curves를 사용하여 하늘의 색상을 조정하기

[Layers] 패널에서 [Background] 레이어를 선택합니다. [Create new fill or adjustment layer] 아이콘을 클릭한 후 [Curves]를 선택하여 [Channel Mixer] 레이어 아래에 추가합니다. 06

[Properties] 패널에서 Blue를 선택하고 07과 같은 위치에 커서를 클릭하여 포인트를 만든 후 [Input : 104], [Output : 165]로 설정합니다.

하늘의 색상이 변화됩니다. 08

06

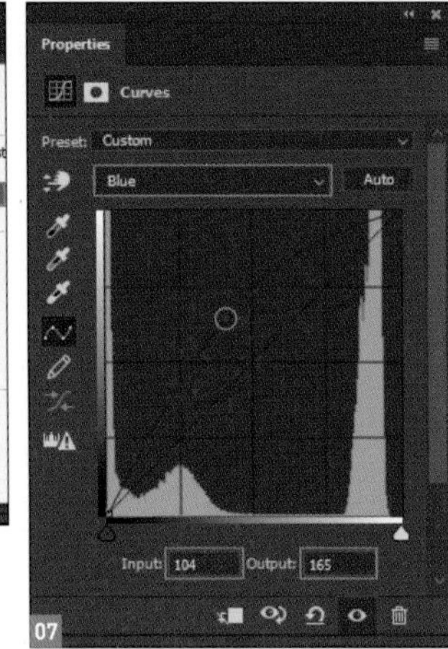

07

08

03 중앙의 나무와 초원의 색상 바꾸기

[Layers] 패널에서 새로운 [나무의 색] 레이어를 만듭니다. 맨 위로 이동시키고 [Blending Mode : Overlay], [Opacity : 80%]로 설정합니다.

[Tool] 패널에서 [Foreground Color : #bd74b0]으로 설정하고 [Brush Tool]을 사용하여 나무에 색상을 입힙니다. 브러시는 부드러운 원 브러시, Size는 색칠하기 편한 크기로 설정하여 사용합니다. 09

같은 방법으로 [나무의 색] 레이어 아래에 새로운 [초원의 색] 레이어를 추가한 후 [Blending Mode : Overlay], [Opacity : 25%]로 설정합니다.

[Foreground Color : #ffffff]로 설정하고 나무와 같은 방법으로 중앙의 초원을 하얗게 색칠합니다. 10

09

10

04 눈의 연출을 추가하여 완성하기

[Layers] 패널 맨 위에 새로운 [눈] 레이어를 작성한 후 선택합니다.

[Tool] 패널에서 [Brush Tool]을 선택하고, Soft Round 30을 선택합니다.

[옵션] 바에서 [Toggle the Brush Settings panel] 아이콘을 선택합니다. 11 [Brush Settings] 패널에서 [Brush Tip Shape]을 선택하고 [Spacing : 400%]로 설정합니다. 12 [Brush Settings] 패널의 [Shape Dynamics]를 13과 같이 설정하고 Scattering을 14와 같이 설정합니다.

새로 만든 브러시를 선택한 후 [Foreground Color : #ffffff]로 설정하여 눈을 그립니다.

앞쪽에 내리는 눈은 브러시 크기 100px 전후, 뒤쪽에 내리는 눈은 30px 전후로 설정합니다.

내리는 눈의 이미지를 생각하면서 작업화면의 위에서 아래로 드래그하면 자연스러운 눈 이미지를 만들 수 있습니다. 15

memo

이 책의 예제에 사용한 브러시나 그라데이션, 패턴 등은 일부의 예제를 제외하고 소재로 제공됩니다.
이 예제 외에 자신이 만들어 내는 새로운 작품 제작에 활용해도 좋습니다.
이번 예제에서 제작한 눈의 연출 브러시는 [눈모양.abr]입니다.

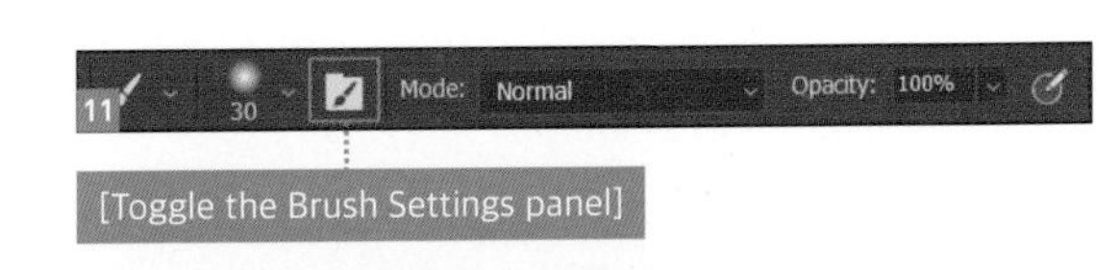

[Toggle the Brush Settings panel]

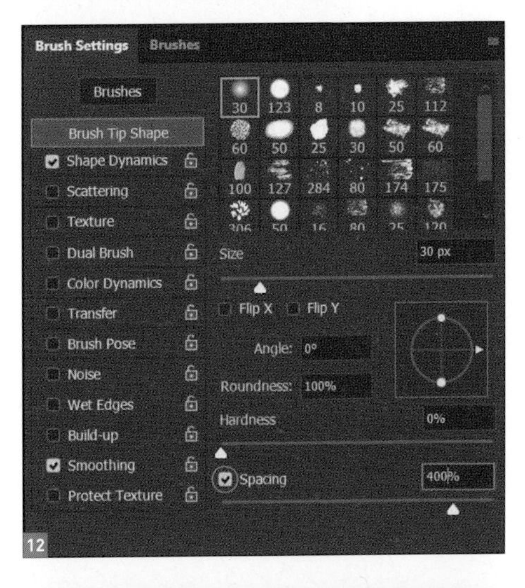

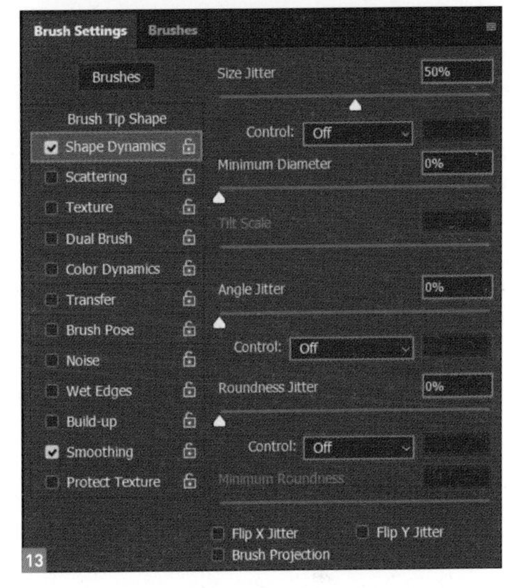

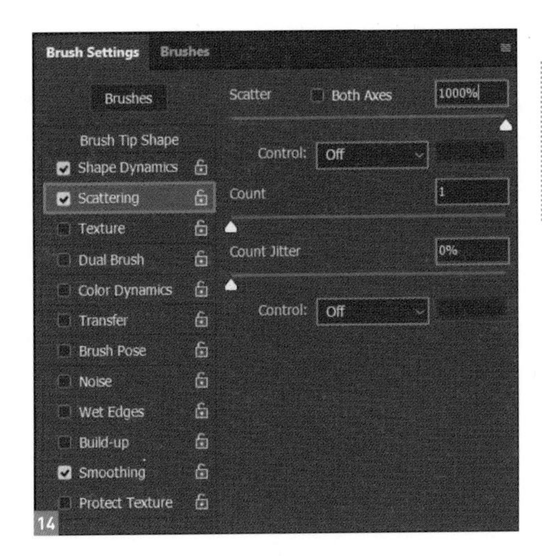

브러시 크기를 [100px], [30px]로 구분하여 그리기

Ps No. 011 얼음 디자인하기

Layer Style을 사용하여 얼음의 사실적인 질감을 만듭니다.

POINT	Bevel & Emboss를 사용한다
HOW TO USE	얼음이나 바위 등의 질감 표현에 사용

01 Horizontal Type Tool을 사용하여 텍스트 입력하기

예제 파일에서 [물컵.psd]를 불러옵니다. [Tool] 패널에서 [Horizontal Type Tool]을 선택합니다.

[Window]–[Character]를 선택하여 [Character] 패널을 표시하고, [Font : Franklin Gothic Pr6N], [Font Style : Regular], [Size : 200pt], [Color : #ffffff] 등 01과 같이 설정합니다. 유리컵 안쪽에 배치하고 "ICE"라고 입력합니다. 02

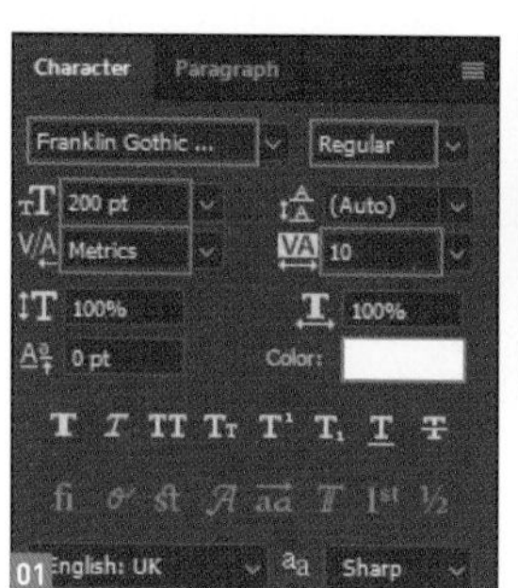

01

02

02 얼음 사진을 사용하여 텍스트에 마스크 씌우기

예제 파일에서 [얼음재질.psd]를 불러와 [ICE] 레이어에 겹치도록 맨 위에 배치합니다. 03

[Layers] 패널에서 [얼음재질] 레이어와 아래 [ICE] 레이어의 경계에서 option (Alt)를 누르면서 클릭하여 04, Clipping Mask를 만듭니다. 05 [Layers] 패널이 06과 같이 됩니다.

03

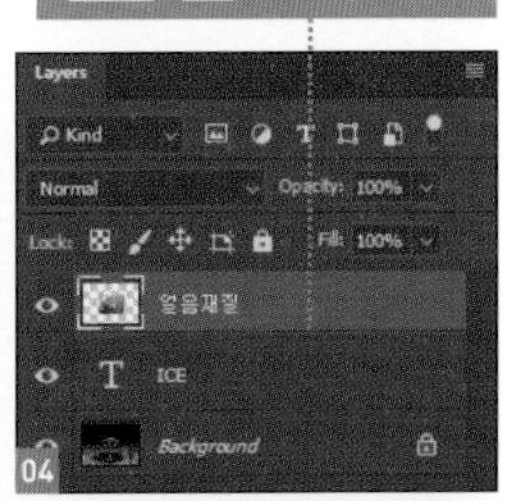

04

05

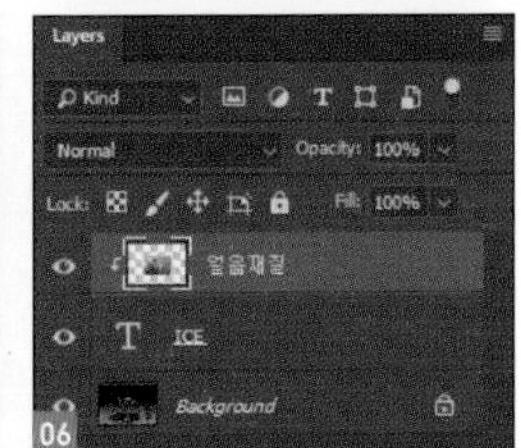

06

03 Layer Style을 사용하여 문자에 얼음의 질감 표현하기

[ICE] 레이어를 더블 클릭하여 [Layer Style]을 엽니다.

[Bevel & Emboss]를 선택하여 07과 같이 설정합니다. 음영의 Color는 [Highlight Mode : #ffffff], [Shadow : #a98d5d]로 설정합니다.

다음은 [Inner Glow]를 선택하여 08과 같이 설정합니다.

[Structure]의 그라데이션은 [Foreground Color : #ffffff]를 선택한 상태에서 [Foreground to Transparent]를 선택합니다. 09

[Blending Mode : Overlay], [Fill : 65%]로 설정합니다. 10

얼음의 질감이 더해졌습니다. 11

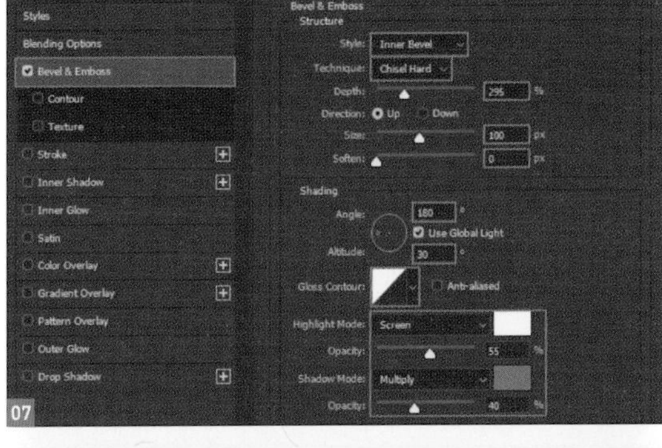

07

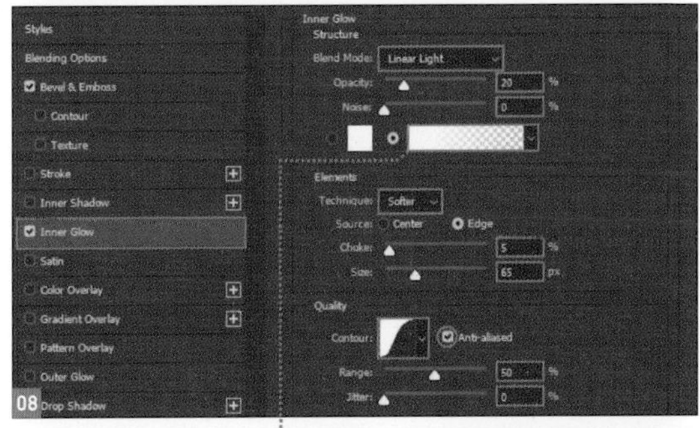

08

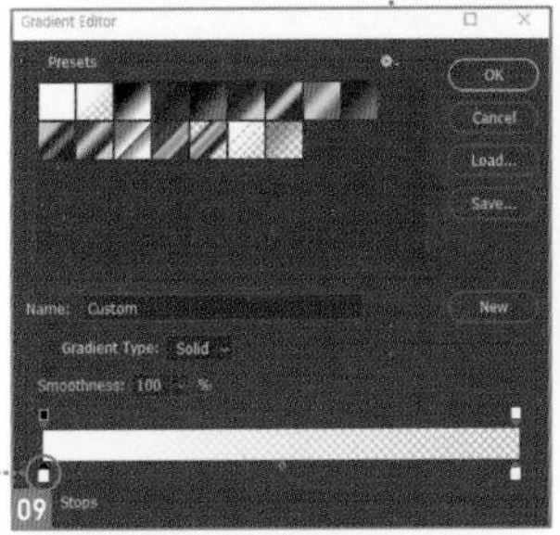

09

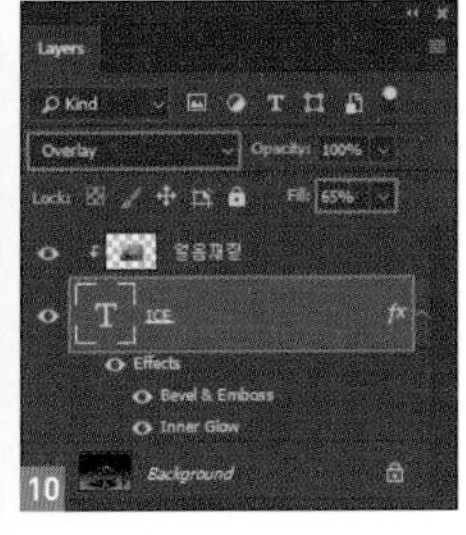

10

11

04 문자 레이어를 Shape으로 변환하고 레이아웃 정리하기

[Layers] 패널에서 [ICE] 레이어를 선택하고 마우스 오른쪽 버튼 클릭 후 [Convert to Shape]을 선택합니다. 12

[Tool] 패널에서 [Path Selection Tool]을 선택합니다. 13

각각의 문자를 선택하고 [Edit]-[Free Transform Path]를 사용하여 유리컵 안에서 얼음이 떠오르도록 레이아웃을 정리합니다. 14 15 16

레이아웃이 정리되면 [OK]를 클릭합니다. [Layers] 패널에서 [ICE] 레이어를 선택한 후 마우스 오른쪽 버튼을 클릭해 [Rasterize Layer]를 선택합니다. 17

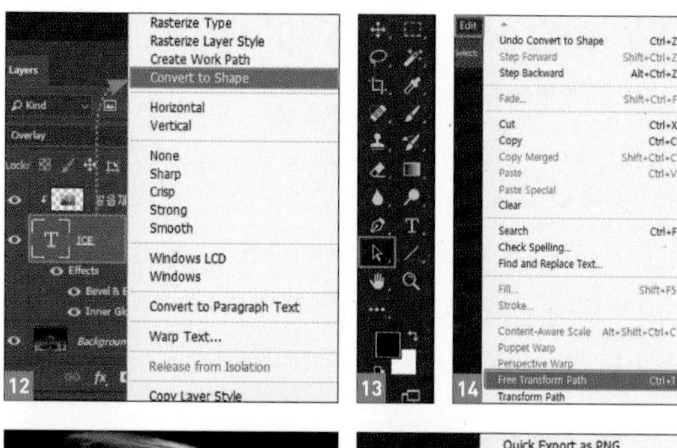

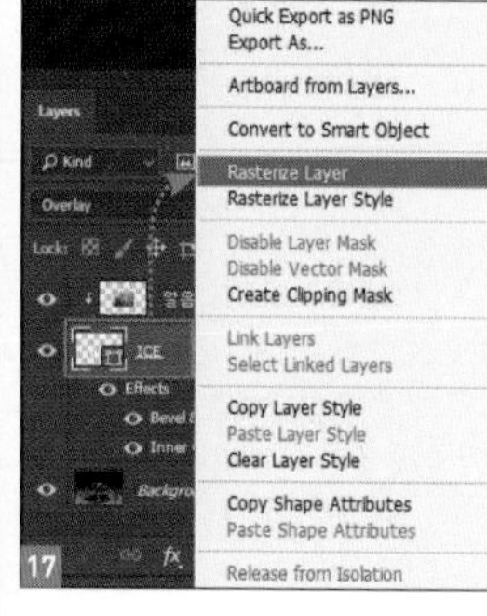

05 얼음 질감을 추가하여 완성하기

[Tool] 패널에서 [Eraser Tool]을 선택하고, [옵션] 바에서 [Hard Round] 브러시를 선택합니다. 18

[ICE] 레이어를 선택하고 [Eraser Tool]로 얼음의 촘촘한 질감을 생각하면서 네 모서리를 깎아갑니다.

얼음 표면같은 사실적인 느낌이 표현됩니다. 19

[Layers] 패널의 맨 위에 새로운 [착색] 레이어를 만듭니다. [Blending Mode : Overlay], [Opacity : 85%], [Fill Color : #cf8214]로 설정한 후 액체 부분을 브러시로 착색하여 완성합니다. 20

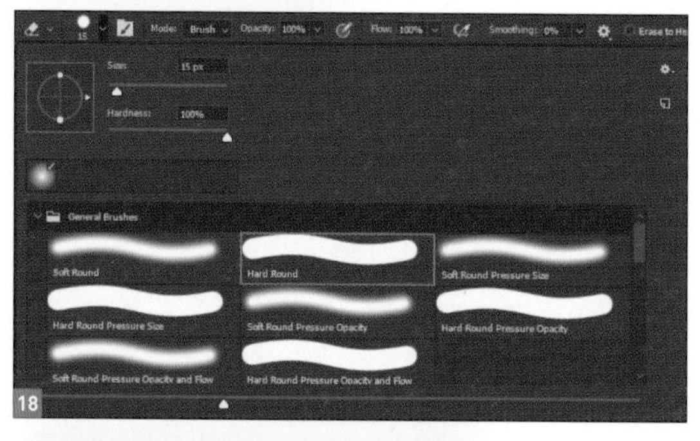

모서리 지우기

#cf8214 칠하기

Ps
No.
012
Summer

구름이나 연기 그리기

구름모양 브러시를 사용하여 구름이나 연기를 그립니다.

POINT 여러 개의 브러시를 구분하여 구름을 그린다

HOW TO USE 비행기가 만든 구름 또는 리얼한 구름 표현에 사용

01 브러시 불러오기

예제 파일 [구름모양.abr]를 더블 클릭하여 브러시를 불러옵니다.

여기에서는 비행기구름용 [비행기구름 브러시] 외에 배경에 그릴 7가지 종류의 구름 브러시가 세트로 있습니다. 01

02 문자 배치하기

예제 파일에서 [여름.psd]를 불러옵니다. [Tool] 패널에서 [Horizontal Type Tool]을 선택합니다. 취향에 따라 필기체의 폰트를 선택합니다. 예제에서는 Adobe Fonts에 수록되어 있는 [Madre Script] 폰트를 선택했습니다.

Adobe Fonts에 대해서 자세히 알고 싶은 경우는 P.118의 "Adobe Fonts란"을 참조합니다.

[Color : #ffffff], [Size : 90pt]로 설정하고 "Summer"라고 입력합니다.

[Edit]–[Free Transform]을 선택하여 회전시켜 배치합니다. 02

03 비행기구름 브러시로 문자 그리기

[Summer] 레이어는 추적하기 쉽게 [Opacity : 30%]으로 설정합니다. 03 04

[Summer] 레이어 위에 새로운 [비행기구름] 레이어를 만듭니다.

[Color : #ffffff]로 설정하고, [Brush Tool]을 선택합니다.

[비행기구름] 브러시를 선택하고 [Size : 50px]로 설정합니다. 05

문자의 처음과 마지막을 길게 하여 06과 같이 그립니다.

텍스트 레이어 [Summer]를 숨기고, 예제 파일 [비행기.psd]를 열고 [Layers] 패널의 위에 배치합니다. 07

01

02

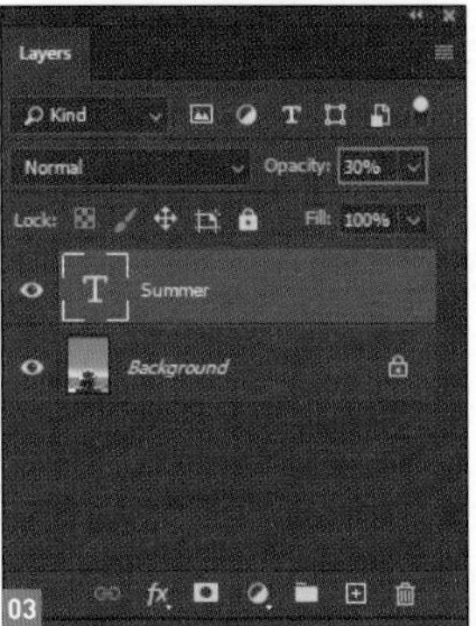

03

04

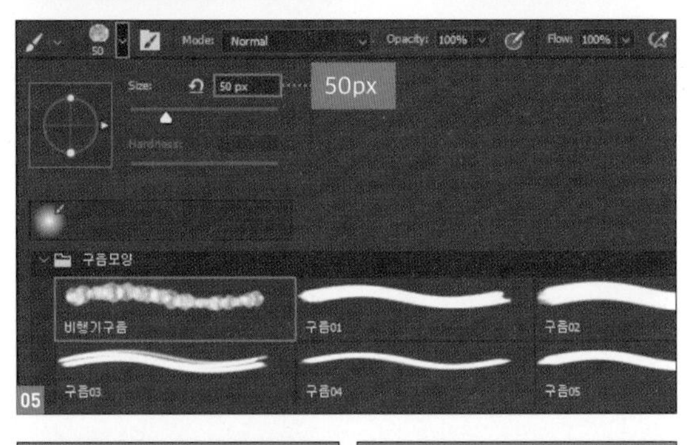

05

06

07

04 비행기구름을 흐리게 하기

[비행기구름] 레이어를 선택합니다.

[Filter]–[Blur]–[Gaussian Blur]를 선택하고 [Radius : 3.0pixels]로 적용합니다. 08 09

[Opacity : 80%]로 설정하여 푸른 하늘과 어우러지도록 합니다. 10

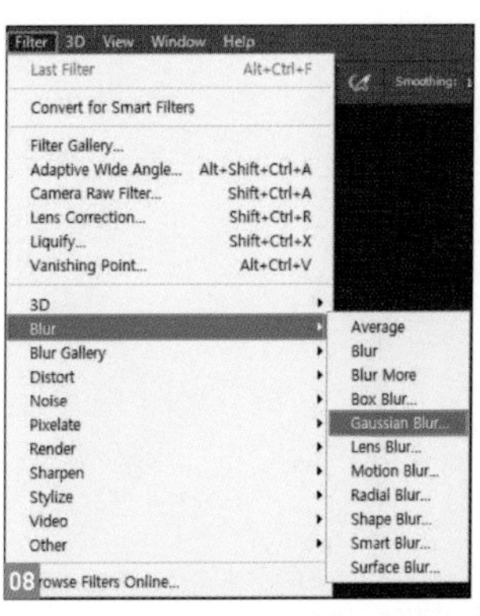

08

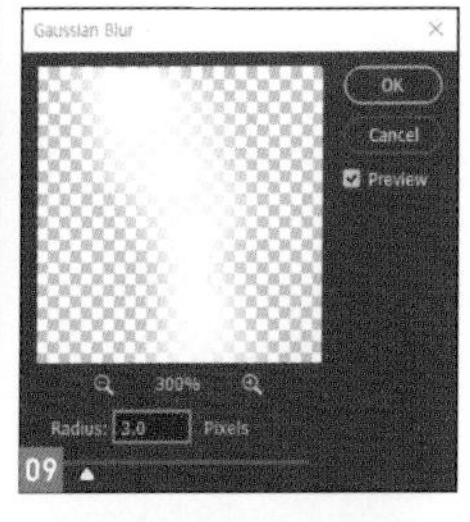

09

10

푸른 하늘과 어우러짐

05 하늘 범위에 레이어 마스크 만들기

[Background] 레이어 위에 새로운 [구름] 레이어를 만듭니다.

[Tool] 패널에서 [Pen Tool]을 선택하고, 11과 같이 하늘의 선택 범위를 작성합니다.

[구름] 레이어를 선택하고 하단의 [Add layer mask] 아이콘을 클릭합니다. 12

11

06 배경에 구름 그리기

01에서 불러온 구름모양 브러시들을 사용하여 구름을 그립니다.

원하는 브러시를 선택해서 드래그하지 않고 점을 찍듯이 그려줍니다. 13

하늘 부분을 마스크로 지정하고 있으므로 수평선도 14와 같이 편하게 그릴 수 있습니다.

하늘 그리기가 끝나면 [구름] 레이어의 [Opacity : 80%]로 설정하여 완성합니다. 15

13

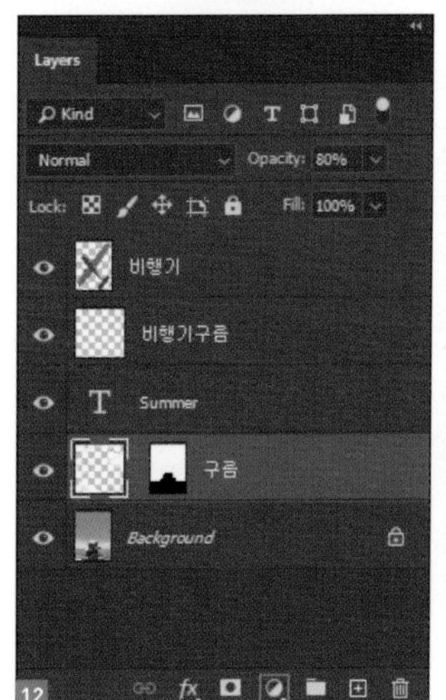

12

14

15

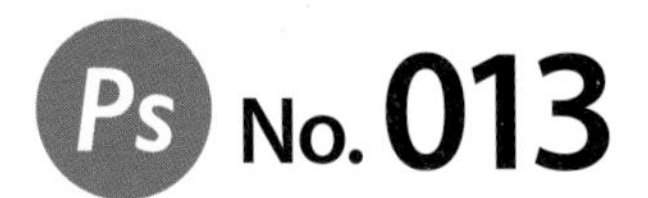

은(SILVER)의 광택 만들기

은으로 가공된 문자를 디자인합니다.

POINT 흐릿함을 더해 사실적인 광택을 표현한다

HOW TO USE 인상적인 이미지를 만들 때 사용

01 이미지에 Wave와 Gaussian Blur 적용하기

예제 파일에서 [재질.psd]와 [방.psd]를 불러온 후 두 이미지를 겹칩니다. 01

[방] 레이어를 선택하고, [Filter]–[Distort]–[Wave]를 선택합니다. 02

03과 같이 설정하고 [OK]를 클릭합니다. 이미지에 일그러짐이 생겼습니다. 04

01

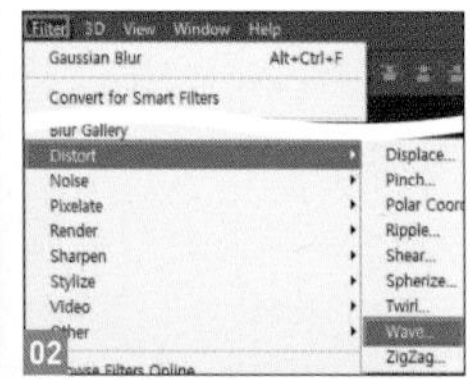

02

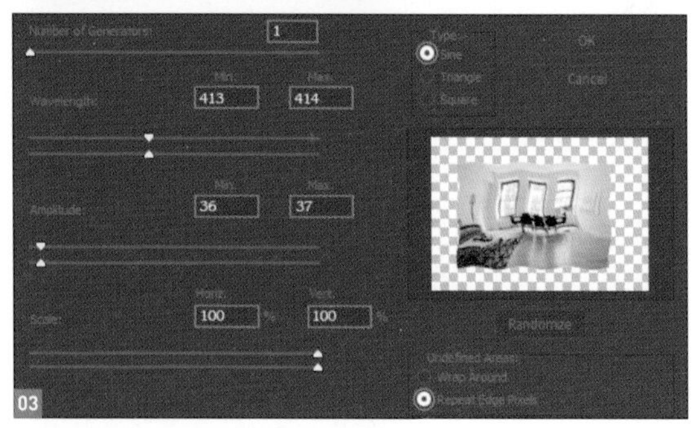

03

04

[Filter]–[Blur]–[Gaussian Blur]를 선택하고 05, [Radius : 1.0 pixels]를 적용하여 살짝 흐리게 합니다. 06

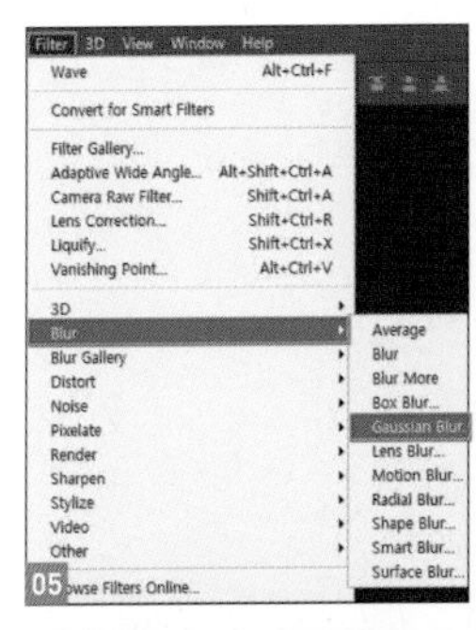

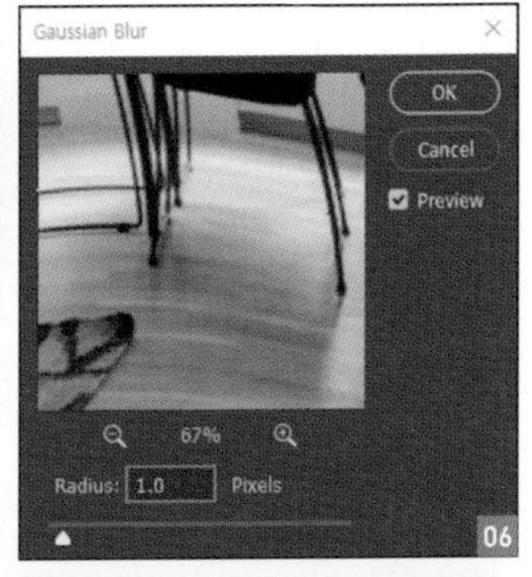

02 문자를 배치하여 거울의 밑바탕 작성하기

[방] 레이어는 일단 숨겨둡니다. 07

[Tool] 패널에서 [Horizontal Type Tool]을 선택합니다. 밑바탕으로 할 수 있는 굵직한 폰트를 선택합니다.

예제에서는 Adobe Fonts에 수록되어 있는 [HWTMardell]를 사용했습니다. Adobe Fonts에 대해서 자세히 알고 싶은 경우는 P.118의 "Adobe Fonts란"을 참조합니다.

"MIRROR"라고 입력하고, [Color : #bababa], [Fill : 5%]로 설정합니다. 08

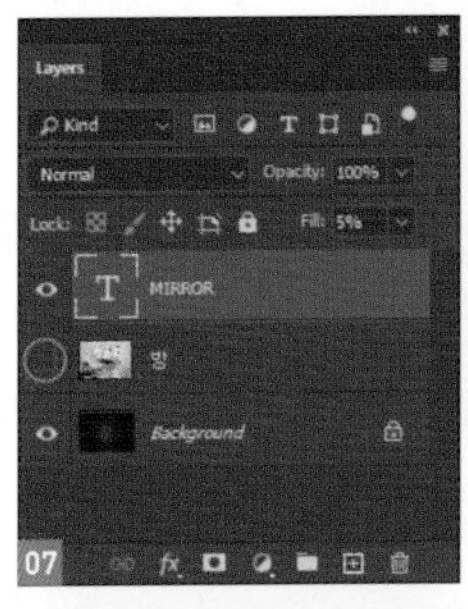

03 Layer Style을 사용하여 입체감 만들기

[Layer Style]을 열고, [Bevel & Emboss]를 09와 같이 설정합니다. [Gloss Contour]는 [Cove–Deep]를 선택합니다.

[Contour]을 선택하고 10과 같이 설정합니다.

[Inner Shadow]를 선택하고 11과 같이 설정합니다.

[Blending Mode Color : #494949]로 설정합니다.

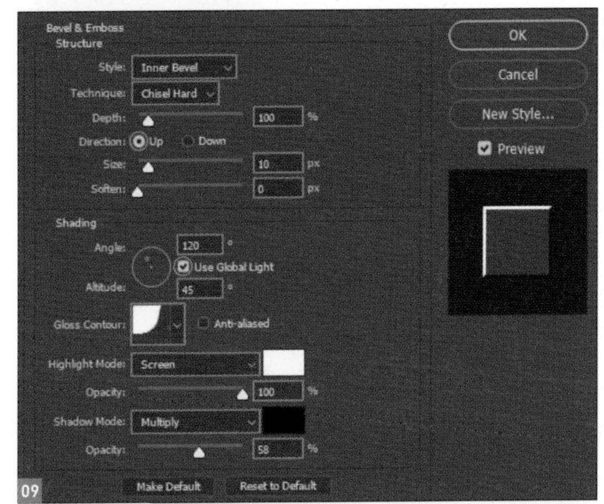

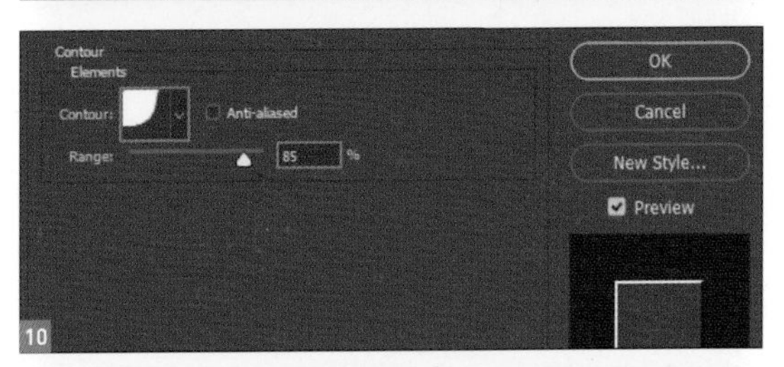

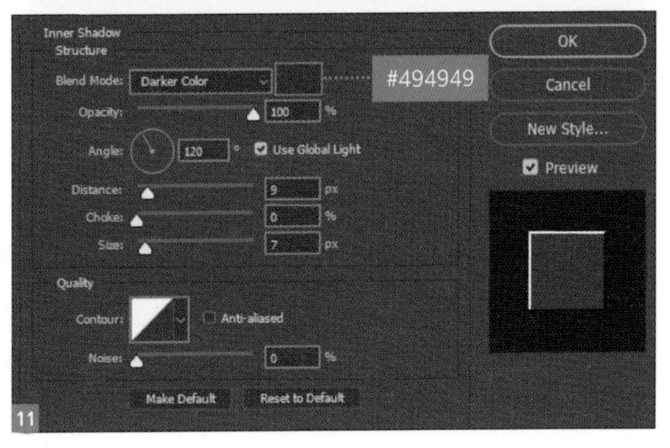

[Inner Glow]를 선택하고 12와 같이 설정합니다.
[Blend Mode Color : #ffffff]로 설정합니다.

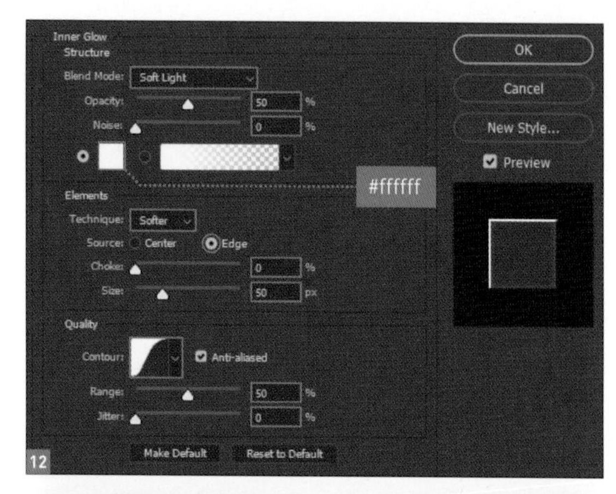

04 Gradient Overlay로 금속의 광택감 만들기

[Gradient Overlay]을 선택하고 13과 같이 설정합니다.
Gradient는 컬러 분기점을 여러 개 설정하고, 14와 같은 울퉁불퉁한 Gradient를 설정합니다.
사용한 Color는 [#202020, #5a5a5a, #ffffff, #bebebe, #787878, #2d2d2d] 등입니다. 완만하게 밝은 Gradient에서 갑자기 어두운 색으로 변하는 것을 생각하여 작업하면 강약을 표현하기 쉽습니다(P.63의 "Gradient 추가하기"를 참고하거나, 제공된 소재 [실버그라디언트.grd]를 불러와 사용할 수 있습니다).

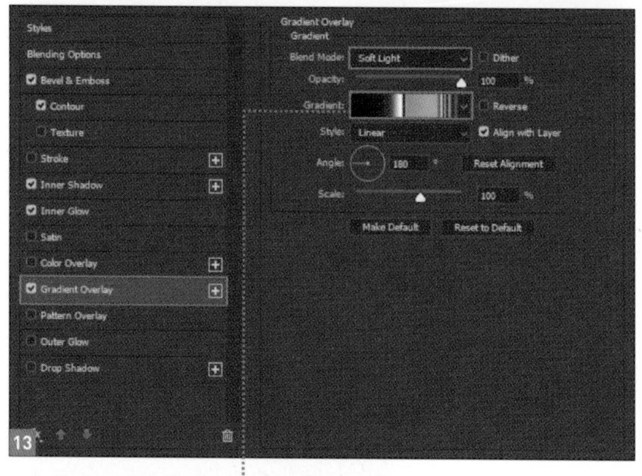

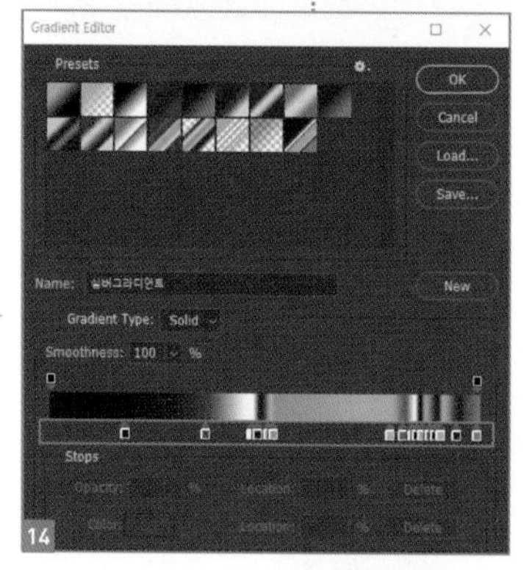

05 Drop Shadow로 두께 만들기

[Drop Shadow]를 선택하고 15와 같이 설정합니다.
[Blend Mode Color : #000000]으로 설정하고 [OK]를 클릭합니다. 16

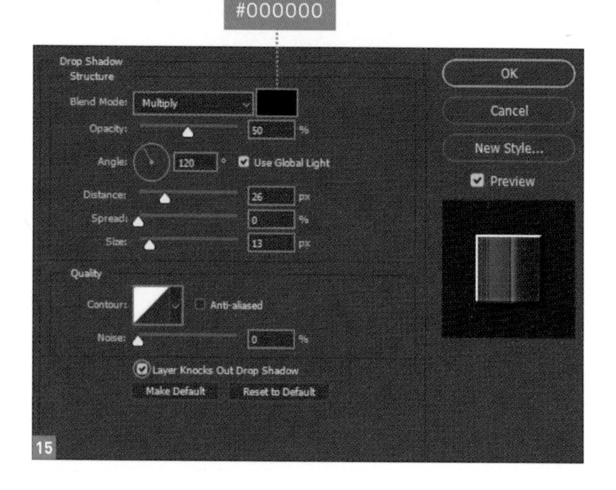

06 [방] 레이어에 마스크를 추가하여 완성하기

[MIRROR] 문자 레이어의 섬네일(Thumbnail)을 ⌘(Ctrl) +클릭하여 선택 범위를 작성합니다. 17 18

숨겨두었던 [방] 레이어를 표시하고 선택합니다.

[Layers] 패널 하단의 [Add layer mask] 아이콘을 클릭하여 [방] 레이어에 마스크를 합니다. 19

[방] 레이어의 링크 아이콘을 클릭하여 링크를 해제합니다. 이미지의 섬네일(Thumbnail)을 선택하고 [Tool] 패널의 [Move Tool]을 선택하여 이미지를 원하는 위치로 이동하면 완성입니다. 20

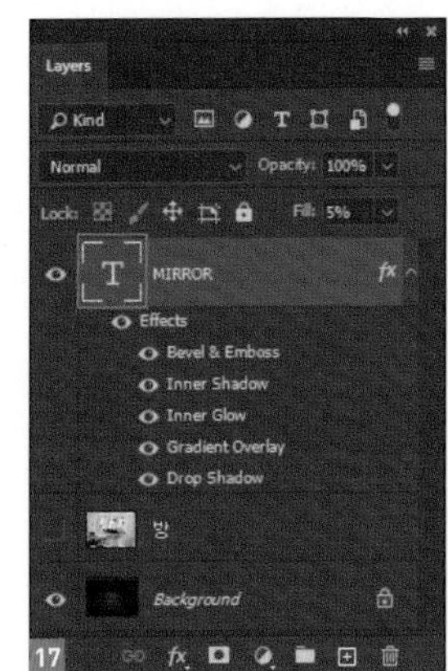

링크 아이콘

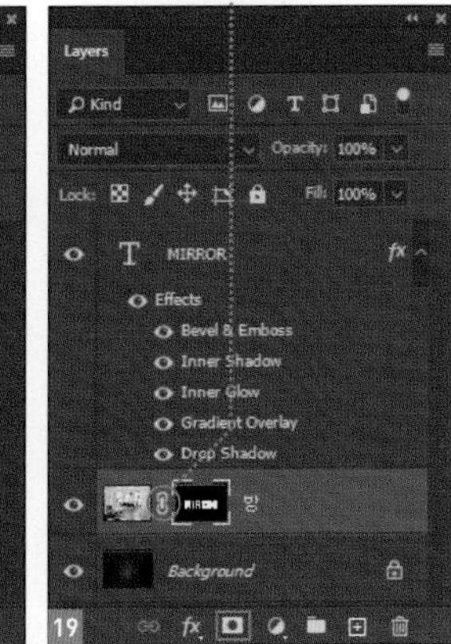

---

column

Gradient 추가하기

Gradient Tool이나 Layer Style 등은 작성한 Gradient를 저장하거나 불러올 수 있습니다.

[Gradient Editor] 패널에서 [Load]를 선택합니다. 소재로 제공하는 [grd] 파일을 선택하고, [Load]를 클릭하면 그림과 같이 Gradient가 추가됩니다.

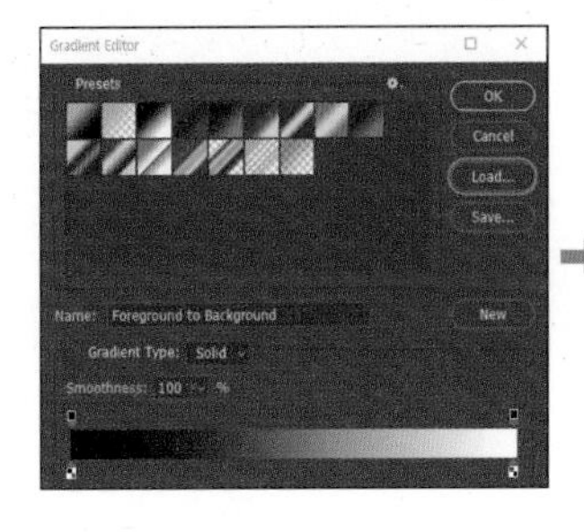

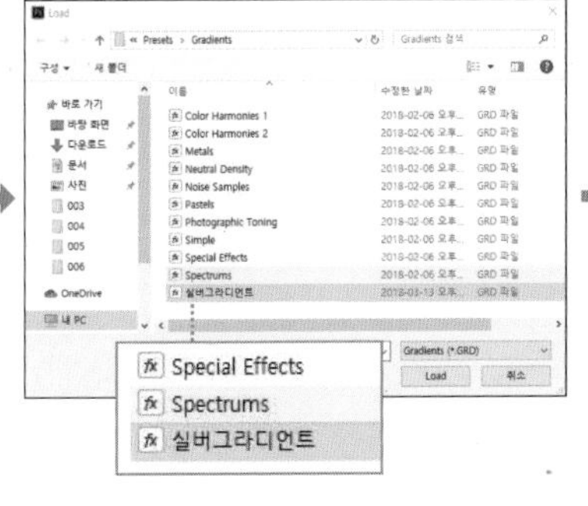

No. 014 금(GOLD)의 광택 만들기

영화 제목과 같은 고급스러운 금을 디자인합니다.

POINT	Layer Style을 세세하게 설정한다
HOW TO USE	다양한 타이틀 로고 등에 사용

01 문자 배치하기

예제 파일에서 [노을.psd]를 불러옵니다. [Tool] 패널에서 [Horizontal Type Tool]을 선택하고, 문자를 입력한 후 원하는 위치에 문자를 배치합니다.

이번 예제에서는 [Font : Trajan Pro]를 선택하여 "THE", "Golden Hour", "LIMITED EDITION" 3개의 문자를 입력합니다. [Tool] 패널에서 [Rectangle Tool] 01 을 선택하여 가느다란 라인을 추가해 02 와 같이 배치합니다.

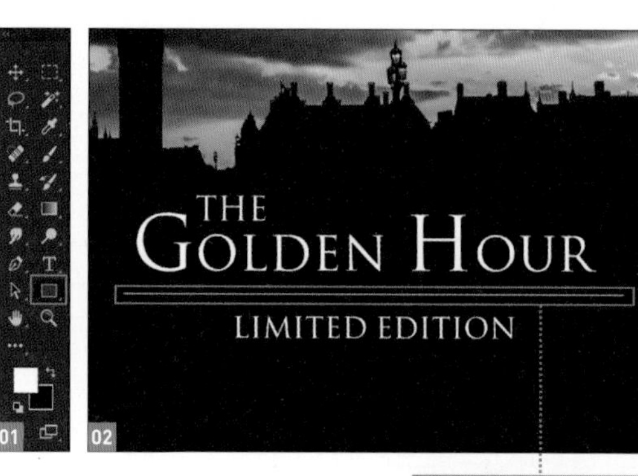

02 Layer Style을 설정하여 금의 Gradient 만들기

[Golden Hour] 문자 레이어를 더블 클릭하여 [Layer Style]을 표시합니다.

[Bevel & Emboss]를 선택하고 03과 같이 설정합니다. [Gloss Contour]는 [Ring–Double]을 선택합니다.

[Contour]를 선택하고 04와 같이 설정합니다. [Contour]는 Preset의 [Cone–Inverted]를 선택합니다.

[Gradient Overlay]를 선택하고 05와 같이 설정합니다.

이때 [Blend Mode : Normal]로 작성합니다. Gradient의 항목을 클릭하여 [Gradient Editor] 패널을 열고 컬러 분기점은 왼쪽부터 [Location : 0%, #d7a701], [Location : 50%, #fffba2], [Location : 70%, #fce04b], [Location : 100%, e5af00]으로 설정합니다. 06 07

금의 Gradient는 제공된 소재 [골든 광택.grd]로 추가할 수 있습니다.

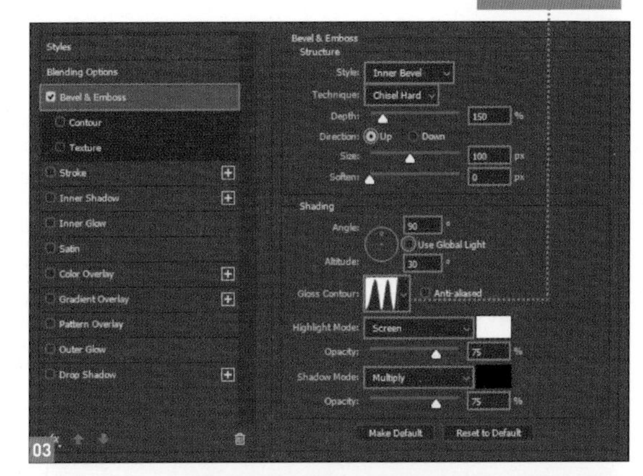

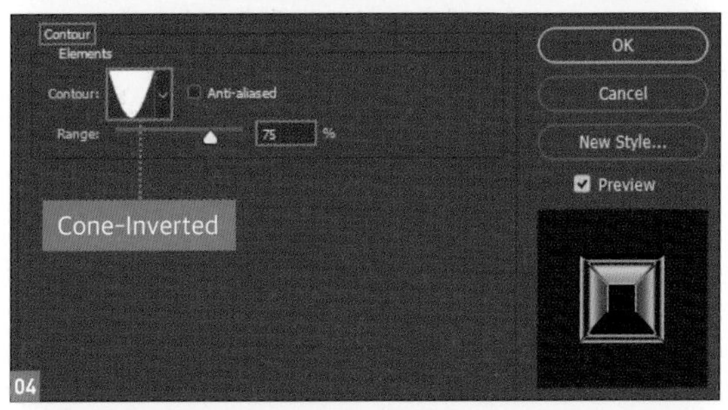

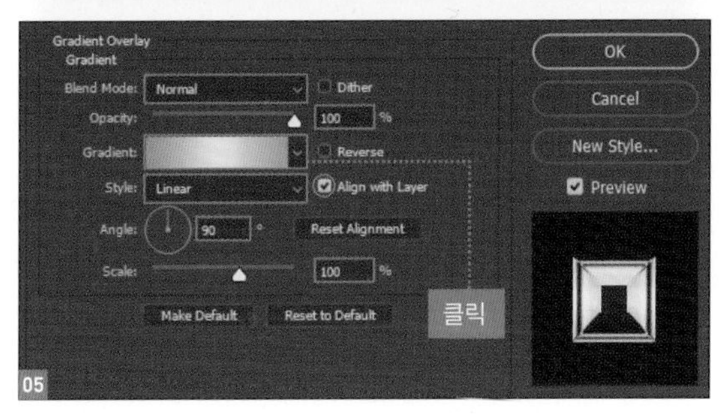

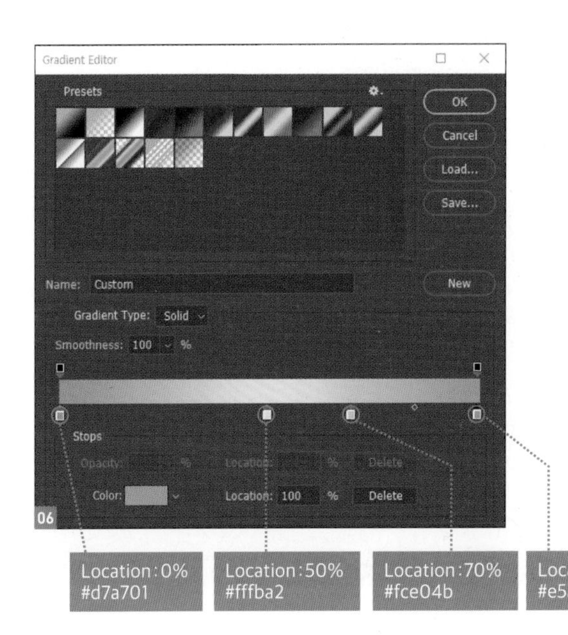

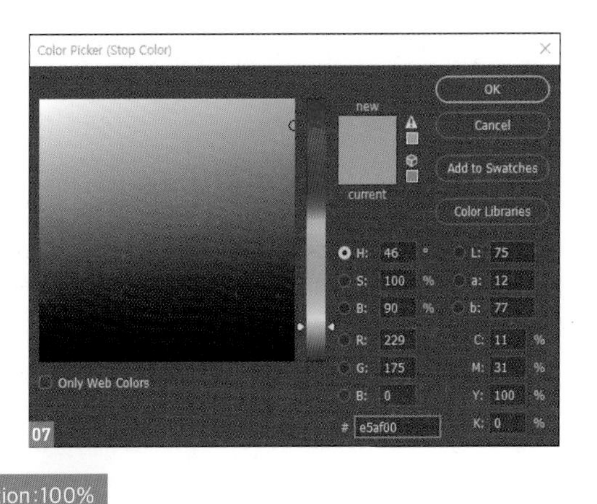

03 Layer Style을 설정하여 금의 질감 만들기

[Satin]을 선택하고 08과 같이 설정합니다.
[Contour]는 Gaussian을 선택합니다.
[Outer Glow]를 선택하고 09와 같이 설정합니다.
[Color : #ffc600], [Contour : Liner]로 설정합니다.
입체적인 금의 질감이 적용되었습니다. 10

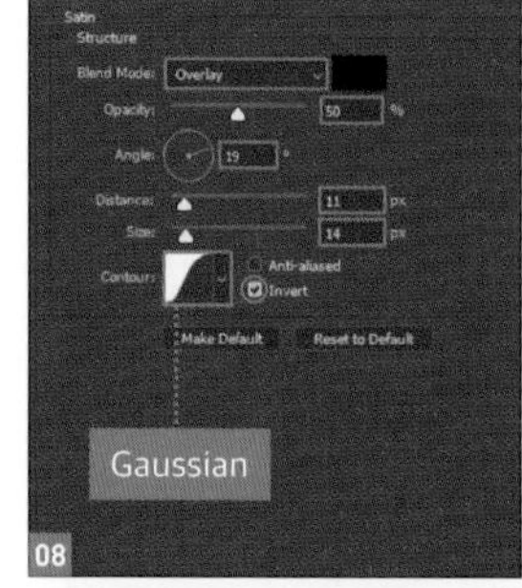

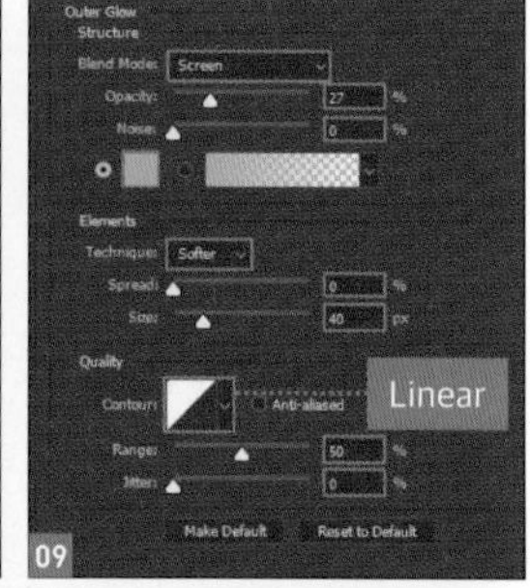

04 다른 문자 레이어에도 Layer Style을 복사하여 적용하기

[Golden Hour] 레이어를 선택하고 마우스 오른쪽 버튼 클릭 후 [Copy Layer Style]을 선택합니다.
다른 문자 레이어들도 선택하여 마우스 오른쪽 버튼 클릭 후 [Paste Layer Style]을 선택합니다. 11 12

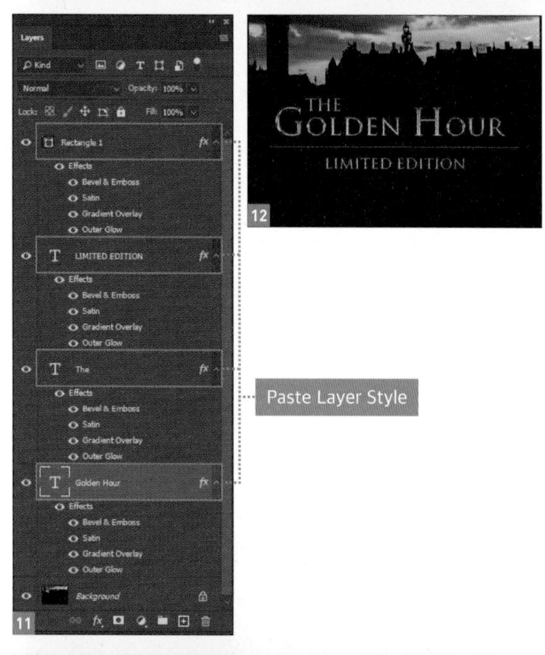

05 브러시로 빛 추가하기

[Layers] 패널에서 맨 위에 새로운 [빛] 레이어를 만들고 [Blending Mode : Overlay]로 설정합니다.
[Tool] 패널에서 [Brush Tool]을 선택하고 [Color : #ffffff]로 설정한 후 문자에서 빛을 강하게 추가하고 싶은 부분을 그려 완성합니다. 13

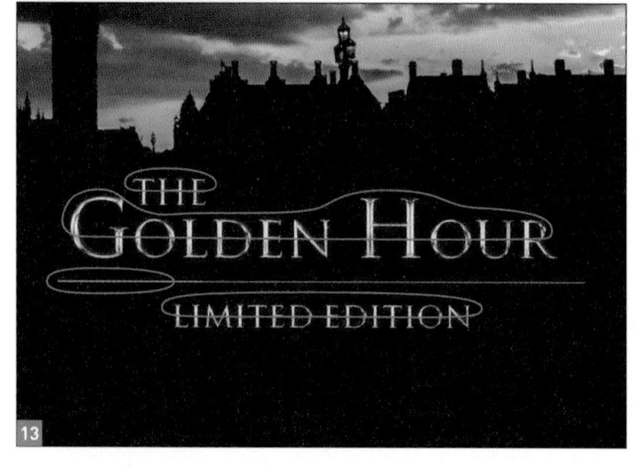

금속 헤어라인 만들기

사실적이고 입체적인 금속 헤어라인을 디자인합니다.

POINT 노이즈감이 있는 텍스처를 방사형으로 흐리게 처리하다

HOW TO USE 금속 헤어라인 표현에 사용

01 Layer Style에서 Gradient Editor 열기

예제 파일 [헤어라인.psd]를 엽니다. 미리 만들어진 [디자인] 레이어를 바탕으로 작업해 봅니다. 01

[디자인] 레이어를 선택하고, 레이어 이름 오른쪽 빈 곳을 더블 클릭하여 [Layer Style]을 표시합니다. 02

[Gradient Overlay]를 선택하고 [Blend Mode : Normal], [Opacity : 100%], [Style : Angle], [Align with Layer]를 체크하고 [Angle : 75°], [Scale : 100%]로 설정합니다. 03

[Gradient]를 클릭하여 [Gradient Editor] 패널을 표시합니다.

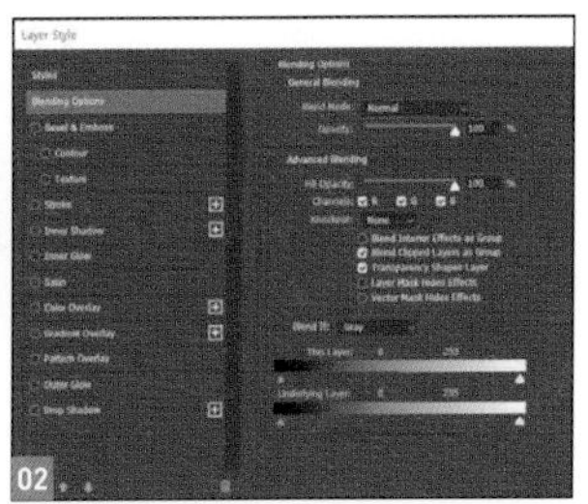

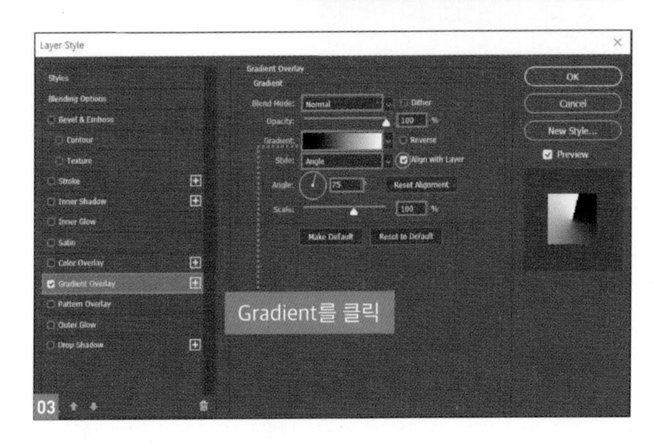

02 컬러 분기점을 작성하여 금속 질감 만들기

컬러 분기점을 9개 작성합니다. 왼쪽부터 흰색 #ffffff과 그레이 #5a5a5a를 번갈아 작성하고 04와 같이 배색합니다. 참고로 이 Gradient는 제공된 파일 [실버(헤어라인).grd]로 추가할 수 있습니다(P.63의 "Gradient 추가하기"를 참조).

[OK]를 클릭하여 [Gradient Editor]를 닫고 [Layer Style]로 돌아온 후 작업화면에서 드래그하여 헤어라인의 중심이 작업화면의 중심에 오도록 드래그합니다. 금속과 같은 질감이 더해졌습니다. 05

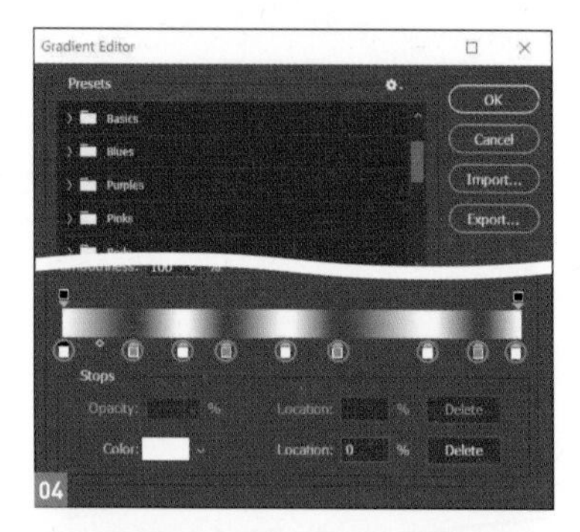

헤어라인이 중심이 되도록 드래그

03 디자인에 입체감 더하기

[Layer Style]에서 [Inner Shadow]를 선택하고 06과 같이 설정하여 안쪽에 그림자를 줍니다.

[Inner Glow]를 선택하고 07과 같이 설정하여 테두리의 빛나는 모양을 표현합니다.

다음으로 [Drop Shadow]를 선택하고 08과 같이 설정하여 오른쪽 위에서 왼쪽 아래로 비치는 그림자를 표현합니다.

입체감이 더해졌습니다. 09 [OK]를 선택하여 레이어 스타일 작업을 마칩니다.

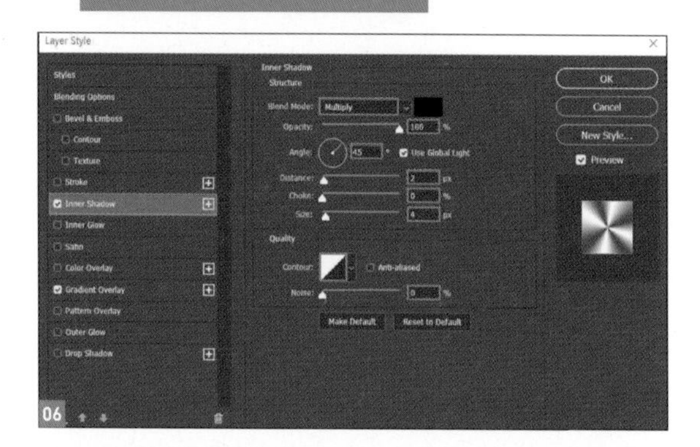

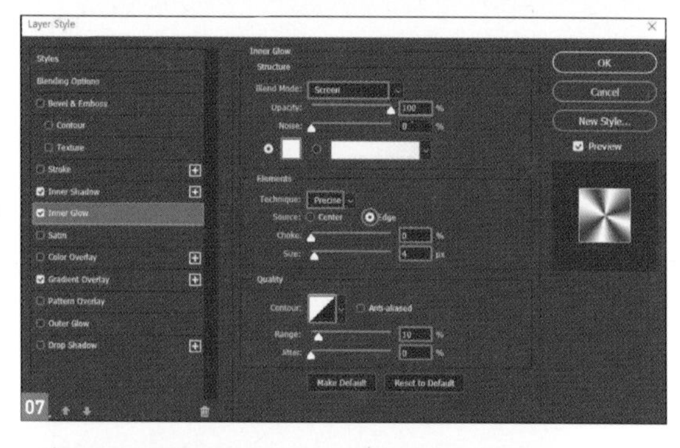

04 헤어라인 질감 더하기

[Layers] 패널 맨 위에 새로운 [헤어라인] 레이어를 만듭니다. [Foreground Color : #ffffff]로 설정하고 [Tool] 패널에서 [Paint Bucket Tool]을 선택하여 색을 채웁니다.
[Filter]–[Pixelate]–[Mezzotint]를 선택하고 [Type : Fine Donts]로 적용합니다. 10 11
[Filter]–[Blur]–[Radial Blur]를 선택하고 [Amount : 100], [Blur Method : Spin], [Quality : Good]으로 적용합니다. 12 13 [Layers] 패널에서 [Blending Mode : Soft Light]로 설정합니다. 14

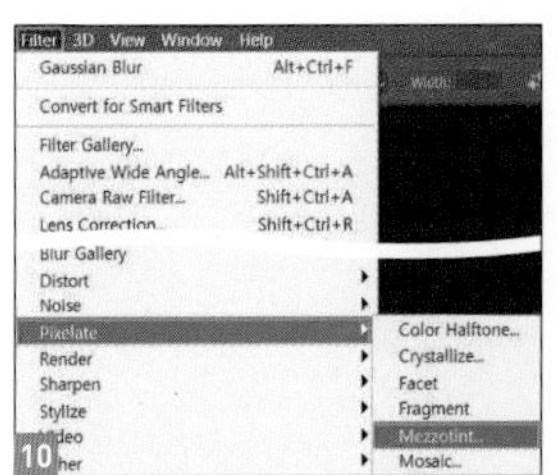

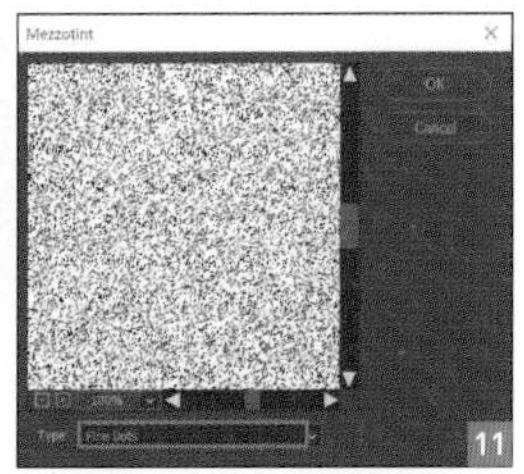

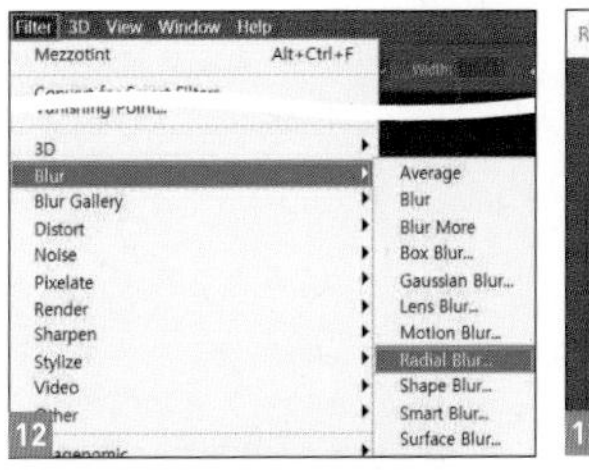

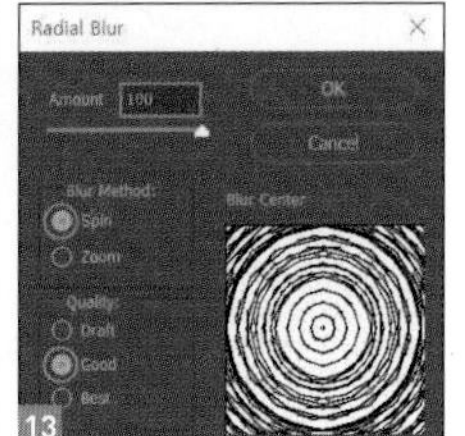

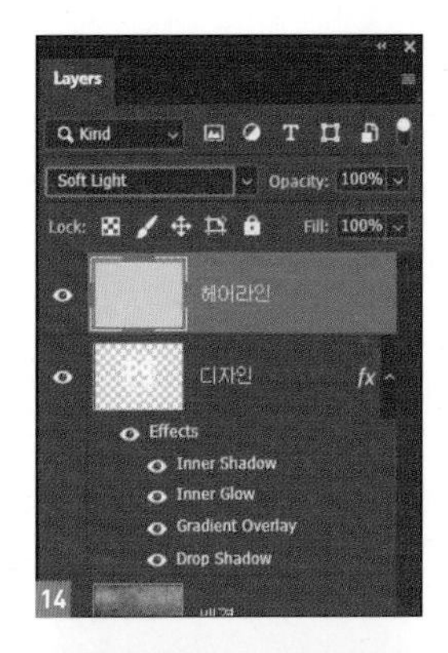

05 헤어라인에 마스크를 추가하여 완성

[디자인] 레이어의 섬네일을 ⌘(Ctrl)+클릭하여 선택 범위를 만듭니다. 15
[헤어라인] 레이어를 선택하고 [Layers] 패널 아래의 [Add layer mask] 아이콘을 클릭합니다. 16
디자인에만 헤어라인이 적용되었습니다. 17 18

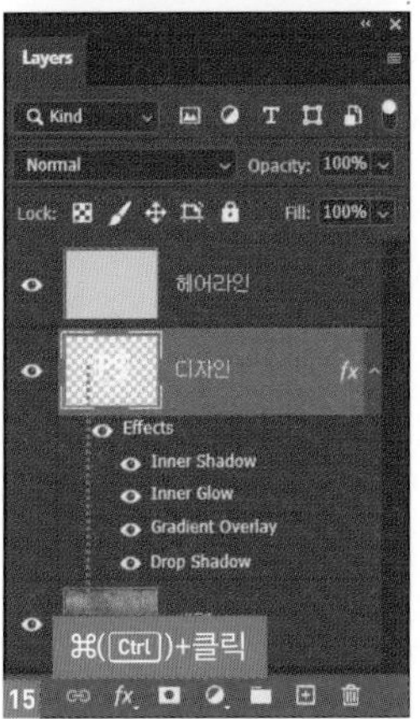

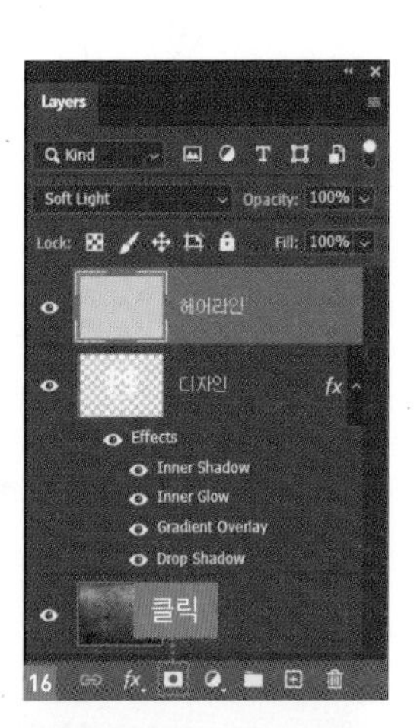

GLASS STYLE

Ps No.016 유리알 만들기

Layer Style을 사용하여 유리 질감을 표현합니다.

POINT 여러 개의 Layer Style로 현실적인 질감을 만든다

HOW TO USE 유리 질감으로 표현하고 싶은 로고나 물건 등에 폭넓게 사용

01 문자 배치하기

예제 파일에서 [안경.psd]를 불러옵니다.

광고물의 이미지를 생각하며 미리 안경을 배치한 후, 그 위와 아래에 아이템을 추가하여 디자인합니다. 또 안경에는 [Layer Style]의 [Drop Shadow]를 적용합니다. 01

[Tool] 패널에서 [Horizontal Type Tool]을 선택하고 [Foreground Color : #ffffff]로 설정한 후, 원하는 폰트로 "GLASS STYLE"이라고 입력합니다.

예제에서는 Adobe Fonts를 사용해 [Font : Azo Sans Uber], [Size : 126pt]로 설정하여 사용했습니다. 02 03

Adobe Fonts에 대해서는 P.118의 "Adobe Fonts란"을 참조하십시오.

01

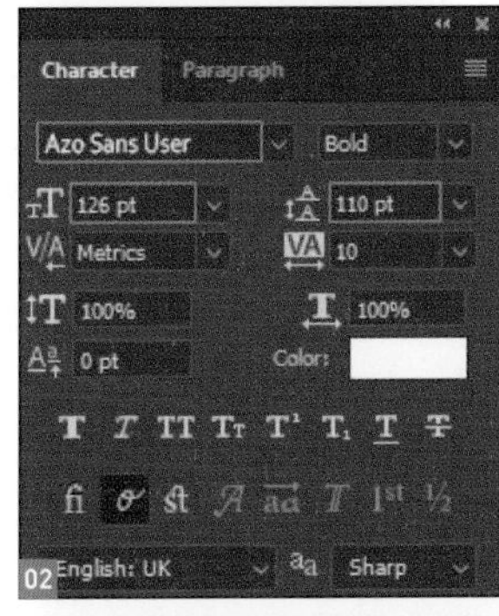

02

03

02 Layer Style을 사용하여 질감 적용하기

[GLASS STYLE] 텍스트 레이어를 선택하고 [Fill : 8%]로 설정합니다. [Layer Style]을 표시합니다.

[Bevel & Emboss]를 선택하고 04와 같이 설정합니다.

Shading은 [Highlight Mode : #ffffff], [Shadow Mode : #9adce9]로 설정합니다.

05의 Color는 #9adce9로 지정합니다.

[Layer Style] 왼쪽에서 [Stroke]을 선택하고 05와 같이 설정합니다.

[Layer Style] 왼쪽에서 [Inner Shadow]를 선택하고 06과 같이 설정합니다.

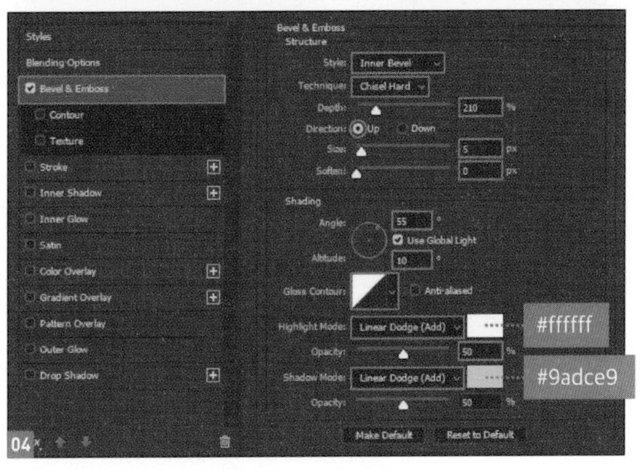

04

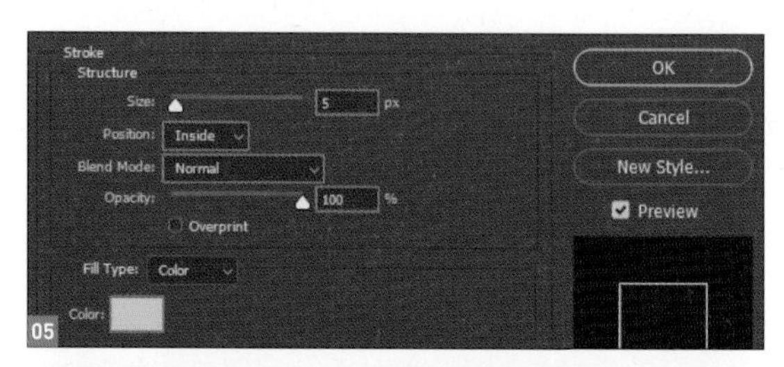

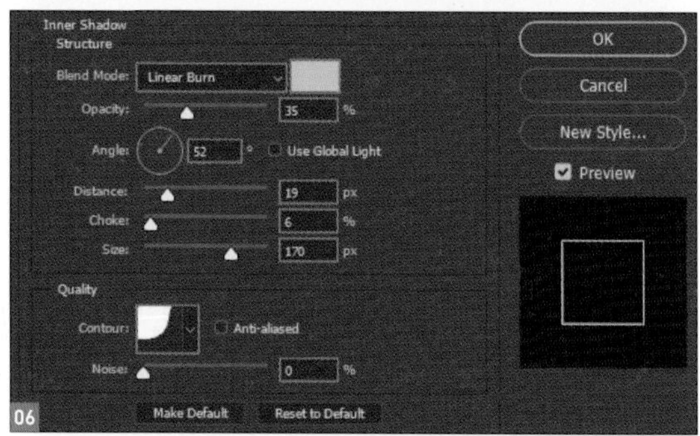

[Layer Style] 왼쪽에서 [Inner Glow]를 선택하고 07과 같이 설정합니다. [Quality]–[Contour]–[Contour Editor]를 열고 08과 같이 설정합니다. Preset의 [Cone]을 베이스로 조정하면 좋습니다.

[Layer Style] 왼쪽에서 [Gradient Overlay]를 선택하고 09와 같이 설정합니다.

[Gradient]는 [Gradient Editor]를 열고 10과 같이 설정합니다. 컬러 분기점은 #ffffff, 0%와 100%로 설정합니다.

Opacity의 분기점은 [Location 0% : 25% : 80% : 100%]의 4개를 설정하고 왼쪽부터 [Opacity 0% : 30% : 70% : 0%]로 설정합니다.

참고로 이 Gradient는 소재 [유리.grd]로 추가할 수 있습니다(P.63의 "Gradient 추가하기"를 참조).

[Layer Style] 왼쪽에서 [Drop Shadow]를 선택하고 11과 같이 설정합니다.

유리판 같은 질감이 적용되었습니다. 12

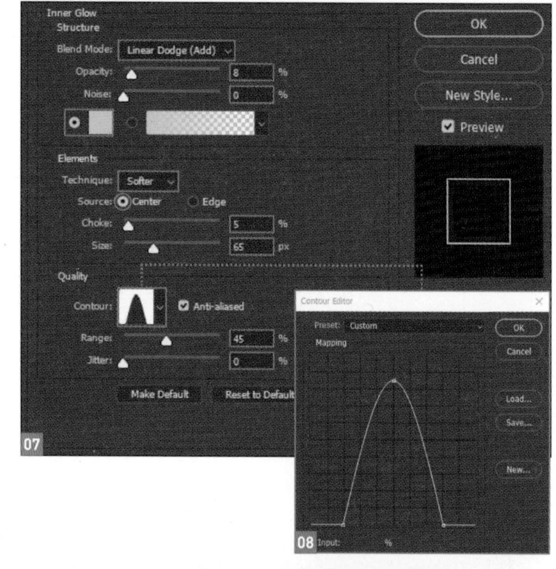

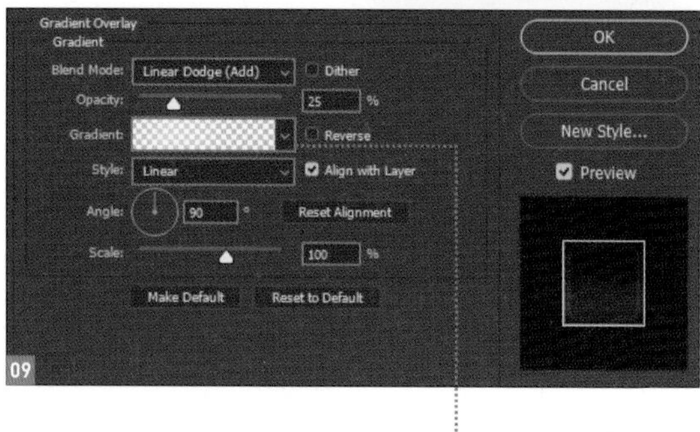

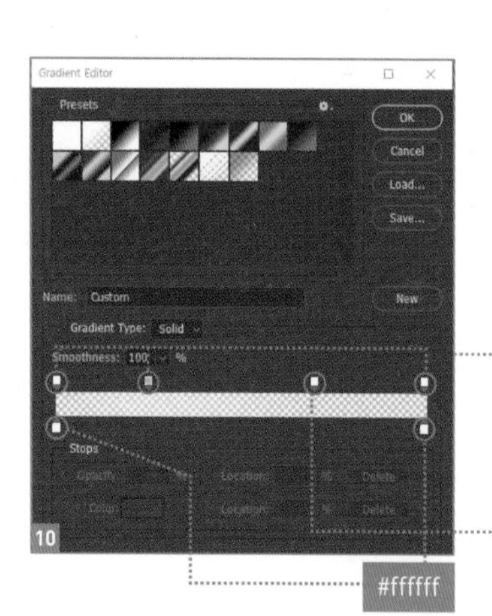

Location : 0% : 25% : 80% : 100%
Opacity : 0% : 30% : 70% : 0%

#ffffff

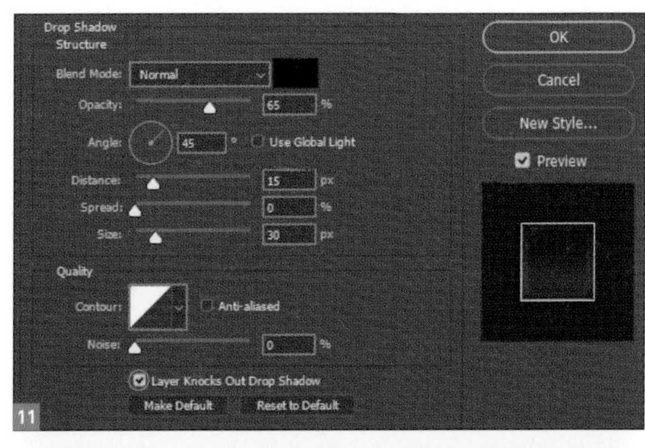

03 렌즈 만들기

새로운 [렌즈] 레이어를 만듭니다.

[Tool] 패널에서 [Lasso Tool]을 선택하여 [안경] 레이어의 렌즈 부분을 선택합니다. 13

[렌즈] 레이어를 선택하고, [Paint Bucket Tool]을 선택하여 칠해줍니다. 14

원하는 위치에 배치합니다. 15

[GLASS STYLE] 레이어를 선택하고 마우스 오른쪽 버튼 클릭 후, [Copy Layer Style]을 선택합니다.

[렌즈] 레이어를 선택하고 마우스 오른쪽 버튼 클릭 후 [Paste Layer Style]을 선택합니다. 16

반대편 렌즈도 같은 방법으로 작성하여 완성합니다. 17

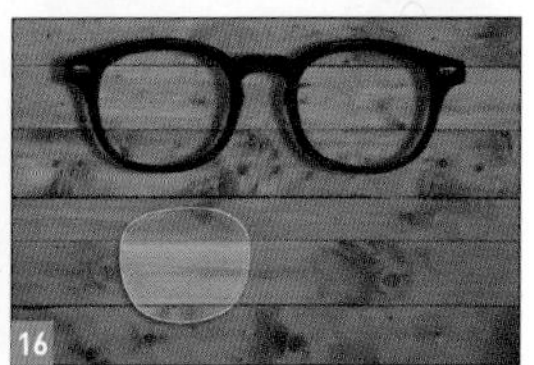

Ps No. 017 둥근 유리 만들기

유리구슬을 만들고 스노우 볼을 표현합니다.

POINT 역광 설정과 레벨 보정을 세심하게 작업한다

HOW TO USE 유리구슬 표현에 사용

01 Ellipse Tool로 스노우 볼 밑바탕 작성하기

예제 파일에서 [스노우.psd]를 엽니다. 예제에서는 미리 스노우 돔의 받침과 그림자의 레이어를 분류했습니다. 01 [Tool] 패널에서 [Ellipse Tool]을 선택하고 02 드래그하여 원을 그립니다. 03

memo

Shift를 누르면서 드래그하면 정원이 됩니다.
option(Alt)를 누르면서 드래그하면 중심점에서 시작하는 원을 만들 수 있습니다.

01

03

02

02 Layer Style로 투명한 구체 만들기

[Ellipse 1] 레이어를 선택하고 [Fill : 0%]으로 설정합니다. [Foreground Color : #ffffff]로 설정한 후 [Layer Style] 패널을 열고, [Stroke]을 04와 같이 설정합니다.
[Inner Shadow]를 선택하고 05와 같이 설정합니다. [Blending Mode Color : #494949], 06 [Contour]는 [Half Round]로 설정합니다.
[Inner Glow]를 선택하고 07과 같이 설정합니다.
[Gradient Overlay]를 선택하고 08과 같이 설정합니다.
[Gradient]는 [Foreground to Transparent]를 선택하고 [OK]를 클릭합니다. 09 입체적인 원이 생겼습니다. 10

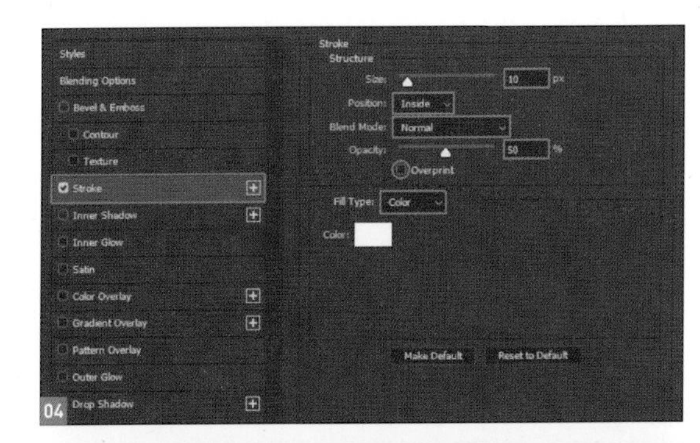

04

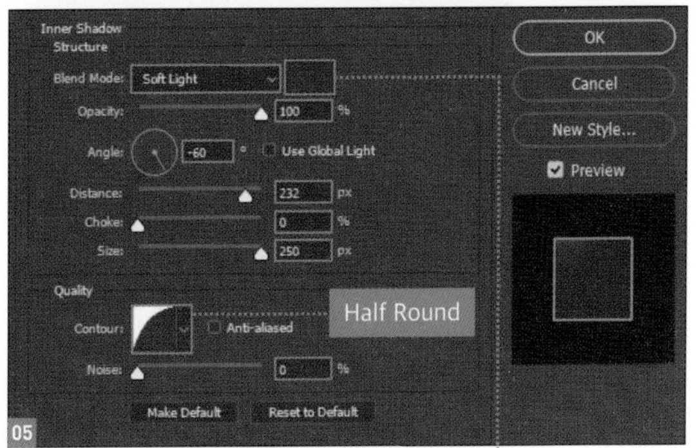

05

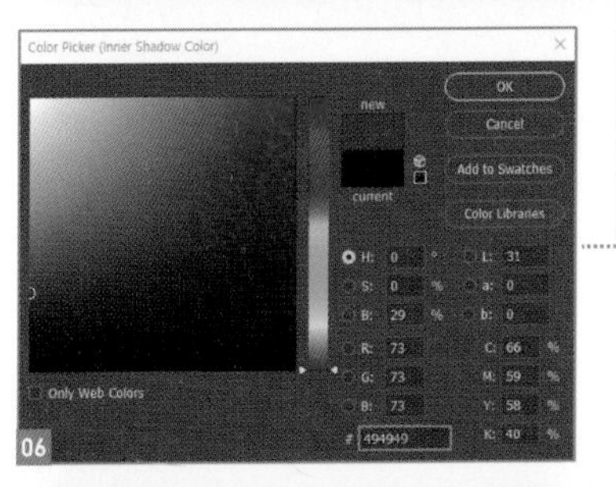

06

09

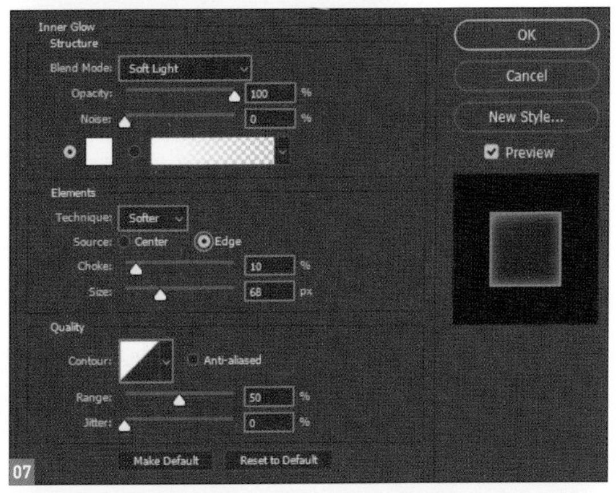

07

10

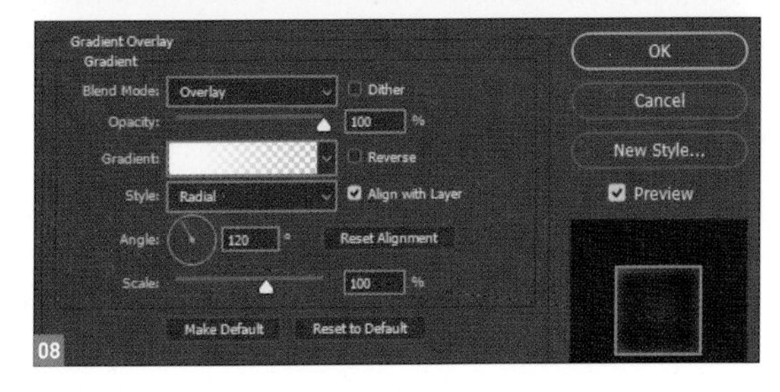

08

03 입체 원에 빛 추가하기

맨 위에 새로운 [빛] 레이어를 추가합니다.

[Tool] 패널에서 [Rectangular Marquee Tool]을 선택하여 작업화면 중앙에 정사각형의 선택 범위를 만들고 [Paint Bucket Tool]을 선택한 후 [Foreground Color : #000000]으로 설정하여 채웁니다. 11 12

선택 범위가 있는 상태 그대로 [Filter]-[Render]-[Lens Flare]를 선택합니다. 13

[Lens Type : 50-300mm Zoom], [Brightness : 150%]로 설정하고, 14를 참고하여 빛의 중심을 안쪽으로 드래그하여 조정합니다.

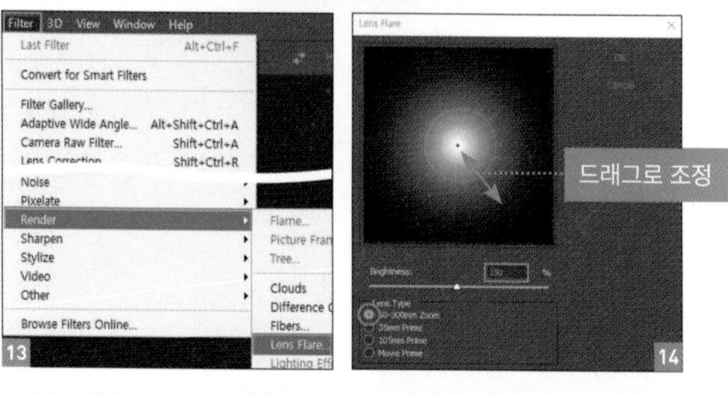

04 입체 원의 빛을 강조하기

[Filter]-[Distort]-[Polar Coordinates]를 선택하고 15, [Rectangular to Polar]에 체크하고 [OK]를 클릭합니다. 16 17

[Ellipse 1] 레이어의 섬네일을 ⌘(Ctrl)+클릭하여 선택 범위를 만듭니다. 18

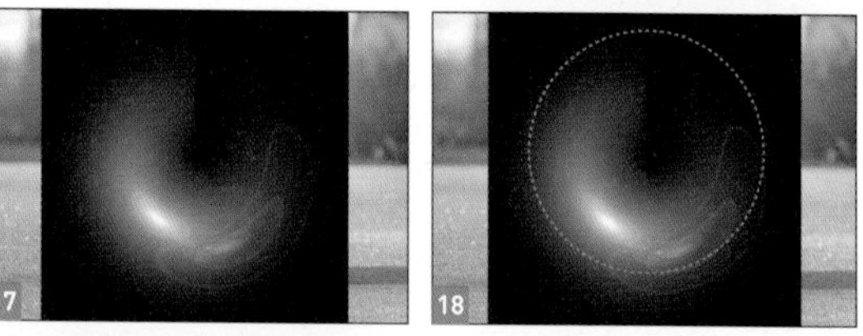

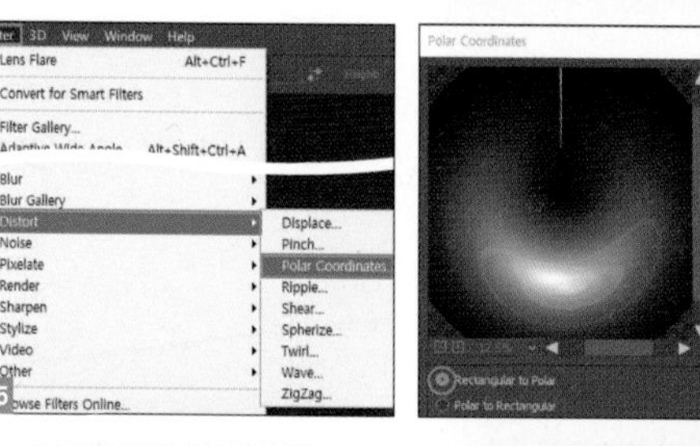

[빛] 레이어를 선택하고 [Layers] 패널 하단의 [Add layer mask] 아이콘을 클릭합니다. 19 20

레이어 마스크의 링크를 해제하고, 섬네일 레이어를 선택한 후 [Edit]-[Free Transform]을 선택하고 회전시켜 빛의 위치를 정리합니다. 21

[Blending Mode : Screen]으로 설정합니다. 22

[Levels]를 선택하고 23과 같이 설정하여 빛을 강조합니다. 24

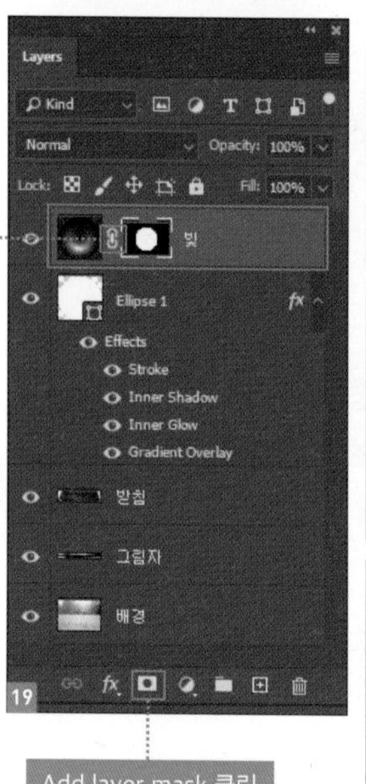

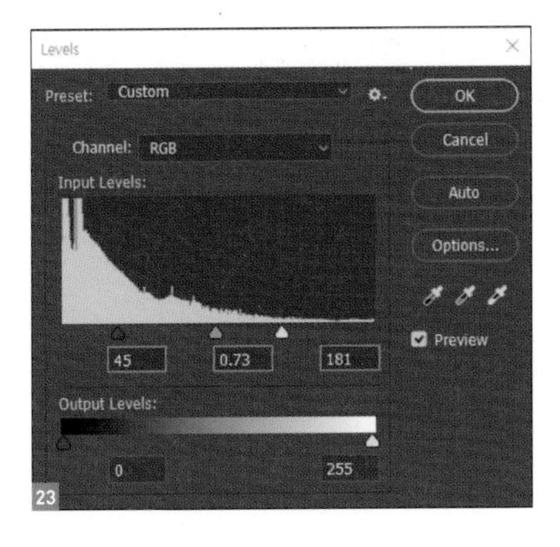

05 눈사람 배치하기

예제 파일에서 [눈사람.psd]를 열고 [받침] 레이어의 위에 배치합니다. [Edit]–[Free Transform]을 선택하고 스노우 돔 안에 배치하기 위해 크기를 조정합니다. 25

위치가 정해지면 [Ellipse 1] 레이어의 섬네일을 ⌘(Ctrl)+클릭하여 선택 범위를 만듭니다.
유리의 두께를 생각하여 [Select]–[Modify]–[Contract]를 선택하고, [Contract By : 50pixels]로 설정합니다. 26 27
[Layers] 패널의 [Add layer mask] 아이콘을 클릭합니다. 28
눈사람에게 입체감을 주기 위해 [Layer Style]을 열고 [Bevel & Emboss]를 선택한 후 29와 같이 설정합니다. 30

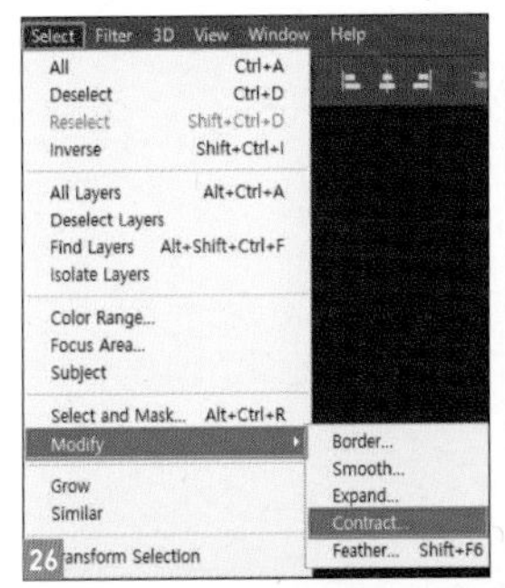

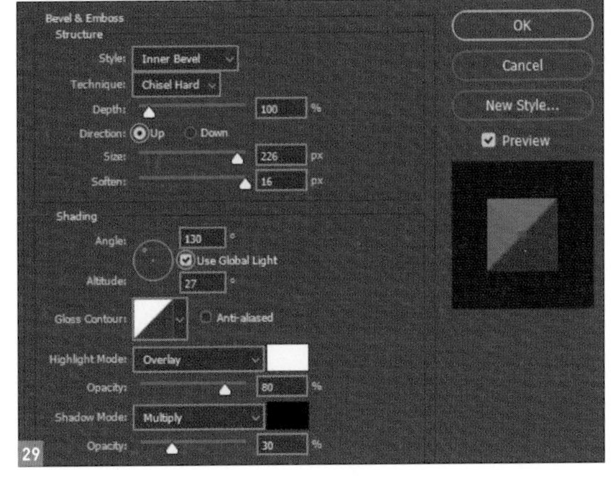

06 받침 부분을 마스크하여 완성

[빛], [Ellipse 1], [눈사람] 레이어를 그룹화하고 그룹 이름을 [스노우 볼]이라고 합니다. 31

32와 같이 [Pen Tool] 또는 [Lasso Tool]을 사용하여 받침 안에 눈사람이 들어가도록 선택 범위를 작업합니다. [스노우 볼] 그룹을 선택하고, [Layers] 패널에서 [Add layer mask] 아이콘을 클릭하여 완성합니다. 33

완성된 예제에서는 P.50의 "눈 이미지 만들기"에서 사용한 [눈모양.abr] 브러시를 사용하여 눈을 추가했습니다.

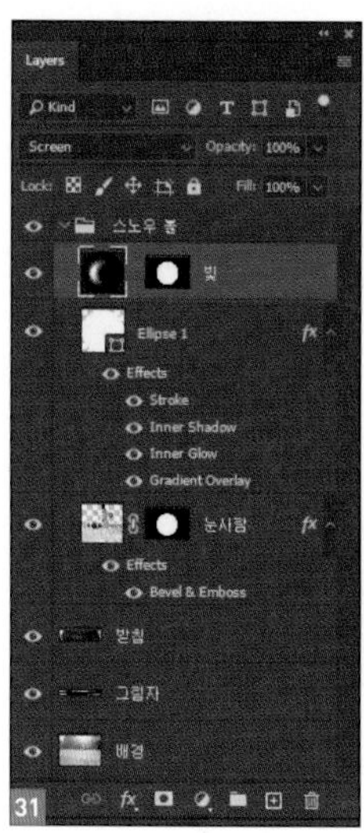

31

32

33

Ps No.018 번개 디자인 만들기

구름 모양 필터를 사용하여 번개 디자인을 만듭니다.

POINT 번개 부분은 굵기와 불투명도를 바꾼다

HOW TO USE 사실적인 번개 표현에 사용

01 번개 레이어를 만들어 Foreground와 Background 색 설정하기

예제 파일 [배경.jpg]를 엽니다. 새로운 [번개] 레이어를 만듭니다. 01

[Tool] 패널에서 [Foreground Color : #000000(검은색)], [Background Color : #ffffff(흰색)]으로 설정합니다. 02 참고로 [Default Foreground and Background Colors] 버튼을 클릭하면 간단하게 설정할 수 있습니다.

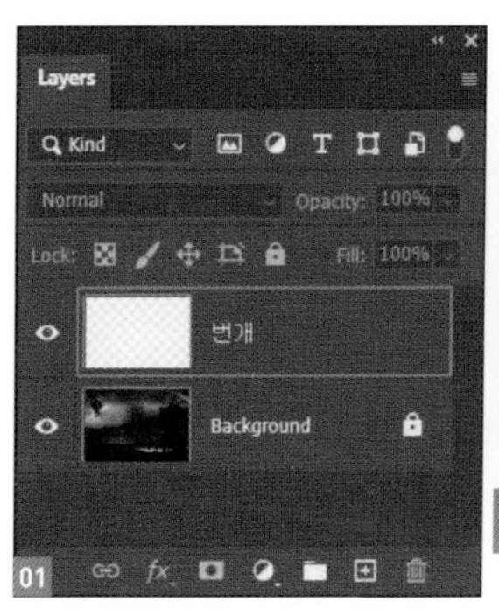

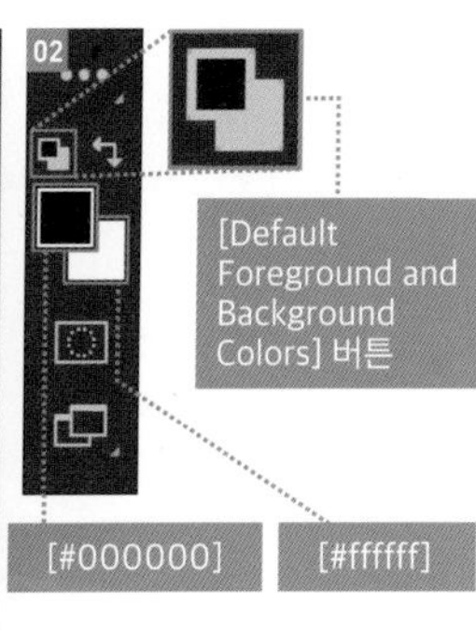

02 Clouds를 사용하여 번개의 베이스가 되는 소재를 작성하기

[Filter]–[Render]–[Clouds]를 선택합니다. 03 04
다시 한번 [Filter]–[Render]–[Difference Clouds] 05를 선택합니다. 06

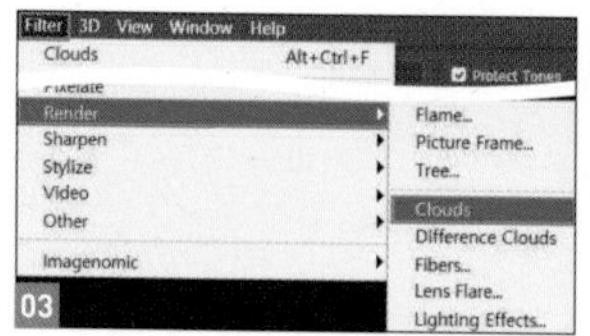
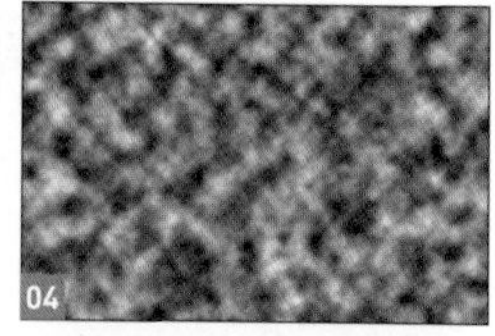
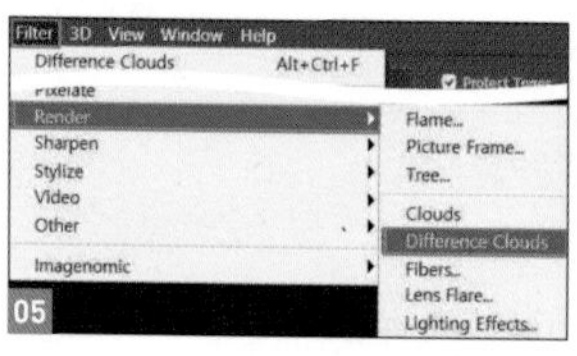

memo

[Clouds] 필터는 매회 무작위로 작성되어 같은 형태가 되지 않습니다. 모양이 이미지와 맞지 않으면 여러 번 실행하여 작업하면 좋습니다.

03 컬러를 반전하고 명도를 조정하여 번개와 같은 날카로운 라인 작성하기

[Image]–[Adjustments]–[Invert]를 선택합니다. 07
번개와 같은 하얀 줄이 어렴풋이 나타나면 08 [Image]–[Adjustments]–[Levels]를 선택합니다. 09
Input Levels를 [200/0.1/255]로 설정합니다. 10 11
어렴풋이 있던 흰색 라인을 강조하듯 극단적으로 대비를 높였습니다. 이것으로 번개의 소재가 생겼습니다.

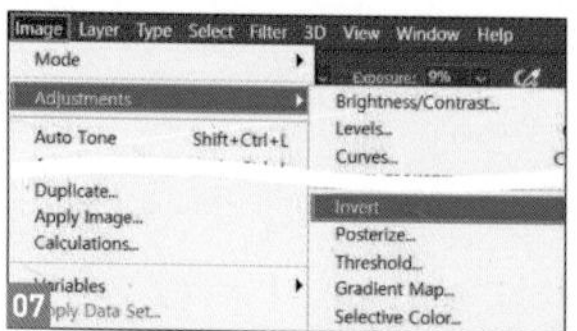
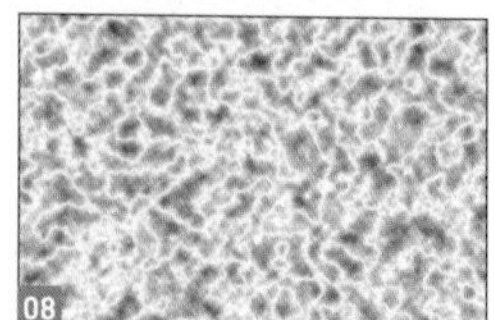
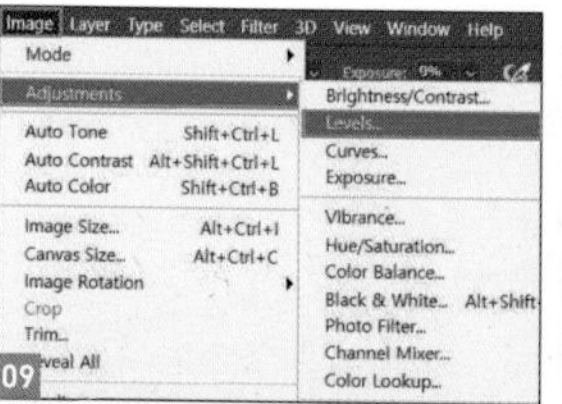
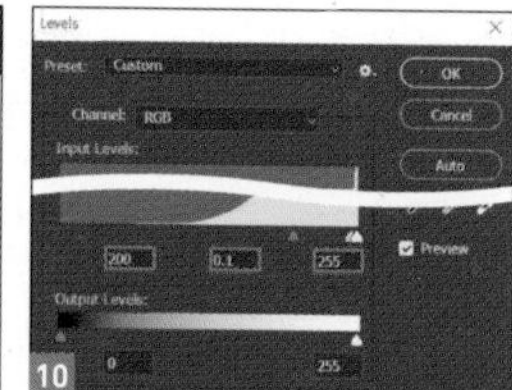

04 번개 일부를 잘라내기

[Lasso Tool] 등의 선택 툴을 사용하여 번개로 사용하고 싶은 부분을 드래그하여 선택 범위를 만듭니다. 12 그대로 마우스 오른쪽 버튼 클릭 후 [Layer Via Copy]를 선택합니다. 13 14
[번개] 레이어는 일단 숨깁니다. 만들어진 [Layer 1] 레이어를 선택하고 [Blending Mode : Screen]으로 설정합니다. 15
[Screen]으로 하면 검은 부분이 보이지 않게 되어 흰 라인만 남은 것처럼 보입니다. 이것을 번개 일부로 사용합니다. 16

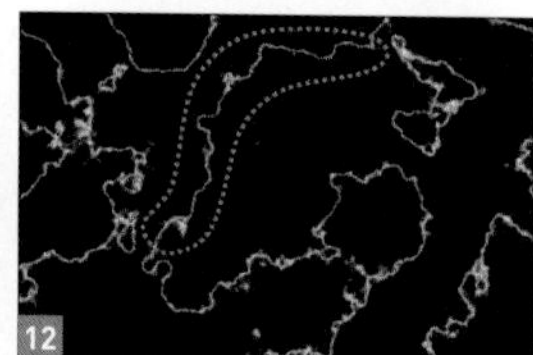
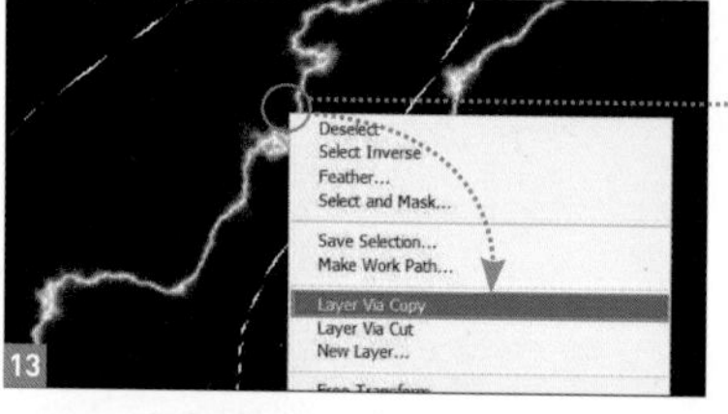
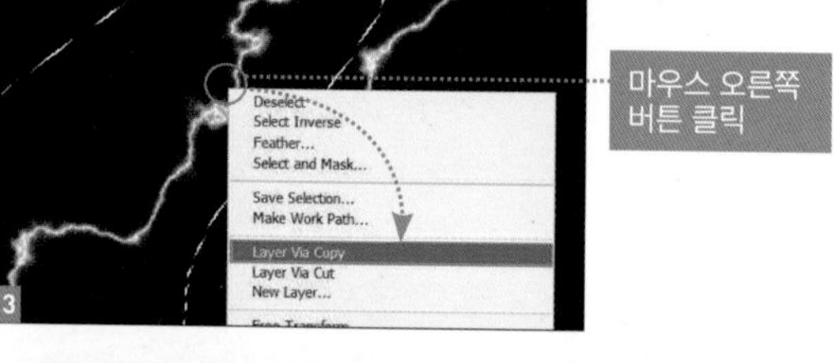

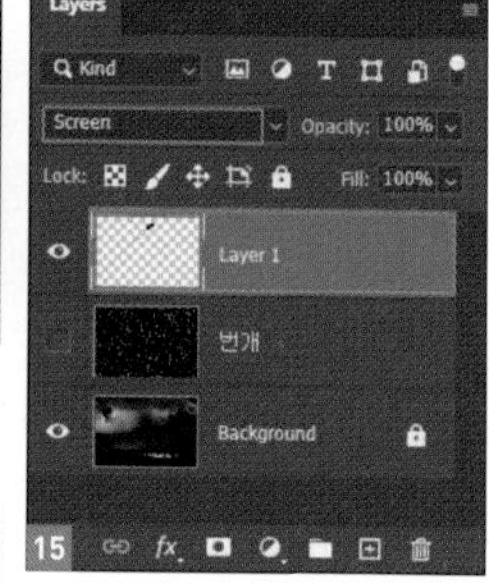
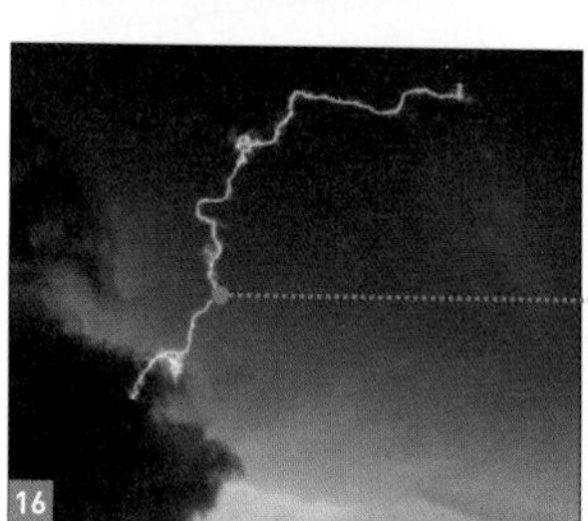

memo

[Blending Mode : Screen]은 배경이 어두운 이미지라면 불꽃이나 달, 밤하늘 등을 간단하게 합성할 수 있습니다.

05 번개 일부를 잘라 레이아웃 하기

순서 **03**의 작업을 반복하여 여러 개의 번개 일부를 만듭니다. 17

좋아하는 몇 가지를 조합하여 18과 같은 세로로 긴 번개를 만듭니다.

일부를 연결하거나 복사하면서 길게 만듭니다.

[Edit]–[Free Transform] 19을 사용하여 크기를 작게 하고 20과 같이 갈래로 갈라진 가는 번개를 만들어 배치합니다.

갈라진 번개는 [Opacity : 40%]로 적용하여 융합시킵니다. 21

이 과정을 반복하여 22와 같이 번개를 디자인합니다.

구름의 가장자리 부분이나, 지평선보다 아래에 걸려 있는 부분은 [Eraser Tool]로 삭제합니다. 23

> **memo**
>
> 이 시점에서 많은 번개 일부와 레이어를 만들게 됩니다. 만약 [Layers] 패널이 보기 어려운 경우는 [Group] 레이어를 만들어 그룹명을 [번개] 등으로 해 둡시다. 24

17

18

19

20

21

22

23

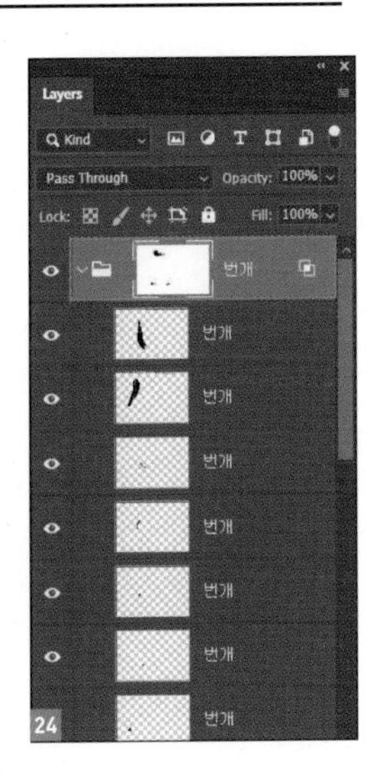

24

06 번개 전체에 빛을 더하기

[Layers] 패널 맨 위에 새로운 [빛1] 레이어를 만들고, [Blending Mode : Overlay]로 설정합니다. 25

[Tool] 패널에서 [Brush Tool]을 선택하고 [Soft Round], [Foreground Color : #ffffff]를 선택하고, [Size : 150px], [Opacity : 30%] 정도로 설정합니다. 26

번개의 세로 라인을 따라 그립니다. 27 불투명도가 낮으므로 원하는 상태가 될 때까지 여러 번 덧칠할 수 있습니다.

새로운 [빛2] 레이어를 만들고 [Blending Mode : Overlay]로 설정합니다.

브러시 설정은 그대로 두고 번개와 구름의 경계선이나 지평선과의 경계, 그리고 번개 자체의 굴절되어 있는 부분 등에 선이 연결되지 않게 점을 찍듯이 여러 번 나누어 그립니다. 28 번개 디자인이 완성되었습니다. 29

손으로 그린 효과의 디자인 테크닉

유화, 먹물, 수채화, 연필, 페인트, 크레용, 잉크, 스프레이 등 손으로 그린 질감을 만듭니다. 필터를 중첩하거나 브러시, 손가락 도구 등을 사용하여 손으로 그린 효과를 재현하는 방법을 배웁니다.

CHAPTER 03

Hand-painted effect design techniques

Ps No.019 유화 디자인

사진을 사용하여 캔버스에 그려진 듯한 사실적인 유화를 표현합니다.

POINT Smudge와 필터를 조합하여 표현한다

HOW TO USE 사실적인 질감의 유채화 표현

01 Smudge Tool 설정하기

예제 파일 [dog.psd]를 엽니다. [Tool] 패널에서 [Smudge Tool]을 선택하고 [Size : 80px], [Flat Blunt Short Stiff]를 선택합니다. 01 02

[옵션] 바에서 [Strength : 75%]로 설정합니다. 03

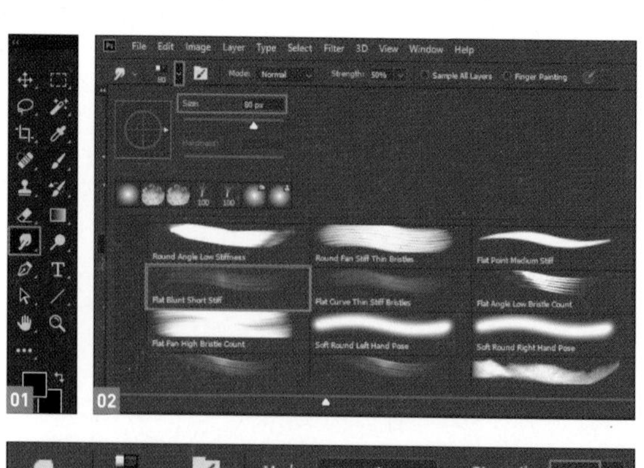

02 Smudge Tool로 유화 같은 터치 추가하기

[dog] 레이어를 선택하고 개의 털 줄기를 생각하며 [Smudge Tool]로 터치를 해줍니다. 04

일그러지는 부분에 맞게 브러시 크기를 바꾸면서 작업합니다. 너무 섬세하게 작업하면 그림의 질감을 알기 어렵기 때문에 Strength를 조절해가면서 진행합니다. 05

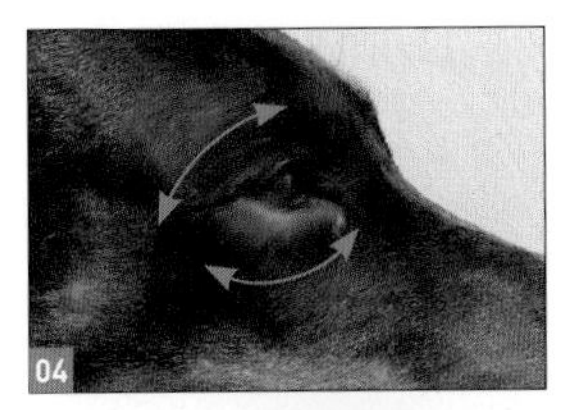
04

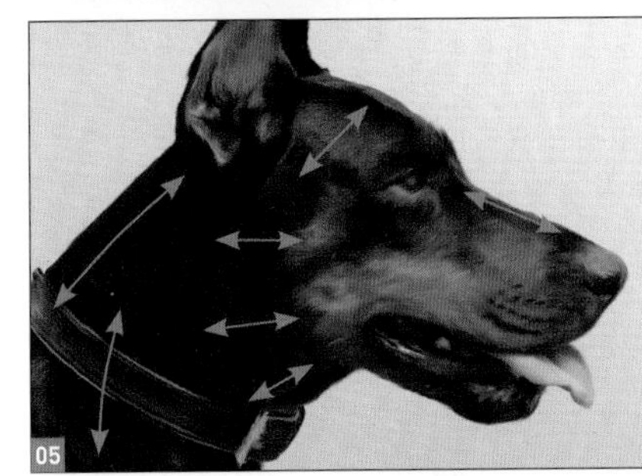
05

03 Oil Paint 필터로 입체감 추가하기

[Filter]–[Stylize]–[Oil Paint]를 선택하고 06, 07과 같이 설정합니다.

그림물감의 입체감이 더해졌습니다. 08

[dog] 레이어를 더블 클릭하여 [Layer Style]을 표시합니다. [Blend If]에서 [Underlying Layer]를 [0 : 235/250]으로 조정합니다. 09

오른쪽 조정 포인트 약간 왼쪽에서 option(Alt)를 누르면서 드래그하면 조정 포인트가 분할됩니다. 배경의 질감이 나타납니다. 10

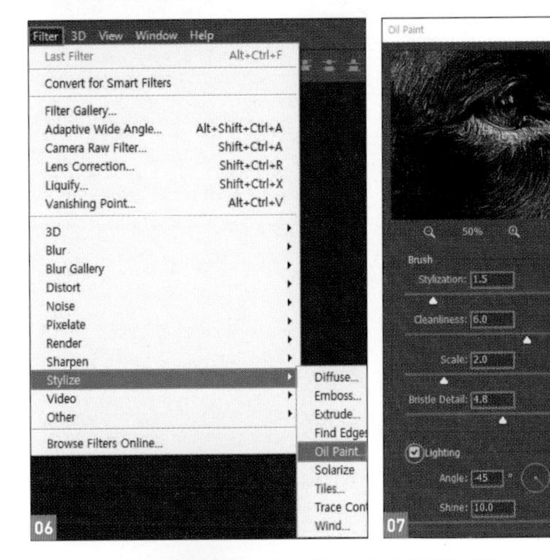

06 07

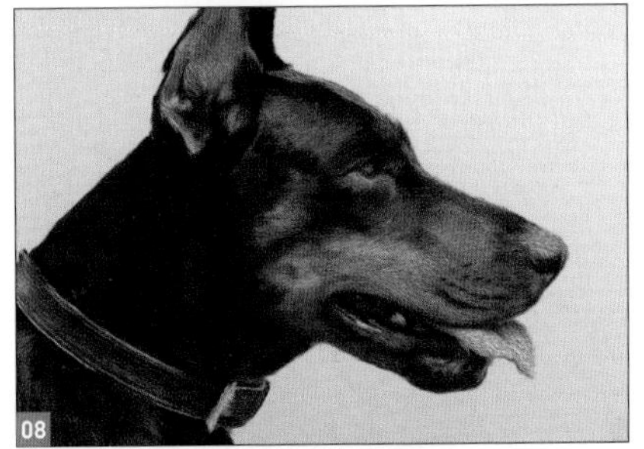
08

10

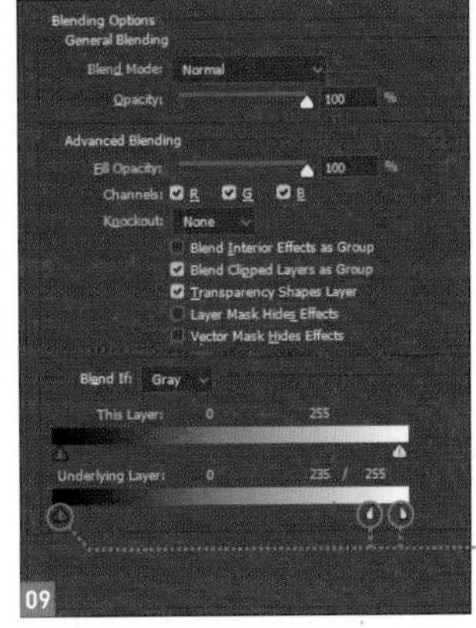

09

04 브러시로 문자를 추가하여 완성

맨 위에 새로운 레이어를 추가하고 [Tool] 패널에서 [Brush Tool]을 선택합니다.

[Size : 20px], Preset의 [Round Blunt Medium Stiff], [Color : #b5942d]로 설정하고 11 작업화면의 하단에 "Oil Paint"라고 씁니다. 12 작업화면을 확대시켜 정성스럽게 쓰는 것이 좋습니다.

[Layer Style]을 열고, [Bevel & Emboss]를 13과 같이 설정합니다.

[Gloss Contour]는 [Ring – Double]로 설정합니다.

문자에 입체감을 주어 완성합니다. 14 15

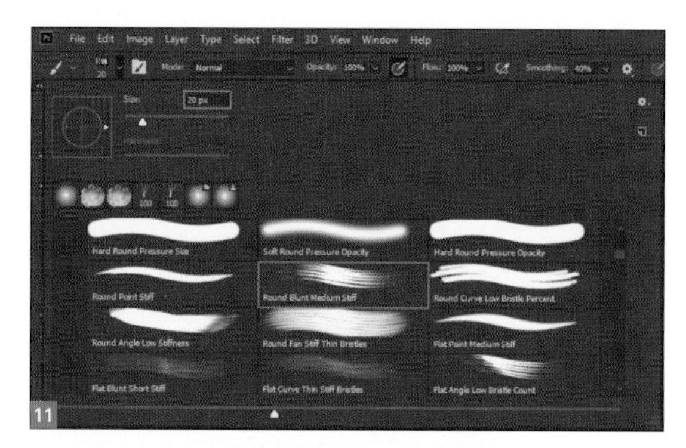

11

12

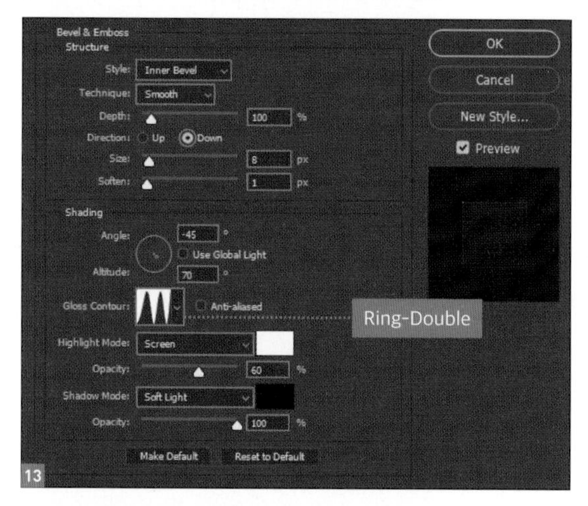

13

14

15

먹물 디자인

사진을 사실적인 수묵화와 같은 작품으로 가공합니다.

POINT 수묵화풍의 브러시를 사용하여 마스크를 한다

HOW TO USE 수묵화풍 그래픽 전반에 사용

01 금붕어 이미지를 배치하고 반전시키기

예제 파일 [한지.psd]와 [금붕어.psd]를 열고 금붕어 이미지를 한지 이미지로 이동하여 배경 위로 배치합니다. 01

[Image]–[Adjustments]–[Invert]를 선택합니다. 02 03

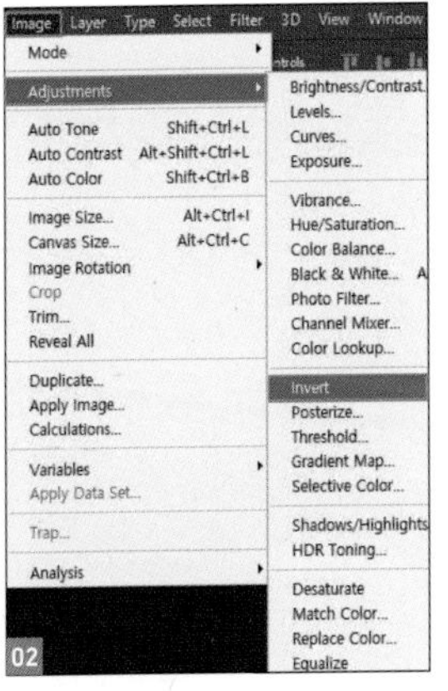

02 이미지에 Threshold 적용하기

[Image]–[Adjustments]–[Threshold]를 선택하고 [Threshold Level : 190]으로 설정합니다. 04 05 Threshold가 적용되었습니다. 06

[Layer 1] 레이어를 [Blending Mode : Multiply]로 설정하여 배경과 친숙하게 만듭니다. 07 08

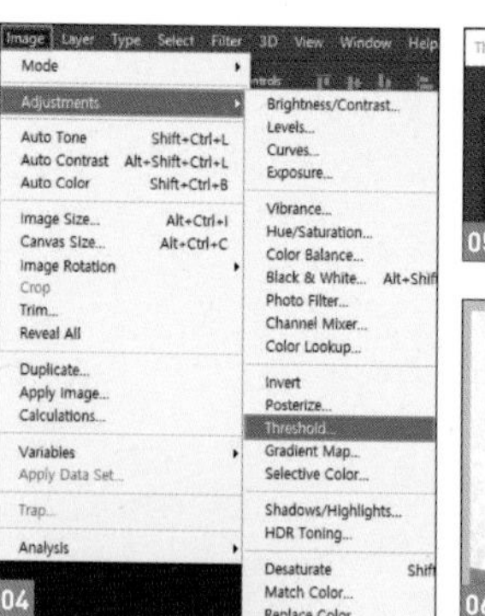

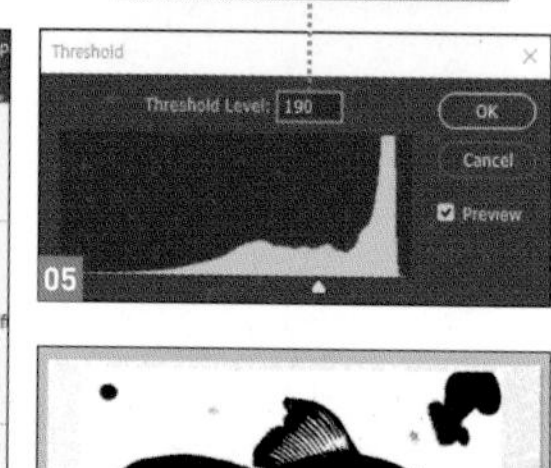

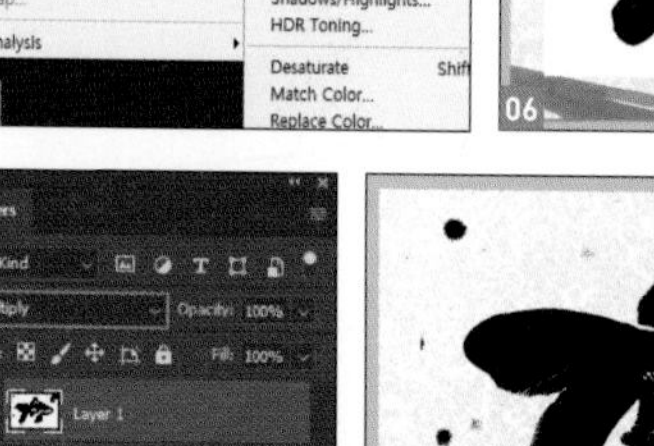

03 수묵화풍의 브러시 작성하기

금붕어 주변의 불필요한 부분을 [Eraser Tool]을 사용하여 삭제합니다. 09

[Brush Tool]을 선택한 후 [Soft Round]를 선택합니다. 10

[Brush Settings] 패널을 열고, [Brush Tip Shape]에서 [Smoothing]을 선택하고 [Size : 100px]로 설정합니다. 11

[Shape Dynamics]를 선택하고 12와 같이 설정합니다.

[Dual Brush]를 선택하고 13과 같이 설정합니다. 선택한 브러시는 Chalk 60 pixels입니다.

[Transfer]를 선택하고 14와 같이 설정합니다. [Wet Edges]를 체크합니다. 15

번짐과 얼룩감이 있는 먹물 같은 브러시가 만들어집니다. 16

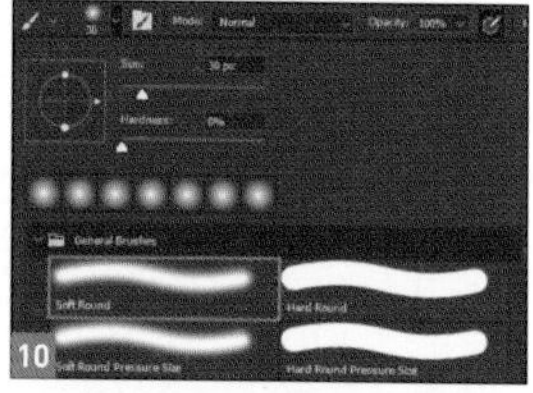

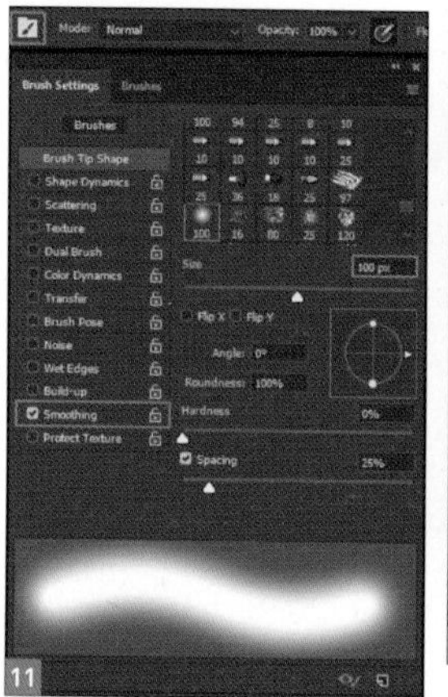

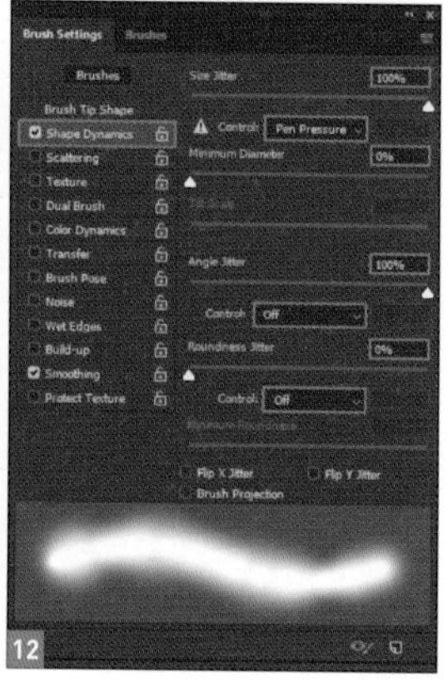

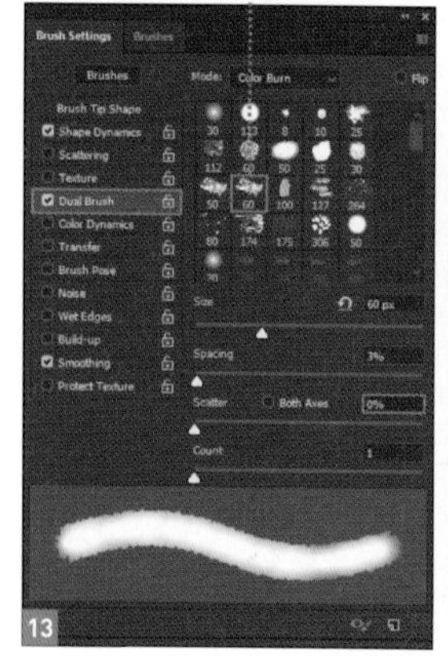

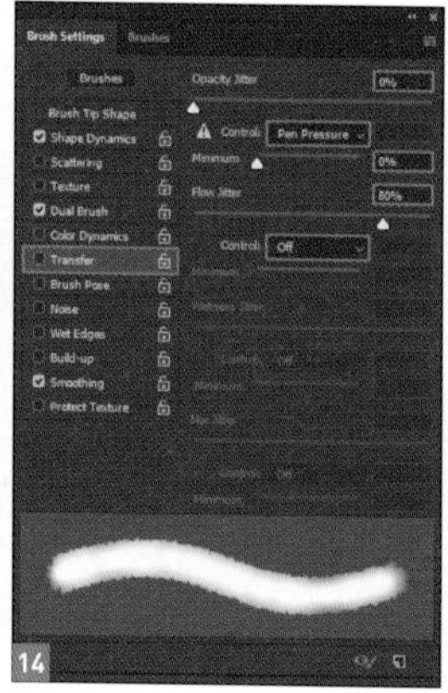

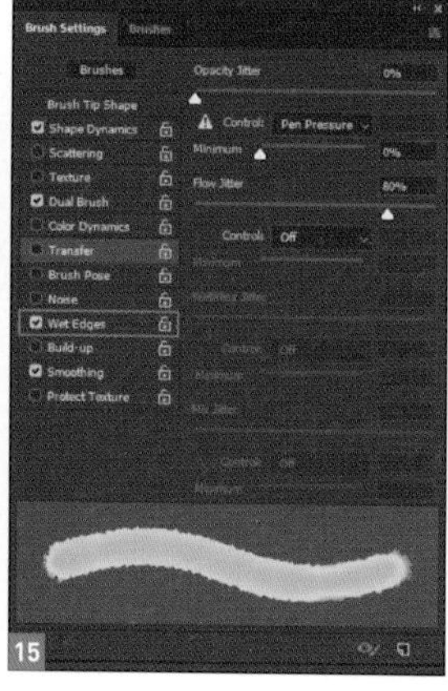

04 마스크를 이용하여 사진을 수묵화풍으로 가공하기

[Layers] 패널에서 [Layer 1] 레이어를 선택하고 하단의 [Add layer mask] 아이콘을 클릭합니다. 17
03에서 만든 브러시를 사용하여 마스크를 추가합니다.
브러시의 Opacity를 70% 전후로 설정하고 금붕어의 윤곽을 따라 마스크를 지정합니다. 18
금붕어의 형상이나 지느러미의 흐름을 의식하여 마스크를 추가하거나 삭제하면서 작업을 진행합니다. 19
[Layers] 패널에서 맨 위에 새로운 레이어를 추가하고 포인트가 되는 부분을 추가로 그립니다.
브러시를 [Size : 25px] 전후의 가는 선으로 설정하고 [옵션] 바의 [Enable airbrush-style build-up effects]를 체크하여 원하는 형태로 그립니다. 20 21
예제에서는 금붕어의 오른쪽 아래에 도장 디자인을 넣어 완성했습니다.

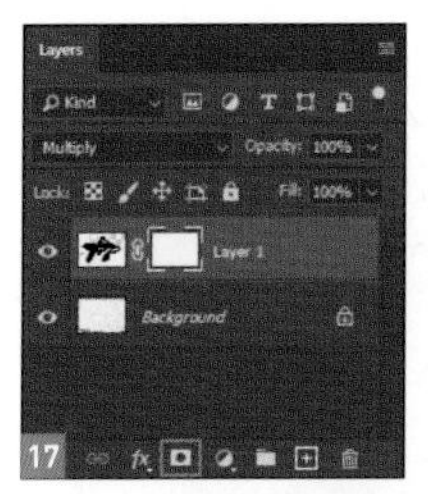
17

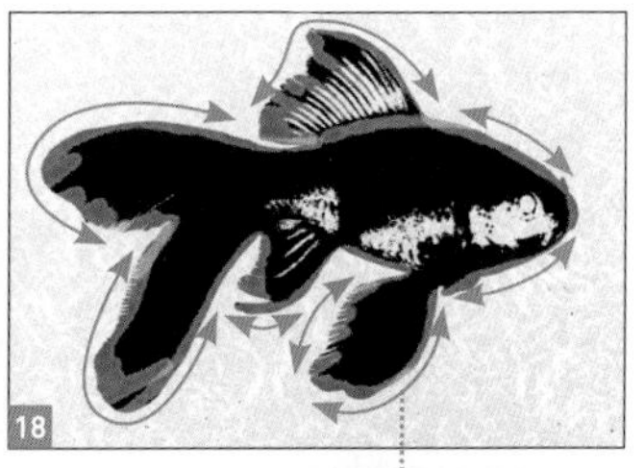
18

마스크를 지정

19

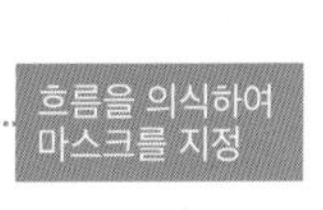

20

21

column

Ps

부드러운 수묵화 브러시와 거친 수묵화 브러시

이번 예제에서는 [부드러운 수묵화 브러시]와 [거친 수묵화 브러시] 2가지로 준비했습니다. 취향대로 선택하여 사용합니다.

• 부드러운 수묵화 브러시
종이에 스며든 것 같은 느낌의 부드러운 브러시입니다.
부드러운 선이나, 색칠에 사용하기 편합니다.
수채화처럼 사용할 수도 있습니다.

• 거친 수묵화 브러시
날카롭고 거친 라인의 브러시입니다.
윤곽이나 세세한 부분을 뚜렷하게 묘사할 때 사용하기 쉽도록 작성했습니다.

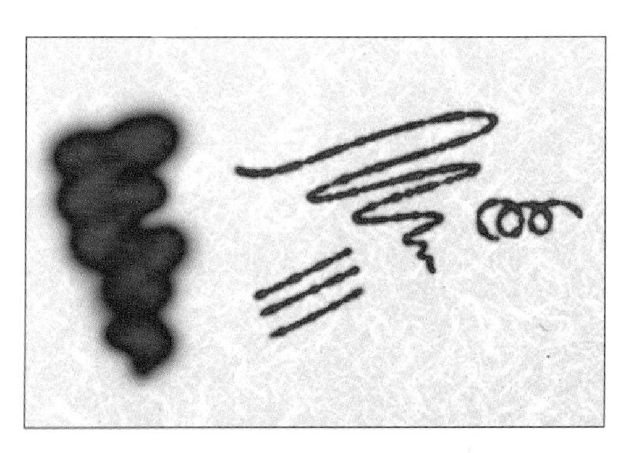

Ps No. 021 수채화 디자인

사진을 수채화풍으로 디자인하고, 수채화풍의 브러시를 사용하여 문자를 추가합니다.

POINT Glowing Edges 필터를 이용한 표현

HOW TO USE 사진을 수채화풍으로 표현할 때 사용

01 레이어를 복사하고 Smart Object로 변환하기

예제 파일 [Beach.psd]를 엽니다. 01 레이어를 복사한 후 복사한 레이어를 위에 배치하고 레이어 이름을 [필터]로 합니다. [필터] 레이어 위에서 마우스 오른쪽 버튼 클릭 후 [Convert to Smart Object]를 선택합니다. 02

01

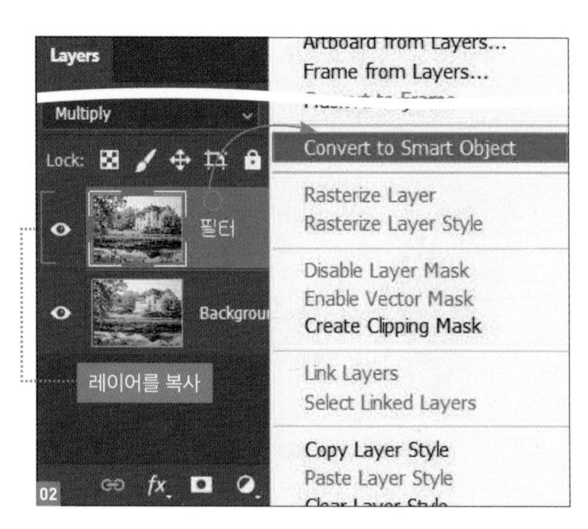

02

02 [필터] 레이어에 필터 적용하기

[Filter]–[Filter Gallery]를 선택합니다.

별도의 창이 열리므로 필터 목록에서 [Stylize]–[Glowing Edges]를 선택하고 [Edge Width : 1], [Edge Brightness : 20], [Smoothness : 10]으로 설정합니다. 03 04

[Image]–[Adjustments]–[Invert]를 적용합니다. 05

[Image]–[Adjustments]–[Hue/Saturation]을 선택하고 [Saturation : –100]으로 적용합니다. 06

윤곽이 아날로그 질감으로 강조한 것 같은 이미지가 되었습니다. 07

03 Blending Mode를 바꾸고 질감 추가하기

[필터] 레이어를 선택하고 [Blending Mode : Multiply]로 설정합니다. 수채화 같은 느낌의 질감이 되었습니다. 08

[필터] 레이어의 콘트라스트로 질감을 조정할 수 있습니다. 좀 더 질감을 강조하기 위해 [Image]–[Adjustments]–[Levels]를 선택하고 Input Levels 슬라이더를 [34 / 0.60 / 255]로 설정했습니다. 09

수채화풍 이미지로 변화되었습니다. 10

04 수채화의 질감을 좀 더 사실적으로 표현하기

수채화 질감을 추가하여 좀 더 사실적으로 표현합니다.

예제 파일 [텍스처.psd]를 열고 [Layers] 패널 맨 위에 배치한 후 [Blending Mode : Hard Light]로 설정합니다.

수채화 질감이 더해져 보다 사실적으로 표현되었습니다. 11

05 수채화풍 브러시 만들기

마지막으로 [Tool] 패널에서 [Brush Tool]을 선택하고 [Brush Settings] 패널을 엽니다. 12와 같이 [Shape Dynamics]를 선택하고 [Size Jitter : 100%]로 설정합니다. [Wet Edges]에도 체크하고 수채화풍 브러시를 작성합니다.

[Layers] 패널 맨 위에 새로운 레이어를 만들고 작업화면 오른쪽 아래에 사인과 같은 문자를 그려 완성합니다. 13

memo

제공된 브러시(수채 브러시.abr)는 부드러운 질감의 수채화 브러시와 거친 질감의 수채화 브러시가 준비되어 있으니 장면에 맞게 선택하여 사용합니다.

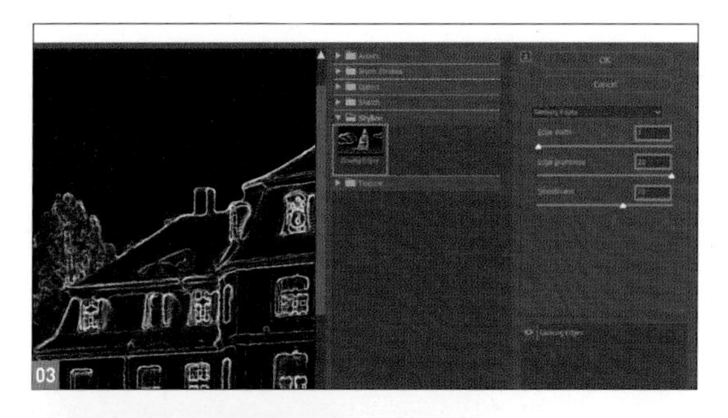

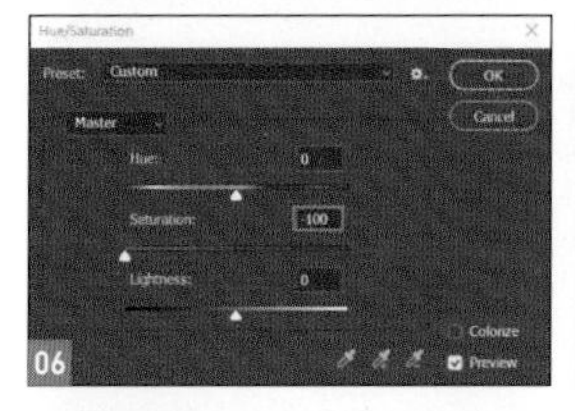

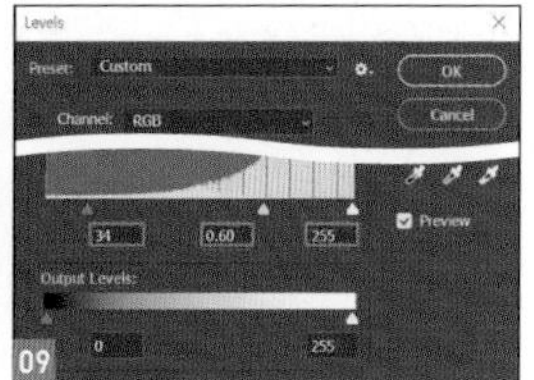

텍스처.psd를 [Hard Light]로 중첩

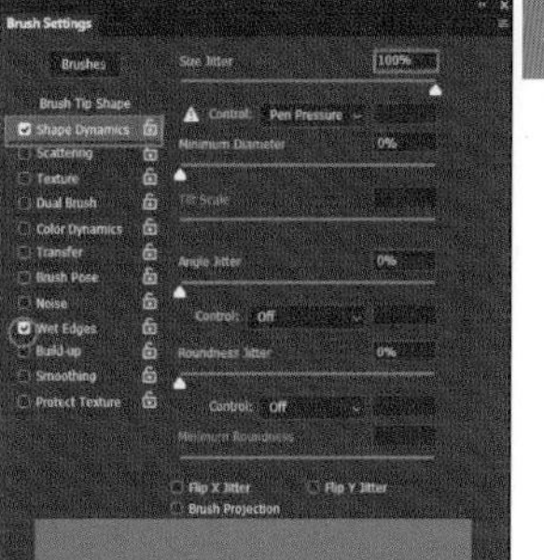

브러시로 문자를 그림

No. 022

우키요에풍의 디자인

Neural Filters를 사용하여 간편하게 우키요에풍 디자인을 만듭니다.

POINT Neural Filters 스타일에 맞는 베이스 이미지를 선택

HOW TO USE 다양한 아티스트 스타일의 표현을 간편하게 사용

01 Neural Filters 선택하기

예제 파일 [풍경.jpg]를 엽니다. 01

[Filter]–[Neural Filters]를 선택합니다. 02

별도의 창이 열리므로 필터 목록에서 [CREATIVE]–[Style Transfer]를 선택합니다. 03

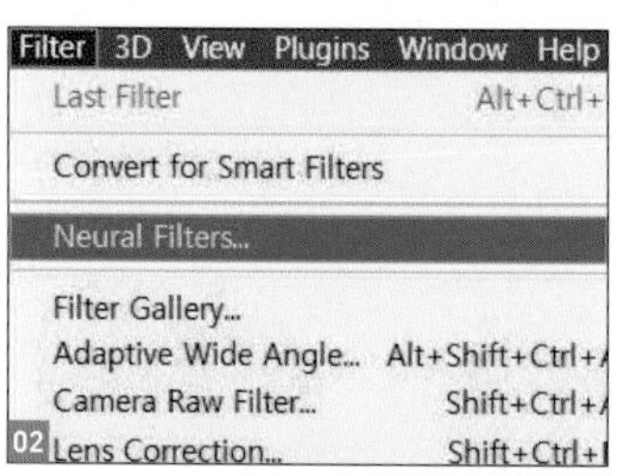

memo

Neural Filters는 3가지 카테고리가 있습니다.

- **추천**

일정 기준을 충족하여 출시된 필터로 안정적인 출력 결과를 기대할 수 있습니다.

- **베타**

테스트용 필터. 출력이 예상과 어긋날 수 있습니다.

- **대기 목록**

앞으로 이용 가능해질 가능성이 있는 필터.

관심 있는 필터가 있으면 [관심이 있습니다] 버튼으로 투표할 수 있습니다.

column

Neural Filters 사용 방법

Neural Filters는 초기 상태에서는 필터 데이터가 반영되지 않을 수 있습니다.

그때는 클라우드 아이콘의 [This filter must be downloaded first] 또는 [Download]를 클릭하여 필터를 다운로드합니다.

[This filter must be downloaded first]를 클릭

02 아티스트의 이미지 선택하기

오른쪽에 다양한 아티스트의 이미지가 표시됩니다. 각 이미지를 선택하면 스타일이 반영됩니다.

[Style Transfer]–[Presets]–[Image Styles]를 선택하고 카츠시카 호쿠사이의 [부악 36경 카나가와 오키나미] 이미지를 찾아 선택합니다. 04

스타일이 적용됩니다.

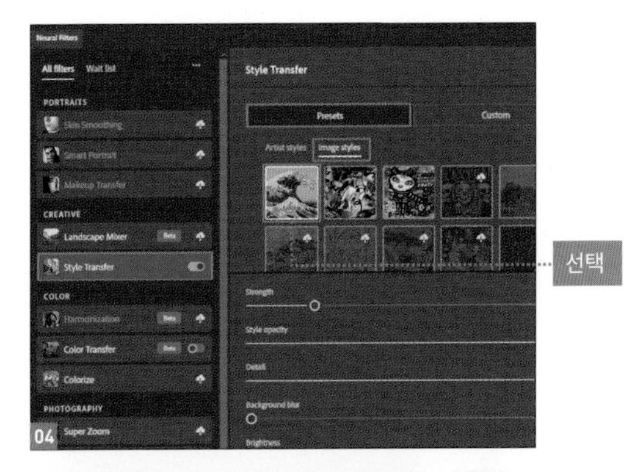

03 스타일의 상태 조정하기

예제에서는 [Strength : 50], [Detail : 15], [Brightness : +20], [Saturation : +10]으로 설정했습니다. 05

파도를 확실히 표현하고 싶었기 때문에 디테일을 낮은 수치로 설정했습니다. 또, 스타일에 따라 밝기와 채도가 낮아져 버렸기 때문에 추가하는 방향으로 조정했습니다. 06 [OK]를 클릭하여 확정합니다.

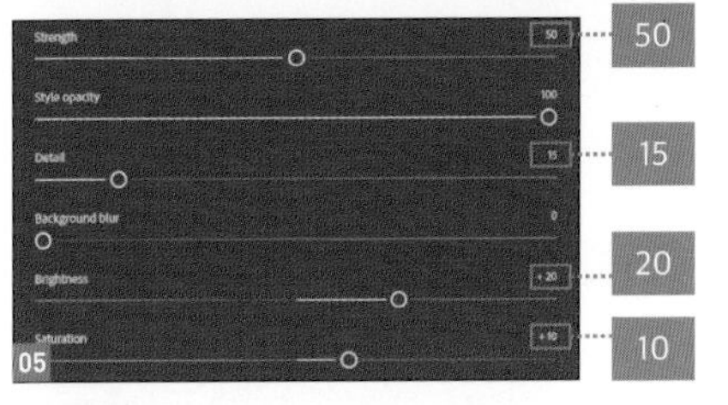

memo

각 슬라이더의 내용 소개

- [Strength]는 스타일의 적용 상태
- [Style opacity]는 불투명도
- [Detail]은 스타일을 적용하는 디테일의 섬세함
- [Background blur]는 흐릿함을 추가
- [Brightness]는 밝기를 조정
- [Saturation]은 채도를 조정

04 Unsharp Mask를 적용하여 완성

좀 더 확실한 인상으로 완성하기 위해 [Filter]–[Sharpen]–[Unsharp Mask]를 선택합니다. 07

[Amount : 100%], [Radius : 1.5pixels], [Threshold : 10levels]로 적용합니다. 08

이상과 같이 매우 간단한 과정으로 우키요에풍 이미지로 표현했습니다. 09

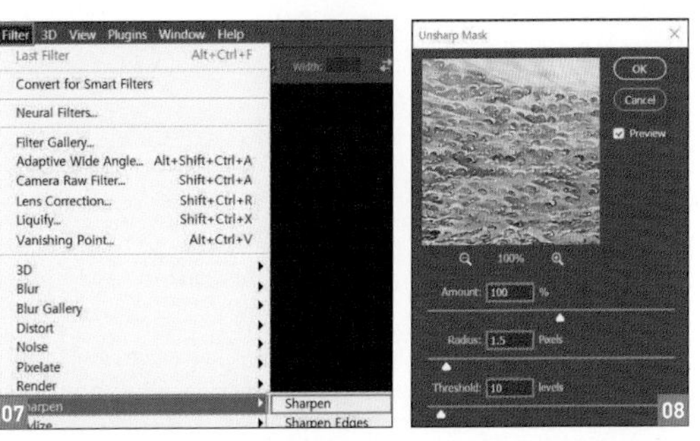

01 사진을 흑백으로 만들기

예제 파일에서 [여인.psd]를 엽니다. 레이어를 복사하고 이름을 [필터]로 합니다. 01

[Layers] 패널의 [Create new fill or adjustment layer] 아이콘을 클릭하고, [Black & White]를 선택하여 조정 레이어 [Black & White 1]을 추가합니다. 02 이 조정 레이어 [Black & White 1]은 항상 맨 위에 배치합니다. 03

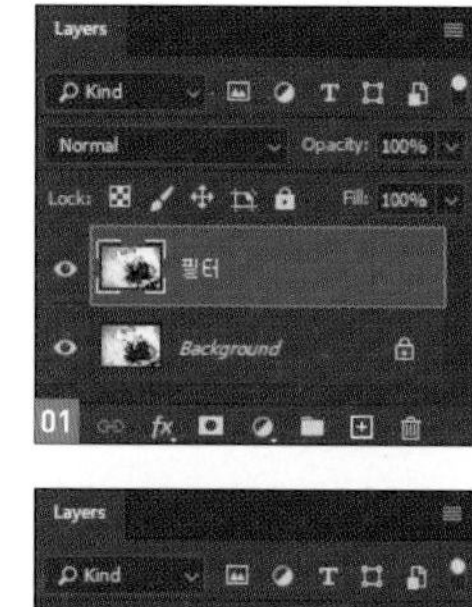

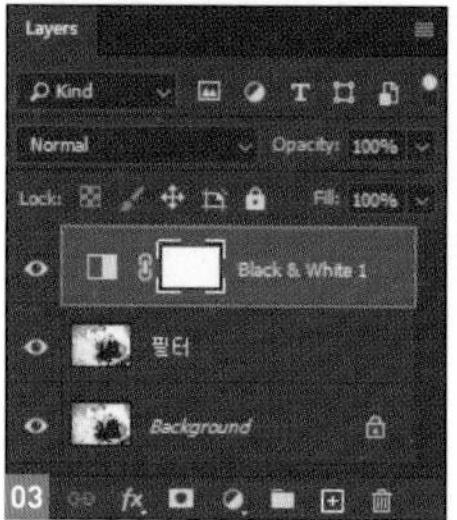

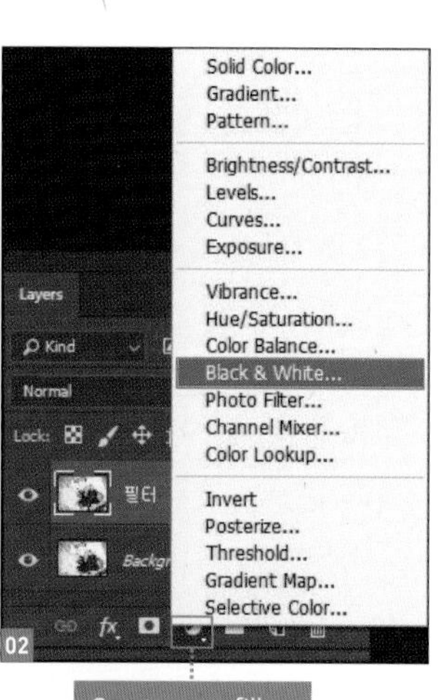

Ps No. 023

연필화 디자인

사진과 선화를 조합하여 연필화와 같은 일러스트레이션을 만듭니다.

POINT 사진을 세밀하게 Trace 함으로써 높은 품질의 연필화를 작성할 수 있다

HOW TO USE 사실적인 연필선의 일러스트가 필요할 때 사용

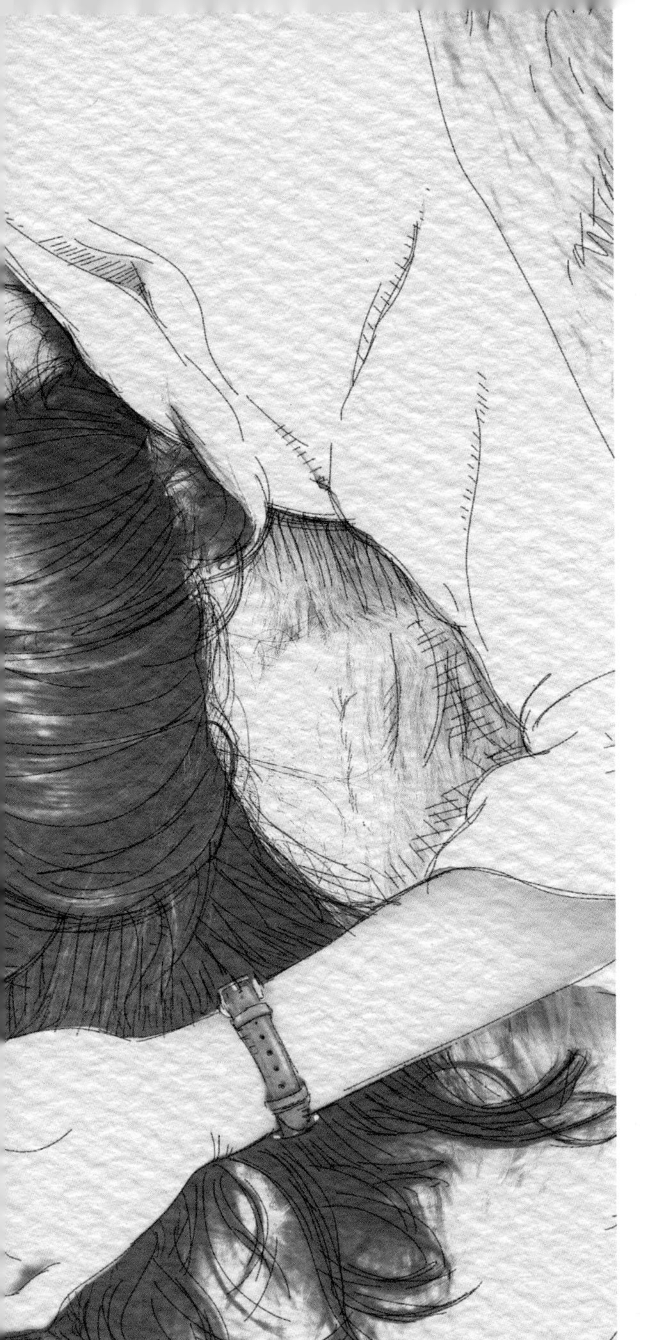

02 이미지를 정리하고 연필화의 밑바탕 만들기

[필터] 레이어를 선택하고 [Images]-[Adjustments]-[Invert]를 선택합니다. 04 05

[Filter]-[Blur]-[Gaussian Blur]를 선택하고 [Radius : 470 pixels]로 설정한 후 [OK]를 클릭하여 적용합니다. 06 07 레이어 [Blending Mode : Color Dodge]로 설정합니다. 08 09

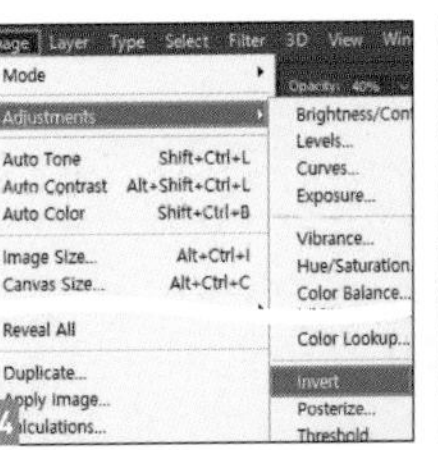

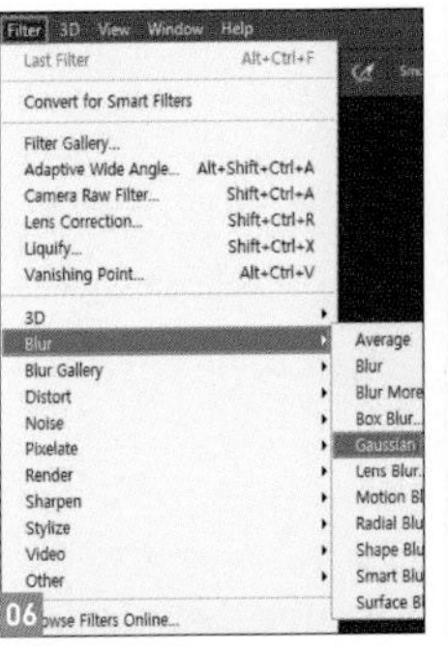

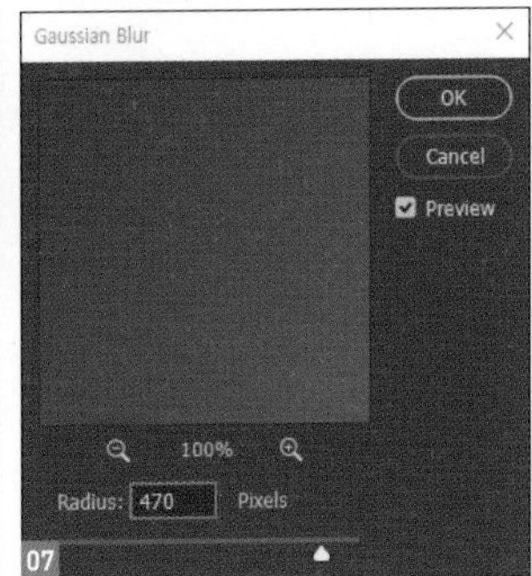

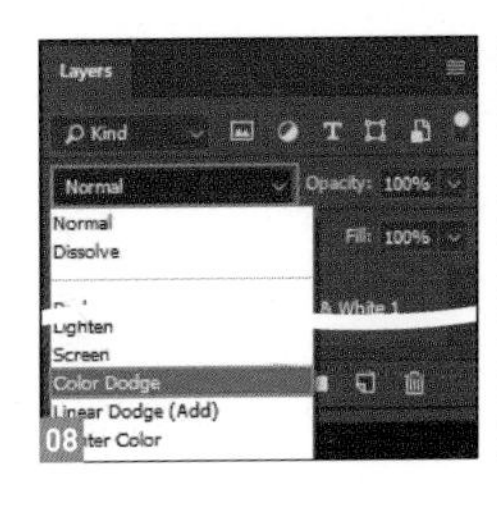

03 브러시 설정하기

[필터] 레이어 위에 새로운 [선] 레이어를 만듭니다.10
[Tool] 패널에서 [Brush Tool]을 선택합니다.11 브러시는 Preset의 [4H Pencil], [Size : 10px]으로 설정합니다.12
[Color : #000000]으로 설정하고 인물의 윤곽이나 머리, 모피 털의 흐름에 맞게 선을 그립니다. [옵션] 바의 Smoothing은 30~60% 근처에서 그리기 쉬운 포인트를 설정하여 사용합니다.13 얼굴의 라인이나, 옷 주름 등은 [필터] 레이어의 효과로 인해 하얗게 날려 있으므로 경계를 찾기 어려운 경우는 [필터] 레이어를 표시 · 비표시로 전환하여 작업합니다.14

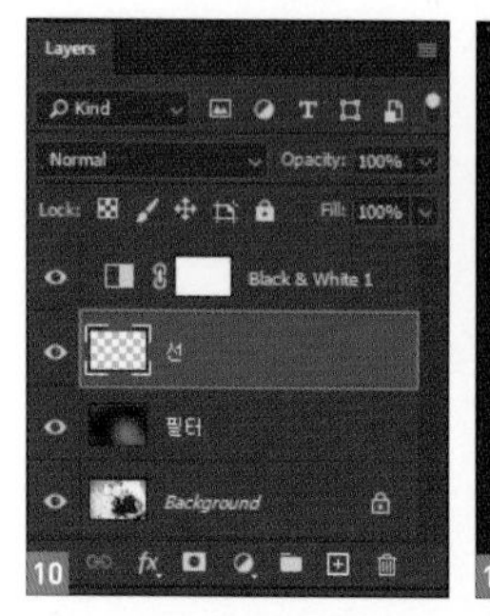

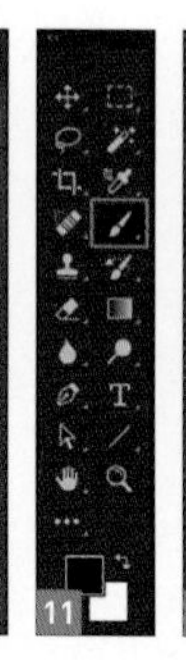

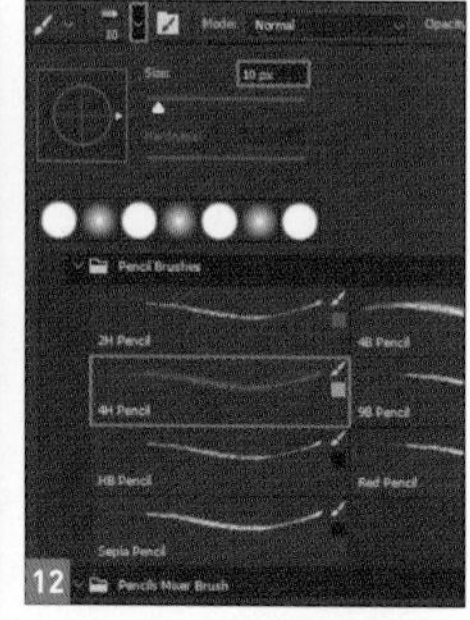

memo

Photoshop의 브러시는 버전에 따라 위치가 다를 수 있습니다. 만약 'Pencil' 등의 브러시를 찾을 수 없다면 [Brushes] 패널에서 [Legacy Brushes]를 선택해 브러시 세트를 불러오면 됩니다. 그 후 검색하면 찾을 수 있습니다.

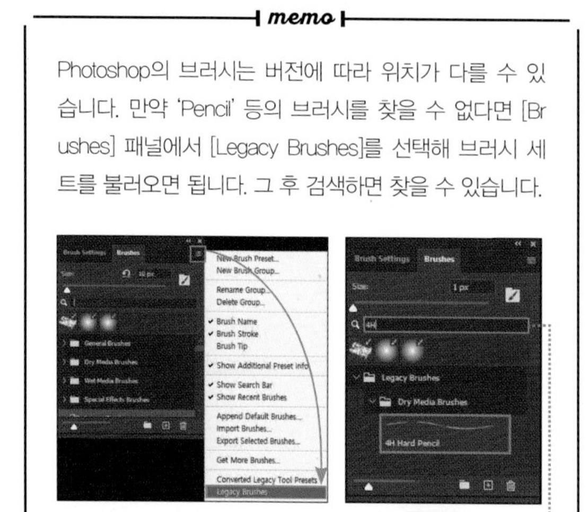

04 브러시로 윤곽 그리기

먼저 대략적인 선을 그립니다.15
머리카락 등 검은색이 강한 부분은 밀도를 높게 그립니다. 특히 얼굴 주위는 세심하게 선의 아름다움을 생각하며 그립니다.16 선이 흔들릴 경우에는 ⌘(Ctrl)+Z를 사용하여 다시 그리거나 Smoothing의 수치를 높여서 조정합니다.

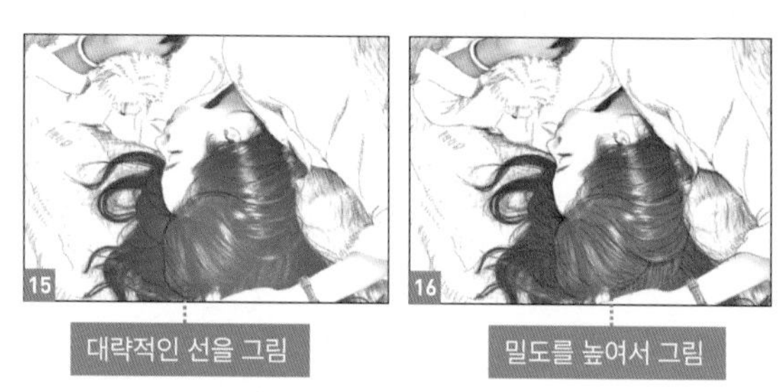

05 질감을 추가하여 완성

선화로만 하면 17과 같이 됩니다. 아날로그감이 강한 일러스트가 목적인 경우는 이 시점에서 연필화의 완성입니다. 기호에 따라 착색 등을 해도 좋습니다.
예제에서는 소재 [도화지.psd]를 열어 조정 레이어 [Black & White 1]의 아래에 배치하고 [Blending Mode : Linear Burn]으로 설정합니다.18
종이의 질감이 추가되어 완성입니다.19

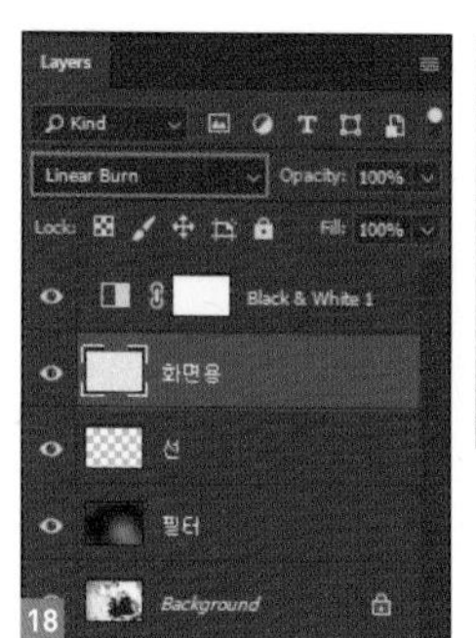

사실적으로 그린 듯한 색연필 디자인

사실적으로 그린 그림과 같은 질감을 색연필로 재현합니다.

POINT	겹친 두 레이어의 어긋남을 이용한다
HOW TO USE	사실적으로 그린 색연필 그림 표현에 사용

01 레이어를 복사하여 효과 주기

예제 파일 [고양이.jpg]를 엽니다.

레이어를 복사하여 레이어 이름을 [질감]으로 하고 맨 위에 배치합니다. 01

[질감] 레이어를 선택하고 [Blending Mode : Color Dodge]로 설정합니다. 02 03

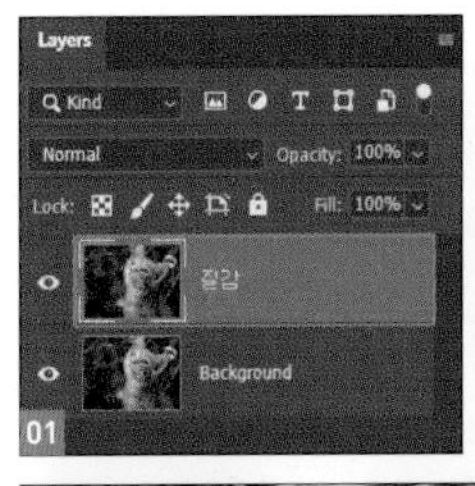

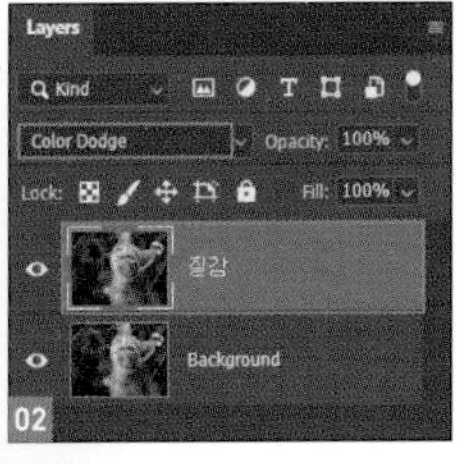

02 계조를 반전시키고 Gaussian Blur 주기

[Image]–[Adjustments]–[Invert]를 선택합니다. 04 05

[질감] 레이어를 선택하고 [Filter]–[Blur]–[Gaussian Blur]를 선택합니다. 06 [Radius : 20pixels]로 설정하고 [OK]를 선택합니다. 07 08

2개의 레이어가 딱 겹쳐 거의 아무것도 보이지 않는 상태였지만 윤곽이 흐려지고 어긋남이 생겨 부드러운 윤곽이 됩니다.

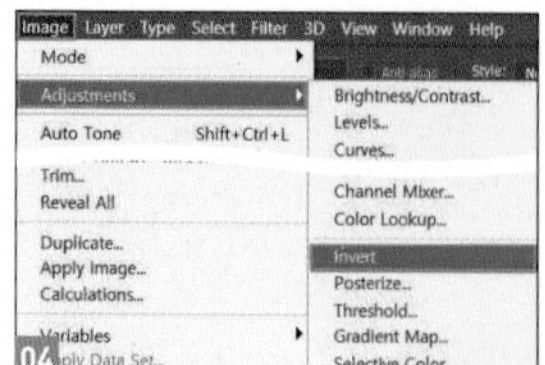

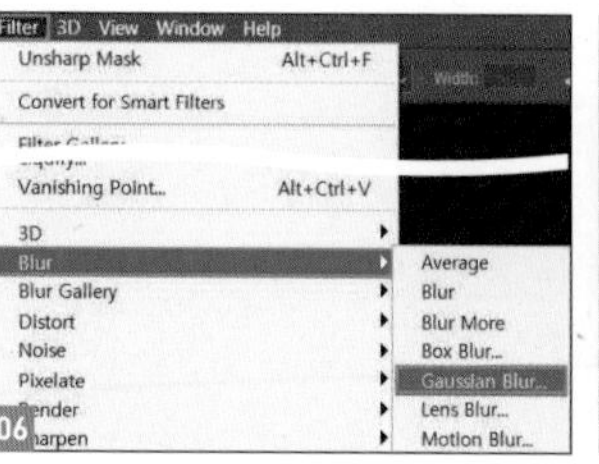

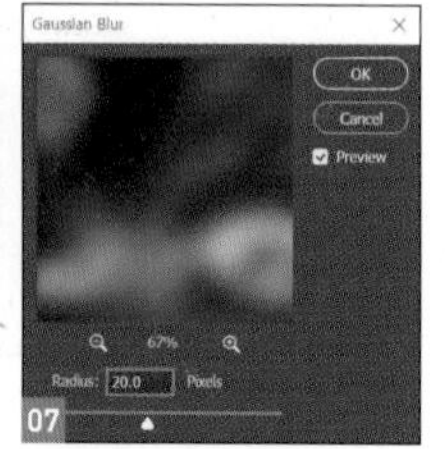

03 윤곽에 까칠까칠한 질감 더하기

[질감] 레이어를 선택하고 [Filter]–[Filter Gallery]를 선택합니다. 09

새로운 패널이 나타나면 [Brush Strokes]–[Spatter]를 선택합니다.

오른쪽 메뉴에서 [Spray Radius : 25] [Smoothness : 1]로 설정합니다. 10

윤곽에 까칠까칠한 질감이 더해집니다. 11

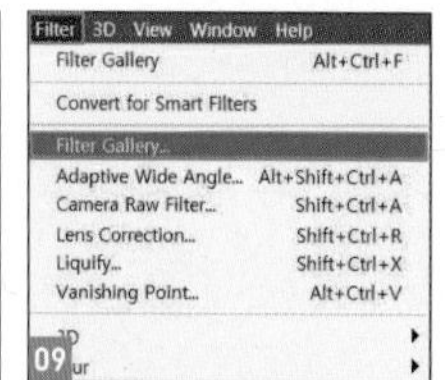

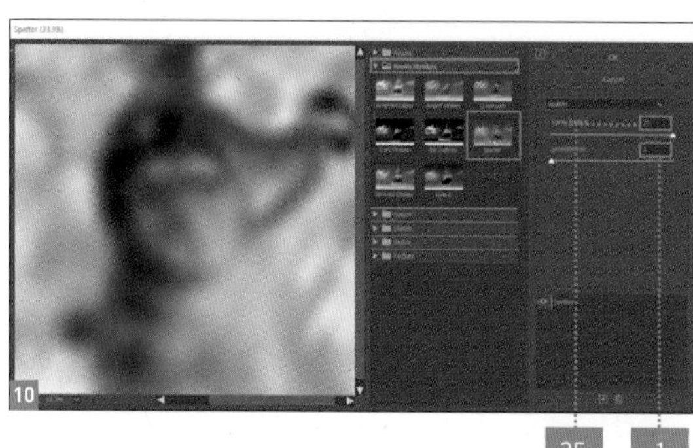

04 전체의 밝기 조절하기

[Background] 레이어를 선택하고 [Image]–[Adjustments]–[Levels]를 선택합니다. 12

Input Levels를 [0/0.65/255]로 설정하여 중간 단계를 조정하여 전체가 보이도록 합니다. Output Levels를 [0/225]로 설정하여 13, 눈 주변 등 하얀 부분을 조정합니다. 14

[Image]–[Adjustments]–[Shadows/Highlights]를 선택합니다. 15

[Highlights : 25%]로 설정하여 전체의 밝은 영역을 조정합니다. 16 이것으로 완성입니다. 17

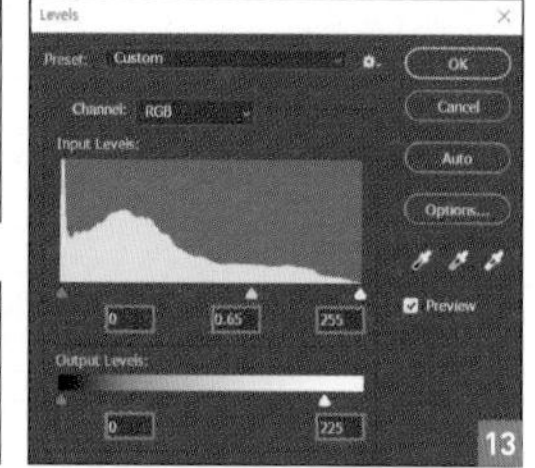

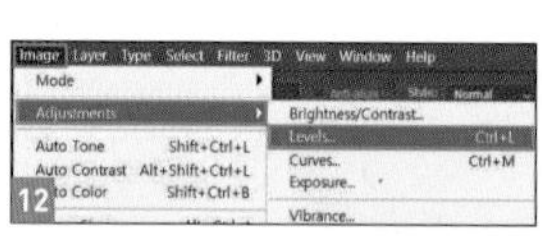

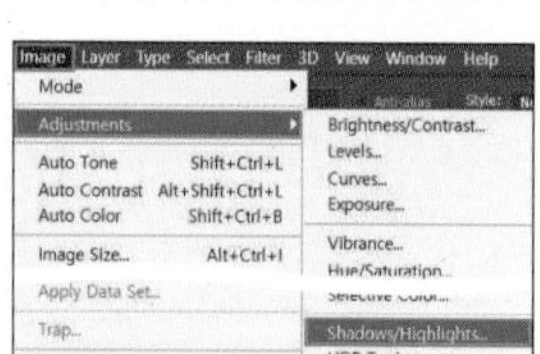

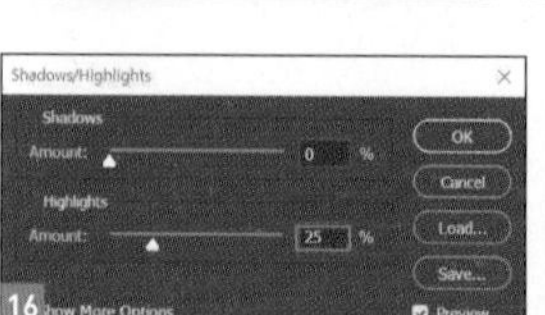

MUSIC

Ai

No.

025

페인트 디자인

Warp Tool 등의 기능을 사용하여 흘러내린 선의 표현을 쉽게 만들 수 있습니다.

POINT Warp Tool을 사용한다

HOW TO USE 서늘한 인상의 디자인을 만들 때 사용

01 문자 입력하기

[File]–[New]를 선택하여 B5 크기의 작업화면을 만듭니다. [Character] 패널에서 [Font : Impact], [Size : 160pt], [Color : #000000]으로 설정한 후 "MUSIC"이라고 입력합니다. 01 02

[Type]–[Create Outlines]를 선택하여 문자를 오브젝트로 변환합니다. 03 문자를 오브젝트로 변환하면 다양한 편집을 할 수 있습니다.

[Object]–[Path]–[Add Anchor Points]를 선택합니다. 세세한 포인트를 추가하고 싶다면 같은 작업을 2회 반복합니다. 04

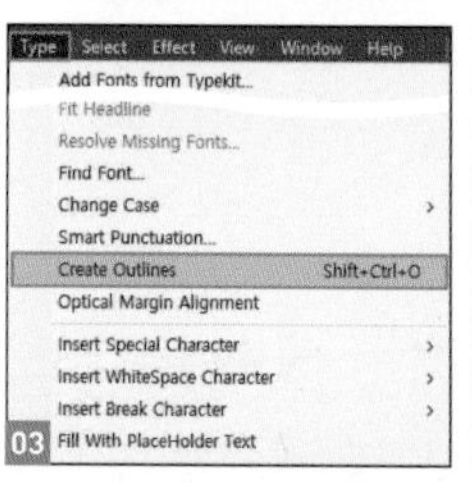

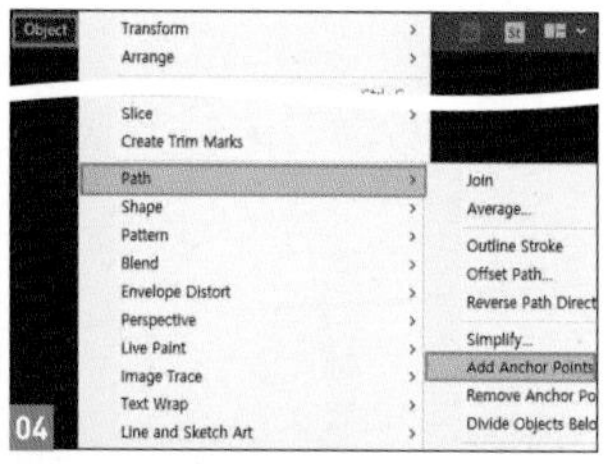

02 페인트가 흘러내리는 문자 디자인하기

[Tool] 패널에서 [Direct Selection Tool]을 선택하고 패스를 당겨 아래로 늘립니다. 05 06 07 08

[Tool] 패널에서 [Warp Tool]을 선택하고 09 더블 클릭하여 [Warp Tool Options]에서 [Width : 35mm], [Height : 35mm], [Angle : 0°], [Intensity : 50%], [Detail : 2], [Simplify : 50]으로 설정합니다. 10

당겨진 패스에 드래그하여 자연스러운 곡선을 만듭니다. 11

[Bloat Tool]을 선택하고 12 작업화면을 더블 클릭하여 [Bloat Tool Options]에서 [Width : 5mm], [Height : 5mm], [Angle : 0°], [Intensity : 10%], [Detail : 2], [Simplify : 50]로 설정합니다. 13

선 끝 부근에 마우스 커서를 맞추고 약간 길게 눌러 페인트 덩어리 같은 형태를 만듭니다. 14 문자 디자인이 완성됐습니다.

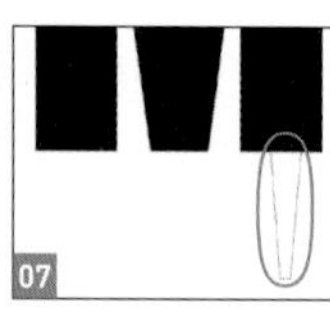

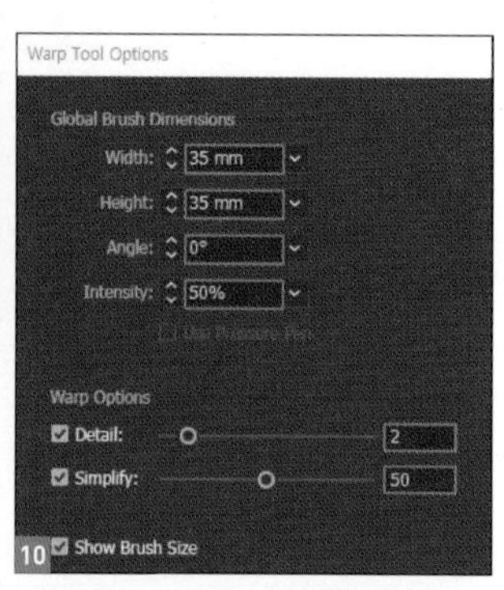

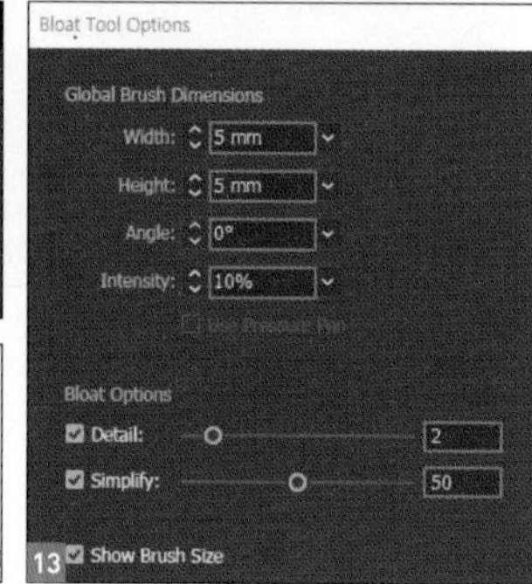

memo

만약 [Tool] 패널에 사용하려는 툴이 없는 경우, 하단의 [Edit Toolbar]를 클릭합니다. 표시된 [All Tools]에서 찾을 수 있습니다. [Tool] 패널로 드래그하여 고정할 수도 있습니다.

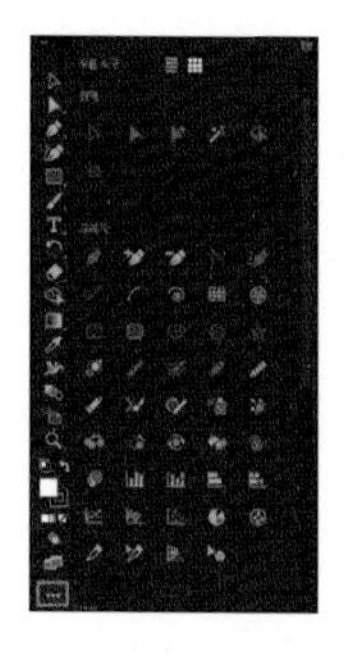

03 페인트로 그린 것 같은 선 그리기

완성된 문자를 선택하고 [Object]-[Hide]-[Selection]을 선택하여 숨겨둡니다.

[Window]-[Brush Libraries]-[Artistic]-[Artistic_Paintbrush]를 선택합니다. 15

[Artistic_Paintbrush] 패널에서 [Quick Brush 3]을 선택합니다. 16

[Fill : #bad300]로 설정하고 선폭을 바꾸면서 [Pen Tool]로 17과 같이 비스듬한 선을 방향을 바꾸면서 그려나갑니다.

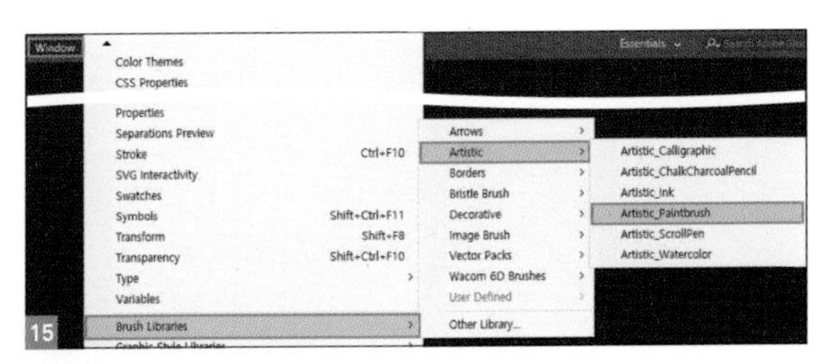

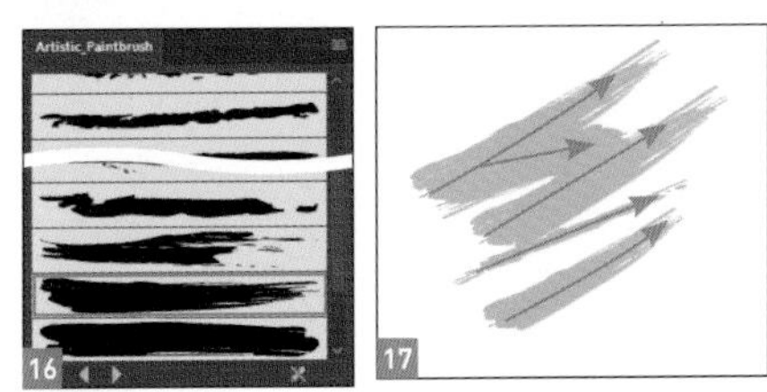

04 흩날리는 페인트를 추가하기

[Pen Tool]을 선택하고 [Window]-[Brush Libraries]-[Artistic]-[Artistic_Ink]를 선택합니다. [Artistic_Ink] 패널에서 [Ink Splash]와 [Ink Splats]을 선택하여 18 19, [Fill : #bad300], [Fill : #f5e664]의 Color로 선의 폭이 다르게 흩어지듯 뿌려진 페인트를 그려 나갑니다. 20

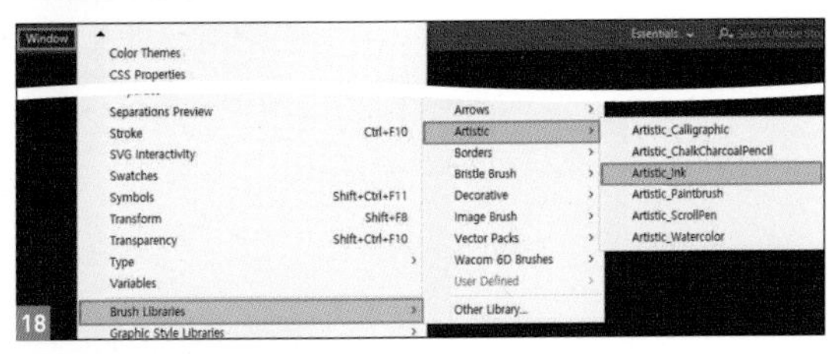

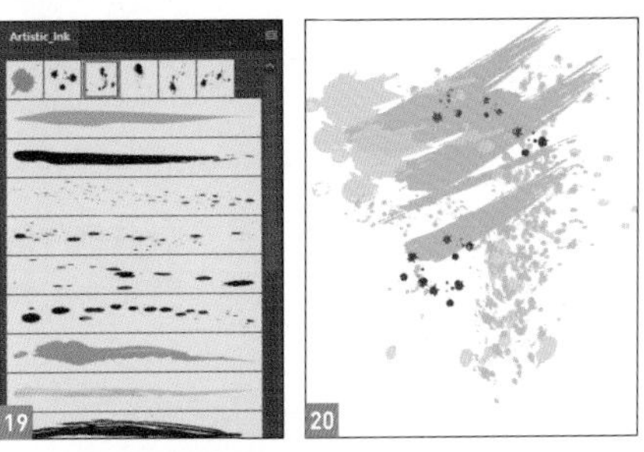

05 사진과 일러스트를 합성하여 인상적인 디자인으로 마무리하기

[Window]-[Gradient]를 선택하여 [Gradient] 패널을 표시하고 [Type : Radial]을 선택합니다. 흰색에서 검은색으로 Gradient를 작성합니다. 21

[Tool] 패널에서 [Ellipse Tool]을 선택하고 페인트 일러스트 위에 원을 만듭니다. 22

[Window]-[Transparency]를 선택합니다.

페인트 디자인과 원을 선택하고 [Transparency] 패널에서 [Make Mask]를 클릭합니다. 23

검은색 부분이 마스크되고 흰색 부분은 남았습니다. 24

예제 파일 [콘서트.jpg]를 불러와 배치하고 [Object]-[Arrange]-[Send to Back]을 선택하여 뒤쪽에 배치합니다. 25

[Object]-[Show All]을 선택하여 숨겼던 글자가 나타나면 완성입니다. 26

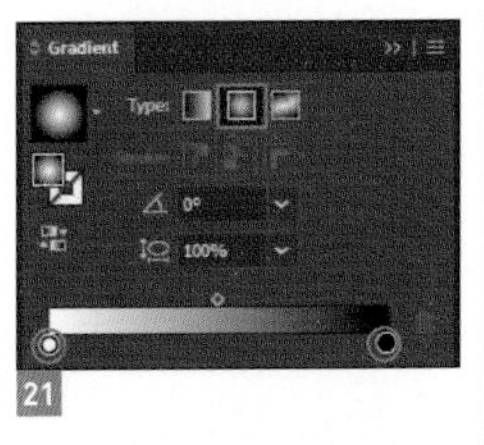

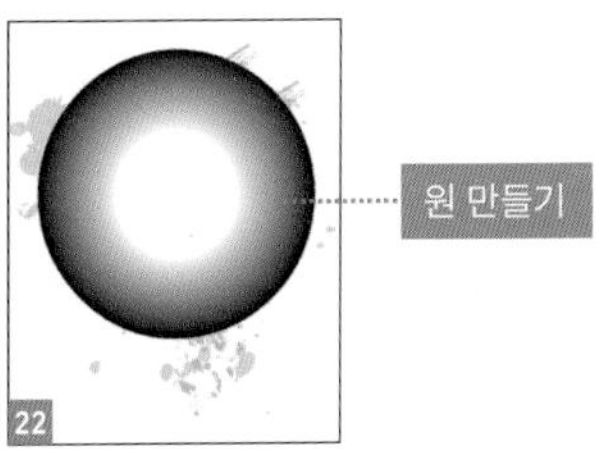

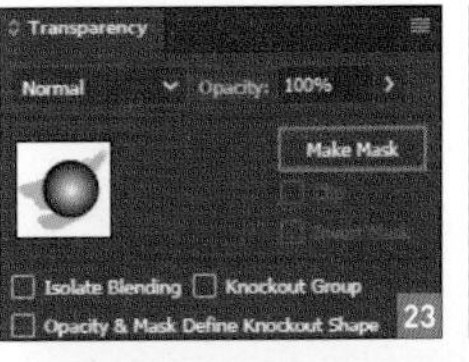

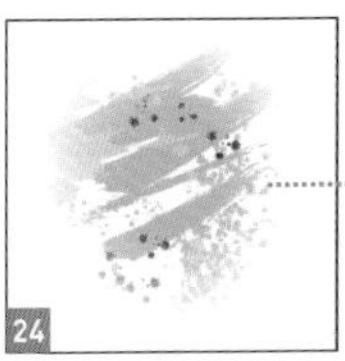

Ps No.026 페인트가 섞여 있는 화려한 디자인

페인트가 섞인 듯한 디자인을 만들어 봅니다.

POINT Smudge Tool로 페인트가 섞인 것처럼 표현한다

HOW TO USE 차분한 인상에서 팝적인 인상까지 폭넓게 사용

01 문자 배치하기

예제 파일에서 [녹색배경.psd]를 엽니다. [Tool] 패널에서 [Horizontal Type Tool]을 선택하고 [Font : Impact], [Size : 182pt], [Color : #e81596]으로 설정한 후 작업화면 중앙에 "paint"라고 입력합니다. [Edit]–[Free Transform]을 선택하여 반시계 방향으로 회전시킵니다. 01

예제 파일 [젤리콩.psd]를 열고 [paint] 문자 레이어의 위에 배치합니다. 02

[젤리콩] 레이어를 선택하고 마우스 오른쪽 버튼 클릭 후 [Create Clipping Mask]를 선택합니다. 03 04

[젤리콩] 레이어를 원하는 위치로 이동합니다. 예제에서는 빨간색이 위로 보이도록 했습니다. 05

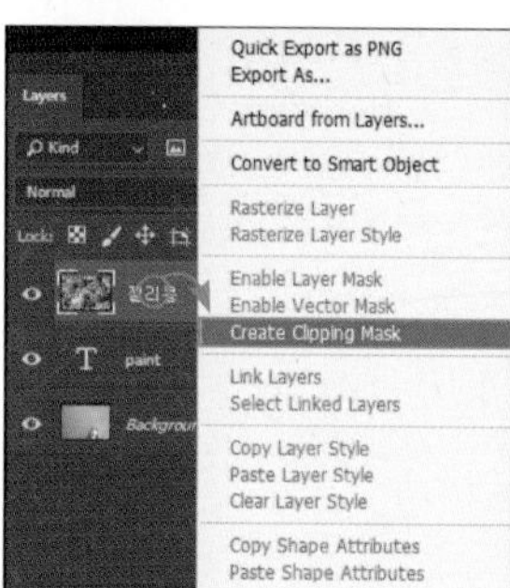

문자 형태로 Clipping Mask 가 만들어짐

02 Smudge Tool을 사용하여 작업하기

[Layers] 패널에서 [paint] 문자 레이어를 선택하고, 마우스 오른쪽 버튼 클릭 후 [Rasterize Type]을 선택합니다. 06 07

[젤리콩] 레이어와 [paint] 레이어를 선택하고 마우스 오른쪽 버튼 클릭 후 [Merge Layers]를 선택합니다. 08 09

결합한 [젤리콩] 레이어를 선택하고 [Filter]–[Liquify]를 선택합니다. 10

[Forward Warp Tool]을 선택하여 위에서 아래로 녹아내리는 듯한 이미지로 문자에 따라 왜곡을 가합니다. 11

[Properties] 패널의 [Brush Tool Options]의 Size는 25~50 전후의 크기로 세세한 부분과 큰 부분을 작업하면 좋습니다. 12

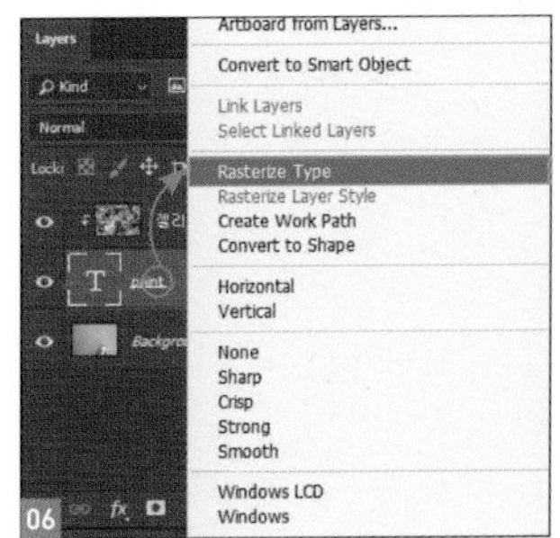

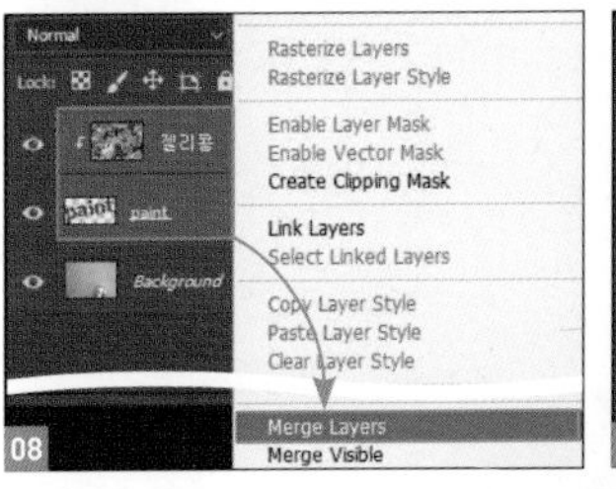

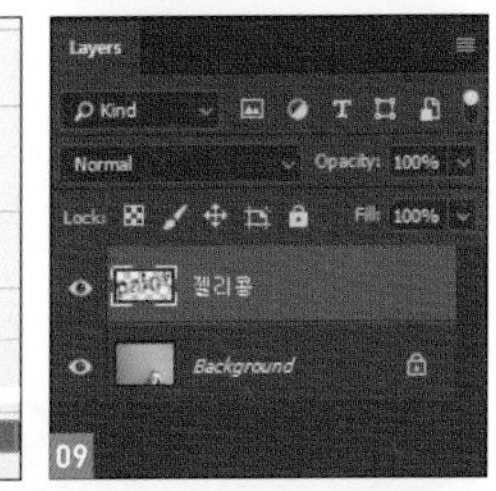

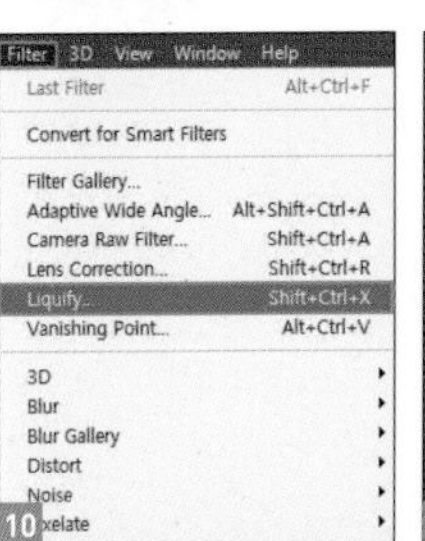

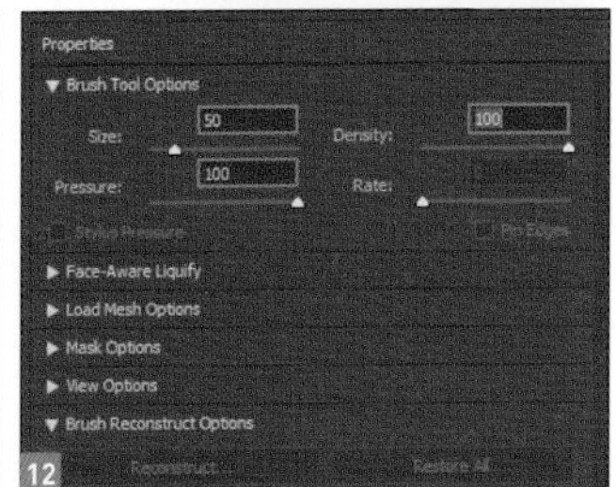

03 입체감을 더해 완성

[젤리콩] 레이어를 더블 클릭하여 [Layer Style]을 표시합니다. 13 [Bevel & Emboss]를 선택하고 14와 같이 설정하여 입체감을 줍니다. 15

[Horizontal Type Tool]을 선택하고 [Font : Impact], [Size : 92pt], [Color : #fffae6]으로 설정하고 "WET"의 문자를 추가합니다. [Edit]–[Free Transform]을 사용하여 paint에 나란히 되도록 합칩니다. 16

[WET] 문자 레이어를 선택하고 [Layer Style]을 표시합니다. 17과 같이 [Blend If]–[Underlying Layer]를 [0/50, 135/203]으로 합니다. 이때 오른쪽 조정 포인트의 약간 왼쪽에서 option (Alt)를 누르면서 드래그하면 조정 포인트가 분할됩니다. 전체 크기나 레이아웃을 미세하게 조정하여 완성합니다. 18

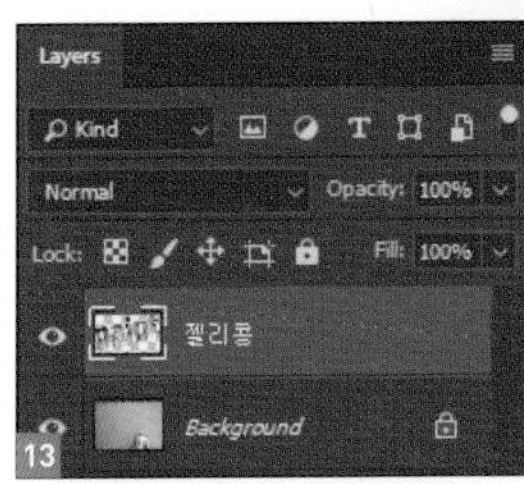

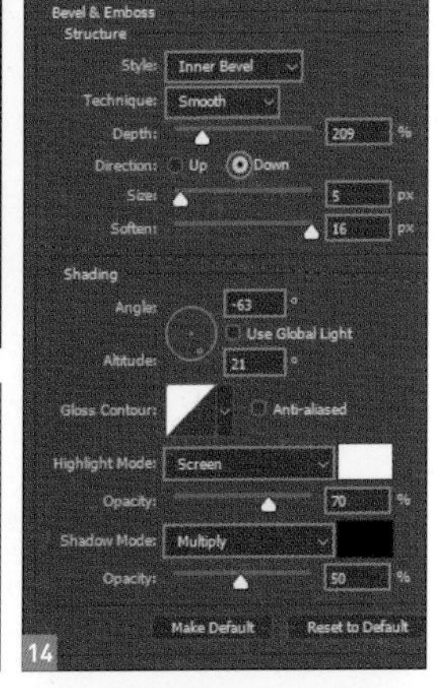

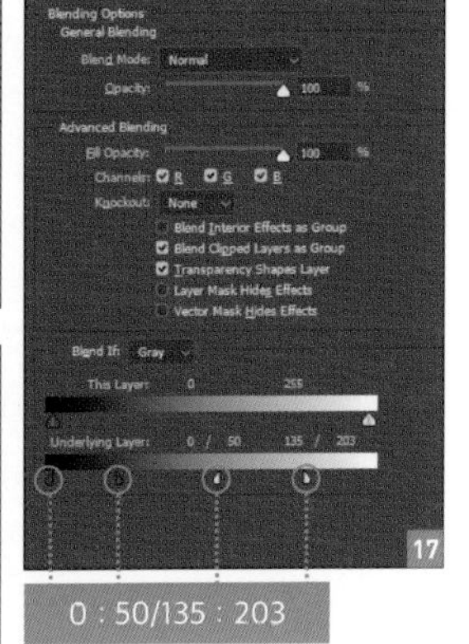

크레파스 디자인

Illustrator에서 크레파스로 쓴 것과 같은 글자나 일러스트를 만들고 Texture나 Effect를 사용하여 크레파스 특유의 까칠한 질감을 표현합니다.

POINT 텍스처 크기를 조정하여 자연스러운 모양으로 만든다

HOW TO USE 어린이를 위한 디자인이나 자연스러운 분위기를 내고 싶을 때 사용

01 새로운 작업화면 만들고 이미지 배치하기

[File]–[New]를 선택하여 새로운 문서를 만듭니다. 여기에서는 Web을 선택하고 [Width : 1280px], [Height : 1024px], [Raster Effects : 300ppi]로 설정하여 작업문서를 만듭니다. 01 예제 파일 [아기.psd]를 불러와 배치합니다. 02
⌘(Ctrl)+2로 배치한 이미지를 잠급니다.

memo

- [Character] 패널 표시 · 비표시 : ⌘(Ctrl)+T
- [Paragraph] 패널 표시 · 비표시 : ⌘(Ctrl)+option(Alt)+T

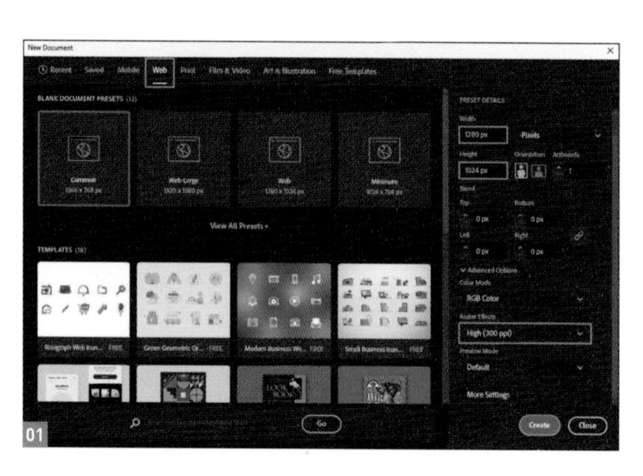
01

02

02 컬러풀한 문자 쓰기

[Tool] 패널에서 [Type Tool]을 선택하고, [Character] 패널에서 즐거운 이미지의 Font를 선택합니다.

Adobe Fonts의 [Font : ScrptoramaMarkdownJF Regular]를 설정해 "HAPPY BIRTHDAY"라고 입력합니다.

HAPPY에서 한번 줄 바꿈을 하고 [Paragraph] 패널에서 단락을 [Align Center]로 [Size : 50pt], [행간 : 100pt], [자간 : 200]으로 설정합니다. 03

귀여운 느낌을 하려면 04와 같이 화려한 색상으로 설정합니다. [주황색 : #fabe00], [노란색 : #fee100], [파랑색 : #03b-8de], [빨강색 : #EA5520], [연두색 : #abcd03]의 5색으로 문자에 각각 색상을 적용합니다.

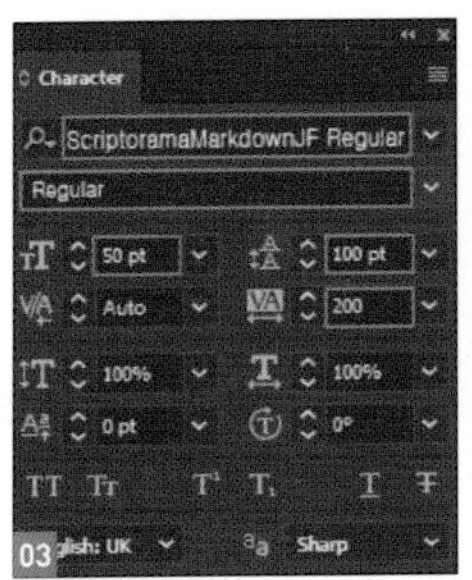

03

04

03 Touch Type Tool로 문자 변화 주기

[Tool] 패널에서 [Touch Type Tool]을 클릭합니다. 05

[Touch Type Tool]을 사용하면 문자 정보가 사라지지 않고 문자를 자유롭게 확대 · 이동 · 회전을 할 수 있게 됩니다. 06

하나하나의 문자를 선택하면서 회전이나 이동시킵니다. 07

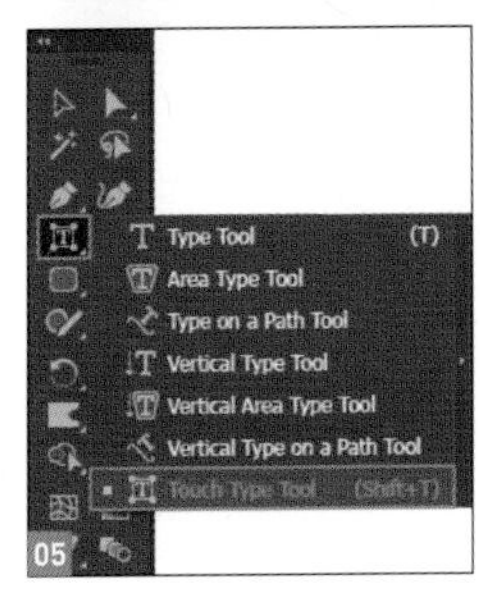

05

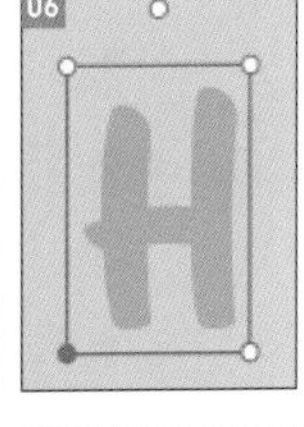
06

07

memo

만약 [Touch Type Tool]이 표시되지 않는다면, [Character] 패널의 메뉴에서 [Touch Type Tool]을 선택합니다.

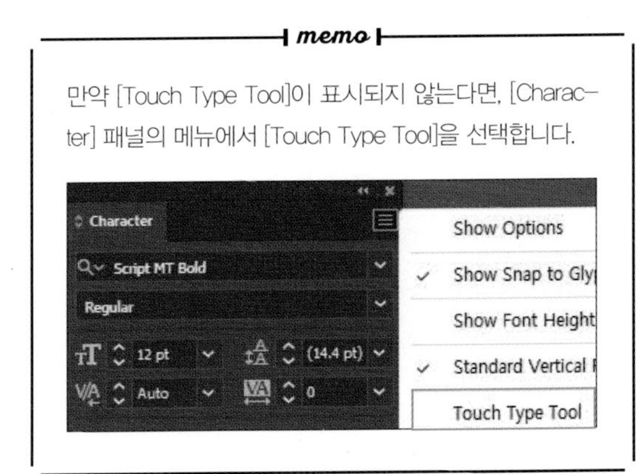

08 Selection Stroke: 1 pt Uniform 5 pt. Round

09

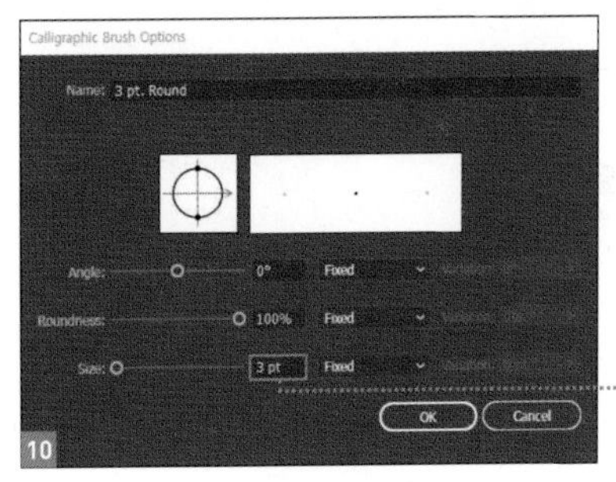

5pt로 변경
10

04 일러스트 추가하기

[Tool] 패널에서 [Paintbrush Tool]을 선택하고 [Brush Definition : 5pt. Round], [Stroke : 1pt]로 설정하고 가장자리 선 등을 그립니다. 왕관과 숫자, 하트 등을 그려갑니다. 08 09

또한 [Brush Definition : 5pt. Round]가 없는 경우에는 [Calligraphic Brush Options] 패널에서 표준으로 들어 있는 [3pt. Round]를 더블 클릭하여 [Size : 5pt]로 변경합니다. 10

05 투명 패널로 마스크 작성하기

⌘(Ctrl)+A로 모든 것을 선택하고, ⌘(Ctrl)+C로 오브젝트를 복사합니다.

[Window]–[Transparency]를 선택하여 [Transparency] 패널을 표시하고 [Make Mask]를 선택합니다. 11

[Transparency] 패널 Clip의 체크를 해제하고 마스크 부분을 선택한 후 ⌘(Ctrl)+F를 눌러 [Paste in Front]합니다. 12

이로써 마스크 쪽에도 오브젝트를 이동할 수 있습니다.

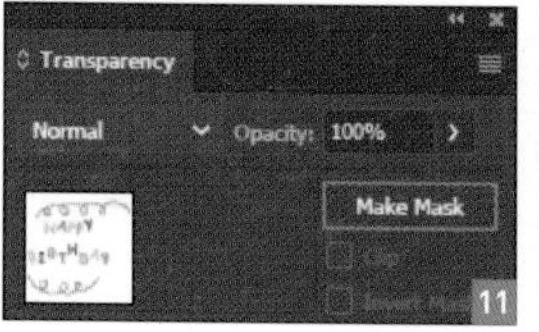

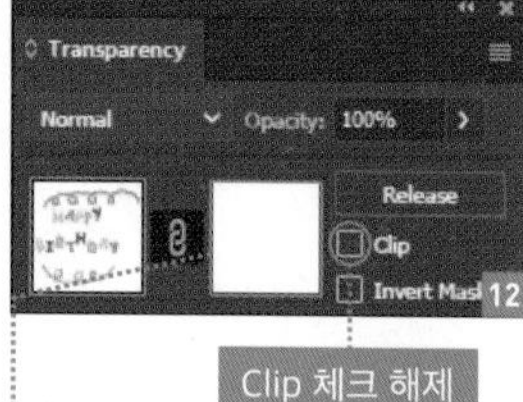

06 패스에 Outline 적용하기

[Transparency] 패널의 마스크에서 작업하고 있습니다. [Window]–[Appearance]를 선택하여 [Appearance] 패널을 엽니다. 이후에는 Texture나 Effect의 상태를 확인하면서 진행하는 것이 좋습니다.

[Object]–[Path]–[Outline Stroke]을 선택하고 선 오브젝트를 패스로 변환합니다.

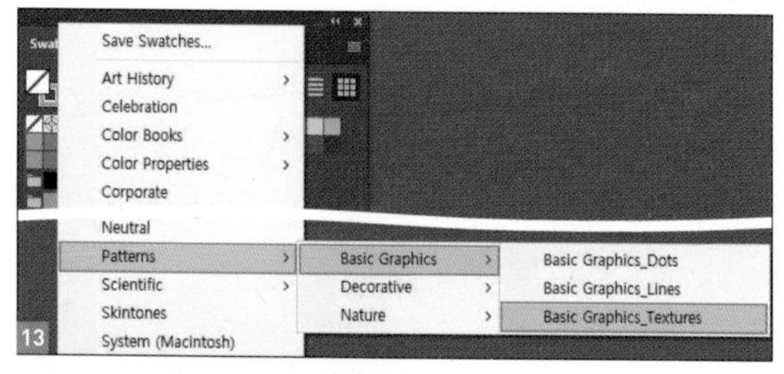

07 Texture로 질감 만들기

[Window]–[Swatches]를 선택하고, [Swatches Libraries menu] 버튼을 클릭하여 [Patterns]–[Basic Graphics]–[Basic Graphics_Textures]를 선택합니다. 13

[Basic Graphics_Textures] 패널에서 [USGS 21 Intricate Surface]를 선택합니다. 14 15

[Tool] 패널의 [Scale Tool]을 더블 클릭하여 [Transform Patterns]만 체크를 넣고 50%로 패턴을 축소시킵니다. 16 17

이제 마스크쪽 오브젝트에 울퉁불퉁한 질감이 나타납니다.

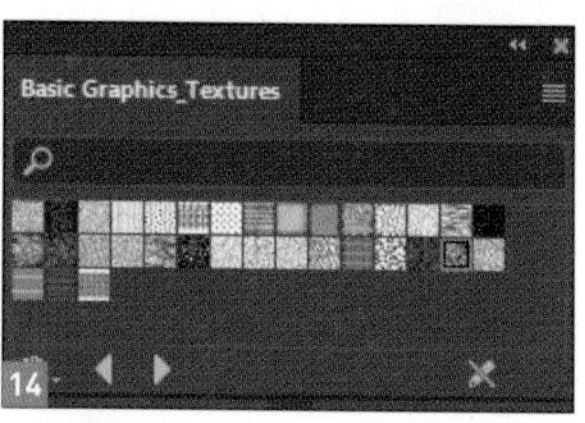

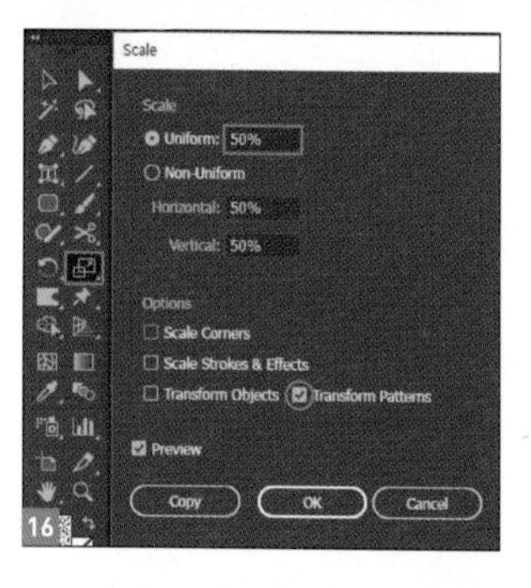

08 브러시로 꺼칠꺼칠한 표현 만들기

[Window]–[Brush Libraries]–[Artistic]–[Artistic_ChalkCharcoalPencil]을 선택하여 패널을 열고 [Charcoal–Feather]를 클릭하여 적용시킵니다. 18

[Stroke : 0.75pt], [Color : #000000]으로 설정합니다. 19

일러스트와 글자의 윤곽에 꺼칠꺼칠한 표현이 나타납니다.

09 Effect로 크레파스의 질감으로 완성

마지막으로 Effect로 질감을 추가합니다. [Effect]-[Artistic]-[Rough Pastels]를 선택하여 [Stroke Length : 10], [Stroke Detail : 5], [Texture : Canvas], [Scaling : 200%], [Relief : 30], [Light : Top Right]로 설정합니다. 20
아날로그 느낌을 낼 수 있습니다. 21

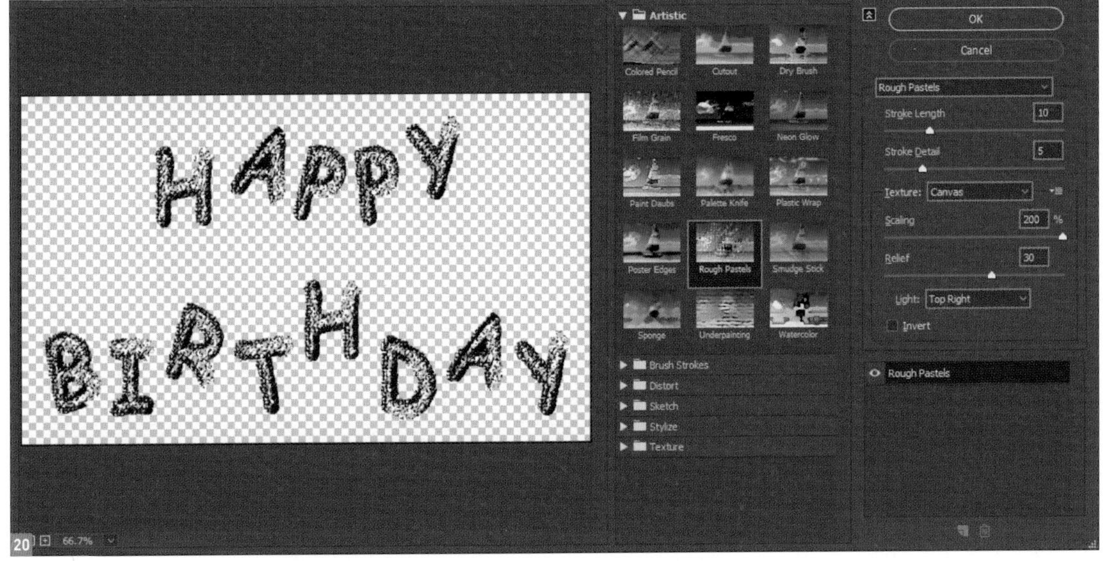

column

Eyedropper Tool 활용 방법

- Shift를 누르면서 클릭

적용시키고 싶은 오브젝트를 선택한 후 추출하고자 하는 오브젝트를 [Eyedropper Tool]로 Shift를 누르면서 색이나 선 등 추출하고 싶은 부분에 커서를 맞추어 클릭합니다. 색이나 선만 추출시킬 때에 편리한 단축키입니다.

- option(Alt)+Shift를 누르면서 클릭

색이나 선의 정보를 유지하면서 속성만 적용시키고 싶은 경우에는 option(Alt)+Shift를 누르면서 클릭합니다.

I WANT TO
RIDE
MY
Bicycle

No.028 배경에 스며든 잉크 같은 선 만들기

Stroke Path를 사용하여 잉크로 그려진 것 같은 장식 문자를 표현합니다. 배경에 스며든 느낌으로 만드는 방법 등 Illustrator와는 또 다른 표현 방법이 가능합니다.

POINT 패스를 작성하고 Simulate Pressure를 사용하여 강약이 있는 경계선을 그린다

HOW TO USE 제목이나 장식적인 문자를 표현할 때 사용

01 밑바탕이 되는 문자 배치하기

예제 파일 [자전거.psd]를 엽니다. [Tool] 패널에서 [Horizontal Type Tool]을 선택합니다.01 Adobe Fonts에 수록된 [Font : Quimby Mayoral], [Size : 115pt]를 선택하고 작업화면 중앙에 "Bicycle"이라고 입력합니다.02 03

[Tool] 패널에서 [Pen Tool]을 선택하고04, 텍스트를 가이드로 하면서 05와 같이 패스를 작성합니다. 단, 예제에서는 알기 쉽도록 [Bicycle] 레이어는 [Opacity : 50%]로 설정합니다.

[Paths] 패널에서 [Work Path]를 더블 클릭하여 [Save Path]를 선택합니다. 이때 패스 이름을 [bicycle]로 설정합니다.06

01

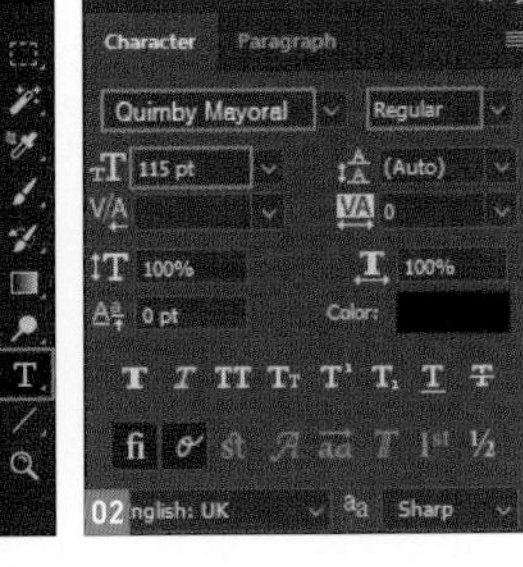
02

03

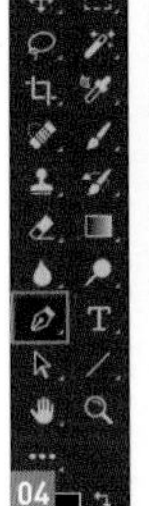
04

05

패스를 작성

06

02 브러시 설정 조정하기

[Layers] 패널 맨 위에 새로운 [장식문자] 레이어를 만들고 선택합니다.07

[Brush Tool]을 선택하고08, [Hard Round] 브러시를 선택합니다.09

[Brush Settings] 패널을 열고, [Brush Tip Shape]을 선택하고 [Size : 40px], [Roundness : 50%]으로 설정합니다.10

[Shape Dynamics]를 선택하고 [Control : Pen Pressure], [Minimum Diameter : 10%]로 설정합니다.11

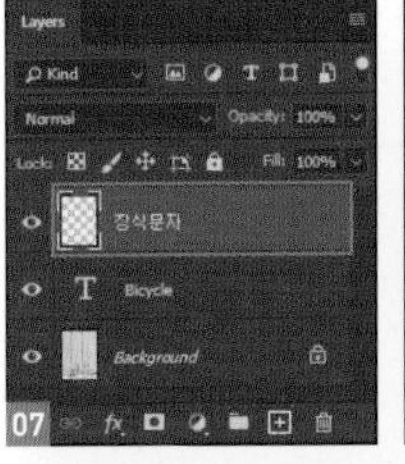
07

08

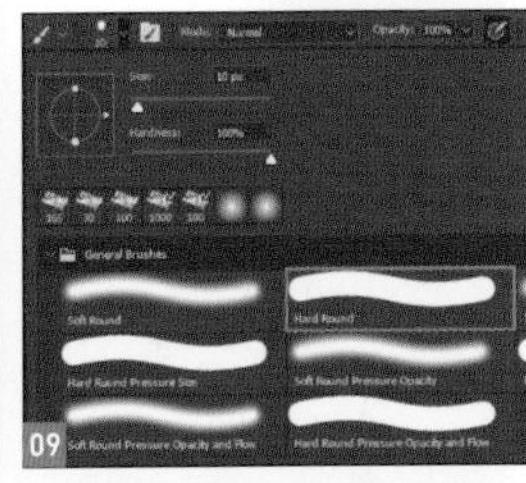
09

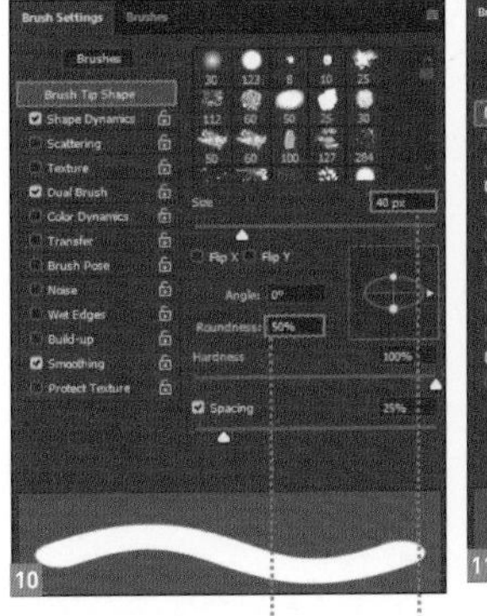
10

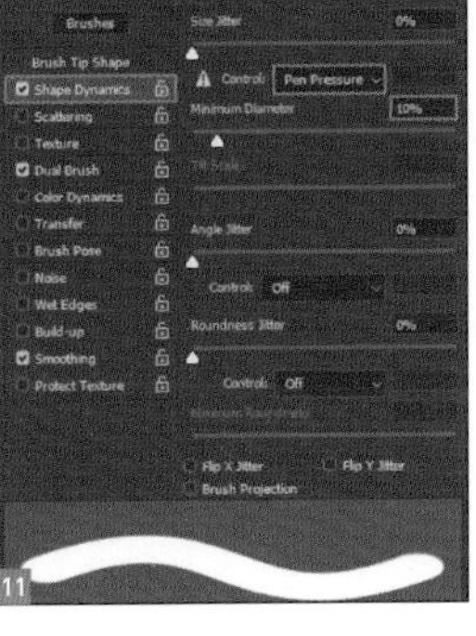
11

Roundness : 50%

Size : 40px

03 패스의 경계선 그리기

패스 [bicycle]이 선택된 상태에서 [장식문자] 레이어를 선택합니다.

[Foreground Color : #be1818]로 선택합니다. 12

[Tool] 패널에서 [Pen Tool]을 선택하고 작업화면에서 마우스 오른쪽 버튼 클릭 후 [Stroke Path]를 선택합니다. 13

[Tool : Brush], [Simulate Pressure]를 체크하고 [OK]를 클릭합니다. 14 Foreground Color로 패스의 경계선이 그려집니다. 15

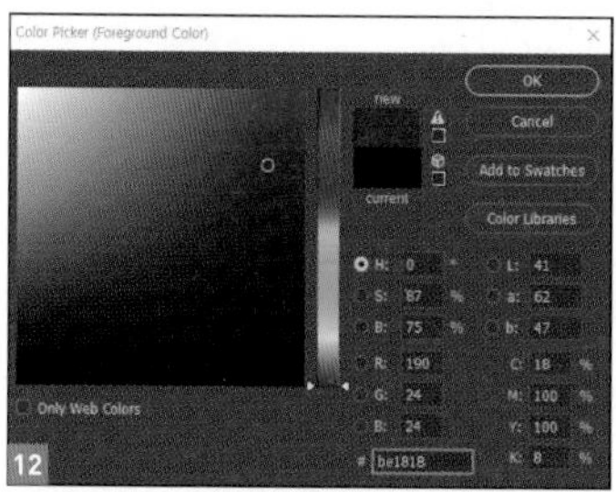

12

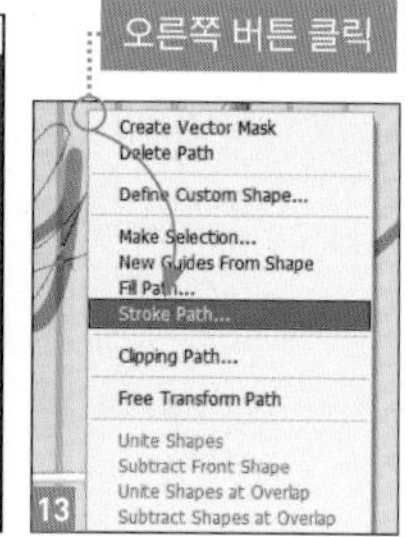

13

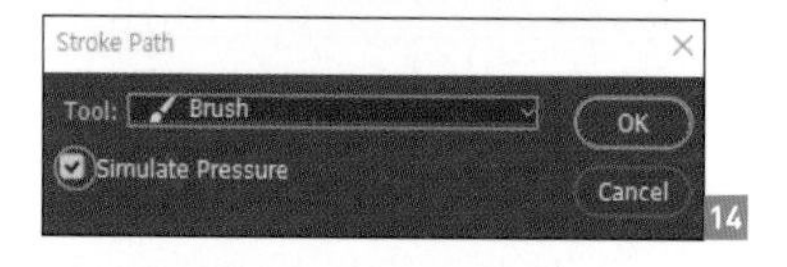

14

15

04 배경과 어울리게 하여 완성

[장식문자] 레이어를 선택하고 [Blending Mode : Multiply]로 설정합니다. 16

[장식문자] 레이어를 더블 클릭하여 [Layer Style]을 열고 [Blending Options]를 선택합니다.

[Blend If]–[Underlying Layer]를 [0 : 212/247]로 설정합니다. 17

이때 오른쪽 조정 포인트의 약간 왼쪽에서 option(Alt)를 누르면서 드래그하면 조정 포인트를 분할할 수 있습니다. 이제 배경과 어우러졌습니다. 18

예제에서는 Adobe Fonts에 수록된 [Azo Sans Uber] 폰트로 "I WANT TO RIDE MY"라고 입력하고, [Blending Mode]와 [Layer Style]을 똑같이 적용하여 완성합니다. 19

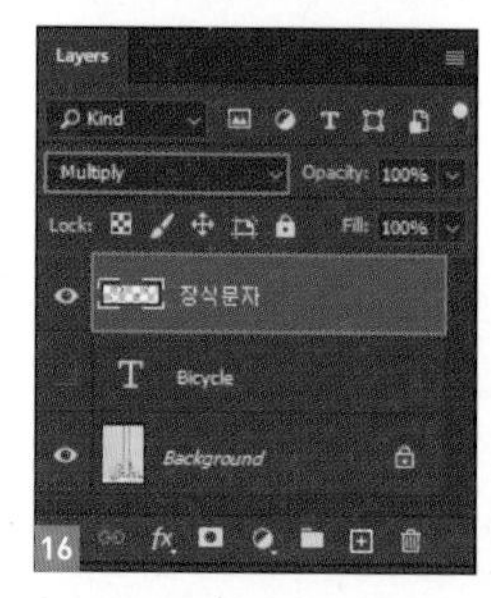

16

18

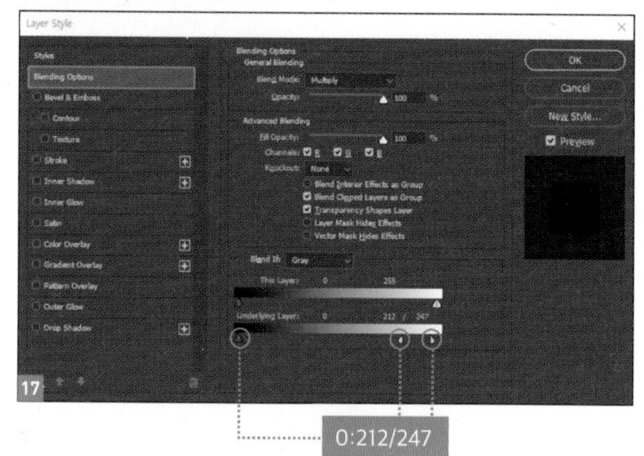

17

19

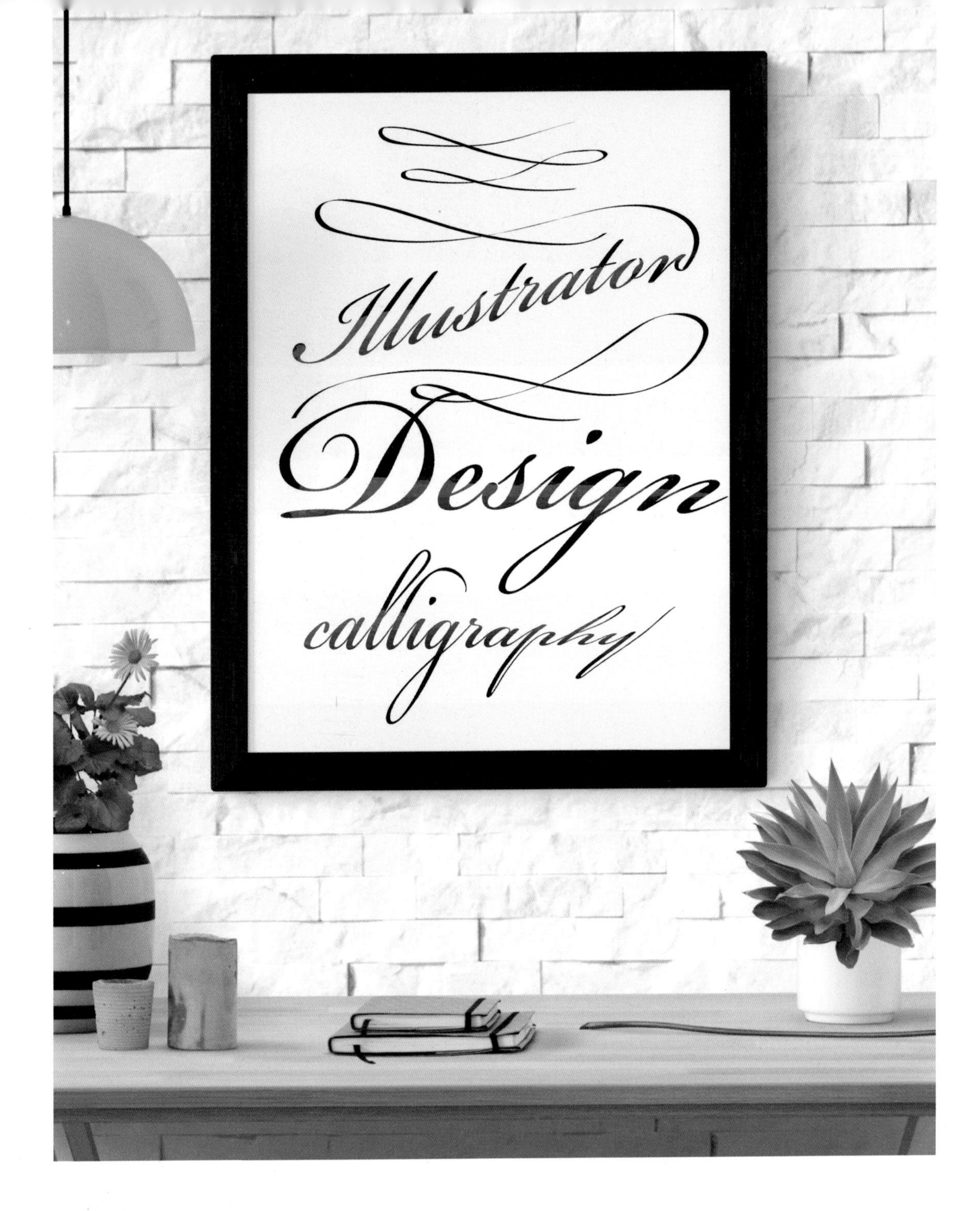

No.029 잉크로 쓴 것 같은 캘리그래피 만들기

잉크로 쓴 것 같은 캘리그래피 디자인은 벡터 곡선으로 이루어진 Illustrator에서 잘할 수 있는 분야입니다. 브러시와 글자를 조합해서 만듭니다.

POINT 브러시로 작업할 경우 핸들을 수정하면서 작성한다

HOW TO USE 우아하고 멋진 분위기의 디자인에 사용

01 문자 준비하기

[File]–[New]를 선택하여 새로운 문서를 만듭니다. 여기에서는 B5 크기를 선택했습니다.

[Type Tool]을 선택하고 [Character] 패널에서 Adobe Fonts의 [Font : Bick hamScript Pro 3]을 선택하여 문자를 각각 "Illustrator" 01, "Design" 02, "calligraphy" 03라고 입력합니다. 모두 [Fill : #000000]으로 설정합니다. 04

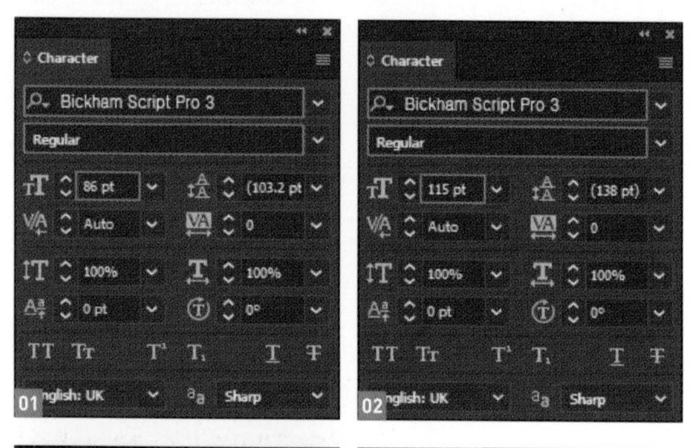

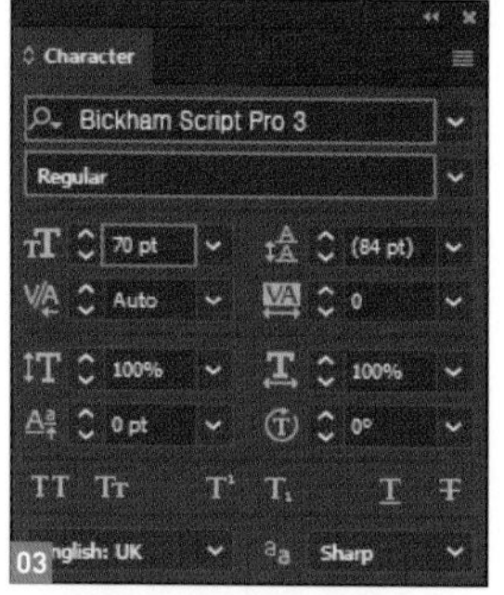

02 Effect의 Warp 적용하기

"Illustrator"의 문자에 [Effect]–[Warp]–[Rise]를 선택하고 [Warp Options]에서 [Bend : 60%]으로 설정합니다. 05

다음으로 "Design"의 문자에 [Effect]–[Warp]–[Shell Upper]를 선택하고 [Warp Options]에서 [Bend : 25%]로 설정합니다. 06

"calligraphy"의 문자에는 [Effect]–[Warp]–[Fish]를 선택하고, [Warp Options]에서 [Bend : 30%]로 설정합니다. 07 08

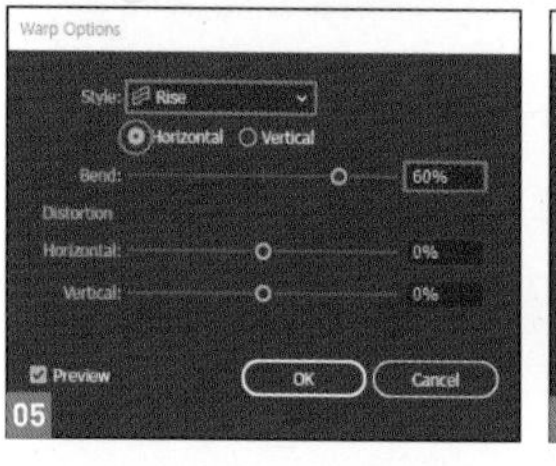

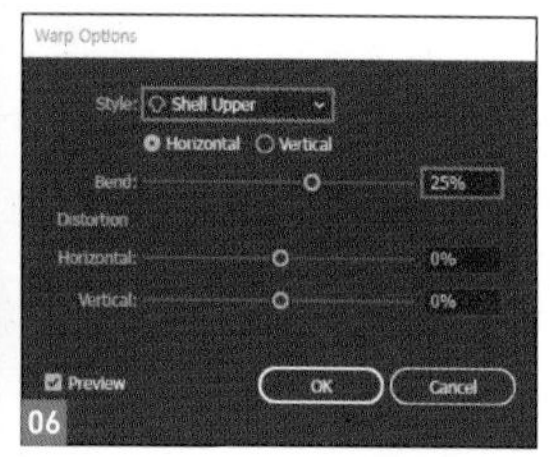

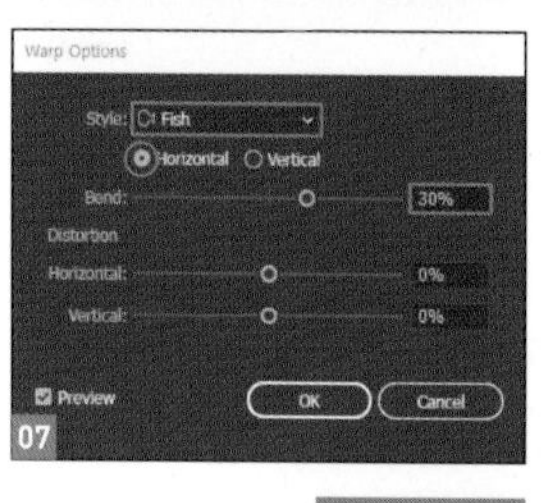

03 Calligraphic 브러시로 문자에 장식하기

[Tool] 패널에서 [Paintbrush Tool]을 선택하고 09, [Window]–[Brushes]로 [Brushes] 패널을 엽니다. [Brushes] 패널 메뉴에서 [Open Brush Library]–[Artistic]–[Artistic_Calligraphic]을 선택합니다. 10

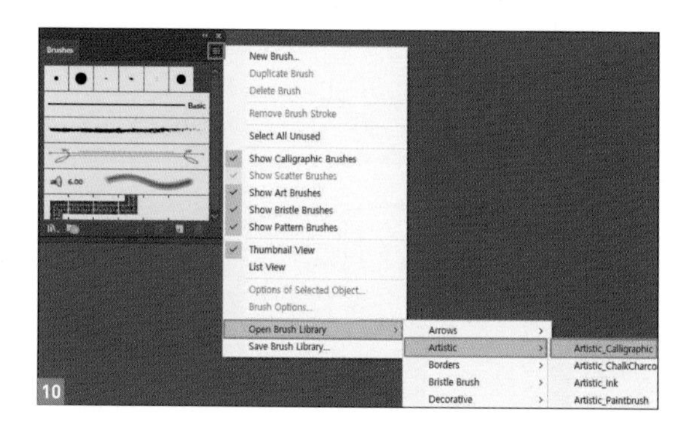

[Artistic_Calligraphic] 패널에서 [3pt. plat]을 추가하고 선택합니다. 11 [Stroke : 1pt], [Fill : #000000]으로 설정합니다. 글자에 맞게 선 장식을 덧붙여 갑니다. 12

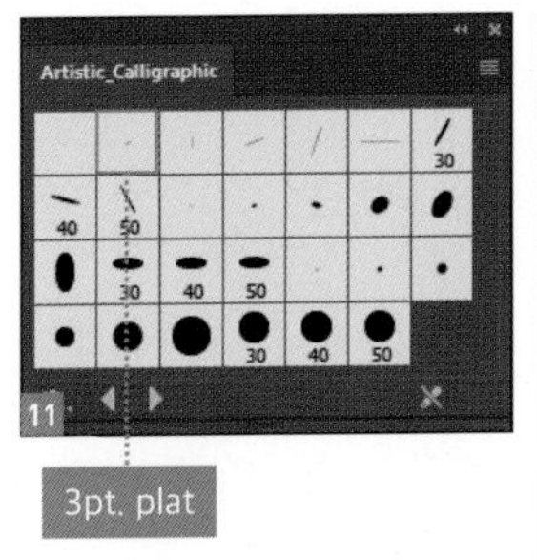

memo

글자와 선의 연결 부분이 안 맞는 경우에는 확대하여 코너 포인트 핸들을 수정하면서 예쁘게 마무리합니다.

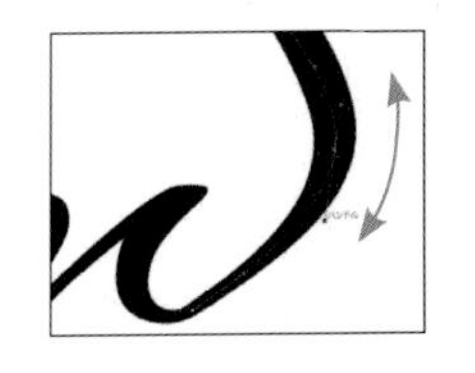

04 Watercolor 브러시 사용하기

문자와 Calligraphic 선에 마스크를 설정합니다. [Window]-[Transparency]를 선택하고 [Transparency] 패널을 표시합니다. 모든 오브젝트를 선택하고 13, [Transparency] 패널 메뉴에서 [Make Opacity Mask]를 선택하여 [Clip]과 [Invert Mask] 체크를 해제합니다. 14

불투명 마스크를 선택합니다.

[Window]-[Brush Libraries]-[Artistic]-[Artistic_Watercolor]를 선택합니다. [Artistic_Watercolor] 패널에서 [Watercolor Stroke 4]를 선택합니다. 15

[Pen Tool]을 선택하고 [Stroke : 1pt]로 문자에 따라서 선을 그립니다.

검은 문자에 Watercolor 브러시의 불투명 마스크를 위에 적용하여 문자에 아날로그감이 있는 그라데이션을 표현할 수 있습니다. 16 원하는 상태로 위치를 조정합니다.

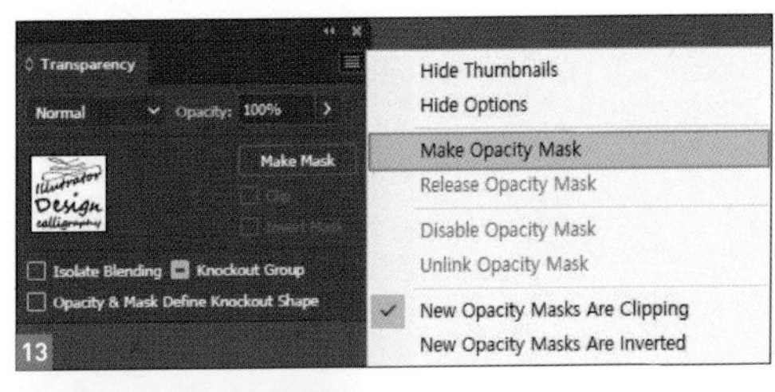

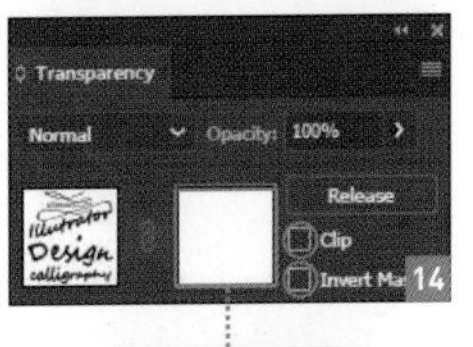

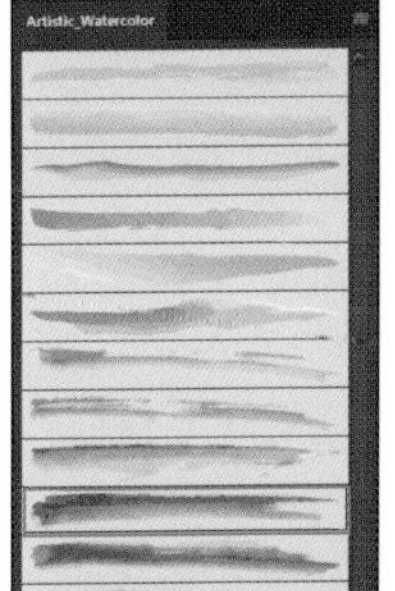

05 사진과 합성하여 완성

17에서 그림과 같이 선택하여 불투명 마스크가 아닌 상태로 전환합니다.

예제 파일 [액자.psd]를 불러와 배치한 후 [Object]-[Arrange]-[Send to Back]을 선택하고 위치를 조정하여 완성합니다. 18

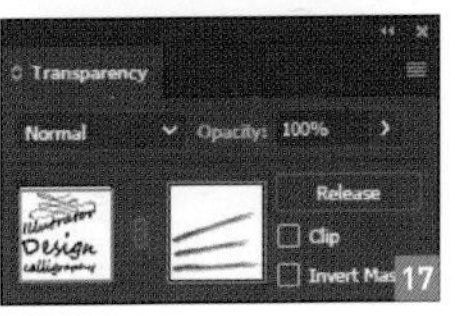

Ps No. 030 스프레이로 그린 듯한 디자인 만들기

벽면에 스프레이로 그려진 것 같은 그래픽을 표현합니다. 스프레이 디자인은 Photoshop에서 잘할 수 있는 분야입니다. 직감적이기 때문에 바로 만들어내고 싶을 때는 Photoshop을 이용하면 좋습니다.

POINT 스프레이 효과를 사용한 브러시로 그린다

HOW TO USE 캐주얼, 스포티한 디자인에 사용

01 스텐실 문자에 맞는 폰트를 골라 문자 입력하기

예제 파일 [벽재질.psd]를 엽니다. 기호에 따라 스텐실 문자(문자의 일부를 잘라낸 것 같은 문자)에 맞는 폰트를 선택합니다. 예제에서는 [Font : Stencil Std]를 선택했습니다. [Foreground Color : #ffffff]로 설정하고 [Tool] 패널에서 [Horizontal Type Tool]을 선택하여 중앙에 "GRAFFITI"라고 문자를 입력합니다.

[Edit]–[Free Transform]을 선택하여 시계방향으로 약간 회전합니다. 01

01

02 문자의 선택 범위를 전환하여 스프레이처럼 윤곽 그리기

[Layers] 패널에서 위에 3개의 새로운 [페인트], [내부], [외부] 레이어를 만듭니다.

[GRAFFITI] 문자 레이어는 비표시로 하고, 문자 레이어의 섬네일 부분에 마우스 커서를 두고 ⌘(Ctrl)+클릭하여 선택 범위를 작성한 후 02 [Select]–[Inverse]를 선택합니다. 03

[외부] 레이어를 선택합니다. [Brush Tool]을 선택하고 [Soft Round], [Size : 400px]로 설정하고 04 [옵션] 바의 [Enable airbrush–style build–up effects]에 체크합니다. 05

스프레이 효과를 이용하여 06과 같이 얼룩짐을 의식하고 작업합니다. 선택 범위는 해제합니다.

03 문자 안쪽과 페인트가 흘러내린 모습 그리기

다시 한 번 [GRAFFITI] 문자 레이어의 섬네일 부분을 ⌘(Ctrl)+클릭하여 선택 범위를 만듭니다.

[내부] 레이어를 선택하고 브러시의 종류는 변경하지 않고 브러시의 크기를 200px로 설정한 후 작업합니다. 07

[페인트] 레이어를 선택합니다. 브러시의 크기를 15px로 설정하고 08과 같이 페인트가 흘러내린 듯 작업합니다.

이때, Shift를 누르면서 위에서 아래로 작업하면 직선을 그릴 수 있습니다.

페인트의 액체가 고인 모습을 표현하기 위해 스프레이 효과를 이용하여 맨 아래 부분은 조금 시간을 길게 드래그하면 좋습니다. 09

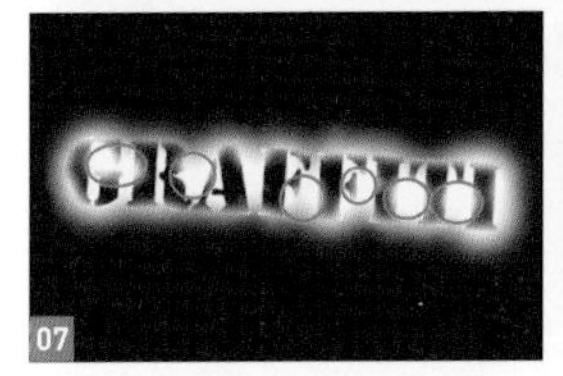

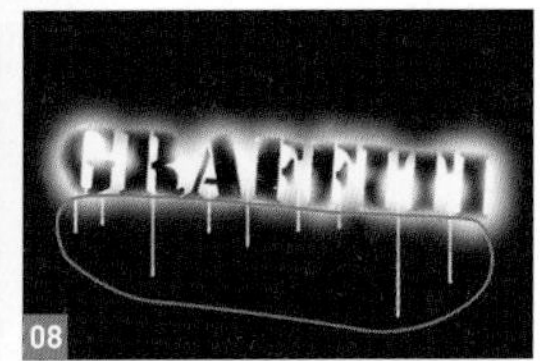

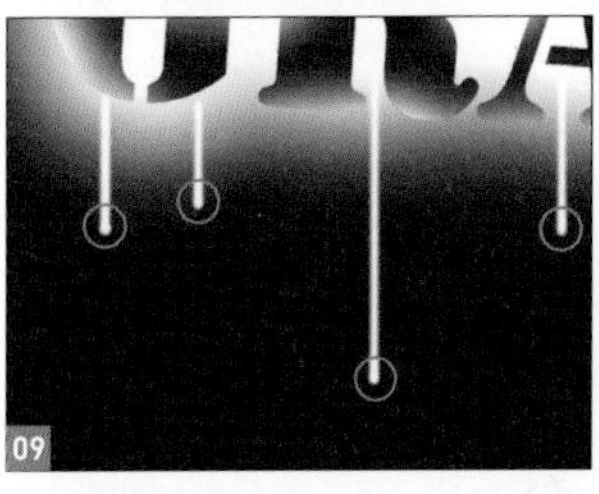

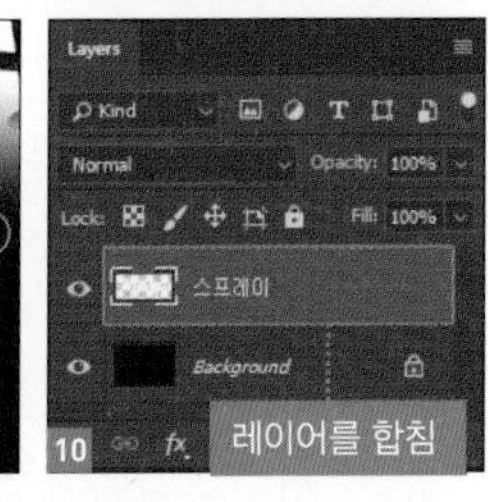

04 레이어를 합치고 Layer Style을 적용하여 완성하기

[내부], [외부], [페인트] 3개 레이어를 모두 선택하고 마우스 오른쪽 버튼 클릭 후 [Merge Layers]를 선택하여 레이어를 합칩니다. 이름은 [스프레이]라고 합니다. 10

[Layer Style]–[Blending Options]를 선택하고 [Blend If]–[Underlying Layer]를 [8/37 : 255]로 설정합니다. 11 왼쪽 조정 포인트의 약간 오른쪽에서 option(Alt)를 누르면서 드래그하면 조정 포인트가 분할됩니다. 배경 콘크리트와 어우러집니다. 12

예제에서는 텍스트 위에 원형을 추가했습니다. 이쪽도 원형의 선택 범위를 작성했고, **02~04**와 같은 순서로 작성할 수 있습니다.

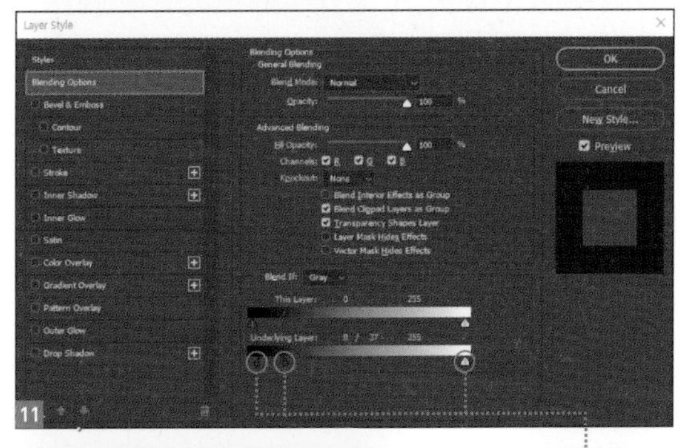

column

Adobe Fonts란

이 책의 예제에서도 사용하는 Adobe Fonts의 폰트 라이브러리는 Photoshop이나 Illustrator 등 Adobe 제품을 이용할 때 필요한 Adobe Creative Cloud에 계약되어 있으면 추가 요금 없이 이용할 수 있습니다.
Adobe Fonts에는 총 20,000개 이상의 고품질 글꼴이 등록되어 있습니다.
인쇄, Web, 영상 등의 제작물에 사용할 수 있으므로 이용하면 좋습니다.

• 사용법

[Adobe Creative Cloud]를 실행합니다. 01 Mac 01 Win
오른쪽 위의 [글꼴]을 선택하고 02, [추가 글꼴 검색]을 선택합니다. 03 글꼴 라이브러리 사이트가 열립니다.
원하는 글꼴을 찾습니다. [모든 글꼴]이나 [추천 항목], 오른쪽 위의 검색에서 찾을 수 있습니다. 04 05
원하는 글꼴을 발견하면 [글꼴 활성화]를 선택합니다. 이렇게 하면 사용하는 컴퓨터에 글꼴이 동기화되어, 사용할 수 있습니다. 만약 활성화한 글꼴을 제외하고 싶은 경우에는 [글꼴 비활성화]를 선택합니다. 06
Photoshop이나 Illustrator의 [Character] 패널에서 가져온 글꼴을 사용할 수 있습니다. 07

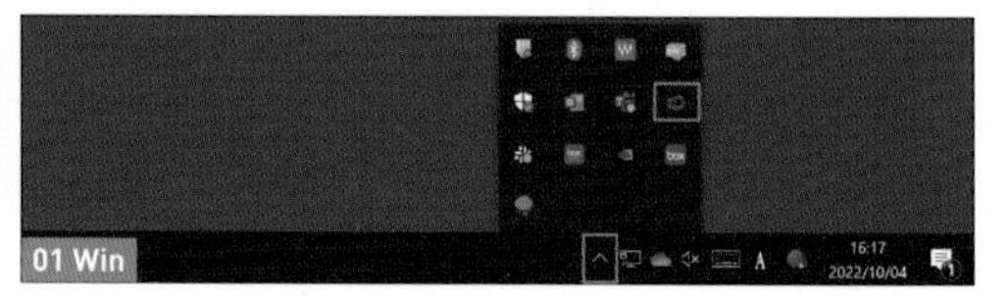

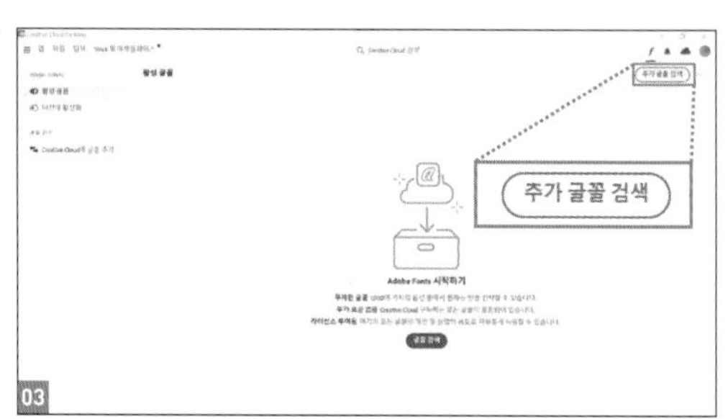

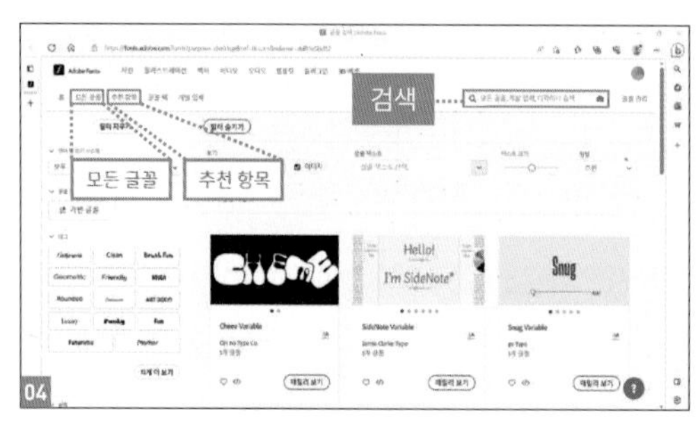

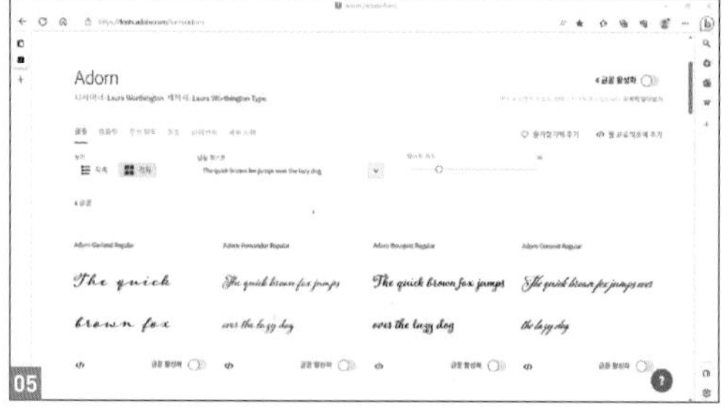

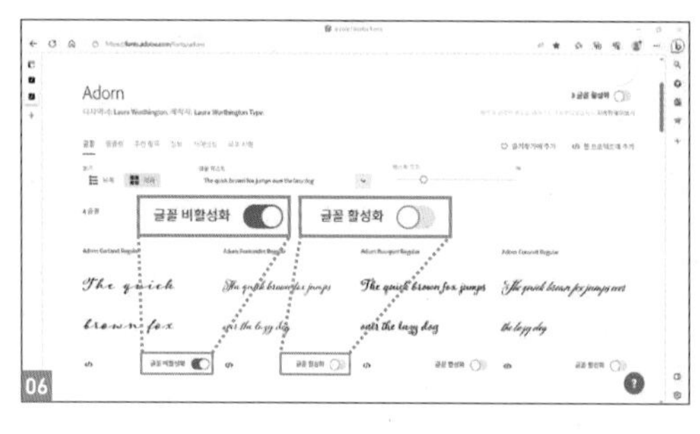

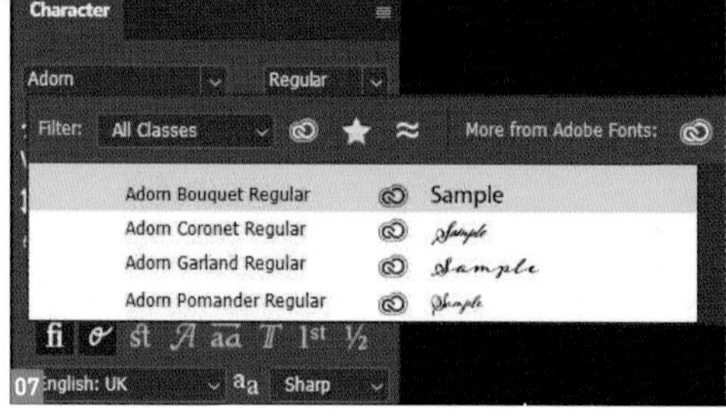

아날로그 효과의 디자인 테크닉

퍼즐 효과, 마스킹 테이프 문자, 물 같은 금속, 깨진 유리, 대리석, 찢어진 종이 등 아날로그 효과의 디자인을 만들어 봅니다. 필터나 레이어 스타일을 사용하여 재현합니다.

CHAPTER 04

Analog effect design techniques

Ps No. 031 퍼즐 효과 만들기

퍼즐처럼 만들고 피스가 뿌려진 모습을 표현합니다.

POINT	레이어 정렬에 주의하여 작업한다
HOW TO USE	광고나 그래픽 디자인에 사용

01 퍼즐의 아웃라인과 퍼즐의 안쪽 만들기

[File]-[Open]을 선택하여 예제 파일 [인물.psd]와 [퍼즐 라인.psd]를 불러옵니다. [퍼즐 라인] 이미지를 드래그하여 [인물] 이미지 위에 배치합니다. 01

[Tool] 패널에서 [Magic Wand Tool]을 선택하고 퍼즐의 안쪽 부분을 선택합니다. 02 03

01

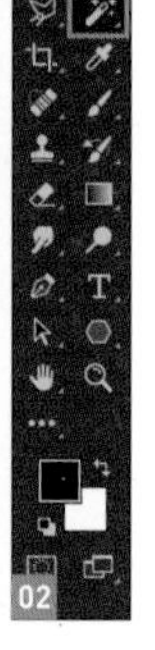
02

03

안쪽 부분 선택

이때, [옵션] 바는 04와 같이 [Contiguous]의 체크가 해제된 것을 확인합니다.

[Layers] 패널에서 [Create a new layer]를 클릭하여 새로운 [퍼즐] 레이어를 만들고, [Foreground Color : #ffffff]로 설정한 후 선택 범위를 [Tool] 패널의 [Paint Bucket Tool]을 선택하여 칠합니다. 05 06

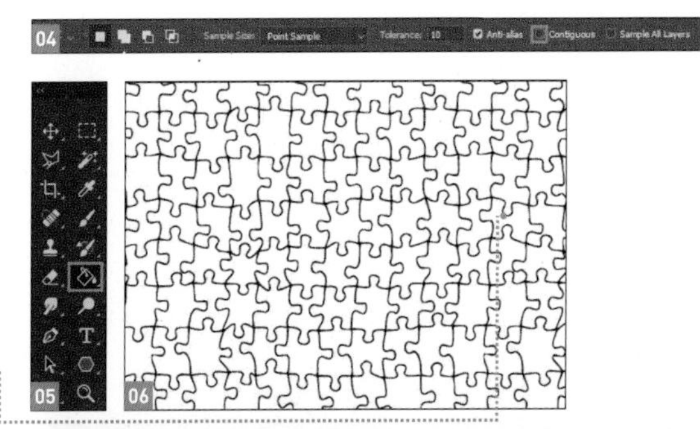

Foreground Color:#ffffff

02 퍼즐 이미지에 입체감 주기

[퍼즐] 레이어를 선택하고, [Fill : 0%]로 설정합니다. [퍼즐] 레이어를 더블 클릭하여 [Layer Style]을 표시하고 [Bevel & Emboss]를 07과 같이 설정합니다.

[Gloss Contour]는 [Cove-Deep]을 선택합니다.

입체감이 추가되었습니다. 08

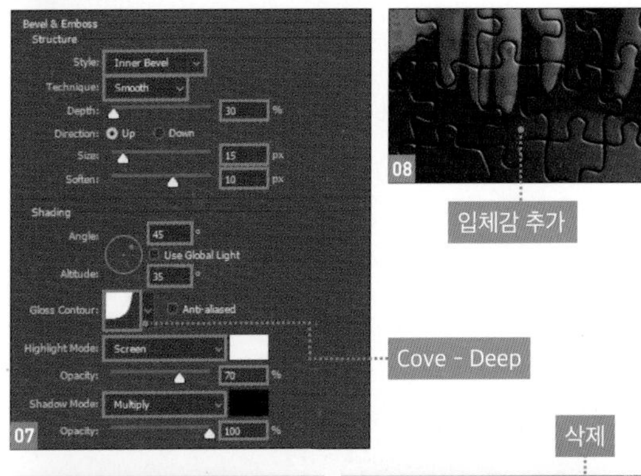

입체감 추가

Cove - Deep

03 조립 중인 퍼즐을 연출하기

[퍼즐] 레이어를 선택하고, [Magic Wand Tool]을 선택해 09와 같이 하단의 조각을 몇 개 선택합니다.

이때 [옵션] 바의 [Contiguous]를 체크하고 작업하면 조각별로 선택 범위를 작성할 수 있습니다. 10 Delete을 눌러 범위 내를 삭제합니다.

그대로 선택 범위를 해제하지 않고 [인물] 레이어를 선택하고 Delete를 눌러 삭제합니다. 11 [퍼즐 라인]과 [인물] 레이어를 그룹으로 지정합니다. 12

그룹을 선택하고, 선택 범위가 작성되지 않은 상태에서 [Layers] 패널 하단의 [Add layer mask] 아이콘을 클릭합니다. 13

그룹의 [레이어 마스크 섬네일]을 선택하고 [Brush Tool]을 선택하여 퍼즐의 아웃라인 부분만 마스크합니다. [Hard Round Brush]를 선택하고, 크기가 큰 브러시로 대략적인 선을 마스크한 후, 크기가 작은 브러시로 마스크하면 빠르게 처리할 수 있습니다. 14

삭제

[Create a new group] 클릭

[Add layer mask] 클릭

마스크 적용

04 배경을 배치하고 퍼즐 그림자 만들기

예제 파일에서 [배경.psd]를 열고 [Layers] 패널 제일 아래에 배치합니다. 15 16

[퍼즐] 레이어를 선택하고 더블 클릭하여 [Layer Style]을 표시합니다.

[Drop Shadow]를 17과 같이 설정합니다. 퍼즐에 그림자가 생깁니다. 18

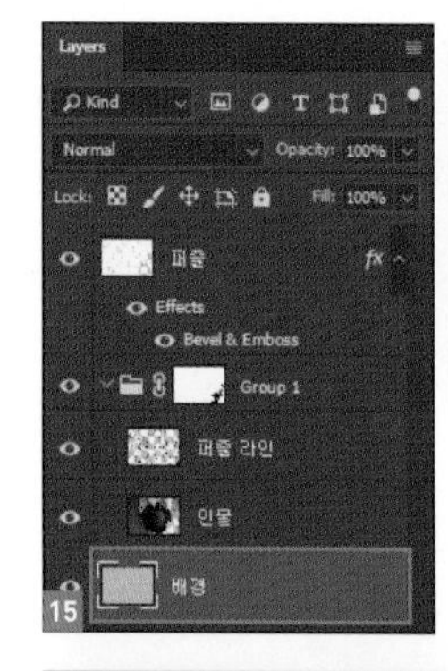

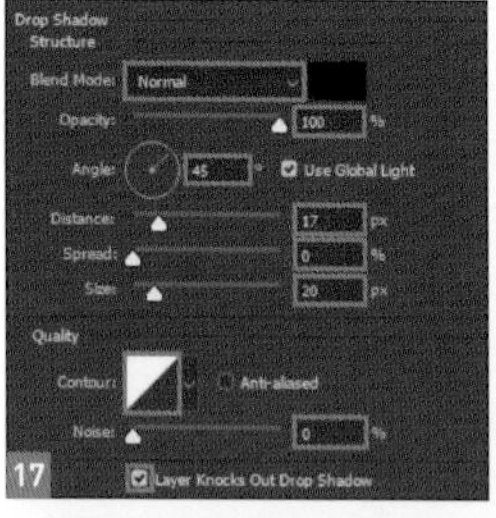

05 조각을 잘라내고 이동하기

[퍼즐] 레이어를 선택합니다.

[Magic Wand Tool]을 선택하고 19와 같이 선택 범위를 작성합니다.

Delete를 눌러 삭제합니다. 선택 범위가 작성된 상태 그대로 [인물] 레이어를 선택하고 마우스 오른쪽 버튼 클릭 후 [Layer Via Cut]을 선택합니다. 20 레이어 이름을 [조각]으로 하고 맨 위로 이동합니다. 21

[퍼즐] 레이어를 선택하고 마우스 오른쪽 버튼 클릭 후 [Copy Layer Style]을 선택합니다. [조각] 레이어를 선택하고 마우스 오른쪽 버튼 클릭 후 [Paste Layer Style]을 선택합니다. 22

Fill도 복사되므로 100%로 설정합니다. 조각을 원하는 위치로 이동하여 회전시킵니다. 23

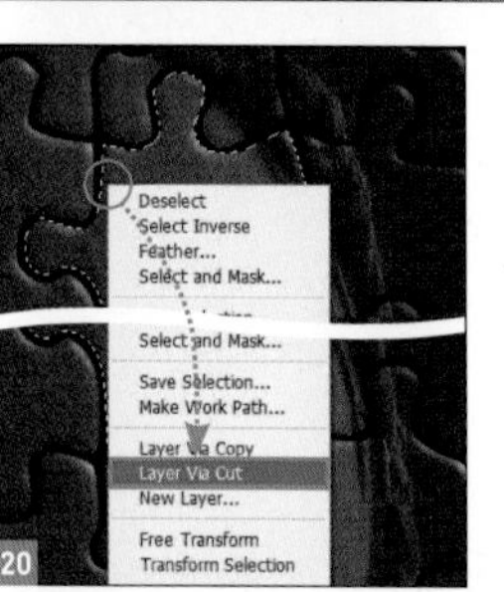

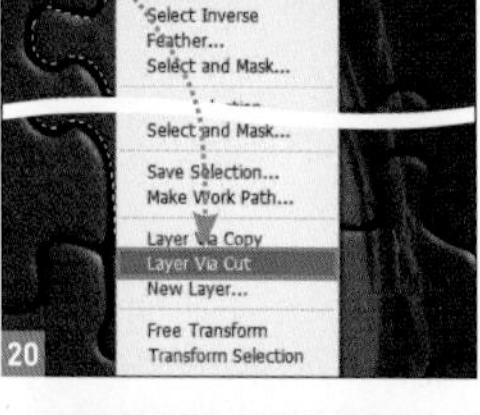

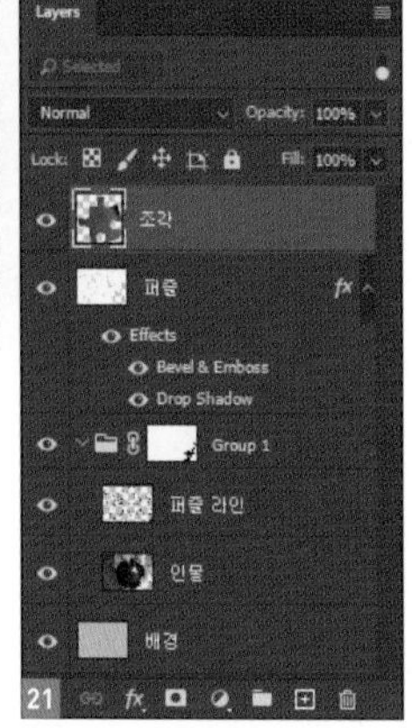

06 원하는 위치로 조각을 이동하여 완성

05와 같은 방법으로 원하는 조각을 잘라내고 이동시켜 완성합니다. 24

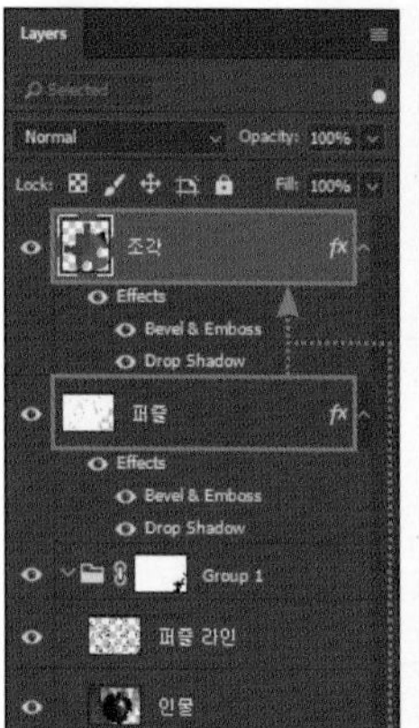

Ps No. 032 마스킹 테이프 문자 만들기

마스킹 테이프를 표현하고 문자를 디자인합니다.

POINT 테이프의 끊어진 부분을 깨끗이 처리한다

HOW TO USE 표지의 디자인이나 장식물에 사용

01 테이프 만들기

예제 파일 [꽃.psd]를 엽니다. 새로운 [테이프] 레이어를 작성합니다.

[Tool] 패널에서 [Rectangular Marquee Tool]을 선택하고 직사각형의 선택 범위를 작성한 후 [Paint Bucket Tool]로 색칠합니다. 01

예제에서는 [W : 400px, H : 90px]의 직사각형을 만들었습니다. 02 색상은 알기 쉬운 색이면 무슨 색이든 상관없습니다. [옵션] 바의 [Style : Fixed Size]로 설정하면 선택 범위를 수치로 지정할 수 있습니다.

02 테이프의 자른 부분을 표현하기

[Tool] 패널에서 [Eraser Tool]을 선택하고 [Chalk (60)]을 선택합니다. 03

테이프의 왼쪽 밖에서 테이프 안으로 드래그하여 04와 같이 테이프를 뜯어낸 것 같은 측면을 만듭니다.

세로로 드래그하면 05처럼 되므로 주의합니다.

반대편도 똑같이 오른쪽 밖에서 테이프 안으로 드래그하여 06과 같이 측면을 만듭니다.

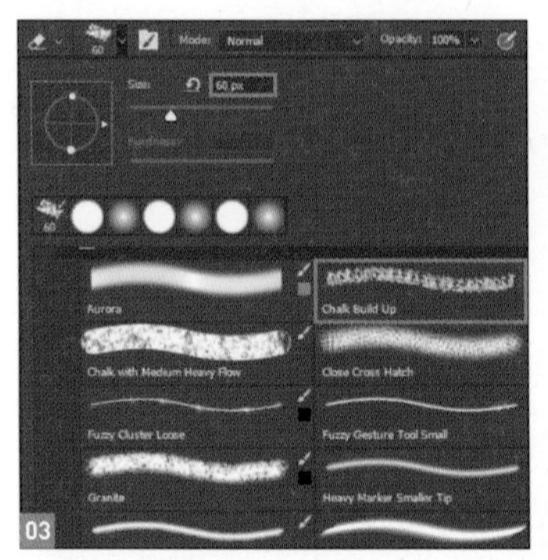

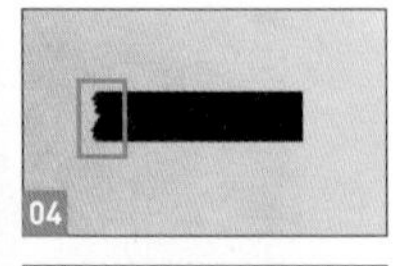

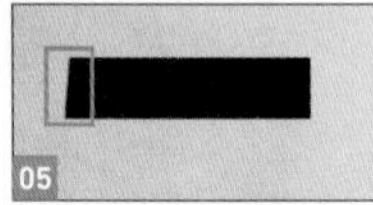

03 질감 표현하기

[테이프] 레이어를 선택하고 더블 클릭하여 [Layer Style]을 표시합니다.

[Pattern Overlay]를 선택하고 07과 같이 설정합니다.

패턴은 [Legacy Patterns and More]–[Legacy Patterns]–[Color Paper]에 있는 [Gray Vellum]을 선택합니다. 만약 패턴이 표시되지 않으면 08과 같이 [Window]–[Patterns] 메뉴에서 [Legacy Patterns and More]를 추가합니다.

[Color Overlay]를 선택하고 09와 같이 설정합니다.

[Color : #ed4141]로 설정합니다. 10

[Drop Shadow]를 선택하고 11과 같이 설정합니다.

[Layers] 패널에서 [Opacity : 70%]로 설정합니다. 12 마스킹 테이프와 같은 질감이 생깁니다. 13

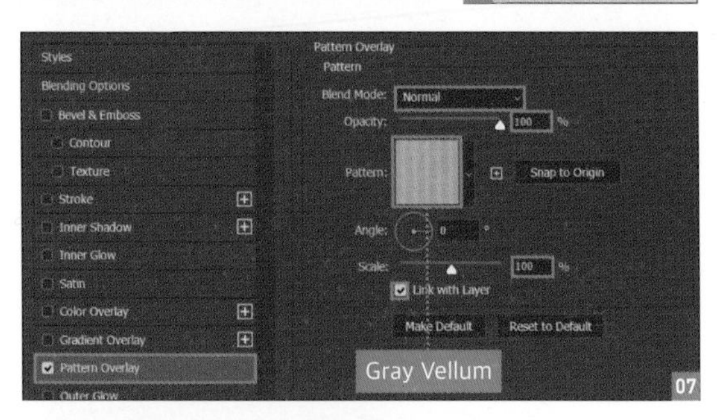

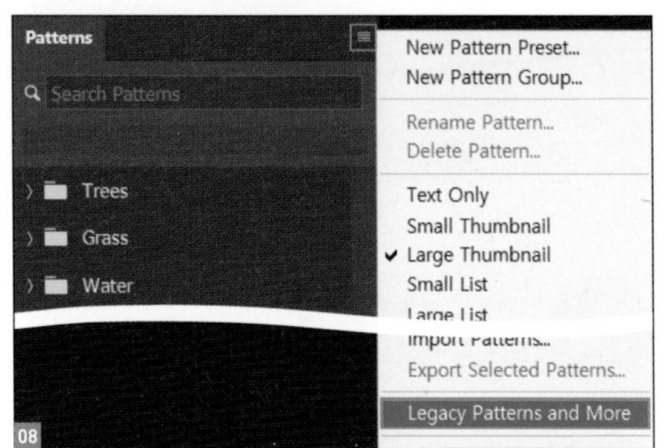

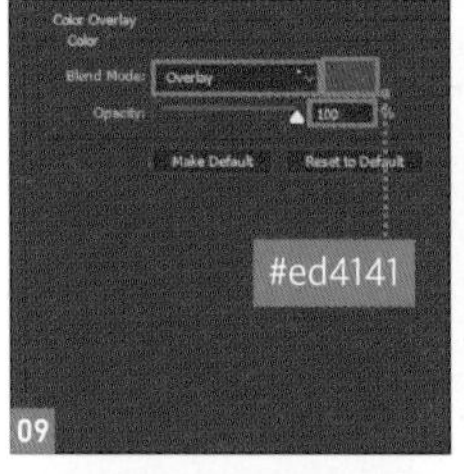

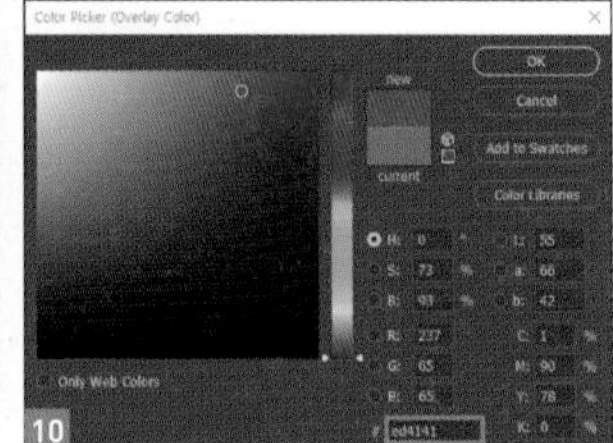

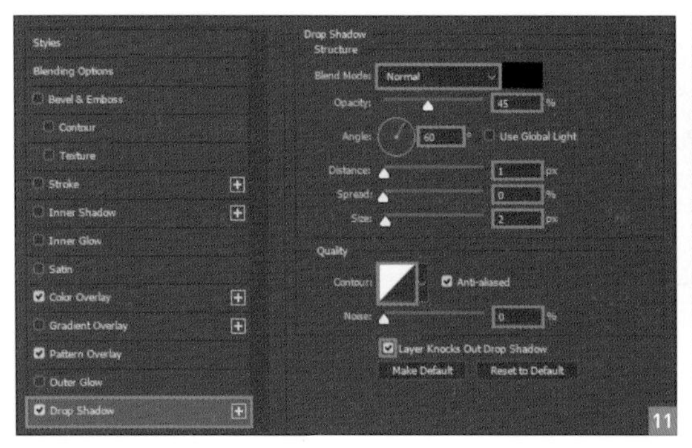

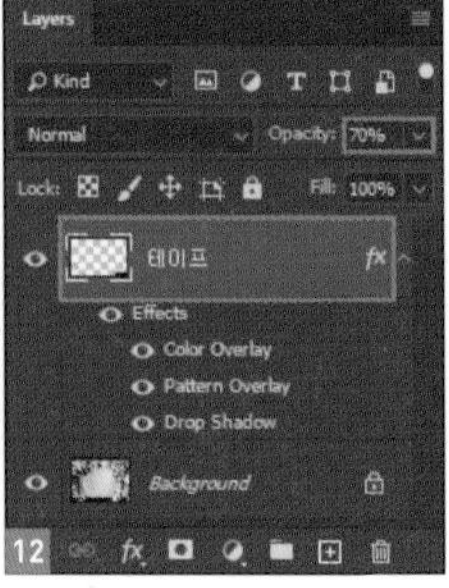

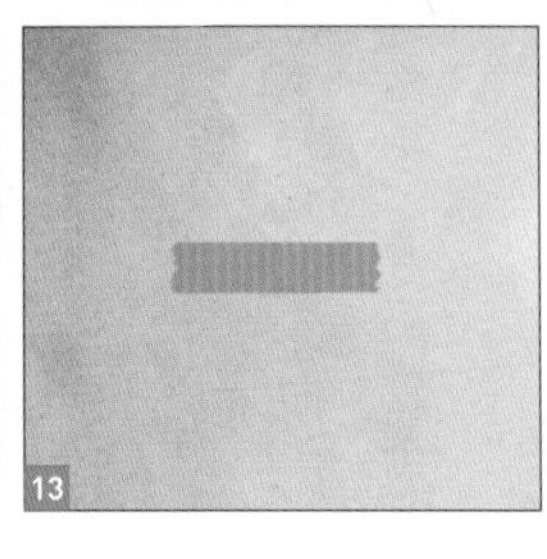

04 같은 요령으로 다른 테이프 만들기

01, **02**와 같은 요령으로 [H : 90px]는 바꾸지 않고 길이가 다른 테이프를 몇 가지 만듭니다. 14

[테이프] 레이어를 선택하고 마우스 오른쪽 버튼 클릭 후 [Copy Layer Style]을 선택하고, 만들어 놓은 다른 크기의 테이프 레이어에서 마우스 오른쪽 버튼 클릭 후 [Paste Layer Style]을 선택합니다. 15

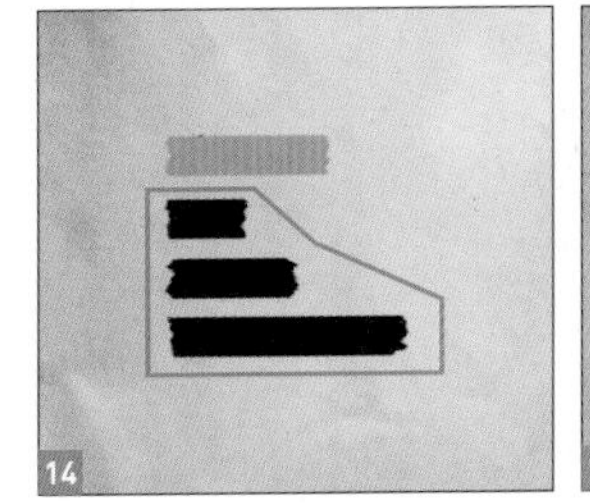

14

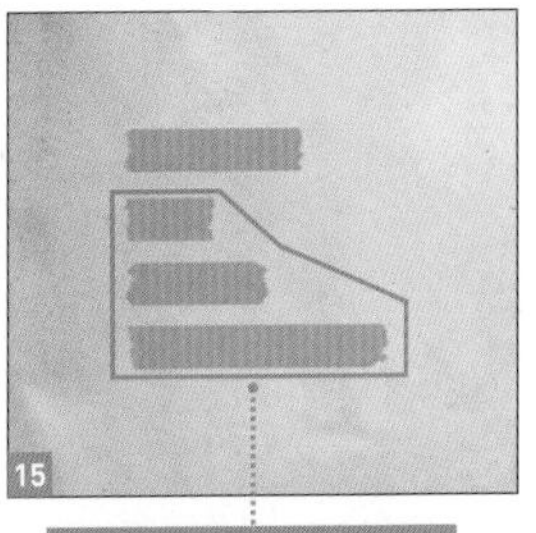

15

[Paste Layer Style]을 함

05 테이프를 배열하여 문자를 만들면 완성

레이어를 복사하고 [Edit]–[Free Transform]을 선택하여 원하는 문자를 만들면 완성입니다. 16

예제에서는 문자를 만드는 도중에 남는 테이프를 그대로 남기어 자연스러움을 표현했습니다.

16

column

Ps

픽셀 크기를 지정하여 선택 범위를 작성하는 방법

웹 디자인 제작 등에서는 픽셀 단위의 크기로 조정이 필요한 작업이 많이 있습니다.

그런 경우 [Tool] 패널에서 원하는 [Marquee Tool]을 선택한 후 [옵션] 바를 오른쪽 그림처럼 설정하여 선택 범위를 작성할 수 있습니다.

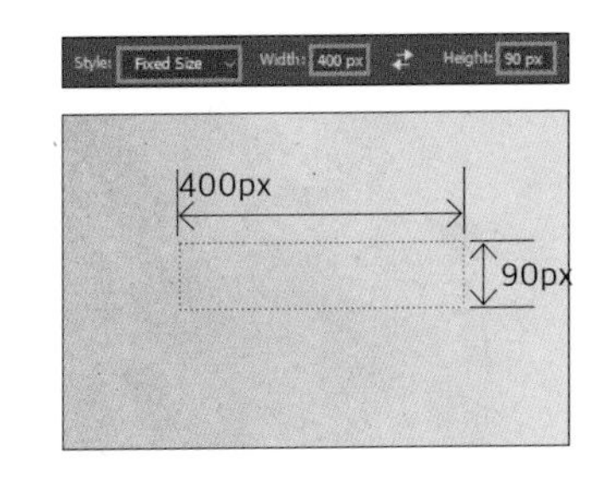

물 같은 금속 만들기

금속이 녹은 것 같은 그래픽을 제작합니다.

POINT 필터와 Layer Style의 Bevel & Emboss를 세밀하게 설정한다

HOW TO USE 금속이 녹은 것 같은 연출이나 광택감 있는 연출에 사용

01 숟가락이 녹은 것 같은 표현하기

예제 파일 [숟가락.psd]를 엽니다. [숟가락] 레이어를 선택하고 [Filter]–[Liquify]를 선택합니다.

[Forward Warp Tool]을 선택하고 [Size : 25~100]으로 조정하며 숟가락이 녹은 것처럼 표현합니다. 01 02

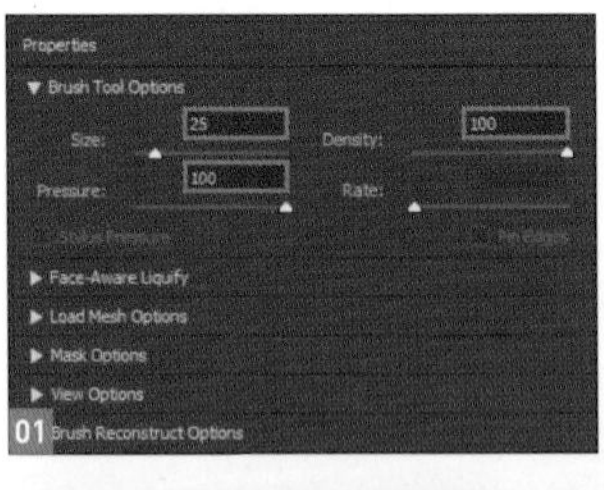

01

02

02 문자를 가이드로 하여 녹은 문자 그리기

[Foreground Color : #ffffff]로 설정합니다. [Horizontal Type Tool]을 선택하고 [Font : Adobe Gothic Std], [Size : 171pt]로 설정합니다. "Liquid"라고 입력하고 [숟가락] 레이어 아래에 배치합니다. 03

03

04

[Liquid] 문자 레이어의 위에 새로운 [로고] 레이어를 만듭니다. [Tool] 패널에서 [Brush Tool]–[Hard Round Brush]를 선택합니다.
Liquid의 문자를 가이드로 삼아 녹은 것처럼 그립니다. [Eraser Tool]를 사용하여 모양을 잡습니다. 04
작업 후 [Liquid] 문자 레이어는 삭제합니다.

03 Layer Style을 사용하여 금속 질감 표현하기

[로고] 레이어를 더블 클릭하여 [Layer Style]을 표시합니다. [Bevel & Emboss]를 선택하고 05와 같이 설정합니다.
[Gloss Contour]의 섬네일을 클릭하여 [Contour Editor]를 표시하고 06과 같이 설정합니다. 이 설정에 의해 금속이 녹은 것 같은 표현이 됩니다. 적용 상태를 보면서 각 포인트를 세심하게 조정합니다. 07
[Satin]을 선택하고 08과 같이 설정합니다.
[Color Overlay]를 선택하고 [Color : #818181]로 설정합니다. 09
[Inner Glow]를 선택하고 10과 같이 설정합니다. 금속이 녹은 것 같은 질감이 표현됩니다. 11

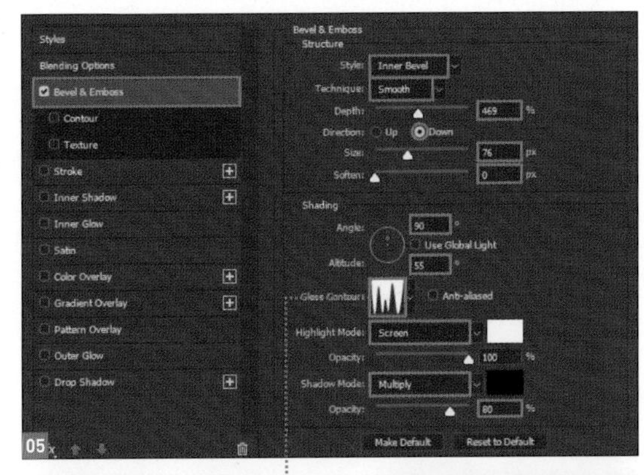
05

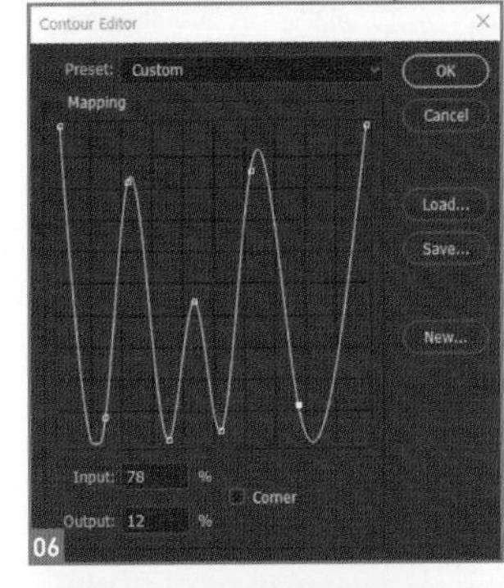
06

07

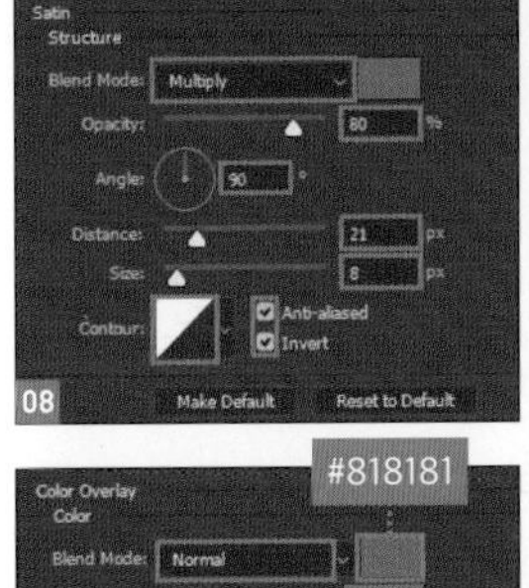
08

#818181

09

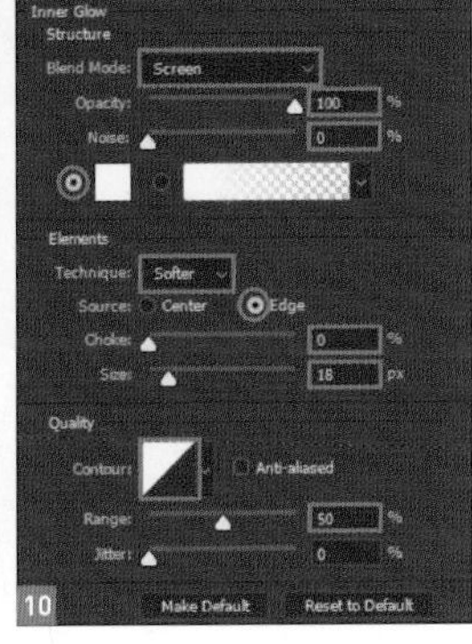
10

11

column

Ps

물 같은 표현을 만드는 테크닉

03의 09에서 [Layer Style]–[Color Overlay]를 변경하면 다른 이미지를 만드는 것도 가능합니다. 오른쪽 이미지에서는 [Blend Mode Color : #0078ff]로 변경하여 물 같은 표현을 했습니다.

No. 034 깨진 유리 만들기

Layer Style과 유리 질감을 사용하여 깨진 유리의 효과를 작성합니다.

POINT Bevel & Emboss, Stroke, Inner Glow를 사용하여 유리를 표현한다

HOW TO USE 유리 조각이나 타이틀 로고 등에 사용

01 문자 배치하기

예제 파일 [배경.psd]를 엽니다.

[Tool] 패널에서 [Horizontal Type Tool]을 선택하고 [Font : Consolas], [Font Style : Bold], [Font Size : 150pt]로 설정하고 "BROKEN"이라고 입력합니다. 01

문자 색상은 어떤 색이든 알기 쉬운 색상이면 상관없고, 문자를 중앙에 배치합니다. 02

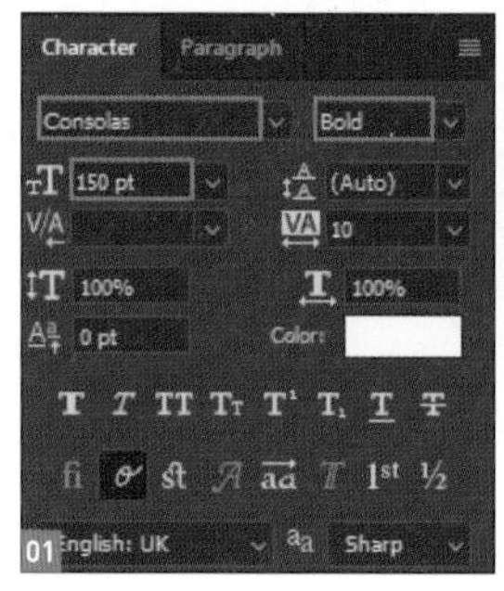

01

02

02 문자에 유리의 질감 표현하기

P.71의 "유리알 만들기"와 같은 요령으로 문자 레이어에 [Layer Style]을 적용합니다. 이번에는 보다 투명한 유리를 작성합니다.

문자 레이어 [BROKEN]을 선택하고 [Fill : 0%]으로 설정합니다. 03

[Layer Style]을 열고 [Bevel & Emboss]를 04와 같이 설정합니다. [Highlight Mode Color : #ffffff], [Shadow Mode Color : #59fdf3]입니다.

[Stroke]를 선택하고 05와 같이 설정합니다. [Color : #59fdf3]입니다.

[Inner Glow]를 선택하고 06과 같이 설정합니다. [Color : #ffffff]입니다.

[Gradient Overlay]를 선택하고 07과 같이 설정합니다. Gradient는 [Foreground Color : #ffffff]로 설정한 상태에서 [Presets]–[Foreground to Transparent]를 선택하고 불투명도의 중간점을 [Location : 5%]로 설정합니다. 08 [OK]를 선택하고 [Layer Style]로 돌아가 작업화면에서 드래그하여 Gradient의 위치를 조정합니다. 09

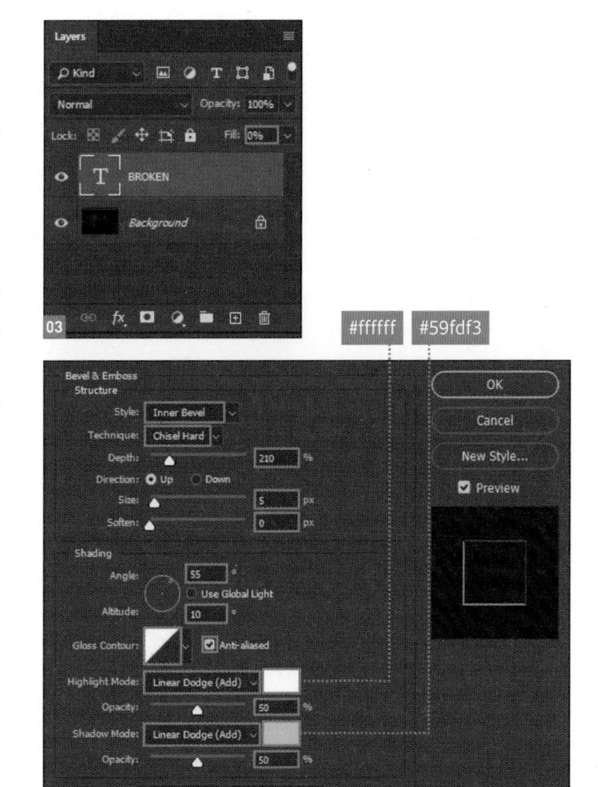

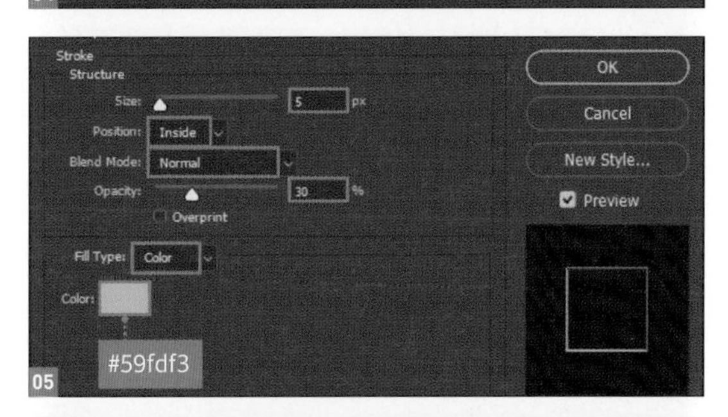

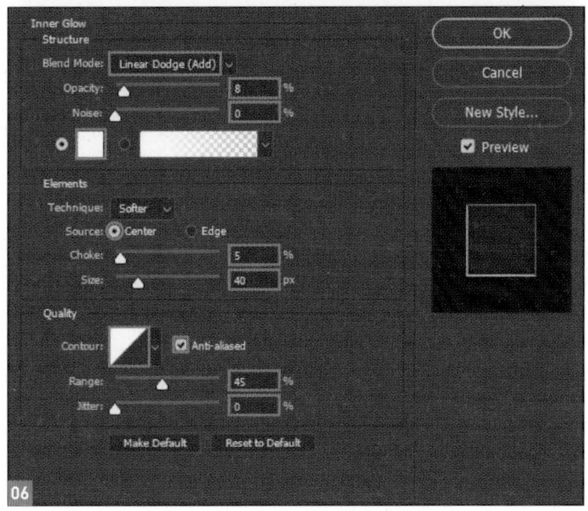

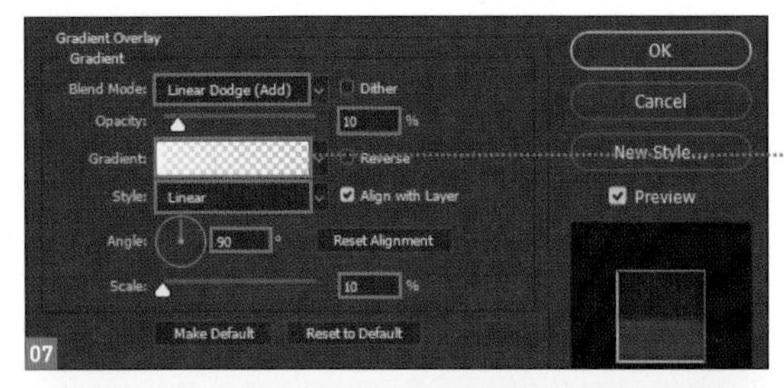

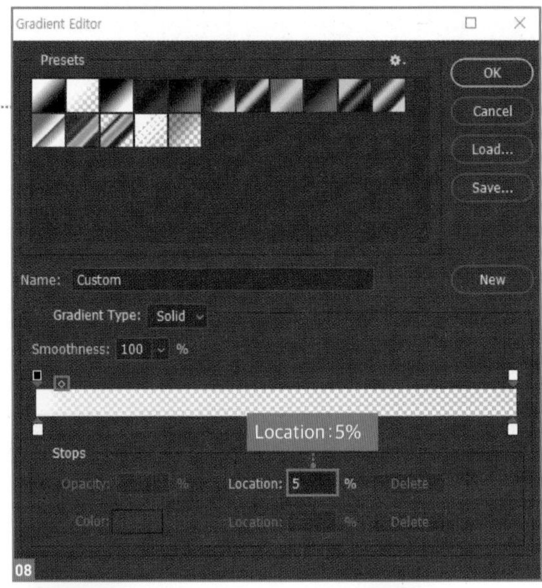

[Layer Style]이 열려있는 상태에서 드래그하여 조정

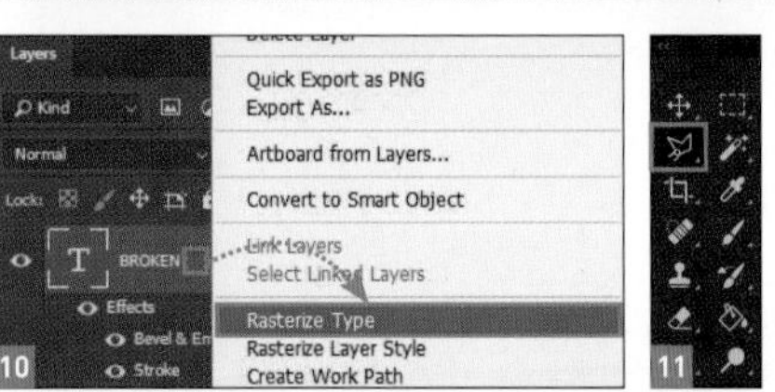

03 유리가 깨진 것처럼 문자를 분할하기

[Layers] 패널에서 [BROKEN] 레이어를 선택하고 마우스 오른쪽 버튼 클릭 후 [Rasterize Type]을 선택합니다. 10

여기서부터는 같은 작업이 계속되기 때문에 단축키로 효율적으로 작업합니다.

[Tool] 패널에서 [Polygonal Lasso Tool](단축키 : L)을 선택하고 문자의 분할하고 싶은 선택 범위를 작성합니다. 11 12

단, 마우스로 [Polygonal Lasso Tool]을 선택해 놓을 필요가 있습니다. 그대로 [Move Tool](단축키 : V)로 전환하여 이동시킵니다. 13

다시 [Polygonal Lasso Tool]을 선택하여 선택 범위를 작성합니다. 14

[Move Tool]로 전환하여 이동시키고 [Free Transform](단축키 : Ctrl + T)을 사용하여 15와 같이 약간 회전시키고 배치합니다.

이와 같이 [Polygonal Lasso Tool](단축키 : L), [Move Tool](단축키 : V), 회전시킬 경우 [Free Transform](단축키 : Ctrl + T)을 사용하여 문자를 분할합니다. 16 크게 분할하면 눈에 띄지 않으므로 균형을 보면서 그림과 같이 작업합니다.

04 유리의 질감을 겹쳐 사실감을 추가하기

예제 파일에서 [유리.psd]를 열어 [BROKEN] 레이어 위에 배치하고 [Blending Mode : Color Dodge]로 설정합니다. 17

[BROKEN] 레이어의 섬네일을 ⌘(Ctrl) + 클릭하여 선택 범위를 작성합니다. 그대로 [유리] 레이어를 선택하고 [Layers] 패널 하단의 [Add layer mask] 아이콘을 클릭합니다. 18

문자에 유리의 깨진 질감이 더해졌습니다. 19

17

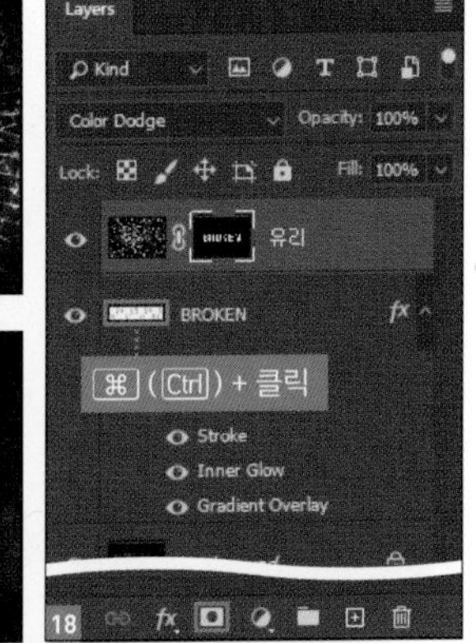

18

19

05 흩날리는 유리로 장식하여 완성

예제 파일 [유리.psd]를 열고, 맨 위에 배치한 후 [Blending Mode : Color Dodge]로 설정합니다.

[Rectangular Marquee Tool]을 선택하고 유리의 금을 기준으로 흩날리는 파편으로써 사용하고 싶은 부분의 선택 범위를 작성합니다. 20(선택 범위를 알기 쉽도록 주황색으로 표시했습니다).

마우스 오른쪽 버튼 클릭 후 [Selection cut layer]를 선택하고 선택 범위를 잘라내어 파편 조각을 여러 개 준비합니다.

잘라낸 파편 조각을 배치하고 21, [BROKEN] 레이어의 [Layer Style]을 복사하여 완성합니다. 22

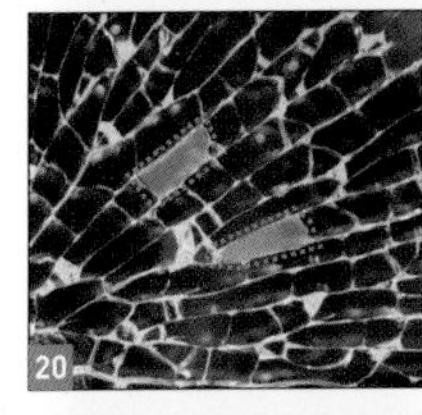
20

21

22

column

Ps

화면 확대

작품 제작에서는 전체의 이미지를 파악하는 것이 중요하지만, 세밀한 작업이 계속되면 아무래도 오른쪽 그림과 같이 확대한 상태로 작업을 진행하기 쉽습니다. 그럴 때는 H+클릭하면 일단 작품 전체를 확인할 수 있습니다.

아래 그림과 같이 화면 크기에 대응하는 테두리가 표시되므로 확대하고 싶은 장소로 드래그하면 원래 확대한 비율로 확대됩니다.

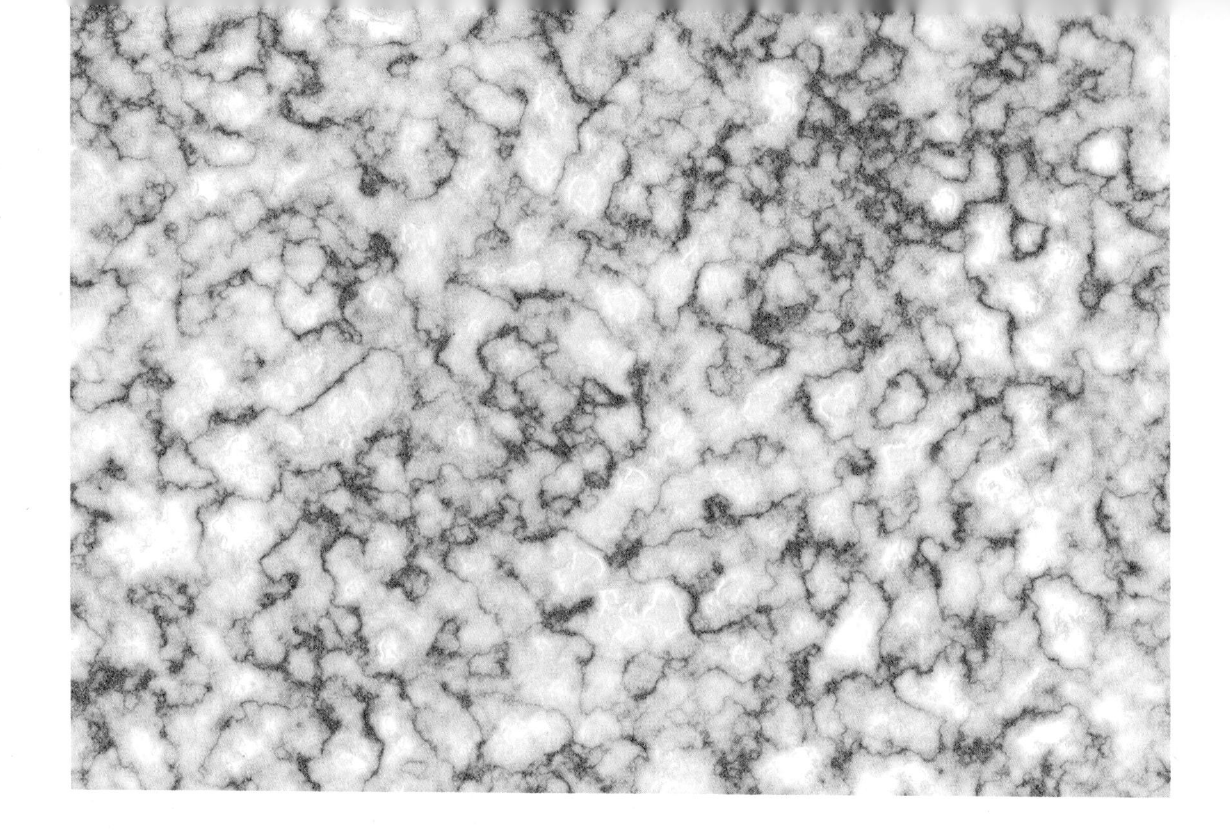

No.035 대리석 디자인

필터 구름 모양을 사용하여 사실적인 대리석을 재현합니다.

POINT [구름무늬]로 만든 이미지를 복사하여 깊이를 만든다

HOW TO USE 사실적인 대리석 표현에 사용

01 Clouds 적용하기

예제 파일 [배경.jpg]를 엽니다.

[Background] 레이어 오른쪽에 있는 [Indicates layer is partially locked] 마크 01를 클릭하고 레이어 이름을 [대리석]으로 합니다. 02

[Foreground Color : #000000], [Background Color : #ffffff]로 설정합니다(초기 설정 상태). 03

[Filter]–[Render]–[Clouds]를 선택합니다. 04 05

다시 한번 [Filter]–[Render]–[Difference Clouds]를 선택합니다. 06 07

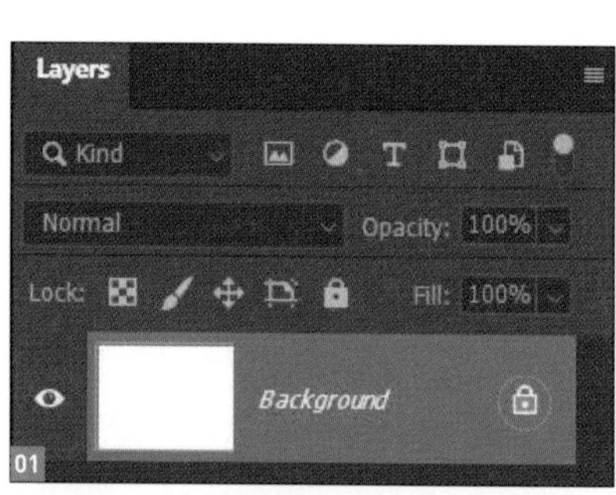

01

03

02

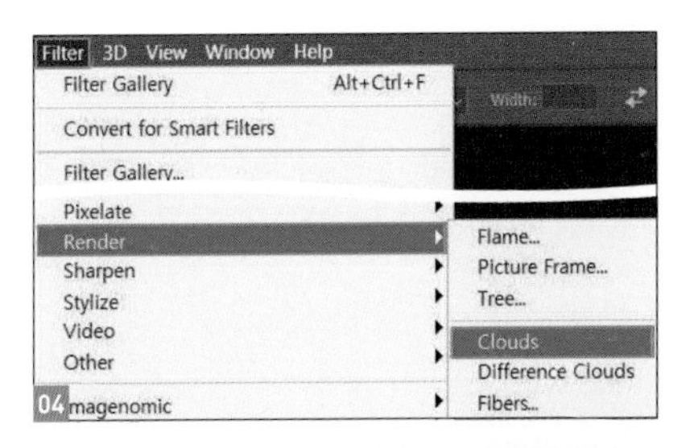

04

05

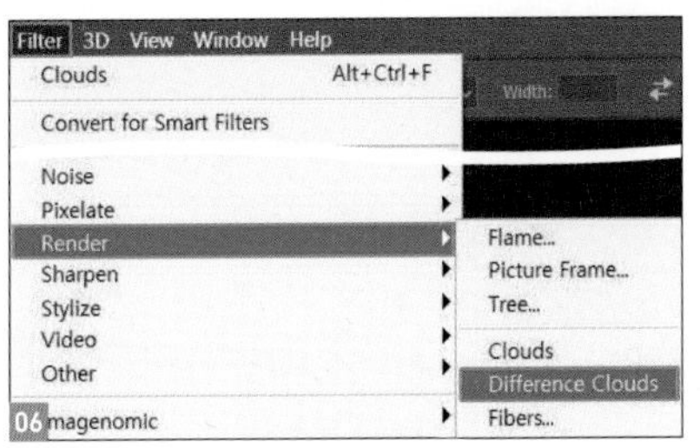

06

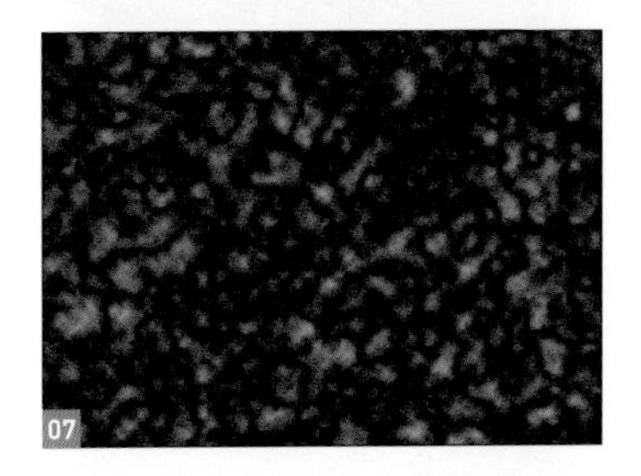
07

02 콘트라스트를 조정하여 광택 있는 질감 만들기

[Image]–[Adjustments]–[Levels]를 선택합니다. 08

Input Levels를 [0/2.5/120]으로 설정하여 가는 검은 라인이 보이도록 합니다. 09 10

[Filter]–[Filter Gallery]를 선택합니다. 11

패널이 나타나면, [Artistic]–[Plastic Wrap]을 선택하고, 오른쪽의 수치를 [Highlight Strength : 10], [Detail : 10], [Smoothness : 5]로 설정합니다. 12

대리석의 광택감이 재현되었습니다. 13

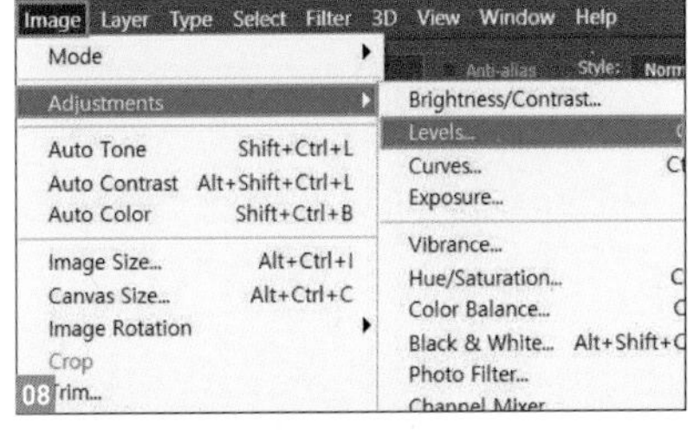

08

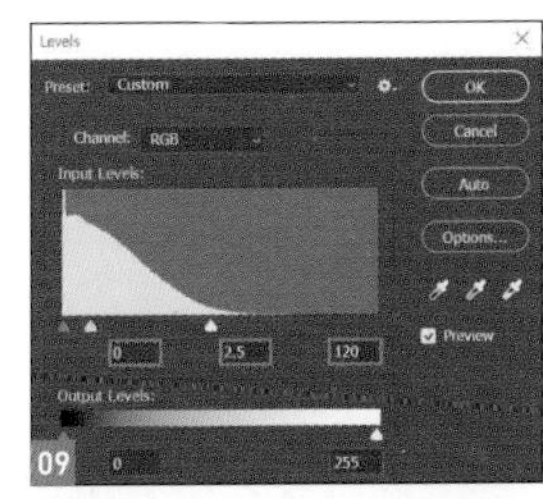

09

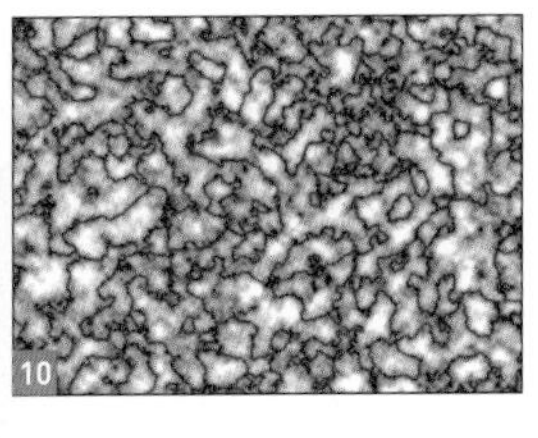
10

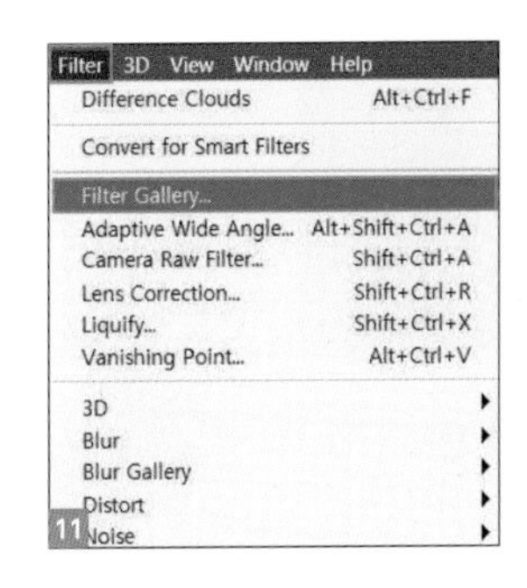

11

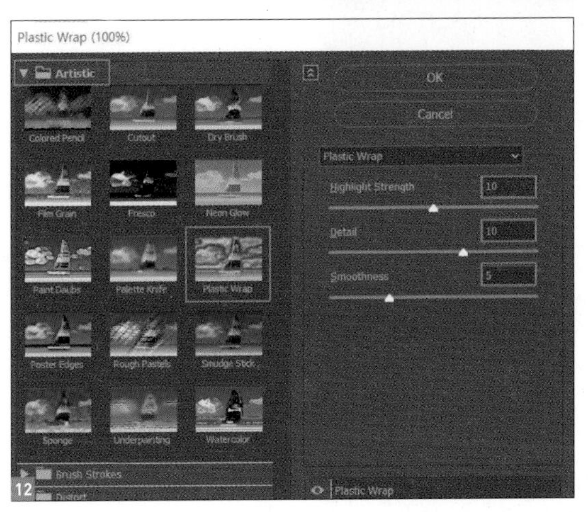

12

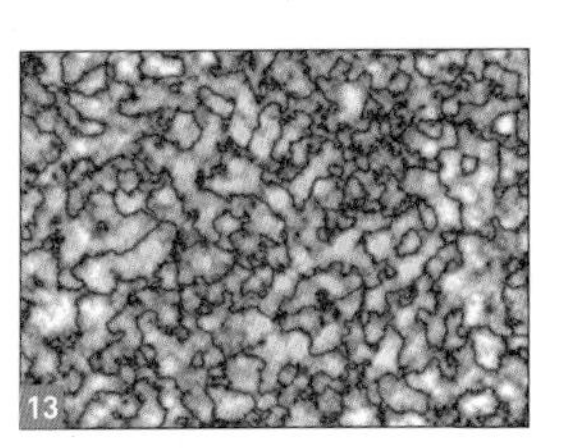
13

03 레이어를 복사하고 합성하여 사실적인 질감 만들기

[대리석] 레이어를 상위에 복사하고, [Blending Mode : Screen]으로 설정합니다. 14 15 복사한 레이어 이름을 [대리석2]로 합니다.

[Edit]–[Free Transform]을 선택한 후 16, 140% 정도로 확대하여 15° 정도 시계방향으로 회전시킵니다. 17 복사한 [대리석2] 레이어는 [Opacity : 75%]로 설정해 얼룩 느낌을 표현합니다. 18 19

[대리석2] 레이어를 한 번 더 상위에 복사하고, 레이어 이름을 [대리석3]으로 합니다.

[Edit]–[Free Transform]을 선택하고 –30° 반시계 방향으로 회전시킵니다. 20

얼룩을 표현하기 위해 [대리석3] 레이어의 [Opacity : 50%]로 적용합니다.

흑백의 대리석이 되었습니다. 21

흑백 대리석을 사용하고 싶다면 이대로 사용해도 좋습니다.

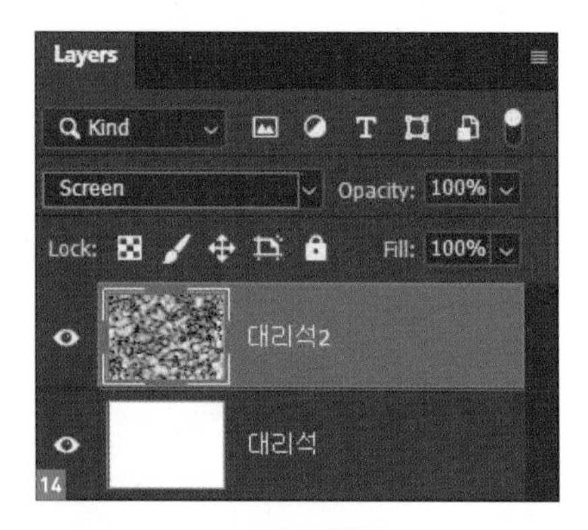

14

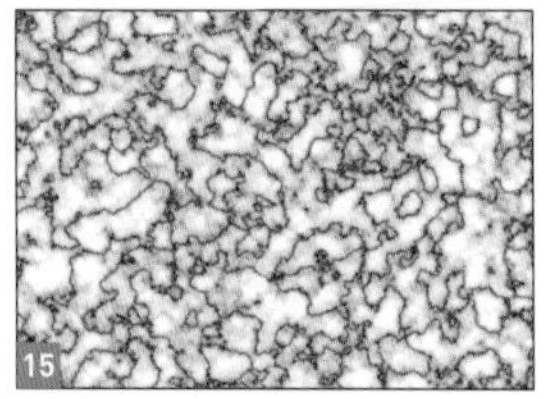
15

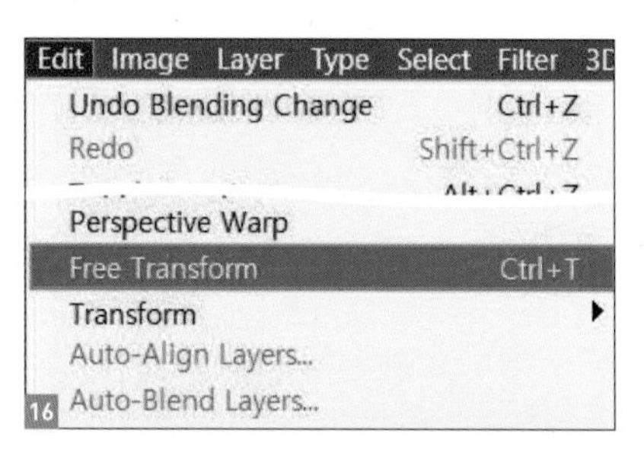

16

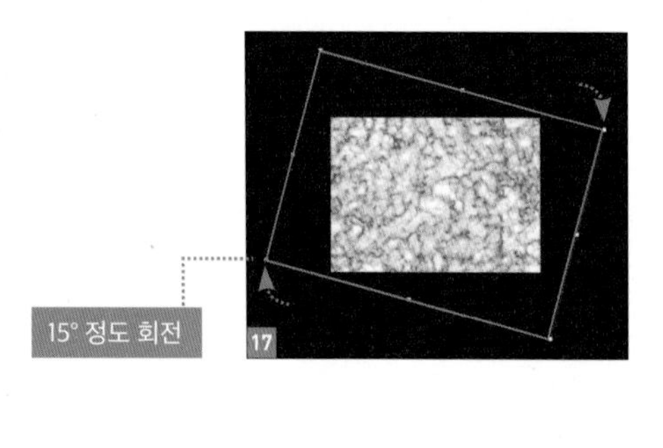

17

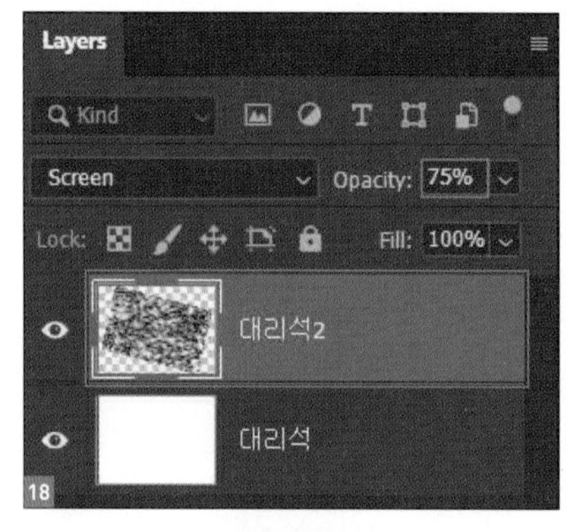

18

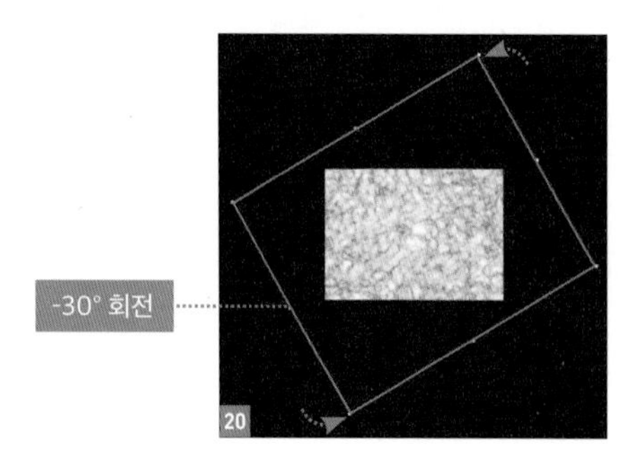

20

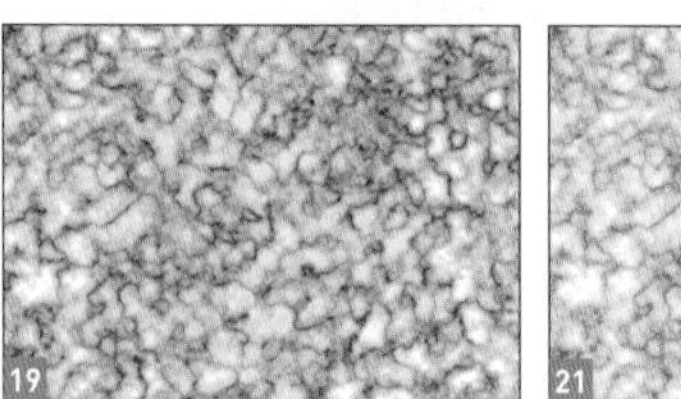
19

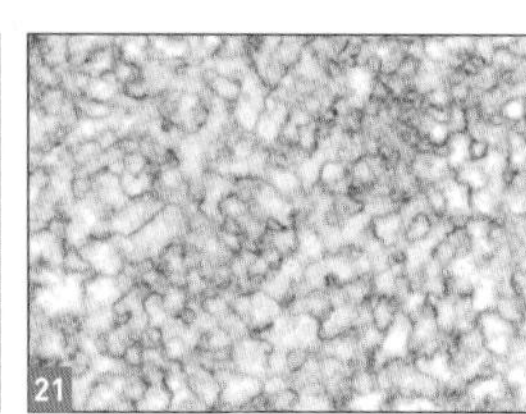
21

04 부분적으로 금이 섞인 질감 표현하기

부분적으로 금이 섞인 대리석을 만듭니다. 맨 위에 새로운 [금색] 레이어를 만듭니다. [Select]-[Color Range]를 선택합니다.22

화면을 200% 정도 확대하고 작업화면의 회색 부분을 선택합니다. [Fuzziness : 70]으로 설정합니다. 이 수치는 23의 흑백 선택 범위의 프리뷰를 참고하여 바꿉니다. 선택 범위가 만들어지면 [OK]를 선택합니다.

24와 같은 선택 범위가 만들어지면, [Tool] 패널의 [Paint Bucket Tool]을 선택하여 칠합니다.

색상은 다음의 레이어 스타일에서 지정하기 때문에 알기 쉬운 색상이면 무슨 색이든 상관없습니다.25

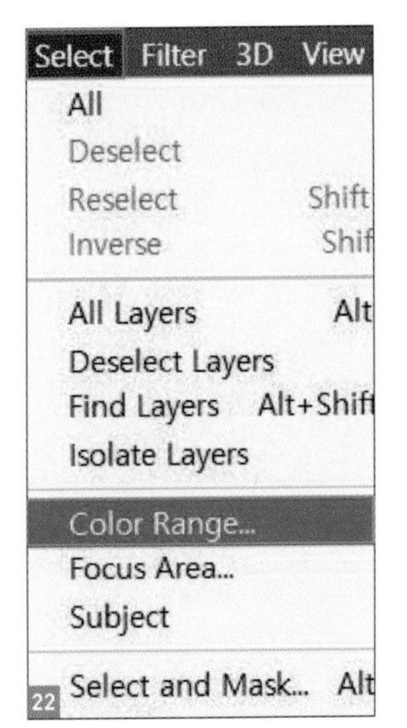

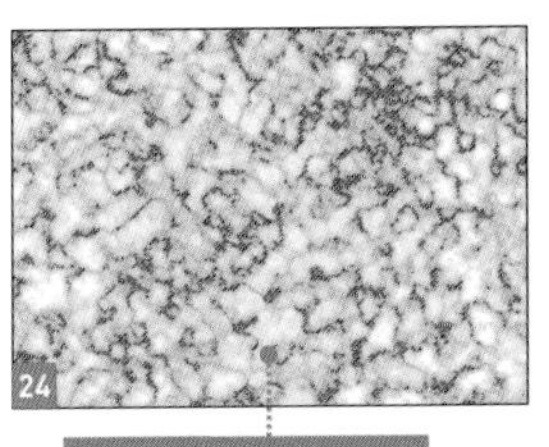

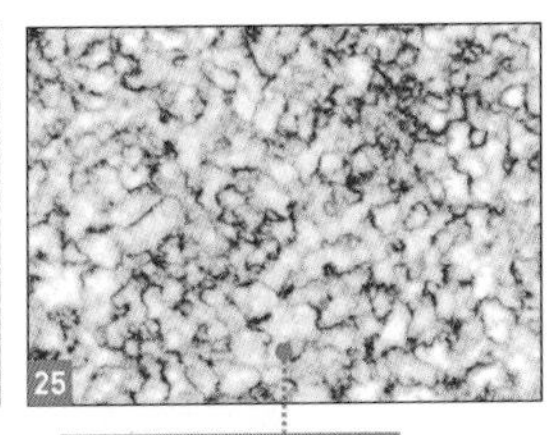

05 금색으로 착색하여 질감 더하기

[금색] 레이어를 선택하고, [Layer]-[Layer Style]-[Pattern Overlay]를 선택합니다.26

초기설정 그대로, [Pattern]의 프리뷰를 클릭하여, [Legacy Patterns and More]-[Legacy Patterns]-[Rock Patterns]-[Dirt]를 선택합니다.27

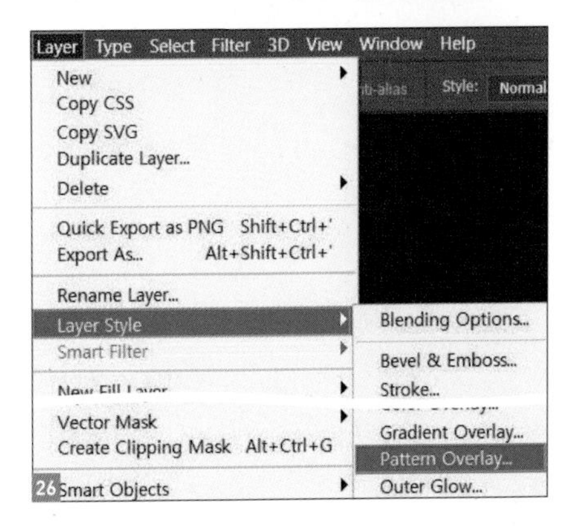

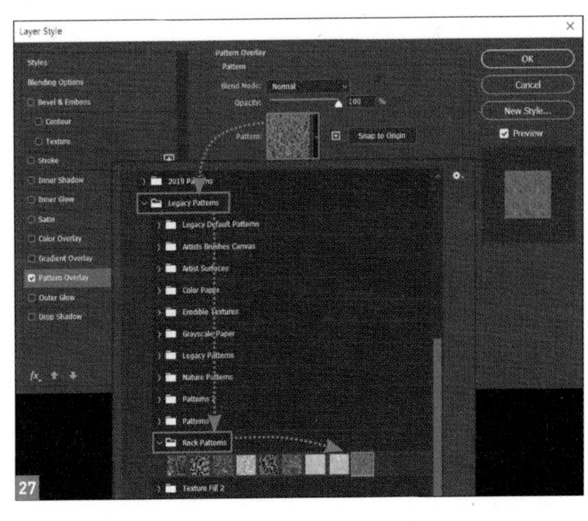

memo

Photoshop 버전에 따라 패턴 위치가 변경될 수 있습니다. 만약 [Legacy Patterns]를 찾을 수 없는 경우에는 [Window]-[Patterns]를 선택하여 [Patterns] 패널을 표시합니다. 패널 오른쪽 위의 다이얼로그에서, [Legacy Patterns and More]를 클릭해 표시합니다.

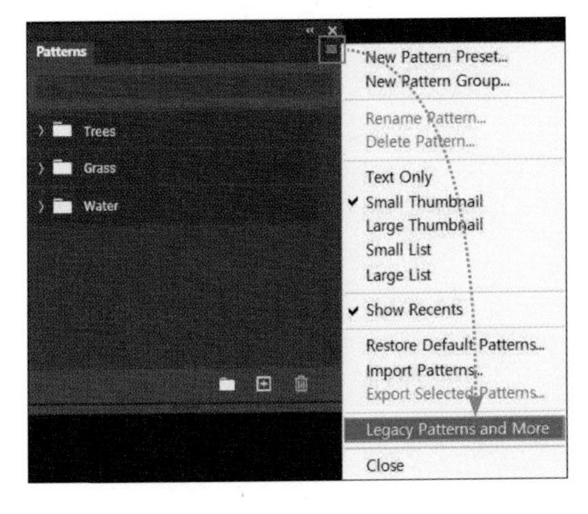

까칠까칠한 질감이 되지만 색상은 빛바랜 인상이므로 [Layer Style]–[Color Overlay]에 체크합니다. [Blend Mode : Overlay], [Color : #8d601f]로 설정하고 [Opacity : 40%]로 설정합니다. 28

금이 섞인 대리석이 완성되었습니다. 29

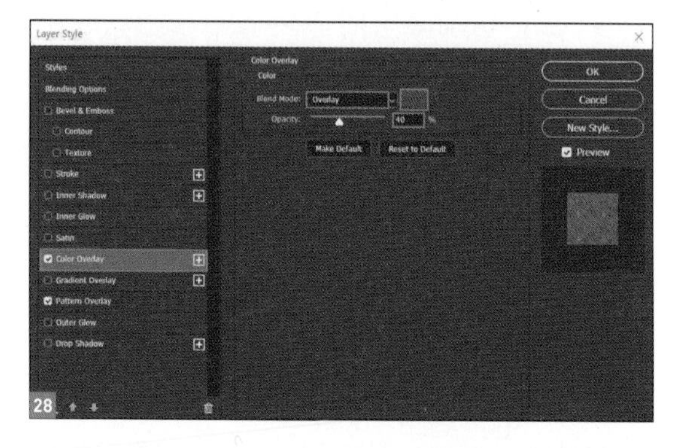

28

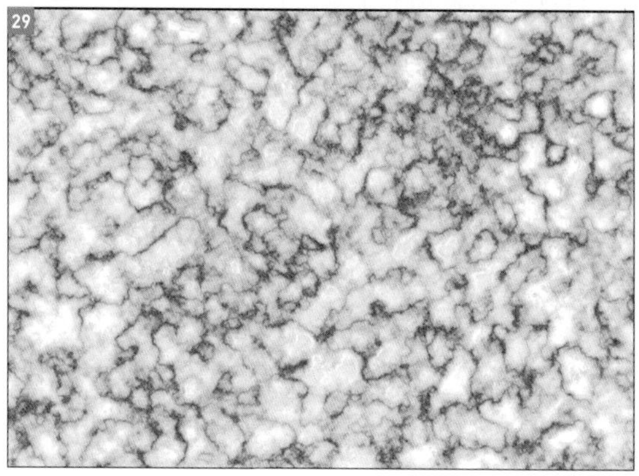
29

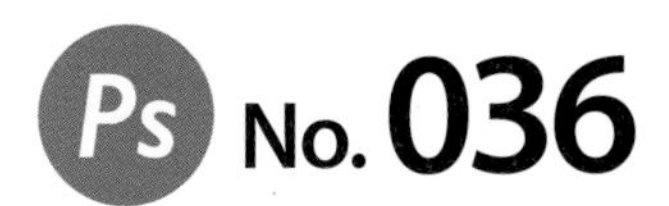

No. 036 찢어진 종이 만들기

종이를 찢은 듯한 그래픽을 제작합니다.

POINT 찢어져 보풀이 난 부분을 브러시를 사용하여 표현한다

HOW TO USE 화면을 분할할 때나 디자인에서 하나의 포인트로 사용

01 찢은 것처럼 표현하고 싶은 범위 삭제하기

예제 파일 [올빼미.jpg]와 [숲.jpg]를 엽니다. 01 02 [올빼미.jpg]의 위에 [숲] 레이어를 배치합니다. 03

[Tool] 패널에서 [Lasso Tool]을 선택하여 찢은 것처럼 표현하고 싶은 범위를 선택합니다. 04

Delete를 눌러 선택 범위를 삭제합니다. 05 아래에 있는 [올빼미] 레이어의 눈 이미지가 보이게 됩니다.

01

02

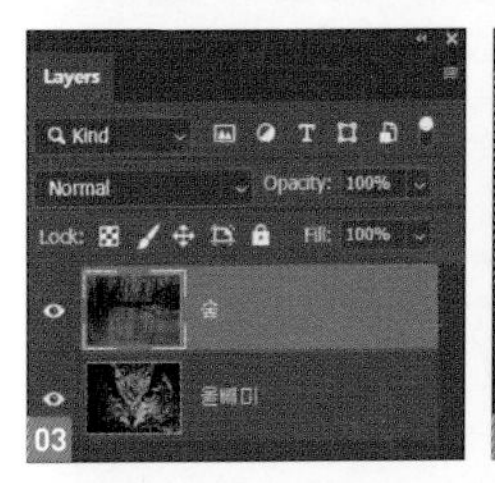

03

04

05

02 이미지의 경계선에 질감 표현하기

[숲] 레이어 아래에 새로운 [보풀] 레이어를 만듭니다. [Foreground Color : #ffffff]로 설정하고 브러시 종류를 [Chalk 60pixels]로 설정합니다. 06

[Brush Settings] 패널을 표시하고 [Shape Dynamics]를 선택한 후 [Angle Jitter : 30%]로 설정합니다. 07

작성한 브러시를 사용하여 이미지의 잘라낸 부분에서 튀어나오게 하여 찢어진 질감을 표현합니다.

일정한 굵기가 아닌 고르지 않게 작업하면 사실적인 이미지가 됩니다. 08

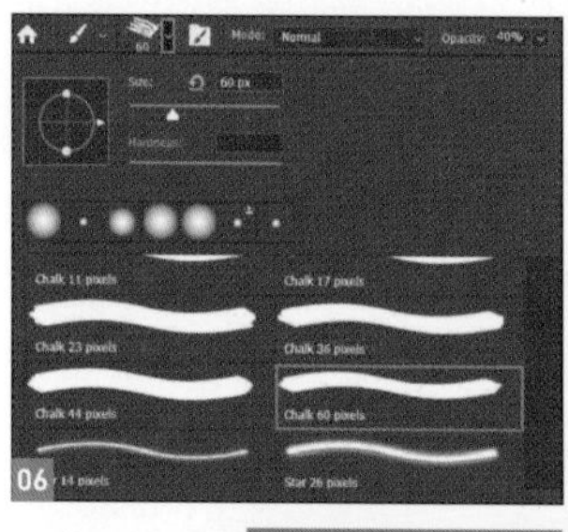

06

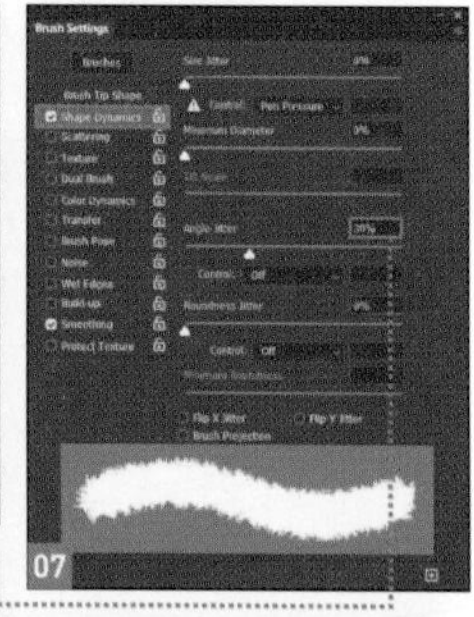

07

08

03 찢어져 보풀이 일어난 질감 만들기

[Eraser Tool]을 선택하고, 작성한 브러시를 사용하여 이미지의 단면에 덧그려 이미지의 안쪽도 거친 경계선으로 만듭니다. 09

09

04 자른 면에 그림자를 만들기

[보풀] 레이어를 선택하고 더블 클릭하여 [Layer Style]을 표시한 후 [Drop Shadow]를 선택해 10과 같이 설정합니다.

그림자가 만들어지고 입체감이 더해져 완성입니다. 11

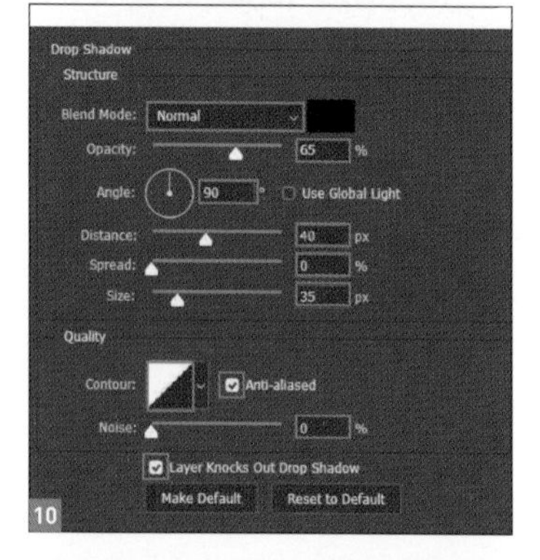

10

11

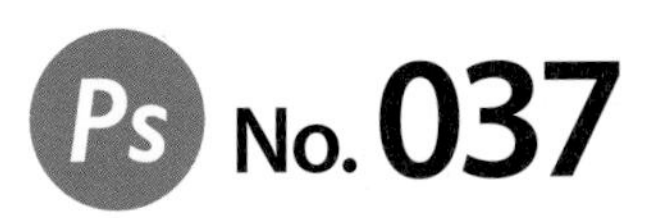

종이 질감 만들기

Photoshop 기능만을 사용하여 종이의 질감을 표현합니다.

POINT 필터로 종이 질감을, Gradient로 주름을 표현한다

HOW TO USE 소재가 없는 상태에서 종이나 주름을 표현하고 싶을 때 사용

01 구름 모양의 질감 표현하기

[File]-[New]-[Print]에서 [B5 : 300dpi]를 선택하여 문서를 작성합니다. 01

[Filter]-[Render]-[Clouds]를 선택합니다. 02

[Filter]-[Render]-[Difference Clouds]를 선택합니다. 03

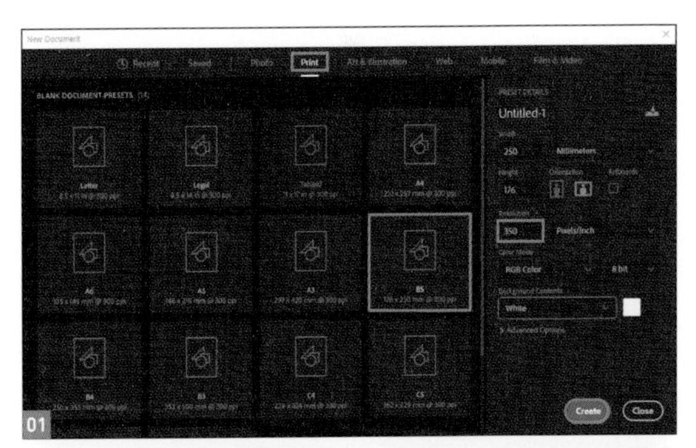

01

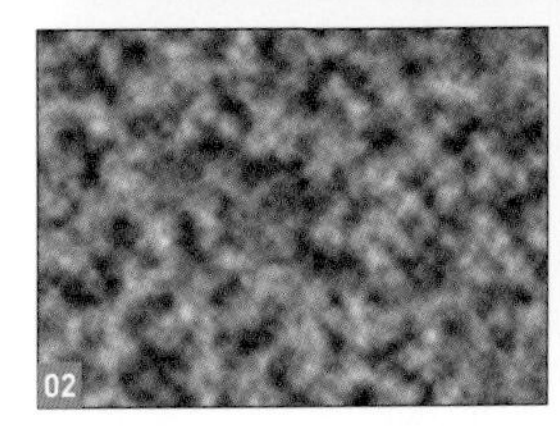

02

03

02 Emboss를 사용하여 종이 질감 만들기

[Filter]–[Stylize]–[Emboss]를 선택하고 04와 같이 설정합니다. 05

03 종이의 색상 만들기

[Image]–[Adjustments]–[Hue/Saturation]을 선택하고 06과 같이 설정합니다. Colorize를 체크하면 종이와 같이 하나의 색상으로 조정할 수 있습니다.

Levels를 07과 같이 적용하여 밝기를 조정합니다. 종이 질감이 완성됩니다. 08

04 주름 표현하기

[Layers] 패널에서 새로운 [주름] 레이어를 작성합니다.

작업화면 한가운데를 기준으로 왼쪽 절반을 선택합니다. 09

[Foreground Color : #000000]으로 설정합니다.

[Gradient Tool]을 선택합니다. 10 Gradient의 종류는 [Foreground to Transparent]를 선택합니다. 11

Shift를 누르면서 선택 범위 오른쪽 바깥쪽에서 안쪽을 향해 12와 같이 짧게 Gradient를 적용합니다.

Shift + ⌘(Ctrl) + I를 눌러 선택 범위를 반전시킵니다.

[Foreground color : #ffffff]로 설정하고, 선택 범위의 왼쪽에서 안쪽을 향해 똑같이 Gradient를 적용합니다. 13

[주름] 레이어의 [Blending Mode : Soft Light], [Opacity : 50%]로 설정합니다. 14 15

레이어를 복사하고 원하는 위치에 배치하면 완성입니다. 16

예제에서는 문자 디자인을 추가로 넣었습니다.

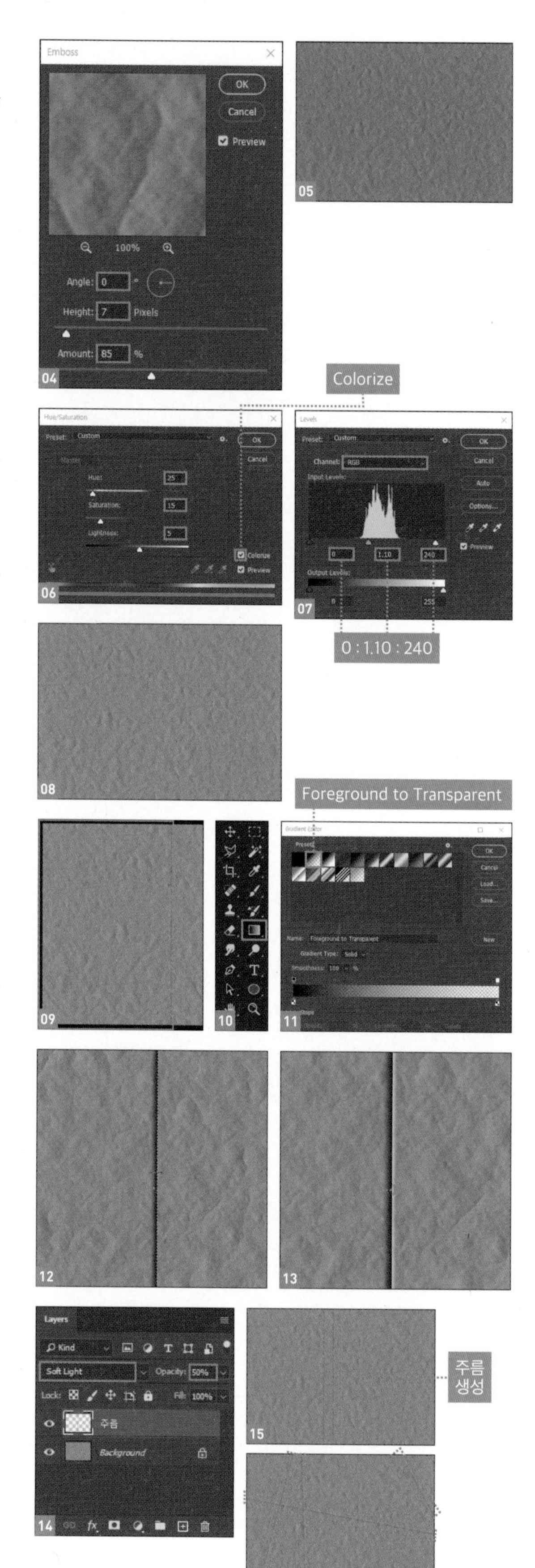

 No.038

라벨 만들기

라벨이나 스티커, 로고 등에서 사용할 수 있는 디자인을 만듭니다. 이러한 균일한 선으로 만드는 디자인은 Illustrator가 적합합니다.

POINT Corner Type을 변경하여 라벨을 만들다

HOW TO USE 라벨이나 스티커 등의 디자인에 사용

01 라벨 모양 만들기

[Tool] 패널에서 [Rectangle Tool]을 선택합니다. [Stroke Color : #000000], [Stroke : 6pt], [Width : 80mm], [Height : 80mm]의 직사각형을 만듭니다. 01 02 03

[Window]–[Transform]을 선택하고 [Transform] 패널을 표시합니다. [Link Corner Radius Values]를 해제하고 [Corner Type]을 04와 같이 설정합니다. 라벨 모양이 완성되었습니다. 05

memo

[Transform] 패널의 [Corner Type]을 사용하면 다양한 모양의 오브젝트를 간단하게 작성할 수 있습니다. 설정된 작업화면 결과를 보면서 변형을 바꾸고 수치를 조절하면 좋습니다.

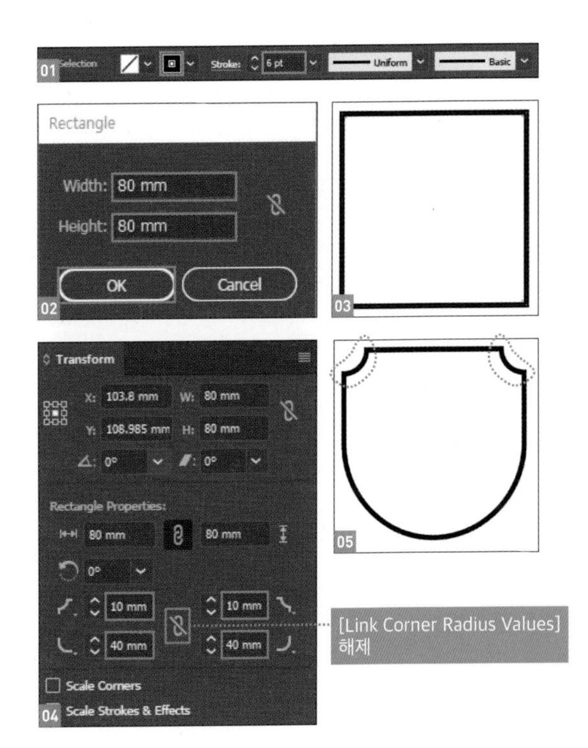

02 안쪽 오브젝트 만들기

[Object]–[Path]–[Offset Path]를 선택하고 06, [Offset : −7mm], [Joins : Miter], [Miter Limit : 4]로 설정한 후 [OK]를 선택합니다. 07

[Fill : #d7d7d8]로 변경합니다. 안쪽에 오브젝트가 생겼습니다. 08

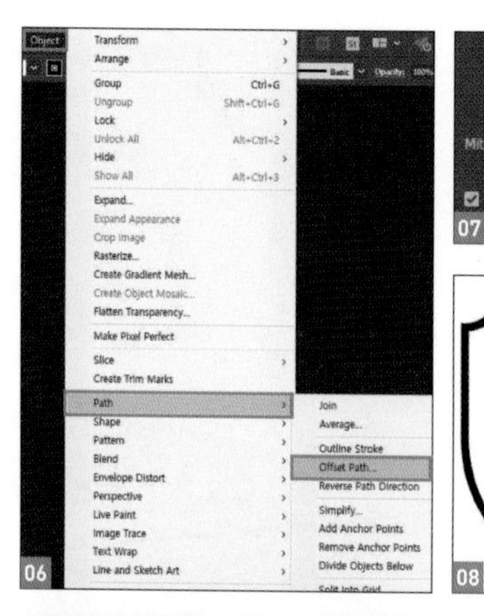
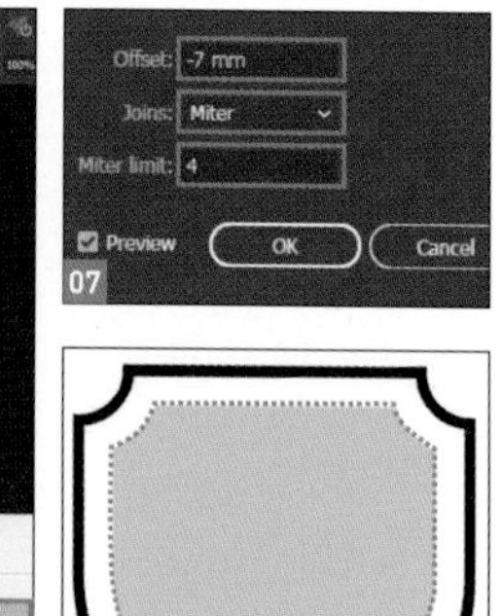

03 다트의 과녁 모양 만들기

[Tool] 패널에서 [Ellipse Tool]을 선택하고 [Stroke Color : #efefef], [Width : 40mm], [Hight : 40mm]의 원을 만듭니다. [Window]–[Stroke]을 선택하고 09와 같이 설정하면 다트의 과녁 모양이 만들어집니다. 10

02에서 만든 안쪽 오브젝트를 ⌘(Ctrl)+C를 눌러 [Copy]하고, ⌘(Ctrl)+F를 눌러 [Paste in Front]하여 다트의 과녁의 모양과 맞춥니다. 다트의 과녁과 같은 무늬는 약간 위로 배치하면 균형이 맞을 것입니다. 11

2개의 오브젝트를 선택하고 ⌘(Ctrl)+7을 눌러 Clipping Mask를 작성합니다. 12

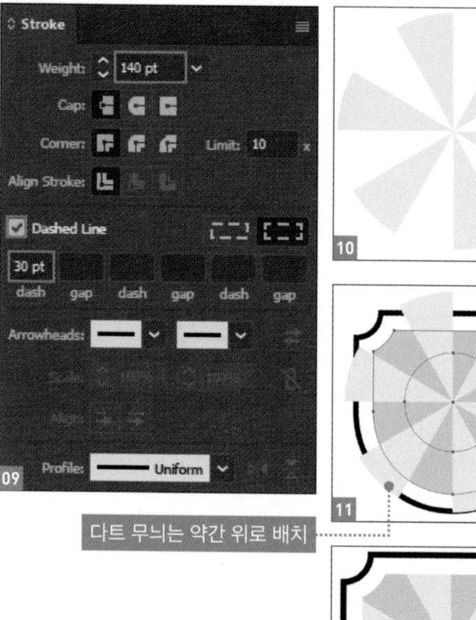

다트 무늬는 약간 위로 배치

Clipping Mask 작성

04 리본 만들기

[Window]–[Brush Libraries]–[Decorative]–[Decorative_Banners and Seals]를 선택합니다. 13 [Banner 4]를 선택하고 [Stroke : 1.5pt]의 설정으로 선 두께를 바꿉니다. 14 15

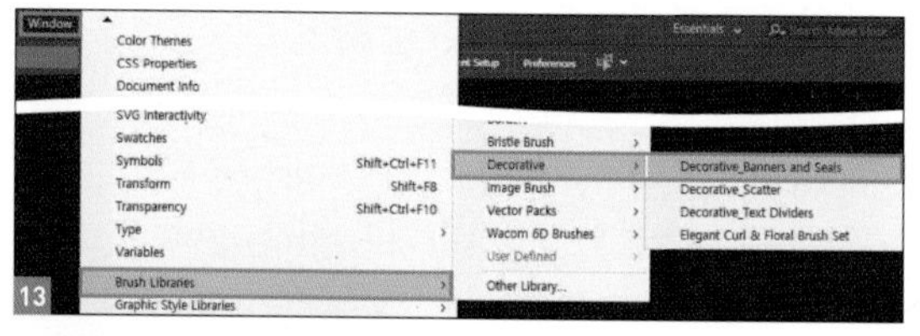
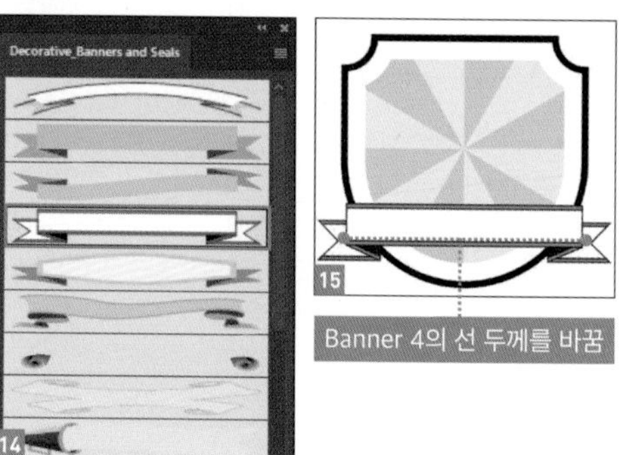

05 Appearance 패널에서 리본 구부리기

[Appearance] 패널에서 [Add New Effect] 아이콘을 선택하고 [Warp]–[Arc]를 선택합니다. 16 17과 같이 설정하면 리본이 휘어집니다. 18 선의 길이는 라벨 모양에 맞게 조절합니다.

06 리본 색상을 흑백으로 변경하기

[Edit]–[Edit Colors]–[Recolor Artwork]을 선택합니다. 19 오른쪽 아래의 [Advanced Options]를 클릭해 [Recolor Artwork] 패널을 표시합니다. 20

[Recolor Artwork] 패널에서 [Color Reduction Options]를 선택합니다. 21

[Preserve]의 [White, Black]의 체크를 해제합니다. 원래 리본 브러시에서는 [Black]과 [White] 색상이 체크되어 선택할 수 없지만 이 설정에서는 해제할 수 있습니다. 컬러를 옅게 하지 않기 위해 [Colorize Method : Preserve Tints]로 변경합니다. 22

원하는 컬러로 선택하여 색상을 변경합니다.

memo

색상을 변경할 경우 [Object]→[Expand Appearance]로 분할하여 작업할 수 있지만, [Recolor Artwork]에서는 편집 정보를 유지한 채 색상을 변경할 수 있습니다. 사용처도 많은 기능이므로 기억하면 좋습니다. 자세한 것은 P.342를 참조하세요.

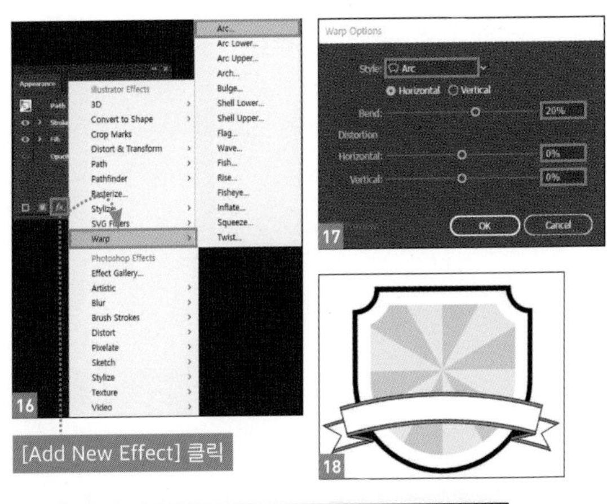

16 17

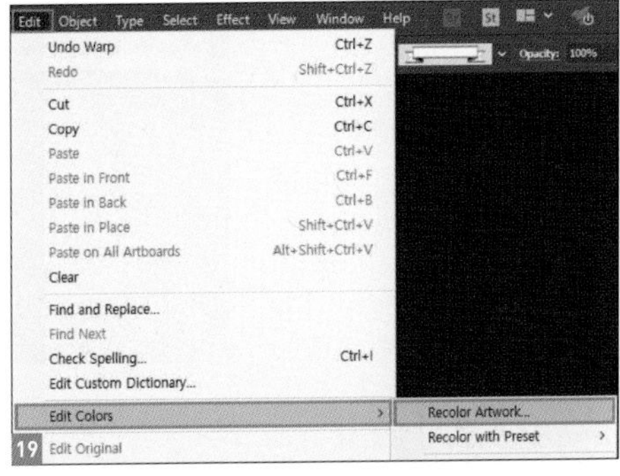
18

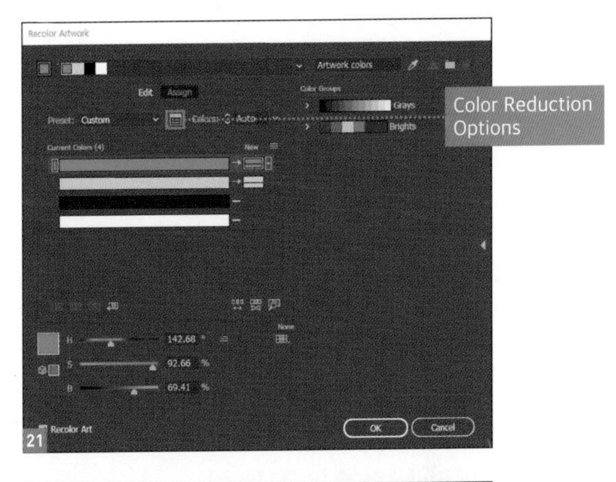

19

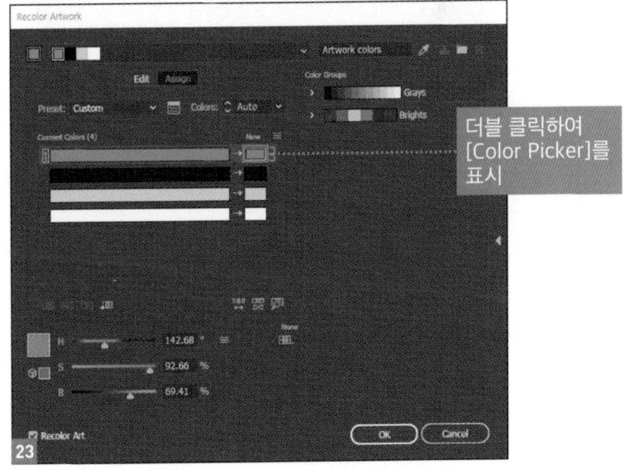

21

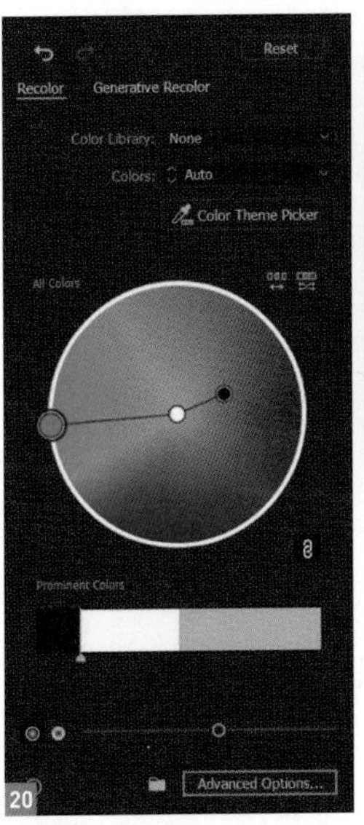

20

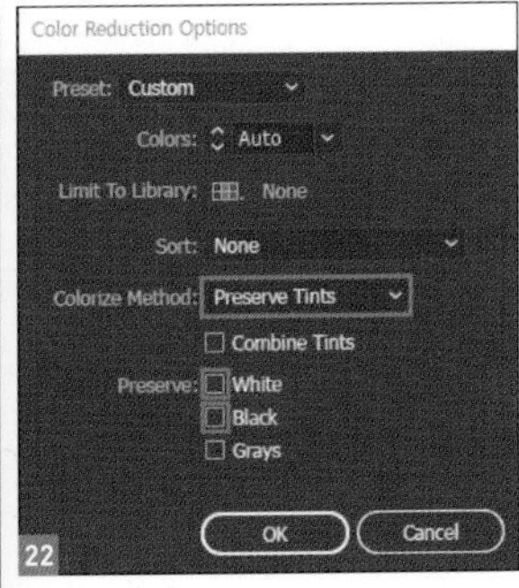

22

23

[New] 부분을 더블 클릭하여 [Color Picker]에서 변경하고 싶은 색으로 설정합니다. 여기에서는 초록색을 #ffffff, 흰색 부분을 #000000으로 설정했습니다. 23 24 25 흑백의 리본이 생겼습니다. 26

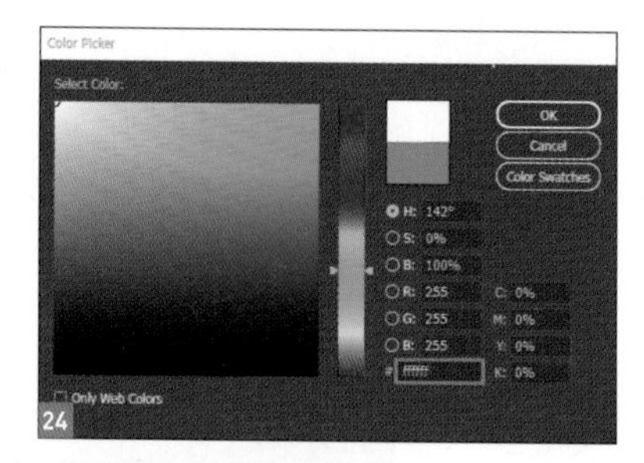
24

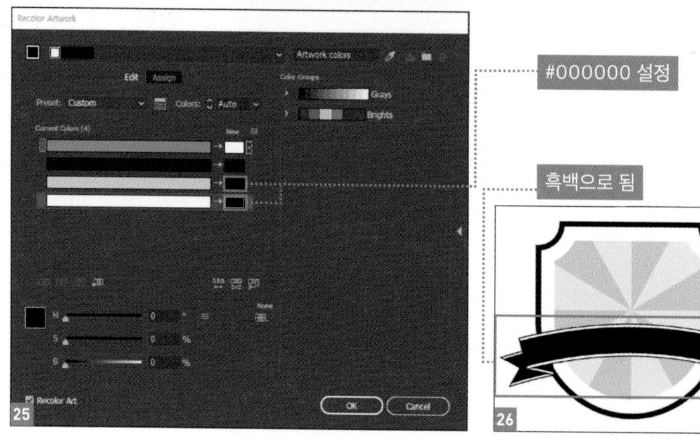

25

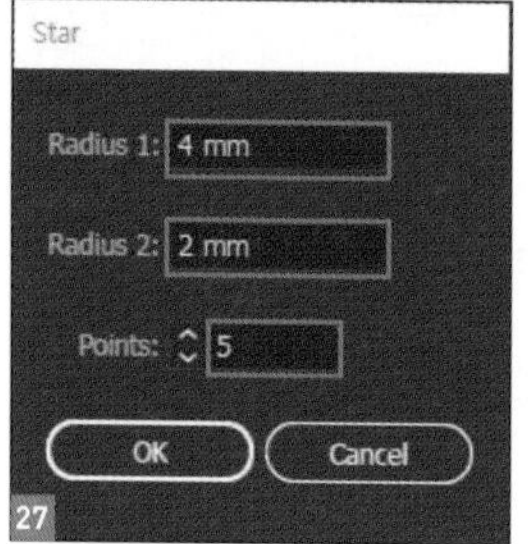
26

07 장식이나 문자 넣기

[Tool] 패널에서 [Star Tool]을 선택하고 [Fill : #000000], [Radius 1 : 4mm], [Radius 2 : 2mm], [Points : 5]의 별을 만들고 복사하여 별 2개를 라벨에 배치합니다. 27 28

[Font Size : 24pt], [Font : Paralucent Text Bold]로 설정하고 "PREMIUM"이라고 입력합니다. 아래에 [Font Size : 62pt], [Font : Number Five Smooth]를 설정하고 "Quality"라고 입력합니다. 29 폰트는 Adobe Fonts의 폰트를 사용했습니다.

27

28

29

08 리본에 문자를 넣어 완성

[Tool] 패널에서 [Ellipse Tool]을 선택하고 리본에 맞춰 원을 그립니다. 30

[Tool] 패널에서 [Type on a Path Tool]을 선택하고 31 [Fill : #ffffff], [Font : Paralucent Text Bold], [Font Size : 23pt]로 설정한 후 원 위에서 클릭하여 "THE BEST CHOICE"라고 입력합니다.

[Tool] 패널에서 [Rotate Tool]을 선택하고 글자를 조정하여 완성합니다. 32 33

예제에서는 배경에 이미지를 추가했습니다.

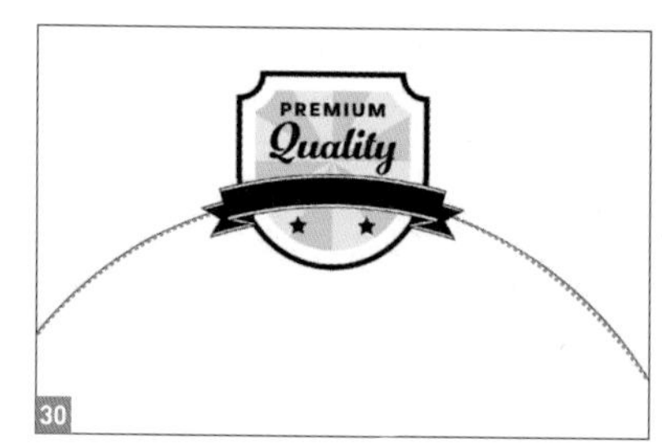

30

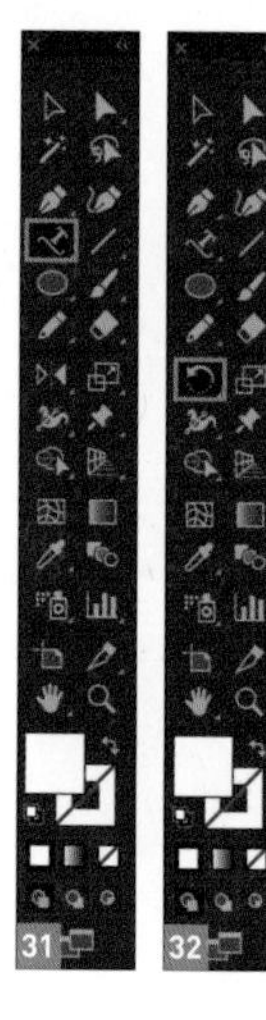
31 32

33

No.039

스탬프의 질감 만들기

긁힌 질감을 브러시로 만들어 간단하게 질감을 표현할 수 있습니다.

POINT Threshold를 적용한 이미지에 필터를 적용하여 질감을 만든다

HOW TO USE 아날로그적인 질감을 표현하고 싶을 때 사용

01 빈티지감이 있는 질감의 브러시 만들기

예제 파일에서 [스탬프질감.psd]를 엽니다. 참고로 이런 소재는 p.141에서 학습한 라벨처럼 Illustrator로 만들면 편합니다. [Image]–[Adjustments]–[Threshold]를 선택하고 [Threshold Level : 150]으로 설정한 후 [OK]를 클릭합니다. 01 02

[Tool] 패널 하단의 [Default Foreground and Background colors] 아이콘을 클릭하여 색상을 초기화합니다. [Filter]–[Filter Gallery]를 선택하고 [Stamp]를 [Light/Dark Balance : 1], [Smoothness : 10]으로 03과 같이 적용합니다. 04

[Edit]–[Define Brush Preset]을 선택하고 [Brush Name] 패널이 열리면 [Name : 스탬프질감]으로 설정하고 [OK]를 클릭합니다. 05

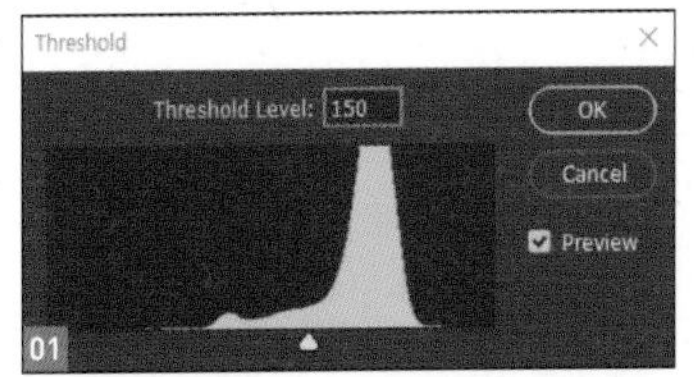

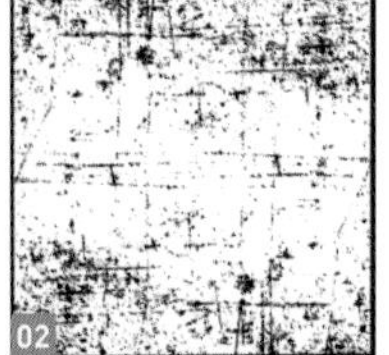

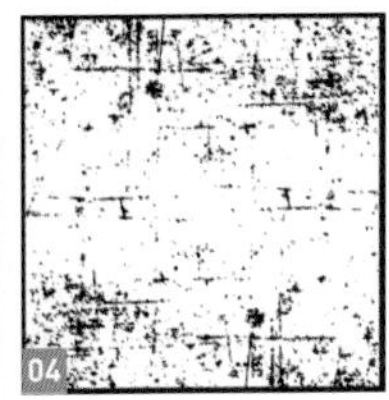

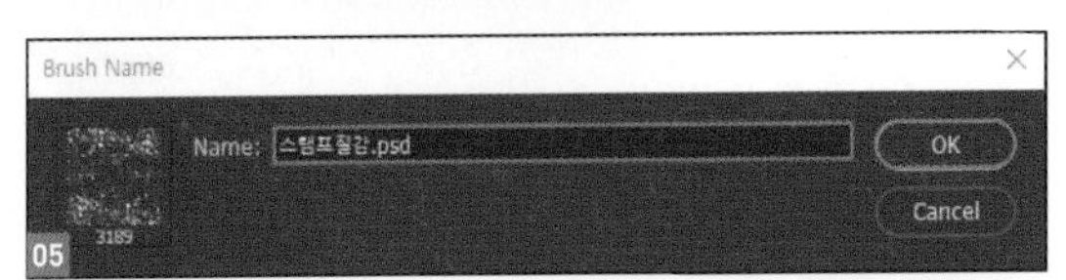

02 만든 브러시를 사용하여 질감 표현하기

예제 파일에서 [로고.psd]를 엽니다.

[Layers] 패널에서 [로고] 레이어를 선택하고 [Add layer mask] 아이콘을 클릭한 후 레이어 마스크 섬네일을 선택합니다. 06

[Color : #000000]으로 설정합니다.

[Brush Tool]을 선택하고 **01**에서 작성한 [스탬프질감]을 선택합니다. 07

브러시를 원하는 위치에 맞게 여러 번 마스크하여 완성합니다. 08

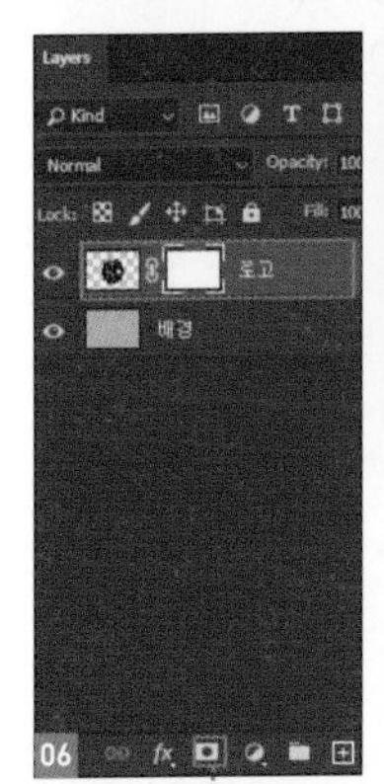

Add layer mask 클릭

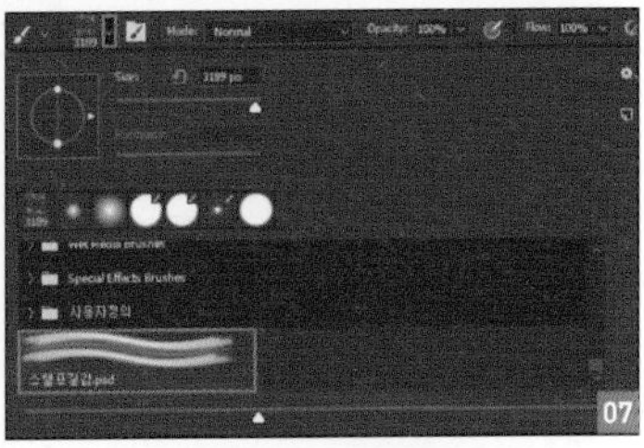

여러 번 마스크하기

Ps No.040

입체적인 스탬프 만들기

Layer Style을 사용하여 입체감을 표현합니다.

POINT Layer Style을 세밀하게 설정한다

HOW TO USE 광고, 디자인 샘플 등에도 사용

01 Layer Style을 사용하여 질감 표현하기

예제 파일 [로고.psd]를 엽니다. [Layers] 패널에서 [로고] 레이어를 선택하고 [Blending Mode : Multiply]로 설정하고 더블 클릭하여 [Layer Style]을 표시합니다. 01
[Bevel & Emboss]를 선택하고 02와 같이 설정합니다. 03
[Inner Shadow]를 선택하고 04와 같이 설정합니다. 05
[Drop Shadow]를 선택하고 06과 같이 설정합니다. [Drop Shadow]는 [Color : #ffffff]로 설정하여 입체감을 표현합니다. 07

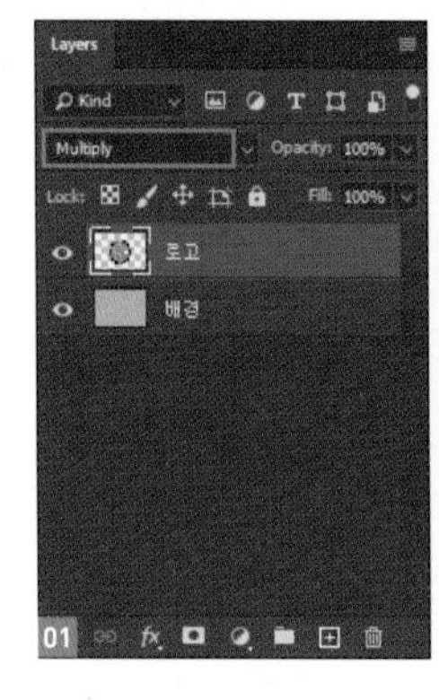

01

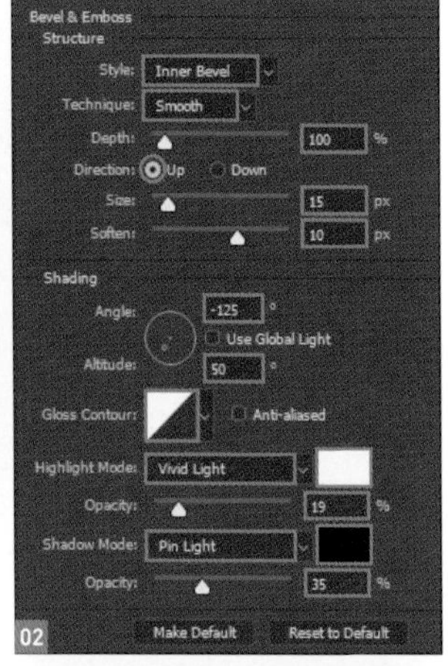

02

03

05

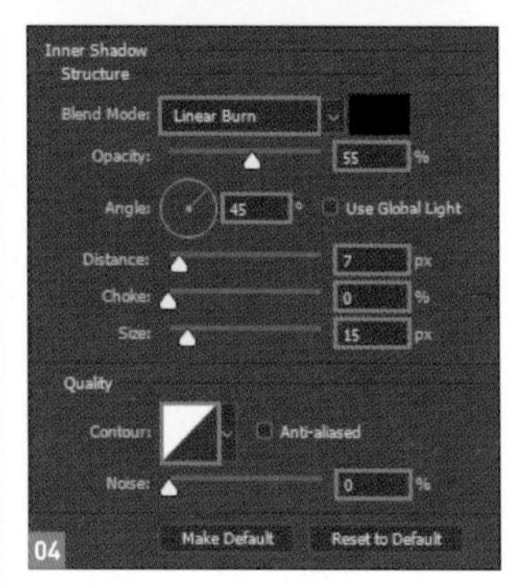

04

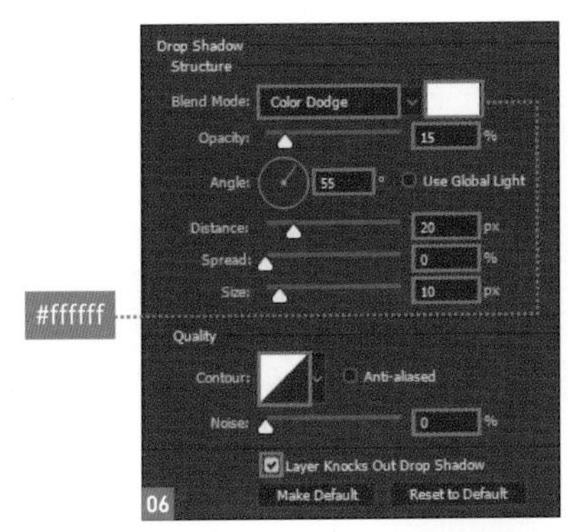

02 로고에 종이의 질감 표현하기

[배경] 레이어를 복사하여 레이어 이름을 [재질]로 하고, 레이어 [로고]의 상위에 배치합니다.

[Layers] 패널에서 [재질] 레이어를 선택하고 마우스 오른쪽 버튼 클릭 후 [Create Clipping Mask]를 선택합니다. 08

로고에 배경과 같은 종이의 질감이 적용되었습니다. 09

[재질] 레이어를 [Blending Mode : Hard Light], [Opacity : 90%]로 설정합니다. 10 11

[로고] 레이어를 선택하고 [Filter]–[Blur]–[Gaussian Blur]를 선택하고 [Radius : 0.7pixels]로 적용하여 종이의 부드러움을 표현합니다. 12

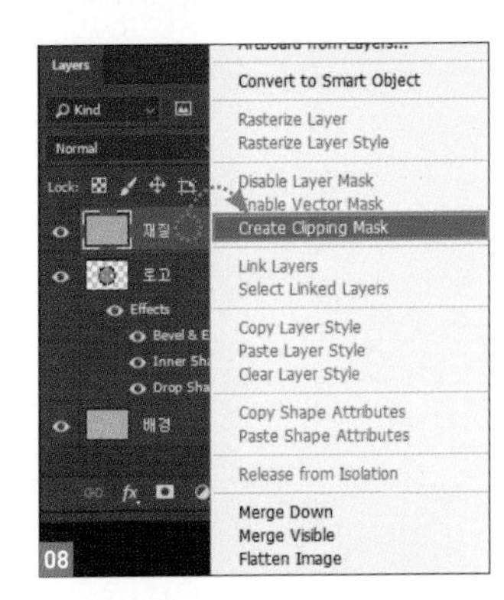

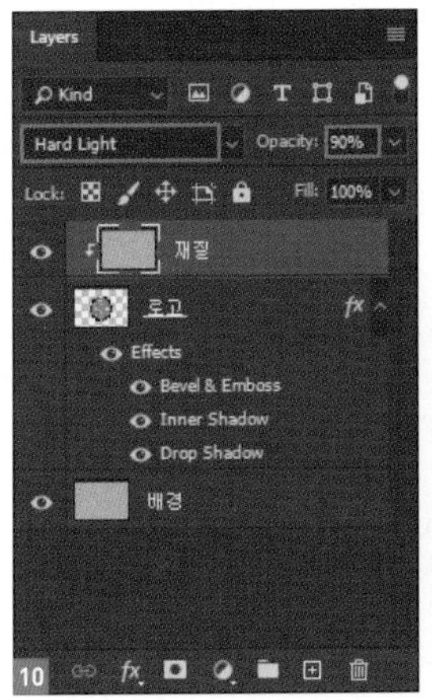

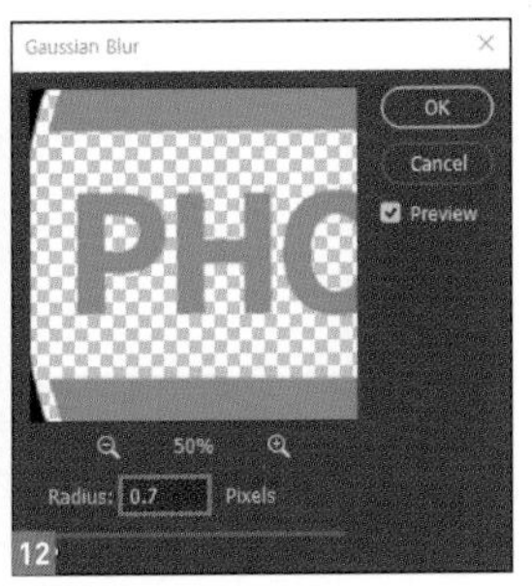

03 Gradient로 빛을 추가하여 완성

[Foreground Color : #ffffff]로 설정합니다. [Layers] 패널에서 [Adjustment layer]–[Gradient]를 선택하고 맨 위에 배치합니다. 13

[Blending Mode : Overlay], [Opacity : 35%]로 설정합니다. 14

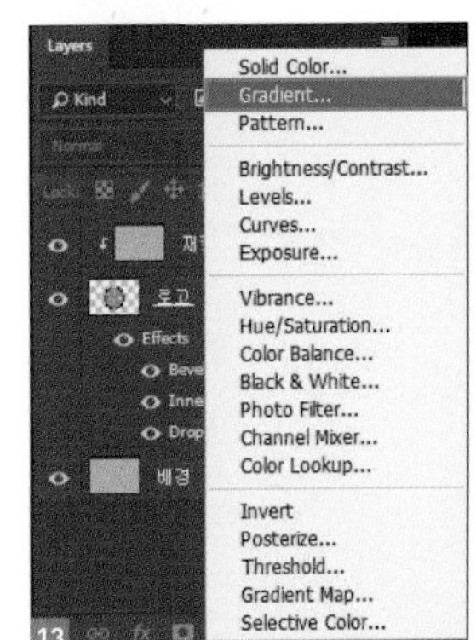

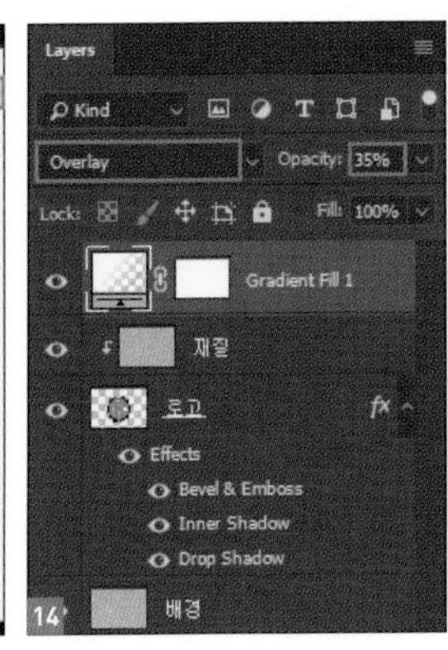

[Gradient Fill 1] 레이어를 더블 클릭하여 [Gradient Fill] 패널을 열고, Gradient는 [Foreground to Transparent]로 선택한 후 15와 같이 설정합니다.

작업화면 위에서 드래그하여 화면 오른쪽 위에서 빛이 비치는 것처럼 Gradient 위치를 조정하여 완성합니다. 16

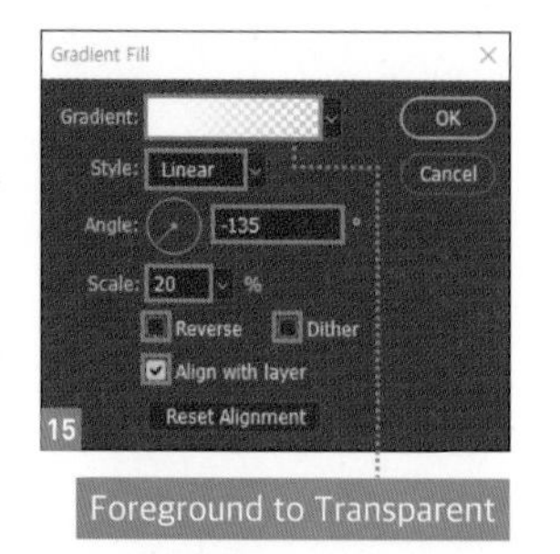

빛 효과의 디자인 테크닉

반짝이는 밤하늘과 연기 같은 빛, 빛의 효과, 네온관, 다이아몬드의 광채 등 빛 효과의 디자인을 만들어 봅니다. 또한 사광이나 역광, 낮을 밤으로 만드는 등 풍경 연출에 효과적인 테크닉도 배울 수 있습니다.

CHAPTER 05

Lighting effect design techniques

No.041 반짝이는 빛 만들기

브러시를 사용하여 사실적인 밤하늘을 표현합니다.

POINT 브러시의 Scatter, Size Jitter를 설정한다

HOW TO USE 밤하늘의 별 연출 등에 사용

01 브러시 불러오기

예제 파일 [별하늘 브러시.abr]를 더블 클릭하여 브러시를 가져옵니다. 이 브러시는 예제 파일 [밤하늘 브러시용 예제.jpg]에서 작성한 브러시입니다. 01

브러시의 포인트는 [Brush Settings] 패널에서 [Shape Dynamics]–[Size Jitter : 70%]로 설정하고 02, [Scattering]–[Scatter : 1000%]로 설정한 점입니다. 03

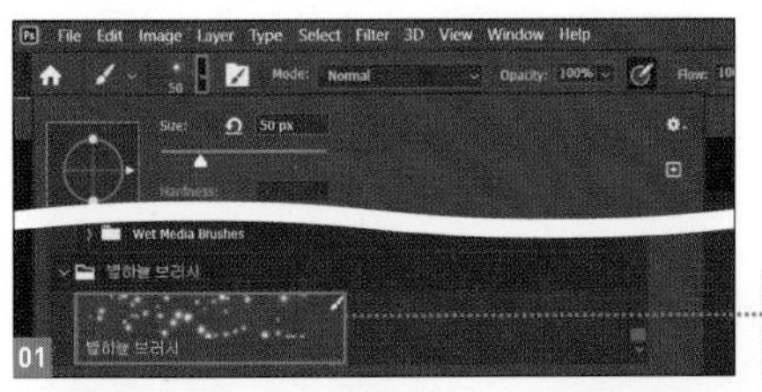

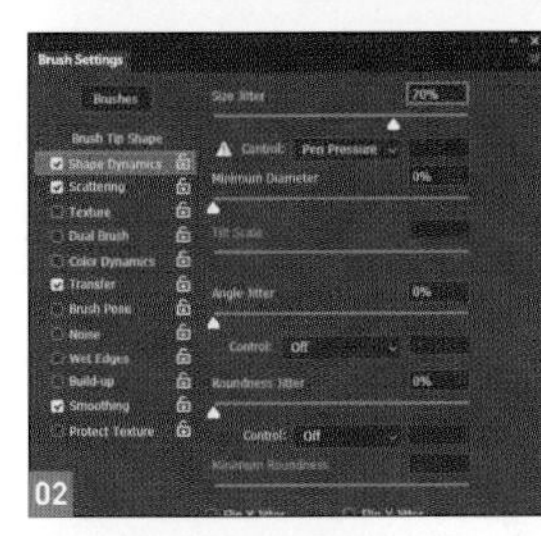
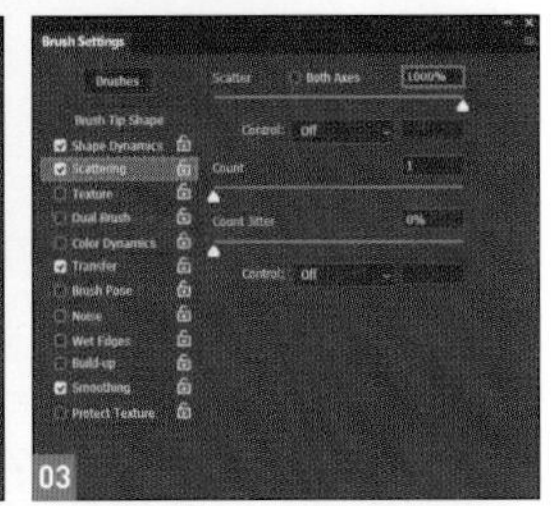

02 여러 레이어로 나누어 별하늘 그리기

예제 파일 [배경.psd]를 엽니다. 미리 준비된 [인물 실루엣] 레이어의 아래에 새로운 [별(뒤)] [별(가운데)] [별(앞)]의 3개의 레이어를 만듭니다.

이제 뒤쪽 하늘을 그려갑니다. [별(뒤)] 레이어을 선택합니다. [Foreground Color : #ffffff]로 설정한 후 [Brush Tool]을 선택하고 [별하늘 브러시]를 선택합니다.

[Size : 50px]로 설정하고 작업화면 전체에 별을 그립니다. 04

[Layer Style] 패널을 표시하고 [Outer Glow]를 선택하여 05와 같이 설정합니다. [Layers] 패널에서 [Opacity : 30%]로 설정하여 먼 밤하늘을 표현합니다. 06

[별(가운데)] 레이어를 선택하여 같은 [Size : 50px]의 브러시로 밤하늘을 그립니다. [별(뒤)] 레이어의 [Layer Style]을 복사하여 적용합니다. 불투명도도 복사되므로 [Opacity : 40%]로 설정합니다. 07

[별(앞)] 레이어를 선택하고 [Size : 150px]로 밤하늘을 그립니다. 똑같이 [별(가운데)] 레이어의 [Layer Style]을 복사하여 [Opacity : 60%]로 적용합니다. 08

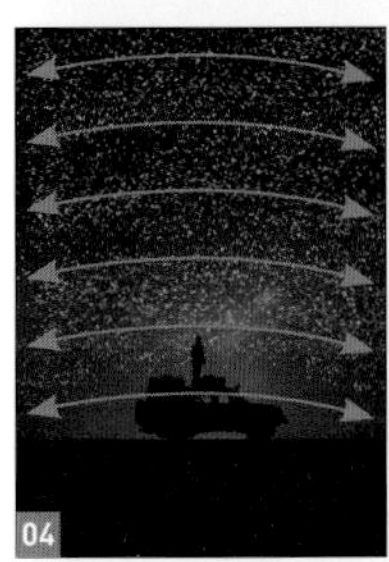
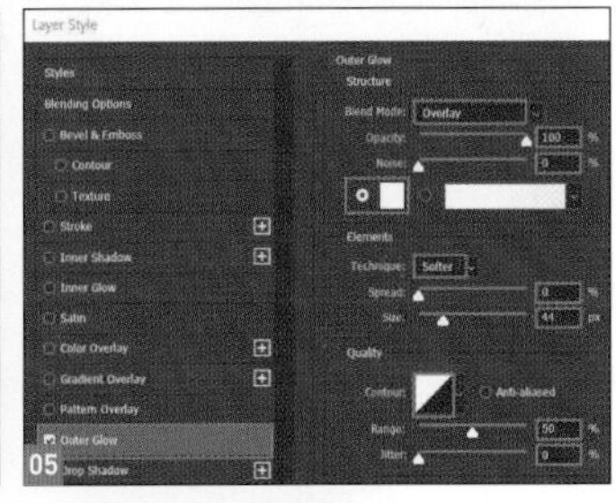

[Opacity : 30%]로 설정

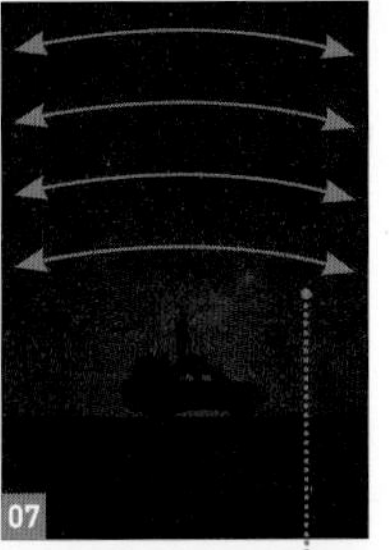
[Opacity : 40%]로 설정

03 전체에 빛을 추가하기

[Layers] 패널 맨 위에 새로운 [빛] 레이어를 만들고 [Blending Mode : Overlay]로 설정합니다. [Brush Tool]을 선택하고 [Soft Round Brush]를 사용하여 빛을 추가합니다. 원하는 브러시 크기를 설정하고 전체에 빛을 추가하여 완성합니다. 09

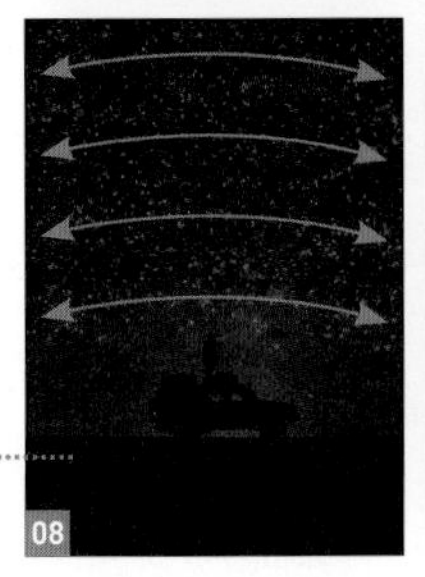
[Opacity : 60%]로 설정

Ps No. 042 연기의 빛 만들기

인물을 감싸는 빛 연기를 만듭니다. 독특한 질감을 표현합니다.

POINT 밝기의 최대치를 사용하여 독특한 질감으로 표현한다

HOW TO USE 신비한 그래픽이나 환상적인 표현에 사용

01 브러시로 연기 그리기

예제 파일 [인물.psd]를 엽니다. [Layers] 패널에서 새로운 [연기] 레이어를 만듭니다.

[Brush Tool]을 선택하고 [Soft Round Brush]를 선택합니다. 브러시 크기를 바꾸면서 01과 같이 굵은 선과 가는 선을 그립니다. 가는 브러시를 이용해 움직임이 있는 선을 그립니다. 02

02 필터로 연기 만들기

[Filter]-[Blur]-[Gaussian Blur]를 선택하고 [Radius : 20pixels]로 적용합니다. 03 04 05

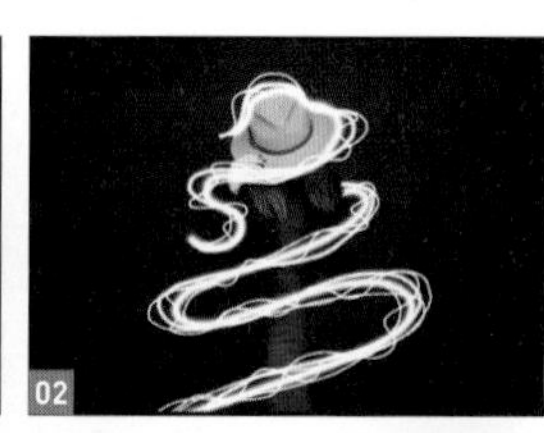

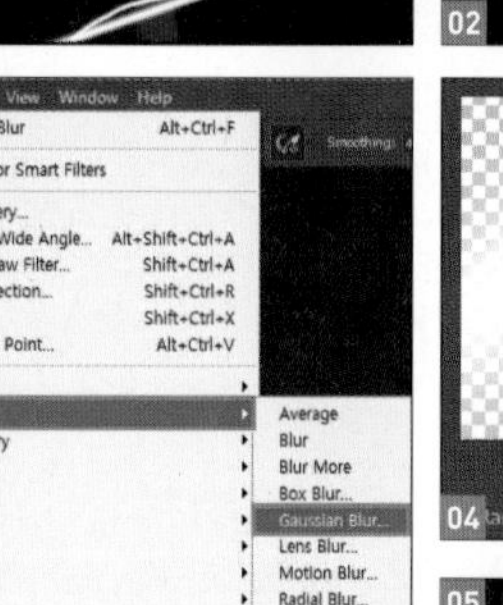

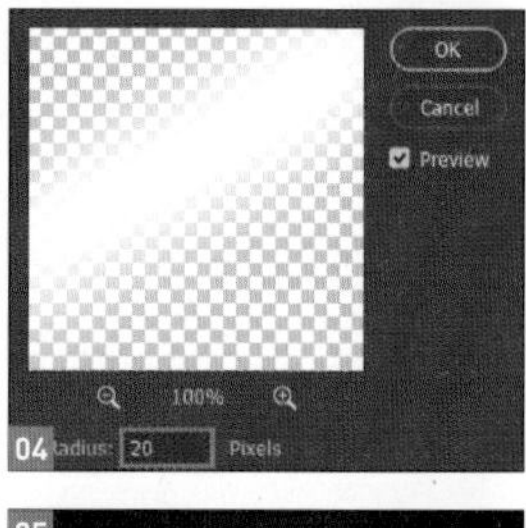

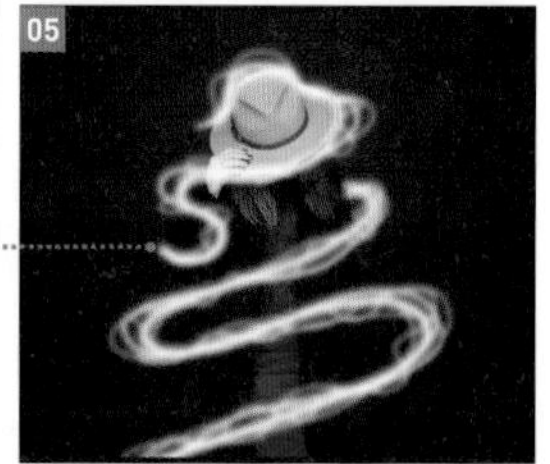

[Filter]–[Other]–[Maximum]을 선택하고 [Radius : 20pixels]로 적용합니다. 06 07 08
흐릿한 라인으로 독특한 질감이 되었습니다.

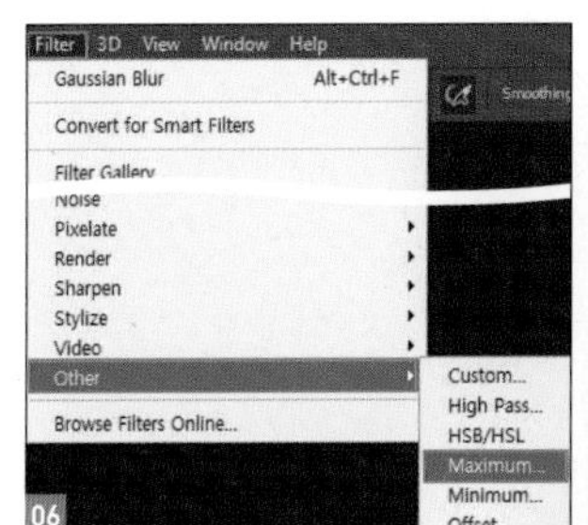

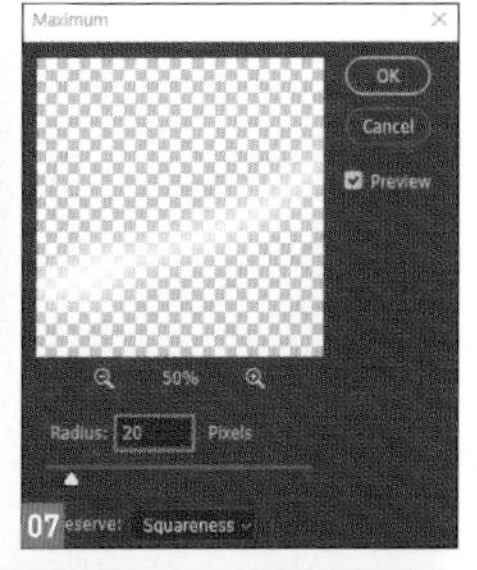

03 연기에 빛을 추가하기

[연기] 레이어를 더블 클릭하여 [Layer Style]을 표시합니다. [Outer Glow]를 선택하여 09와 같이 설정합니다. [Structure]의 [Color : #f09cfc]로 설정합니다. 10 11
[Gradient Overlay]를 선택하고 12와 같이 설정합니다. [Gradient]는 13과 같이 의상의 색상에 맞추어 #0e00ff, #ff0000, #ffffff의 3개의 색을 사용했습니다. 14
[Layers] 패널에서 [연기] 레이어를 선택하고 [Add layer mask]를 선택합니다. 15
레이어 마스크 섬네일을 선택하여 인물에 연기가 감돌도록 손·팔·허리 부분을 마스크합니다. 16

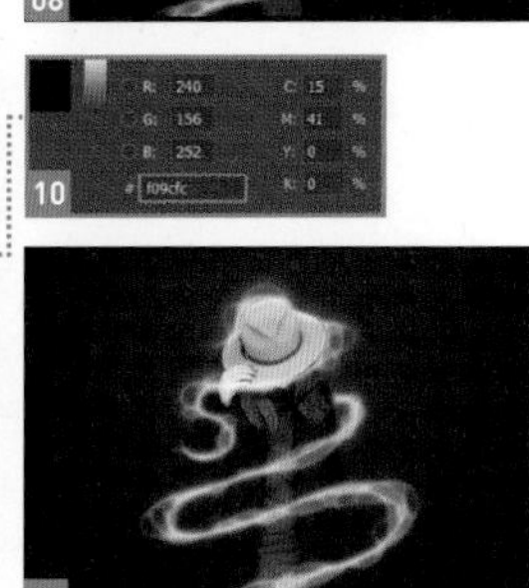

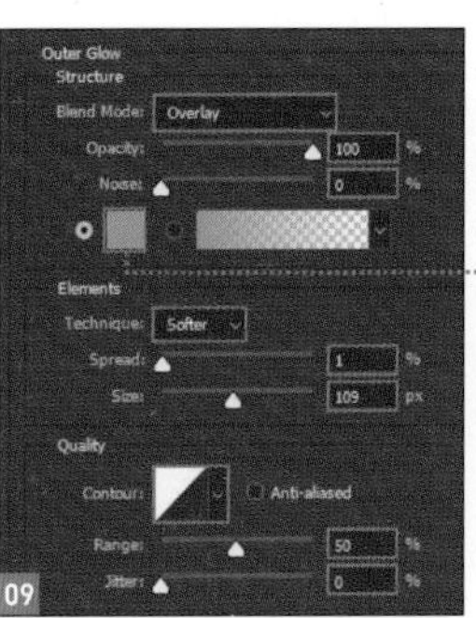

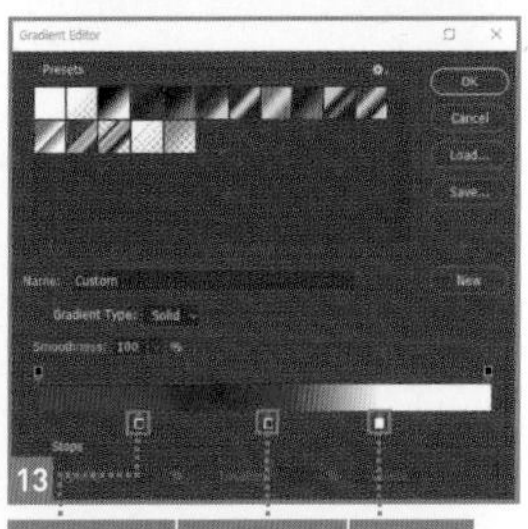

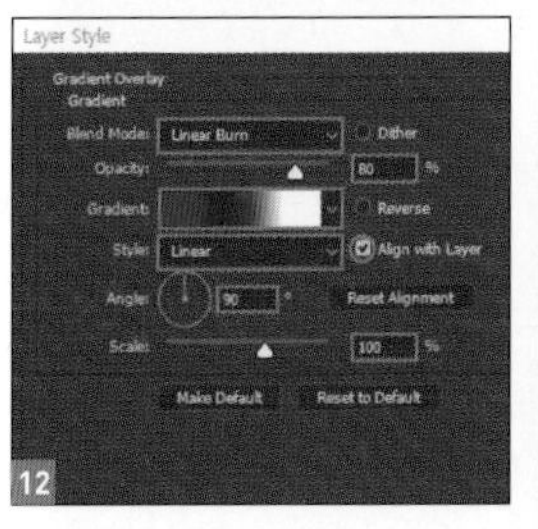

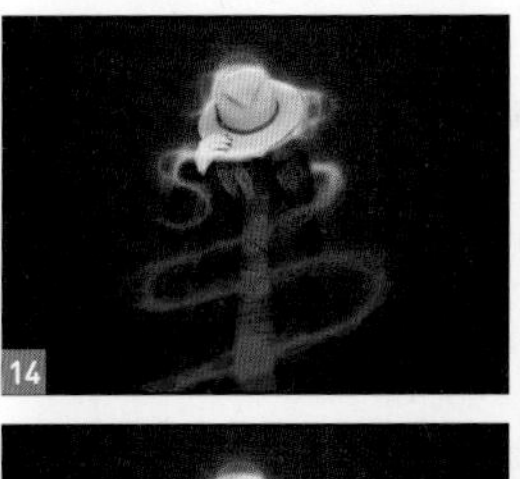

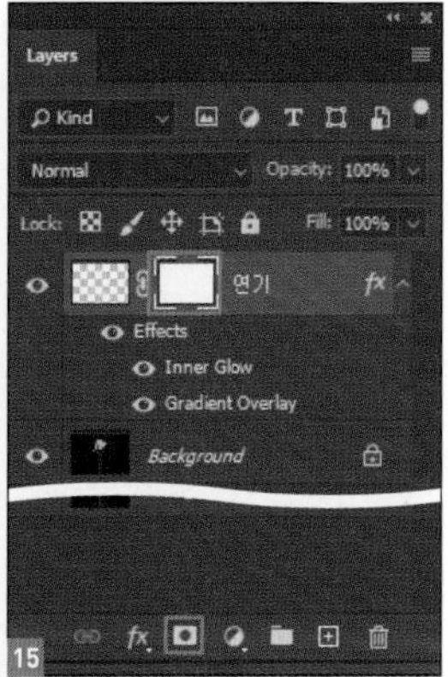

#0e00ff #ff0000 #ffffff

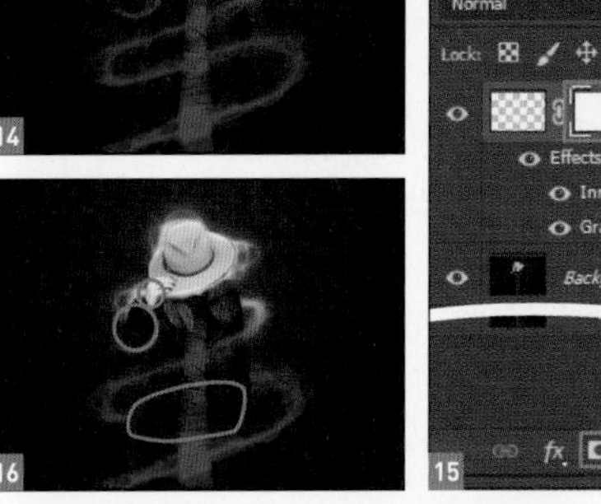

04 포인트로 빛을 추가하여 완성

[Layers] 패널 맨 위에 새로운 [빛] 레이어를 만들고 [Blending Mode : Overlay]로 설정합니다. [Foreground Color : #ffffff]로 설정하고 [Brush Tool]을 사용하여 포인트로 빛을 강조하고 싶은 부분을 그려 완성합니다. 17

Ps No. 043 빛의 효과 만들기

Motion Blur의 흔들림을 이용하여 빛의 효과를 만듭니다.

POINT Chrome 필터를 적용한 이미지에 Motion Blur를 적용한다

HOW TO USE 움직임이 있는 느낌의 비주얼 제작에 사용

01 레이어를 복사하여 흔들림을 표현하기

예제 파일 [인물.psd]를 엽니다. 미리 배경과 인물만을 오려낸 레이어가 준비되어 있습니다. 01

[인물(오려내기)] 레이어를 맨 위에 복사하고 레이어 이름을 [블러]라고 합니다. [Opacity : 20%]로 설정하고 02, 오른쪽 위 방향으로 이동시켜 흔들림을 표현합니다. 03

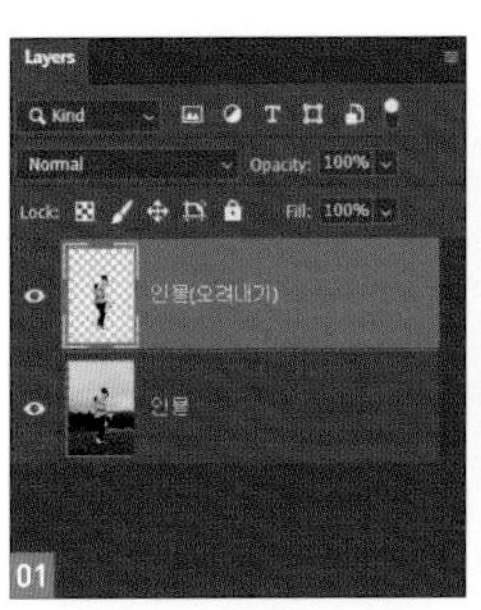

01

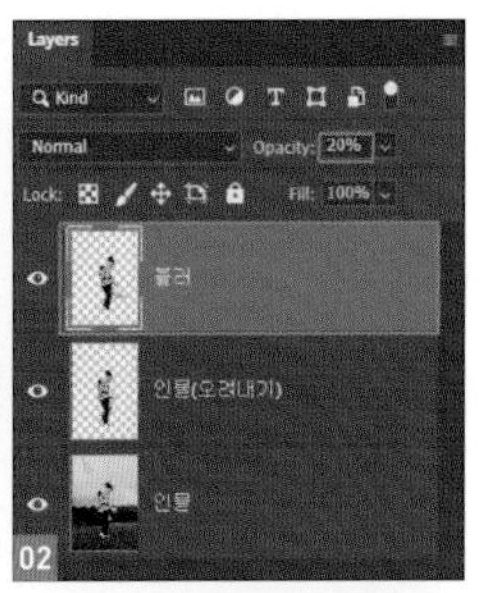

02

02 레이어를 복사하여 필터 적용하기

한 번 더 [인물(오려내기)] 레이어를 맨 위에 복사하여 레이어 이름을 [빛]으로 바꾸고, [Blending Mode : Screen]으로 설정합니다. 04 05

[빛] 레이어를 선택하고 [Filter]–[Filter Gallery]를 선택합니다. 06

[Sketch]–[Chrome]을 선택하고, 오른쪽 메뉴에서 [Detail : 10], [Smoothness : 10]으로 설정하고 [OK]를 선택합니다. 07 08

03

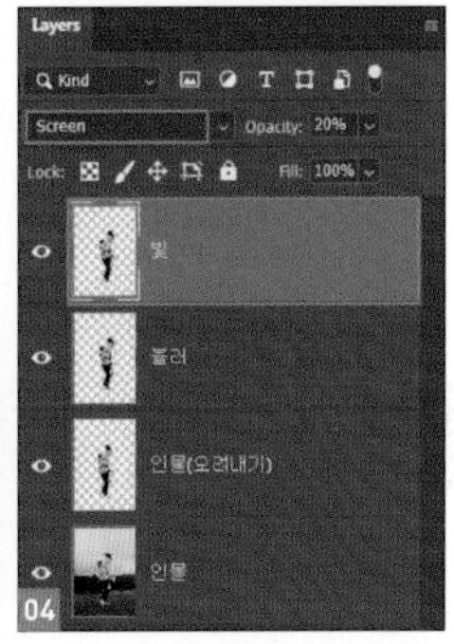

04

05

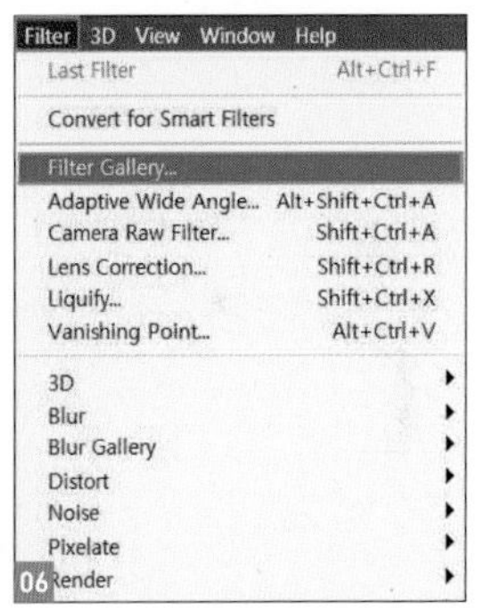

06

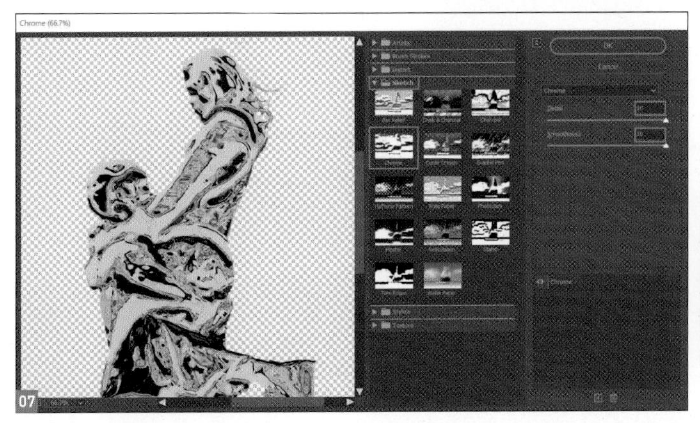
07

08

03 빛의 효과 작성하기

[빛] 레이어를 선택하고 [Filter]-[Blur]-[Motion Blur]를 선택합니다. 09

[Angle : 75°], [Distance : 1000pixels]로 설정합니다. 10

Chrome 필터를 적용한 곳에 Blur를 추가하면 날렵한 라인이 나타납니다. 11

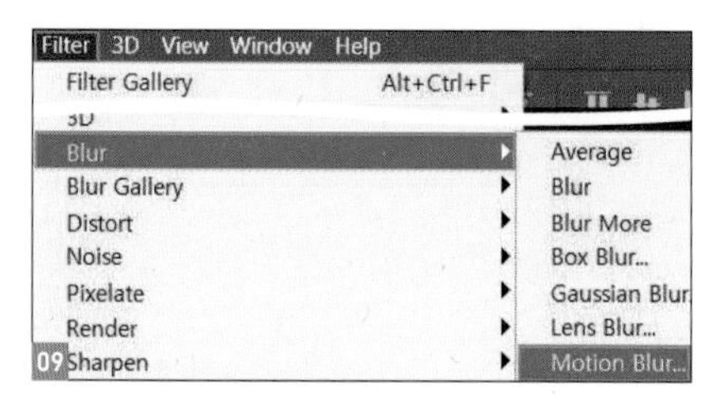

09

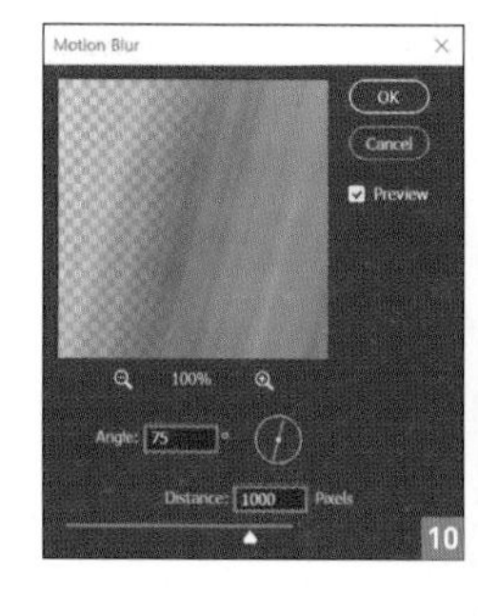

10

11

04 빛의 효과 착색하기

[빛] 레이어를 선택합니다. [Image]-[Adjustments]-[Hue/Saturation]을 선택합니다. 12

[빛] 레이어는 회색 톤으로 색상을 가지고 있지 않기 때문에 [Colorize]에 체크를 넣은 상태에서 [Hue : +325], [Saturation : +65]로 설정하여 13 마젠타 계열의 색으로 적용합니다. 14

[Tool] 패널에서 [Move Tool]을 선택하고 인물보다 왼쪽에 빛이 비치지 않게 오른쪽 위 방향으로 이동시켜 위치를 정돈합니다. 15

위치를 결정하면 빛의 콘트라스트를 조정합니다.

[Image]-[Adjustments]-[Levels]를 선택합니다. 16

Input Levels를 [30/0.8/185]로 설정하여 콘트라스트를 높입니다. 17 18

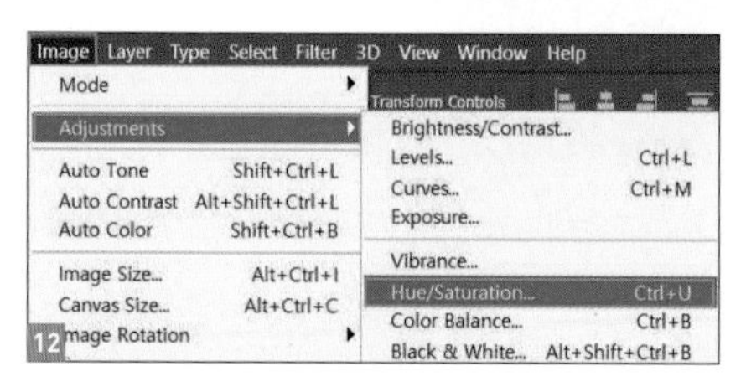

12

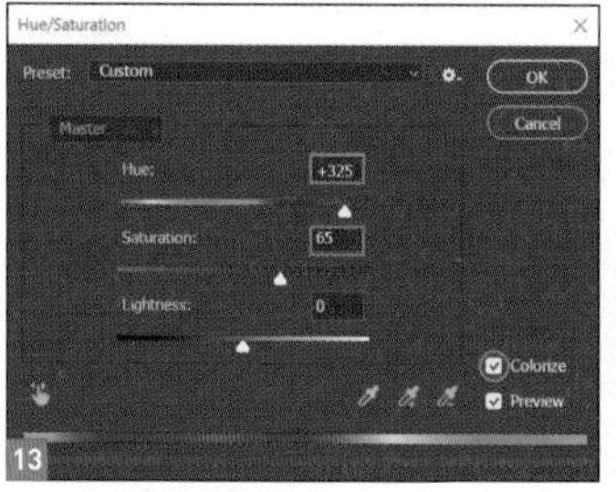

13

14

15

빛을 오른쪽 위로 이동

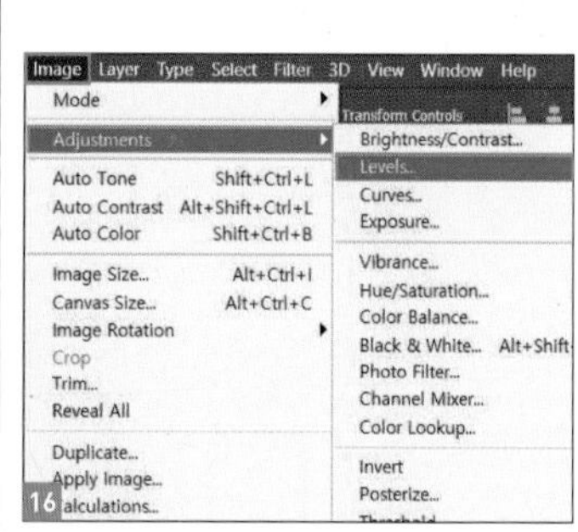

16

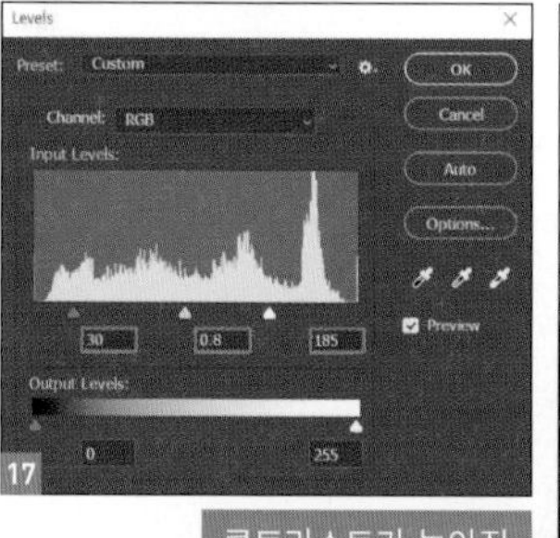

17

18

콘트라스트가 높아짐

05 빛이 눈에 띄도록 배경의 색을 조정하기

[Layers] 패널에서 [Create new fill or adjustment layer]–[Gradient Map]을 선택합니다. 19 20

[Properties] 패널에서 그라데이션을 클릭하고 21, 컬러 분기점의 위치를 왼쪽부터 [0% : #352018], [50% : #1f8b97], [100% : #ffeb90]으로 지정합니다. 22

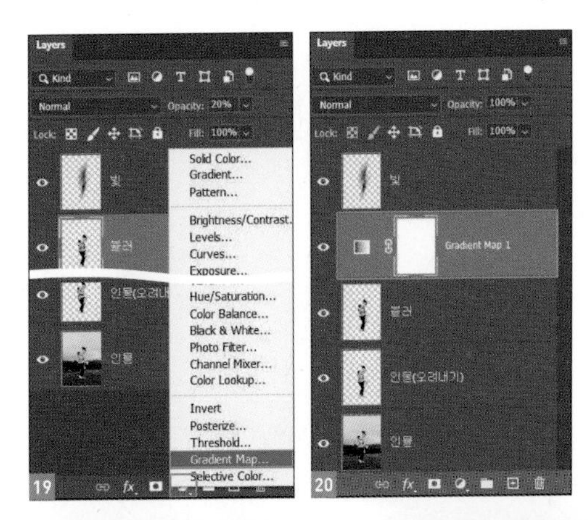

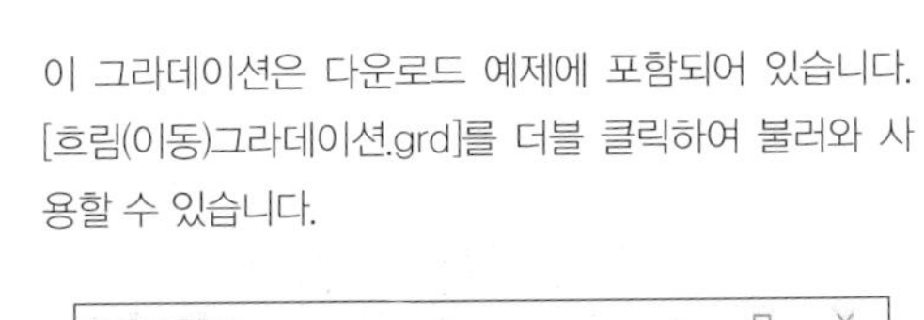

memo

이 그라데이션은 다운로드 예제에 포함되어 있습니다. [흐림(이동)그라데이션.grd]를 더블 클릭하여 불러와 사용할 수 있습니다.

[Gradient Map 1] 조정 레이어는 [빛] 레이어의 아래에 배치합니다. 23 그렇게 하면 [빛] 레이어의 색상에 영향을 받지 않고 아래 레이어가 지정한 색상으로 통일됩니다.

빛의 효과가 강조되었습니다. 24

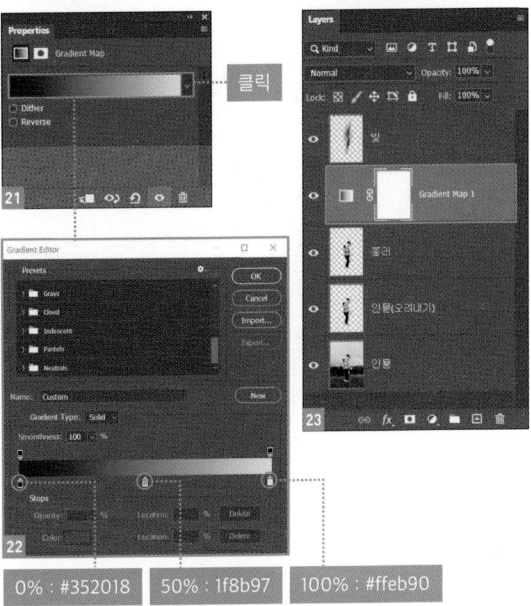

No.044 방사상 형태의 빛 만들기

그래픽을 인상적으로 마무리하는 방사상의 빛을 표현합니다.

POINT 강약이 있는 빛을 추가하는 방법에 주의하여 작업한다

HOW TO USE 저녁 풍경이나 주역을 강조하고 싶을 때에 사용

01 세로 라인이 있는 Gradient 만들기

예제 파일 [배경.psd]를 엽니다. 위에 새로운 [광선 빛] 레이어를 작성합니다.

[Tool] 패널에서 [Gradient Tool]을 선택합니다. 01

전경색과 배경색을 초기 값으로 되돌리고 [Gradient : Foreground to Background]를 선택하여 02 아래에서 위로 Gradient를 적용합니다. 03

[Filter]–[Distort]–[Wave]를 선택하고 04와 같이 설정한 후 [OK]를 클릭합니다. 세로로 라인이 있는 Gradient가 완성됩니다. 05

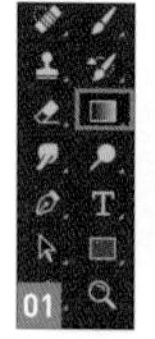
01

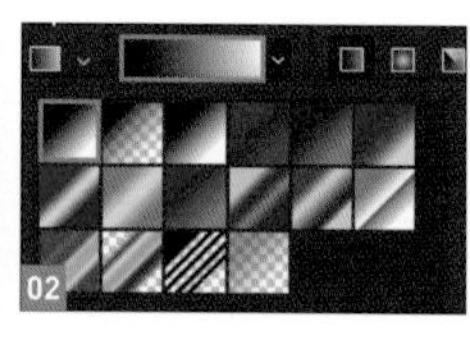
02

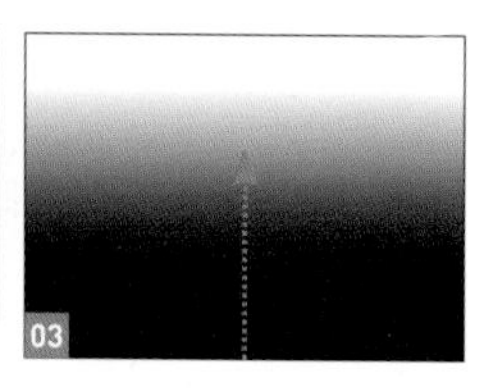
03

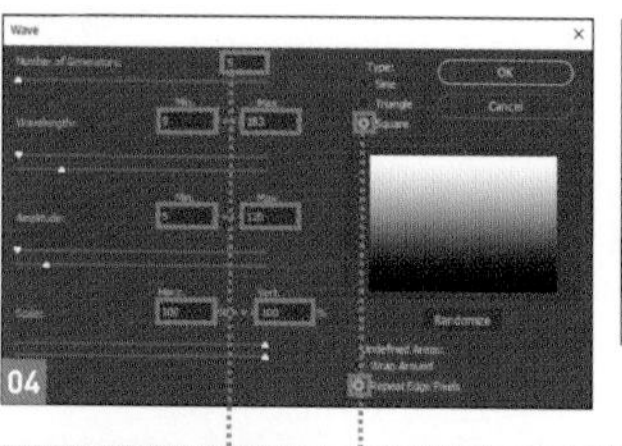
04

5 / 9 / 183 / 5 / 120 / 100% / 100%

Square / Repeat Edge Pixels

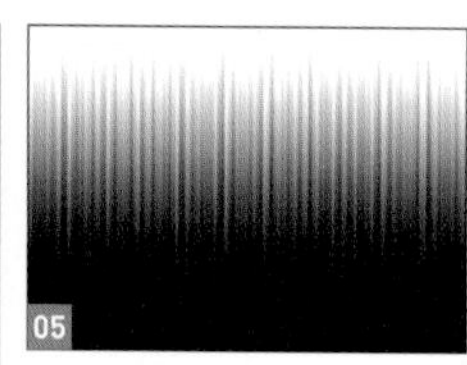
05

02 방사상 형태의 빛 작성하기

[Filter]-[Distort]-[Polar Coordinates]를 선택하고 06과 같이 설정합니다. 방사상 형태가 만들어졌습니다. 07

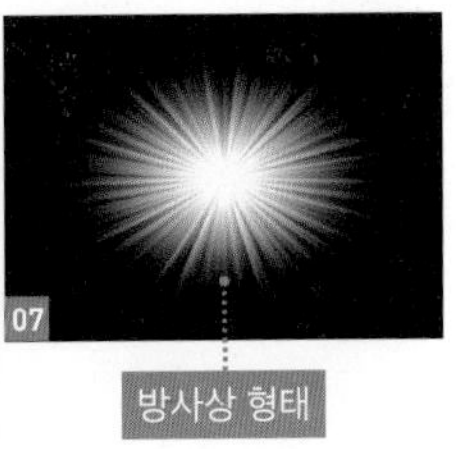

03 색 입히기

[Image]-[Adjustments]-[Hue/Saturation]을 선택하고 08과 같이 [Colorize]에 체크하고 변경합니다. 09

[Image]-[Adjustments]-[Levels]를 선택하고 10과 같이 설정하여 콘트라스트를 높입니다.

[Filter]-[Blur]-[Gaussian Blur]를 선택하고 11과 같이 [Radius : 10pixels]로 설정합니다. 12

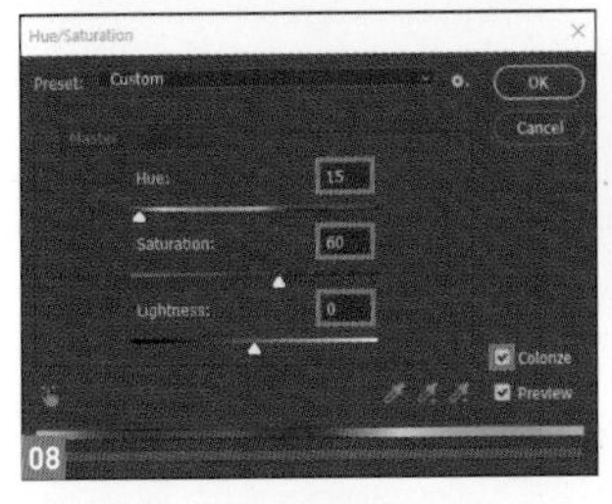

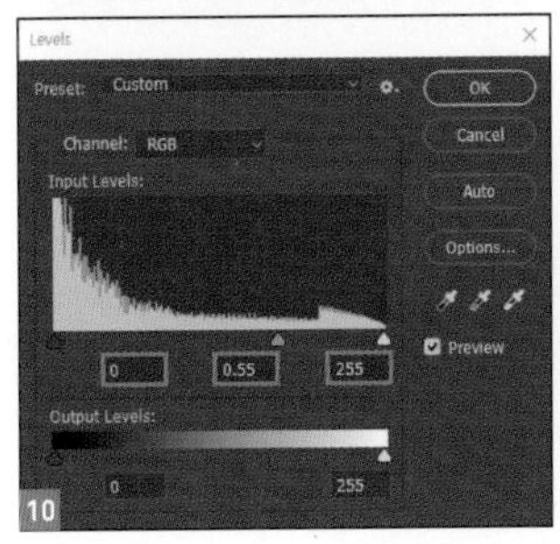

04 배경과 어울리게 하기

[광선 빛] 레이어를 아래에 복사하고 [광선 빛2]라고 합니다.

[광선 빛] 레이어는 [Blending Mode : Screen]으로 설정합니다.

[광선 빛2] 레이어는 [Blending Mode : Overlay], [Opacity : 30%]로 설정합니다. 13 14

[광선 빛2] 레이어를 선택하고 [Edit]-[Free Transform]을 선택하여 200%로 확대합니다. 15

확대 비율은 [옵션] 바에서 크기 지정이 가능합니다. 16

[광선 빛] 레이어를 선택하고 [Free Transform]을 사용하여 45%로 축소합니다. 17

축소하면 빛의 라인이 눈에 띄므로 다시 [Filter]-[Blur]-[Gaussian Blur]를 선택하고 [Radius : 10pixels]로 설정하여 완성합니다. 18

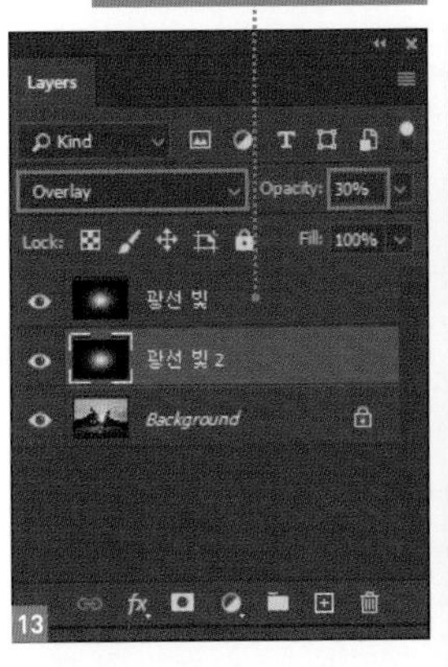

16 X: 2120.00 px Y: 1512.00 px W: 200% H: 200.00% 0.00

Ps No. 045 불꽃같은 빛 만들기

오리지널 브러시를 사용하여 불꽃 연출을 합니다.

POINT 오리지널 브러시 설정한다

HOW TO USE 불꽃 연출에 사용

01 브러시 불러오기

제공된 브러시 [불꽃 브러시.abr]을 더블 클릭하여 불러옵니다. [불꽃 브러시 01], [불꽃 브러시 02]의 2개의 브러시를 준비했습니다.

불꽃 브러시는 [불꽃 브러시 01.jpg], [불꽃 브러시 02.jpg]의 이미지를 바탕으로 [Image]–[Adjustments]–[Invert] 01를 한 후 [Edit]–[Define Brush Preset]에서 작성한 것입니다. 02

※ 자세한 것은 P.334의 "오리지널 브러시"를 참조하세요.

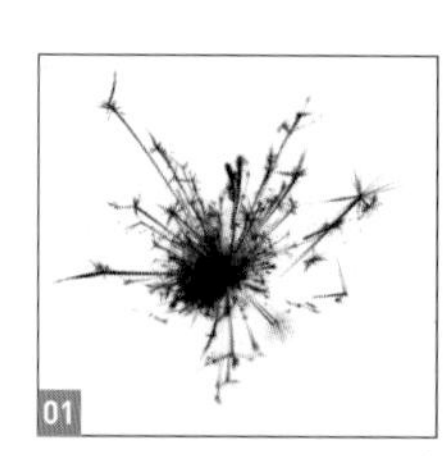
01

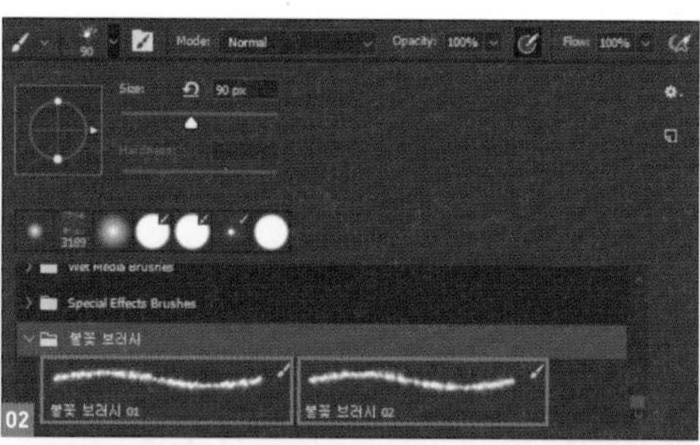

02

02 펜 툴로 패스를 작성하고 경계 그리기

예제 파일 [꼬마인물.psd]를 엽니다.
[Pen Tool]을 선택하여 여자아이 주변에 패스를 작성합니다. 03 [Paths] 패널에 [Work Path]가 만들어졌습니다. 04
[Layers] 패널 위에 새로운 [불꽃 궤도] 레이어를 작성합니다. [Brush Tool]을 선택하고 [불꽃 브러시 01]의 브러시를 선택하고, [Color : #ffffff], [Size : 30px]으로 설정합니다.
[Pen Tool]을 선택하고 [Paths] 패널에서 패스 [Work Path]를 선택한 상태에서 마우스 오른쪽 버튼 클릭 후 [Stroke Path]를 선택합니다. 05 [Stroke Path]에서 [Tool : Brush]를 확인하고 [OK]를 클릭합니다. 06 07

03

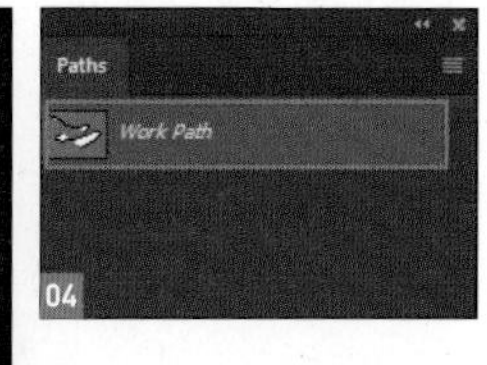

04

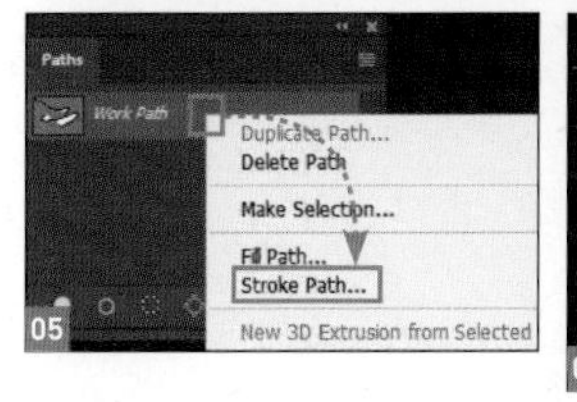

05

07

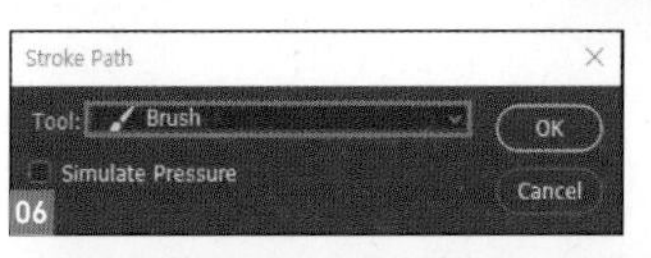

06

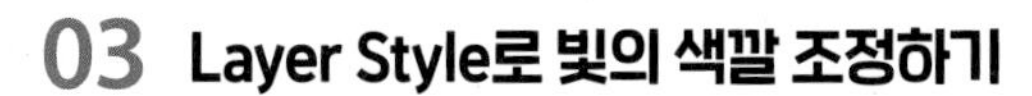

03 Layer Style로 빛의 색깔 조정하기

[Layer Style]을 표시하고 [Outer Glow]를 선택하여 08과 같이 설정합니다. [Structure]의 [Color : #ffa800]으로 설정합니다. 09

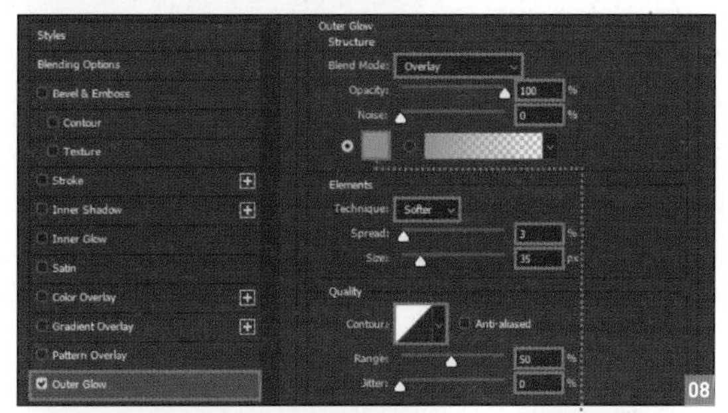

08

09

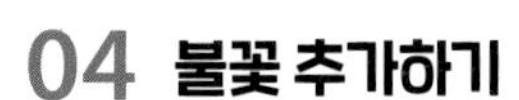

04 불꽃 추가하기

[Layers] 패널 위에 새로운 [불꽃 궤도(대)] 레이어를 작성합니다.
[불꽃 브러시 02]를 선택하고 궤도를 따라서 브러시 크기를 100~200px로 설정하여 그립니다. [불꽃 궤도] 레이어의 Layer Style을 복사하고 [불꽃 궤도(대)]에 적용합니다. 10
다시 위에 새로운 [불꽃] 레이어를 작성합니다. 브러시 크기를 600px 전후로 설정하고 포인트에서 불꽃을 추가합니다.
마찬가지로 [Layer Style]을 적용하여 완성합니다. 11
예제에서는 같은 방법으로 문자를 추가했습니다.

10

11

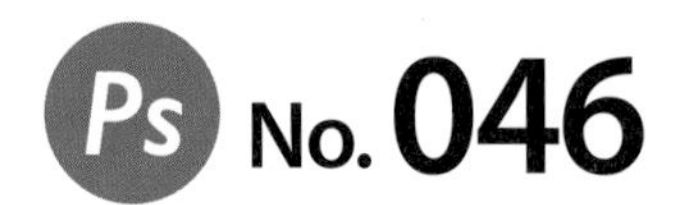

No.046 네온관 만들기

Path로 네온관이 있는 풍경을 표현합니다.

POINT 패스의 경계선에서 라인을 작성한다

HOW TO USE BAR 등의 광고나 그래픽에 사용

01 문자 입력하기

예제 파일 [벽.psd]를 엽니다. 이 이미지는 미리 고양이 실루엣으로 Path [CAT]을 만들었습니다. 01 02

[Tool] 패널에서 [Horizontal Type Tool]을 선택하고 [Character] 패널에서 03과 같이 설정합니다.

[Color : #ffffff]로 설정하고 "CAT BAR"라고 입력합니다. 04

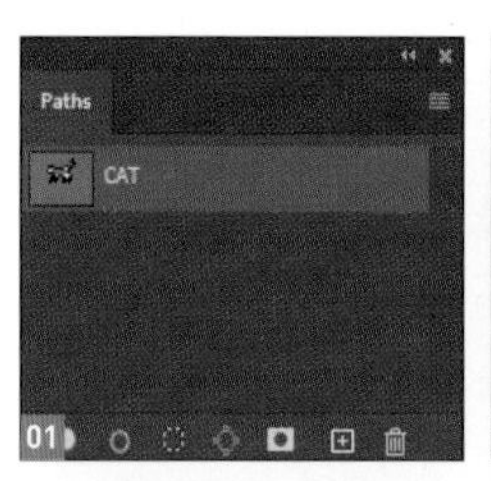

01

02

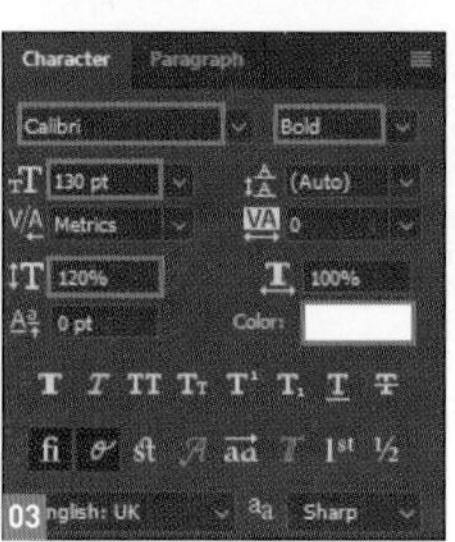

03

04

02 문자에서 패스 작성하기

[Layers] 패널에서 [CAT BAR] 문자 레이어를 선택하고, 마우스 오른쪽 버튼 클릭 후 [Create Work Path]를 선택합니다.05
패스 이름은 [CAT BAR]라고 합니다.06
문자 레이어 [CAT BAR]는 삭제합니다.

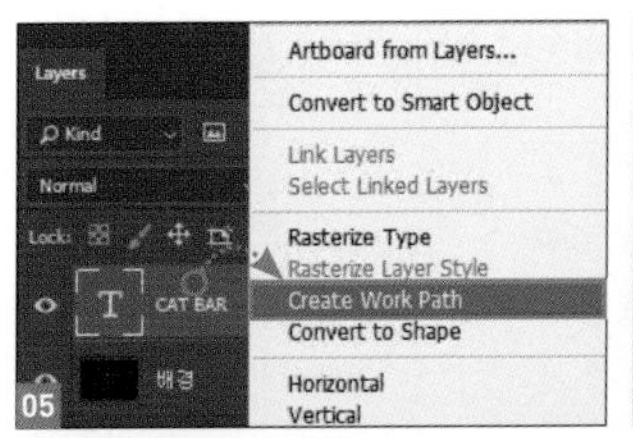

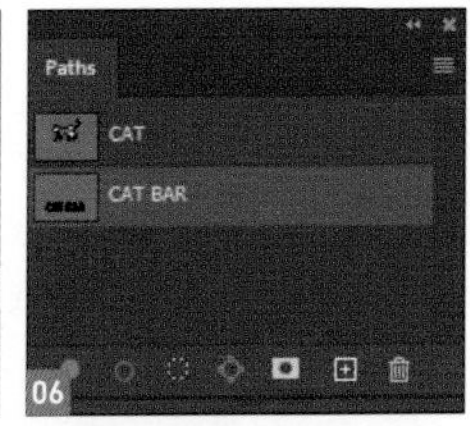

03 패스에서 라인 만들기

[Brush Tool]을 선택하고 [Color : #ffffff], [Hard Round Pressure Opacity], [Size : 35px]로 설정합니다.07
패스 [CAT BAR]를 선택한 상태에서 새로운 [텍스트] 레이어를 작성하고 선택합니다.
[Path Selection Tool]을 선택하고08, 작업화면에서 마우스 오른쪽 버튼 클릭 후 [Stroke Path]를 선택합니다.09
[Stroke Path] 패널에서 10과 같이 설정하고 [OK]를 클릭합니다. 아웃라인이 그려졌습니다.11

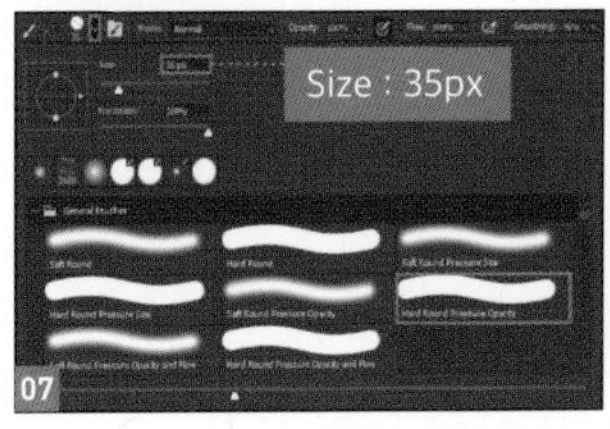

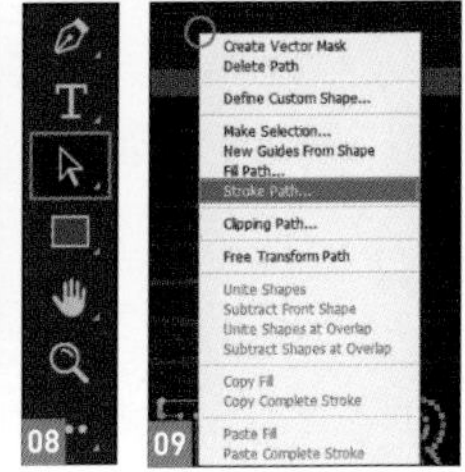

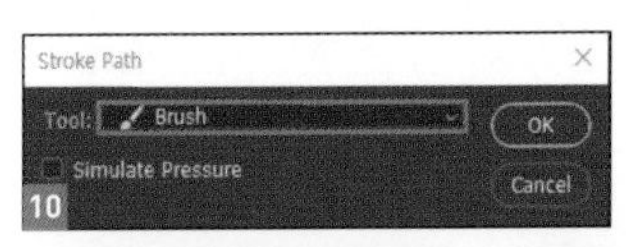

04 고양이 아웃라인 작성하기

미리 준비된 패스 [CAT]을 선택합니다. 새로운 [CAT] 레이어를 작성하고 03과 마찬가지로 패스의 아웃라인을 그립니다.12

05 레이어를 복사하고 결합하기

작성한 2개의 [CAT], [텍스트] 레이어를 복사하고 결합합니다. 레이어 이름을 [빛]으로 하고 맨 위에 배치합니다.13
레이어 [빛]는 비표시로 해 둡니다.

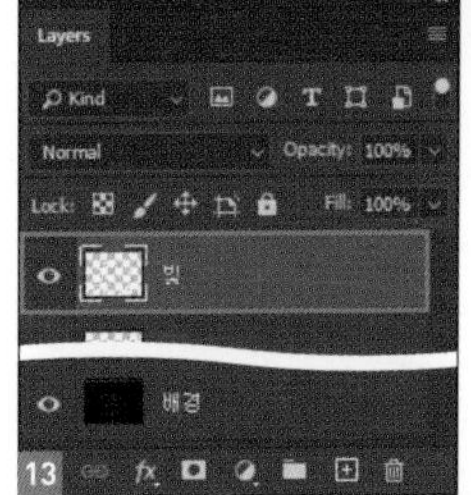

06 Layer Style로 네온관의 질감과 빛을 추가하기

[CAT] 레이어를 선택하고 [Layer Style]을 엽니다.
[Bevel & Emboss]를 14와 같이 설정합니다.
[Gloss Contour]은 Preset의 [Cone−Inverted]로 설정합니다.
[Inner Shadow]를 선택하고 15와 같이 설정합니다.
[Inner Glow]를 선택하고 16과 같이 설정합니다.
[Structure]의 [Color : #ff00e4]로 설정합니다.
[Outer Glow]를 선택하여 17과 같이 설정합니다.
[Structure]의 [Color : #ff00e4]로 설정합니다.

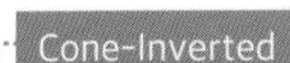

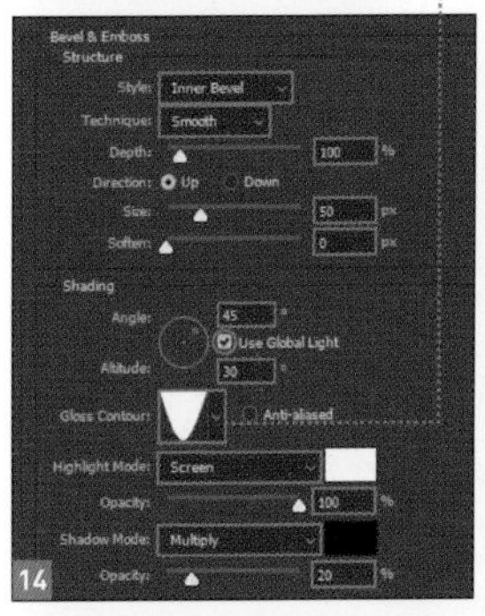

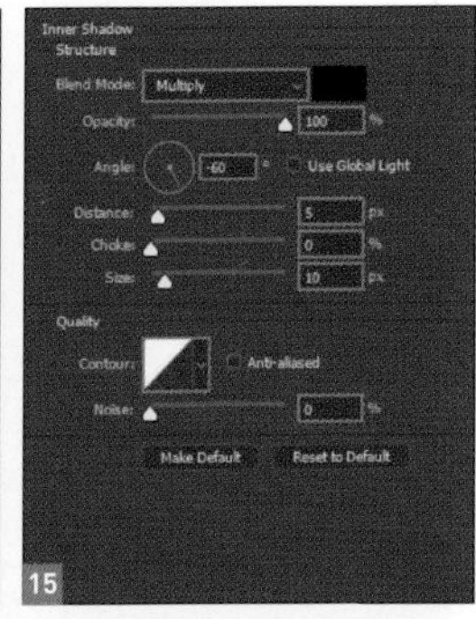

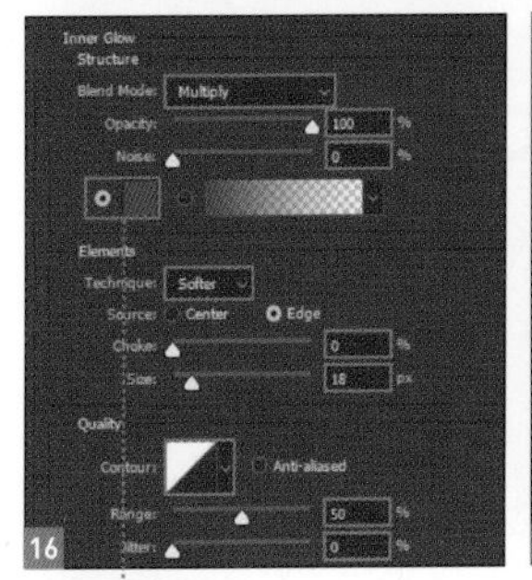

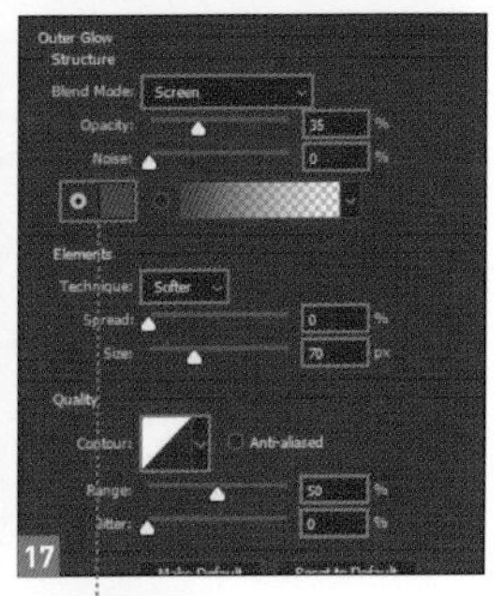

07 Layer Style에서 네온관의 질감과 빛을 추가하기

[Drop Shadow]를 선택하고 18과 같이 설정합니다.

네온관의 질감이 표현되었습니다. 19

[CAT] 레이어를 선택하고 마우스 오른쪽 버튼 클릭 후 [Copy Layer Style]을 선택하여 복사하고, [텍스트] 레이어를 선택하고 마우스 오른쪽 버튼 클릭 후 [Paste Layer Style]을 선택합니다. 20

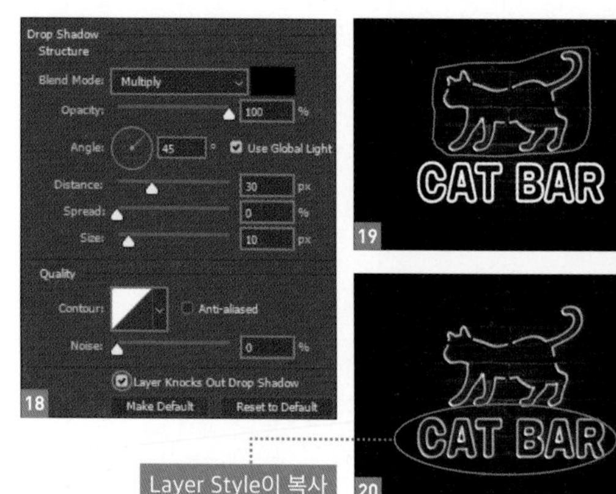

08 네온관과 전체의 빛을 정돈하기

[빛] 레이어를 표시하고, [Blending Mode : Overlay]로 설정합니다. 21

[Filter]–[Blur]–[Gaussian Blur]를 선택하고 [Radius : 50 pixels]로 적용합니다. 22

[빛] 레이어를 위로 복사하여 빛을 강하게 합니다. 23

[Layers] 패널에서 [Create new fill or adjustment layer]–[Photo Filter]를 선택하고 맨 위에 배치합니다. 24

[Properties] 패널에서 [Color : #ff00e4]로 설정하고 25와 같이 설정합니다.

전체에 색상이 추가되어 완성입니다. 26

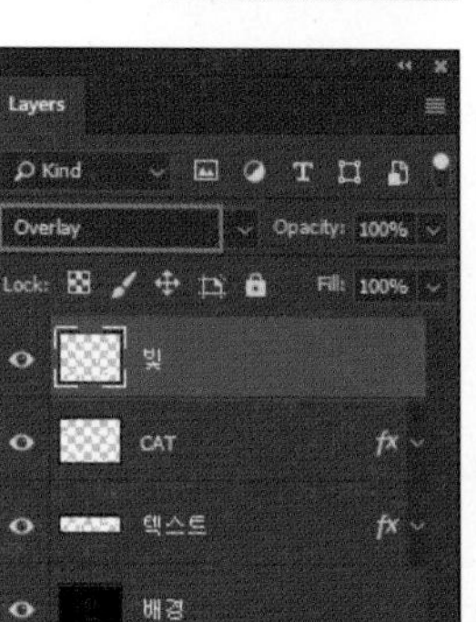

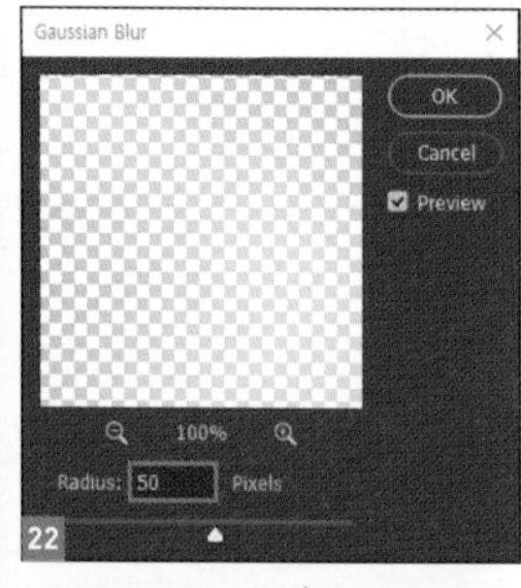

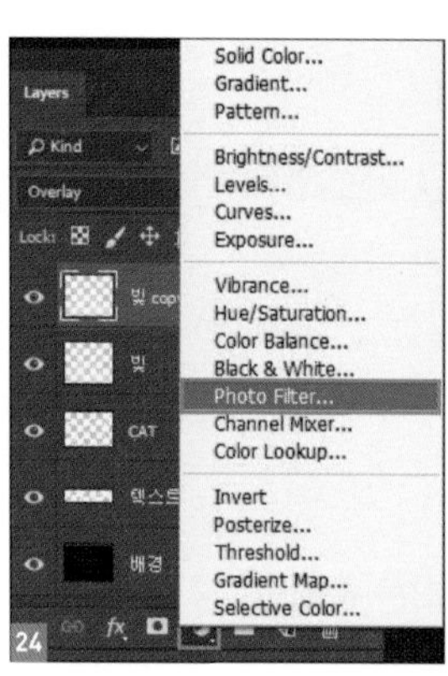

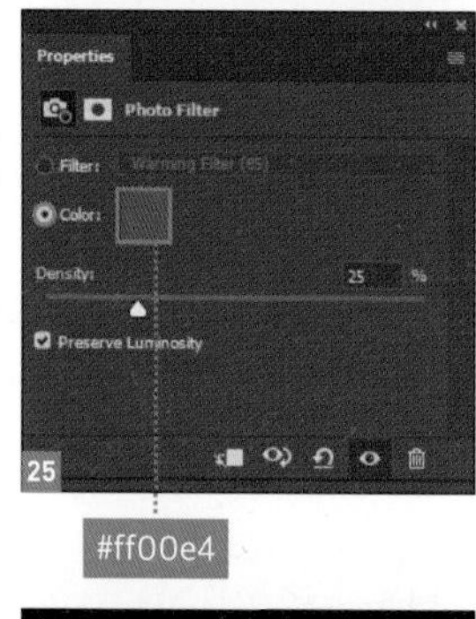

부드러운 빛 만들기

빛이 비치는 부드러운 느낌으로 만들어 줍니다.

POINT Radial Blur나 Gradient로 느낌을 바꾼다

HOW TO USE 부드러움이나 상냥한 느낌을 주고 싶을 때에 사용

01 이미지를 복사하여 Gaussian Blur 적용하기

예제 파일 [풍경.psd]를 엽니다. [Layers] 패널에서 [Back-ground] 레이어를 위로 복사하고 레이어 이름을 [필터]로 합니다. 01

[필터] 레이어를 선택하고 [Filter]–[Blur]–[Gaussian Blur]를 [Radius : 18pixels]로 적용합니다. 02

레이어의 [Blending Mode : Overlay]로 설정합니다. 03 부드러운 인상이 되었습니다. 04

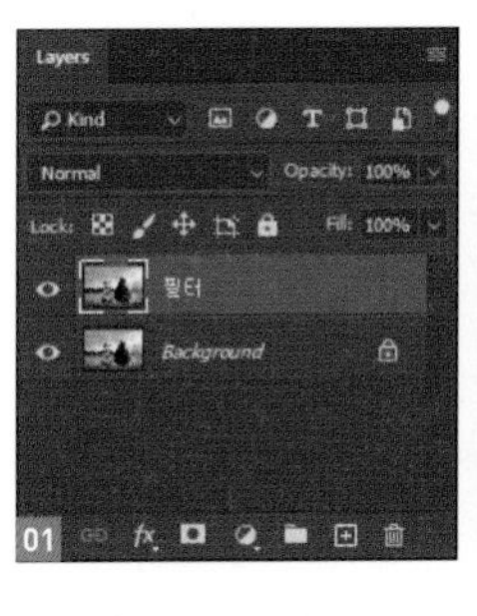

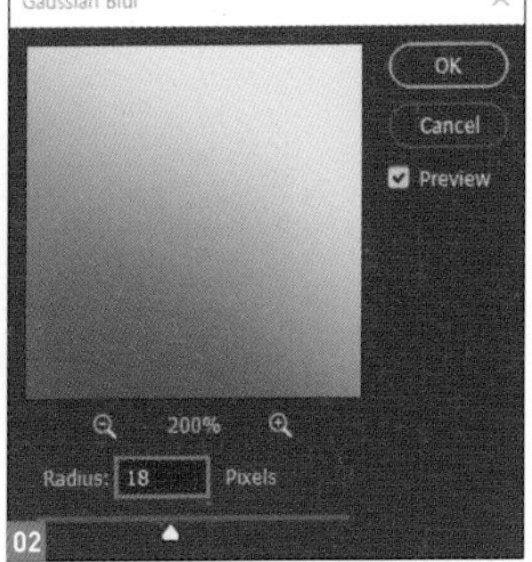

부드러운 인상이 됨

02 구름무늬에 Threshold 적용하기

위에 새로운 [빛] 레이어를 작성합니다.
[Filter]–[Render]–[Clouds]를 선택합니다. 05
[Image]–[Adjustments]–[Threshold]를 선택하고 [Threshold Level : 170]으로 적용합니다. 06 07

03 Radial Blur로 사광 만들기

[Filter]–[Blur]–[Radial Blur]를 선택하고 08과 같이 [Blur Method : Zoom]으로 하고 Blur Center를 드래그하여 오른쪽 위로 설정합니다.
한 번 더 같은 설정으로 [Radial Blur]를 적용합니다. 09 10
레이어의 [Blending Mode : Screen], [Opacity : 60%]로 설정합니다. 11 12
위에서 빛이 떨어지고 있는 것처럼 [Edit]–[Free Transform]을 선택하여 빛(비스듬히 비추는 광선)의 위치를 조정합니다. 13
최종적으로 160%로 확대하고 –23°로 회전합니다. 14 사광이 만들어 졌습니다. 15

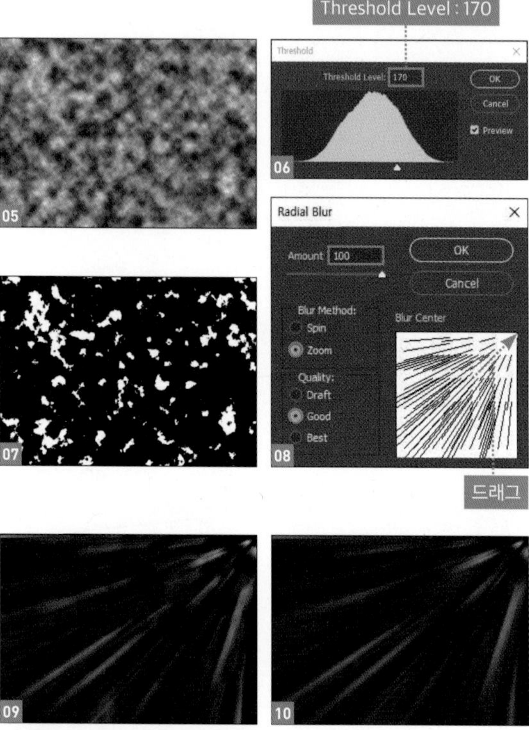

04 Gradient를 추가하여 더욱 부드러운 분위기로 마무리하기

[Foreground Color : #ffffff]로 설정합니다. [Layers] 패널에서 [Create new fill or adjustment layer] 아이콘을 클릭하고 [Gradient]를 선택하여 맨 위로 배치합니다. 16

[Gradient Fill] 패널을 17과 같이 설정하고 Gradient의 중심을 작업화면에서 오른쪽 위로 드래그합니다. 18

[Gradient Fill 1] 레이어를 [Opacity : 30%]으로 설정합니다. 19 20

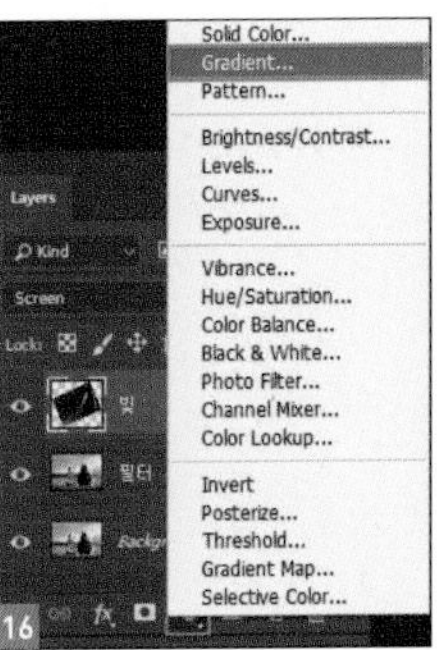

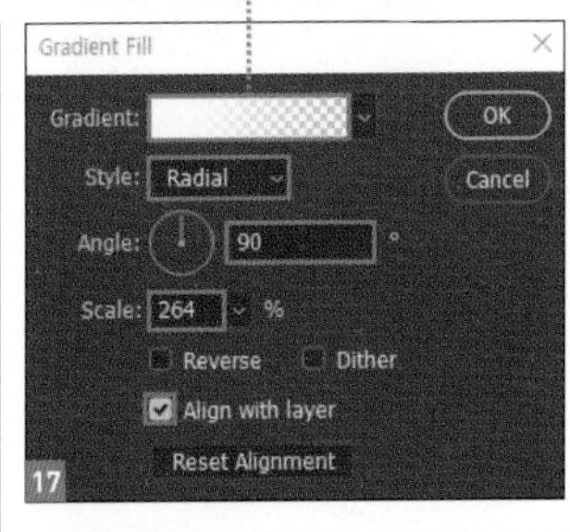

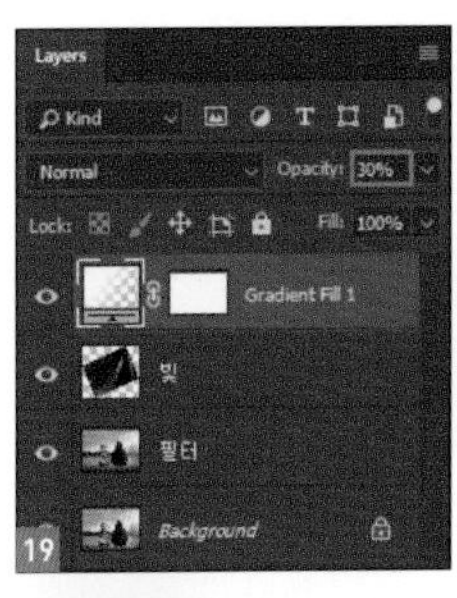

05 Photo Filter를 추가하여 따뜻한 이미지로 만들기

[Layers] 패널 하단의 [Create new fill or adjustment layer] 아이콘을 클릭하고 [Photo Filter]를 선택하여 맨 위에 레이어를 추가하고 21 [Properties] 패널에서 22와 같이 설정합니다. 23

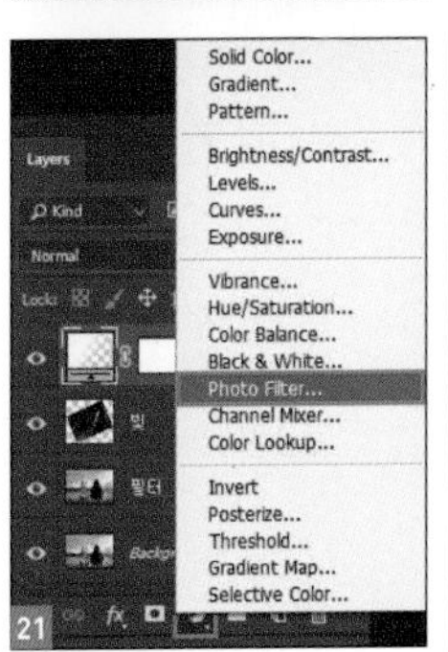

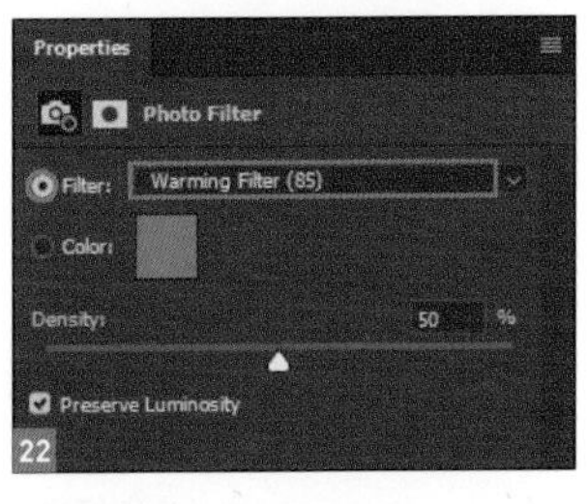

06 Curves를 추가하고 옅은 빛깔로 마무리하기

다시 한 번 [Layers] 패널 하단의 [Create new fill or adjustment layer] 아이콘을 클릭하고 [Curves]를 선택하여 맨 위에 새로운 조정 레이어를 추가합니다. 24

[Properties] 패널에서 25와 같이 [Input : 0], [Output : 25]로 설정하여 완성합니다. 26

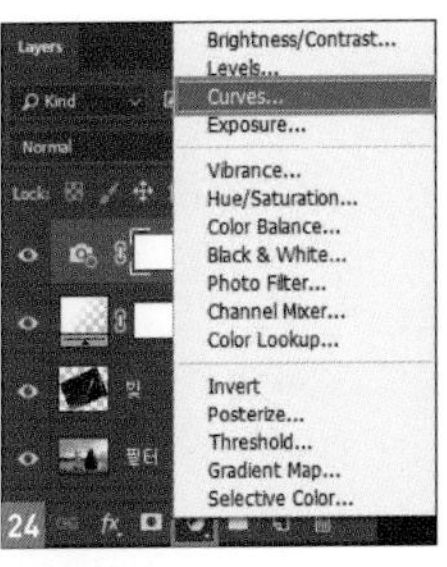

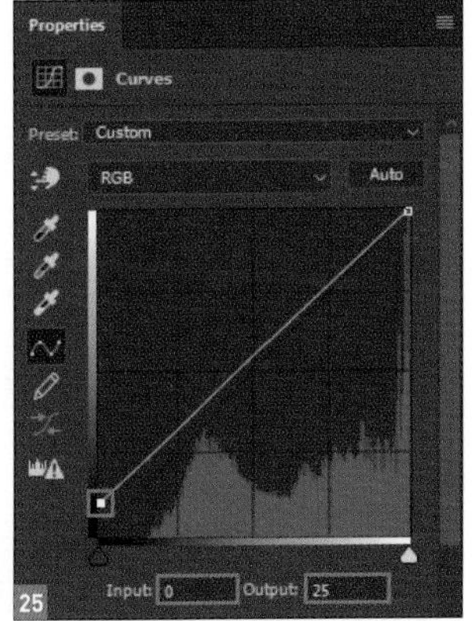

역광으로 인상적인 도시풍경을 표현하기

Ps No. 048

거리에 역광을 추가하여 드라마틱한 풍경을 표현합니다.

POINT 화면 속은 온통 하얗게 띄우고, 음영을 뚜렷하게 보여준다

HOW TO USE 역광을 사용한 다양한 풍경에 사용

01 안쪽 풍경 선택하기

예제 파일 [풍경.psd]를 엽니다. [Layers] 패널에서 위에 새로운 [안쪽 빛] 레이어를 작성하여 선택합니다.
[Tool] 패널에서 [Pen Tool]을 선택하여 하늘과 안쪽 거리 부분의 패스를 작성합니다. [Paths] 패널에서 마우스 오른쪽 버튼 클릭 후 [Make Selection]–[Feather Radius : 20pixels]로 설정하여 선택 범위를 작성합니다. 01 02

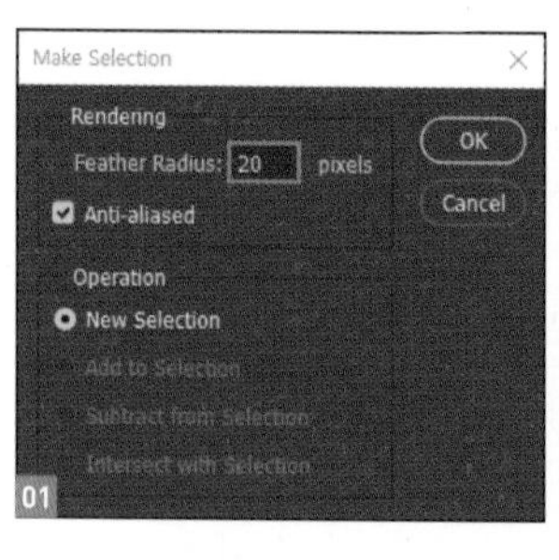

01

02

패스에서 선택 범위를 작성

02 선택 범위를 모두 칠하기

[Foreground Color : #ffffff]로 설정하고 [Paint Bucket Tool]을 선택하여 모두 칠합니다. 03

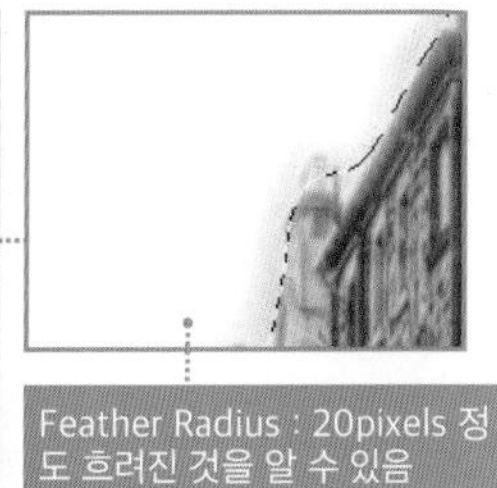

03 골목과 건물에 빛을 더 그려 넣기

[Layers] 패널에서 위에 새로운 [건물 빛] 레이어를 작성하여 선택합니다.

[Blending Mode : Overlay]로 설정합니다. [Brush Tool]을 선택하고 [Soft Round Brush]로 건물의 접한 부분에 빛을 추가합니다. 04 05 안쪽에서 바로 앞쪽까지 조금씩 옅어지도록 브러시의 Opacity를 조정하면서 그립니다.

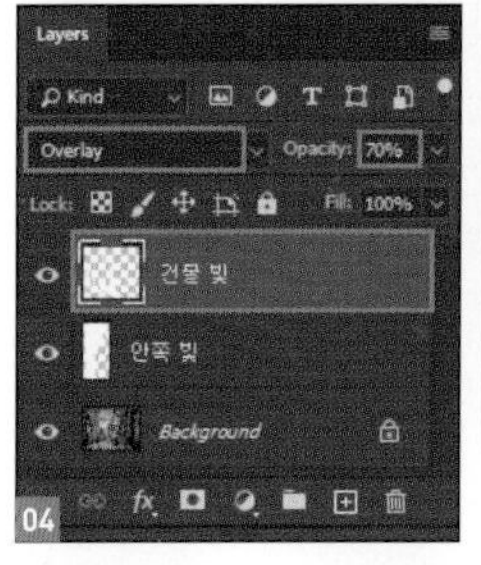

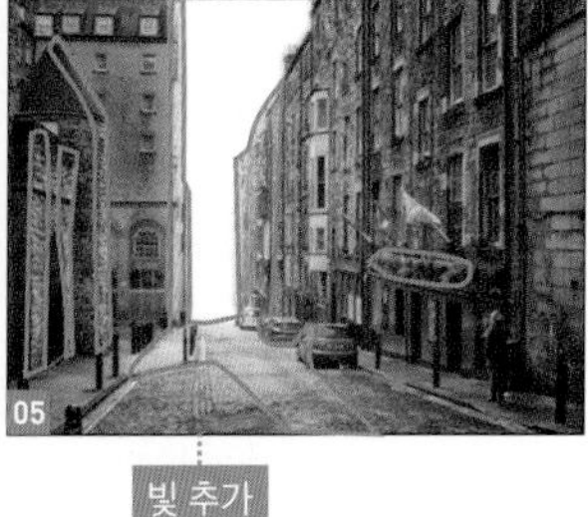

04 그림자를 그려 덧씌우기

[Layers] 패널에서 위에 새로운 [그림자] 레이어를 작성합니다.

[Pen Tool]을 선택하고 그림자가 되는 부분의 패스를 작성합니다(알기 쉽도록 빨간색으로 표시했습니다) 06. [Paths] 패널에서 마우스 오른쪽 버튼 클릭 후 [Make Selection]을 선택하고, 07과 같이 [Feather Radius : 0pixels]로 설정하고 [OK]를 클릭합니다.

[Foreground Color : #000000]으로 설정하고 [Paint Bucket Tool]을 선택하여 칠합니다. [그림자] 레이어는 [Opacity : 50%]으로 설정합니다. 08 09

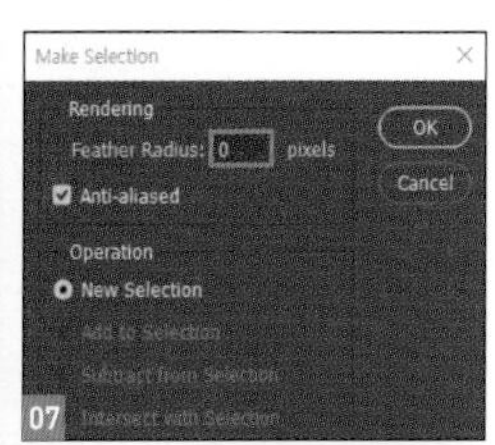

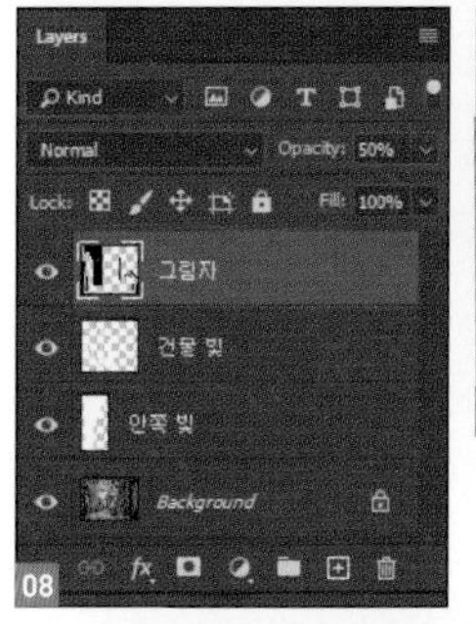

05 자동차의 그림자 그리기

[Brush Tool]을 선택하고 [Color : #000000], [Soft Round Brush]를 선택하고 자동차의 그림자와 차에서 떨어지는 그림자를 그립니다. 10

[Filter]–[Blur]–[Gaussian Blur]를 선택하고 [Radius : 3pixels]로 적용하여 경계를 흐리고 부드럽게 합니다. 11

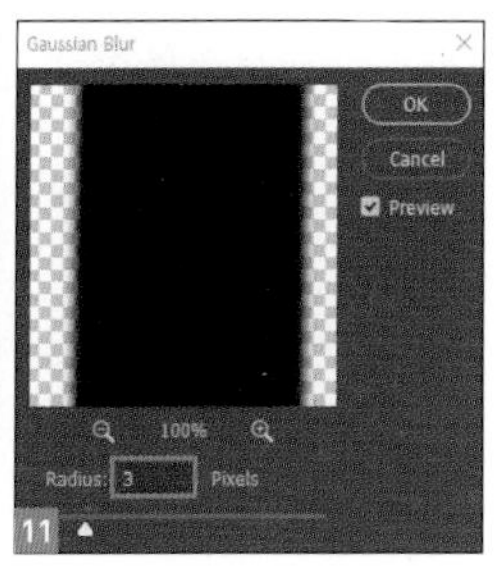

06 Lens Flare를 겹쳐 완성

맨 위에 새로운 [역광] 레이어를 작성합니다.

[Foreground Color : #000000]으로 설정하고 모두 칠합니다. 12

[Filter]–[Render]–[Lens Flare]를 선택하고 13과 같이 [Lens Type : 50–300mm Zoom]으로 선택하고 [Lens Flare] 패널에서 드래그하여 빛이 중심으로 쌓이도록 하고 [OK]를 클릭합니다. 14

[Filter]–[Blur]–[Radial Blur]를 선택하고 15와 같이 설정한 후 [OK]를 클릭합니다. 16

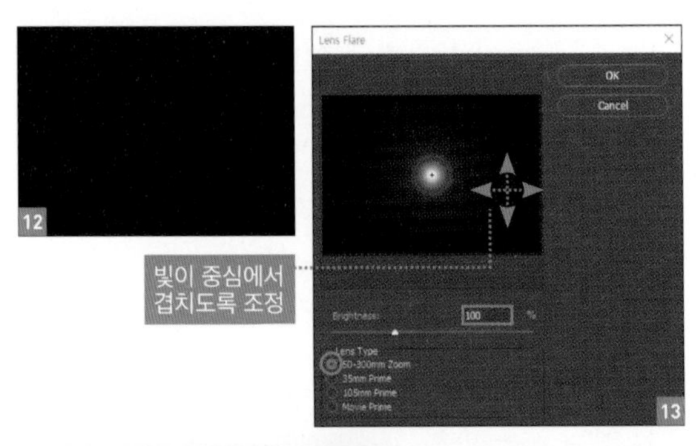

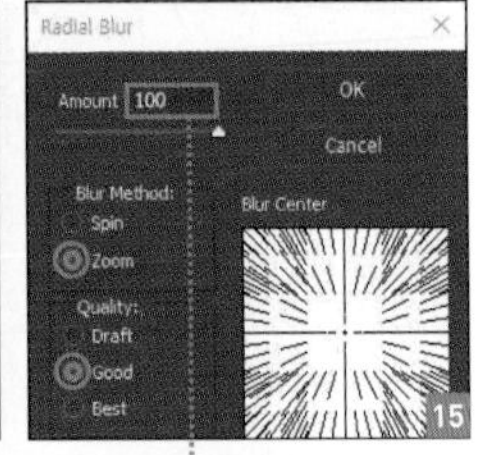

07 빛을 이동하고 확대하기

[Blending Mode : Screen]으로 설정하고 빛의 중심을 골목 안쪽으로 이동시킵니다. 17 18

[Free Transform]을 선택하고 가로, 세로 250%로 확대합니다. 19 20

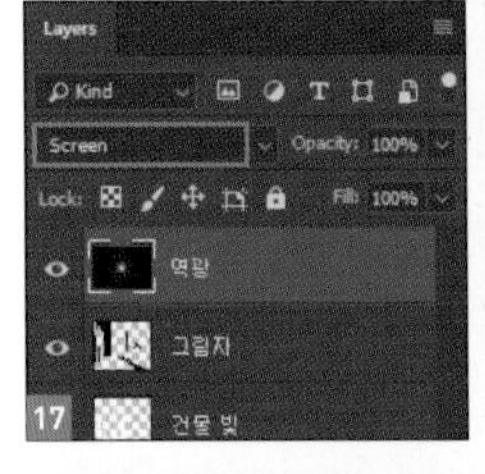

08 색을 가다듬어 완성

[Image]–[Adjustments]–[Hue/Saturation]을 선택하고 21과 같이 설정하여 색상을 조정합니다.

골목 안쪽에서 빛이 비치는 풍경이 완성됩니다. 22

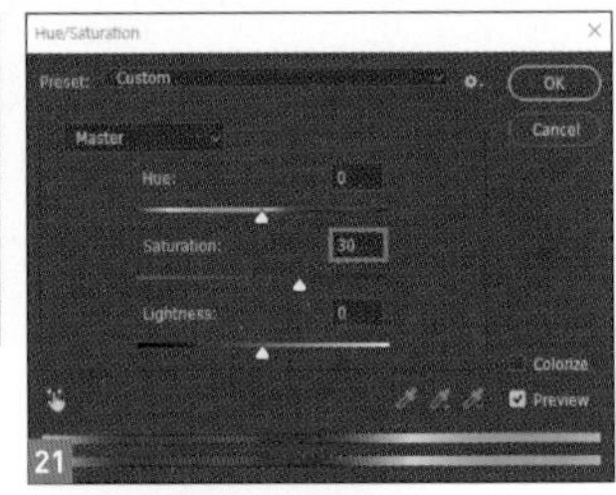

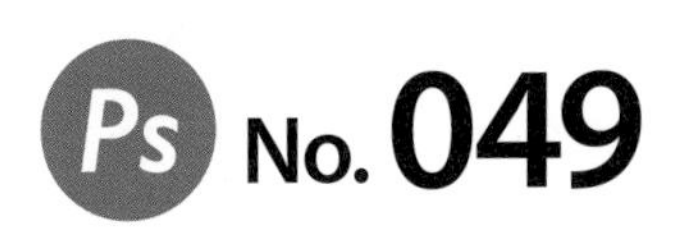

No. 049 낮 풍경을 밤 풍경으로 만들기

낮 풍경을 환상적인 밤 풍경으로 만듭니다.

POINT 여러 개의 레이어를 사용하여 빛을 표현한다

HOW TO USE 환상적인 빛의 표현에 사용

01 명도·채도 조정하기

예제 파일 [풍경.psd]를 엽니다.

[Image]–[Adjustments]–[Hue/Saturation]을 선택하고 [Hue/Saturation] 패널에서 [Colorize]를 체크한 후 01과 같이 설정하여 전체를 푸르게 보정합니다. 02

[Image]–[Adjustments]–[Levels]를 선택하고 03과 같이 설정합니다.

콘트라스트를 높게 하여 전체를 더 어둡게 보정합니다. 04

밤 풍경의 밑바탕이 됩니다.

원본

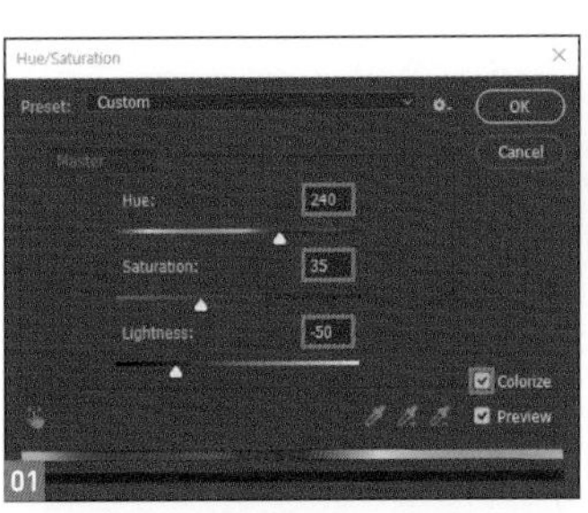

01

02
푸르게 보정

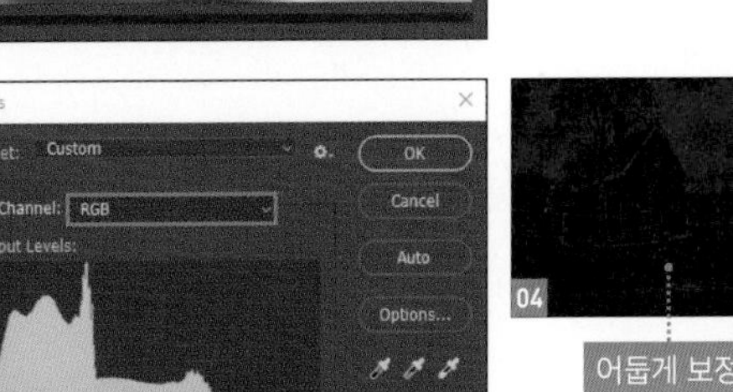

03

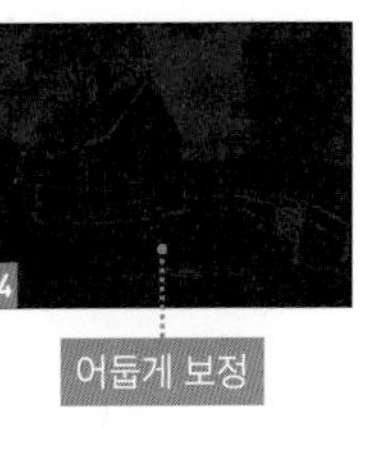
04
어둡게 보정

02 창문에 빛 추가하기

[Layers] 패널에서 위에 새로운 [빛 01] 레이어를 작성합니다. [Pen Tool]을 선택하여 창문의 형태에 따라 패스를 작성하고, 작업화면에서 마우스 오른쪽 버튼 클릭 후 [Make Selection]을 선택합니다. 05

[Tool] 패널에서 [Foreground Color : #ffffff]로 설정한 후 [Paint Bucket Tool]을 선택하여 칠합니다. 06

[빛 01] 레이어를 선택하고 [Filter]–[Blur]–[Gaussian Blur]를 선택하여 07과 같이 설정합니다.

[빛 01] 레이어를 위에 복사하고 [빛 02]라고 합니다.

[빛 01] 레이어는 [Opacity : 5%]로 설정하고 위 [빛 02] 레이어는 [Blending Mode : Overlay]로 설정합니다. 08 09

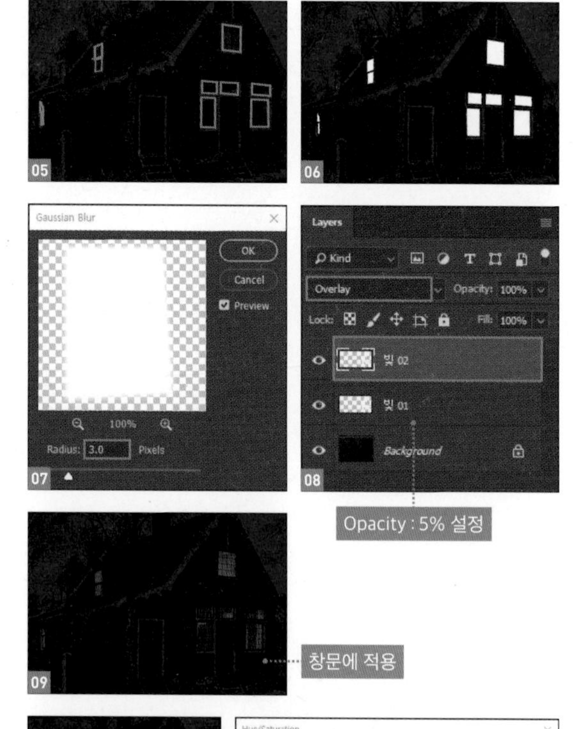

03 레이어를 복사하고 빛을 강하게 만들기

[빛 02] 레이어를 위에 복사하고, [빛 03] 레이어로 설정합니다. 10

다시 [빛 03] 레이어를 위에 복사하고 [빛 04]라고 합니다.

[Image]–[Adjustments]–[Hue/Saturation]을 선택하고 11과 같이 설정합니다. 12

04 브러시를 사용하여 부분적으로 빛을 추가하기

[Layers] 패널 위에 새로운 [포인트 빛 01] 레이어를 만들고 [Blending Mode : Overlay]로 설정합니다. 13

[Brush Tool]을 선택합니다. [Color : #f2dc22]를 선택하고 [Soft Round Brush]로 선택하여 창문과 창문에서 떨어지는 빛을 그립니다. 14 (Blending Mode : Normal 상태라면 15와 같이 됩니다).

입구 부근의 계단은 빛이 비추는 부분, 그림자가 되는 부분을 상상하며 그립니다. 16 (Blending Mode : Normal 상태라면 17과 같은 칠이 됩니다).

위에 새로운 [포인트 빛 02] 레이어를 만들고 같은 방법으로 빛을 그립니다.

18과 같이 특히 강하게 하고 싶은 부분을 그리면 좋을 것입니다. 19와 같이 됩니다.

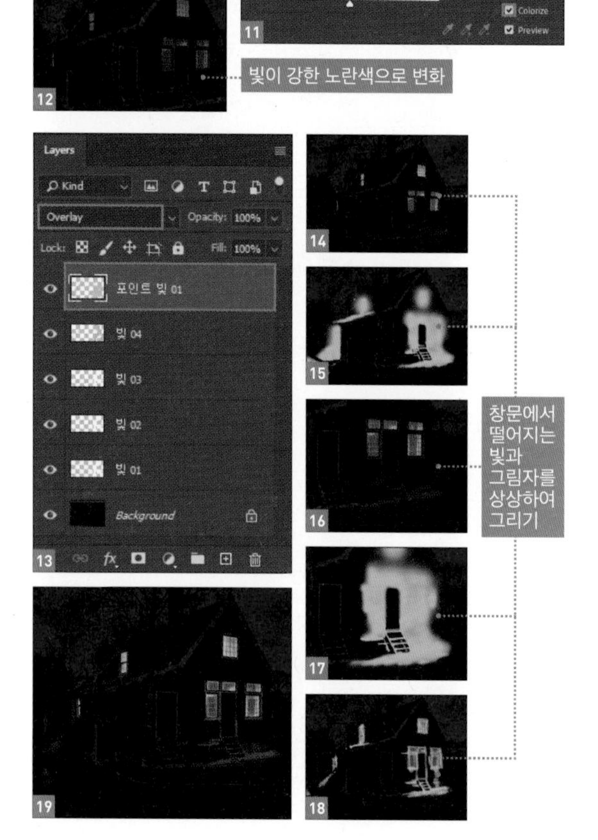

05 전체에 빛을 추가하고 통일감 주기

[Layers] 패널 하단의 [Create new fill or adjustment layer] 아이콘을 클릭하고 [Gradient]를 선택하여 조정 레이어를 추가하고, 위에 배치합니다. 20

Gradient는 [Gradient Editor]에서 [Foreground to Transparent]를 선택하고 [Color : #f4b122]로 설정합니다. 21 22

[Layers] 패널에서 [Blending Mode : Overlay]로 설정합니다. 23 24

06 화면 주변을 어둡게 하기

05와 같이 [Layers] 패널 하단의 [Create new fill or adjustment layer] 아이콘을 클릭하여 [Gradient]를 선택하고 위에 배치합니다. [Gradient Editor]에서 [Foreground to Transparent]를 선택하고 [Color : #000000]으로 설정합니다. 25 26

[Blending Mode : Soft Light], [Opacity : 75%]로 합니다. 27

구석이 어두워지고 빛이 눈에 띄게 됩니다. 28

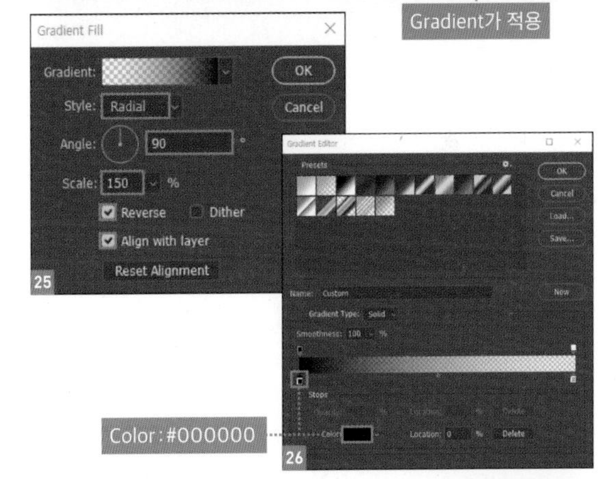

07 하늘 착색하기

맨 위에 새로운 [전체 빛] 레이어를 작성하고, [Blending Mode : Overlay], [Opacity : 50%]으로 설정합니다. 29

[Brush Tool]을 선택하고 [Color : #f2dc22]로 설정하여 하늘과 숲의 경계 부근을 대략적으로 착색합니다. 이 시점에서 건물이나 창문에 빛을 추가할 수도 있습니다. 전체가 갖추어 지면 완성입니다. 30

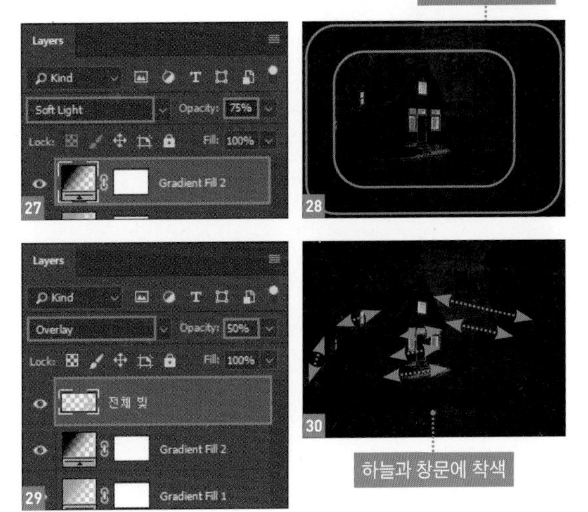

다이아몬드의 광채 만들기

다이아몬드 빛을 만듭니다. 단단한 보석 같은 빛은 Illustrator와도 잘 어울리고 강한 인상의 빛을 보여줄 수 있습니다.

POINT Blend와 Recolor Artwork 기능을 사용한다

HOW TO USE 사실적인 보석이나 기하학 무늬로 사용

01 밑바탕의 다각형 만들기

[File]-[New]를 선택하여 새로운 문서를 만듭니다.
[Tool] 패널에서 [Polygon Tool]을 선택하고 01 [Fill : None], [Stroke Color : #000000], [Stroke : 1pt]로 설정하고 [Radius : 20mm], [Sides : 16]으로 설정하여 16각형을 만듭니다. 02 03

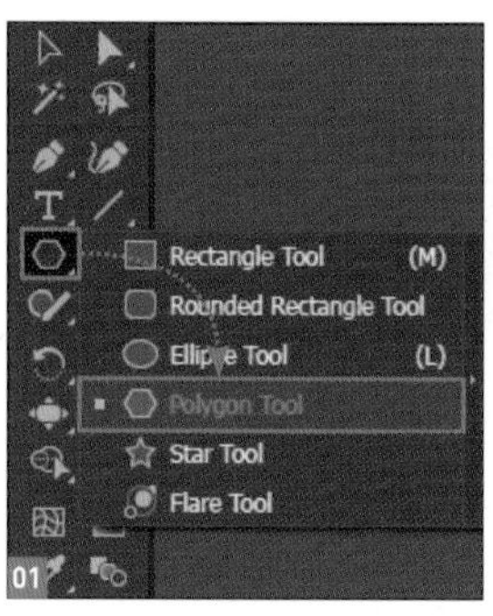

01

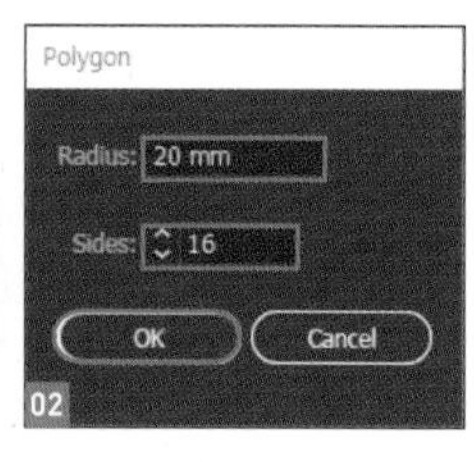

02

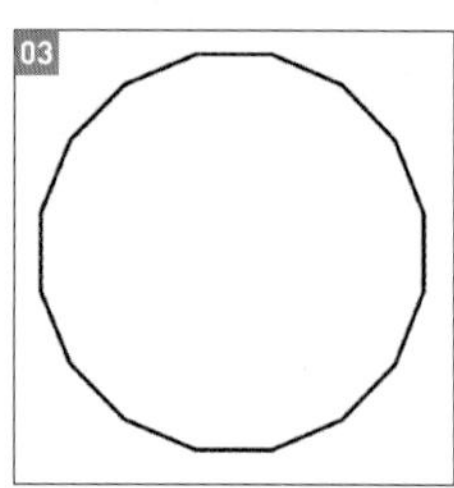
03

02 회전시켜 정렬하기

[Tool] 패널에서 [Rotate Tool]을 더블 클릭하고04, 11.25°로 회전시킵니다.05

같은 방법으로 [Polygon Tool]을 선택하고 [Radius : 7mm], [Sides : 8]의 8각형을 만듭니다.06 [Rotate Tool]을 더블 클릭하여 22.5° 회전시킵니다.07

2개의 다각형을 선택하고 [Align] 패널에서 [Horizontal Align Center], [Vertical Align Center]를 각각 클릭하여 상하, 좌우 중앙으로 정렬시킵니다.08

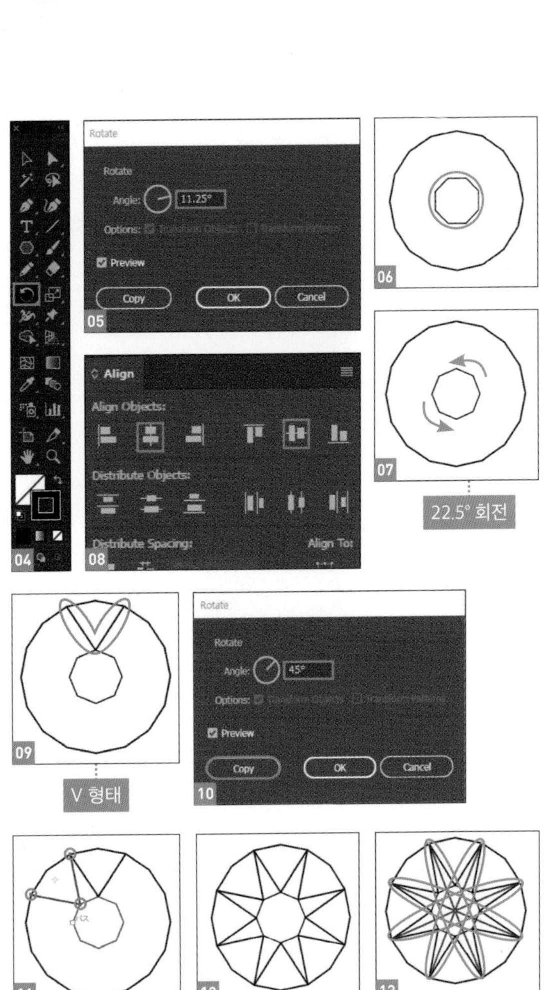

03 V자선과 대각선 그리기

다음은 중앙의 8각형과 바깥쪽의 16각형의 정점을 연결하는 V 형태를 [Pen Tool]로 그립니다.09 [Tool] 패널에서 [Rotate Tool]을 더블 클릭하고 45°로 설정한 후 [Copy]를 선택합니다.10 V 모양의 직선을 8각형의 꼭대기에 맞춥니다.11 합계가 8개가 되도록 늘려 갑니다.12

[Pen Tool]을 선택하고 16각형의 대각선을 잇는 선을 그립니다. 45° 회전하면서 복사하여 4개의 선이 되도록 합니다.13

바깥쪽 16각형을 제외한 나머지 부분을 선택하고 ⌘(Ctrl)+3을 눌러 감춥니다.

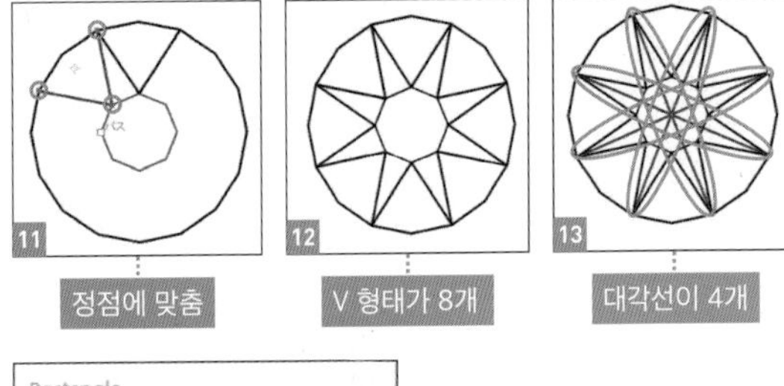

04 다이아몬드 테두리 만들기

[Tool] 패널에서 [Rectangle Tool]을 선택하고 [Width : 20mm], [Height : 20mm]의 정사각형을 만들어 중심에 배치합니다.14 정사각형을 [Rotate Tool]로 45° 회전하고 복사합니다.15

정사각형의 정점에서 16각형의 정점에 W의 모양이 되도록 [Pen Tool]로 연결합니다.16 아까처럼 45° 회전하고 복사하여 전체에 배치합니다.17

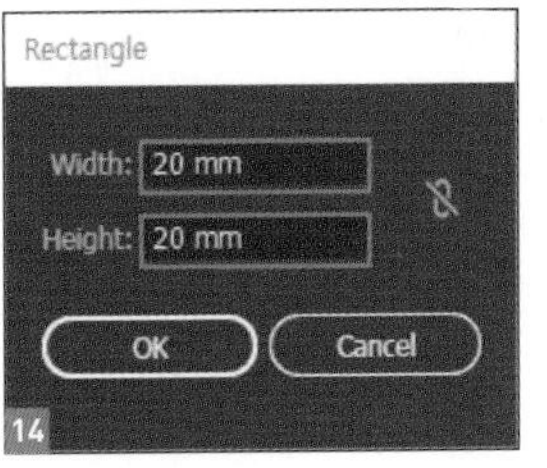

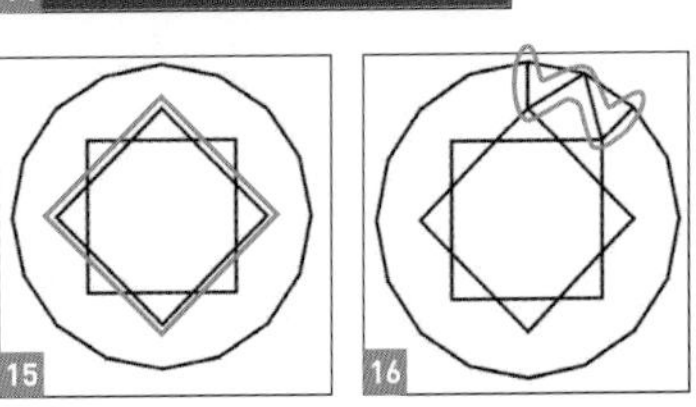

> **memo**
>
> 이 예제에서는 다각형의 꼭대기가 바로 위가 되도록 회전의 각도를 맞추고 있습니다.

05 모든 오브젝트를 표시하고 분할하기

⌘(Ctrl)+option(Alt)+3을 눌러 모든 오브젝트를 표시한 후 **01~04**에서 만든 오브젝트를 포갭니다.18

[Window]-[Pathfinder]를 선택하여 [Pathfinder] 패널을 표시하고 [Divide]를 선택합니다.19 20

[Fill : #ffffff], [Stroke : None]으로 설정합니다.21

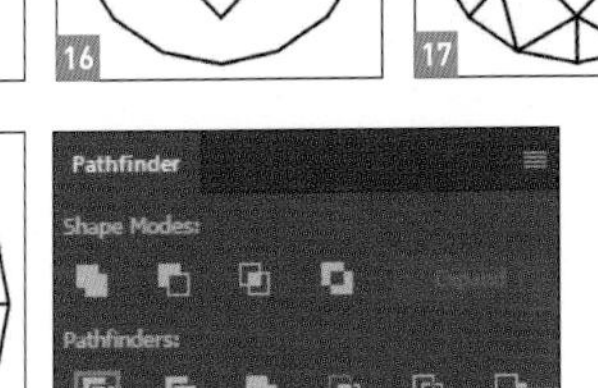

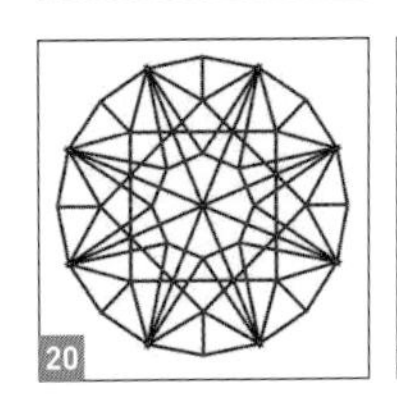

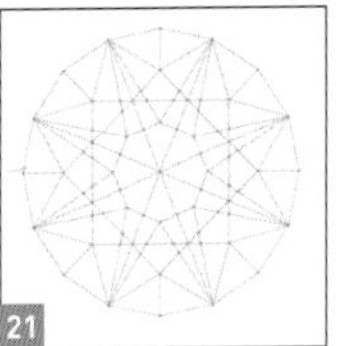

06 맨 위에 있는 오브젝트에 색 입히기

다이아몬드 오브젝트를 선택한 상태에서 [Layers] 패널의 오른쪽 삼각형을 클릭하여 세부사항을 확인합니다. 22

맨 위의 오브젝트를 선택합니다.([Layers] 패널의 제일 밑에 있는 패스를 확인하고, 오른쪽의 ○을 클릭하여 ◎으로 바꾸면 선택할 수 있습니다) 23

[Fill : #707070]으로 설정합니다. 24

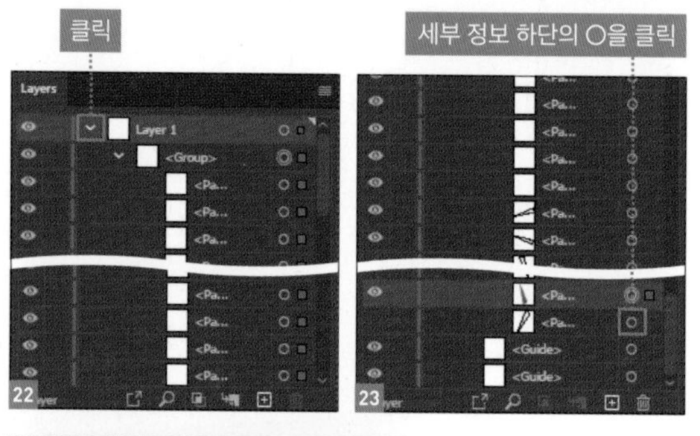

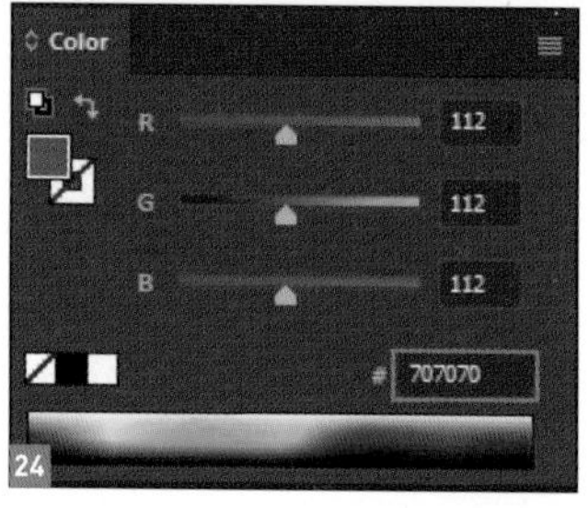

07 랜덤으로 배색하기

다이아몬드 오브젝트를 모두 선택합니다. 25

[Edit]-[Edit Colors]-[Blend Front to Back]을 선택합니다. 앞에서 설정한 색상이 선택 범위의 오브젝트에 블렌드되어 번졌습니다. 26 27

[Edit]-[Edit Colors]-[Recolor Artwork]을 선택합니다. 28

[Randomly change color order]를 선택하고 [OK]를 클릭합니다. 29 랜덤한 배색이 되었습니다. 30

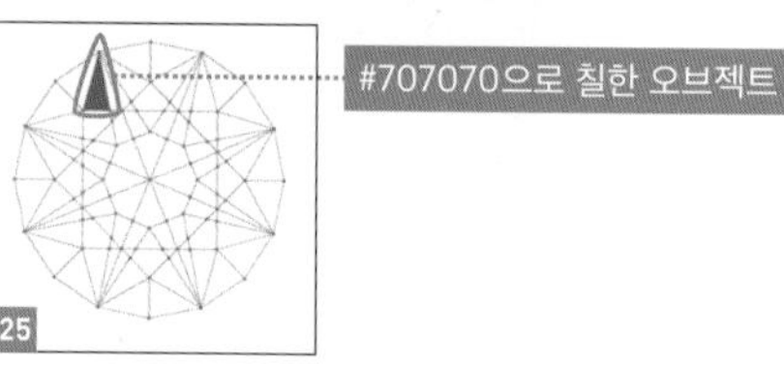

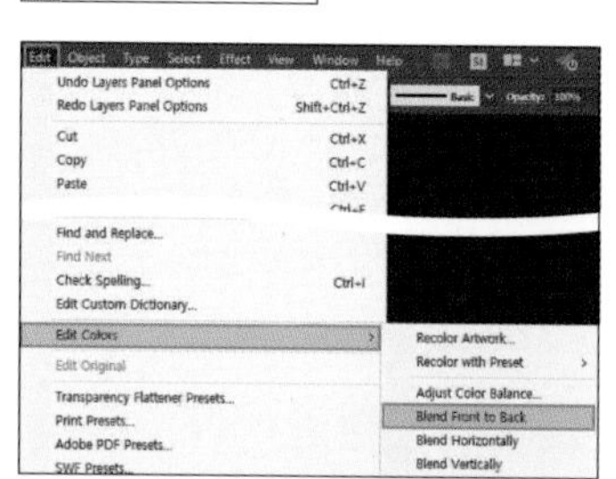

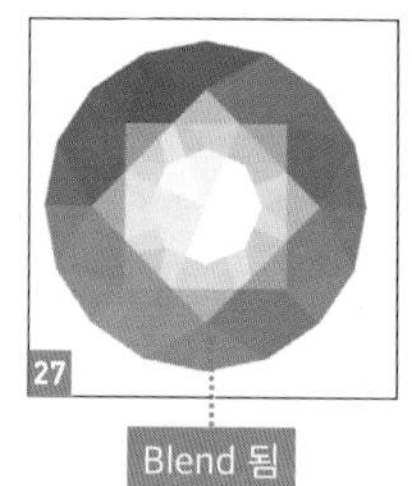

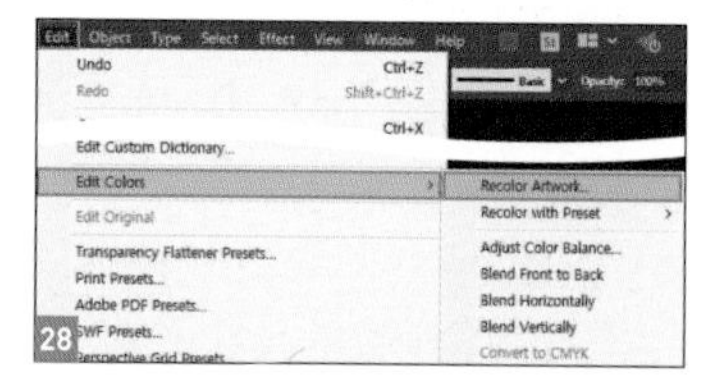

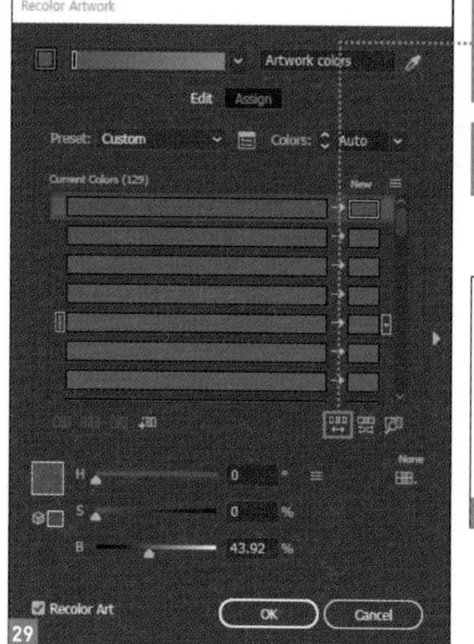

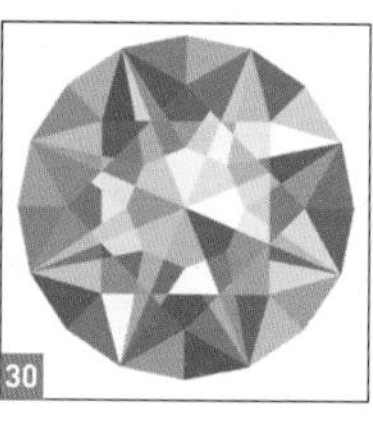

08 난반사 만들기

[Tool] 패널에서 [Rectangle Tool]을 선택하여 [Fill : #707070]의 직사각형을 만들어 [Knife Tool]로 31과 같이 자릅니다. 32

맨 위를 [Color : #ffffff]로 변경합니다. 33

직사각형 전체를 선택하고 [Edit]-[Edit Colors]-[Blend Vertically]를 클릭합니다. 34 상하로 블렌드 되었습니다. 35

07과 마찬가지로 [Edit]-[Edit Colors]-[Recolor Artwork]을 클릭하고 [Randomly change color order]를 선택하고 [OK]를 클릭합니다. 랜덤으로 배색된 직사각형이 완성되었습니다. 36

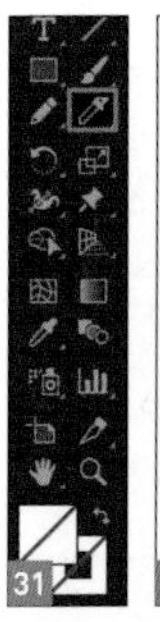
31

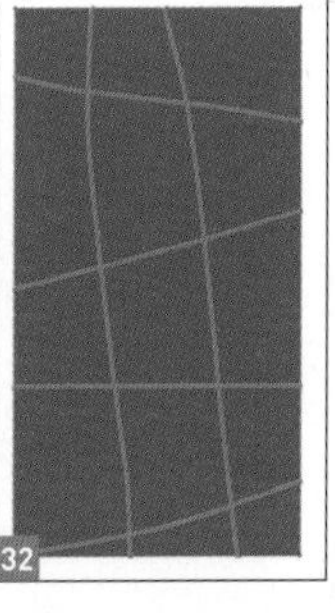
32

33

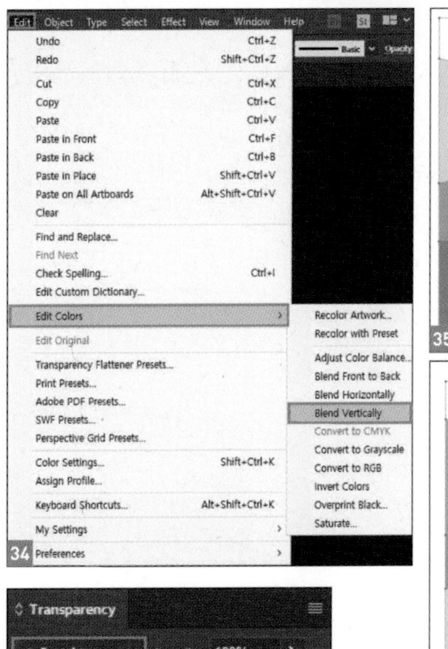

34

35

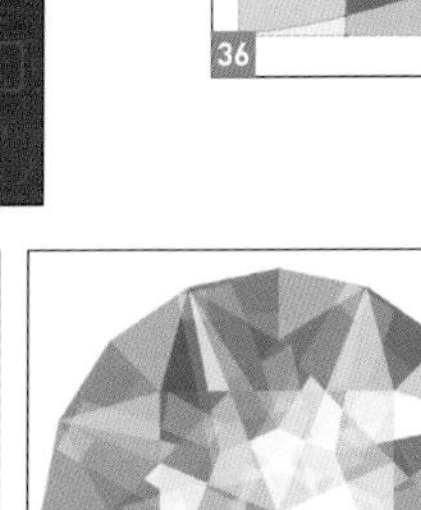
36

09 난반사 추가하기

[Window]-[Transparency]를 선택하고 [Blending Mode : Soft Light]로 변경합니다. 37 직사각형을 [Copy & Paste]하고, **07**의 오브젝트의 앞면에 배치합니다. 38

각도나 크기를 조정하여 난반사로 보이도록 복수로 배치합니다. 작은 난반사가 생겼습니다. 39

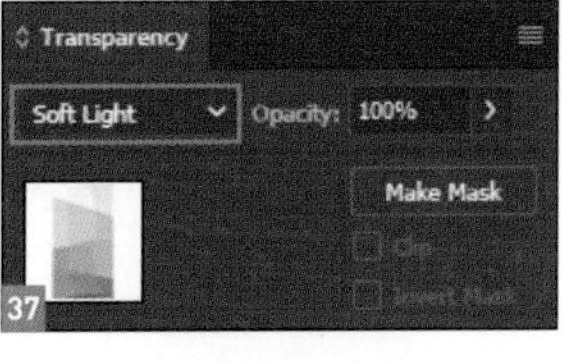

37

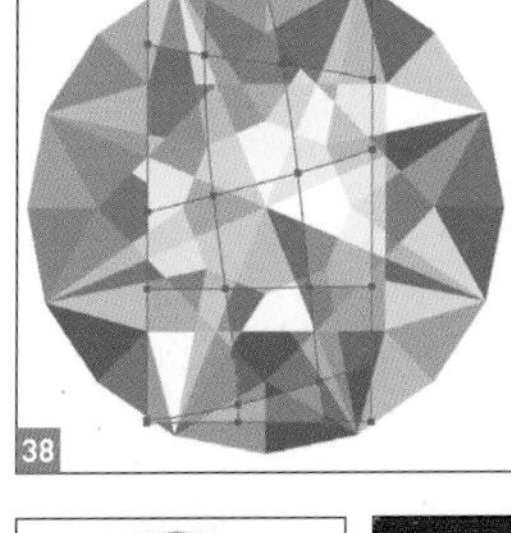
38

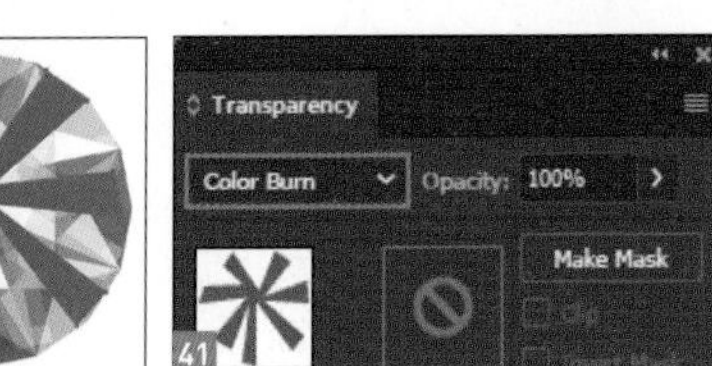
39

10 콘트라스트 강화하기

[Pen Tool]을 선택하여 40과 같은 오브젝트를 그립니다.

[Transparency] 패널에서 [Blending Mode : Color Burn]으로 설정합니다. 41 42

마지막으로 [Pen Tool]을 선택하고 [Fill : #ffffff]로 설정하고 하이라이트를 그려 완성합니다. 43

예제에서는 배경에 이미지와 문자를 배치하여 레이아웃했습니다.

40

41

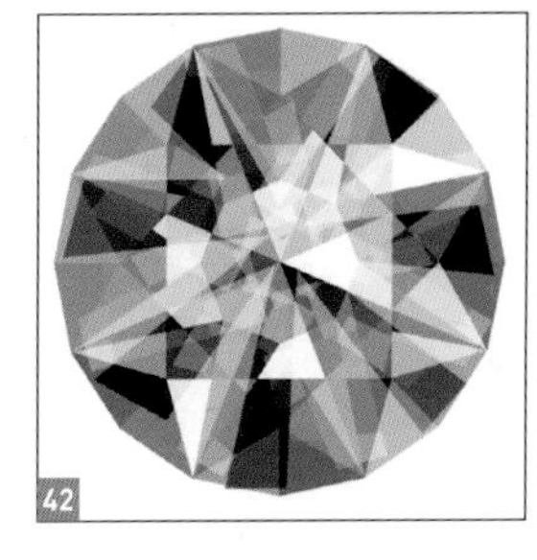
42

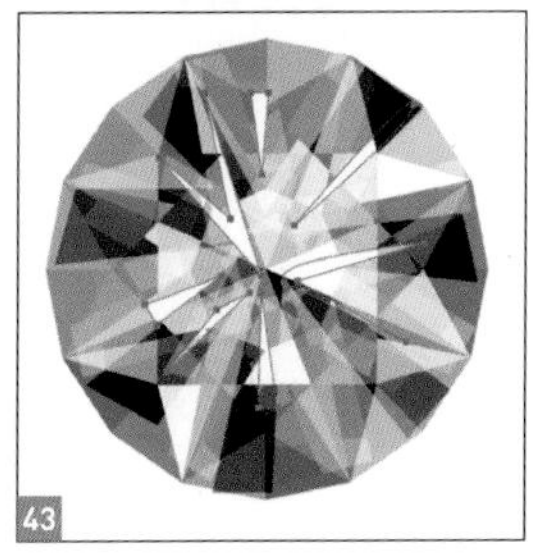
43

column

Ps

Filter Gallery

Photoshop의 필터는 조합에 따라서는 예상하지 못했던 재미있는 효과를 얻을 수 있고, 또 여러 필터를 겹칠 수도 있습니다. 여기서는 그 일부를 소개하겠습니다.

■ 원본 이미지 ■ Artistic

Poster Edges

Sponge

Neon Glow

Fresco

Colored Pencil

Watercolor

Rough Pastels

Film Grain

■ Sketch

Torn Edges

Stamp

Note Paper

Plaster

■ Texture

Craquelure

Mosaic Tiles

■ Stylize

Glowing Edges

■ Distort

Ocean Ripple

텍스처 작성의 디자인 테크닉

모피, 천, 한지, 캔버스, 스크린 톤, 그라데이션, 레이스, 물방울 패턴 등 다양한 텍스처를 만들 수 있습니다. 사진 소재 없이도 간편하게 만들 수 있는 것이 많습니다.

CHAPTER 06

Texture making design techniques

Ps No.051 모피 질감 만들기

동물 털로 만든 브러시를 사용하여 모피로 만든 로고를 만듭니다.

POINT 브러시의 크기를 바꾸어 털의 질감을 표현한다

HOW TO USE 인상적인 제목이나 타이틀 로고 같은 그래픽 작성에 사용

01 문자와 모피 이미지 배치하기

예제 파일에서 [초원.psd]를 엽니다. [모피 브러시.abr]을 더블 클릭하여 불러옵니다.

[모피 브러시]는 사자 01 의 02 부분을 잘라내고 [Threshold]를 적용하여 원형이 되도록 작업한 후 [Save Brushes]로 저장한 것입니다. 03 04

폰트 설정 후 "CALF"를 입력합니다. 05 작업하기 쉽게 굵은 폰트를 선택하면 좋습니다. 예제는 Adobe Fonts에서 [Font : Azo Sans Uber]를 선택했습니다.

제공된 예제 이미지에서 [모피.psd]를 열고 [Background] 레이어의 위에 배치합니다. 06 [Layers] 패널에서 [CALF] 문자 레이어의 섬네일을 ⌘(Ctrl)+클릭하여 선택 범위를 작성합니다. 07

01

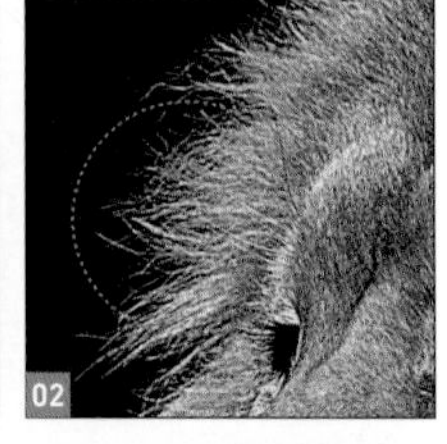
02

03

04

05

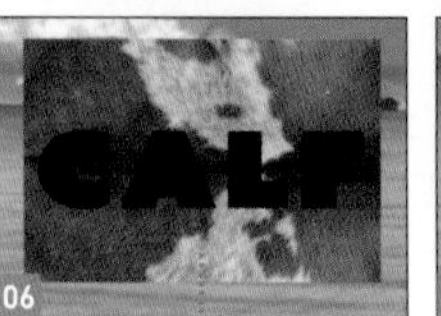
06

07

모피.psd 배치

02 레이어 마스크를 추가하고 위치 잡기

[Layers] 패널에서 [모피] 레이어를 선택하고 [Add layer mask]를 선택합니다. [CALF] 문자 레이어는 비표시로 하거나 삭제합니다. 08 레이어 마스크의 레이어 링크를 해제하고 위치를 잡아줍니다. 09 10

08

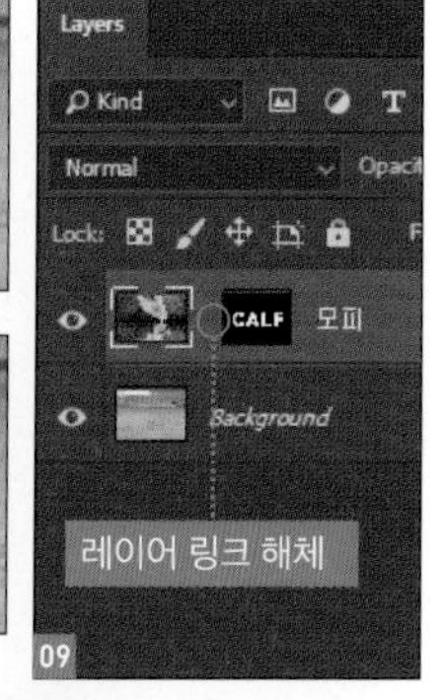

09

10

03 털의 결 추가하기

[모피] 레이어의 레이어 마스크 섬네일을 선택합니다.
[Brush Tool]을 선택하고, [Foreground Color : #ffffff]로 설정한 후 [모피 브러시]를 선택합니다. 11
[Brush Settings] 패널을 열고 [Shape Dynamics]를 선택하고 [Angle Jitter : 100%]로 설정합니다. 12
문자의 아웃라인을 따라 털 줄기를 그려갑니다. 우선 [Size : 100px] 전후로 설정하여 윤곽을 그립니다. 13
그리고 [Size : 200~500px] 전후로 설정하여 선을 그리지 않고 점을 그리듯이 털을 추가합니다. 14
[모피] 레이어의 [Layer Style]을 표시합니다.
[Bevel & Emboss]를 선택하고 15와 같이 설정하고, [Inner Shadow]를 선택하고 16과 같이 설정합니다.
[Structure]의 [Shadow Color : #000000]으로 설정되어 있습니다. 17

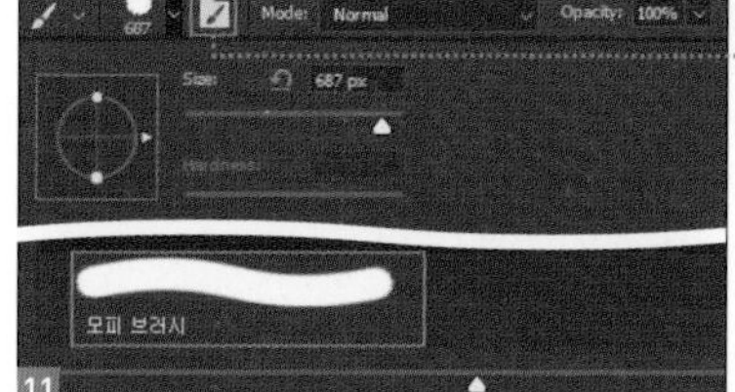

11

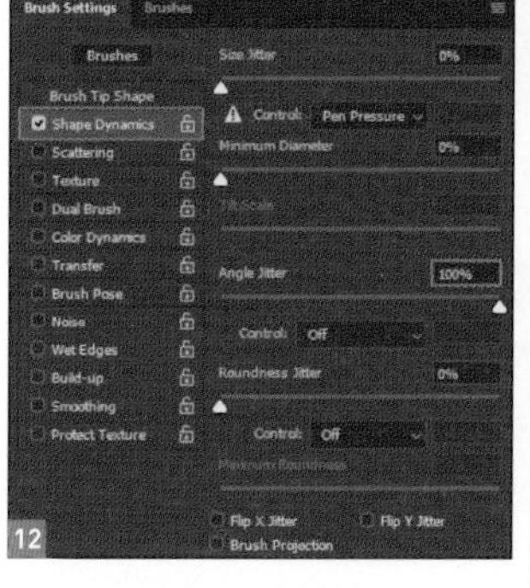

12

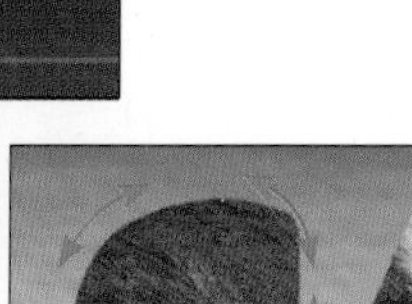

13

14

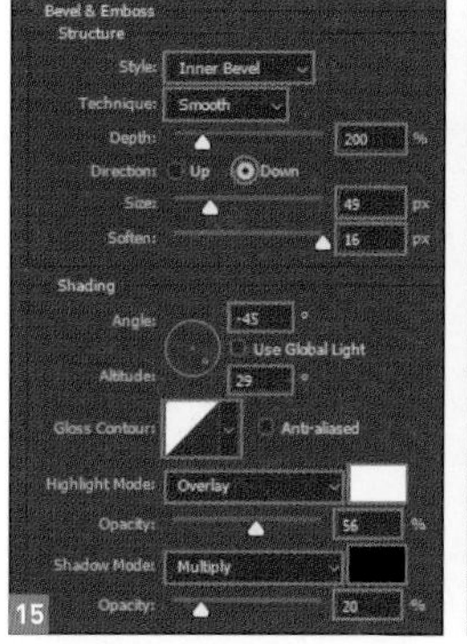

15

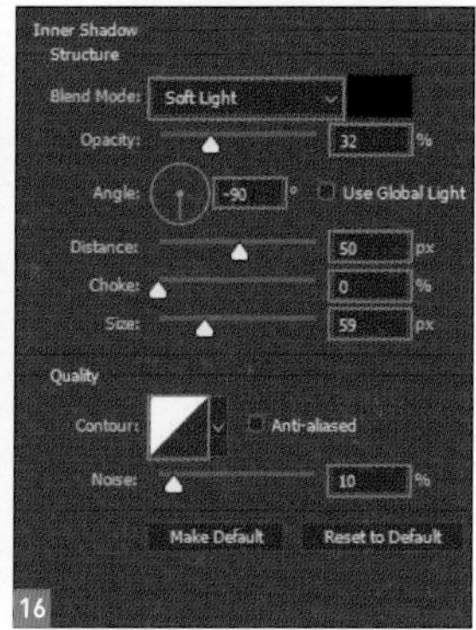

16

17

04 그림자를 붙여 완성

[모피] 레이어 아래에 새로운 [그림자] 레이어를 만듭니다.
[Brush Tool]을 선택하고 [Foreground Color : #000000], [Soft Round Brush]를 선택하여 모피 아래에 그림자를 그려 완성합니다. 18

18

Ps No.052 천 질감 만들기

천의 질감을 만들고 실로 문자를 표현합니다.

POINT 여러 필터를 사용한다

HOW TO USE 천 질감을 원할 때에 사용

01 필터를 적용하여 천의 질감 만들기

예제 파일 [배경.psd]를 엽니다. [Tool] 패널에서 [Default Foreground and Background Colors] 아이콘을 클릭하여 색을 검은색과 흰색으로 설정합니다. [Background] 레이어를 선택하고 [Filter]–[Filter Gallery]를 선택합니다. 01 [Sketch]–[Halftone Pattern]을 선택하고 02와 같이 설정합니다.

01

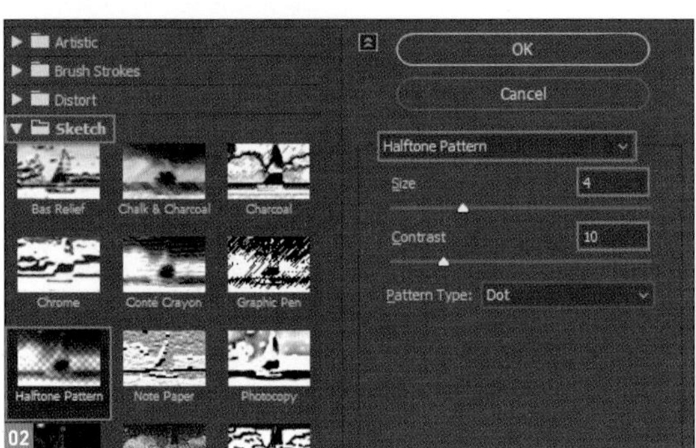

02

[Filter]–[Noise]–[Add Noise]를 선택하고 03과 같이 설정하여 질감을 추가합니다.
[Filter]–[Blur]–[Motion Blur]를 선택하고 04와 같이 비스듬한 라인이 들어가도록 설정합니다.

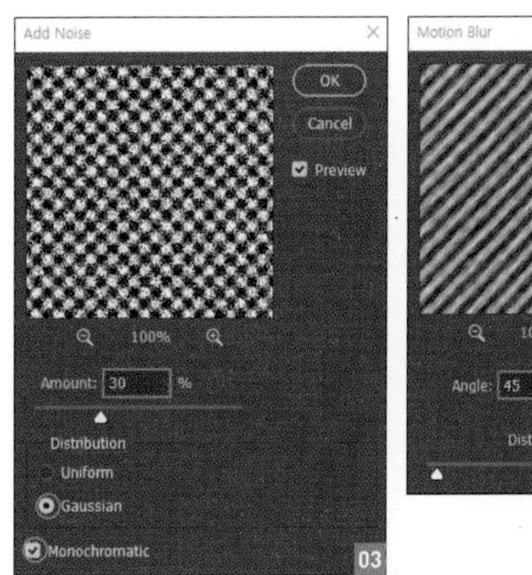

03

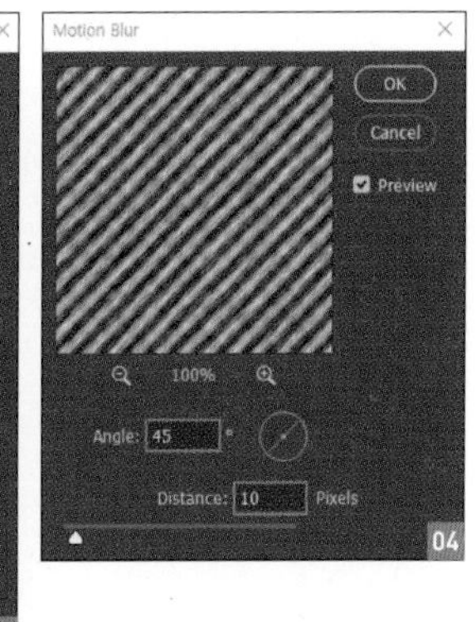

04

02 색 변경하기

[Image]–[Adjustments]–[Hue/Saturation]을 선택하고 05와 같이 [Colorize]를 체크하여 색을 변경합니다. 06

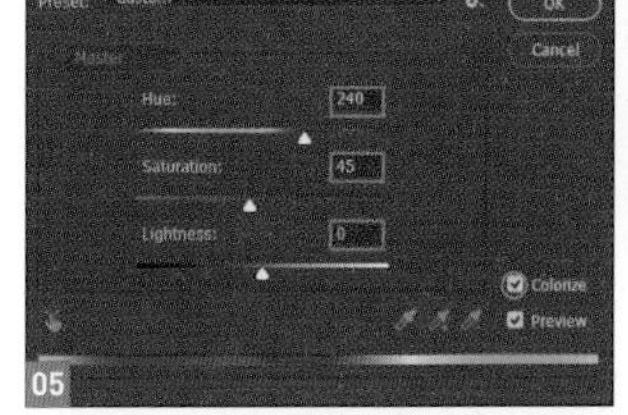

05

06

03 천의 질감 만들기

[Layers] 패널에서 위에 새로운 [텍스처] 레이어를 만듭니다.
[Foreground Color : #ffffff], [Background Color : #000000]으로 설정합니다.
[Filter]–[Render]–[Fibers]를 선택하고 07과 같이 설정합니다. 08 랜덤으로 형성되므로 Randomize를 몇 번 클릭하여 원하는 질감을 찾아봅니다.
[Blending Mode : Screen]으로 설정하여 배경과 어우러지면 천의 질감이 완성됩니다. 09 10

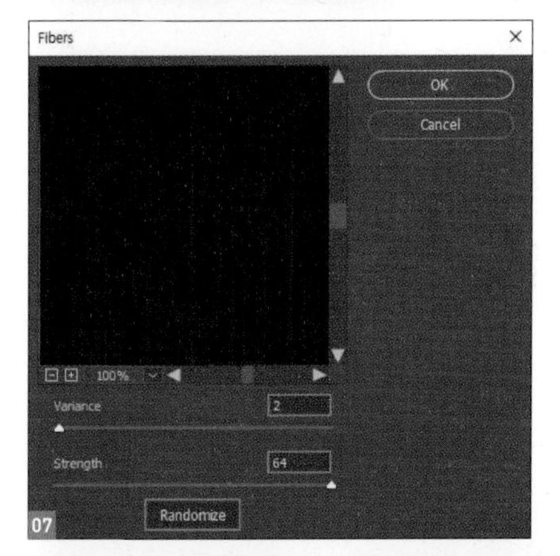

07

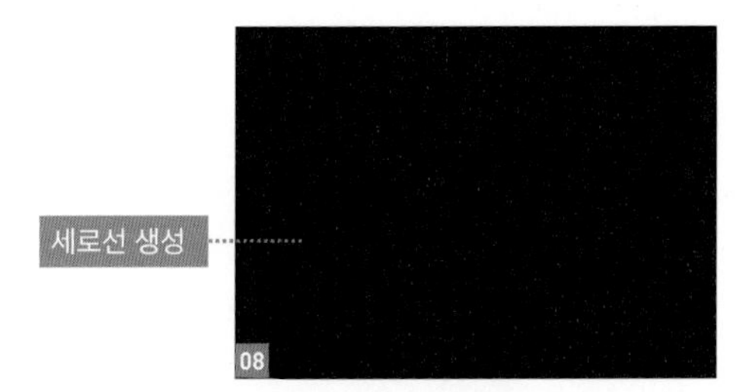

08

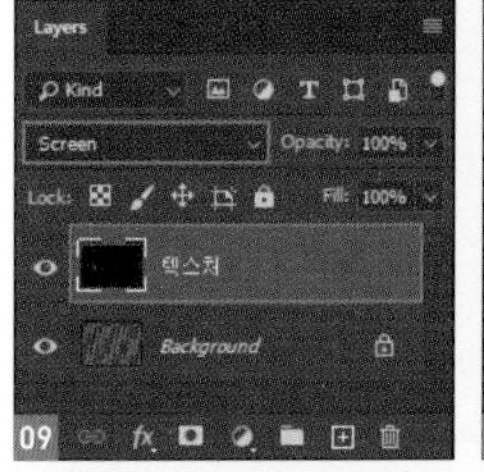

09

10

04 문자를 바느질 땀으로 표현하기

원하는 폰트를 선택하고 "DENIM"이라고 입력합니다. 예제에서는 [Azo Sans Uber] 폰트를 선택했습니다. 11

11

[Layers] 패널에서 마우스 오른쪽 버튼 클릭 후 [Convert to Shape]을 선택합니다. 12 13 [DENIM] 레이어를 선택하고 [Path Selection Tool]을 선택합니다. 14 [Stroke Color : #eed0be], Stroke Options는 15와 같이 설정하고, [More Options]를 클릭하여 표시되는 [Stroke] 패널은 16과 같이 설정합니다. [옵션] 바를 17과 같이 설정합니다.

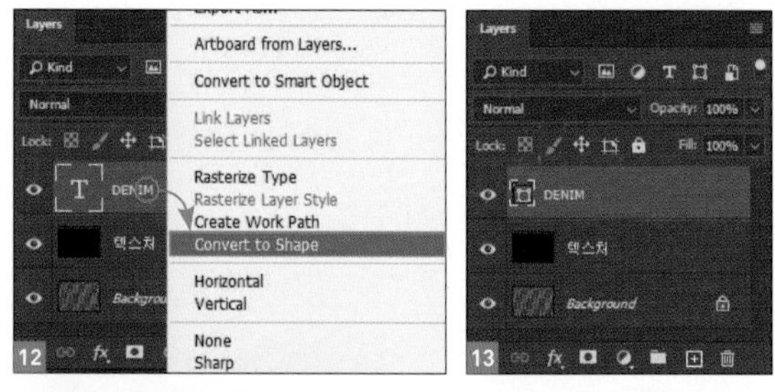

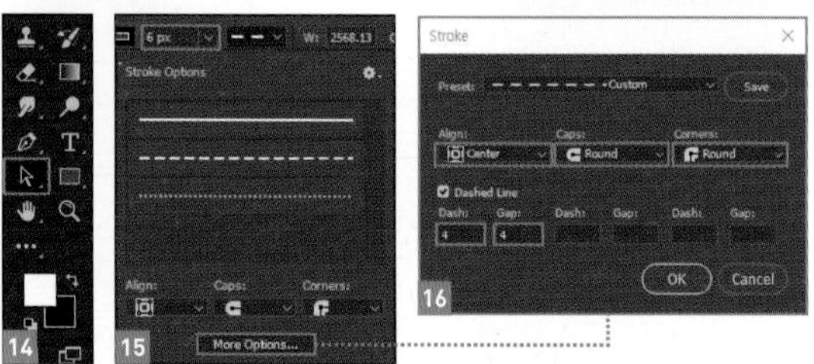

05 바느질 땀에 입체감을 추가하여 완성

[DENIM] 레이어를 더블 클릭하여 [Layer Style]을 표시합니다.

[Drop Shadow]를 선택하고 18과 같이 설정합니다. [Structure]의 [Color : #0e0e43]으로 설정합니다.

[Inner Shadow]를 선택하고 19와 같이 설정합니다.

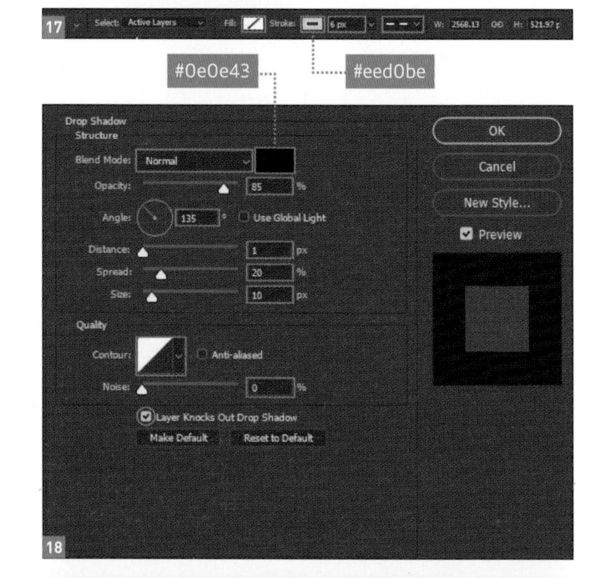

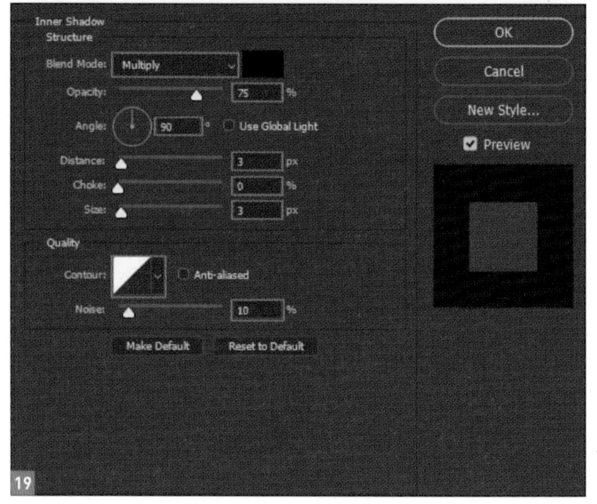

[Bevel & Emboss]를 선택하고 20과 같이 설정합니다.

[Contour]를 선택하고 21과 같이 설정합니다. 바느질 땀에 입체감이 생겼습니다. 22

예제에서는 문자 양쪽에 [DENIM] 레이어의 Layer Style 설정과 [Pen Tool]로 Shape의 라인을 연장하여 장식을 했습니다. 23 24

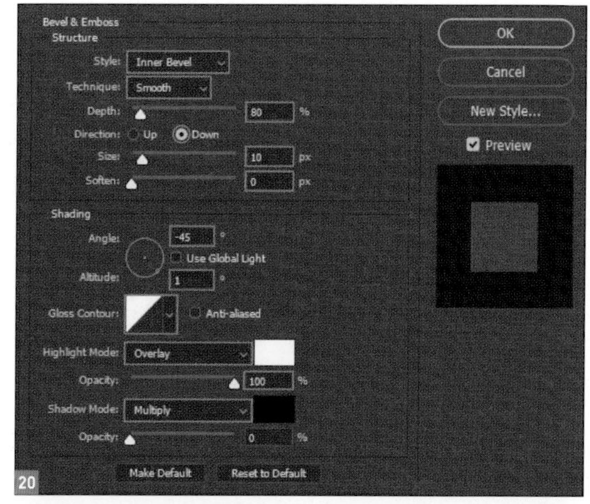

20

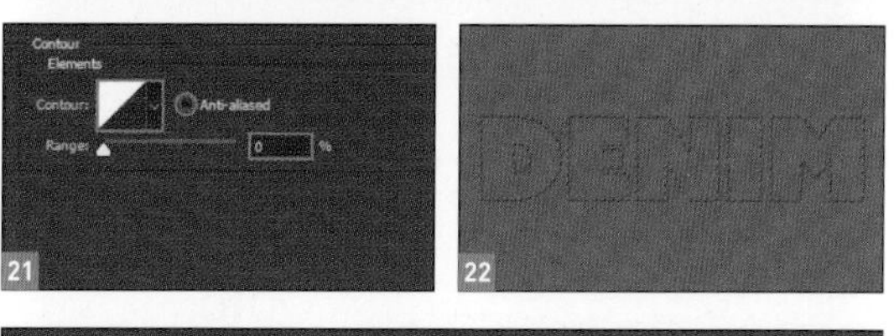

21 22

23

24

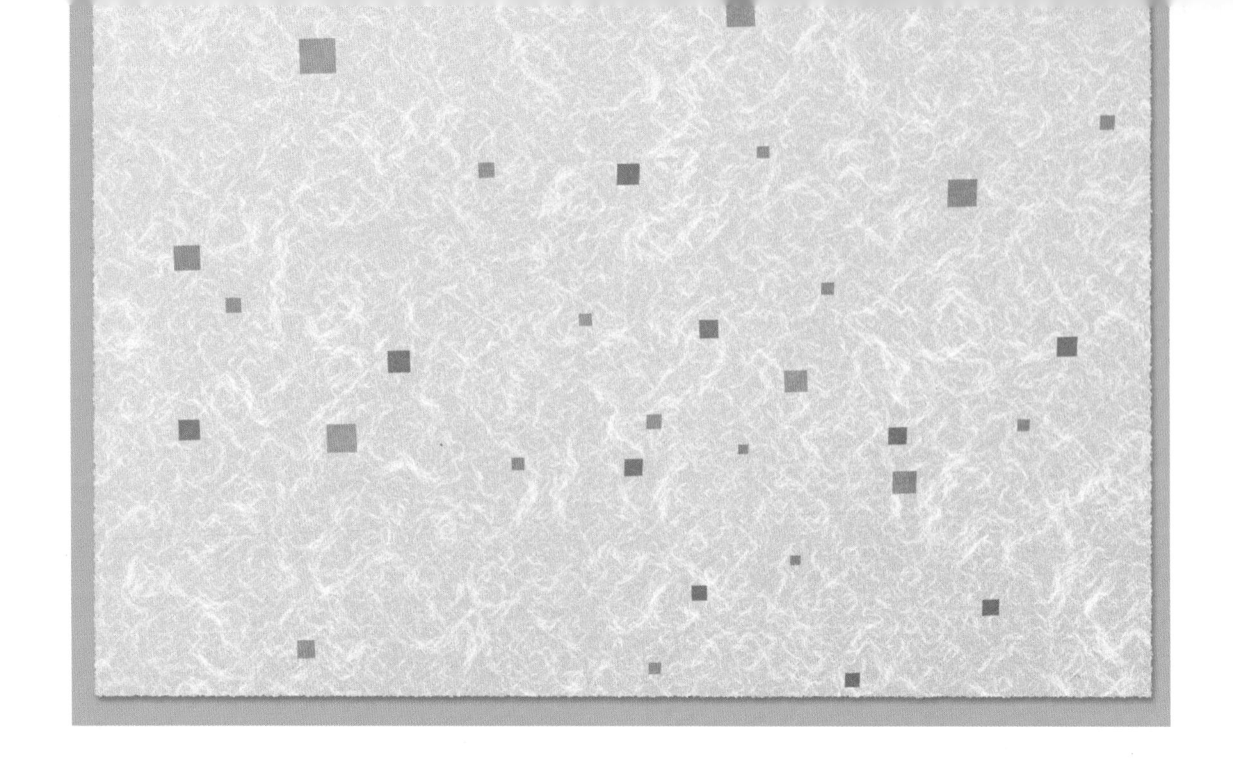

한지의 질감 만들기

사실적인 한지의 질감을 만들어 봅니다.

POINT	필터 사용
HOW TO USE	한지의 소재나 디자인에 사용

01 밑바탕이 되는 텍스처 작성하기

예제 파일에서 [배경.psd]를 엽니다. [Layers] 패널에서 위에 새로운 [종이] 레이어를 만들고 레이어에서 마우스 오른쪽 버튼 클릭 후 [Convert to Smart Object]를 선택합니다. 01

[Tool] 패널에서 [Default Foreground and Background Colors] 아이콘을 클릭하여 색을 검은색과 흰색으로 설정한 다음, [Filter]–[Render]–[Clouds]를 선택하여 적용합니다. 02 03

[Filter]–[Stylize]–[Trace Contour]를 선택하여 적용합니다. 04

[Image]–[Adjustments]–[Levels]를 선택하고 Input Levels를 [206 : 0.40 : 255]로 설정합니다. 05

텍스처의 질감이 강조되었습니다. 06

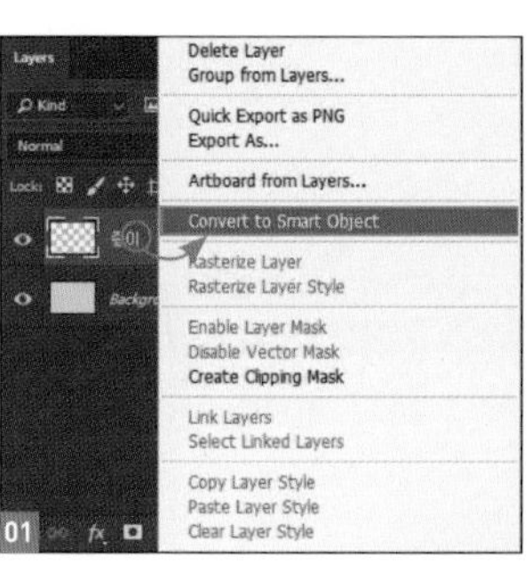

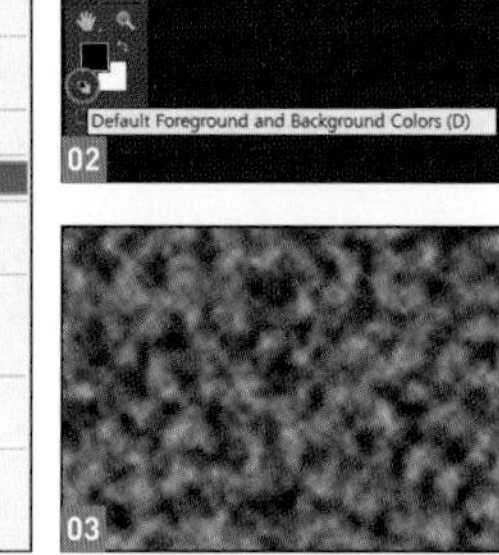

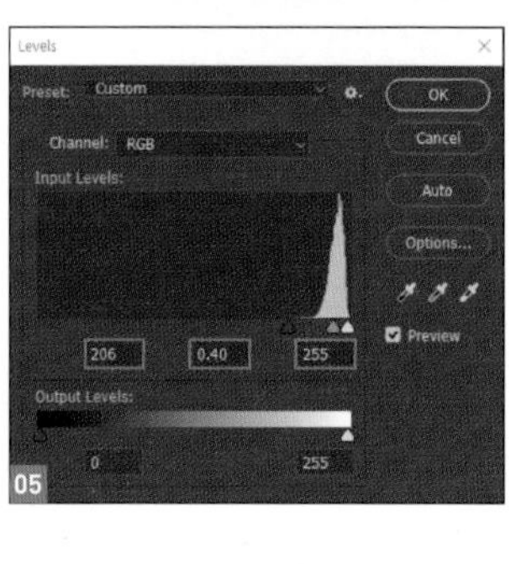

02 한지 질감에 색 입히기

[종이] 레이어를 선택하고, [Image]-[Adjustments]-[Gradient Map]을 선택합니다. 07

[Gradient Map] 패널이 열리면 Gradient 부분을 클릭하여 [Gradient Editor] 패널을 엽니다. Presets의 첫 번째(왼쪽 위)에 있는 [Foreground to Background]를 선택하고 왼쪽의 컬러 분기점을 [#ffffff], 오른쪽 컬러 분기점을 [#caced0]으로 설정합니다. 08

[Gradient Editor], [Gradient Map]에서 각각 [OK]를 클릭합니다. 한지의 질감에 색이 적용됩니다. 09

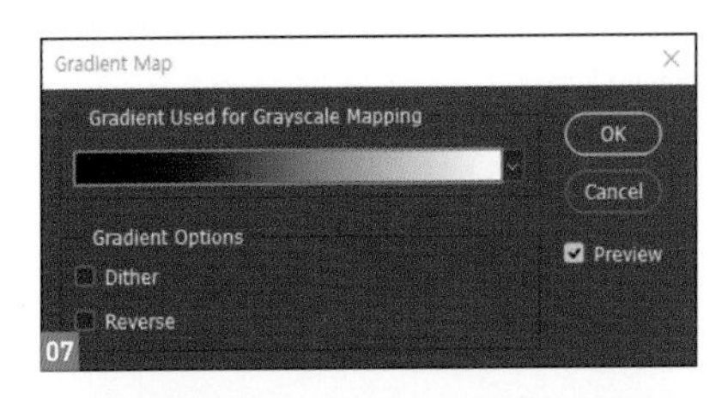

07

08

09

03 Texturizer로 질감 추가하기

[Filter]-[Filter Gallery]를 선택하고 [Texture]-[Texturizer]를 선택합니다.

[Texture : Sandstone], [Scaling : 100%], [Relief : 3], [Light : Bottom]으로 적용하여 질감을 추가합니다. 10

종이 질감이 완성됩니다.

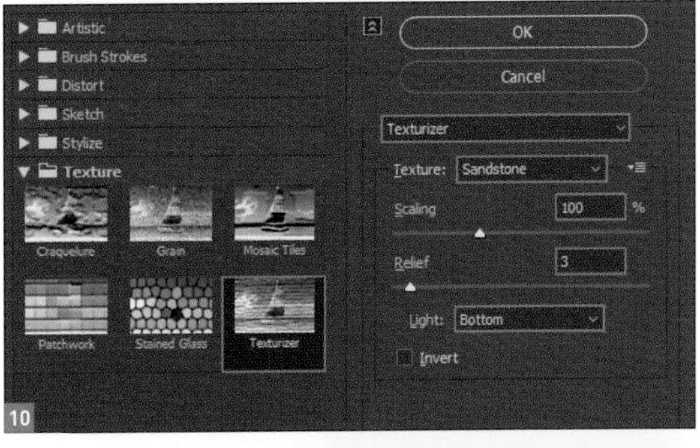

10

04 한지 네 모서리를 마스크하기

작업화면 조금 안쪽으로 선택 범위를 작성합니다. 11

[종이] 레이어를 선택한 상태에서 [Layers] 패널 하단의 [Add layer mask] 아이콘을 클릭합니다. 12 네 모서리가 마스크 되었습니다. 13

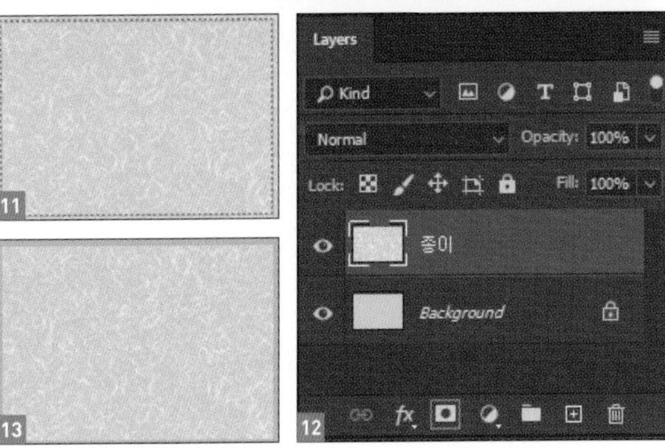

11 12 13

05 한지 네 모서리에 질감을 추가하기

[종이] 레이어의 레이어 마스크 섬네일을 선택한 상태에서 [Filter]–[Filter Gallery]를 선택합니다.
[Brush Strokes]–[Spatter]를 선택하고 [Spray Radius : 10], [Smoothness : 5]로 설정합니다. 14
그대로 패널 오른쪽 아래의 [New effect layer] 아이콘을 클릭하고 [Sketch]–[Torn Edges]를 선택합니다.
[Image Balance : 25], [Smoothness : 11], [Contrast : 17]로 설정합니다. 15
더 거친 느낌으로 하고 싶은 경우에는 이 2개의 필터를 원하는 대로 조정합니다.

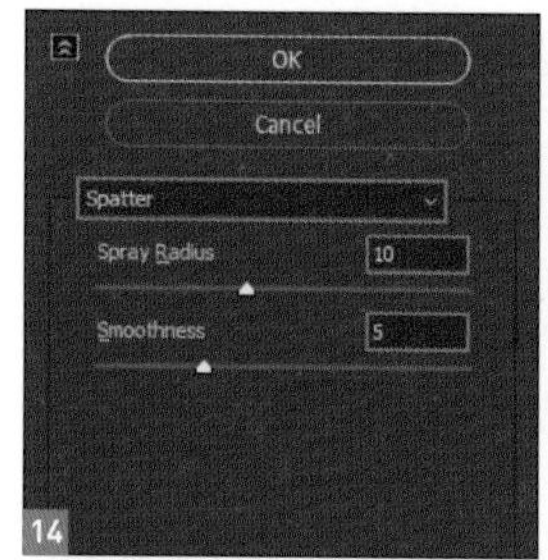

14

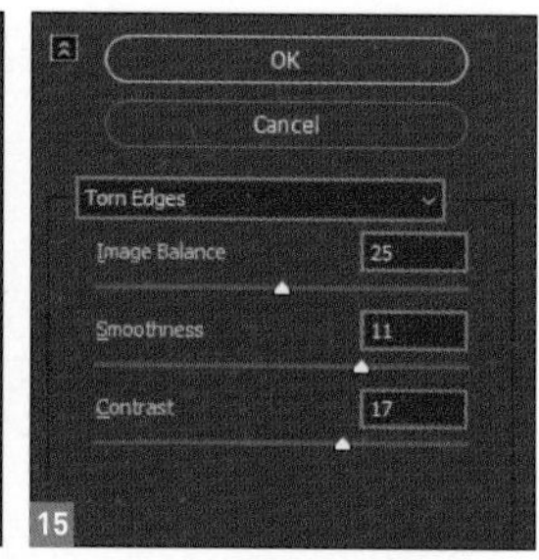

15

06 한지에 빛과 Drop Shadow 추가하기

[종이] 레이어의 오른쪽에서 더블 클릭하여 [Layer Style]을 표시합니다.
[Gradient Overlay]를 선택하고 16과 같이 설정하여 왼쪽 위에서 빛이 나고 있는 이미지로 만듭니다.
Gradient는 Preset에서 [Foreground to Transparent]를 선택합니다. [Tool] 패널의 Foreground Color는 미리 흰색으로 설정해 둡니다.
다음으로 [Drop Shadow]를 선택하고 17과 같이 설정하여 오른쪽 아래에 그림자를 만듭니다. 18

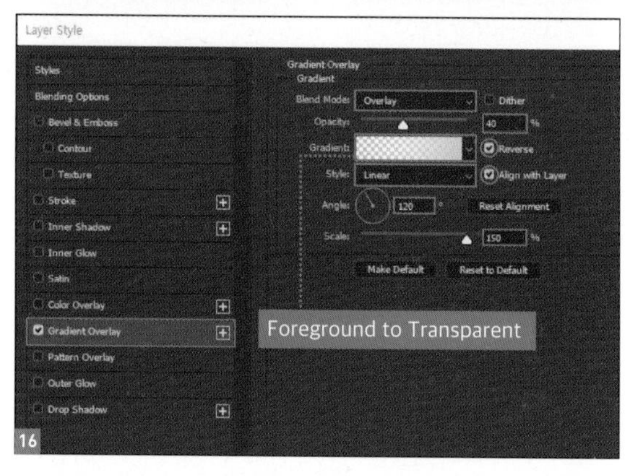

16

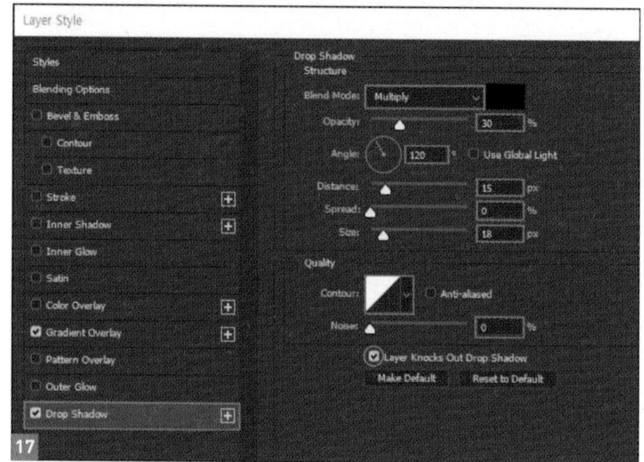

17

18

07 장식하여 완성

제공된 예제 이미지 [사각모양.psd]를 열고 맨 위로 이동시킵니다. [Layers] 패널에서 [Blending Mode : Multiply]로 설정하여 완성합니다. 19

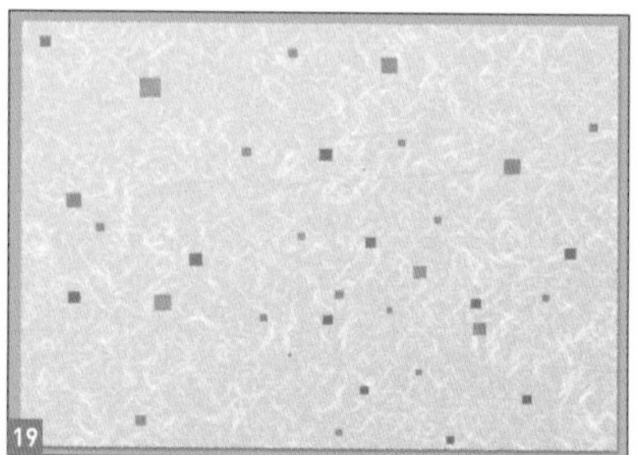
19

No. 054

캔버스의 질감 만들기

라인을 겹쳐서 캔버스 질감을 만듭니다.

POINT 가로세로 라인을 겹쳐서 요철이 있는 질감을 작성한다

HOW TO USE 유채 표현의 기초 조성에 사용

01 Halftone Pattern으로 라인 만들기

예제 파일에서 [배경.psd]를 엽니다.
[Filter]-[Filter Gallery]를 선택하고 [Sketch]-[Halftone Pattern]을 선택하여 01과 같이 설정합니다.
[Filter]-[Noise]-[Add Noise]를 선택하고 02와 같이 설정합니다.
[Background] 레이어를 위에 복사하고 [Free Transform]을 사용하여 -90° 회전합니다. 03
[Blending Mode : Color Burn]으로 설정합니다. 04
2개의 레이어를 통합하고 레이어 이름을 [캔버스]라고 입력합니다.

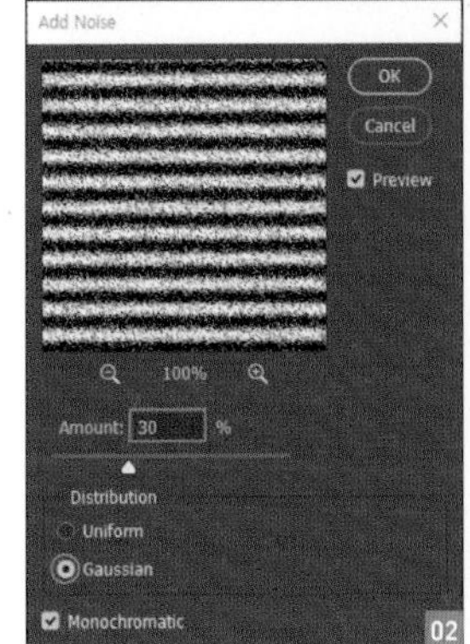

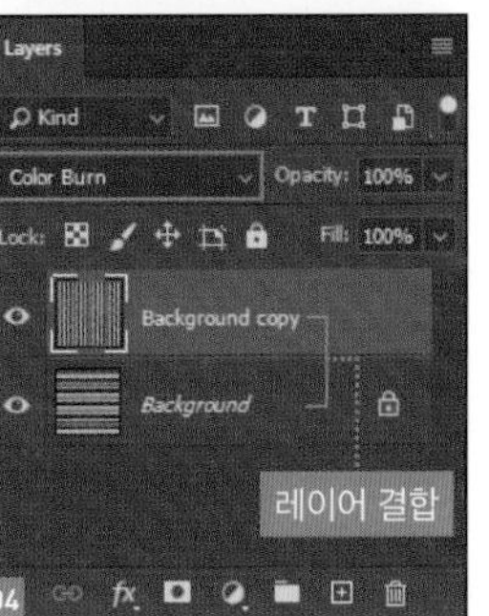

02 색상과 요철 질감 추가하기

[Create new fill or adjustment layer] 아이콘을 클릭하여 [Solid Color]를 선택하고, [Color : #d2cab8]을 적용합니다. 05 06

위에 배치하고, [Blending Mode : Hard Light]로 설정합니다. 07 08

[캔버스] 레이어를 선택하고, [Filter]–[Stylize]–[Emboss]를 선택하여 09와 같이 설정합니다.

입체감 있는 캔버스 질감이 생겼습니다. 10

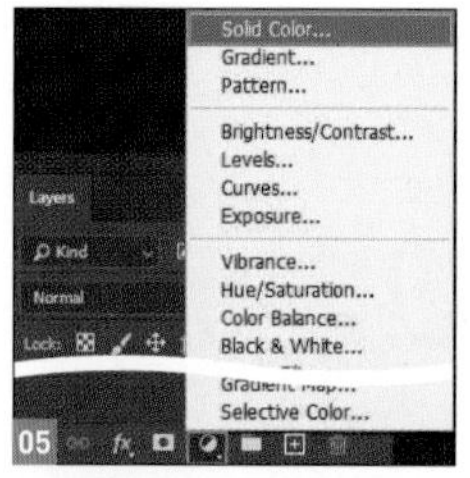

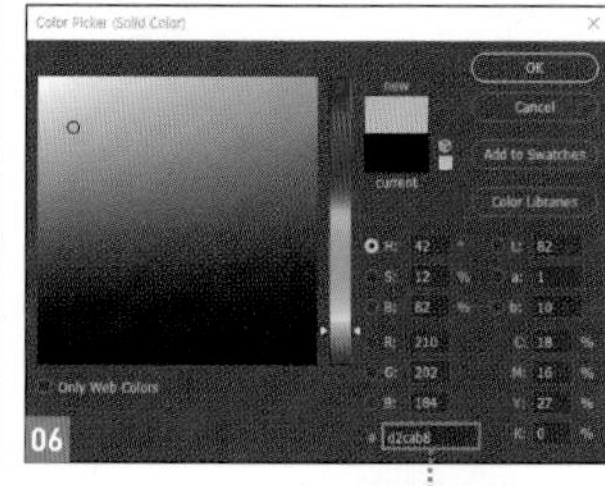

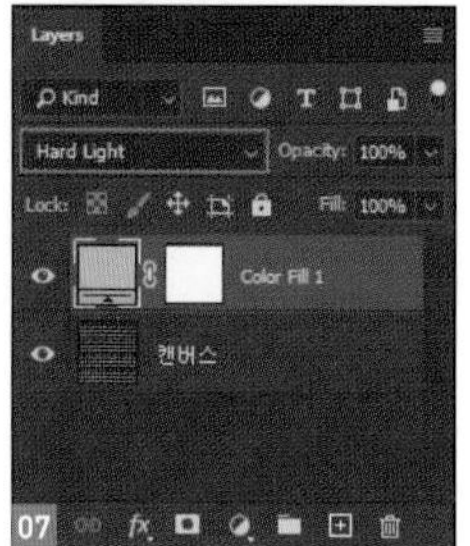

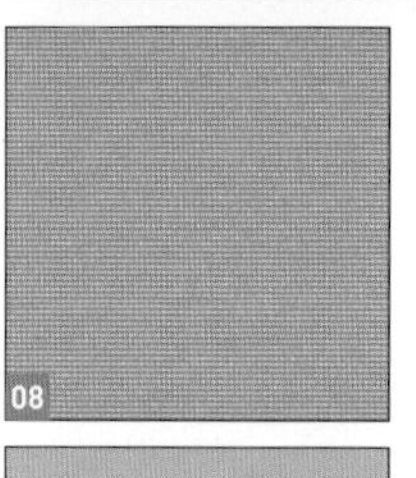

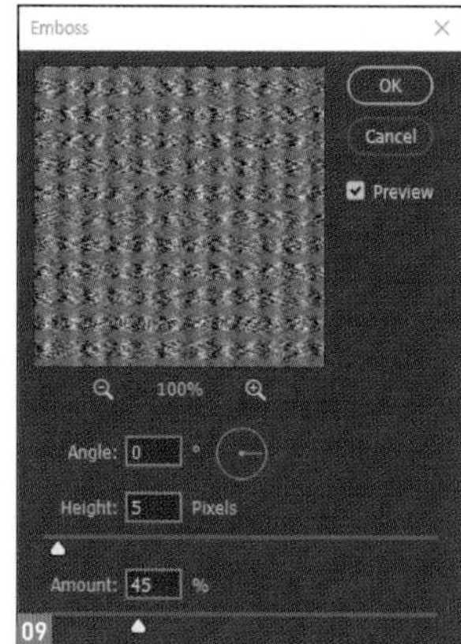

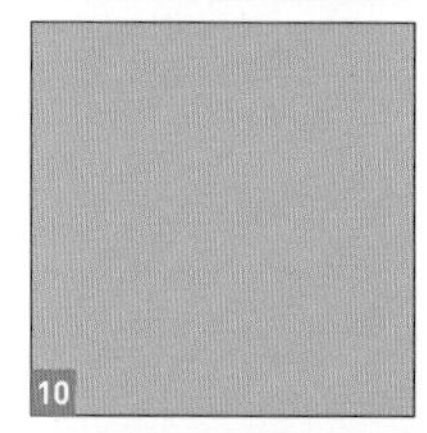

03 Oil Paint를 적용하여 완성

예제 파일에서 [해바라기.psd]를 열고 맨 위에 배치합니다. [Blending Mode : Color Burn], [Opacity : 85%]로 합니다. 11 12

[Filter]–[Stylize]–[Oil Paint]를 선택하고 13과 같이 설정합니다.

캔버스의 질감을 살린 유채화가 표현되었습니다. 14

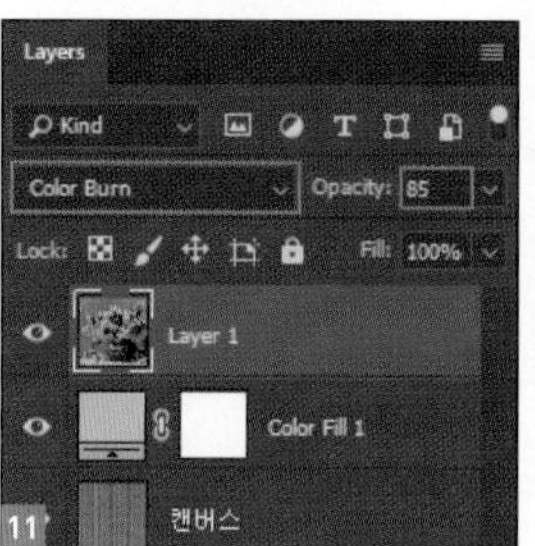

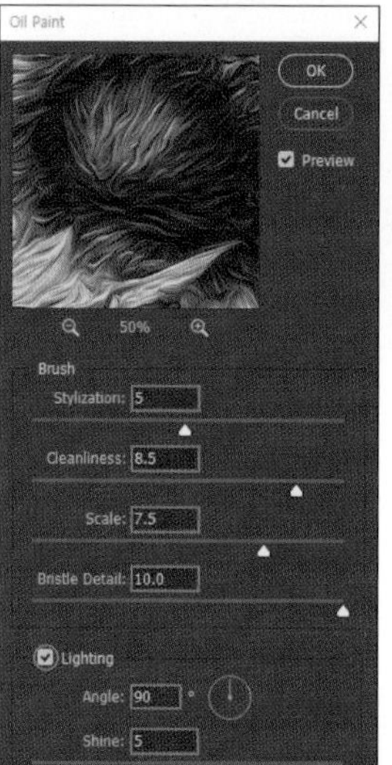

CLASSIC MOTOR SHOW

DOT EFFECT

POP ART

PHOTO EFFECT

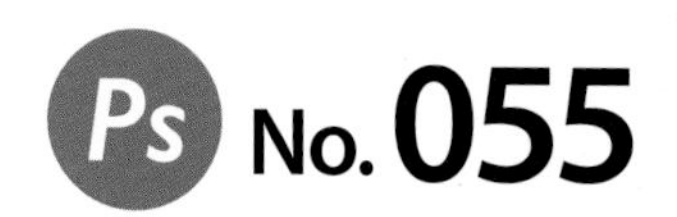

스크린 톤 만들기

도트 스타일의 그래픽을 작성합니다.

POINT Halftone Pattern을 사용하여 간편하게 도트 스타일로 만든다

HOW TO USE 낡은 인쇄물 풍의 가공이나 팝적인 표현에 사용

01 Halftone Pattern 적용하기

예제 파일에서 [인물.psd]를 엽니다. 미리 인물과 배경 레이어를 분리해 두었습니다.

[Tool] 패널에서 [Default Foreground and Background Colors] 아이콘을 클릭하여 색상을 검은색과 흰색으로 설정합니다. [인물] 레이어를 선택하고 [Filter]–[Filter Gallery]를 선택합니다.

[Sketch]–[Halftone Pattern]을 선택하고 [Size : 6], [Contrast : 0], [Pattern Type : Dot]으로 설정합니다. 01 02

[Levels]를 선택하고, Input Levels를 [3 : 0.35 : 130]으로 설정하여 콘트라스트를 높입니다. 03 04

[Filter]–[Sharpen]–[Unsharp Mask]를 선택하고 05와 같이 설정하면 도트감이 강조됩니다. 06

레이어의 [Blending Mode : Multiply], [Opacity : 70%]로 설정합니다. 07

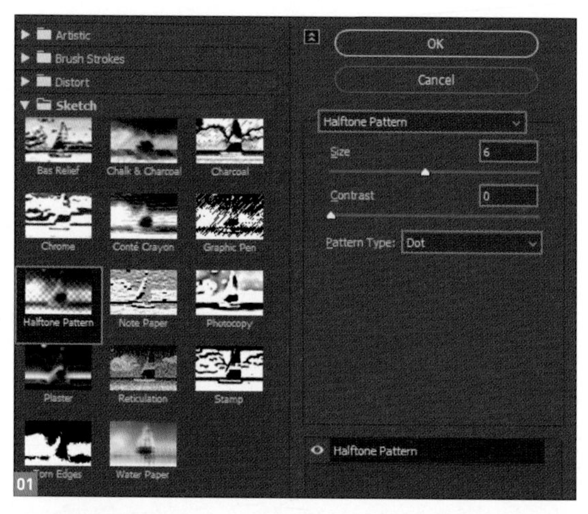

01

02

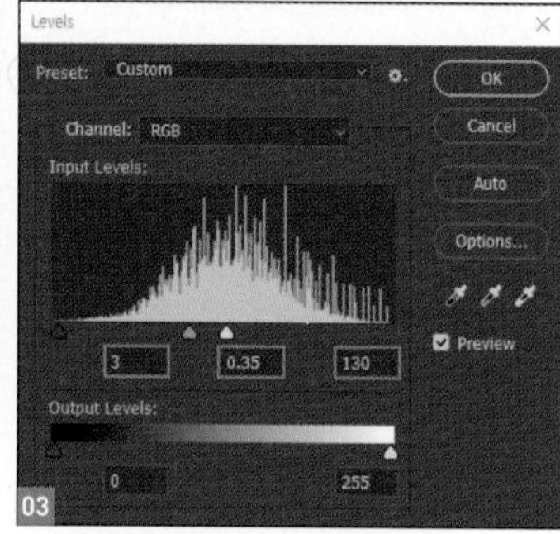

03

콘트라스트가 높아짐

04

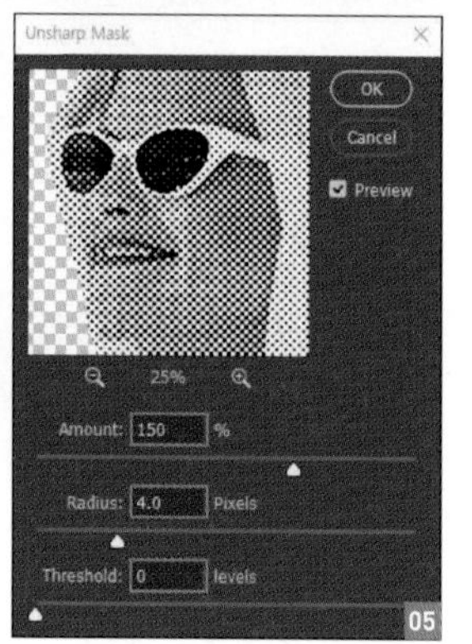

05

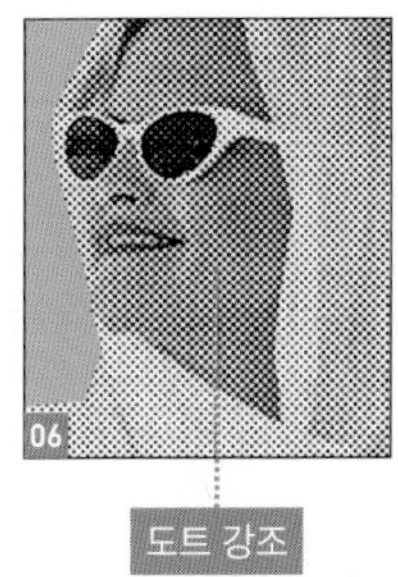

도트 강조

02 인물을 색칠하고 경계선 만들기

[인물] 레이어의 아래에 새로운 [색칠] 레이어를 작성합니다. [Brush Tool]을 선택하고 원하는 색상으로 색칠합니다. 08 [Layers] 패널에서 [인물] 레이어를 선택하고 [Layer Style]을 표시합니다.

[Stroke]을 선택하고 09와 같이 설정하여 밖으로 경계선을 만듭니다. 10

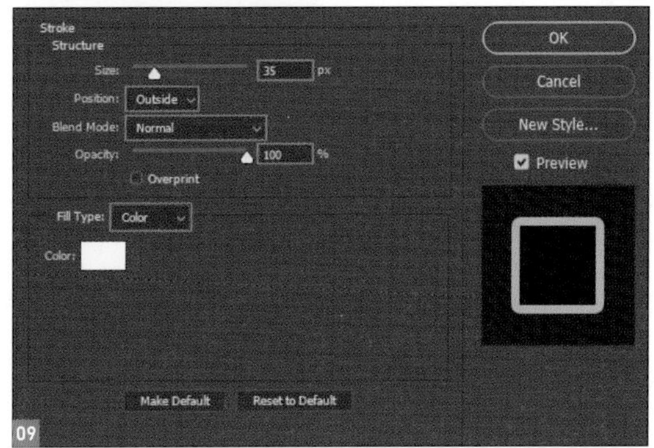

03 종이의 질감을 추가하여 완성

예제 파일에서 [종이질감.psd]를 열고, 맨 위에 배치합니다. 레이어의 [Blending Mode : Multiply], [Opacity : 70%]로 설정합니다. 11

원하는 문자 등을 배치하여 완성합니다. 예제에서는 오래된 모터쇼 이미지로 디자인했습니다.

Ps No.056 그라데이션이 중첩된 텍스처 만들기

Shape의 중첩을 사용하여 복잡한 그라데이션을 작성합니다.

POINT	Shape의 중첩을 파악한다
HOW TO USE	다양한 배경 이미지에 사용

01 배경에 Gradient 배치하기

예제 파일 [배경.psd]를 엽니다. [Tool] 패널에서 [Foreground Color : #2256be], [Background Color : #8cb2e3]으로 설정합니다. [Tool] 패널에서 [Gradient Tool]을 선택하고 Preset에서 [Foreground to Background]를 선택합니다. 01

작업화면 위에서 아래로 드래그하여 Gradient를 작성합니다. 02

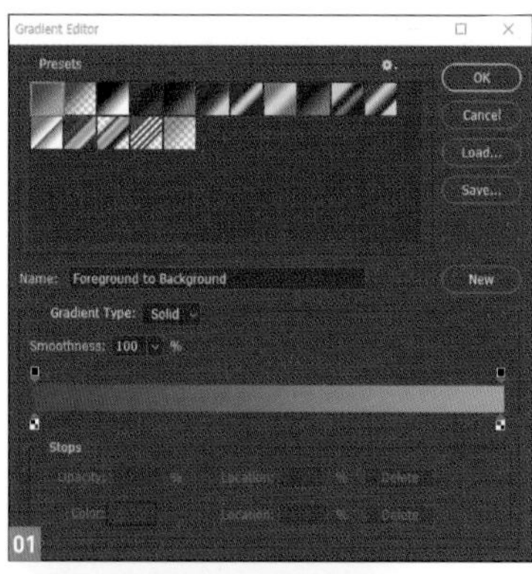

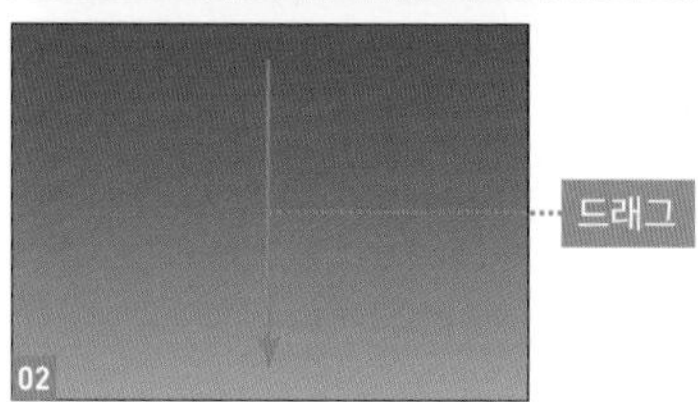

02 Pen Tool로 Shape 만들기

[Tool] 패널에서 [Pen Tool]을 선택하고 [옵션] 바를 03과 같이 [Pick tool mode : Shape], [Path Operations : New Layer]로 설정합니다. 다음 순서에 투명하게 되어 반영되지 않기 때문에 색상은 아무 색이나 상관없습니다.
원하는 형태로 Shape를 작성합니다. 04 [Layers] 패널에서 [Fill : 0%]으로 합니다. 05 작성한 Shape는 레이어 이름이 [Shape 1]이 됩니다.

03 Layer Style 적용하기

[Shape 1] 레이어를 더블 클릭하여 [Layer Style]을 표시합니다. [Stroke]을 06과 같이 설정하고 [Inner Glow]를 07과 같이 설정합니다. 08

04 같은 방법으로 Shape 추가하기

02와 같은 방법으로 위에 [Pen Tool]을 사용하여 원하는 형태의 Shape를 만들어 [Shape 2]를 추가합니다. 09
[Layers] 패널에서 [Shape 1] 레이어를 선택하고 마우스 오른쪽 버튼 클릭 후 [Copy Layer Style]을 선택합니다.
방금 작성한 [Shape 2] 레이어를 선택하고 마우스 오른쪽 버튼 클릭 후 [Paste Layer Style]을 선택합니다. 10
같은 방법으로 11 12 13과 같이 Shape를 추가합니다.
그 위에 3개의 Shape를 더 추가하고 [Opacity : 40%]으로 설정하여 Shape의 중복과 부드러운 질감을 표현합니다. 14
작성한 Shape 레이어는 그룹명 [모양]으로 그룹화하고 [Opacity : 40%]으로 설정합니다. 15 16

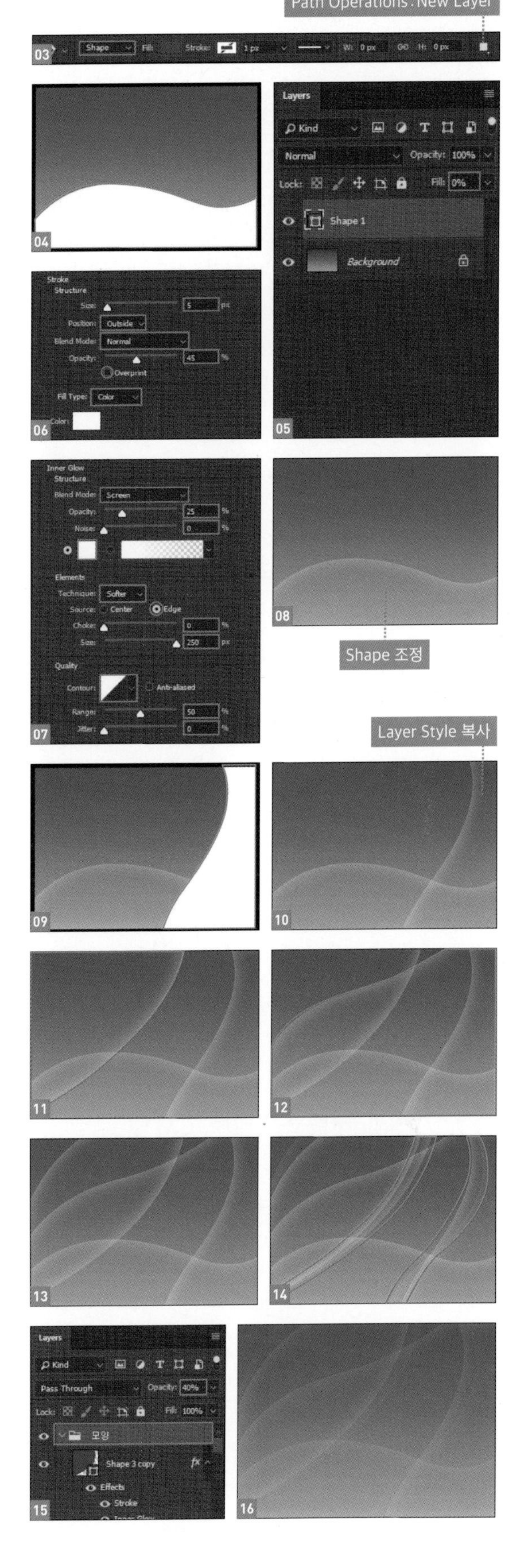

05 조정 레이어로 Gradient 만들기

[Foreground Color : #ffffff]로 설정합니다. [Layers] 패널에서 [Create new fill or adjustment layer]-[Gradient]를 선택합니다.

[Gradient Fill]을 17과 같이 설정하고 Gradient는 Preset의 [Foreground to Transparent]를 선택합니다. 18

[모양] 그룹 레이어의 위에 배치하고 [Blending Mode : Color Dodge], [Opacity : 30%]로 설정합니다. 19

레이어 마스크 섬네일을 선택하고 마우스 오른쪽 버튼 클릭 후 [Delete Layer Mask]를 선택합니다. 20 21

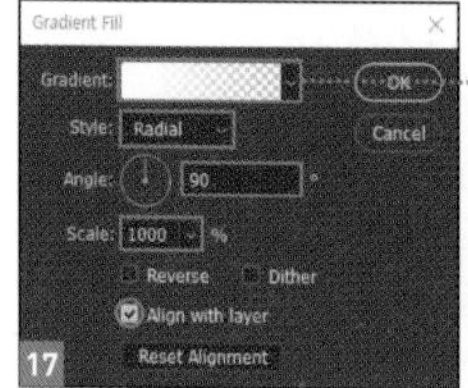

17

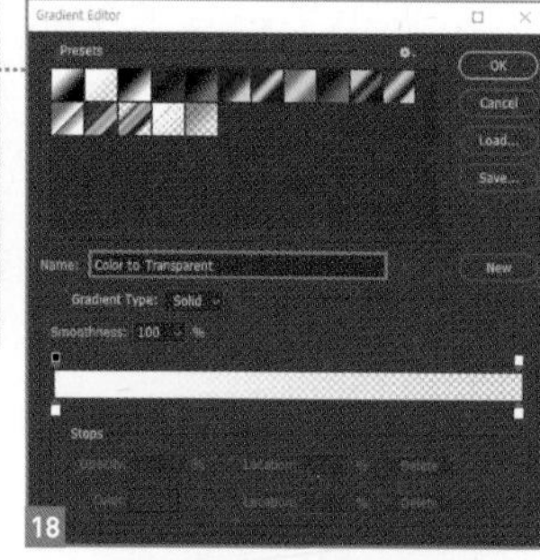

18

19

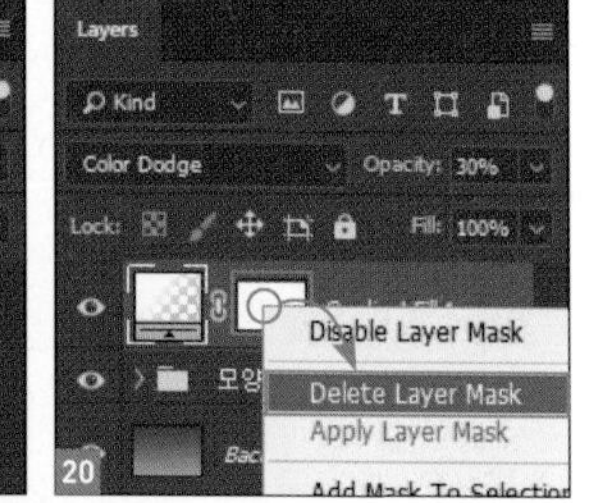

20

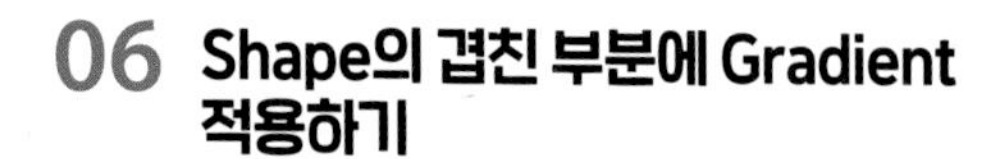

06 Shape의 겹친 부분에 Gradient 적용하기

Shape를 관찰하고 Gradient를 적용하고 싶은 부분을 선택합니다.

빨간색으로 지정한 22의 범위를 선택하고 싶은 경우 23의 빨강으로 둘러싼 Shape와 24의 빨강으로 에워싸고 있는 Shape가 교차하는 범위25를 선택하게 됩니다.

먼저 [Layers] 패널에서 해당하는 레이어를 ⌘(Ctrl)+클릭하여 선택 범위를 작성합니다.

다음으로 해당하는 레이어를 ⌘(Ctrl)+Shift+Alt 누르고, 클릭하면 교차하는 범위만 선택됩니다. 26

선택 범위를 작성하면 [Layers] 패널에서 레이어 [Gradient Fill 1]을 선택하고 [Add layer mask]를 선택합니다. 27

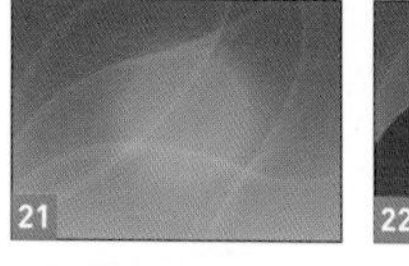
21

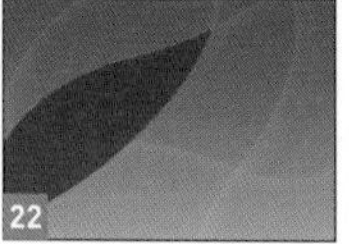
22

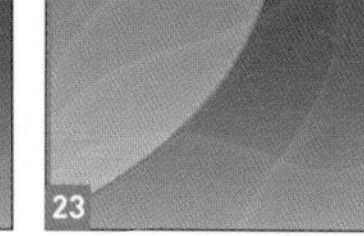
23

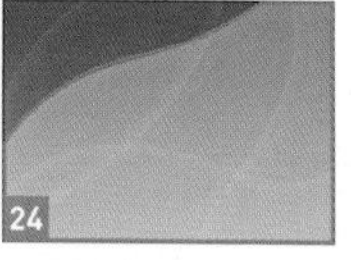
24

25

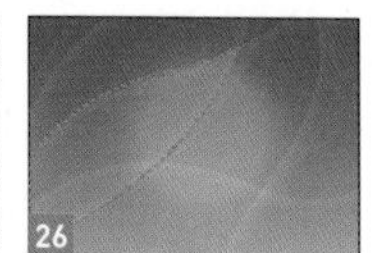
26

27

07 Gradient를 추가하여 위치 및 크기 조정하기

[Gradient Fill 1] 레이어의 섬네일을 더블 클릭하여 [Gradient Fill] 패널을 엽니다. 28

[Scale]을 바꾸고 작업화면에서 드래그하여 Gradient 적용 상태나 위치를 조정합니다. 29 30

같은 방법으로 [Layers] 패널에서 [Create new fill or adjustment layer]-[Gradient]를 추가하고 Shape가 교차하는 범위의 선택 범위를 원하는 대로 작성하고, Gradient를 마스크합니다. Gradient의 [Scale]이나 레이어의 [Opacity]를 조정하면서 작업을 진행하여 완성합니다. 31

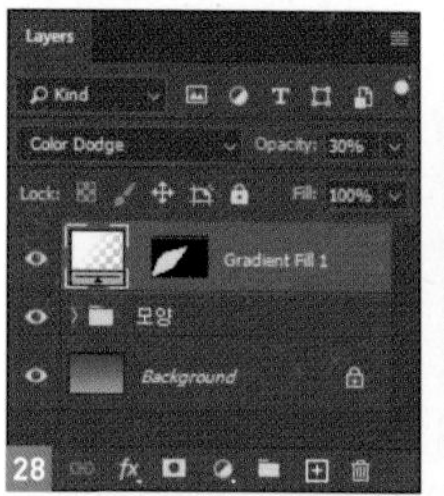

28

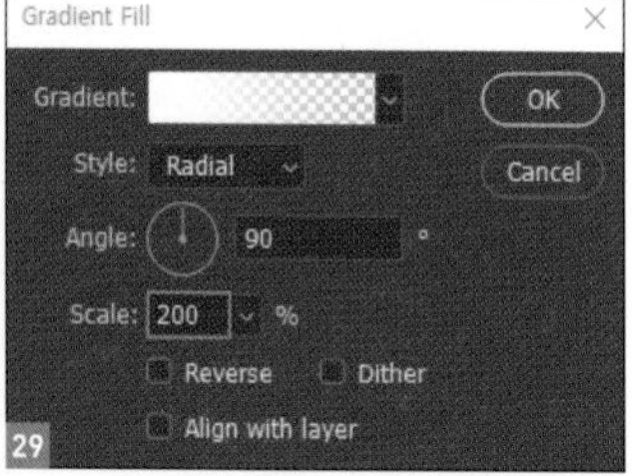

29

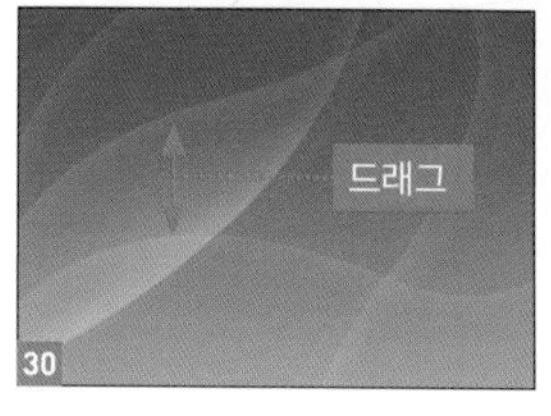

30

31

레이스의 질감 만들기

레이스를 디자인하고 브러시나 패턴에 등록합니다.
활용성이 높은 레이스 모양을 여러 개 작성합니다.

POINT 브러시나 패턴에 등록하여 다양한 용도로 사용한다

HOW TO USE 화려하고 고급스러운 우아한 이미지에 사용

01 레이스 모양 만들기

[File]–[New]를 선택하여 새로운 문서를 작성합니다. [Tool] 패널에서 [Pen Tool]을 선택하고 [옵션] 바에서 [Stroke : 4pt], [Width Profile 1]을 선택한 후 [Pen Tool]로 모양을 만듭니다. 01 02

[Fill : #000000]으로 설정하고 장식 부분을 그립니다. 03

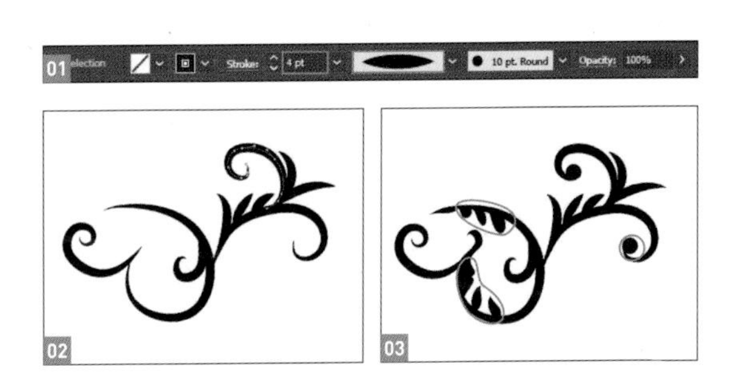

02 복사하여 반전시키기

모든 것을 선택하고 좌우대칭으로 복사하여 반전시킵니다. [Tool] 패널에서 [Reflect Tool]을 더블 클릭하여 [Reflect] 패널의 [Vertical]을 선택하고 [OK]를 선택해 반전시킵니다. 04 05 06

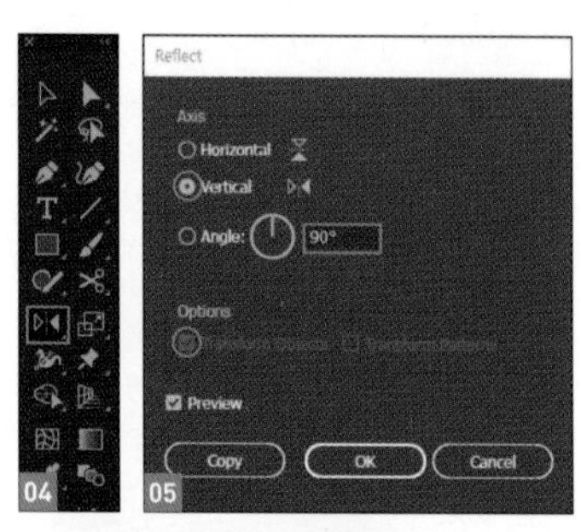

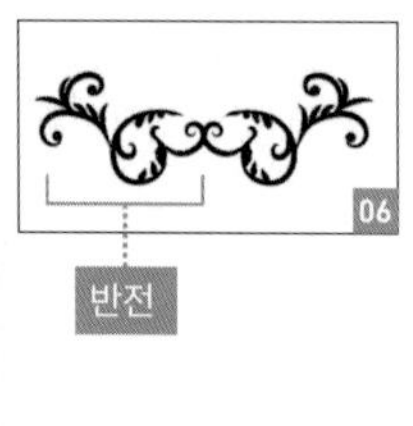

03 레이스 브러시 등록하기

작성한 모양을 선택합니다. [Window]-[Brushes]를 선택하고 [Brushes] 패널 메뉴에서 [New Brush]를 선택한 후 [New Brush] 패널에서 [Pattern Brush]에 체크하여 [OK]를 클릭합니다. 07 08

[Pattern Brush Options] 패널에서 [Name : 레이스 브러시 1], [Method : None]으로 설정하고 [OK]를 클릭하여 [Brush Libraries]에 등록합니다. 09 [레이스 브러시 1]이 [Brushes] 패널에 표시되었습니다. 10

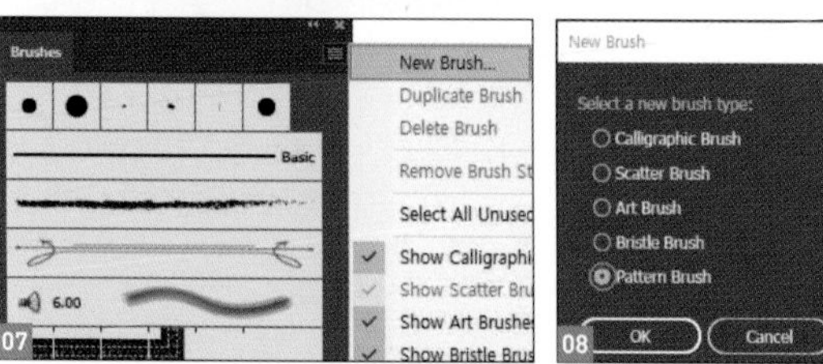

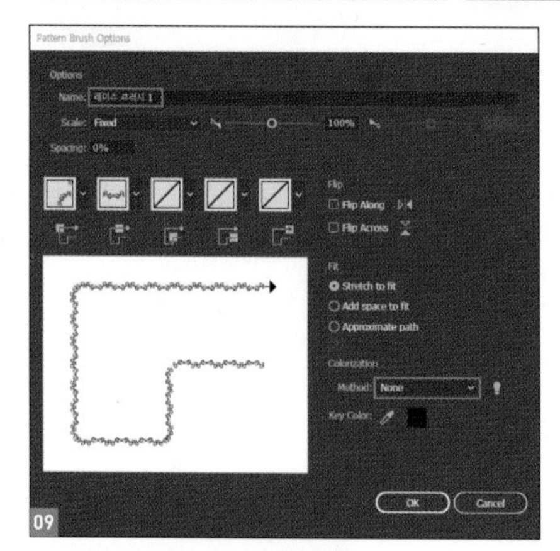

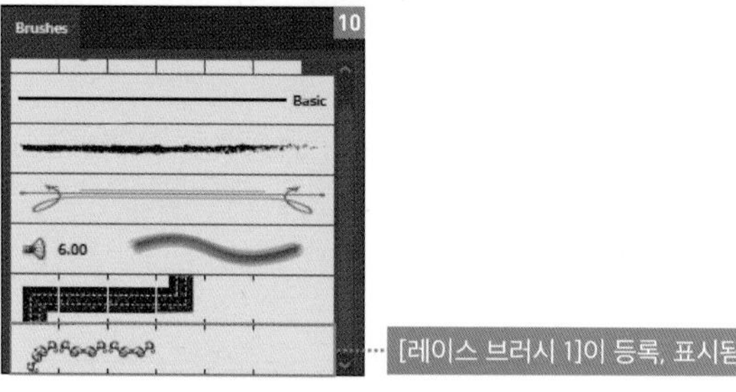

04 그물 레이스 작성하기

[Tool] 패널에서 [Rectangle Tool]을 선택하고 [Width : 2.5mm], [Height : 3.5mm]의 직사각형을 만듭니다. 11

[Object]-[Path]-[Offset Path]를 선택하고 12와 같이 설정합니다. 안쪽에 직사각형이 생깁니다. 안쪽 직사각형은 [Fill : #ffffff]로 설정하여 색상을 바꿉니다. 13

안쪽 직사각형을 클릭하고, [옵션] 바에서 [Shape]을 [Rectangle Width : 3mm], [Rectangle Height : 2mm], [Corner Type : Round], [Corner Radius : 1mm]로 설정합니다. 14 모서리가 둥글어졌습니다. 15

[Window]-[Pathfinder]를 선택합니다. 2개의 도형을 선택하고 [Pathfinder] 패널에서 [Minus Front] 아이콘을 클릭합니다. 16 17과 같이 안이 삭제됩니다.

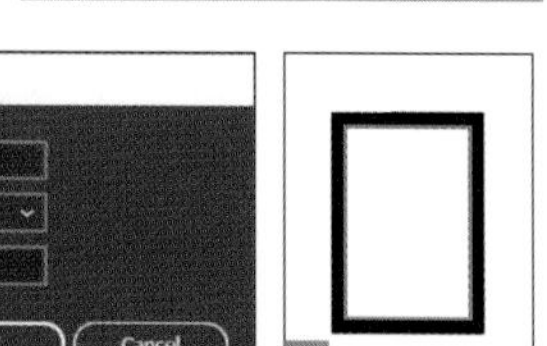

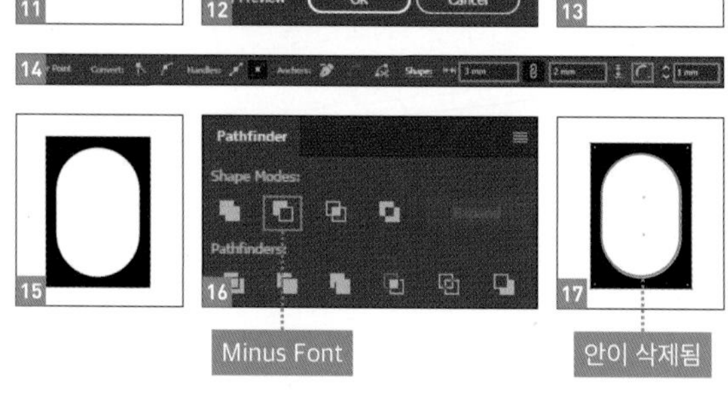

05 패턴으로 등록하기

잘라낸 오브젝트를 선택하고 [Window]-[Pattern Options]를 선택합니다. [Pattern Options] 패널에서 [Make Pattern]을 클릭합니다.[18]

옵션을 [19]와 같이 설정하여 패턴을 [Swatches] 패널에 등록시킵니다.[20]

[Swatches] 패널에 레이스 패턴이 표시됩니다. 이 패턴을 사용할 때는 45° 기울이면 보기 좋게 됩니다.[21]

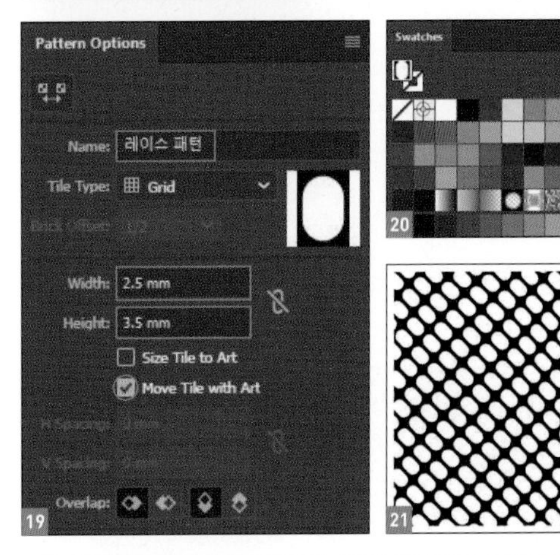

06 그물 레이스 작성하기

[Tool] 패널에서 [Paintbrush Tool]을 선택하고 [Fill : #000000], [Stroke : None]으로 설정하여 타원을 그리고, 그 위에 꽃 모양을 흰색으로 그립니다.[22][23]

흰색 꽃 부분만 선택하고 [Object]-[Compound Path]-[Make]를 선택합니다.[24]

타원과 꽃 모양을 모두 선택하고, [Window]-[Pathfinder]를 선택합니다. [Pathfinder] 패널에서 [Minus Front] 아이콘을 클릭합니다.[25] [Rectangle Tool]로 사각형을 작성합니다(알기 쉽도록 회색 사각형으로 했습니다).[26] 사각형과 작업된 오브젝트 2개를 선택하고 [Pathfinder] 패널에서 [Intersect]를 클릭합니다.[27] 좌우가 일직선으로 잘렸습니다.[28]

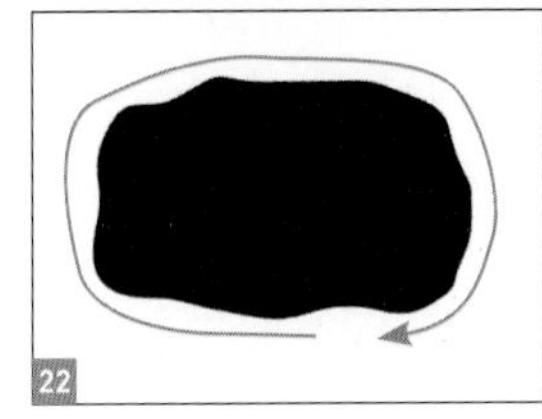
22

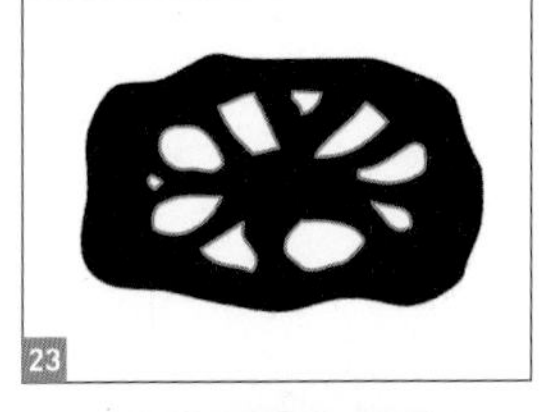
23

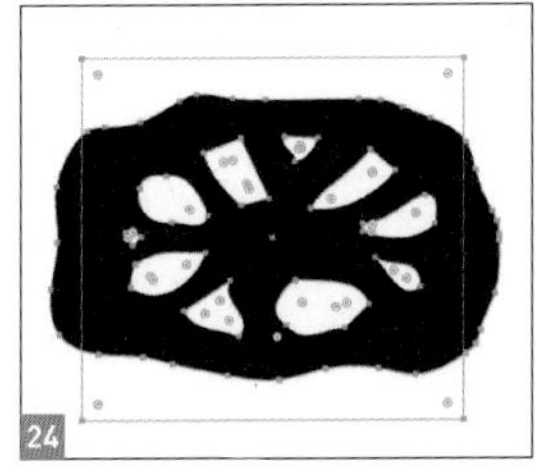
24

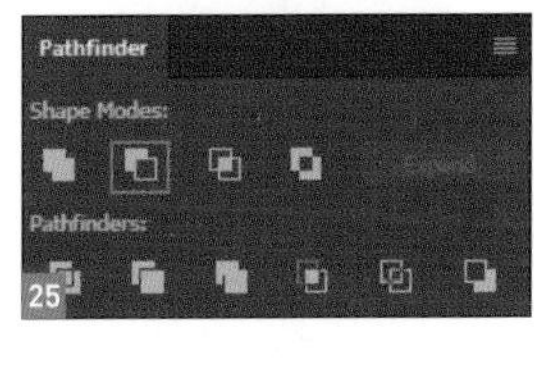

25

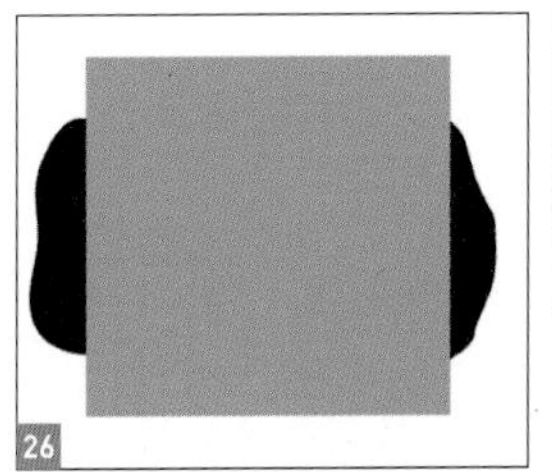
26

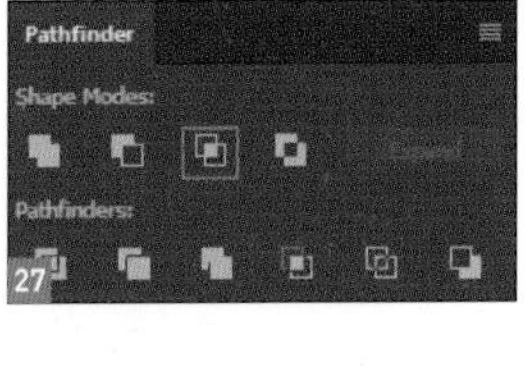

27

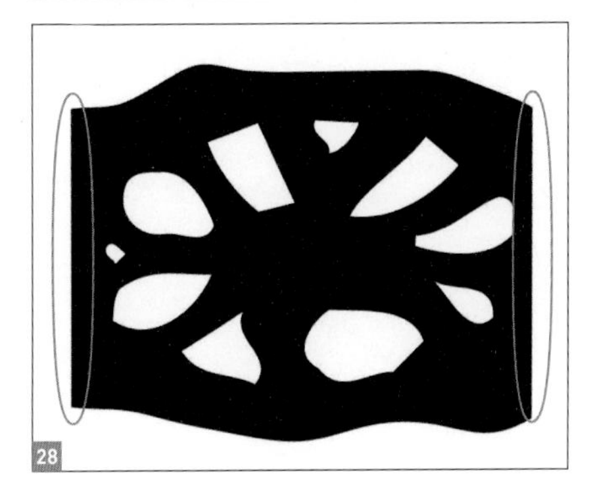
28

07 레이스 브러시 등록하기

[Direct Selection Tool]에서 양끝의 포인트를 선택하고 [Object]–[Path]–[Average]를 선택한 후 [Average] 패널에서 [Horizontal]을 체크하고 [OK]를 클릭합니다. 29
03과 같은 방법으로 [Brush Libraries]에 등록합니다. [Name : 레이스 브러시 2], [Method : None]으로 등록합니다. 30 깔끔한 레이스 브러시가 생겼습니다. 31
예제에서는 이번에 만든 2개의 레이스 브러시와 패턴을 사용하여 디자인을 만들었습니다. 32

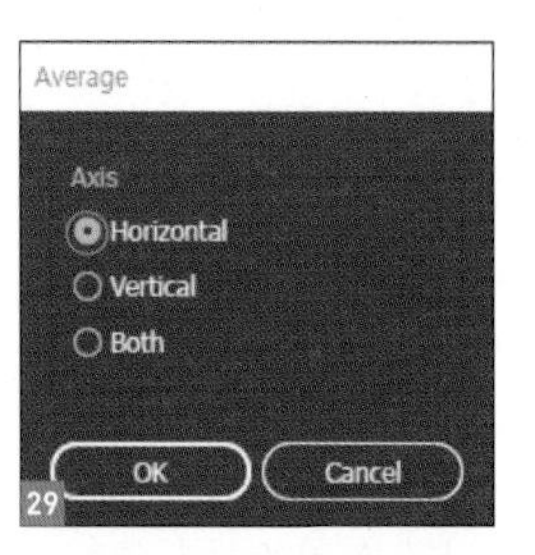

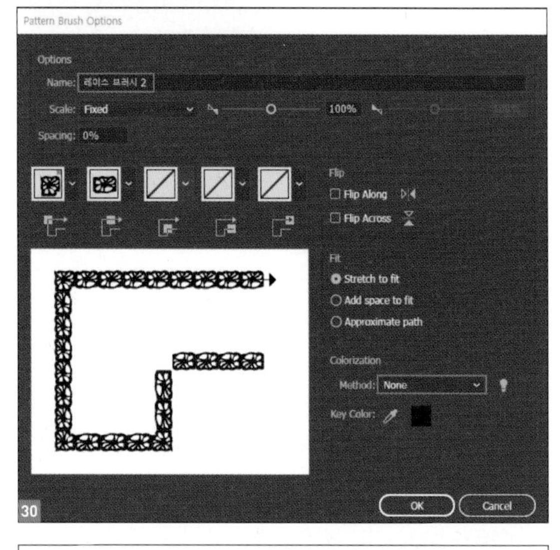

column

패턴의 회전 및 확대, 축소

[Tool] 패널의 [Rotate Tool]이나 [Scale Tool]에서 [Transform Patterns]를 체크하면 패턴만 조정이 가능합니다.

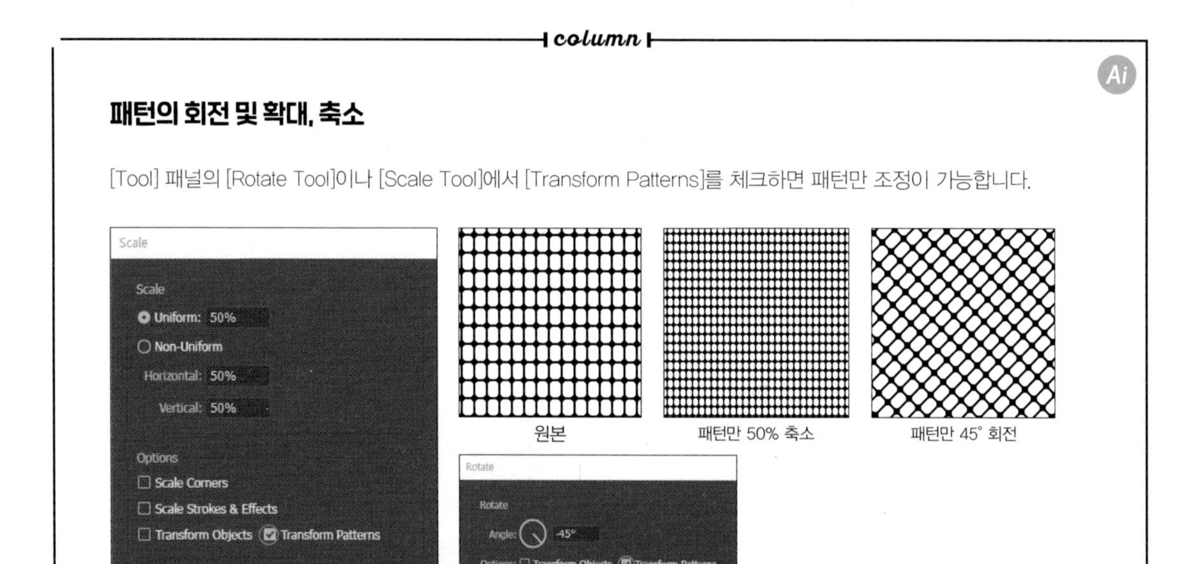

물방울 패턴 만들기

도트 패턴을 작성하여 옷 무늬에 적용합니다.

POINT 같은 방법으로 Shape 뿐만 아니라 사진을 오려서 패턴으로 등록할 수 있다

HOW TO USE 다양한 광고나 그래픽에 사용

01 패턴 만들기

[File]–[New]를 선택하고 [Width : 200px], [Height : 200px]의 작업화면을 만듭니다. 01

[Tool] 패널에서 [Ellipse Tool]을 선택합니다. 02

[Foreground Color : #000000]으로 설정하고 작업화면을 클릭하여 [Create Ellipse] 패널을 표시하고 03과 같이 설정하여 [85px]의 정원을 만듭니다. 작성한 원 [Ellipse 1]을 중심으로 배치합니다. 04

원을 중심에 배치하려면, [Tool] 패널에서 [Move Tool]을 선택하고 ⌘(Ctrl)+A로 작업화면 전체를 선택한 상태에서 [옵션] 바의 [Align vertical centers]와 [Align horizontal centers]를 선택하는 것이 좋습니다. 05

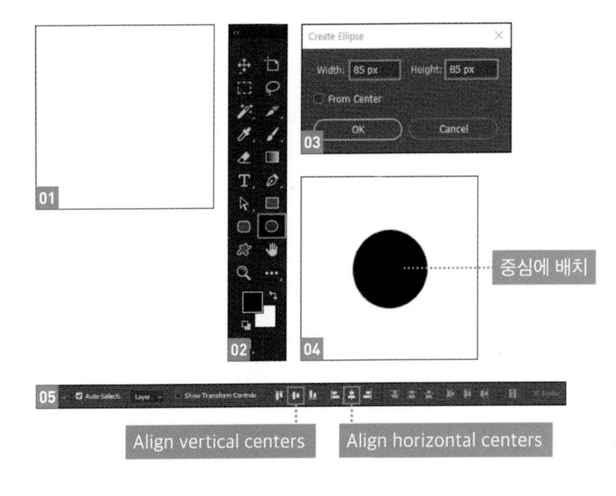

02 매끄러운 패턴 만들기

[Ellipse 1] 레이어를 복사합니다.

[Filter]–[Other]–[Offset]을 선택합니다.

경고 메시지가 표시되면 [Convert To Smart Object]를 선택합니다. 06 [Offset]을 07과 같이 설정합니다.

작업화면 크기가 200px이므로 수평, 수직 방향으로 100px Offset하는 것으로 매끄러운 패턴을 작성할 수 있습니다. 08

배경을 비표시로 합니다. 09

[Edit]–[Define Pattern]을 선택합니다. Pattern Name을 [도트 패턴]이라 하고 [OK]를 클릭합니다. 10 이것으로 패턴이 완성되었습니다.

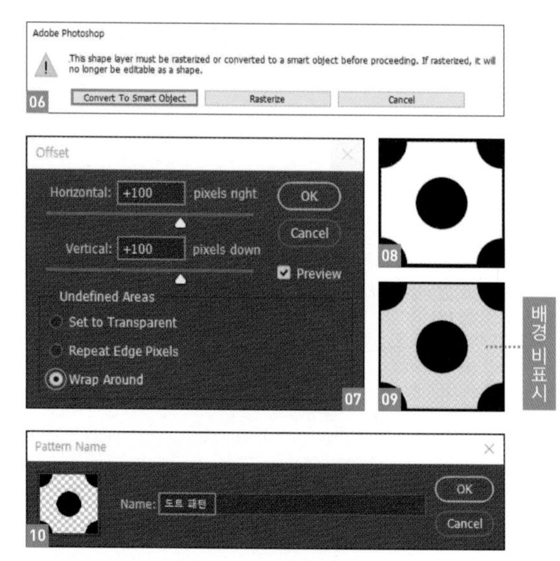

03 옷에 패턴을 합성하기

예제 파일 [여성.psd]를 엽니다. [Layers] 패널에서 위에 새로운 [도트] 레이어를 작성합니다.

[Edit]–[Fill]을 선택하고 11과 같이 [Contents : Pattern], [Custom Pattern : 도트 패턴]을 선택하고 [OK]를 클릭합니다. 12 일단 [도트] 레이어는 비표시로 하고, [Pen Tool]이나 [Quick Selection Tool] 등을 사용하여 도트를 적용하고 싶은 부분의 선택 범위를 작성합니다. 13

[도트] 레이어를 표시합니다. 선택 범위를 작성한 상태에서 [도트] 레이어를 선택하고 [Add layer mask]를 선택합니다. 14

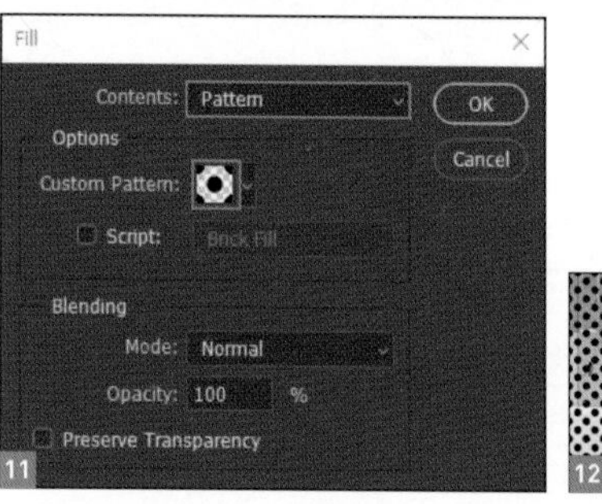

04 Blending Mode 적용하기

[도트] 레이어를 더블 클릭하여 [Layer Style] 패널을 열고 [Blending Options]를 선택합니다. [Blend If]–[Underlying Layer]를 [0 : 196/237]으로 설정합니다. 15 [Blend If]에서 왼쪽 조정 포인트의 약간 오른쪽에서 option(Alt)를 누르면서 드래그하면 조정 포인트가 분할됩니다.

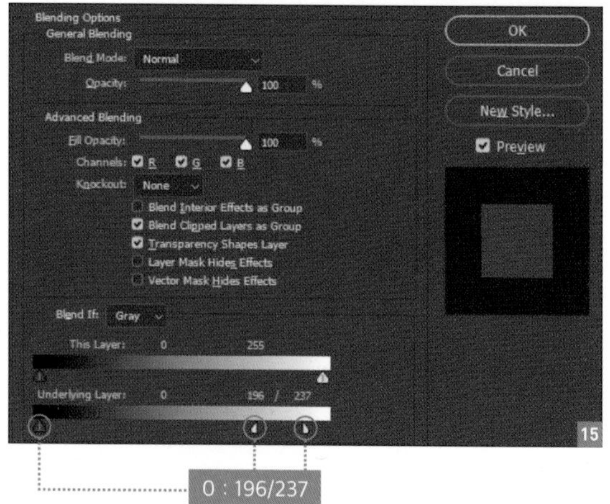

[도트] 레이어의 [Blending Mode : Multiply]로 설정합니다. 16

16

옷과 어우러짐

05 패턴의 크기와 색상을 바꿔 완성하기

도트의 크기를 바꾸려면 [Layers] 패널에서 [도트] 레이어를 선택하고, 레이어 마스크의 링크를 해제한 후 [Edit]-[Free Transform]을 사용하여 변형합니다.

색상은 [Image]-[Adjustments]-[Hue/Saturation]을 선택하고 [Colorize]를 체크하여 원하는 색으로 조정합니다. 도트의 크기와 색깔이 정해지면, [도트] 레이어의 레이어 마스크를 선택하고 [Brush Tool]을 선택하여 지퍼 부분이나 옷감이 겹치는 부분 등 17과 같이 세세하게 마스크를 추가하여 완성합니다. 18

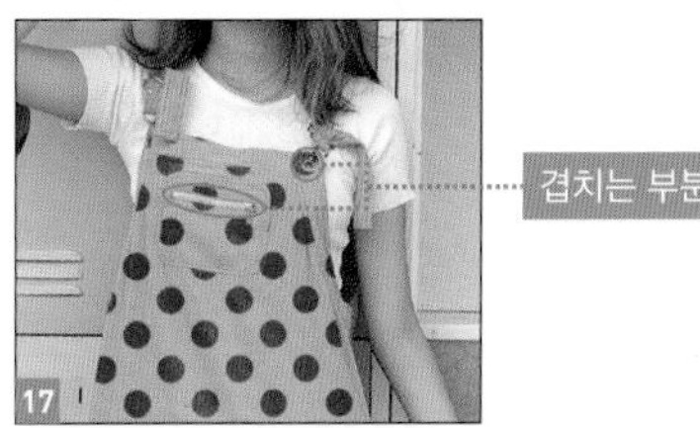
17

겹치는 부분을 마스크

18

No.059

심리스 패턴 만들기

[Pattern Preview]로 심리스 패턴을 작성합니다. 빈티지한 느낌의 일러스트를 사용하여 통일감 있는 이미지로 완성합니다.

POINT 통일감 있는 이미지로 만든다

HOW TO USE 패턴, 배경 등에 사용

01 Pattern Preview 표시하기

[File]–[New]를 선택해 [Width : 1000px], [Height : 1000px]의 문서를 작성합니다. 01 [View]–[Pattern Preview]를 선택합니다. 02 이 설정을 실행하면 03과 같이 캔버스 외에도 배경의 이미지가 계속 이어진 것 같은 상태가 됩니다.

memo

[Pattern Preview]를 사용할 때는 각 레이어를 [Smart Objects]로 해두면 좋습니다. 일반 레이어로 작업을 진행하면 이미지가 끊어지는 등의 예기치 못한 결과가 되는 경우가 있습니다.

02 소재 배치하기

예제 파일 [소재집.psd]를 엽니다. 이 파일에는 다수의 빈티지 풍 일러스트 이미지가 준비되어 있습니다. 04 소재집에서 [새01] 레이어을 이동시킵니다. Pattern Preview 상태에서는 작업화면에 배치하면 자동으로 심리스 패턴이 됩니다. 05

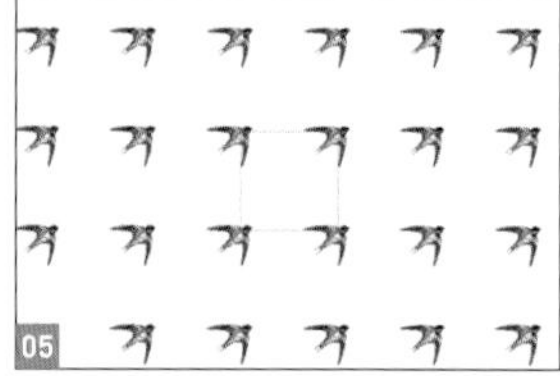

03 원하는 소재로 레이아웃 하기

실제로 작성되는 이미지는 [Window]-[Navigator]에서 확인할 수 있습니다. 06

소재집에서 각 레이어를 이동시켜 레이아웃 합니다. 여기에서는 각각의 이미지가 겹치지 않고 같은 간격의 여백으로 레이아웃 했습니다. 원하는 레이아웃으로 만듭니다. 07

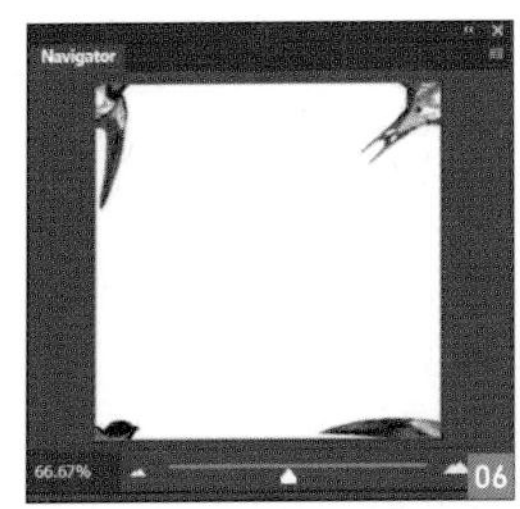
06

07

04 소재끼리 통일감 주기

배경 등에서 사용하기 쉽도록 전체의 톤을 맞추어 통일감을 줍니다.

맨 위의 레이어를 선택하고 [Create new fill or adjustment layer]-[Curves]를 선택합니다. 08 왼쪽 아래의 컨트롤 포인트를 [Input : 0], [Output : 80]으로 설정하고 09, 컨트롤 포인트를 추가하여 [Input : 50], [Input : 85]로 설정합니다. 10 전체적으로 광택이 없는 질감으로 통일되었습니다. 11 [Curves 1] 조정 레이어를 선택한 상태에서 [Create new fill or adjustment layer]-[Gradient Map]을 선택합니다. 12 선호하는 그라데이션을 작성해 봅시다. 예제에서는 파랑 계열의 [#0c2442]에서 노랑 계열의 [#dedac6]로 그라데이션을 작성했습니다. 13 14

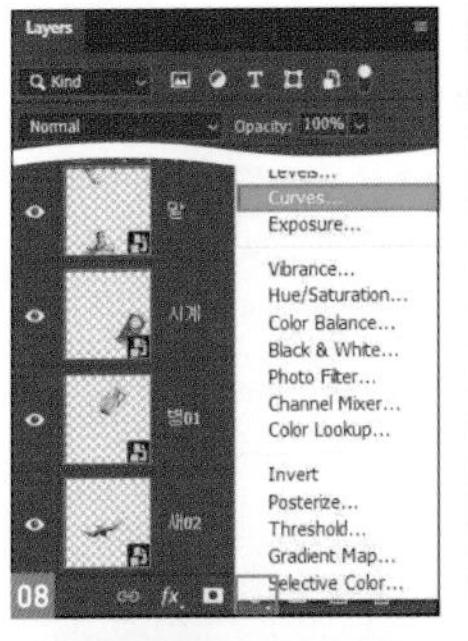
08

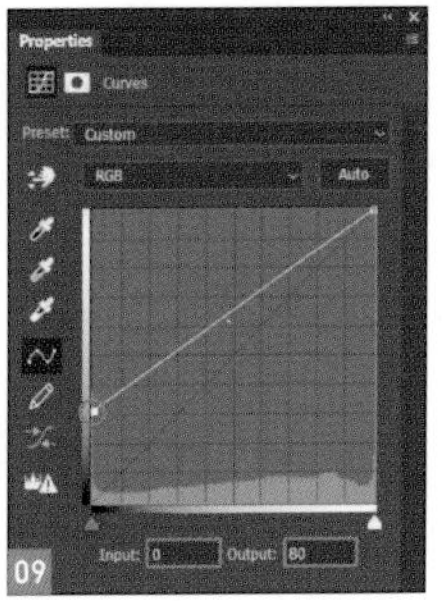
09

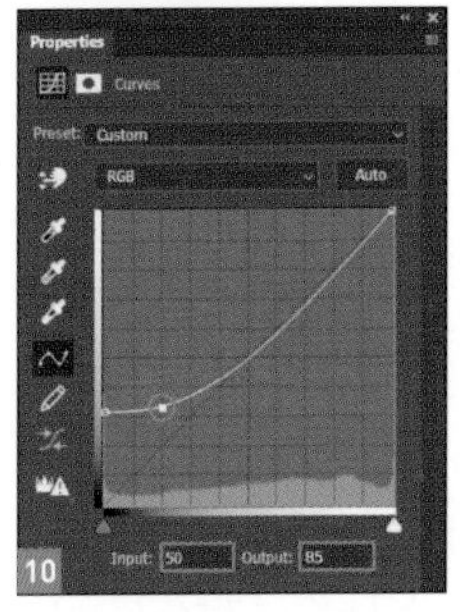
10

11

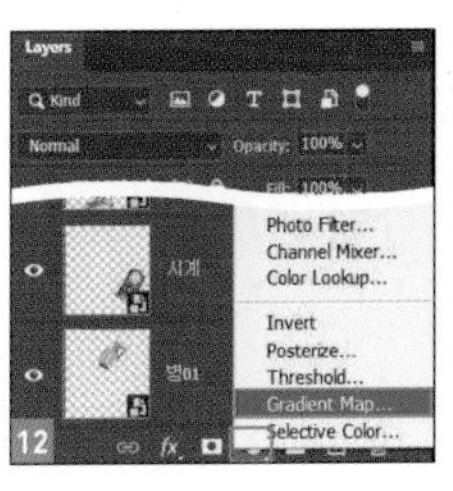
12

13

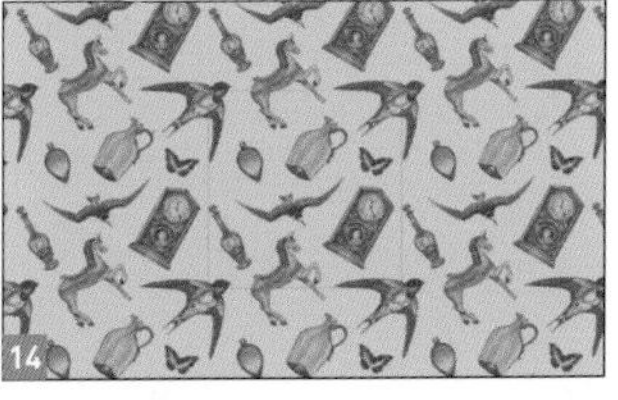
14

05 패턴으로 등록 후 패턴 적용하기

이미지가 완성되면, [Edit]-[Define Pattern]을 선택합니다. 15

원하는 패턴 이름을 지정하고 [OK]를 선택합니다. 여기서는 "빈티지 일러스트"라고 했습니다. 16

[File]-[New]를 선택하고 프리셋 [Print]에서 [A6]를 선택합니다(원하는 크기를 선택합니다). 17

15

16

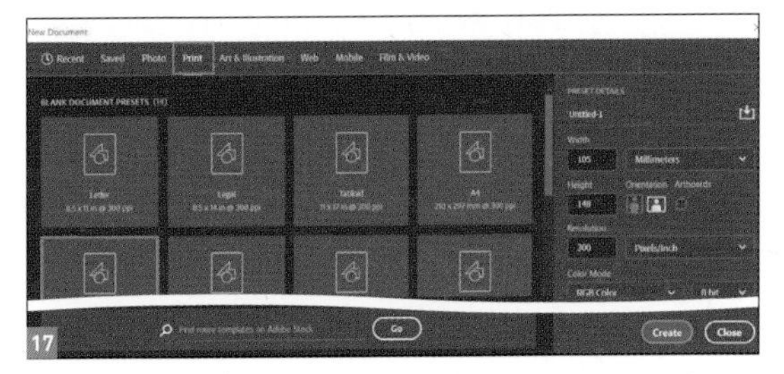
17

[Layer]-[New Fill Layer]-[Pattern]을 선택합니다. 18 [OK]를 클릭하고 표시되는 창에서 왼쪽의 프리뷰를 선택하고 패턴 픽커에서 작성한 패턴을 선택합니다. 19 [Pattern Fill] 패널이 표시되고 있는 동안은 작업화면 위에서 드래그하여 위치를 조정할 수 있습니다. 또 [Scale]을 바꾸면 작업화면의 패턴 비율이 바뀌어 확대 · 축소할 수 있습니다. 20 원하는 위치와 비율로 적용하여 완성합니다.

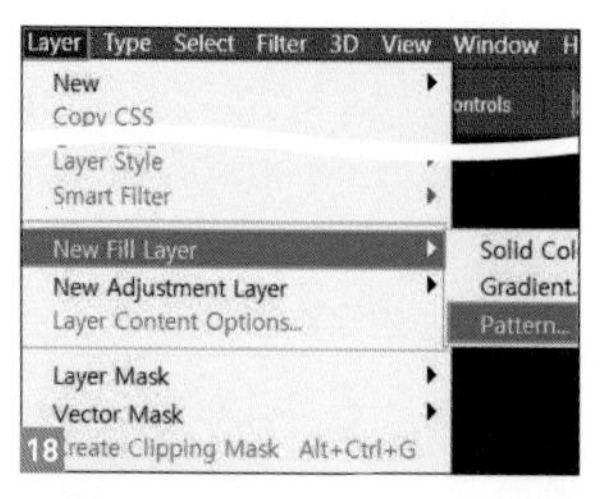

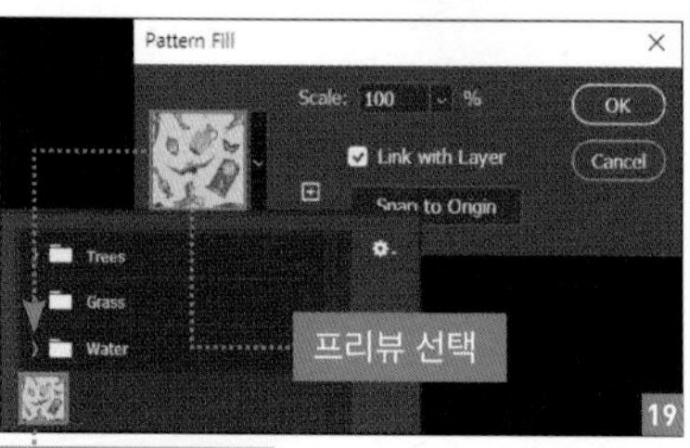

주름에 맞게 이미지 넣기

천 등의 주름에 맞게 이미지를 변형시켜 자연스러운 이미지로 합성합니다. P.204에서 만든 패턴을 바탕으로 작업합니다.

POINT [Displace]를 사용하여 이미지에 왜곡을 준다

HOW TO USE 주름이나 요철(凹凸)이 있는 이미지와 합성할 때 사용

01 바탕 이미지의 콘트라스트 높이기

예제 파일 [텍스처.jpg]를 엽니다.

[Image]-[Adjustments]-[Levels]를 선택하고 01와 같이 콘트라스트를 높게 보정합니다. 02

[Filter]-[Blur]-[Gaussian Blur]를 선택하고 [Radius : 5pixels]로 적용합니다. 03 04

memo

콘트라스트가 높아지면 뒤틀림의 양이 증가합니다. Blur를 추가하여 뒤틀림을 가했을 때 이미지가 거칠어지는 것을 줄입니다.

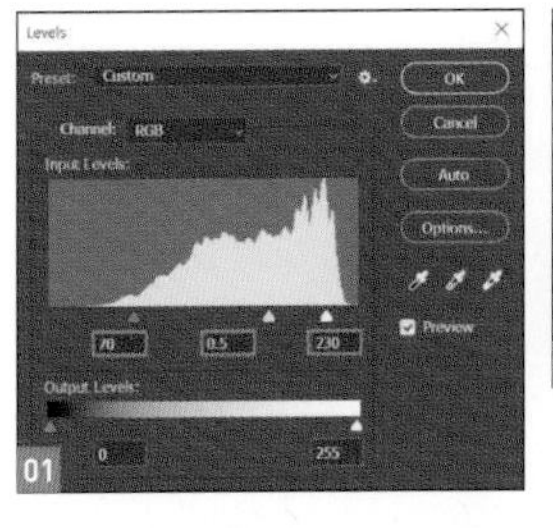

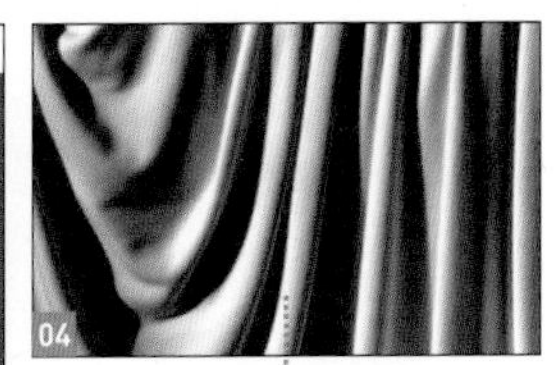

Blur가 더해짐

02 psd 파일로 저장하기

[File]–[Save As]를 선택하여 알기 쉬운 장소에 psd 파일로 저장합니다.
파일명은 "왜곡.psd" 등 알기 쉬운 이름으로 합니다.

패턴 열기

03 다시 한번 소재를 열고 패턴을 겹치기

한 번 더 파일 [텍스처.jpg]를 엽니다. 05
예제 파일 [패턴.jpg](P.204에서 만든 예제)를 열고 맨 위 레이어로 이동시킵니다. 06
[Blending Mode : Multiply]로 적용합니다. 07 08

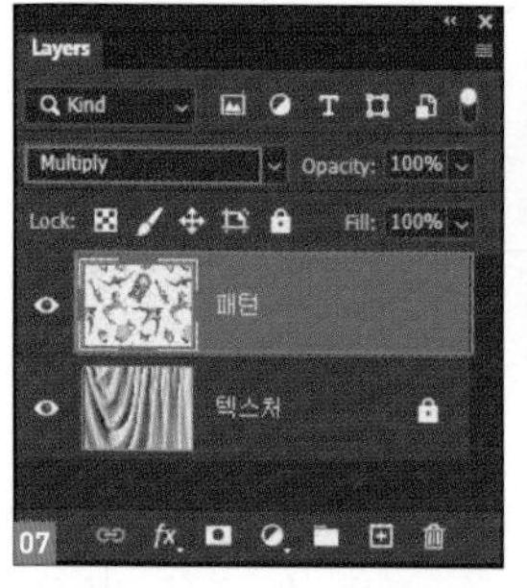

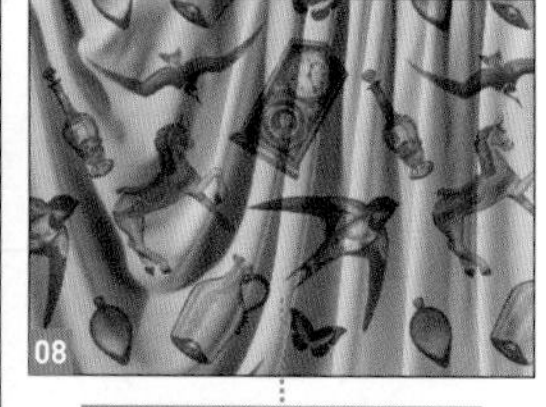

패턴에 [Multiply] 적용

04 패턴에 Displace 적용하기

[패턴] 레이어를 선택하고 [Filter]–[Distort]–[Displace]를 선택합니다. 09 10과 같이 초기설정 그대로 [OK]를 선택합니다.
[Displace] 패널이 표시되면 순서 **02**에서 저장한 [왜곡.psd] 파일을 선택하고 [열기]를 클릭합니다. 11
주름이 잡힌 패턴에 왜곡이 적용됩니다. 12

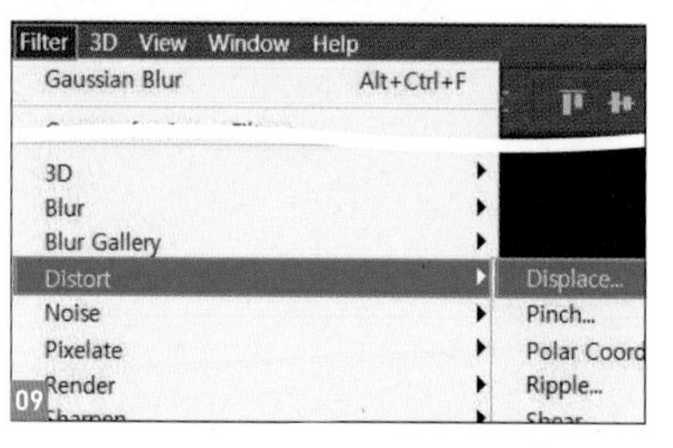

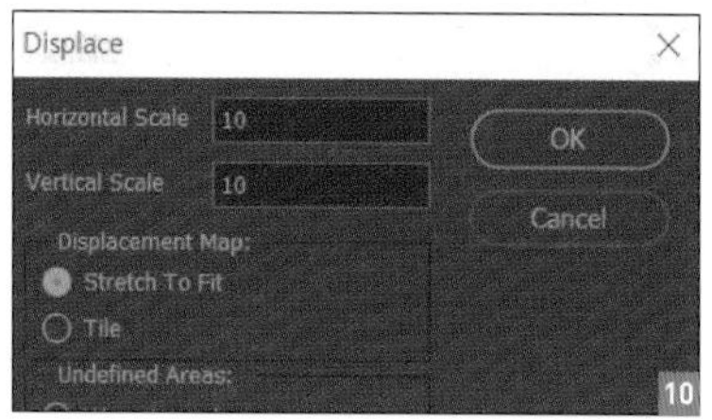

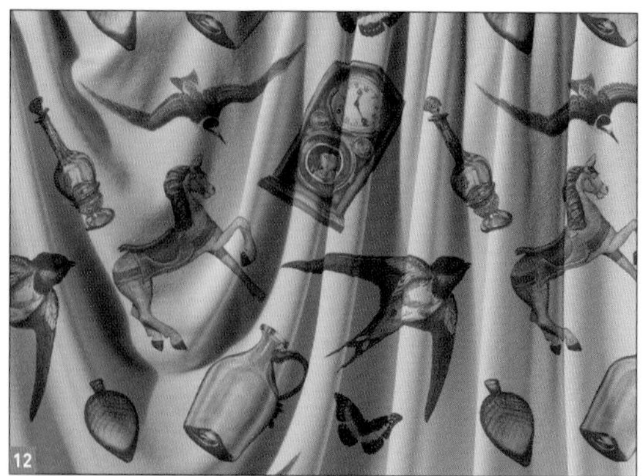

memo

[Multiply]와 비교해 [Displace]가 적용된 이미지는 자연스럽게 주름과 합쳐진 것을 알 수 있습니다.

[Multiply]만 적용하면 겹친 패턴은 평평한 상태가 된다.

[Filter]–[Distort]–[Displace]를 적용하면 겹친 패턴이 왜곡되어 [텍스처]의 깊이가 나타나 자연스러운 이미지가 된다.

일러스트 작성의 디자인 테크닉

연필, 펜, 식물, 꽃, 리본, 자른 그림, 사실적인 스마트폰 등을 디자인합니다. 이 장은 Illustrator의 테크닉을 집중적으로 배울 수 있도록 Illustrator로 만드는 예제를 모았습니다.

CHAPTER 07

Illustration making design techniques

Ai No.061

연필 일러스트 만들기

기존 브러시를 이용하여 아날로그의 독특하고 따뜻한 분위기의 일러스트를 만들 수 있습니다.

POINT 브러시 툴을 사용한다

HOW TO USE 따뜻한 분위기의 일러스트 작성에 사용

01 브러시를 선택하고 바탕에 이미지를 배치하기

[File]–[New]를 선택하여 새로운 문서를 작성합니다. 여기에서는 그림의 크기와 사용 용도가 정해진 것으로 가정하고 [Width : 186mm], [Height : 131.5mm], [Color Mode : CMYK]로 설정합니다.

[Window]–[Brush Libraries]–[Artistic_ChalkCharcoalPencil]을 선택합니다. [Artistic_ChalkCharcoalPencil] 패널에서 [Chalk Scribble]을 선택합니다. 01 [Brush] 패널에 등록되었습니다.

[File]–[Place]를 선택하여 예제 파일 [토끼.png]를 배치합니다. 확대 · 축소하여 적절한 위치로 조정하면 ⌘(Ctrl)+2(단축키)를 눌러 이미지를 잠급니다. 02

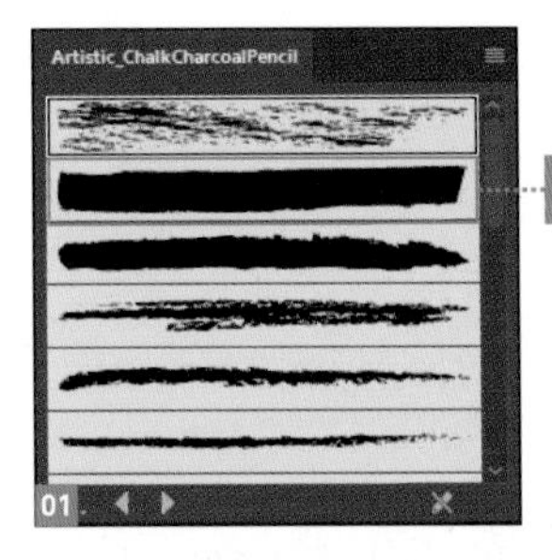

01

02

02 브러시 툴로 이미지를 밑바탕으로 하여 일러스트 작성하기

[Tool] 패널에서 [Paintbrush Tool]을 선택하고 [Color : C0 M57 Y32 K49], [Stroke : 0.1pt]로 설정합니다.

[Paintbrush Tool]로 사진의 윤곽을 따라 그려갑니다. 03

03

memo

[Paintbrush Tool]과 [Pencil Tool]은 감각적으로 선을 그릴 수 있어 일러스트를 그릴 때 추천합니다.

memo

그림 위에 덧그릴 때 선이 삐뚤삐뚤한 것이 마음에 들지 않으면 [Tool] 패널의 [Pencil Tool]을 길게 클릭하여 나타나는 [Smooth Tool]을 선택하고 패스 위를 따라 그리면 선이 정돈됩니다.
라인을 다시 만들기 쉬운 것도 벡터만의 편리성입니다.

03 오리지널 브러시 작성하기

[Color : C0 M11 Y23 K19]로 설정하고 [Paintbrush Tool]로 거친 선을 그립니다. 04

[Window]–[Brush]를 선택하고 [Brush] 패널이 표시되면 그린 선을 패널에 드래그 & 드롭합니다. 05

[New Brush] 패널이 표시되면 [Art Brush]를 선택하고 [OK]를 클릭합니다. 06

[Art Brush Options] 패널에서 [Name : 연필 러프]로 지정하고 07과 같이 설정합니다. 브러시에 등록되었습니다. 08

04

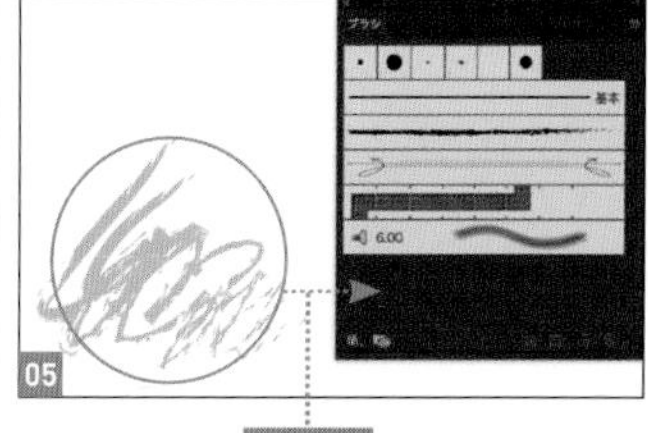
05

드래그

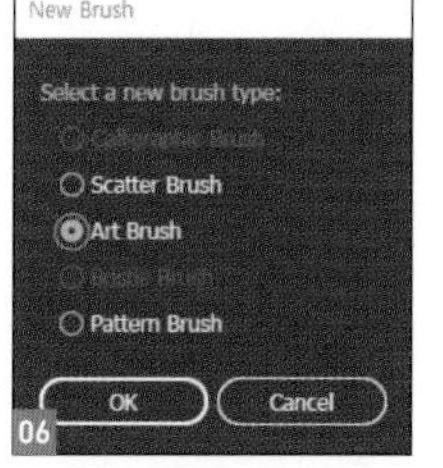

06

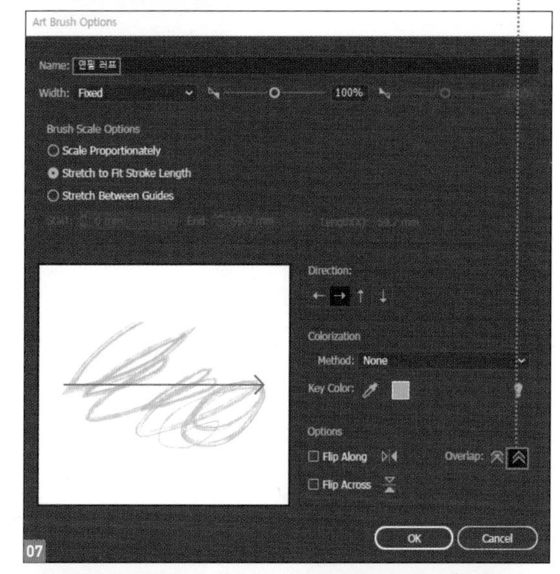

07

04 일러스트에 그림자 추가하기

작성한 [연필 러프]의 브러시를 선택하고 [Pen Tool]로 굵기를 조정하면서 그림자를 만들어 갑니다. 09

그리기가 끝나면 ⌘(Ctrl)+option(Alt)+2로 잠금을 해제하고 배경 이미지는 Delete를 눌러 삭제합니다. 10

08

09

> **memo**
>
> 그림자를 그릴 때 [Paintbrush Tool]이라도 브러시 형태가 일그러질 수 있습니다. 그런 경우에는 [Pen Tool]을 사용하여 그려도 됩니다.

10

05 배경을 뒤쪽에 배치하기

[File]–[Place]를 선택하여 [토끼배경.png]를 불러옵니다. [Object]–[Arrange]–[Send to Back]을 선택하여 제일 뒤쪽으로 배치합니다. 배경을 바꾸면 더욱 따스한 분위기가 됩니다. 11

토끼 일러스트만 선택하고 [Window]–[Transparency]를 선택하여 [Transparency] 패널의 [Blending Mode : Multiply]로 변경하면 완성입니다. 12

11

12

No.062 펜 일러스트 만들기

펜의 설정이나 칠에 효과를 주는 것으로 간단하게 손 그림을 만들 수 있습니다.

POINT 선을 설정하여 프리핸드로 그린다

HOW TO USE 손으로 그린 일러스트를 이용한 다양한 매체에 사용

01 일러스트를 작성할 준비하기

[File]–[New]를 선택하여 새로운 문서를 만들고 [Tool] 패널에서 [Pen Tool]을 선택합니다. [옵션] 바에서 [Fill : None], [Color : #1b2c76], [Stroke : 3pt], [Variable Width Profile : Width Profile 1]로 설정합니다. 01

일러스트 작성에 익숙하지 않은 경우에는 P.210의 "연필 일러스트 만들기"에서 작업한 것과 같이 참고할 이미지를 바탕에 배치하고 따라 그리기를 하면 좋습니다. 이곳에서는 처음부터 끝까지 프리핸드로 일러스트를 그려갑니다.

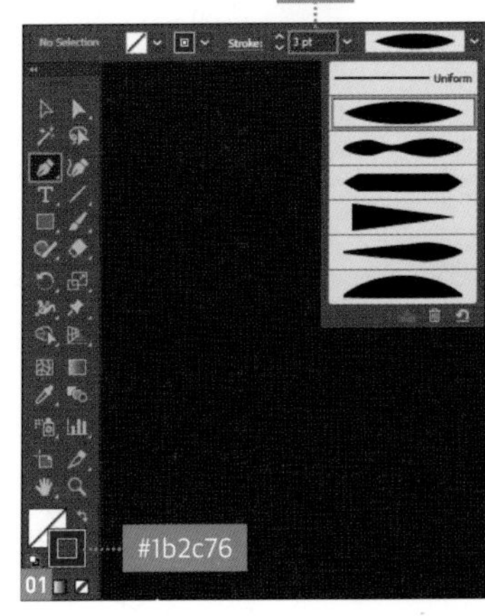

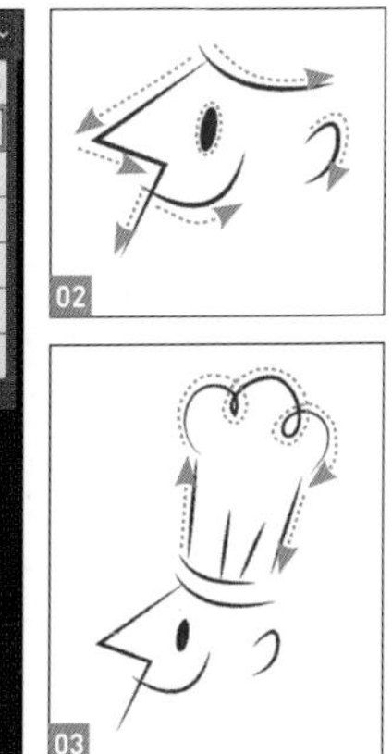

02 프리핸드로 일러스트 작성하기

인물의 옆얼굴을 생각하며 코, 입, 귀, 머리를 그려갑니다. 눈은 [Ellipse Tool]로 그리고, 02 계속해서 [Pen Tool]로 모자를 그립니다. 03

그리고 몸과 다리도 그립니다. 가슴의 버튼은 [Ellipse Tool]로 그립니다. 04

그 위에 팔과 쟁반을 더 그립니다. 눈과 가슴의 버튼, 문자는 [Fill : #000000]으로 설정한 후 [Type Tool]로 "GOOD COOK"이라는 문자를 입력하고 쟁반 위에 배치합니다. 여기에서는 일러스트와 잘 어울리는 [Font : Bourton Hand Sketch A]를 사용했습니다. 05

03 색칠하기

[Selection Tool]로 칠하고 싶은 패스를 선택합니다. 여기서는 머리 패스를 선택했습니다. 06

⌘(Ctrl)+C를 눌러 복사하고, ⌘(Ctrl)+F를 눌러 [Paste in Front]합니다. [Tool] 패널에서 [Swap Fill and Stroke] 아이콘을 클릭하여 Fill과 Stroke의 색상을 서로 바꾸고 채웁니다. 07 08

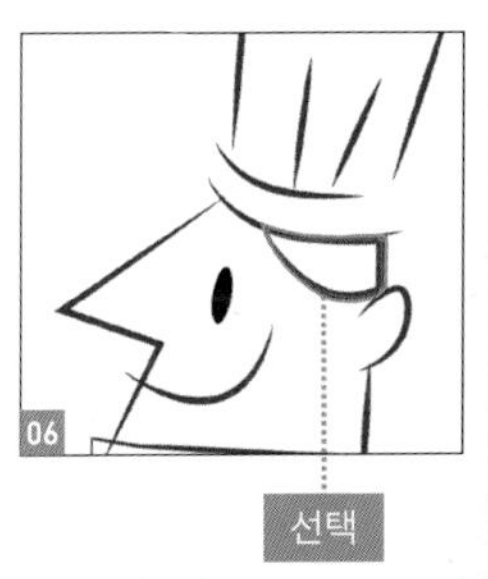

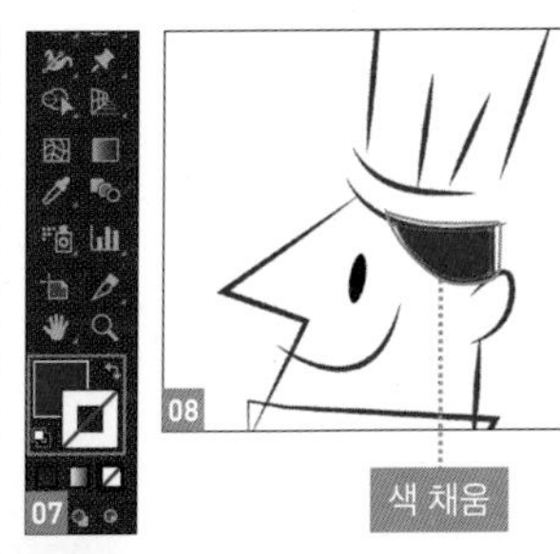

04 Scribble 적용하기

[Effect]–[Stylize]–[Scribble]을 선택합니다. 09

[Scribble Options] 패널에서 Settings를 [Dense]로 선택하고 [OK]를 클릭합니다. 10

펜으로 러프하게 칠한 듯한 분위기가 되었습니다. 11

마찬가지로 앞치마, 신발을 색칠하여 [Scribble]을 적용합니다. 스카프, 요리는 [Fill : #c11920]으로 색을 바꾸고 [Scribble]을 적용합니다. 요리사 일러스트가 완성되었습니다. 12

예제에서는 더 많은 장식을 추가하여 레스토랑 메뉴에 들어가는 일러스트 분위기로 만들었습니다.

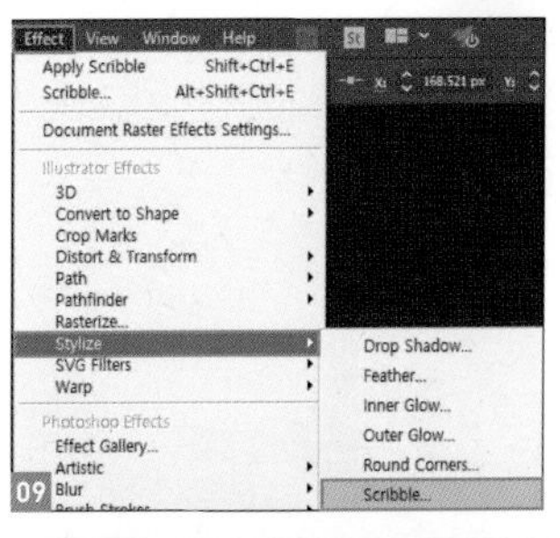

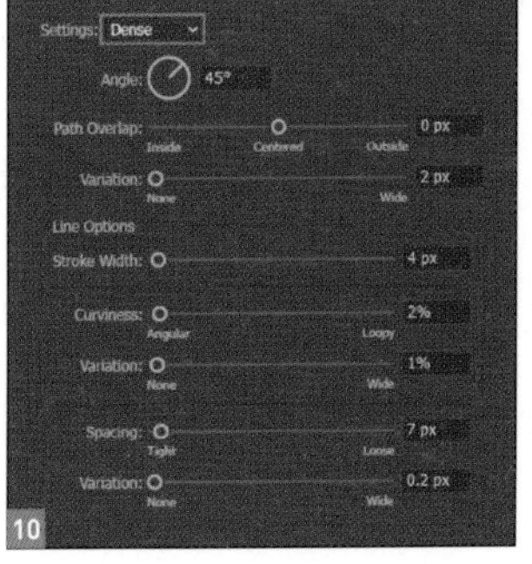

Flower
Green

Ai No.063 식물 일러스트 만들기

식물 일러스트를 만들어 봅니다. 연한 색상을 사용하여 수채화 같은 느낌을 줍니다.

POINT 브러시에 등록하고 선의 굵기를 조정한다

HOW TO USE 원 포인트 이용이나 장식 틀, 디자인을 강조할 때 사용

01 식물의 잎 그리기

[File]–[New]를 선택하여 새로운 문서를 작성합니다. [Tool] 패널에서 [Pen Tool]을 선택하고 [Fill : #cbcbcb]로 설정한 후 잎의 윤곽을 그립니다. 01

[Window]–[Brush Libraries]–[Artistic]–[Artistic_Watercolor]를 선택하고, [Artistic_Watercolor] 패널에서 [Watercolor–Thick]을 선택합니다.

[Stroke : 2pt]의 브러시로 잎맥을 그립니다. 02 [Stroke Color : #ffffff], [Variable Width Profile : Width Profile 1]로 설정하여 잎맥을 그려 추가합니다. 03 04

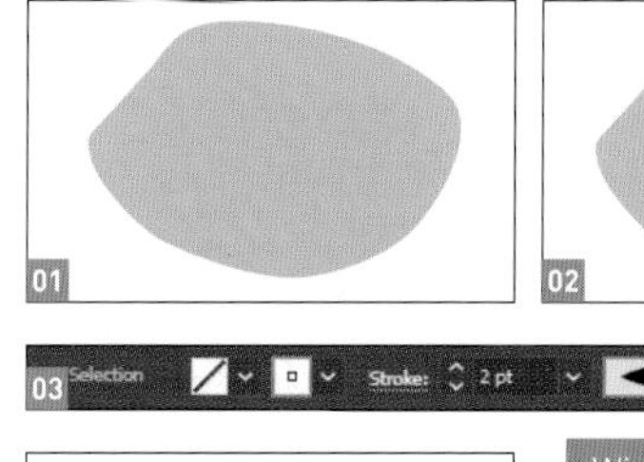

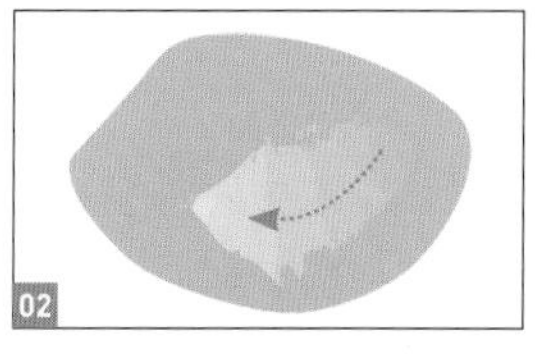

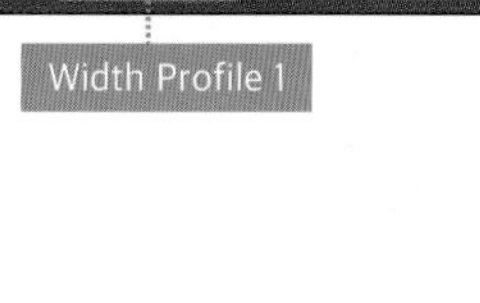

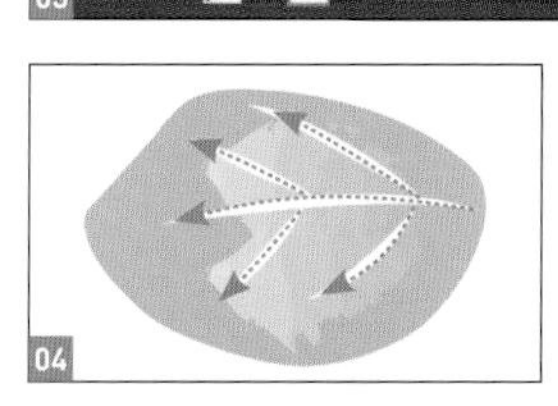

02 잎을 브러시로 등록하기

잎과 잎맥을 선택하고 [Window]–[Brushes]를 선택합니다. [Brushes] 패널 메뉴에서 [New Brush]를 선택합니다. 05

[New Brush] 패널에서 [Art Brush]에 체크하고 [OK]를 선택합니다. 06

[Art Brush Options]에서 [Name : 잎], [Brush Scale Options : Stretch to Fit Stroke Length], [Method : Tints and Shades]로 설정합니다. 07

[Brushes] 패널에 [잎]이 등록되었습니다. 08

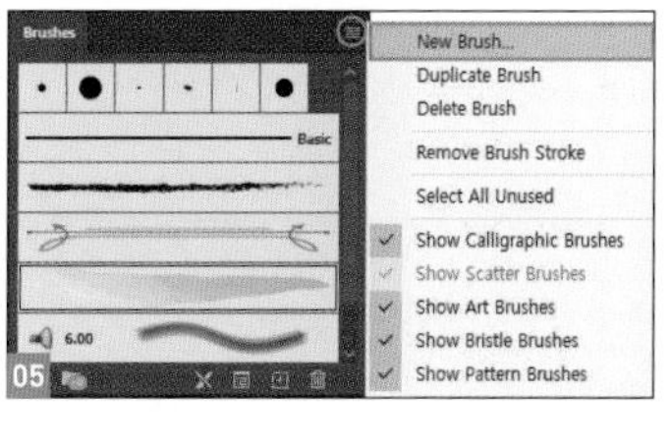

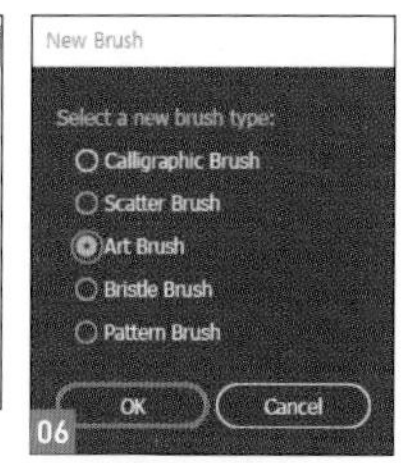

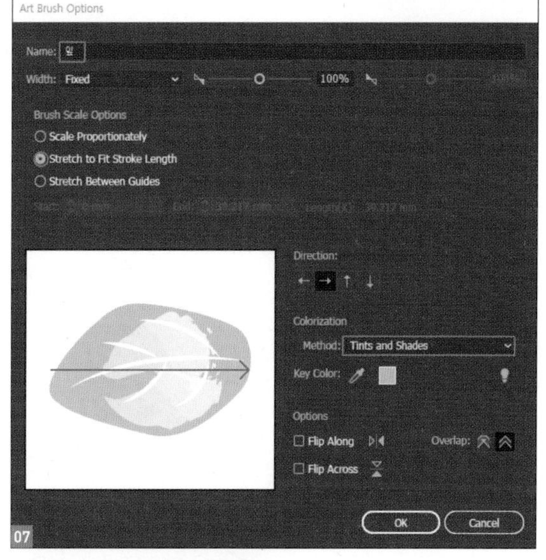

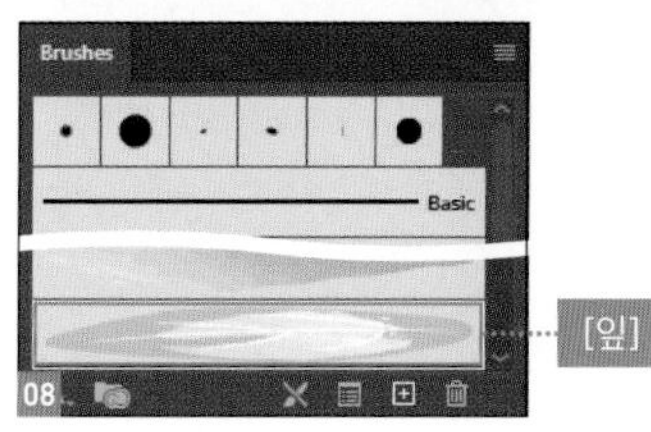

03 다른 종류의 잎을 만들고 브러시로 등록하기

01~02와 같은 작업을 반복하고 줄기나 다른 종류의 잎 등을 그리고, 브러시로 등록합니다. 09

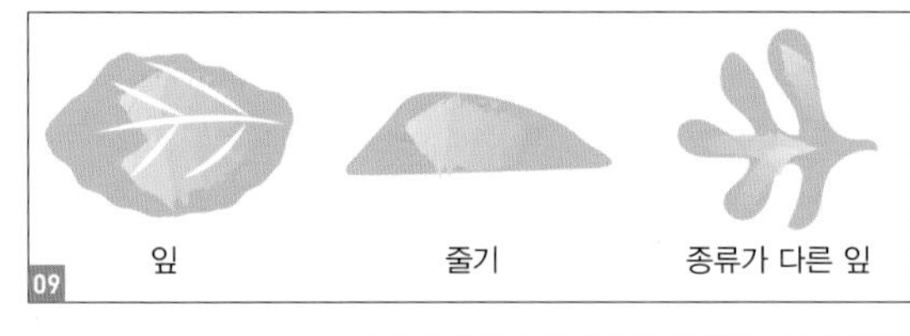

09

04 식물 브러시를 사용하여 일러스트 그리기

01~03에서 등록한 브러시를 사용하여 식물을 그립니다. 크기와 색상을 변경하면서 균형 있게 그리면 좋습니다. 또한 심플한 [줄기] 브러시는 줄기와 잎 모두에 사용할 수 있습니다. 잎을 2개 연결하거나 길이를 조절하면서 가지마다 풍부하고 다양한 종류의 잎이 있는 일러스트를 만들 수 있습니다. 10

예제에서는 식물로 장식한 표지 디자인을 만들어 보았습니다.

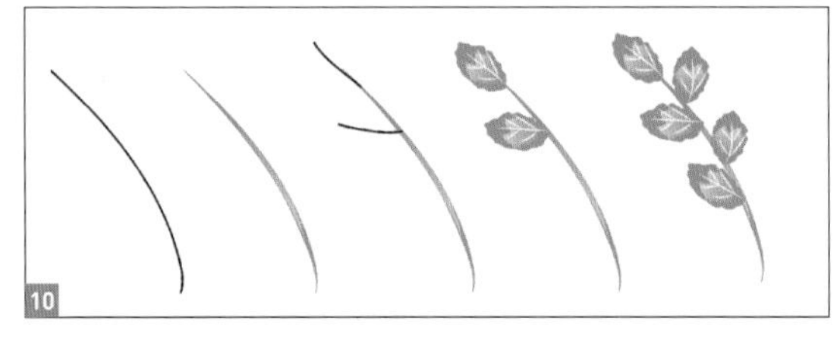
10

memo

사진이나 일러스트 자료 등을 보면서 그려나가면 식물 이미지를 쉽게 그릴 수 있습니다.

memo

[옵션] 바에서 [Variable Width Profile]이나 [Stroke]의 굵기를 조작하면 형상이 다른 잎사귀 등을 간단하게 그릴 수 있습니다.

다양한 브러시를 등록하거나 선폭 등을 조정하는 것으로 풍부한 일러스트 표현이 가능합니다.

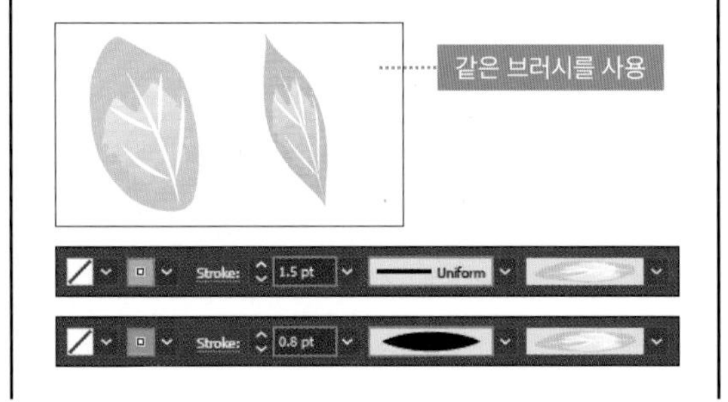

column

Dynamic Symbol과 Static Symbol

Dynamic Symbol은 자(Instance)의 색을 변경해도 부모(Symbol)는 변경되지 않고, 또 부모(Symbol)를 변경해도 자(Instance)의 색은 유지됩니다(변경하고 싶을 때는 분할 확장(Expand)이 필요하다).

Static Symbol은 부모(Symbol)를 편집하면 자(Instance)도 변경되고, 또 자(Instance)를 편집하면 부모(Symbol)도 변경됩니다. Static Symbol은 Illustrator CC 2015부터 추가된 기능으로 한 번에 변경할 수 있어 편리하게 사용할 수 있습니다.

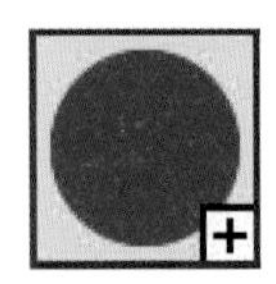

[+] 표시가 있는 것이 [Dynamic Symbol], 표시가 없는 것이 [Static Symbol]

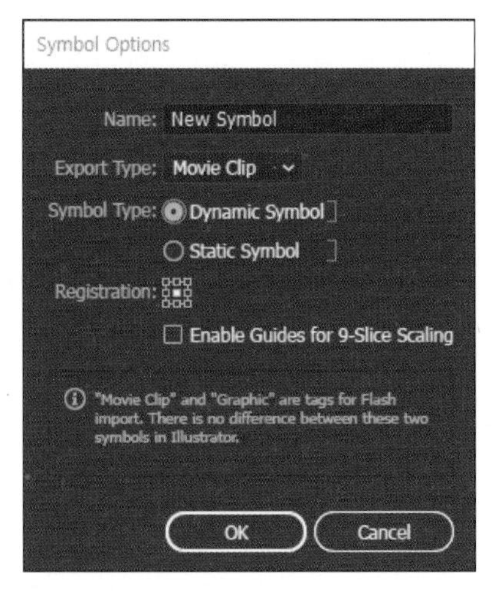

[Symbol Options]에서 선택할 수 있는 Symbol의 종류

No.064

꽃 일러스트 만들기

꽃 일러스트를 만듭니다. 앞에서 만든 식물 일러스트와 합쳐서 꽃다발의 일러스트를 만들어 봅니다.

POINT 패스의 거리와 선폭, 가변선폭 프로파일을 조정한다

HOW TO USE 장식이나 디자인의 악센트에 사용

01 꽃잎을 만들어 브러시에 등록하기

[Tool] 패널에서 [Pen Tool]을 선택하고 [Fill : #cbcbcb], [Stroke : None]으로 설정하여 꽃잎을 그립니다. 01

[Window]–[Brush Libraries]–[Artistic]–[Artistic_Watercolor]를 선택합니다. [Stroke : 2pt]로 설정한 브러시로 그림자를 그리고 꽃잎의 줄기를 추가합니다. 02 03

[Window]–[Brushes]를 선택하여 [Brushes] 패널을 표시합니다.

모든 오브젝트를 선택하고 [Brushes] 패널 메뉴에서 [New Brush]를 선택합니다. 04

[New Brush] 패널에서 [Art Brush]를 선택하고 [OK]를 클릭합니다. 05 [Art Brush Options]에서 [Name : 꽃잎], [Method : Tints and Shades]를 선택합니다. 06

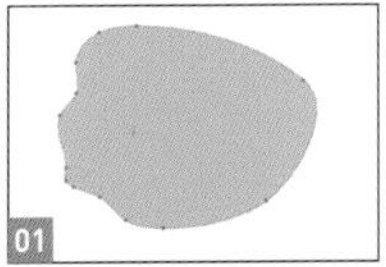

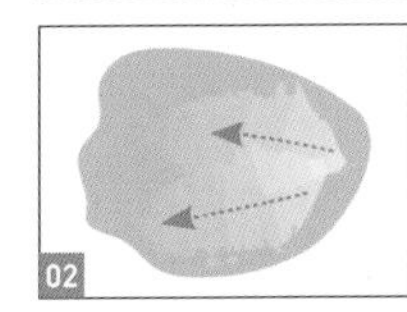

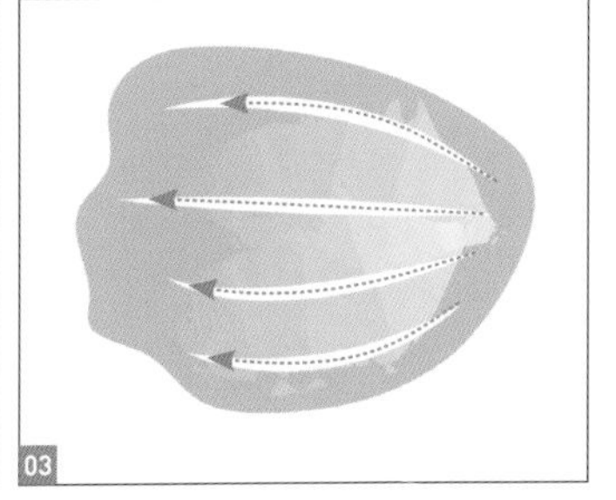

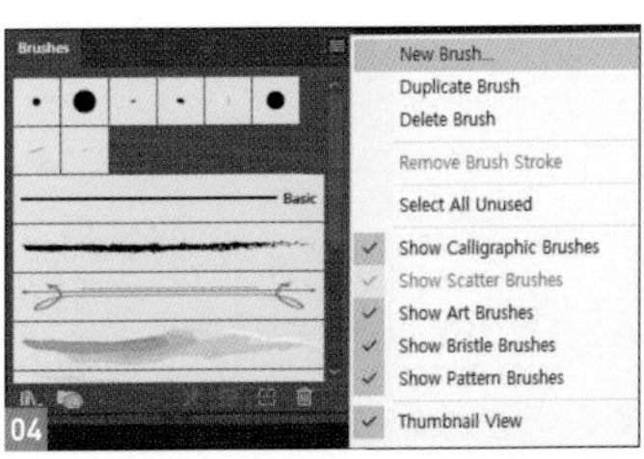

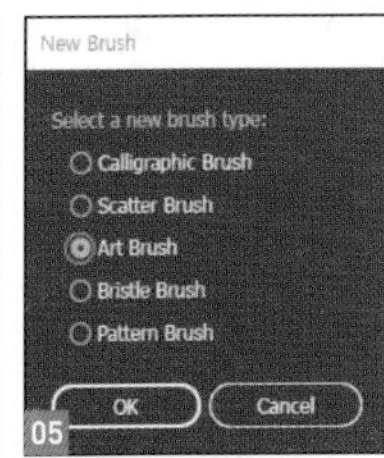

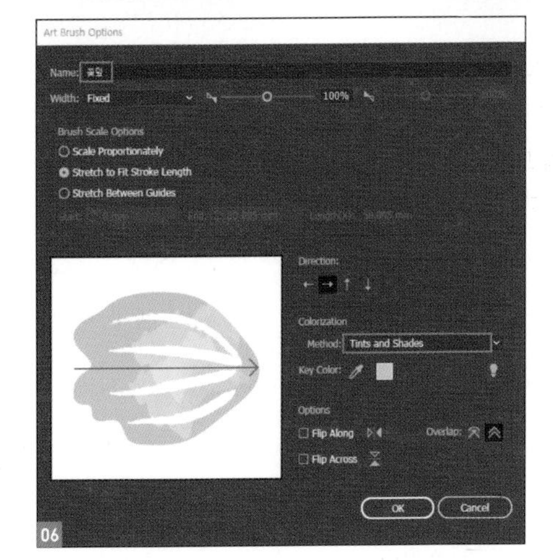

02 말린 꽃잎을 만들어 브러시에 등록하기

조금 전의 꽃잎에 추가하여 꽃잎의 끝이 말린 듯한 디자인을 만듭니다.

[Fill : #a9a9a9]로 설정하고 꽃잎이 말린 부분을 만듭니다. 07 말린 꽃잎에 그림자를 그립니다. 08

말린 꽃잎 오브젝트를 [Brushes] 패널에 등록합니다. [Art Brush Options]에서 [Name : 말린 꽃잎], [Method : Tints and Shades]를 선택합니다.

※그림자를 그리는 방법, 브러시의 등록은 "No.063 식물 일러스트 만들기"와 같은 작업입니다. 참고하면 좋습니다.

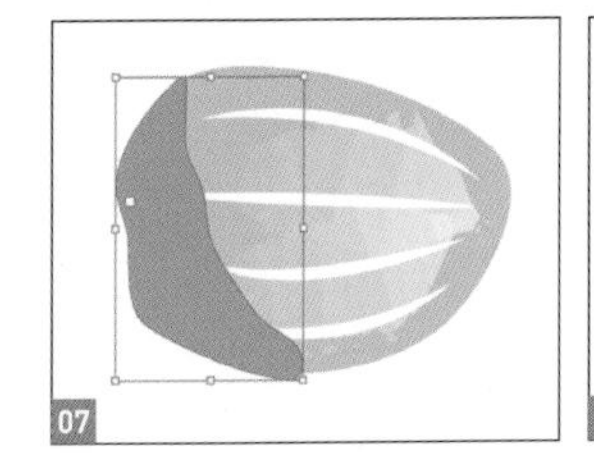

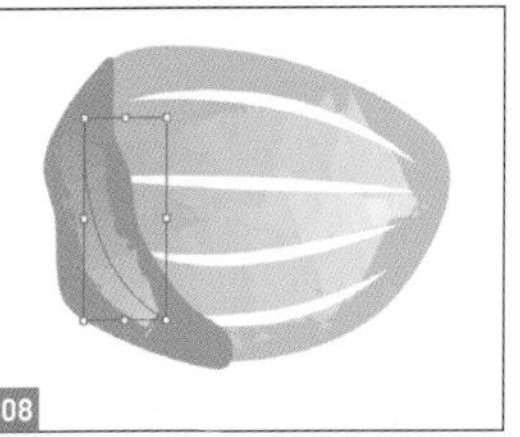

03 꽃의 수술 만들기

[Fill : #724b0c], [Stroke : None]으로 설정하고 [Paintbrush Tool]로 타원을 그립니다. 09

⌘(Ctrl)+C를 눌러 [Copy]하고, ⌘(Ctrl)+F를 눌러 [Paste in Front]하고 10과 같이 축소합니다. [Fill : #beba66]으로 설정합니다.

[Object]–[Path]–[Add Anchor Points]를 선택합니다. 포인트가 추가되었습니다. 11

다음에 [Effect]–[Distort & Transform]–[Pucker & Bloat]을 선택하고 [Bloat : 5%]로 설정합니다. 12

꽃잎 안쪽 수술이 생겼습니다. 13

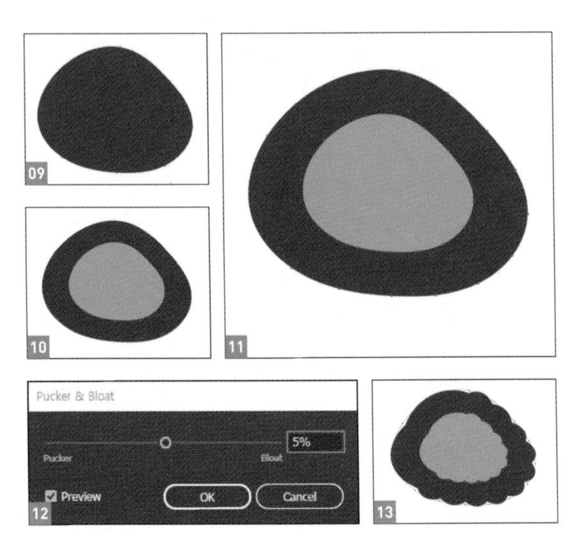

04 꽃 만들기

[꽃잎]의 브러시로 꽃잎을 그리고 색상을 변경합니다. 14

[말린 꽃잎]의 브러시도 사용하여 균형을 맞추어 5장의 꽃잎을 만듭니다. 15 가운데에 수술을 배치하여 꽃을 완성합니다. 16

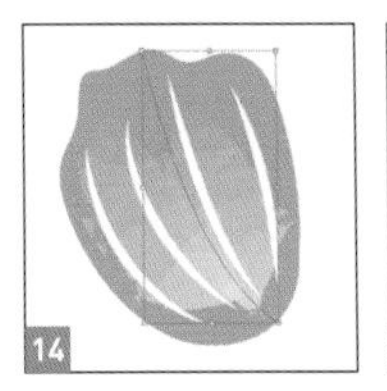

05 각도가 다른 꽃 그리기

[줄기] 브러시를 같은 방법으로 만듭니다. 17 [옵션] 바에서 [Variable Width Profile]을 [Width Profile 1]로 설정합니다. 18 이를 3장의 꽃잎과 조합합니다. 각도가 다른 꽃을 그릴 수 있습니다. 19

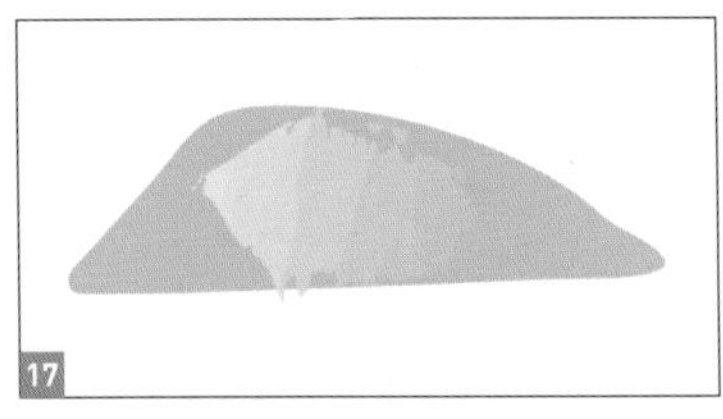

06 꽃봉오리 작성하기

[꽃잎 브러시]를 응용하여 꽃봉오리를 그립니다. [Stroke Color : #474488], [Stroke : 0.7pt]으로 설정하여 다소 거리가 짧은 꽃잎을 만듭니다. 20 [옵션] 바에서 [Variable Width Profile]을 [Width Profile 5]로 설정합니다. 21

꽃봉오리 모양이 되었습니다. 이와 같이 패스를 그리는 거리나 선폭, 가변선폭 프로파일을 조정함으로써 다양한 디자인에 응용할 수 있습니다. 줄기도 각 항목을 조정하여 그렸습니다. 22

예제에서는 "No.063 식물 일러스트 만들기"에서 작성한 식물의 브러시와 조합하여 꽃다발을 만들었습니다.

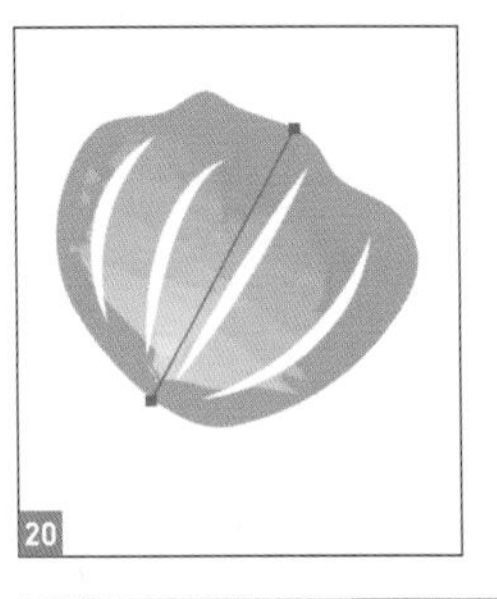

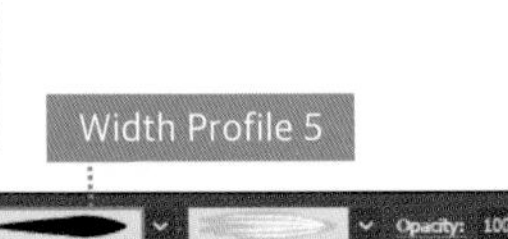

memo

꽃이나 줄기의 색상을 바꾸어 여러 가지 꽃의 배치를 할 수 있습니다.

No.065 리본 만들기

일러스트나 표지의 제목 등에서 사용할 수 있는 레트로 분위기의 리본을 작성합니다.

POINT 3D 효과로 간단히 리본의 입체감을 표현한다

HOW TO USE 일러스트나 표제 디자인의 악센트에 사용

01 입체적인 리본 라인 작성하기

새로운 문서를 만들고 [Tool] 패널에서 [Pen Tool]을 선택하고 원하는 색상을 선택한 후 [Stroke : 1pt], [Width : 160mm]로 설정하고 01과 같이 파선을 그립니다.

[Effect]–[3D]–[Extrude & Bevel]을 선택하고 [3D Extrude & Bevel Options] 패널에서 [Position : Custom Rotation], [50°, 10°, 0°], [Perspective : 0°], [Extrude Depth : 60pt], [Surface : No Shading]으로 설정합니다. 02

입체적인 리본 모양이 완성되었습니다. 03

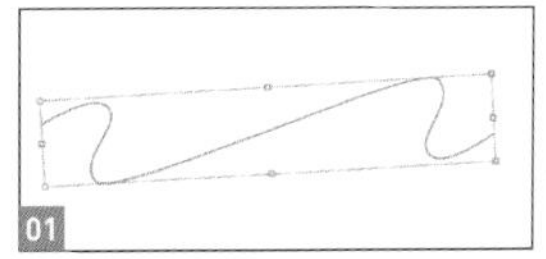
01

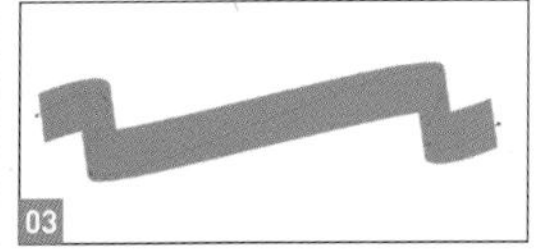
03

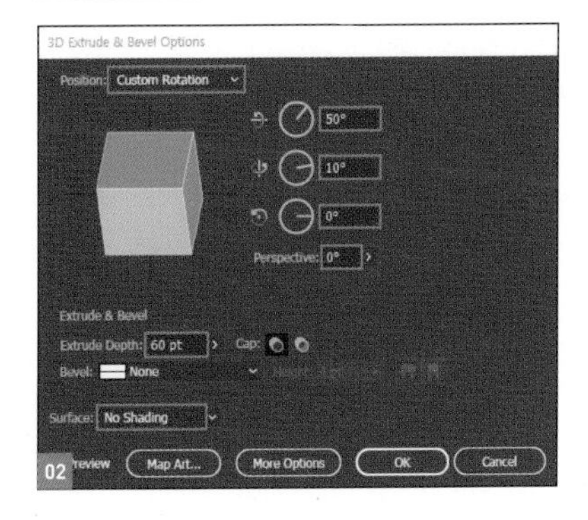

02

02 색칠하고 라인 조정하기

[Object]–[Expand Appearance]를 선택합니다.

[Fill : #c0aa99], [Stroke : 1pt], [Color : #310a03]으로 변경합니다. 04

윗부분에 여분의 오브젝트가 있으므로 Delete로 지웁니다. 05 06

겉모양이 다르게 나타나므로 [Selection Tool]로 이동하여 형태를 조정합니다. 07 08

03 그림자 작성하기

리본 양쪽의 선을 따라 [Stroke : 1pt], [Color : #310a03]의 설정으로 라인을 2개 만듭니다. 09

[Object]–[Blend]–[Blend Options]을 10과 같이 설정합니다.

왼쪽 끝 2개의 선을 선택하고 [Object]–[Blend]–[Make]를 선택합니다. 2개의 선이 블렌드되어 리본 그림자가 만들어졌습니다. 오른쪽 끝에도 같은 작업을 합니다. 11

04 리본의 옆 가장자리 변경하기

[Tool] 패널에서 [Add Anchor Point Tool]을 선택하여 리본 끝의 가운데에 포인트를 추가합니다. 12 13 [Direct Selection Tool]을 선택하여 안쪽으로 이동합니다. 리본의 끝이 자른 것처럼 되었습니다. 14 반대쪽에도 같은 작업을 합니다. 15

05 문자 추가하기

리본을 따라 원하는 폰트로 문자를 입력합니다. 여기에서는 Adobe Fonts의 [Font : AdornS Condensed Sans]로 "VALENTINE'S DAY"라고 입력했습니다. 16

예제에서는 표제에 이용한 이미지를 일러스트와 디자인하였습니다.

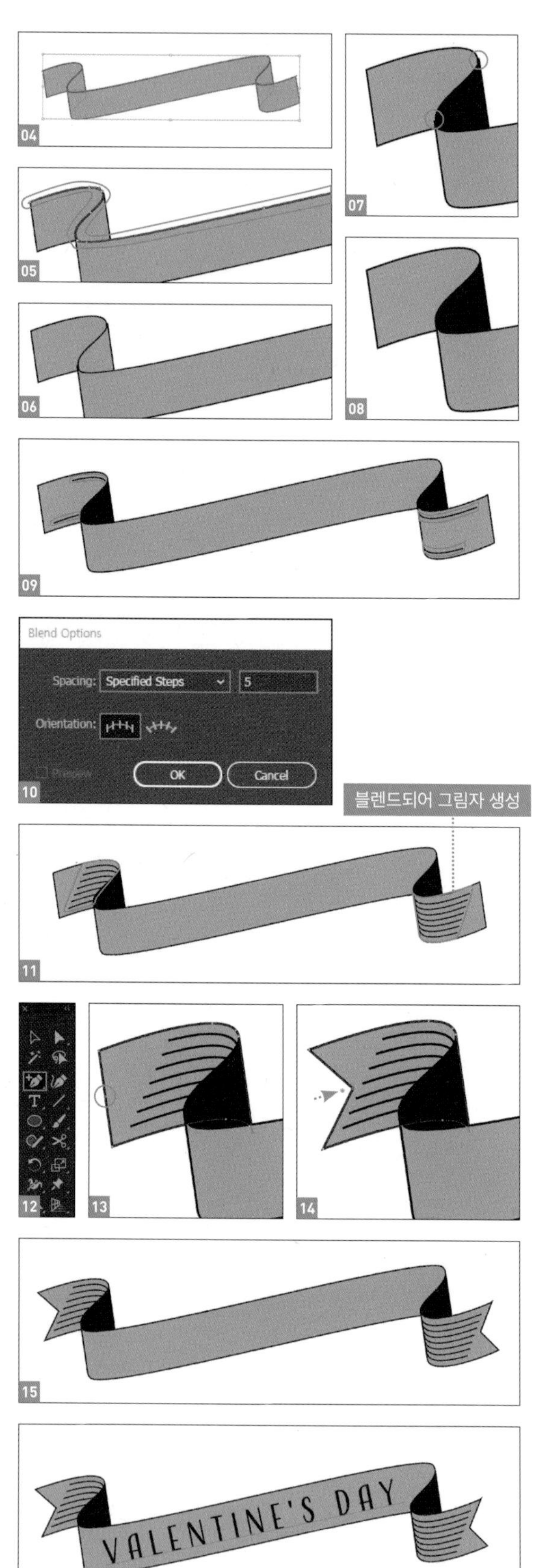

memo

01의 파선을 바꾸면 여러 가지 형태의 리본을 만들 수 있습니다.

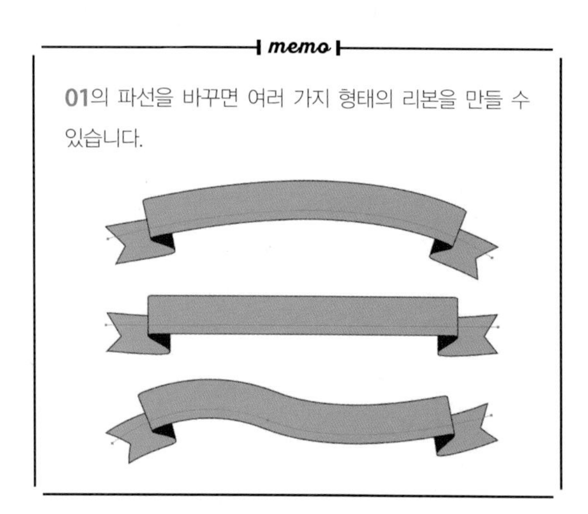

column

Ai

Blend Tool의 블렌드와 Edit Colors의 블렌드의 차이점

블렌드를 실시하면 형상도 변화하는 [Blend Tool]의 블렌드와 달리 컬러만 블렌드시키는 것이 Edit Colors의 Blend Vertically, Blend Horizontally, Blend Front to Back의 3가지입니다.
Edit Colors 블렌드는 형상을 유지한 채 오브젝트에 그라데이션과 같은 효과를 만들고 싶을 때 편리합니다. 각각의 특색을 이해하고 용도에 맞게 선택하면 좋을 것입니다.

- **Blend Tool에서의 블렌드의 특징 :** 형상도 변화한다.

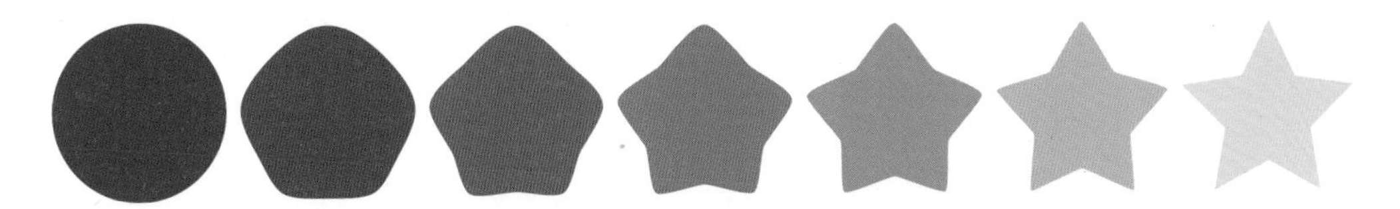

- **Edit Colors에서의 블렌드의 특징**

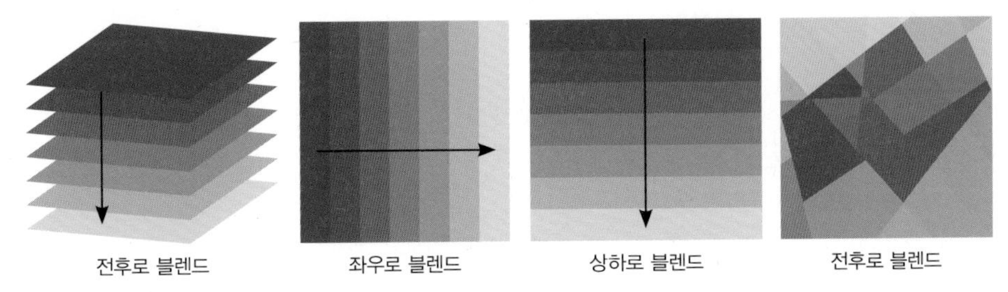

- **Blend Vertically :** 위아래 색상의 그라데이션만 변화한다.

- **Blend Horizontally :** 좌우 색상의 그라데이션만 변화한다.

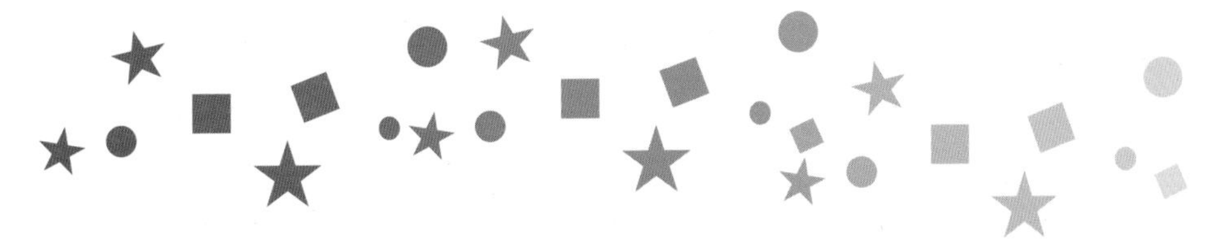

- **Blend Front to Back :** 레이어 구조의 전후이므로 복잡하게 잘라낸 객체의 색상을 변환하고 싶을 때 사용한다.

Ai No.066 자른 그림과 같은 일러스트 만들기

자른 그림과 같은 부드러운 감촉의 일러스트를 만들어 봅니다. 조금 긴 과정이지만 Illustrator에서 작업하는 일련의 흐름을 배웁니다.

POINT 펜 툴로 만들고 브러시나 텍스처로 아날로그 감성을 표현한다

HOW TO USE 손으로 그린듯한 따스한 일러스트 작성에 사용

01 배경 만들기

⌘(Ctrl)+N을 눌러 새로운 문서를 작성합니다. Web, 인쇄 등 이용하고 싶은 미디어에 맞게 선택하는 것이 좋습니다. 여기서는 Web을 선택하고 여유 있게 큰 사이즈로 설정했습니다. 01

[Tool] 패널에서 [Rectangle Tool]을 선택하고 빨간 바닥 [Fill : #e13a18]과 핑크 벽 [Fill : #efbb98]을 그립니다. 02

바닥과 벽을 선택하고 [Effect]−[Distort & Transform]−[Roughen]을 선택한 후 [Size : 0.5%], [Detail : 5in]로 설정하고 [Points : Smooth]를 체크한 후 [OK]를 선택합니다. 03

바깥쪽은 거친 이미지가 되었습니다. 04 레이어 이름을 [배경]으로 입력합니다.

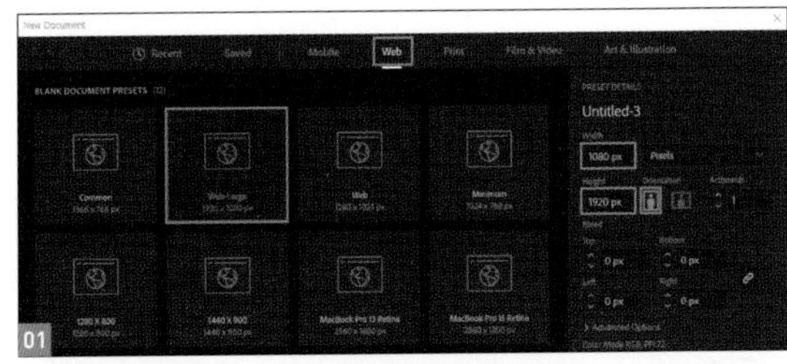

01

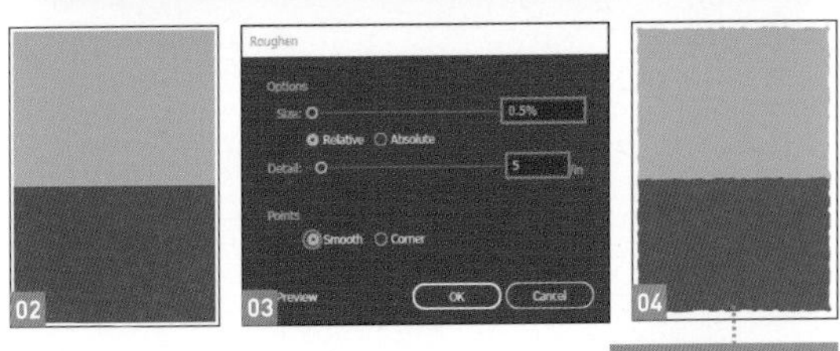

02 03 04

02 옷장을 만들고 러프를 적용하기

새로운 레이어를 만들고, 레이어 이름을 [일러스트 작성]으로 입력합니다. 여기서 일러스트를 만들어 갑니다.

[Pen Tool]을 선택하여 옷장을 그립니다. 손으로 그린 일러스트답게 약간 고르지 않은 선으로 옷장을 그려나가면 좋을 것입니다. 05 06

마찬가지로 [Pen Tool]로 문을 장식합니다. 잎이나 줄기는 [Fill : #eba024], 옷장 문은 [Fill : #ffffff], [Stroke : 2pt]로 설정하고, 손잡이는 [Ellipse Tool]을 사용하여 그려도 됩니다. 07

잎을 모두 선택한 상태에서 [Effect]−[Distort & Transform]−[Roughen]을 선택하고 08과 같이 설정합니다. 손 그림 느낌이 납니다. 09

옷장 전체를 보면 10과 같이 됩니다.

05

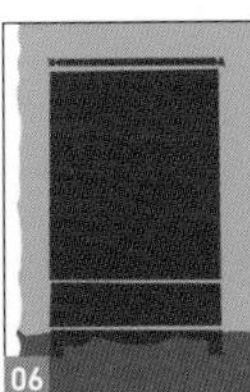
06

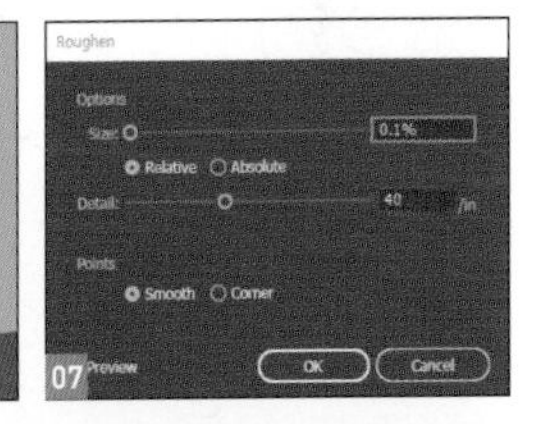

07

08

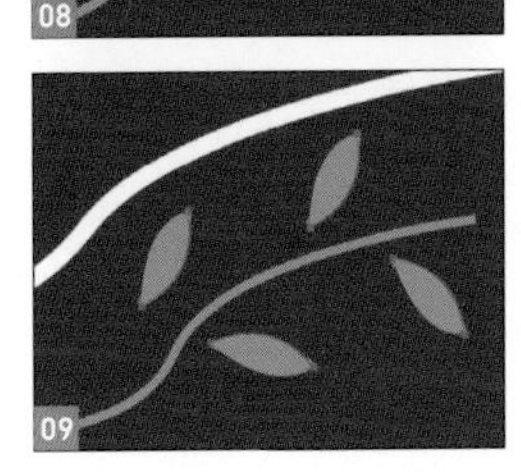
09

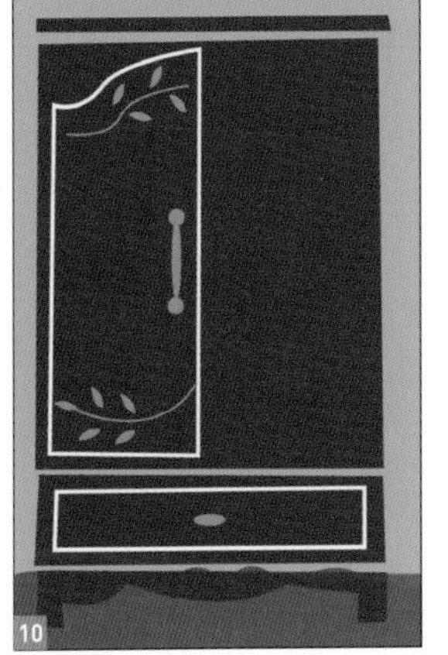
10

03 점선 만들기

줄기는 손으로 그린 듯이 점선을 만들어 브러시에 등록합니다. [Pencil Tool]을 선택하여 타원을 그립니다. 여기에서는 Fill, Stroke 모두 [#000000]으로 설정했습니다. 11

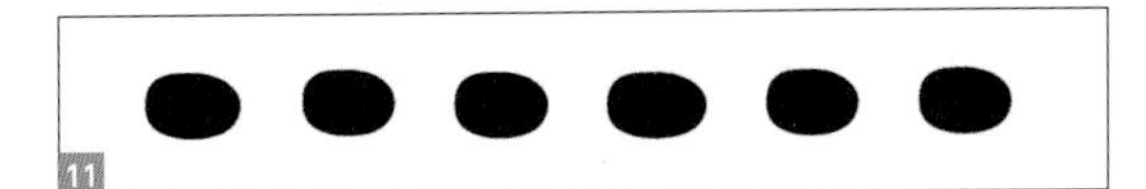
11

04 점선을 오리지널 브러시에 등록하기

점선을 선택하고 [Window]–[Brushes]–[Brushes] 패널을 표시합니다. 오른쪽 위 패널 메뉴에서 [New Brush]를 선택하고 [Pattern Brush]를 선택합니다. 12 13

[Pattern Brush Options]에서 브러시의 [Name : 점선]으로 지정하고 14와 같이 설정한 후 [OK]를 선택합니다. [Brushes] 패널에 손으로 그린 점선이 추가되었습니다.

줄기를 선택하고 [Brushes] 패널에서 [점선]을 선택합니다. 15 16

옷장 문을 선택하고 [Tool] 패널에서 [Reflect]를 더블 클릭하여 17과 같이 설정하고 [Copy]를 선택합니다.

Shift를 누르면서 옆으로 평행 이동시킵니다. 장농이 완성되었습니다.

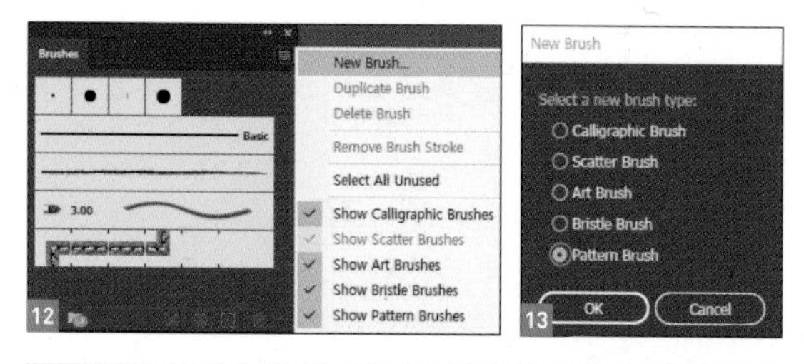

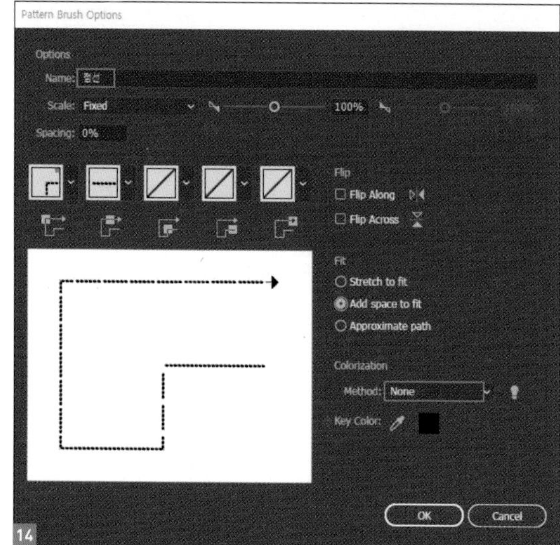

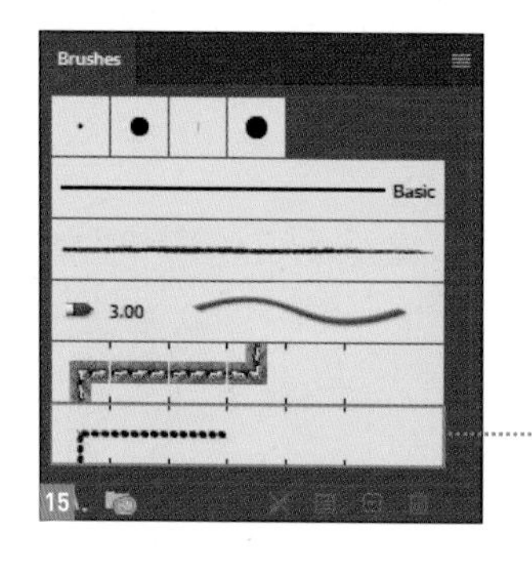

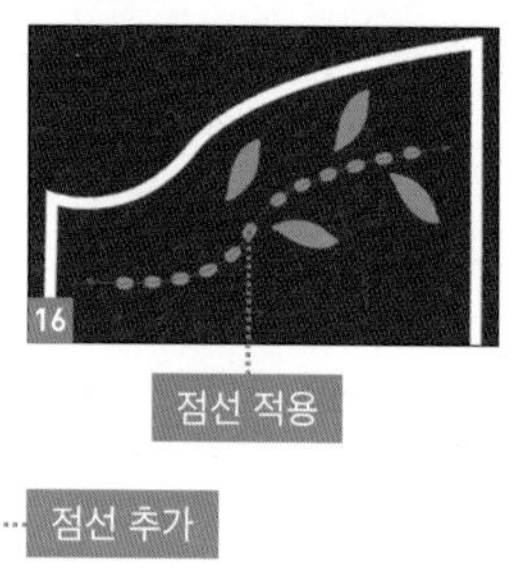

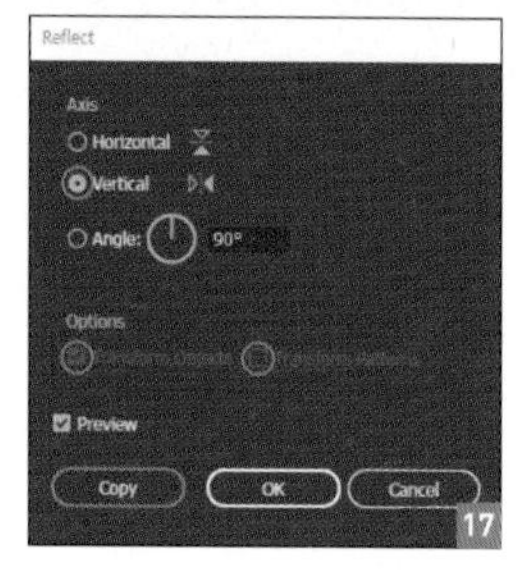

05 침대 만들기

[Pen Tool]을 선택하고 침대를 만듭니다.

장농과 같은 색상으로 침대 다리와 침대 보드를 그립니다. 18

침대 다리와 침대 보드를 선택하여 [Copy & Paste]하여 축소하고, 위에 배치하여 침대 헤드 보드를 그립니다. 19

계속해서 베개와 이불을 그립니다. 베개 [Fill : #a9d3ad], 이불 [Fill : #f09465]의 색상으로 일러스트에 깊이를 알 수 있게 [Object]–[Arrange]로 조정하면서 배치합니다.

이불에 꽃무늬를 넣습니다. 곡선으로 만든 심플한 무늬를 만들었습니다. 20

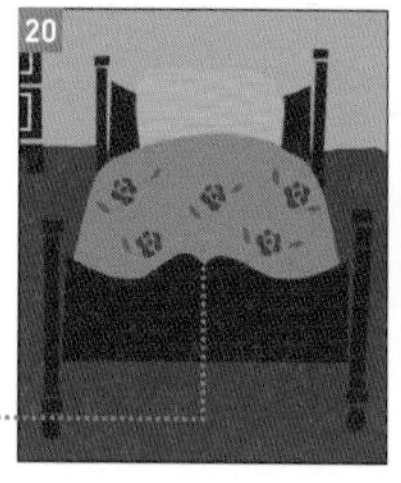

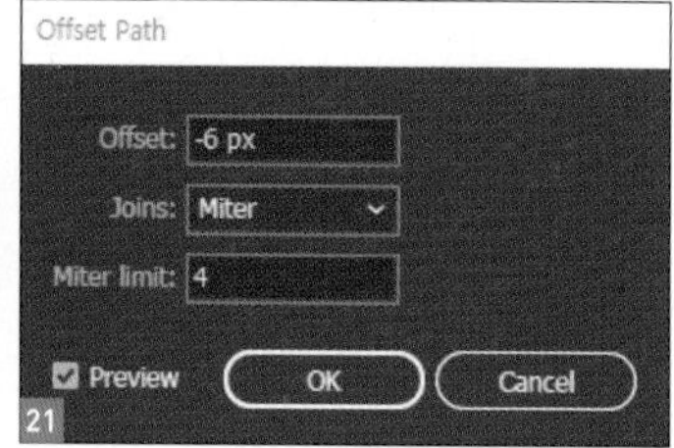

06 베개 솔기를 만들고 토끼, 창문, 그림 등을 작성하기

베개를 선택하고 [Object]-[Path]-[Offset Path]를 선택한 후 [Offset : -6 px], [Joins : Miter], [Miter Limit : 4]로 설정하고 [OK]를 선택합니다. 21

[Offset Path]을 사용하면 오브젝트(베개 모양)를 기준으로 하여 새로운 패스를 만들 수 있습니다. 예제에서는 Offset을 마이너스로 설정하여 안쪽에 패스를 만들었습니다.

[옵션] 바에서 [Fill : None], [Color : #ffffff], [Stroke : 0.4pt], [Brush : 점선]으로 설정합니다. 22 23

같은 방법으로 [Pen Tool]을 사용하여 빨간 파자마를 입은 토끼나 창문, 침대의 그림 등을 그립니다. 24 25

07 질감을 브러시로 만들기

[Window]-[Brush Libraries]-[Artistic]-[Artistic_Chalk-CharcoalPencil]을 선택하고 26 [Brushes] 패널에서 [Chalk - Scribble]을 선택합니다. 27

[Stroke : 0.5pt], [Fill : #e13a18]로 설정하여 토끼 귀 안을 그리고 [Stroke : 0.5pt], [Fill : #efbb98]로 설정하여 볼을 그립니다. 28

[옵션] 바에서 [Fill : #ffffff], [Chalk], [Opacity : 30%]로 설정합니다. 29 그림과 같이 나뭇결이나 옷 소재를 표현합니다. 까칠까칠한 질감이 생겼습니다. 30

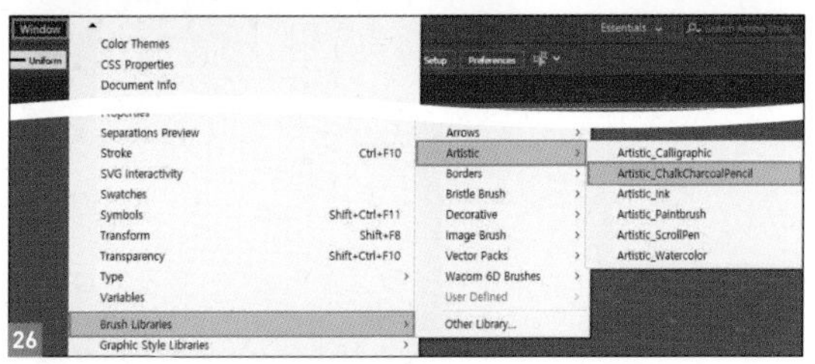

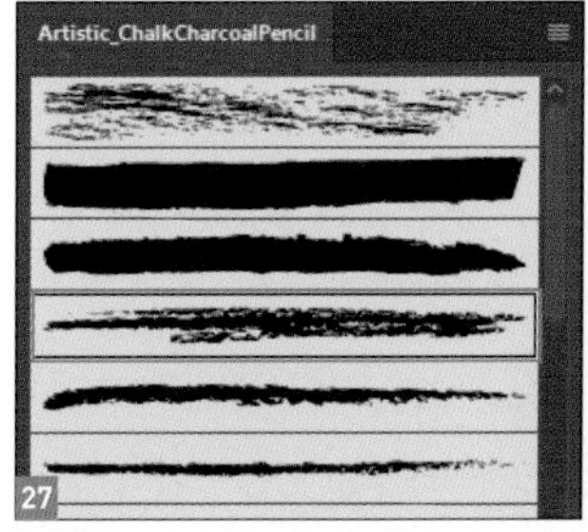

08 벽지 만들기

[File]-[Place]로 제공된 예제 이미지 [벽지 배경.ai]를 불러와 [배경] 레이어의 핑크 벽면 위에 배치합니다. 벽지 모양을 만들 수 있습니다. 31

[File]-[Place]로 제공된 예제 이미지 [종이.jpg]를 불러와 레이어 [일러스트 작성]의 맨 앞에 배치하여 종이의 질감을 만듭니다. [Window]-[Transparency]를 선택하고 [Transparency] 패널에서 [Multiply]을 선택하고 Clipping Mask하여 완성합니다. 32

5:22
2월 20일 화요일

Ai No.067 사실적인 핸드폰 디자인하기

도형을 조합하여 사실적인 핸드폰을 만들 수 있습니다. 조금 긴 작업이 되겠지만 하나하나 진행해 봅니다.

POINT 도형을 조합하고, 투명도를 조정한다

HOW TO USE 제품 소개 영상 또는 광고에 사용

01 새로운 작업화면과 사용할 도형 만들기

[File]–[New]를 선택하고 [New Document] 패널에서 01과 같이 설정하여 새로운 작업화면을 만듭니다. 여기서는 Web에서 사용할 것을 생각하여 단위를 픽셀로 지정하였습니다.

[Tool] 패널에서 [Rounded Rectangle Tool]을 선택하고 02 작업화면을 클릭합니다. [Rounded Rectangle] 패널에서 [Width : 300px], [Height : 600px], [Corner Radius : 30px]로 설정하여 모서리가 둥근 직사각형을 만듭니다. 03 04

이 직사각형이 스마트폰의 기본 바탕이 됩니다.

[Layers] 패널에서 레이어 이름을 더블 클릭하여 이름을 [본체]라고 합니다. 05

레이어를 굳이 만들지 않아도 되지만 파트마다 나누면 나중에 작업이 쉬워집니다.

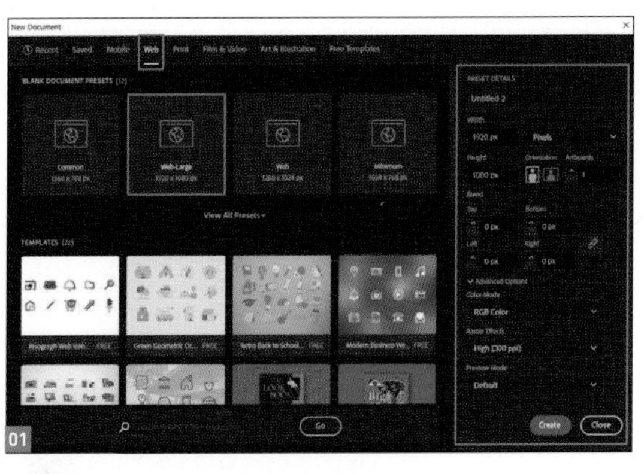

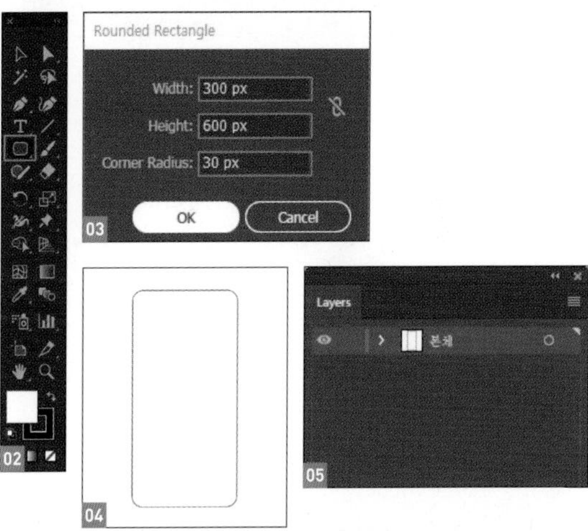

02 직사각형에 Gradient를 적용하여 질감 표현하기

[Tool] 패널에서 [Selection Tool]을 선택하여 앞에서 작업한 직사각형을 선택합니다.

[Window]–[Appearance]를 선택하고 [Appearance] 패널에서 06과 같이 설정합니다.

[Window]–[Gradient]를 선택하고, [Gradient] 패널에서 07과 같이 설정합니다. 색상은 Gradient Slider를 클릭하여 컬러 분기점을 5개로 설정하고 왼쪽부터 [Location : 0% #3e3a39], [Location : 10% #000000], [Location : 50% #3e3a39], [Location : 90% #000000], [Location : 100% #3e3a39]로 설정합니다.

Gradient Slider의 위에 표시된 중간점의 위치는 왼쪽부터 [Location : 50], [Location : 60], [Location : 40], [Location : 50]으로 합니다. Gradient를 적용하여 본체의 광택이 표현되었습니다. 08

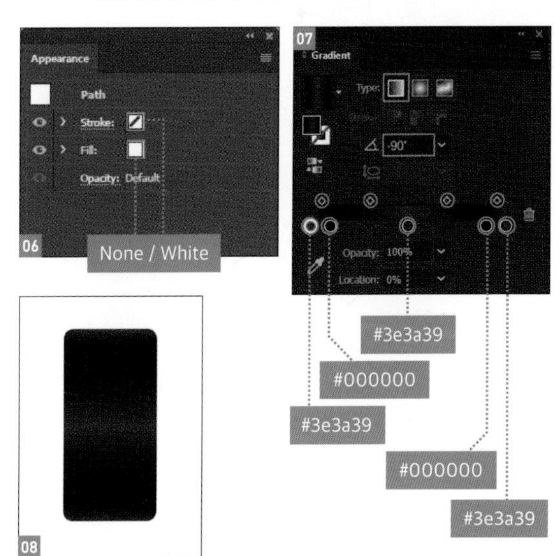

03 화면과 본체 사이의 빛 만들기

[Layers] 패널에서 [본체] 레이어 위에 새로운 레이어를 만들고 이름을 [본체의 빛]으로 합니다. 09

[Tool] 패널에서 [Rounded Rectangle Tool]을 선택하고 작업한 직사각형의 중앙을 클릭하여 [Rounded Rectangle] 패널이 나타나면 [Width : 285px], [Height : 580px], [Corner Radius : 30px]로 설정합니다. 10

[Window]-[Appearance]를 선택하고 [Appearance] 패널에서 [Stroke : None], [Fill : #ffffff], [Opacity : 10%]로 설정합니다. 11

첫 번째 직사각형과 두 번째 직사각형이 서로 겹쳐있는지 위치를 확인합니다. 이 직사각형이 화면과 본체 사이의 빛이 됩니다. 12

[Layers] 패널에서 [본체의 빛] 레이어 위에 새로운 레이어를 만들고 이름을 [화면]으로 합니다. 13

같은 방법으로 [Rounded Rectangle Tool]을 사용하여 직사각형을 만듭니다.

[Rounded Rectangle] 패널에서 [Width : 280px], [Height : 575px], [Corner Radius : 30px]로 설정합니다. 14 Color는 [Stroke : None], [Fill : #070707]로 설정합니다.

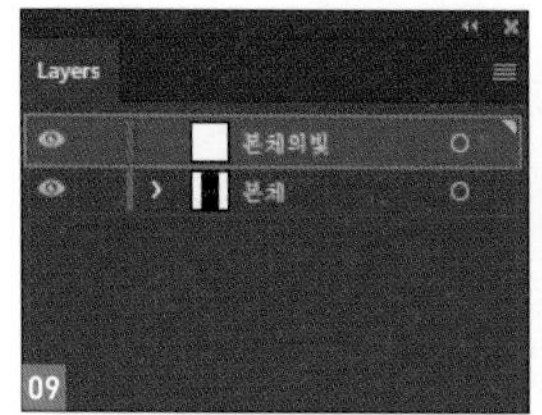

09

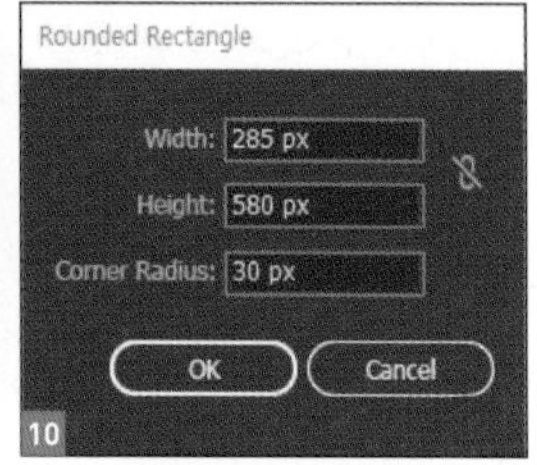

10

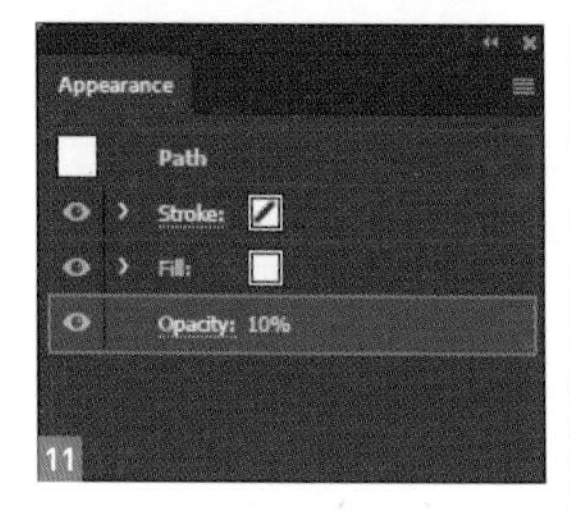

11

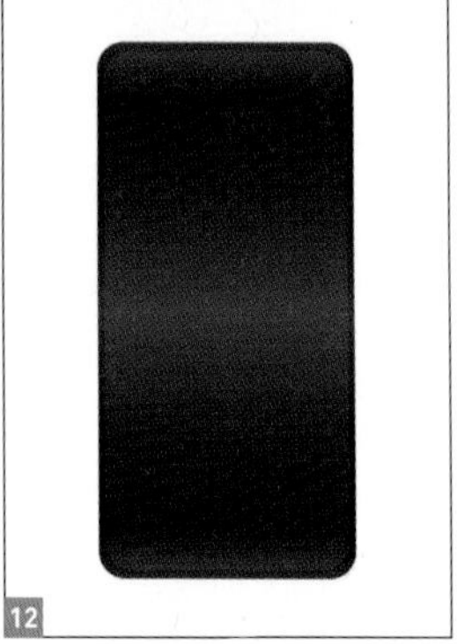
12

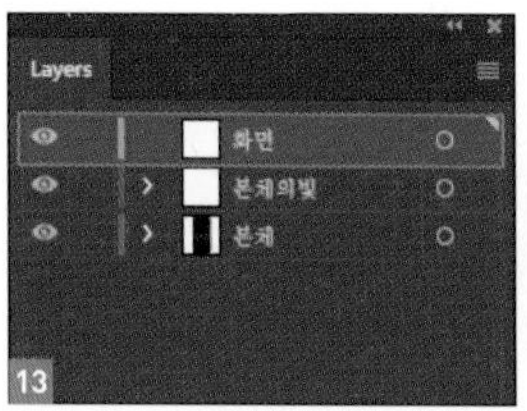

13

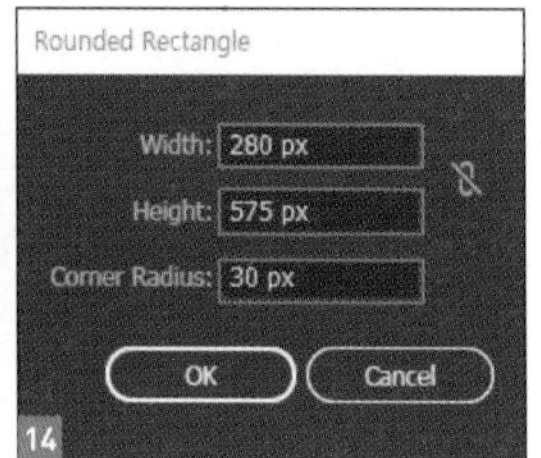

14

04 정렬하고 빛을 의식하여 조금 비껴놓기

[Tool] 패널에서 [Selection Tool]을 선택하여 앞에서 작업한 3개의 직사각형을 선택합니다.

[Window]-[Align]을 선택하고 [Align] 패널에서 그림과 같이 [Horizontal Align Center], [Vertical Align Center]를 클릭하여 중앙으로 정렬합니다. 15 16

본체의 오른쪽 경사 위에서 빛이 비치고 있는 것을 의식하여 [Layers] 패널에서 [본체의 빛] 레이어를 선택하고 약간 왼쪽 아래로 이동합니다. 17

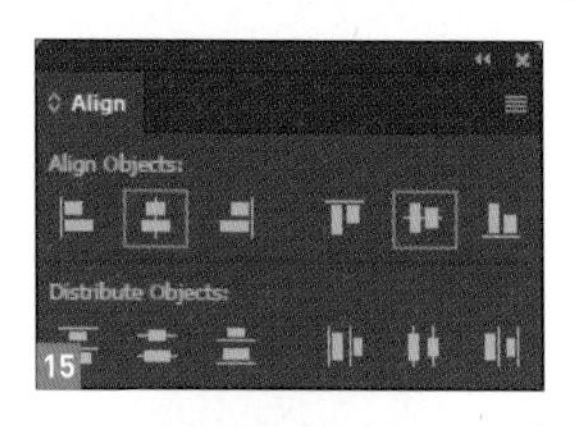

15

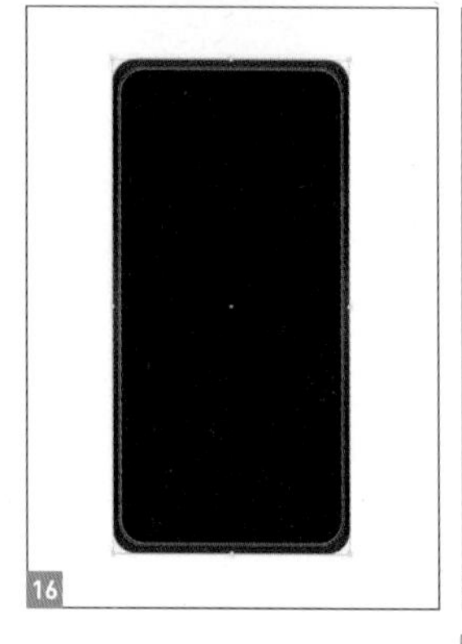
16

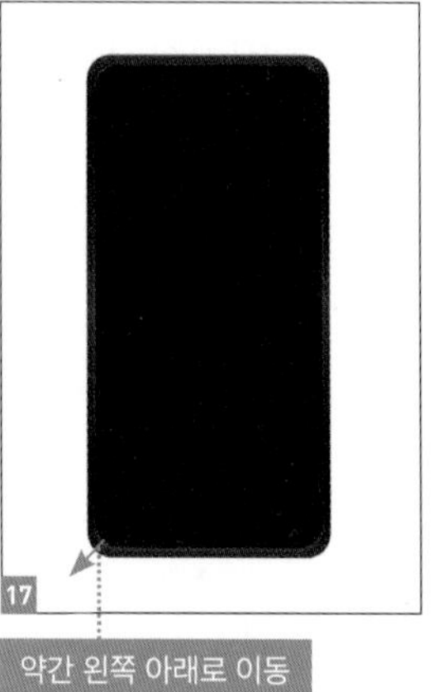
17

약간 왼쪽 아래로 이동

05 Gradient를 겹쳐서 적용하기

[화면] 레이어 위에 새로운 레이어를 만들고 이름을 [화면의 빛]으로 합니다.

[Window]-[Swatches]를 선택하여 [Swatches] 패널을 엽니다.

[Swatches] 패널 왼쪽 하단의 [Swatche Libraries menu]를 클릭하여 [Gradients]-[Fades]를 선택합니다. 18

[Fades] 패널에서 [Fade to White 1]을 선택합니다. 19

[Tool] 패널에서 [Rounded Rectangle Tool]을 선택하고 작업화면을 클릭한 후 [Rounded Rectangle] 패널에서 [Width : 278px], [Height : 573px], [Corner Radius : 30px]로 설정하여 직사각형을 만듭니다. 20 21

[Window]-[Gradient]를 선택하고 [Gradient] 패널에서 22와 같이 설정합니다. 23

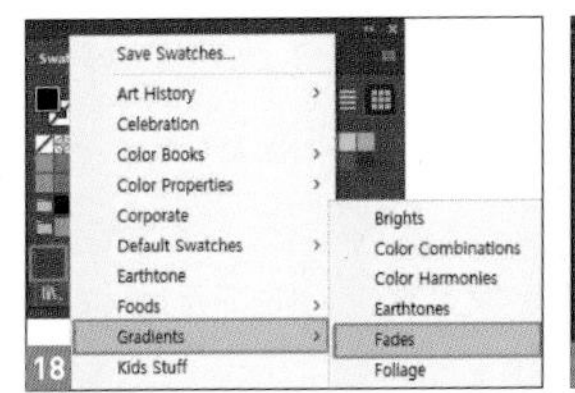
18

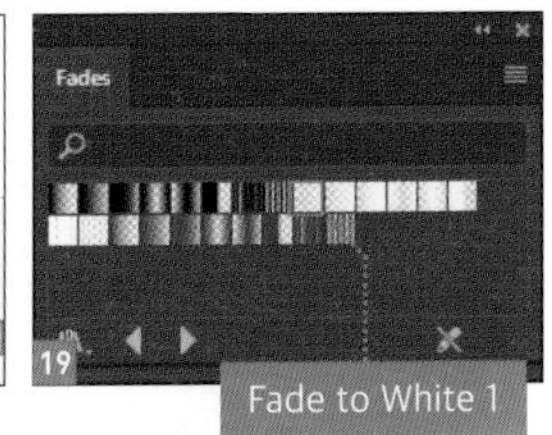

19

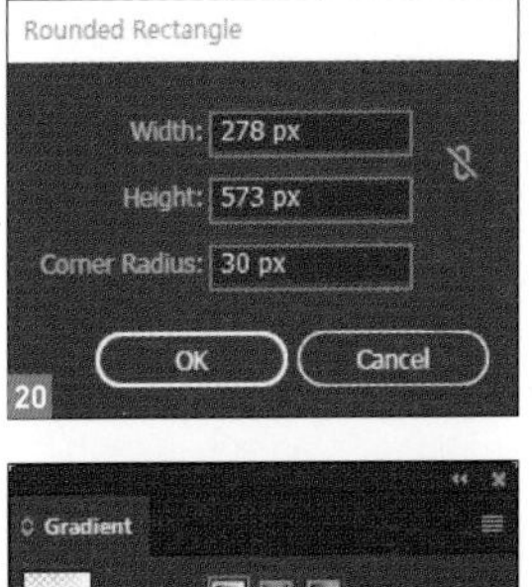
20

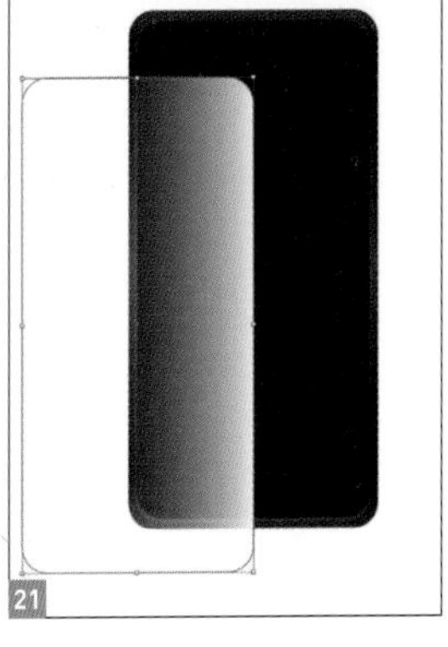
21

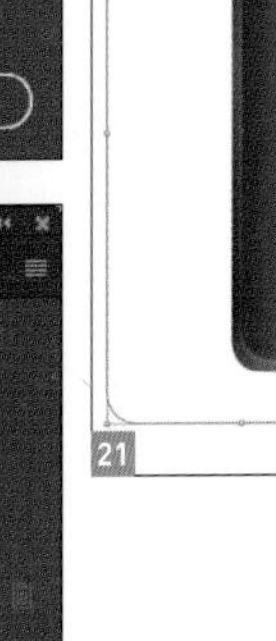
22

06 화면에 질감 추가하기

[화면의 빛] 레이어와 [화면] 레이어의 2개의 직사각형을 선택하고 [화면] 레이어의 직사각형을 다시 선택합니다. 24

[Window]-[Align]을 선택하고 [Align] 패널에서 [Horizontal Align Center], [Vertical Align Center]를 클릭하여 정렬한 후 [화면의 빛] 레이어를 더블 클릭합니다. [Layer Options] 패널이 나타나면 [Dim Images to]의 옵션을 체크한 후 10%로 설정합니다. 25

화면에 빛을 추가하여 입체감이 조금 증가했습니다.

> **memo**
>
> [화면] 레이어의 직사각형을 다시 선택함으로써 [화면] 레이어의 직사각형을 축으로 하여 정렬할 수 있습니다.

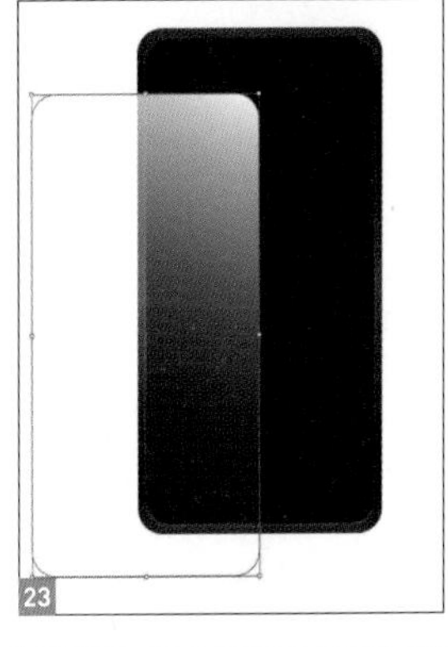
23

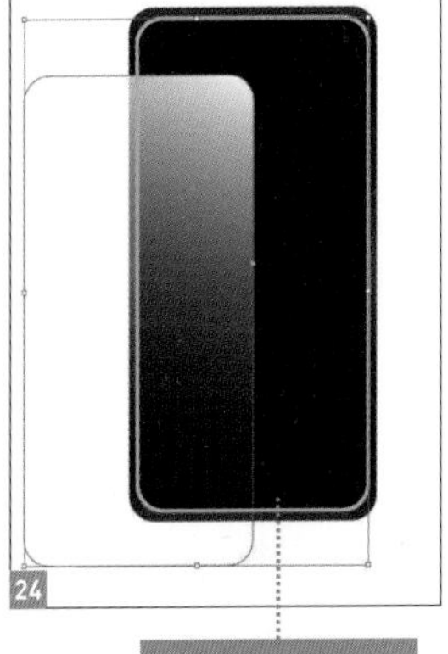
24

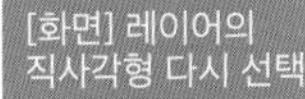

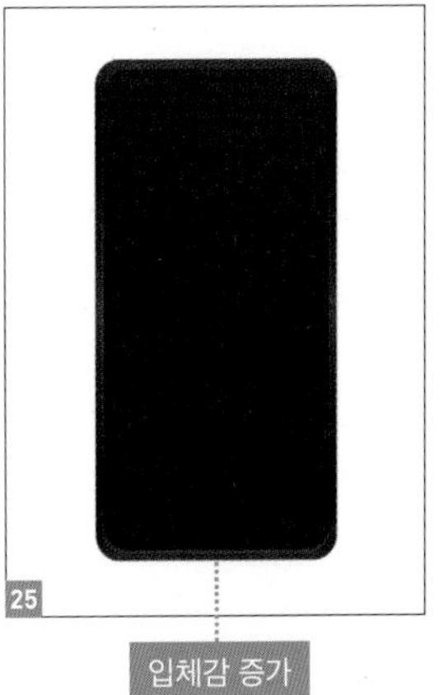

25

07 Gradient나 문자, 아이콘을 사용하여 터치패널 만들기

맨 위에 새로운 레이어를 만들고 이름을 [터치패널]로 합니다. [Fill : #000000], [Stroke : None]으로 설정하고 [Tool] 패널에서 [Round Rectangle Tool]을 선택하고 작업화면을 클릭한 후 [Width : 260px], [Height : 470px], [Coner Radius : 10px]의 둥근 직사각형을 만듭니다. 26

같은 방법으로 [Width : 256px], [Height : 466px], [Coner Rad ius : 10px]의 둥근 직사각형을 만듭니다. 27

[Window]–[Appearance]을 선택하여 [Stroke : None], [Fill : Split Complementary 5]로 변경합니다. 28

[Split Complementary 5]는 [Swatch Libraries]–[Gradient s]–[Color Harmonies]에 있습니다. 29 30

[Window]–[Gradient]를 선택하고 [Type : Linear], [Angle : 90°]으로 설정합니다. 31

만든 직사각형 2개를 겹쳐 중앙에 배치합니다. 32

문자나 아이콘 등을 사용하여 장식합니다. 33

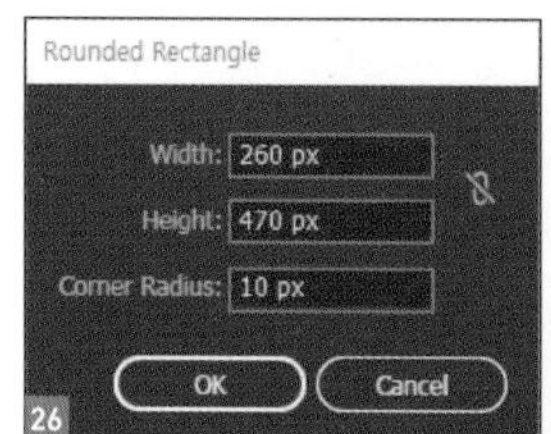

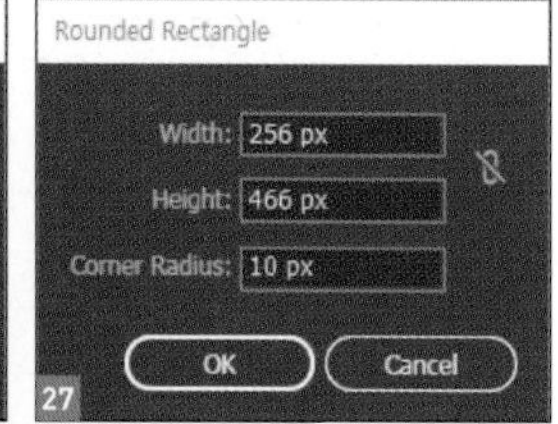

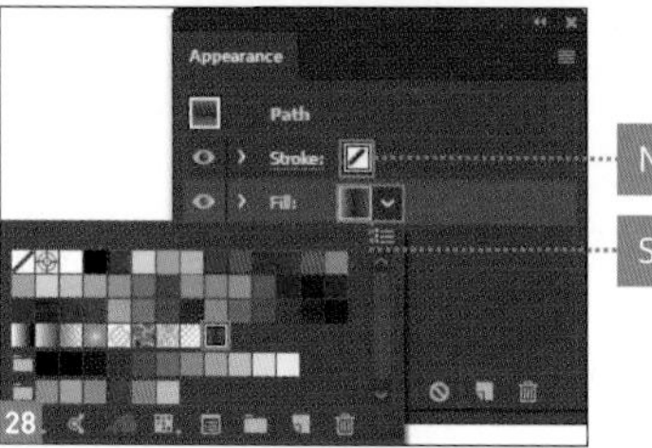
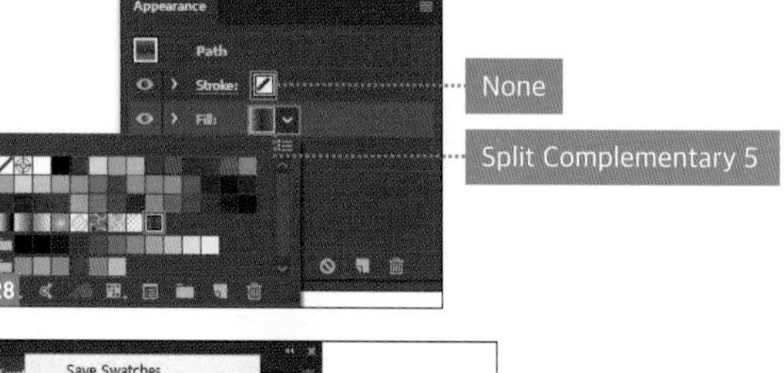

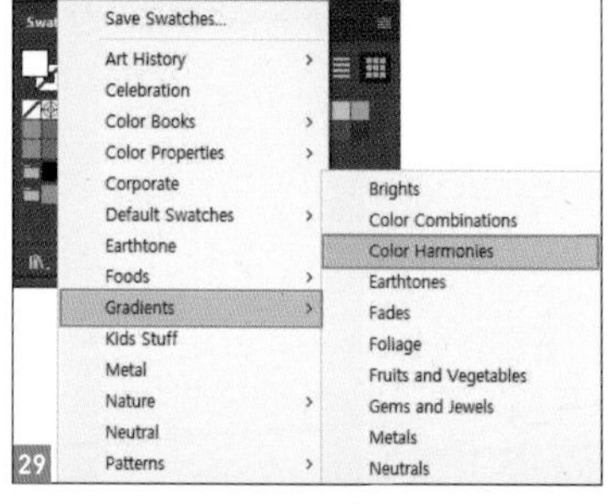

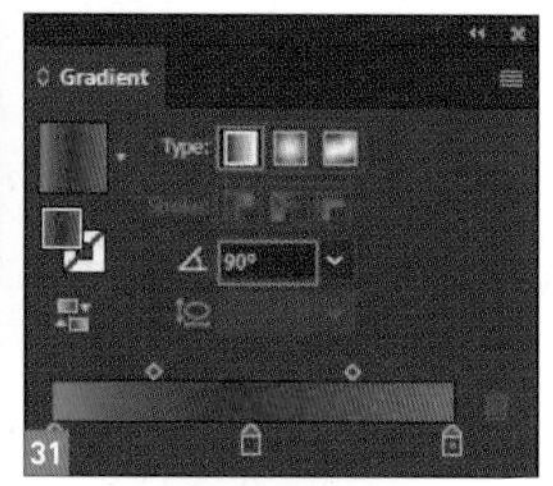

08 수화구 만들기

맨 위에 새로운 레이어를 만들고 이름을 [부품]으로 합니다. 먼저 수화구를 만들어 봅니다. [Tool] 패널에서 [Fill : #212121], [Stroke : None]으로 설정하고, [Round Rectangle Tool]을 선택한 후 [Width : 80px], [Hight : 6px], [Coner Radius : 10px]의 둥근 직사각형을 만듭니다. 34

작성한 둥근 직사각형을 복사하고 [Fill : #000000]으로 적용합니다.

[Fill : #000000]이 위로 오도록 겹쳐 중앙에 배치합니다.

[Fill : #000000]을 오른쪽 조금 위로 옮긴 후 35와 같이 배치합니다. 2개의 도형을 ⌘(Ctrl) + G를 눌러 그룹으로 지정하면 이동하기 쉬워집니다.

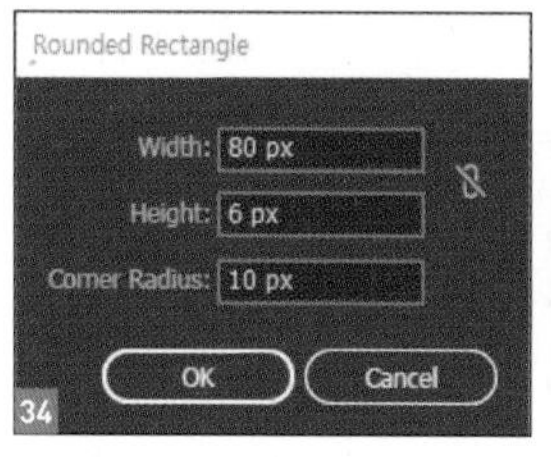

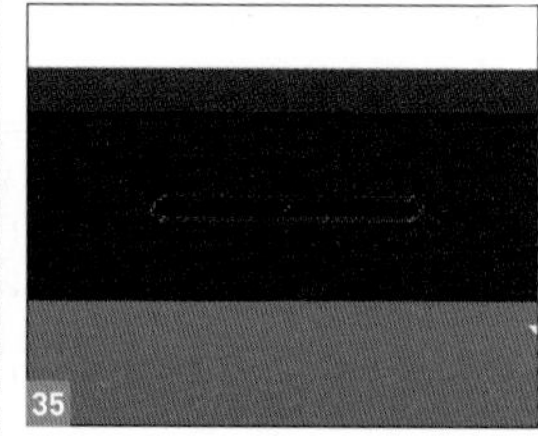

09 카메라 렌즈 만들기

카메라 렌즈를 만들어 봅니다.

[Tool] 패널에서 [Fill : #070707], [Stroke : None]으로 설정하고 [Ellipse Tool]을 선택한 후 [Width : 20px], [Hight : 20 px]의 원을 만듭니다.

또, [Tool] 패널에서 [Fill : #000000], [Stroke : None], [Width : 10px], [Hight : 10px]의 원을 만들고 [Fill : #ffffff], [Stroke : None], [Width : 20px], [Hight : 20px], [Opacity : 10%]의 원과 [Fill : #ffffff], [Stroke : None], [Width : 5px], [Hight : 5px], [Opacity : 10%]의 원을 만듭니다. 36

모든 도형을 선택하고 [Horizontal Align Center]로 중앙을 맞춥니다. 아이콘을 37과 같이 배치합니다. 카메라 렌즈도 ⌘(Ctrl) + G로 그룹화해 놓으면 좋습니다.

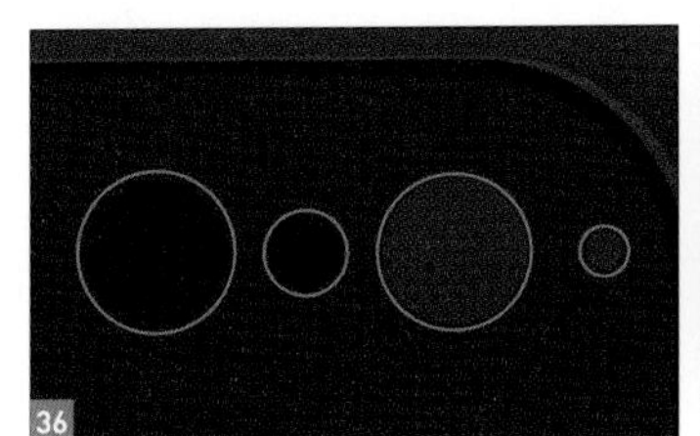
36

37

10 화면에 반사되는 빛 만들기

맨 위에 새로운 레이어를 만들고 이름을 [반사광]으로 합니다.

[Tool] 패널에서 [Fill : Fade to White 1], [Stroke : None]으로 설정하고 [Round Rectangle Tool]을 선택하여 [Width : 280px], [Hight : 575px], [Corner Radius : 30px]의 둥근 직사각형을 만듭니다.

[Fade to White 1]은 **05**에서 사용한 [Fades] 패널에 있습니다. Gradient를 [Type : Linear], [Angle : 65°]로 설정하고 [Opacity : 30%]으로 설정합니다. 38 39

[Tool] 패널에서 [Scissors Tool]을 선택하고 40 41과 같이 반사되는 빛을 만듭니다.

만든 빛을 반전시켜 왼쪽 아래에도 추가하고, [Opacity : 10 %]으로 합니다. 42

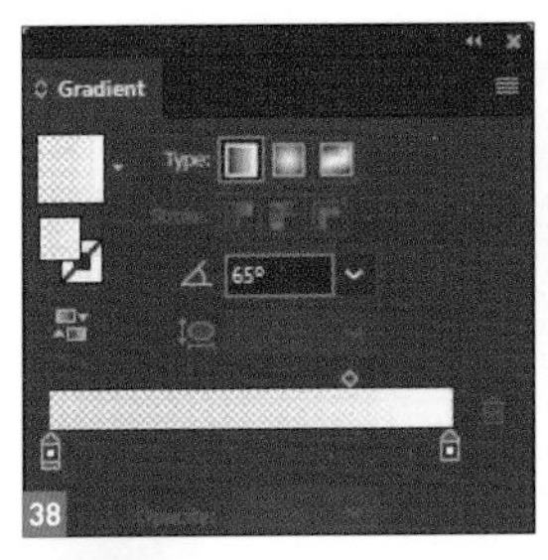

38

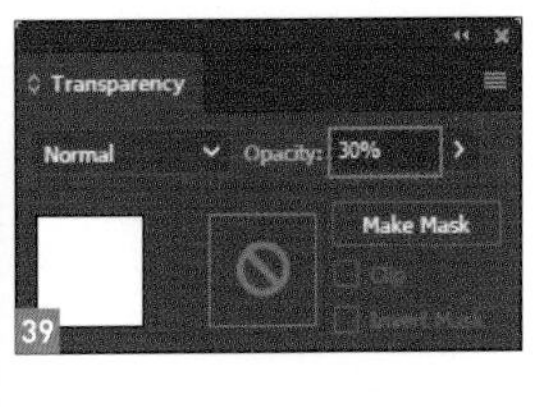

39

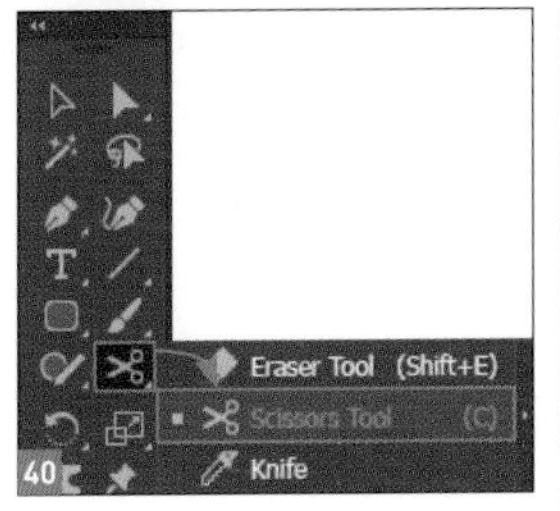

40

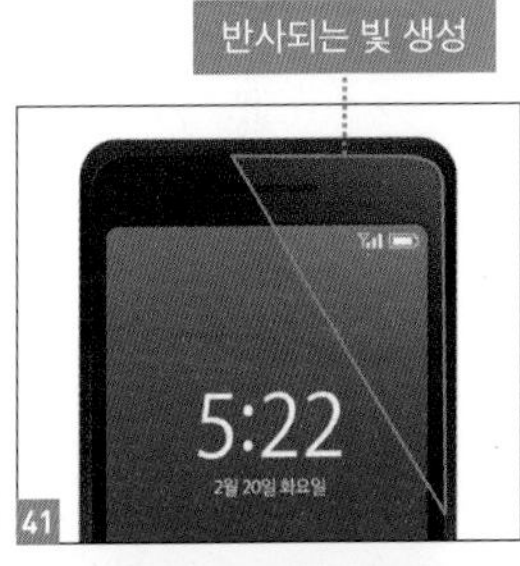

41

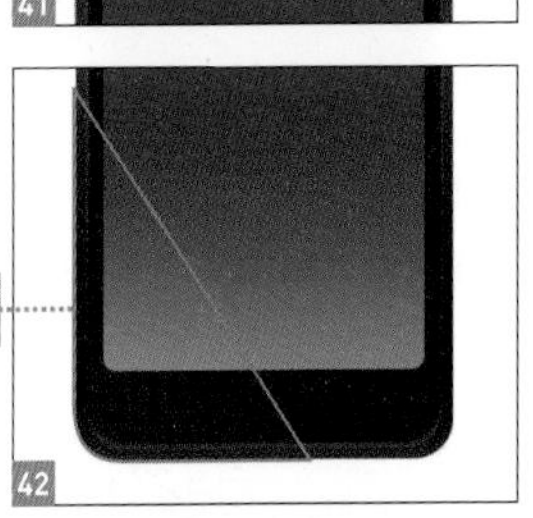
42

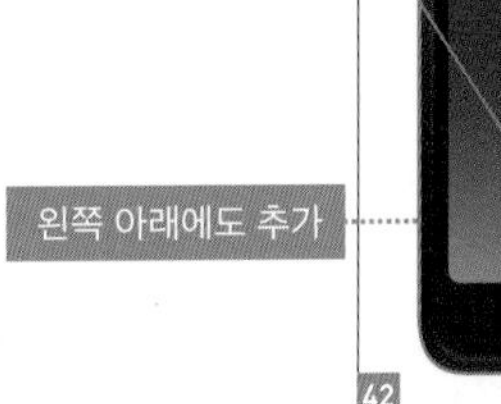

11 핸드폰에 그림자 만들기

[본체] 레이어의 둥근 사각형을 선택하고 [Effect]–[Stylize]–[Drop Shadow]를 선택합니다.

43과 같이 설정하여 그림자를 만들어 완성합니다. 44

예제에서는 순서상 [터치패널] 레이어에 사진을 끼워 넣었습니다.

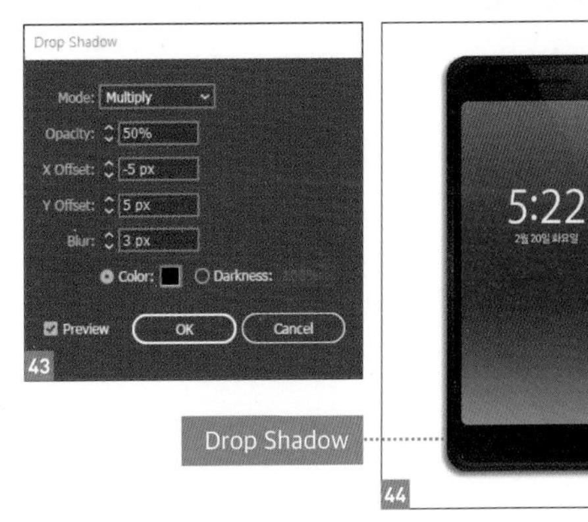

43 44

No. 068 Image Trace를 사용한 사실적인 일러스트 만들기

[Image Trace]를 사용하여 간단하게 이미지를 사실적인 일러스트로 완성합니다.

POINT 설정을 조정하여 일러스트다운 포인트를 찾는다

HOW TO USE 사진을 벡터 이미지로 만들고 싶을 때 사용

01 이미지 열기

Illustrator에서 [File]–[Place]를 선택하여 예제 파일 [인물.jpg]를 배치합니다. 01

참고로 [Image Trace]는 컴퓨터의 용량이 필요하므로 크기가 작은 눈 이미지(세로 : 664px / 가로 : 1000px)를 준비했습니다. 크기가 큰 이미지에 [Image Trace]를 적용하면 02와 같이 경고가 표시됩니다. 사용하는 컴퓨터의 사양에 맞추어 이미지를 선택합시다.

01

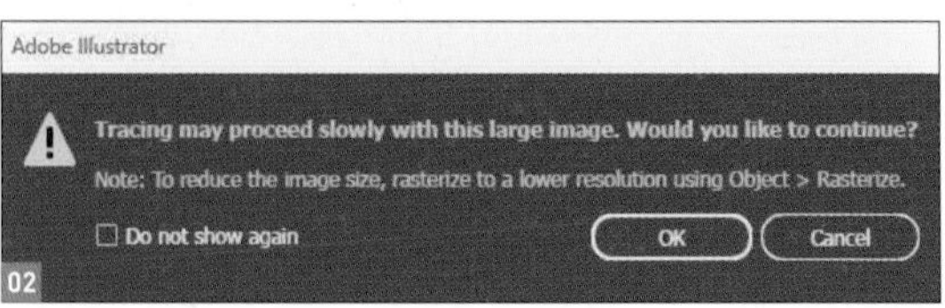

02

02 [Image Trace] 적용하기

이미지를 선택하고, [옵션] 바에서 [Image Trace]를 선택합니다. 03

자동으로 04와 같이 이미지가 트레이스 됩니다.

[옵션] 바에서 [Image Trace Panel] 버튼을 선택합니다. 05

[Image Trace] 패널이 표시되면 06 [Preset : High Fidelity Photo]를 선택합니다. 07

언뜻 보기에는 비트맵 이미지로 보이지만 트레이스되어 벡터 데이터의 이미지로 변환되어 있습니다. 08 [Image Trace] 패널에서 [Paths], [Colors], [Anchors]의 수치를 확인할 수 있습니다. 09 사진의 분위기를 남기면서 일러스트로 만들고 싶은 경우는 이것으로 완성입니다.

memo

패스로 활용하고 싶은 경우는 [옵션] 바에서 [Expand]를 선택합니다. 10 11

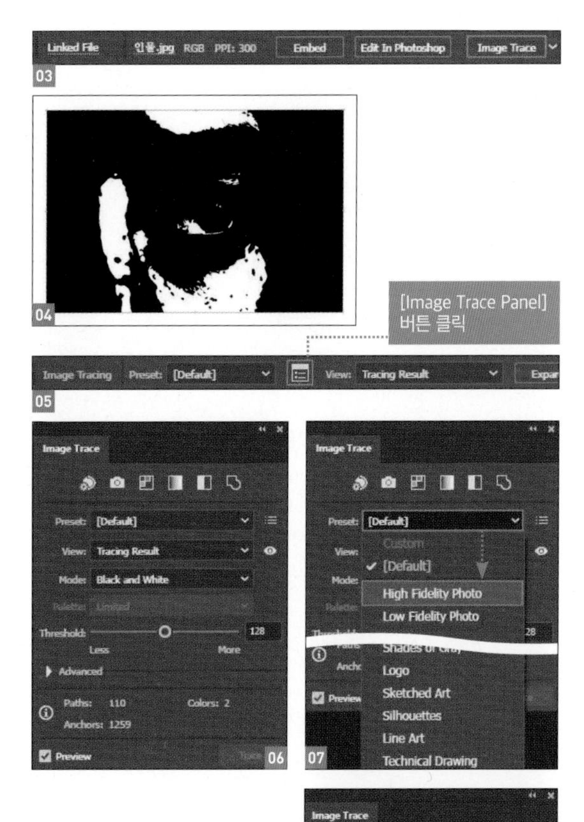

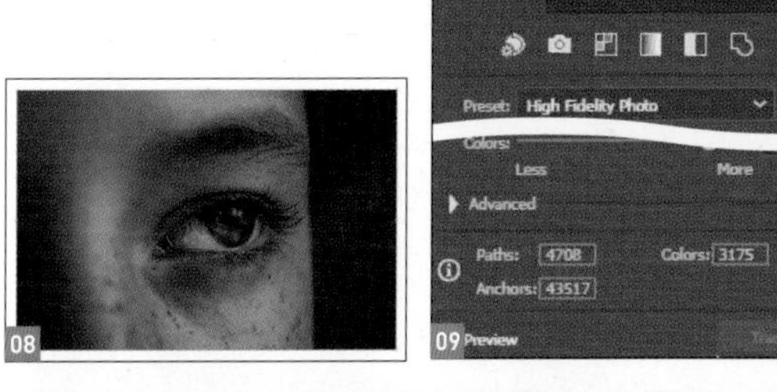

03 정밀도를 조정하여 일러스트다움을 찾다

[Image Trace] 패널의 설정을 조정하여 일러스트다운 효과를 낼 수 있습니다.

다시 한번 예제 [인물.jpg]를 배치하고 [Image Trace]를 적용합니다.

[Image Trace Panel]을 표시시키고 12와 같이 설정합니다. 패널에서는 [Paths], [Colors], [Anchors]의 수치가 작아진 것을 확인할 수 있습니다. 좀 더 러프하게 마무리되었습니다. 13

예제에서는 순서 **02**의 이미지와 문자를 디자인하여 완성했습니다.

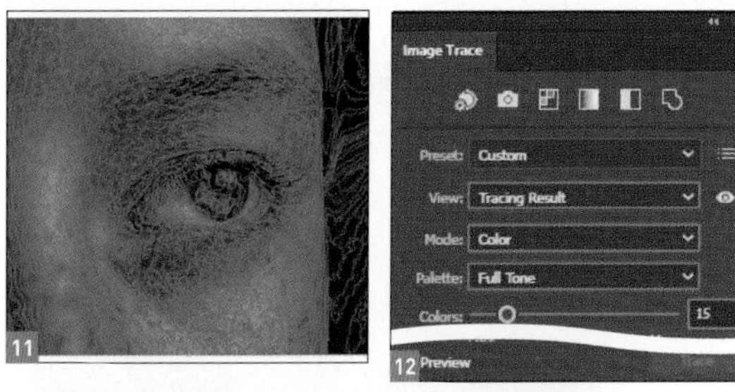

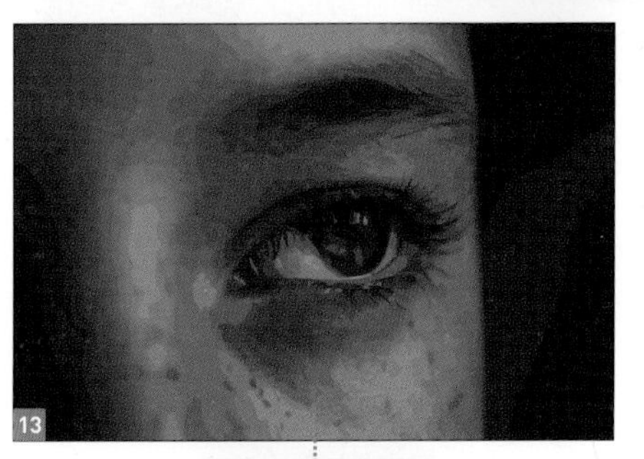

column

Ai

Image Trace Preset

Image Trace의 Preset을 이용하면, 자신이 만들고 싶은 이미지에 가까운 것을 간단하게 만들 수 있습니다.
예를 들어, [High Fidelity Photo]를 선택하면 거의 사진과 같은 벡터 이미지를 만들 수 있습니다. [Black and White Logo]는 흑백 디자인 작성에 사용할 수 있습니다. [Line Art]는 선이 되기 때문에 일러스트를 트레이스하고 싶을 때 편리합니다.
선으로 된 이미지나 Line Art 등은 벡터 데이터로 하게 되면 이용할 수 있는 폭도 넓어집니다. [Image Trace]의 기능을 잘 이용하여 다양한 디자인에 활용해 봅시다.

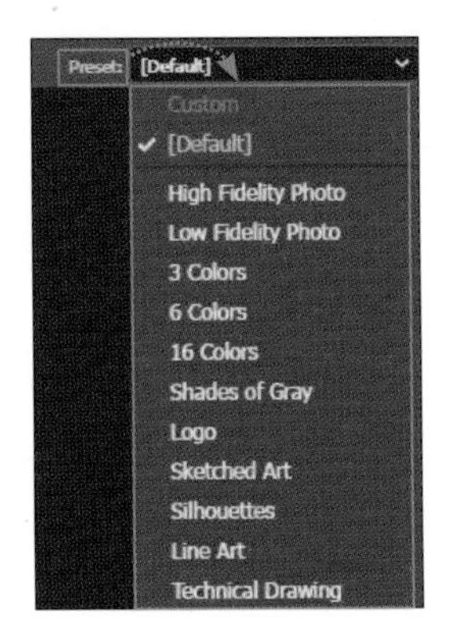

Default

High Fidelity Photo

Low Fidelity Photo

3 Colors

6 Colors

16 Colors

Shades of Gray

Black and White Logo

Sketched Art

Technical Drawing

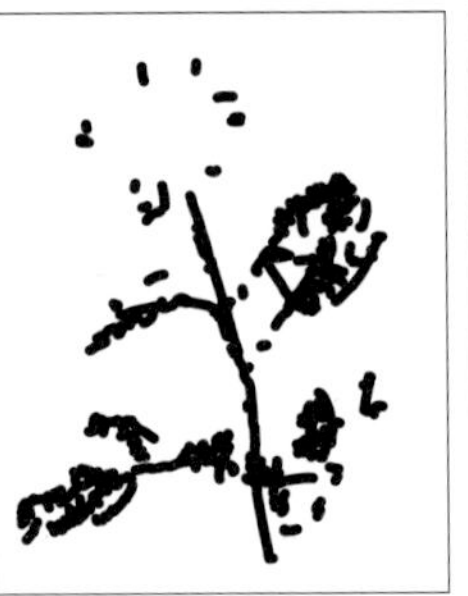
Line Art

Silhouettes

문자와 선 가공의 디자인 테크닉

물처럼 보이게 하거나 케첩처럼 표현하거나 오려내기, 휘감기, 솔기, 지퍼, 슬라이스, 입체 등 문자나 선을 다양하게 표현하는 디자인 테크닉을 배울 수 있습니다.

CHAPTER 08

Typography & Line effects design techniques

흐르는 물 이미지의 문자 만들기

흐르는 물을 이미지한 글자를 만듭니다.

POINT 입체감 있는 문자에 Chrome을 적용하여 물을 표현한다

HOW TO USE 폭 넓은 물 표현에 사용

01 문자 배치하기

예제 파일에서 [바다풍경.psd]를 엽니다. 원하는 폰트를 선택한 후 [Foreground Color : #a7a7a7]로 설정하고 "water"라고 입력합니다.

왼쪽 아래쪽의 물보라 라인에 맞춰 튀어나와 있는 이미지로 [Free Transform]을 사용하여 회전하여 배치하였습니다. 01

가늘고 둥그스름한 폰트가 표현하기 쉽습니다. 예제에서는 Adobe Fonts에서 [Font : Quimby Mayoral]을 선택했습니다.

02 텍스트를 Rasterize하여 장식하기

[water] 텍스트 레이어를 선택하고 마우스 오른쪽 버튼 클릭 후 [Rasterize Type]을 선택합니다.
[Brush Tool]을 선택하고 브러시 종류는 [Hard Round Brush]로 설정합니다.
[Foreground Color : #a7a7a7]로 설정한 상태에서 w의 시작 부분을 브러시로 추가합니다.(사용하는 폰트에 맞추어 수정합니다.) 02

03 Layer Style 적용하기

[water] 레이어를 더블 클릭하여 [Layer Style]을 표시합니다.
[Inner Shadow]를 선택하고 03과 같이 설정합니다.
[Quality]의 [Contour]는 [Half Round]로 설정합니다.
마우스 오른쪽 버튼 클릭 후 [Rasterize Layer Style]을 선택합니다. 이 순서로 음영을 적용하면 다음에 적용하는 필터 [Chrome]이 깔끔하게 적용됩니다. 04

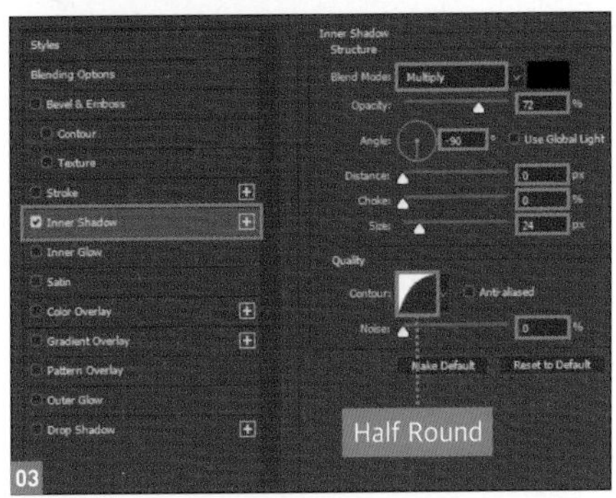

04 Chrome 필터로 물의 질감 만들기

[Filter]-[Filter Gallery]를 선택합니다.
[Sketch]-[Chrome]을 선택하고 05와 같이 설정합니다. 그 상태에서 패널 오른쪽 아래의 [New effect layer] 아이콘을 선택하여 다시 [Chrome]을 같은 설정으로 적용합니다. 06
(01에서 선택한 폰트에 따라 조정합니다). 05와 같이 되었습니다.

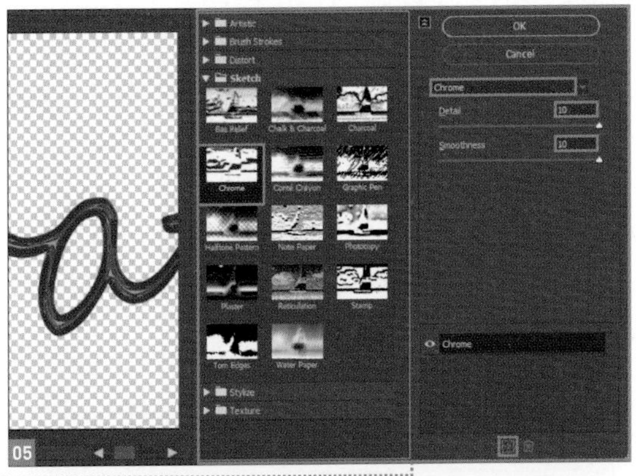

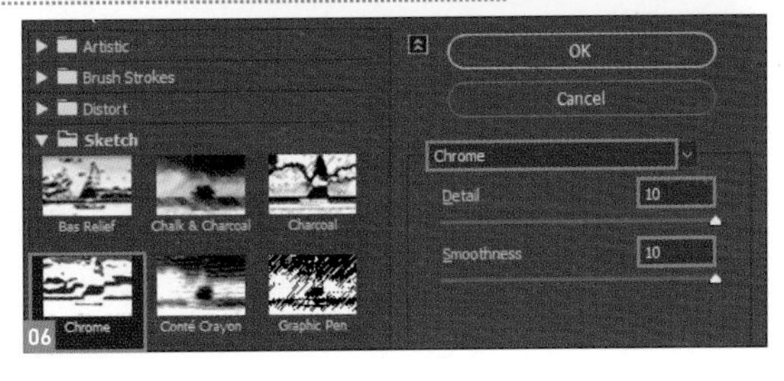

05 Levels와 Liquify 적용하기

[Image]–[Adjustments]–[Levels]를 선택하고 08과 같이 설정합니다. 09

[Filter]–[Liquify]를 선택하고 [Liquify] 패널에서 [Forward Warp Tool]을 선택한 후 [Brush Tool Options]–[Size : 100] 전후로 설정하여 변형을 줍니다. 물을 형상화하여 웅덩이 부분이나 가느다란 부분을 만듭니다. 10 11

[Layers] 패널에서 [Blending Mode : Screen]으로 설정합니다. 12 13

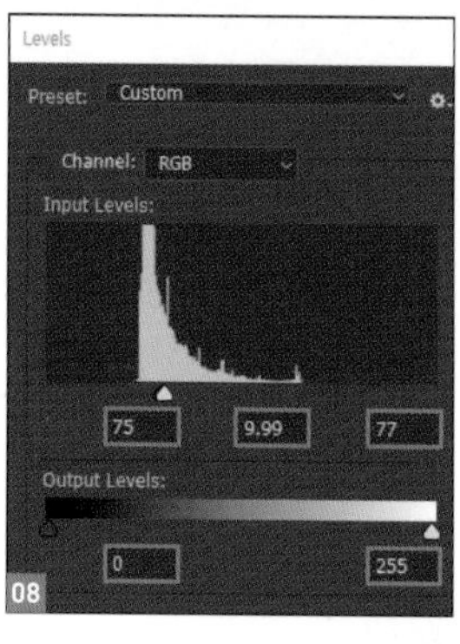

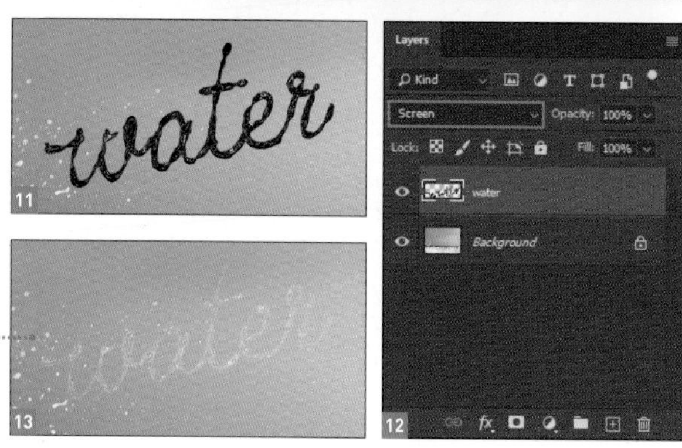

06 Layer Style로 입체감 주기

[water] 레이어를 선택하고 더블 클릭하여 [Layer Style]을 표시합니다.

[Bevel & Emboss]를 선택하고 14와 같이 설정합니다. 15

제공된 예제 이미지 [물보라.psd]를 열고 배치하여 완성합니다. 16

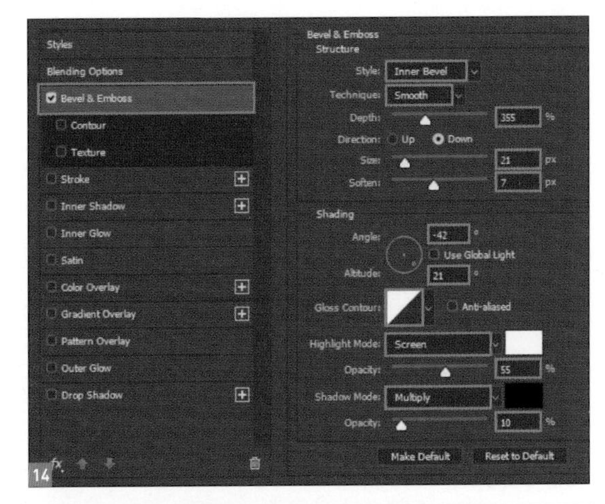

14

15

16

Password

패스워드 : youngjin

위의 패스워드는 이 책의 샘플 데이터를 다운로드 후 압축을 해제할 때 필요한 정보입니다. 자세한 내용은 P.2의 「DOWNLOAD SAMPLE DATA」를 확인해 주세요.

Ps No. 070 물방울이 떨어지는 듯한 문자 만들기

Layer Style을 사용하여 사실적인 물방울을 표현합니다.

POINT 물줄기를 의식해서 그린다

HOW TO USE 물방울의 표현에 사용

01 바탕이 되는 문자 그리기

예제 파일 [풍경.psd]를 엽니다. [Layers] 패널에서 새로운 [DROP] 레이어를 만듭니다.
[Brush Tool]을 선택하고 [Color : #ffffff], [Hard Round Brush], [Size : 100px]로 설정합니다.
프리핸드로 "DROP"이라고 그립니다. 01

01

02 Liquify 필터 적용하기

[Filter]−[Liquify]를 선택합니다. [Liquify] 패널에서 [Forward Warp Tool]을 선택하고 [Brush Tool Options]에서 [Size : 100] 전후로 조정하면서 02와 같이 변형을 가합니다(여기에서는 보기 쉽도록 문자를 검은색으로 했습니다).
밑바탕이 되는 문자가 완성되었습니다. 03

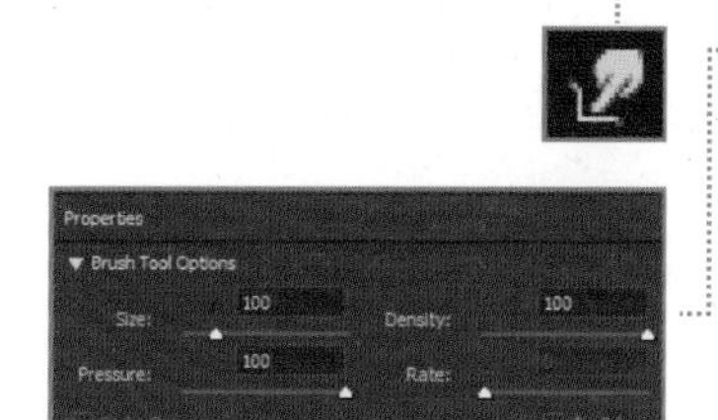

03 Layer Style로 물의 질감 표현하기

[DROP] 레이어를 선택하고 [Opacity : 5%]로 설정합니다. 04
더블 클릭하여 [Layer Style] 패널을 표시합니다.
[Bevel & Emboss]를 선택하고 05와 같이 설정합니다.
[Shading]의 [Highlight Mode], [Shadow Mode]는 [Color : #ffa67d]를 설정하여 배경의 저녁 노을과 어우러지도록 합니다. [Contour]를 선택하고 06과 같이 설정합니다.
[Drop Shadow]를 선택하고 07과 같이 설정합니다. 08과 같이 되었습니다.

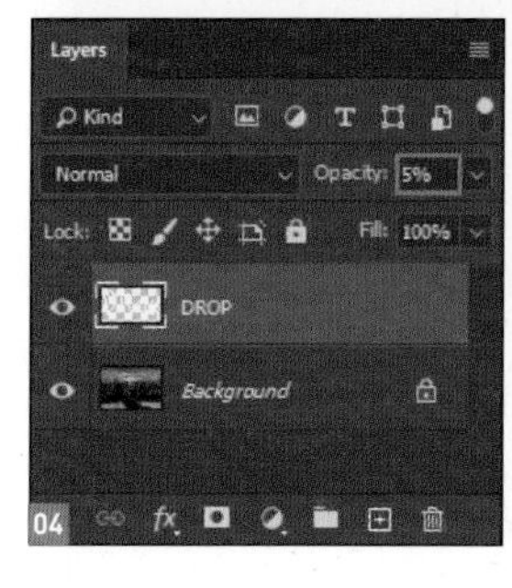

[#ffa67d]

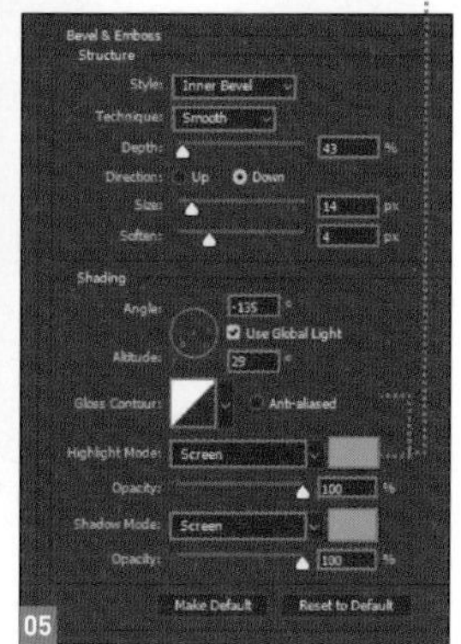

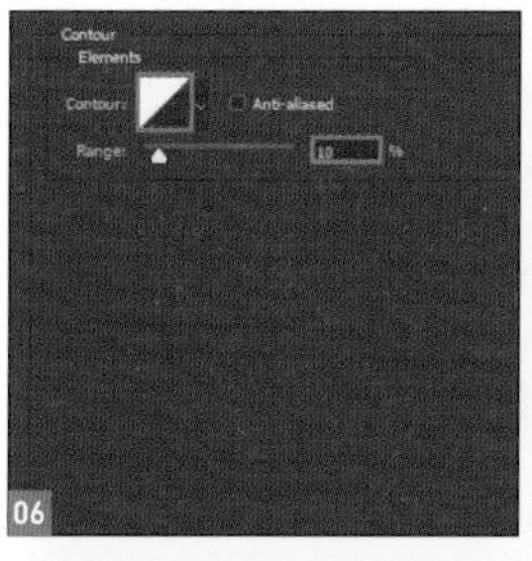

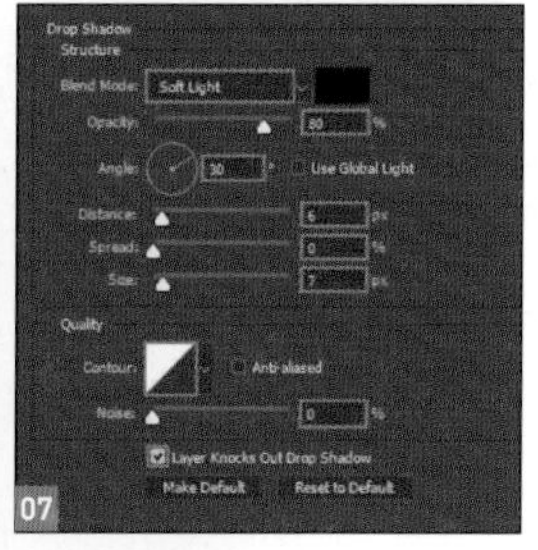

04 물방울 추가하기

[DROP] 레이어를 선택하고, **01**과 같이 [Hard Round Brush], [Size : 15~30px]로 조정하면서 물방울을 그립니다.
창문에 맞는 물방울을 형상화하여 위에서 아래로 라인이 가능하도록 물방울을 그려서 완성합니다. 09

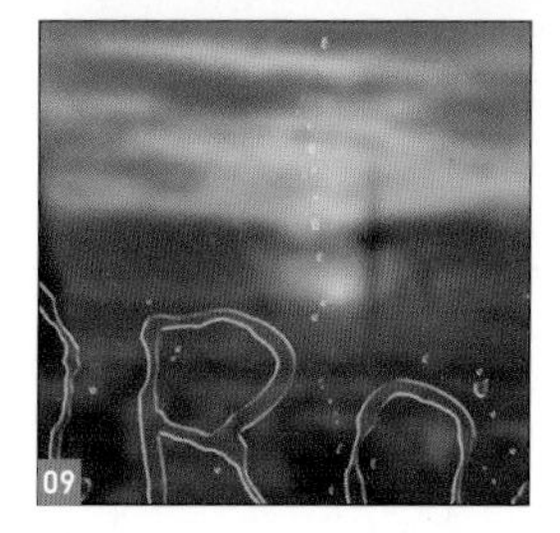

Ps No.071 케첩 문자 만들기

케첩으로 그린 것 같은 질감의 문자를 간단하게 만듭니다.

POINT Bevel & Emboss로만 표현한다

HOW TO USE 식품 광고나 액체의 글자를 표현하고 싶을 때 사용

01 프리핸드로 문자를 그리기

예제 파일 [토마토.psd]를 엽니다. [Layers] 패널에서 새로운 [케첩] 레이어를 만듭니다.

[Brush Tool]을 선택하고 [Foreground Color : #8d0705]로 설정합니다.

브러시는 [Hard Round Pressure Opacity]를 선택하고, 01 50px 전후의 브러시 크기로 자유롭게 "Tomato"라고 그립니다.

글자 주변에도 케첩이 떨어진 것 같은 이미지로 점을 그립니다. 02

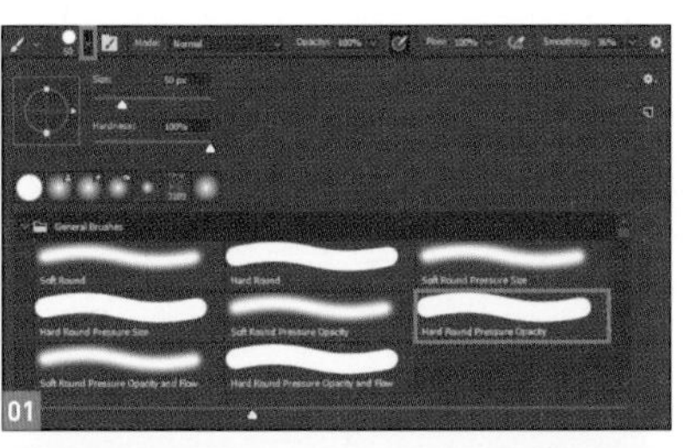
01

02

02 굴곡 주기

[Filter]-[Liquify]를 선택합니다. [Liquify] 패널에서 [Forward Warp Tool]을 선택하고 03과 같이 설정하여 왜곡을 추가합니다.
실제로 소스 등으로 글자를 썼을 때를 생각하면서 굵은 부분과 가느다란 부분을 만듭니다. 04

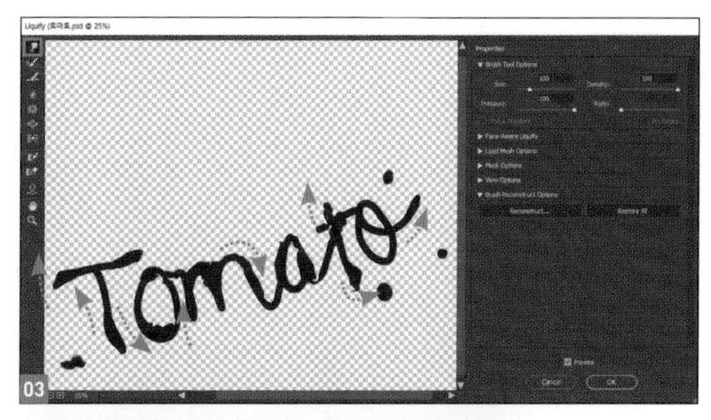

03

04

03 질감을 더해 완성

[케첩] 레이어를 선택하고 더블 클릭하여 [Layer Style]을 표시합니다.
[Bevel & Emboss]를 선택하고 05와 같이 설정합니다.
[Contour]는 [Cove-Deep]으로 설정하고 [Shadow Mode]는 [Color : #5b0202]로 설정합니다.
[Contour]를 06과 같이 설정합니다.
[Contour]의 섬네일을 클릭하고 [Contour Editor] 패널에서 07과 같은 곡선을 그립니다.
08과 같이 배치하여 실시간으로 효과를 확인하면서 작업하면 좋습니다.
[Drop Shadow]를 선택하고 09와 같이 설정합니다.
[Structure]의 [Color : #5b0202]로 설정합니다.
케첩으로 문자를 그린 것 같은 질감이 완성됩니다.

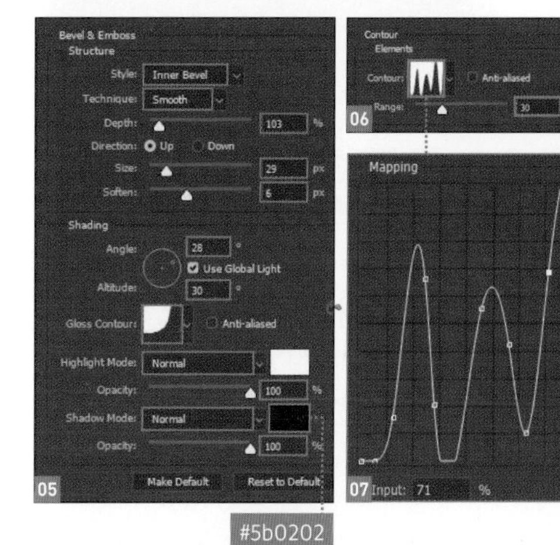

05 06 07

08

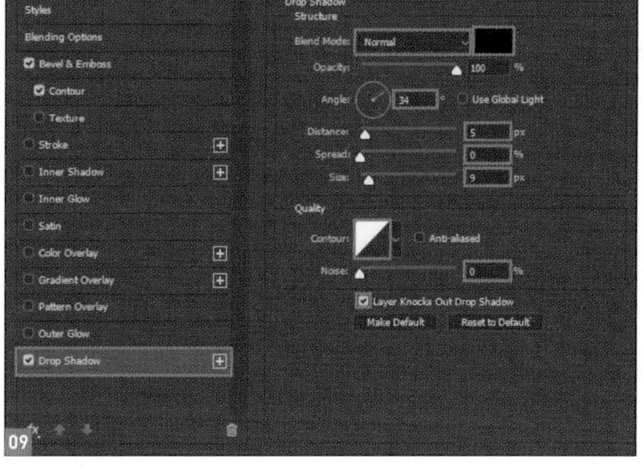

09

No.072 오려낸 문자 만들기

Clipping Mask를 사용하여 이미지를 문자 형태로 오려냅니다. 패스를 조정하여 보여주는 이미지의 범위를 넓게 합니다.

POINT Clipping Mask를 사용. 문자와 이미지는 공통점이 있으면 전달되기 쉽다

HOW TO USE 제목이나 로고 가공에 사용

01 문자 입력하기

예제 파일 [배경.jpg]를 엽니다. 미리 [#d4c9be] 색상의 배경이 준비되어 있습니다. 01

[Tool] 패널에서 [Horizontal Type Tool]을 선택합니다. 02

[Window]–[Character]를 선택하여 [Character] 패널을 엽니다. 03

[Font : Futura PT Cond], [Style : Medium], [Size : 190pt]로 설정하고 "FLOWERS"라고 입력합니다. 04 여기에서는 [Character] 패널에서 [Vertically scale : 150%]로 했습니다. 05 06

memo

04에서 문자를 입력한 상태에서는 이미지를 배치하는 면적이 좁으므로 문자를 세로로 길게 하여 문자의 면적을 늘렸습니다.

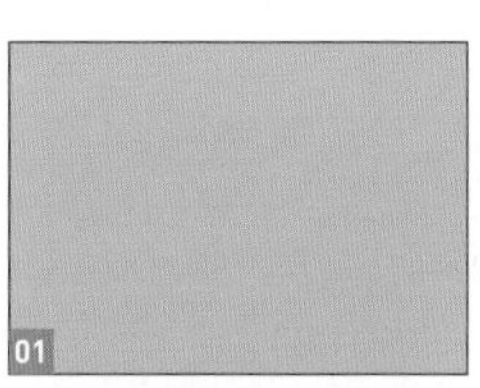

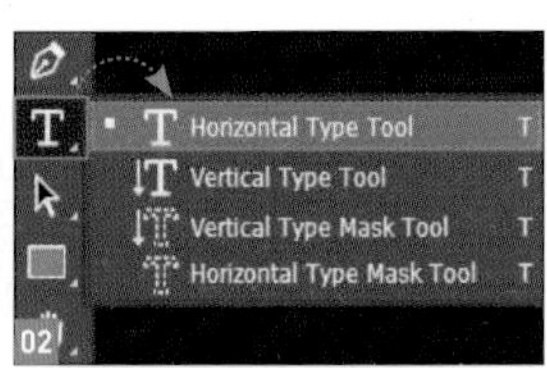

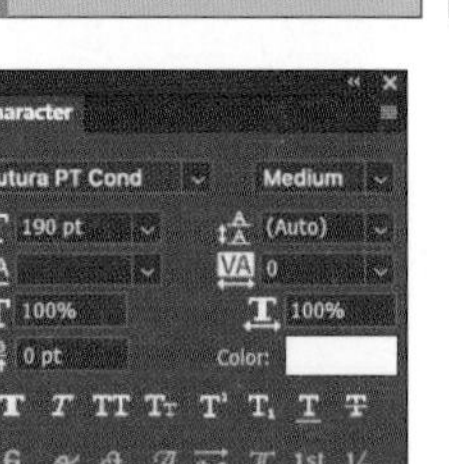

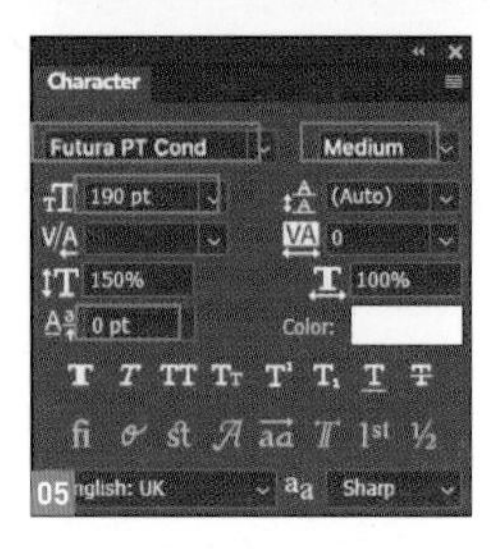

수직 방향으로 150% 늘림

02 이미지를 배치하고 Clipping Mask 적용하기

예제 파일 [꽃.jpg]를 열고 맨 위로 드래그하여 이동합니다. 레이어 이름을 [꽃]으로 합니다. 07

[꽃] 레이어를 선택한 후 마우스 오른쪽 버튼을 클릭하고 [Create Clipping Mask]를 선택합니다. 08 09 이미지를 문자의 형태로 오려낼 수 있습니다. 10

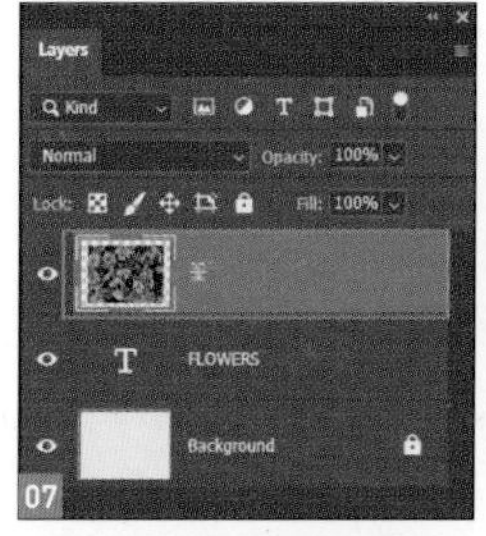

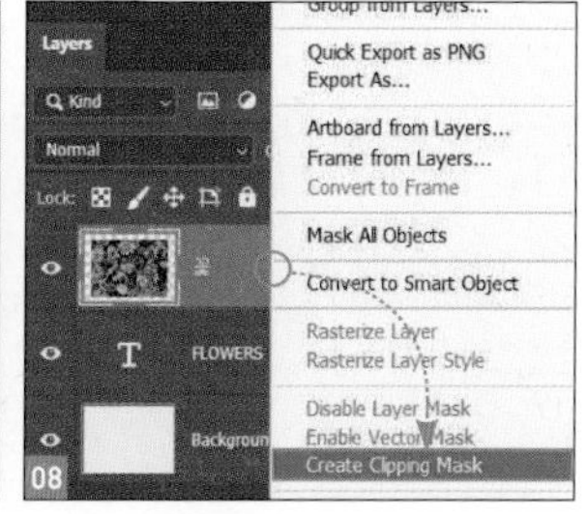

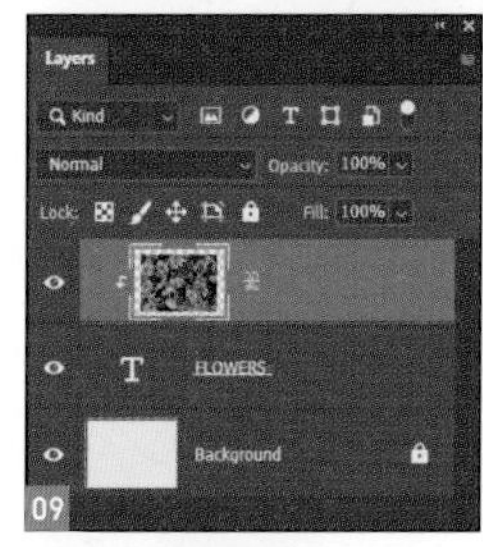

03 문자의 면적을 늘려 이미지가 보이는 범위 늘리기

문자 [FLOWERS] 레이어를 선택한 후 마우스 오른쪽 버튼을 클릭하고 [Convert to Shape]을 선택합니다. 11

[Tool] 패널에서 [Direct Selection Tool]을 선택합니다. 12

[FLOWERS] 레이어를 작업화면에서 선택하면 13와 같이 패스가 표시됩니다.

텍스트의 O와 R 안쪽 부분을 삭제하여 면적을 늘립니다. 14와 같이 O 안쪽을 선택합니다(앵커 포인트는 흰색이 선택되지 않은, 파란색이 선택되어 있는 상태입니다).

Delete를 눌러 앵커 포인트를 삭제합니다. 15 같은 방법으로 R 안쪽 앵커 포인트도 삭제합니다. 16 이미지가 보이는 범위가 넓어졌습니다.

마지막으로 [Tool] 패널에서 [Horizontal Type Tool]을 선택하고 17과 같이 [Font : Futura PT], [Style : Book], [Size : 21pt], [자간 : 200], [Color : #642b1c](이 색은 꽃 이미지에서 추출)로 설정한 후 "Clipping Mask"라고 입력하고 그림과 같이 배치해 완성합니다. 18

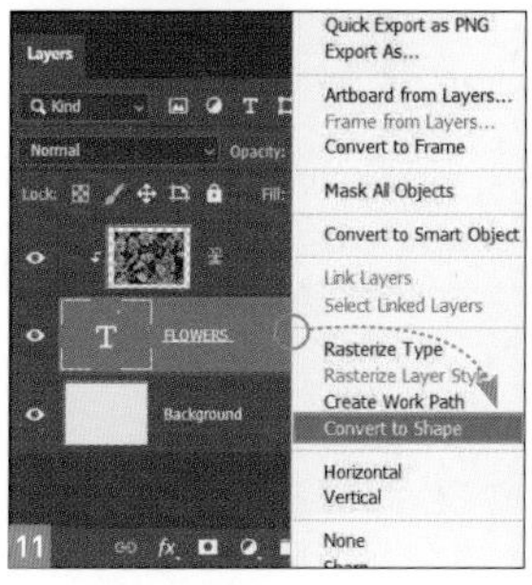

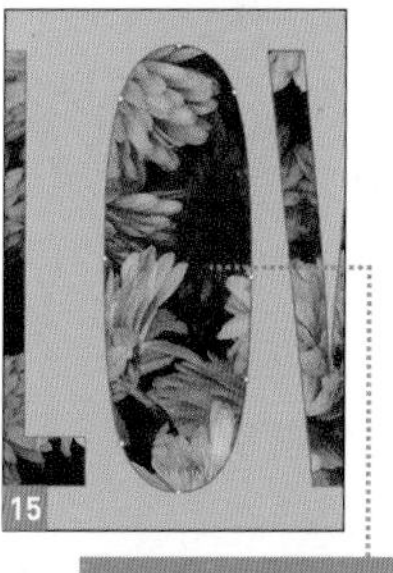

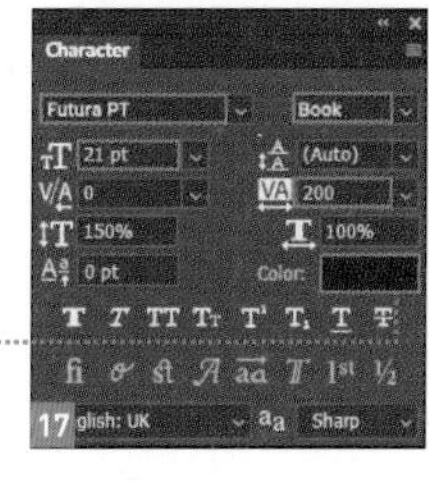

Ps No.073 풍경에 파묻힌 문자 만들기

배경과 문자를 자연스럽게 합성하는 방법을 소개합니다. 활용성이 높고 다양한 포인트로 폭넓게 활용할 수 있습니다.

POINT 배경의 어느 부분을 자르느냐가 중요해진다

HOW TO USE 문자와 비주얼을 동시에 보여준다

01 문자 입력하기

예제 파일 [자연.psd]를 엽니다. [Tool] 패널에서 [Horizontal Type Tool]을 선택합니다.

[Character] 패널에서 01과 같이 설정합니다.

[Color : #fdefe1]로 설정하고, "Deep woods"라고 입력합니다. 02

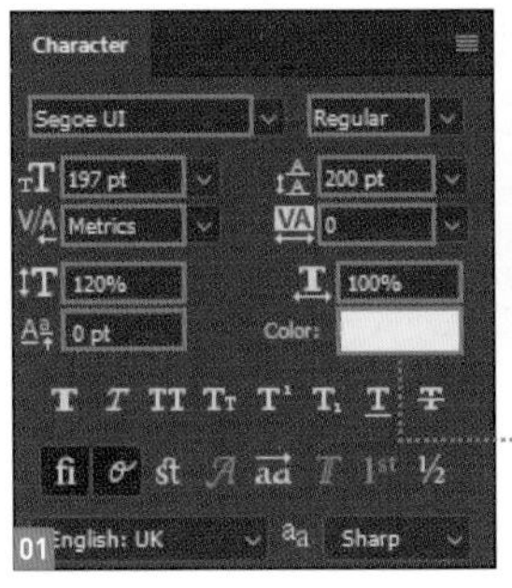

#fdefe1

02 잘라낼 부분 생각하기

[Deep woods] 문자 레이어를 표시 · 비표시로 전환하면서 배경의 어느 부분을 문자 위에 표시하고 싶은지 생각합니다. 위치를 정하면 잘라내기 쉽게 [Layers] 패널에서 [Opacity : 20%]로 설정합니다. 03

03

03 배경에서 문자 앞에 배치할 부분을 잘라내기

[Background] 레이어를 선택합니다. [Pen Tool]을 선택하고 문자 앞에 배치할 부분의 패스를 만듭니다. 문자와 겹치는 부분이 중요하며 그 이외에는 간단하게 패스를 작성해도 상관없습니다(여기서는 알기 쉽게 패스 안을 빨간색으로 했습니다). 04

작업화면에서 마우스 오른쪽 버튼 클릭 후 [Make Selection]을 선택합니다.

[Background] 레이어를 선택하고 [Rectangular Marquee Tool] 등의 툴을 선택하고 작업화면에 마우스 오른쪽 버튼 클릭 후 [Layer Via Copy]를 선택하여 복사한 후 레이어의 이름을 [앞]이라 하고, 맨 위에 배치합니다. 05

04

05

04 앞부분에 그림자 추가하기

[앞] 레이어 아래에 새로운 [그림자] 레이어를 만듭니다. 06

[앞] 레이어를 ⌘(Ctrl) + 클릭하여 선택범위를 만들고 [Tool] 패널에서 [Paint Bucket Tool]을 선택하여 [Foreground Color : #000000]으로 칠합니다.

[그림자] 레이어를 선택하고 [Filter]−[Blur]−[Gaussian Blur]를 선택한 후 [Gaussian Blur] 패널에서 [Radius : 20pixels]로 설정합니다. 07

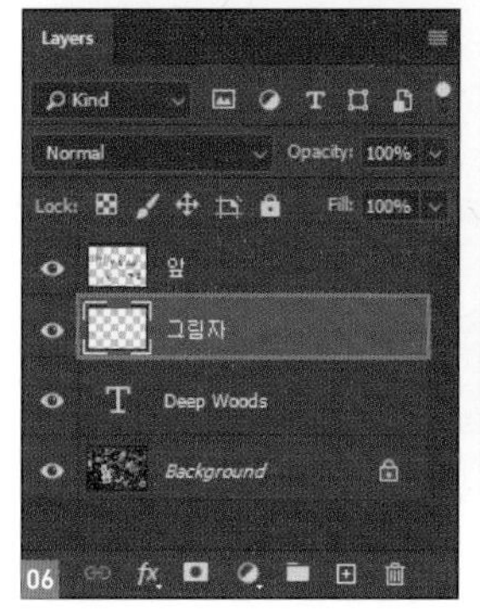

06

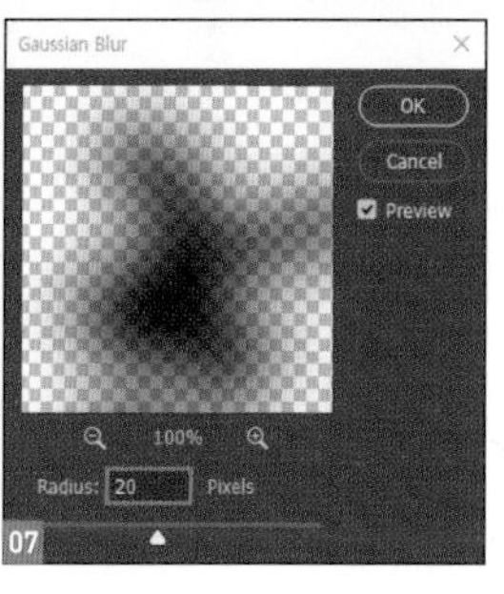

07

05 Clipping Mask로 문자에만 그림자 적용하기

[Layers] 패널에서 [그림자] 레이어를 선택하고 마우스 오른쪽 버튼 클릭 후 [Create Clipping Mask]를 선택합니다. [Opacity : 65%]로 설정합니다. [Deep woods] 문자 레이어에 Clipping Mask가 적용되어 문자에만 그림자가 적용됩니다. 08

08

문자에 그림자가 적용됨

06 문자에 Drop Shadow 적용하기

[Deep woods] 문자 레이어를 선택하고 [Layer Style]을 표시합니다.

[Drop Shadow]를 선택하여 09와 같이 설정합니다.

문자 아래에 그림자가 추가되어 완성됩니다. 10

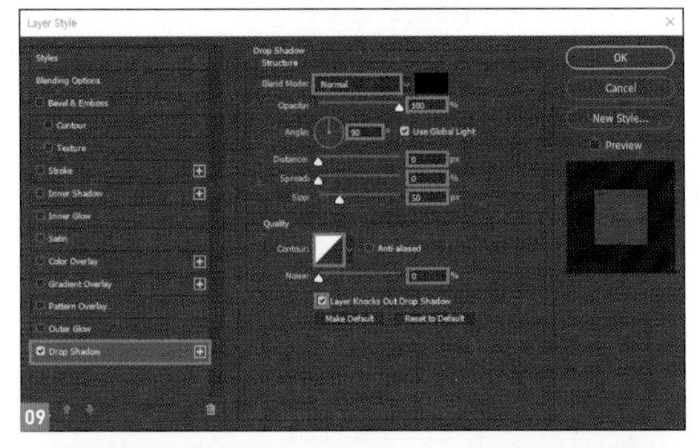

09

10

Ps No. 074 야구공 같은 문자 만들기

야구공과 같은 문자를 만듭니다.

POINT 예쁜 패스를 작성한다

HOW TO USE 야구와 관련된 그래픽을 인상적으로 표현할 때 사용

01 패스 만들기

예제 파일에서 [배경.psd]를 엽니다. 배경 위에 배치되어 있는 [B] 레이어를 야구공처럼 만들어 봅니다. 01

[Pen Tool]을 선택하고 02와 같이 패스를 만듭니다.

01

02

빡빡한 각도로 그리면 공의 실밥을 깔끔하게 그릴 수 없기 때문에 완만한 곡선으로 패스를 만들어 놓습니다.

패스를 만들면 [Paths] 패널에서 이름을 [외부]라고 저장합니다. 03

같은 방법으로 04와 같이 안쪽에도 패스를 만들고 패스 이름을 [안쪽]이라고 저장합니다. 05

03

04

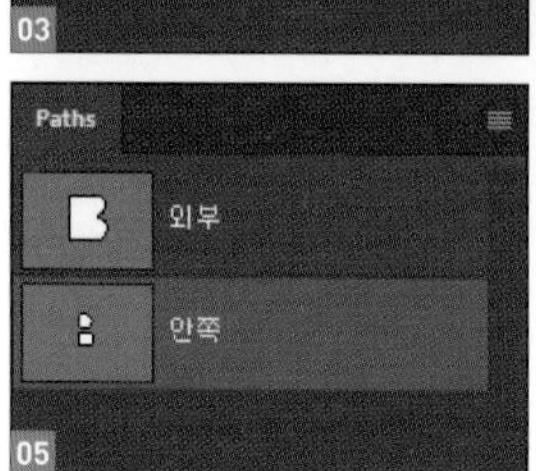

05

02 [B]에 텍스처 추가하기

예제 파일에서 [질감.psd]를 열고 [B] 레이어의 위에 배치합니다. 06

[Layers] 패널에서 [질감] 레이어를 선택하고 마우스 오른쪽 버튼 클릭 후 [Create Clipping Mask]를 선택합니다. 07

06

07

03 브러시 불러오기

[공의 실밥 브러시.abr]을 더블 클릭하여 불러옵니다.

[공의 실밥 브러시]는 08과 같이 프리핸드로 그린 것을 브러시로 정의한 것으로 [Brush Settings] 패널에서 [Brush Tip Shape]–[Spacing : 146%]로 적용했습니다. 09

[Shape Dynamics]에서 [Angle Jitter]–[Control : Direction]으로 설정하여 곡선에서도 진행 방향에 맞게 그려지도록 합니다. 10

08

09

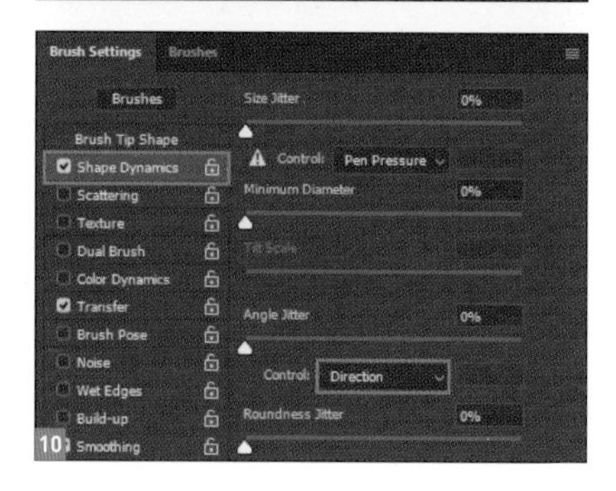

10

memo

직접 브러시를 설정할 경우에는 그리는 패스에 따라 브러시의 Spacing %를 바꿔줍니다. [Brush Settings] 패널에서 아래에 표시되는 프리뷰를 참고하면서 균형 잡힌 %를 찾아봅니다.

04 패스의 경계선을 그리고 실밥 재현하기

새로운 [실밥] 레이어를 만들고 선택해 둡니다.
[Tool] 패널의 [Brush Tool]을 선택하고 브러시 종류를 [공의 실밥 브러시]로 선택합니다.
[Foreground Color : #d81212], [Size : 92px]로 설정합니다.
[Tool] 패널에서 [Path Selection Tool]을 선택하고 [Paths] 패널에서 [외부], [안쪽]을 모두 선택하고 작업화면에서 마우스 오른쪽 버튼 클릭 후 [Stroke Path]를 선택합니다. 11
[Simulate Pressure]는 체크하지 않고 [OK]를 클릭합니다.
패스를 따라 실밥이 그려졌습니다. 12

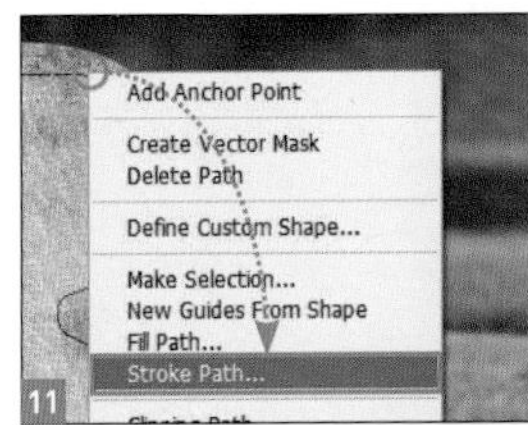

11

12

실밥이 그려짐

13

실밥의 중심에 라인이 그려짐

05 실밥의 중심에 라인 긋기

아래에 새로운 [실밥 라인] 레이어를 만듭니다.
[Brush Tool]을 선택하고 브러시 종류를 [Hard Round]로 선택합니다.
[Size : 3px], [Foreground Color : #2f2f2f]로 설정합니다.
04와 같은 순서로 [Path Selection Tool]을 선택하고 [Paths] 패널에서 [외부], [안쪽]을 모두 선택하고 작업화면에서 마우스 오른쪽 버튼 클릭 후 [Stroke Path]를 선택합니다.
[Simulate Pressure]는 체크하지 않고 [OK]를 클릭합니다.
패스를 따라 실밥의 중심에 라인이 그려졌습니다. 13

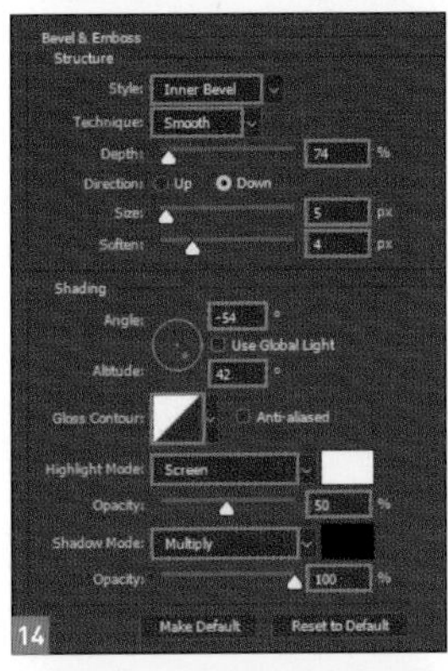
14

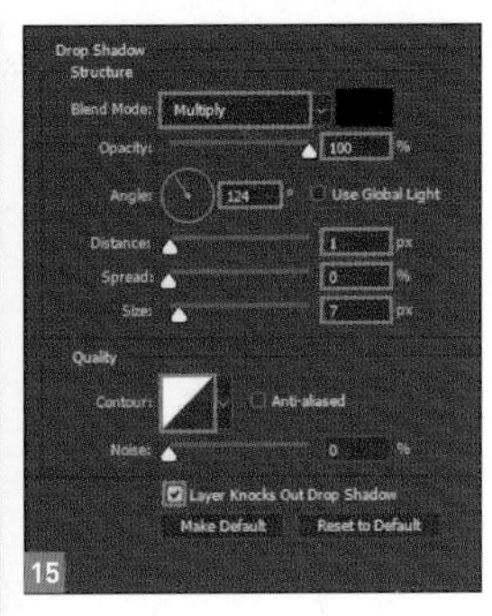
15

06 Layer Style로 입체감 주기

[실밥] 레이어를 선택하고 더블 클릭하여 [Layer Style]을 표시합니다.
[Bevel & Emboss]를 선택하고 14와 같이 설정합니다.
[Drop Shadow]를 선택하고 15와 같이 설정합니다.
다음으로 [B] 레이어를 선택하고 [Layer Style]을 표시합니다.
[Bevel & Emboss]를 선택하고 16과 같이 설정합니다.
입체감이 더해졌습니다. 17
마지막으로 [B] 레이어 아래에 새로운 [그림자] 레이어를 추가합니다.
[Brush Tool]을 선택하고 [Foreground Color : #000000], [Soft Round]로 그림자를 그리면 완성입니다. 18

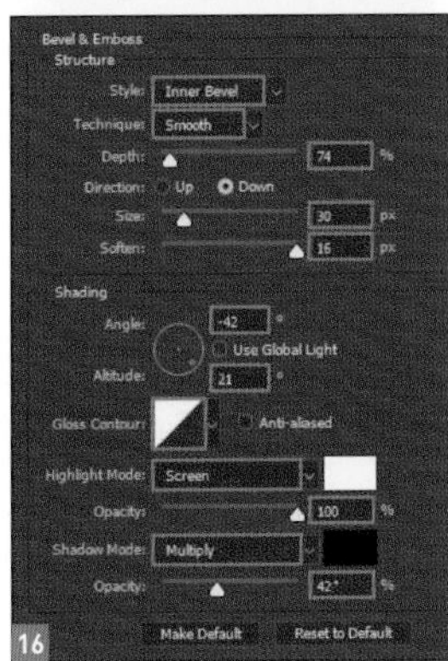
16

17

18

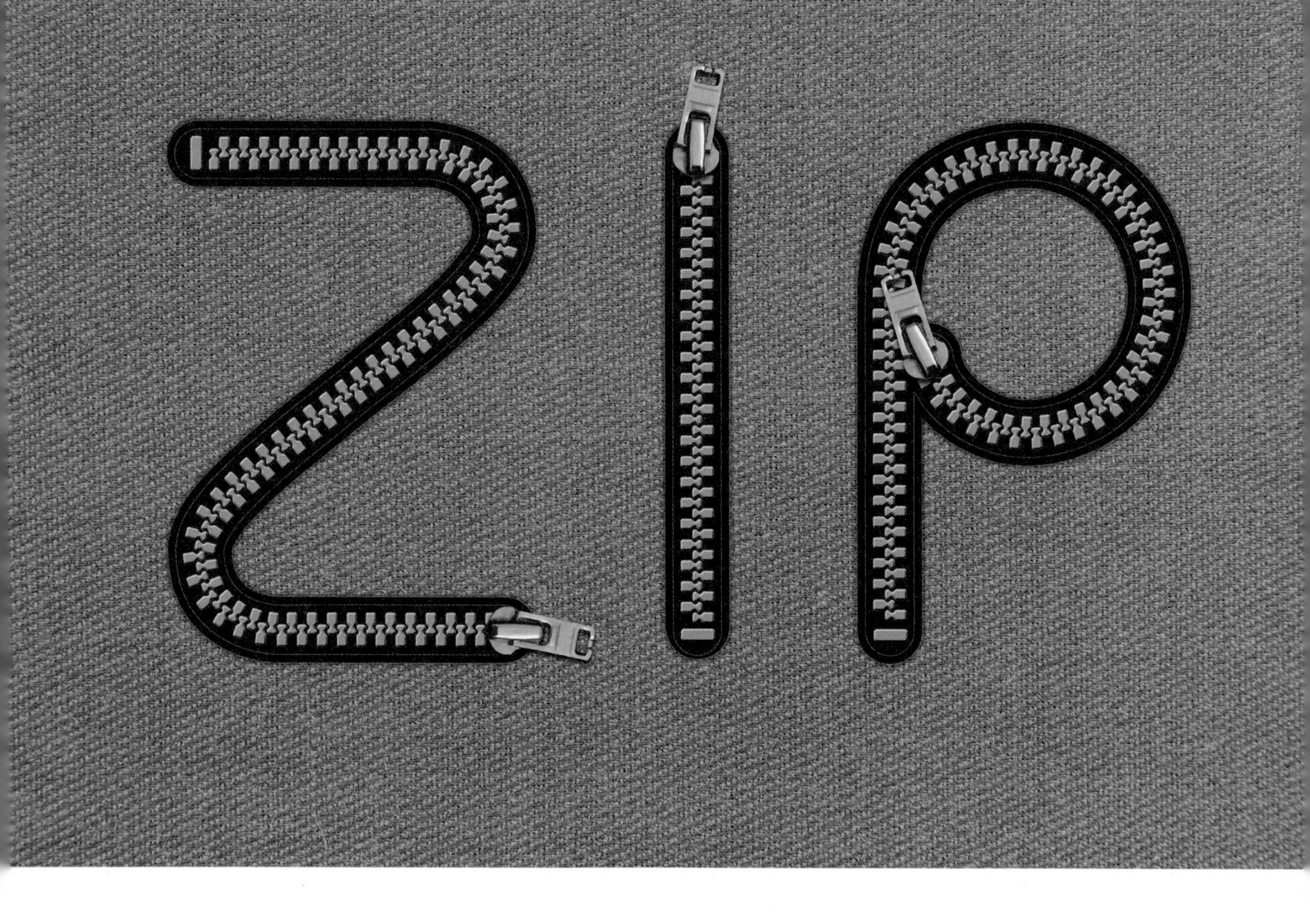

지퍼 같은 문자 만들기

지퍼로 된 문자를 만듭니다.

POINT 패스는 완만한 곡선으로 그린다

HOW TO USE 로고나 장식품 등에 사용

01 브러시 불러오기

예제 파일에서 [배경.psd]를 엽니다. 소재 [지퍼 브러시.abr]를 더블 클릭하여 불러옵니다.

[지퍼 브러시]는 01과 같은 이미지를 준비하여 브러시로 등록했습니다.

01

02 패스 만들기

[Pen Tool]을 선택하고 02와 같이 "ZIP"이라는 패스를 만듭니다.

빡빡한 각도로 그리면 깔끔하게 지퍼의 형태가 나타나지 못하기 때문에 완만한 곡선으로 패스를 만듭니다(여기서는 배경을 보기 편하게 검은색으로 하고 있습니다).

패스를 만들면 [Paths] 패널에서 패스 이름을 [ZIP]으로 저장합니다. 03

02

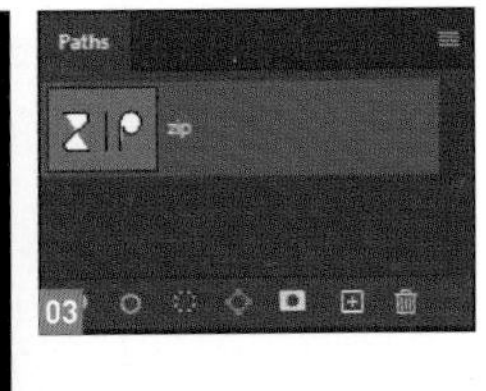

03

03 지퍼 그리기

새로운 [지퍼] 레이어를 만들고 선택합니다.

[Brush Tool]을 선택하고 읽은 [지퍼 브러시]를 선택합니다.

[Foreground Color : #000000], [Size : 100px]로 설정합니다.

[Tool] 패널에서 [Path Selection Tool]을 선택하고, 04 [Paths] 패널에서 [ZIP] 패스를 선택한 후 작업화면에서 마우스 오른쪽 버튼 클릭 후 [Stroke Path]를 선택합니다. 05

[Simulate Pressure]는 체크하지 않고 [OK]를 클릭합니다. 06

패스를 따라 지퍼의 밑이 그려졌습니다. 07

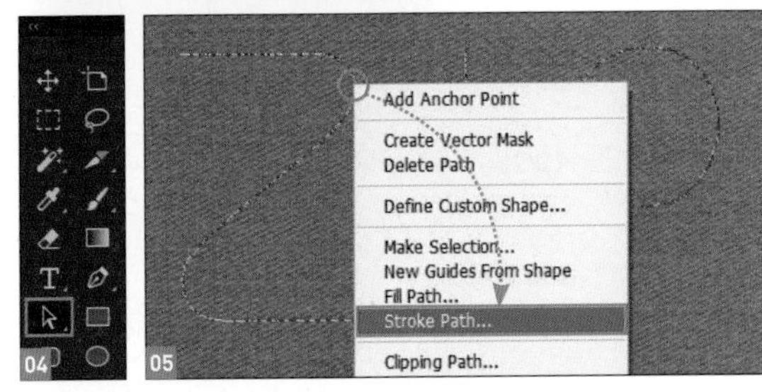

04 05

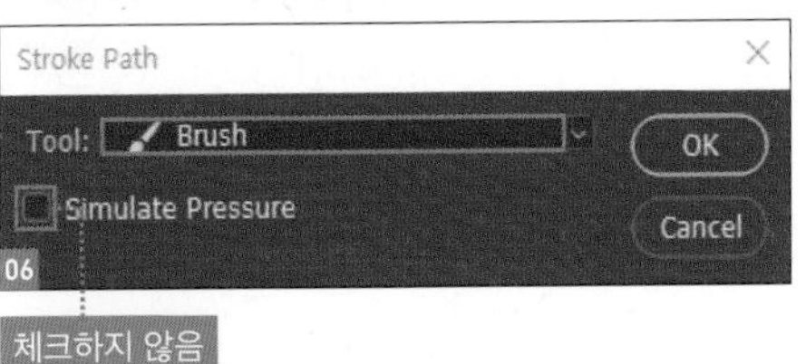

06

07

column

지퍼 브러시를 만드는 요령

이번 예제에서 사용하는 브러시의 작성 포인트는 [Shape Settings] 패널에서 [Brush Tip Shape]의 [Spacing : 100%]으로 설정하여 일정 간격으로 지퍼가 그려지게 하는 점과 [Shape Dynamics]–[Angle Jitter]–[Control : Direction]으로 설정하여 곡선으로도 진행 방향에 맞게 그려지도록 설정하는 것입니다.

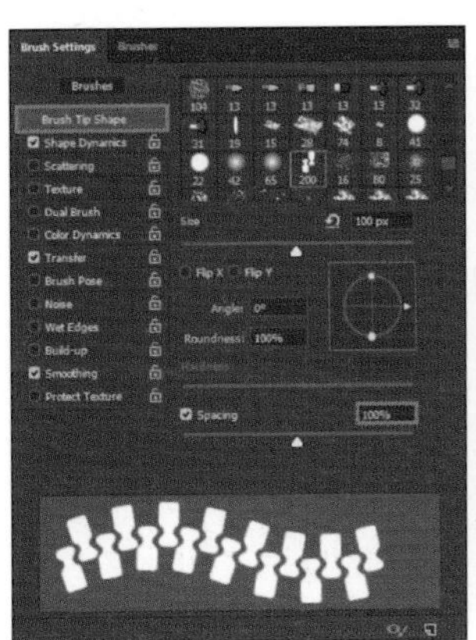

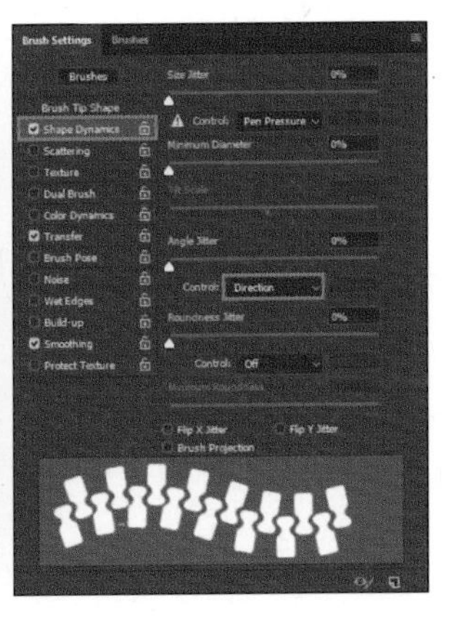

04 지퍼에 질감을 추가하기

선택했던 [ZIP] 패스는 선택을 해제해 둡니다.
[지퍼] 레이어를 선택하고 더블 클릭하여 [Layer Style]을 표시합니다.
[Bevel & Emboss]를 선택하고 08과 같이 설정합니다. [Shading]의 [Gloss Contour]는 [Half Round]를 선택합니다.
[Stroke]을 선택하고 09와 같이 설정합니다. Color는 #313131로 설정합니다.
[Inner Glow]를 선택하고 10과 같이 설정합니다.
[Drop Shadow]를 선택하고 11과 같이 설정합니다.
지퍼에 금속 질감이 더해졌습니다. 12

05 지퍼 둘레 만들기

아래에 새로운 [지퍼 바탕] 레이어를 만들고 선택합니다.
[Brush Tool]을 선택하고 브러시 종류를 [Hard Round Pressure Opacity]로 선택하고 [Foreground Color : #1a3992], [Size : 150px]로 설정합니다.
03과 같은 방법으로 [Tool] 패널에서 [Path Selection Tool]을 선택합니다. [Paths] 패널에서 [ZIP] 패스를 선택하고 작업화면에서 마우스 오른쪽 버튼 클릭 후 [Stroke Path]를 선택합니다. [Simulate Pressure]는 체크하지 않고 [OK]를 클릭합니다. 토대가 그려졌습니다. 13
[지퍼 바탕] 레이어를 더블 클릭하여 [Layer Style] 패널을 표시합니다.
[Inner Glow]를 선택하고 14와 같이 설정합니다.
[Pattern Overlay]를 선택하고 15와 같이 설정합니다.
패턴은 [Dirt]를 선택합니다.
[Drop Shadow]를 선택하고 16과 같이 설정합니다. 토대가 되는 부분이 생겼습니다. 17

memo

[Dirt] 패턴이 표시되지 않는 경우는 아래 그림과 같이 프리셋에서 [Legacy Patterns and More]–[Legacy Patterns]–[Rock Patterns]–[Dirt]를 선택합니다.

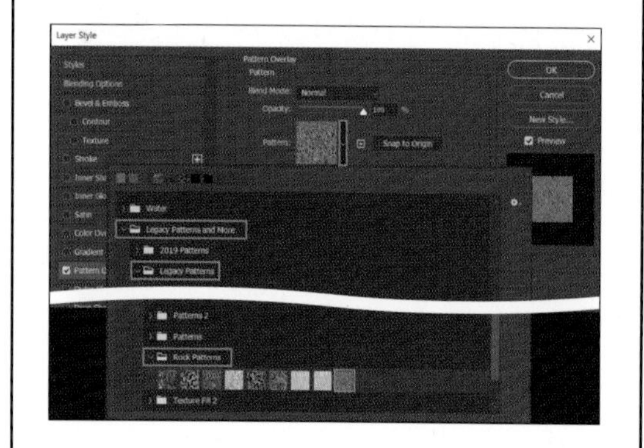

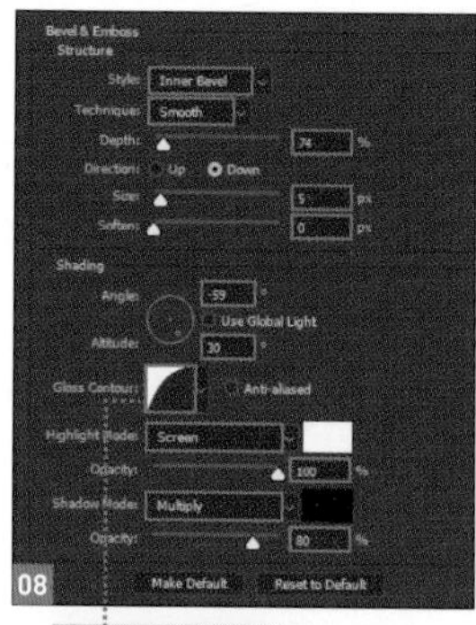
08

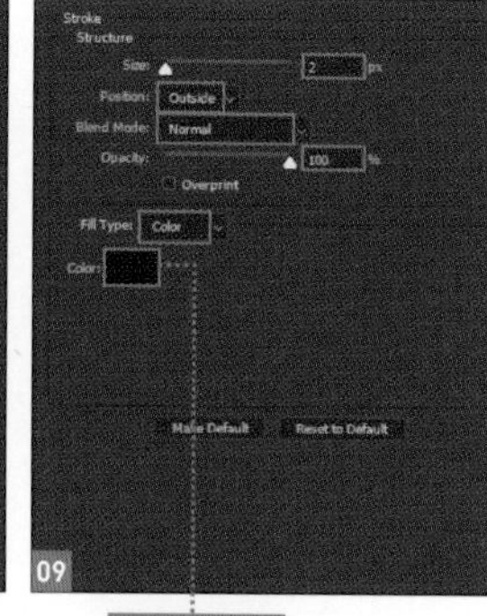
09

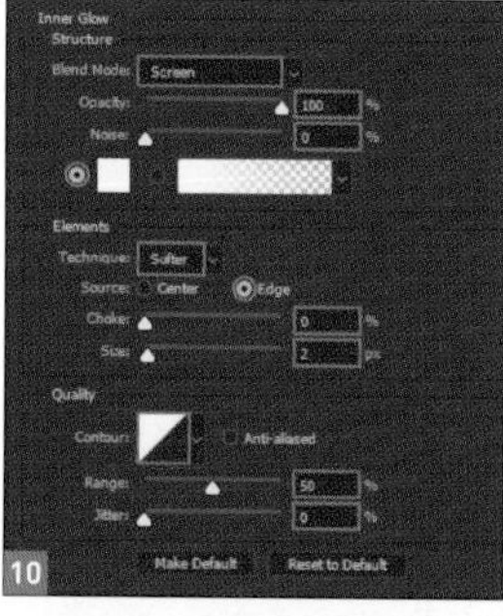
10

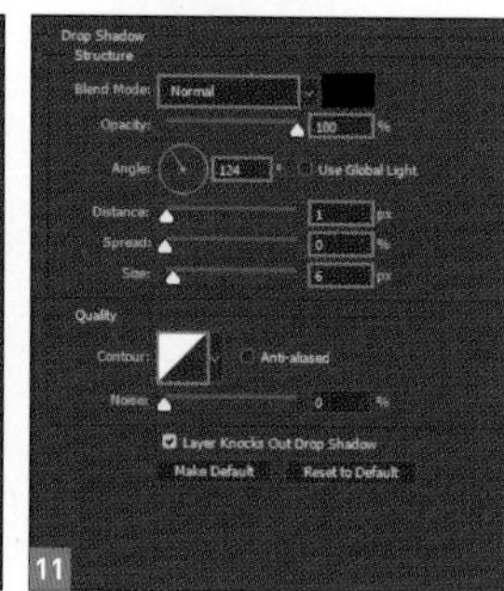
11

12

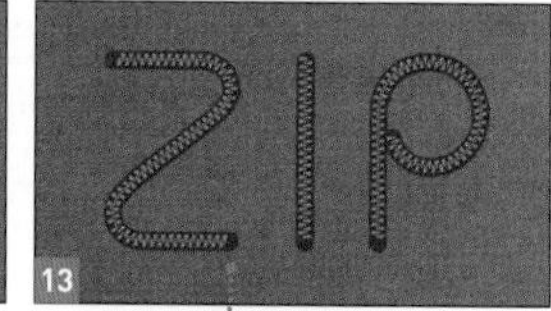
13

토대가 그려짐

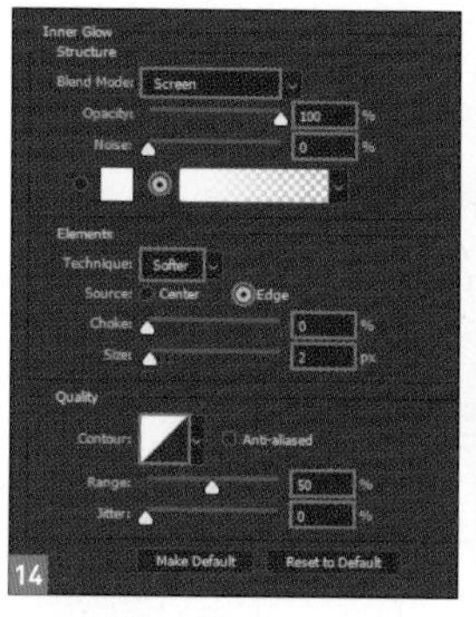
14

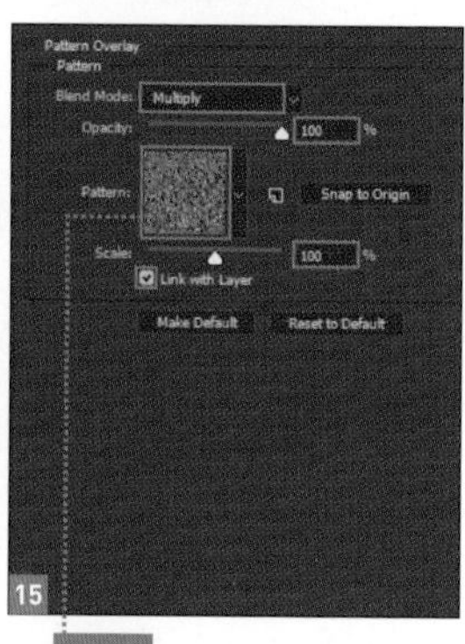
15

Dirt

16

17

06 같은 방법으로 더 외측에 토대 부분 만들기

아래에 새로운 [지퍼 바탕 외부] 레이어를 만듭니다. [Brush Tool]을 선택하고 브러시 종류를 [Hard Round Pressure Opacity]로 선택하고 [Size : 200px]로 설정합니다. **05**와 같은 순서로 패스 [ZIP]을 선택하고 작업화면에서 마우스 오른쪽 버튼 클릭 후 [Stroke Path]를 선택합니다. [Simulate Pressure]는 체크하지 않고 [OK]를 클릭합니다. 더 바깥쪽에 토대가 되는 부분을 그립니다. [지퍼 바탕] 레이어의 [Layer Style]을 [Copy & Paste]하여 같은 효과를 적용합니다. 18

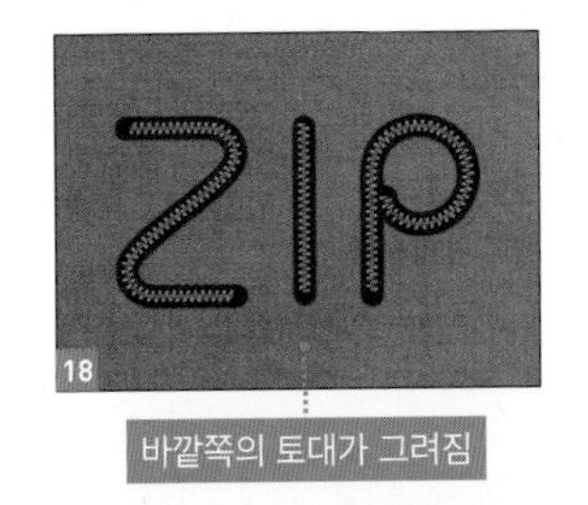

바깥쪽의 토대가 그려짐

07 세밀한 부분 추가하기

[Foreground Color : #000000]으로 설정합니다. [Rounded Rectangle Tool]을 선택하고 [Radius : 10px]로 설정합니다. 19

20과 같이 부품을 추가합니다. 21과 같이 이어 2개, 합계 3개로 부품을 배치합니다(보기 쉽도록 부분을 빨간색으로 하고 있습니다).

[지퍼] 레이어의 [Layer Style]을 복사하여 작성한 3개 레이어에 적용합니다. 22

이미지 [슬라이더.psd]를 열고 23과 같이 배치합니다.

[슬라이더] 레이어는 각각 [Layer Style]–[Drop Shadow]를 24와 같이 설정합니다.

완성입니다. 25

19

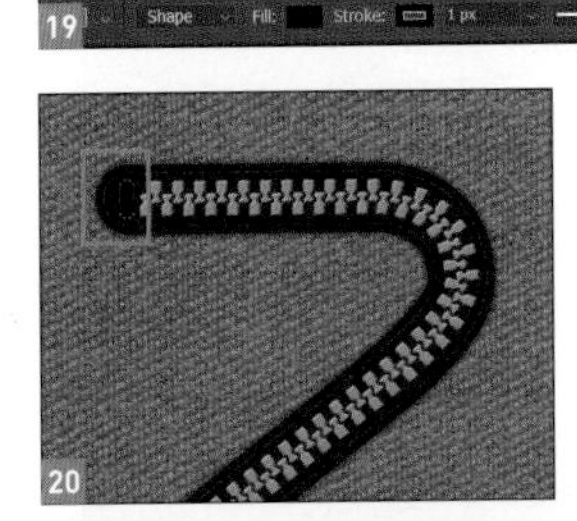

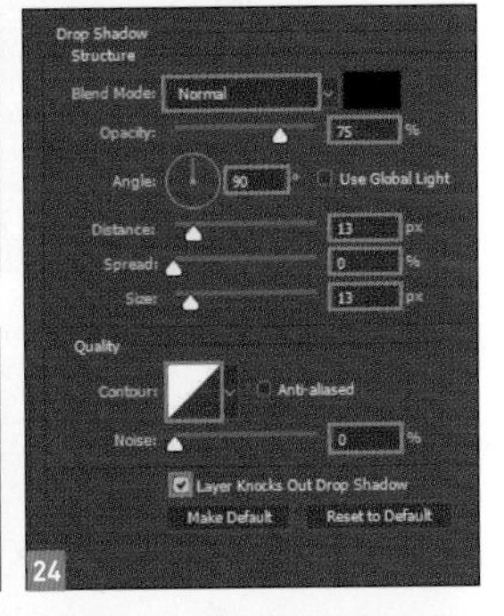

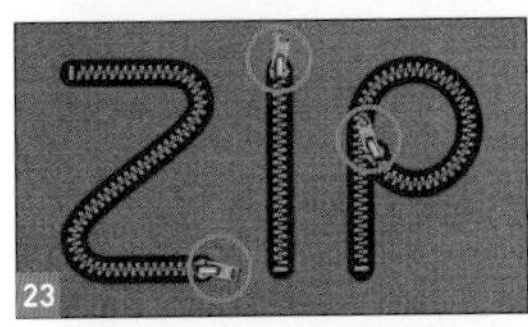

memo

만약 [Legacy Patterns and More]가 표시되지 않는 경우는 [Window]–[Patterns]를 선택하여 열고, 오른쪽 위의 메뉴를 클릭하여 [Legacy Patterns and More]를 선택해 추가합니다.

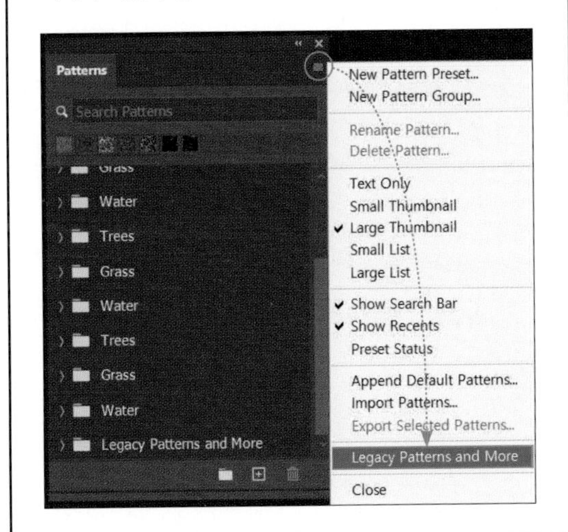

CAFE
THIS MORNING
THE COFFEE IS
DELICIOUS
Would you like
some coffee?

손 글씨 문자 만들기

Illustrator 위에서 손으로 그린 그림의 문자를 만듭니다. 약간의 곁들임으로 사용할 수 있는 편리한 테크닉입니다.

POINT 러프감을 낼 때 효과를 사용한다

HOW TO USE 손으로 그린 듯한 일러스트의 원포인트로 사용

01 문자를 Rasterize하기

[Tool] 패널에서 [Type Tool]을 선택하고 [Font : AdornS Condensed Sans], [Color : #000000], [Size : 39pt], [Leading : 45pt]로 설정하고 "THIS MORNING THE COFFEE IS DELICIOUS"라고 입력합니다. 01 02

참고로 [Font : AdornS Condensed Sans]는 Adobe Fonts의 폰트입니다.

문자를 선택하고 [Object]–[Rasterize]를 선택한 후 [Rasterize] 패널에서 [Color Model : RGB], [Resolution : High(300ppi)], [Background : White]로 변경하고 [OK]를 클릭합니다. 03 문자가 Rasterize된 이미지가 되었습니다. 04

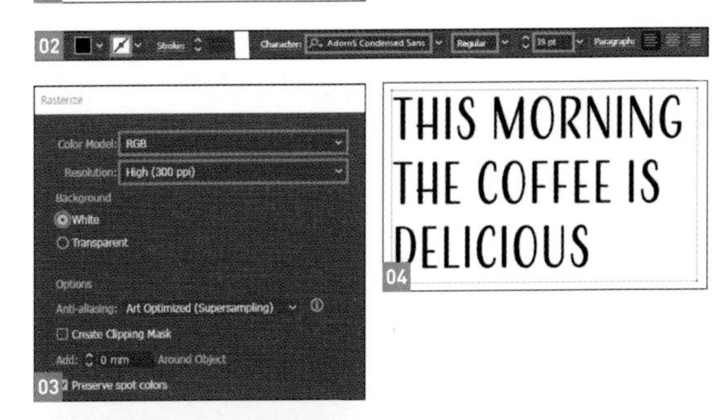

02 Image Trace 문자를 선으로 바꾸기

[Window]–[Image Trace]를 선택합니다. [Image Trace] 패널에서 [Preset : Line Art]로 변경합니다. 05

프리뷰 위의 글자가 선이 되었습니다. 06

[옵션] 바에서 [Expand]를 클릭합니다. 07 문자가 선으로 변환되었습니다. 08

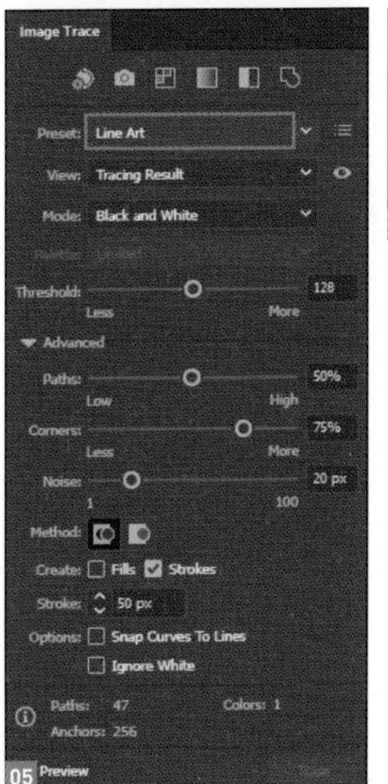

문자가 선이 됨

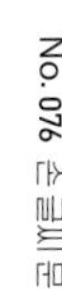

03 브러시 적용하기

문자를 선으로 바꾸었으므로 브러시를 적용할 수 있습니다. [Window]–[Brush Libraries]–[Artistic]–[Artistic_Chalk–CharcoalPencil]을 선택하고 [Artistic_Chalk Char–coalPencil] 패널에서 [Chalk–Round]를 선택하고, [Stroke : 0.25pt]로 설정합니다. 09 손으로 그린 것과 같은 글자가 완성되었습니다. 10

선은 [Color : #ffffff]로 변경합니다. 11 이것으로 첫 번째가 완성됩니다.

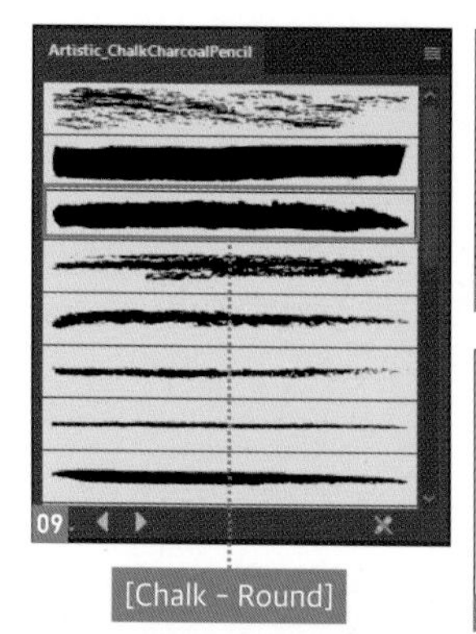

04 손 글씨 느낌의 비뚤어진 문자 만들기

[Font : Adobe Garamond Pro], [Size : 100pt], [Tracking : 100], [Color : #ffffff]로 설정하고 "CAFE"라고 입력합니다. 12 13(흰 글자를 알아 볼 수 있도록 배경을 회색으로 합니다).

[Effect]–[Distort&Transform]–[Roughen]을 선택하고 [Roughen] 패널에서 [Size : 2%], [Detail : 2/inch], [Points : Smooth]로 설정하고 [OK]를 선택합니다. 14 러프한 분위기가 되었습니다. 15

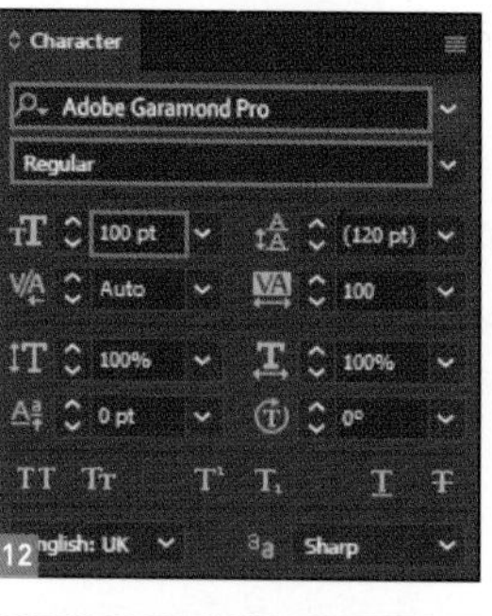

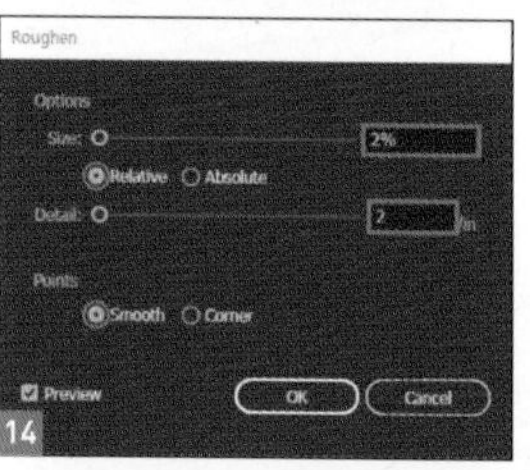

05 Appearance 설정하기

Fill과 Stroke를 [None]으로 설정하고, [Window]–[Appearance]를 선택합니다.

[Appearance] 패널에서 [Add New Stroke]를 클릭하여 [Stroke : #ffffff]로 설정하고 [Brushs] 패널에서 앞에서 사용한 [Chalk–Round]를 선택합니다. 16

[Stroke] 패널에서 [Weight : 0.1pt]으로 설정합니다. 17

18과 같이 되었습니다.

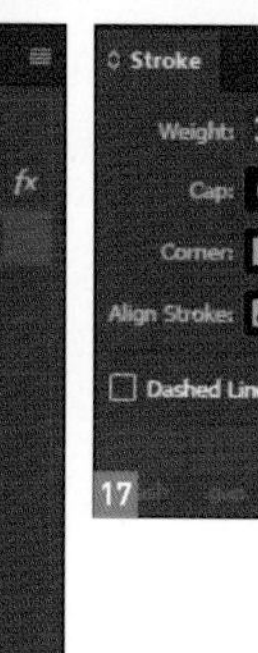

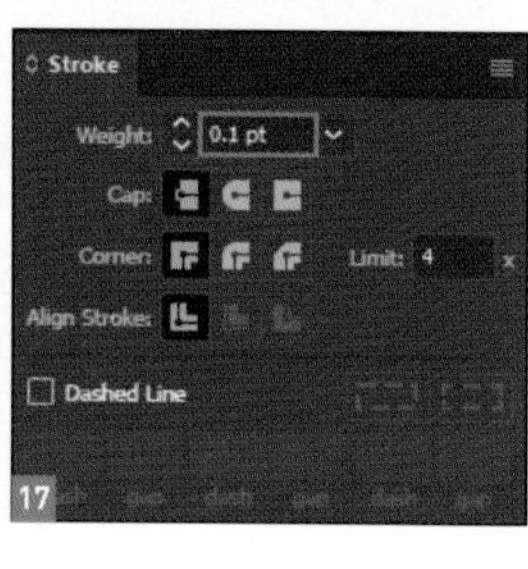

06 그래픽 스타일에 등록하기

05에서 만든 손으로 직접 그린 문자를 [Graphic Styles]에 등록합니다.

[Window]–[Graphic Styles]를 선택하고 [Graphic Styles] 패널을 표시합니다. 아까 만든 글자를 선택한 상태에서 [Graphic Styles] 패널의 메뉴 버튼을 클릭하여 [New Graphic Style]을 선택합니다. 19

[Graphic Style Options] 패널에서 [Style Name : 손으로 그린 문자]라고 등록합니다. 20

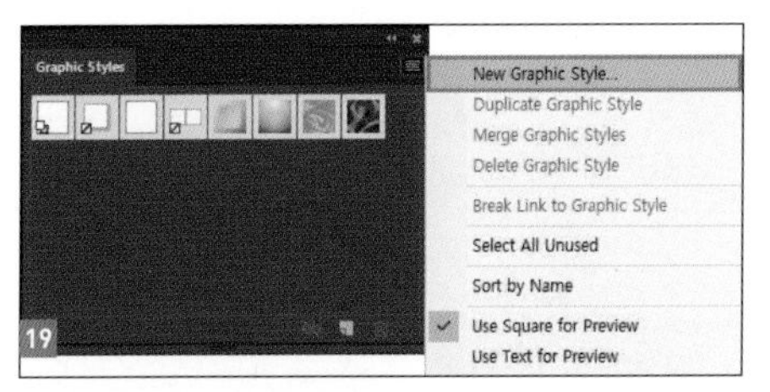

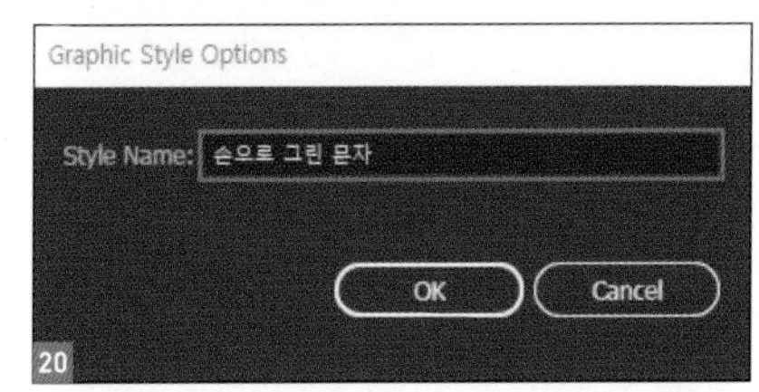

07 Warp 적용하고 브러시로 그리기

[Object]–[Envelope Distort]–[Make with Warp]을 선택하고 [Warp Options] 패널에서 [Style : Blulge], [Bend : 30%]으로 설정합니다. 21 부풀어 오른 모양이 되었습니다. 22

[Paintbrush Tool]을 선택하고 [Chalk–Round], [Weight : 0.25pt]로 설정하여 그림자를 따라서 선을 그립니다. 23

이로써 두 번째가 완성됩니다.

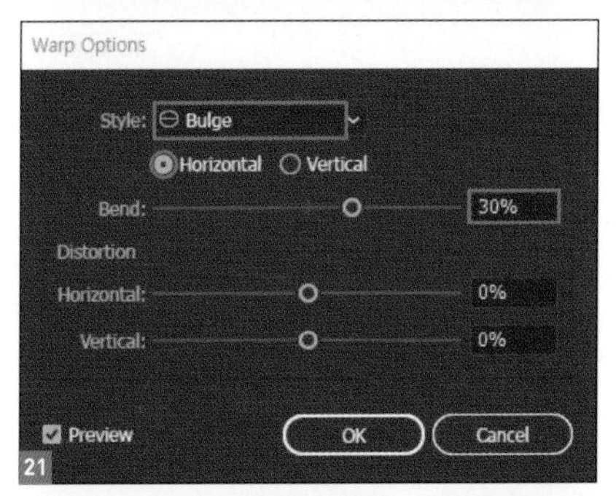

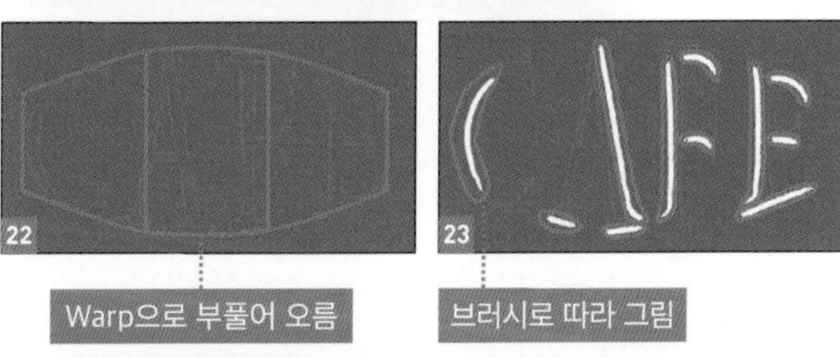

08 그래픽 스타일에 등록한 문자 적용하기

[Font : GoodDog New], [Size : 42pt], [Leading : 65pt]로 설정하고 "Would you like some coffee?"라고 입력합니다. 24 25

Fill과 Stroke를 [None]으로 설정하고 [Graphic Styles] 패널에서 등록해 놓은 [손으로 그린 문자]를 선택합니다. 그래픽 스타일에 등록하여 손으로 그린 문자를 쉽게 만들 수 있었습니다. 26 27

이로써 세 번째가 완성됩니다.

예제에서는 [커피.jpg]를 맨 뒤로 배치하고 [Paintbrush Tool]이나 [Pen Tool]에 설정한 브러시를 반영하여 모양을 만들고, 문자의 각도 등을 변경하여 자유롭게 배치했습니다.

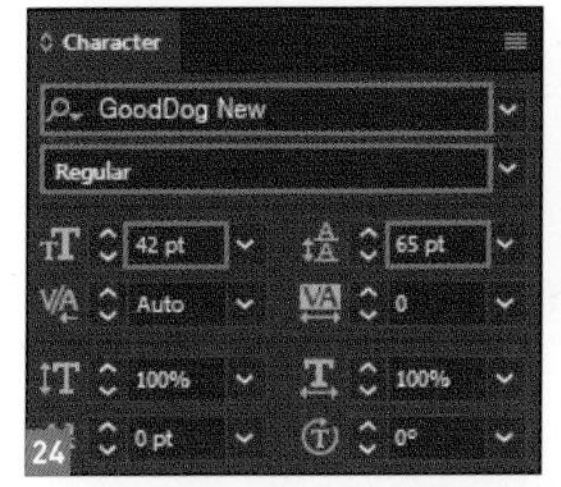

No.077 색연필 같은 문자 만들기

손으로 그린 듯한 문자의 느낌을 원하지만 기존의 Art Brush로는 좀처럼 잘 되지 않을 때 뿌리는 느낌의 Scatter Brush로 아날로그 감을 표현하는 방법을 배워봅니다.

POINT Scatter 브러시 사용하기

HOW TO USE 따스한 손 그림을 표현하고 싶을 때에 사용

01 색연필 브러시 만들기

[Pencil Tool]을 선택하고 [Fill : #000000]으로 설정한 후 가로, 세로 1mm 정도의 자유로운 타원을 만듭니다. 01

[Window]–[Brushes]를 선택합니다. [Brushes] 패널의 오른쪽 메뉴에서 [New Brush]를 선택하고 [Scatter Brush]를 선택합니다. 02

[Scatter Brush Options] 패널에서 [Size : Random], [최소 : 100%], [최대 : 75%], [Spacing : Random], [최소 : 10%], [최대 : 10%], [Scatter : Random], [최소 : –55%], [최대 : 130%], [Ratation : Random], [최소 : –180°], [최대 : 180°]로 설정하고 Colorization에서 [Method : None]으로 설정합니다. 03

이로써 색연필 브러시는 완성입니다. 04

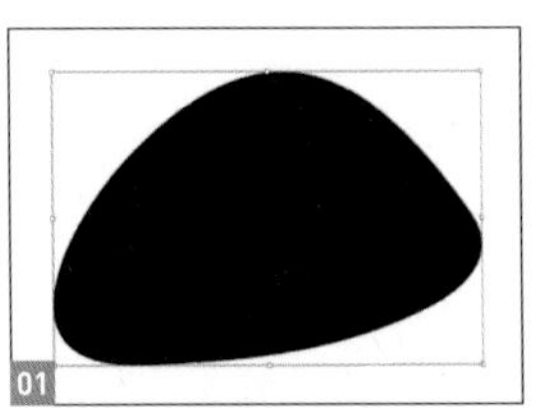
01

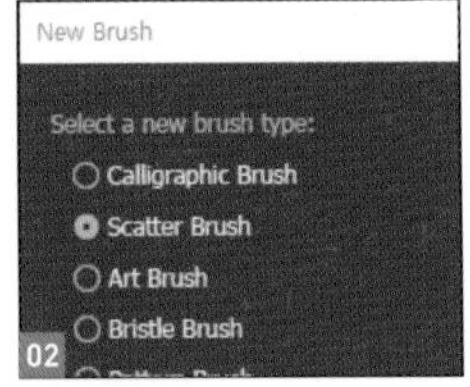

02

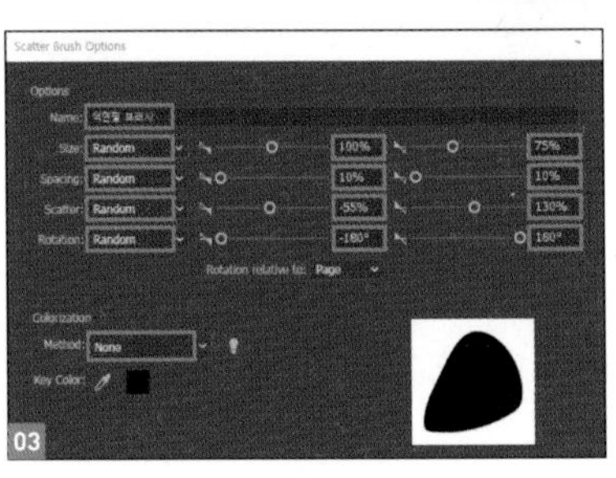

03

04

02 문자를 이미지로 만들기

[Font : Lamar Pen], [Size : 61pt], [Color : #000000]으로 설정하고 "Colored pencil"이라고 입력합니다. 05

문자를 선택하고 [Object]-[Rasterize]를 선택한 후 [Rasterize] 패널에서 [Color Mode : RGB], [Resolution : High (300ppi)], [Background : White]로 설정하고 [OK]를 선택합니다. 06

문자가 이미지로 되었습니다. 07

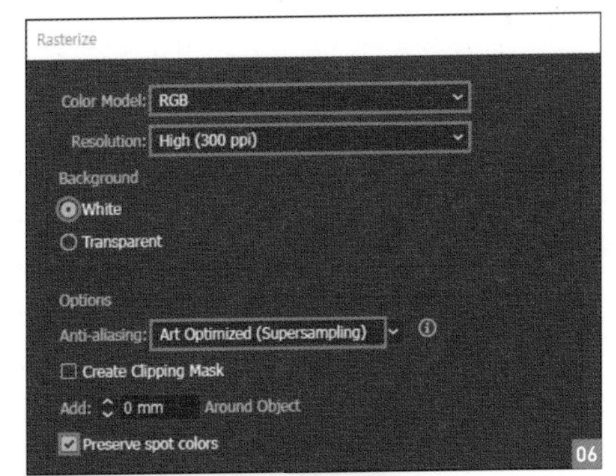

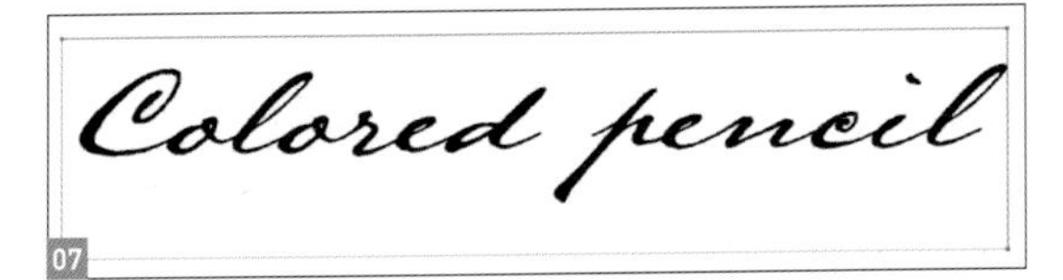

03 Image Trace로 선 변환하기

[Window]-[Image Trace]를 선택하고, [Image Trace] 패널을 표시합니다. [Image Trace] 패널에서 [Preset : Line Art], [Stroke : 80px] 등 08과 같이 설정합니다.

[옵션] 바에서 [Expand]를 클릭합니다. 09 문자가 선으로 변환되었습니다. 10

문자가 선으로 변환되어 브러시를 적용시킬 수 있습니다.

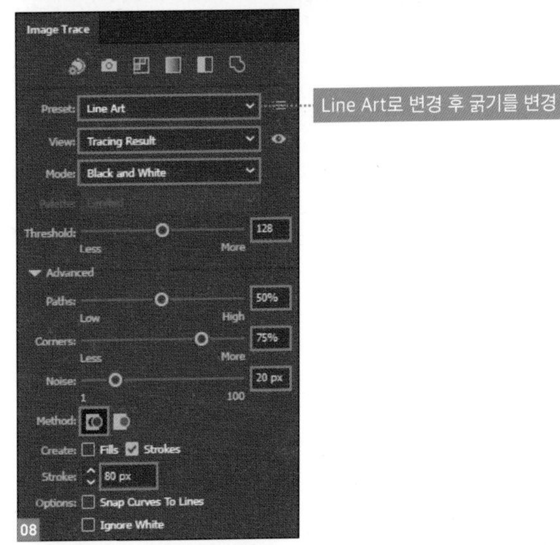

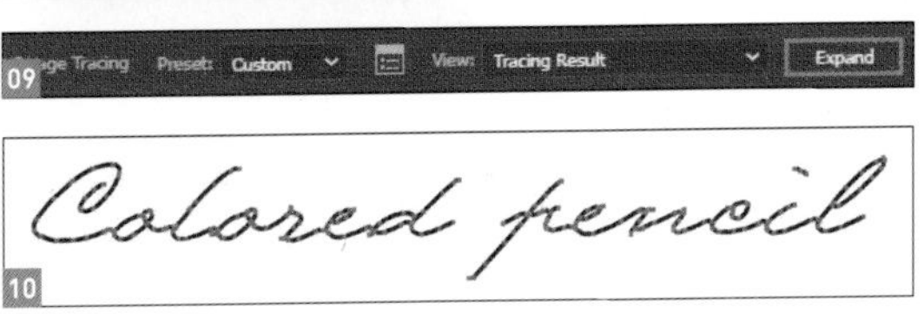

04 선에 브러시 적용하기

선이 된 문자를 선택하고 [Brushes] 패널에서 아까 등록한 색연필 브러시를 선택합니다. 글씨가 색연필로 그린 것 같은 까칠한 선으로 표현되었습니다. 11

색상을 변경하여 색연필로 쓴 것 같은 글자를 만들었습니다. 12

예제에서는 색연필을 라인이나 일러스트 등에도 적용하여 즐거운 분위기로 만들었습니다.

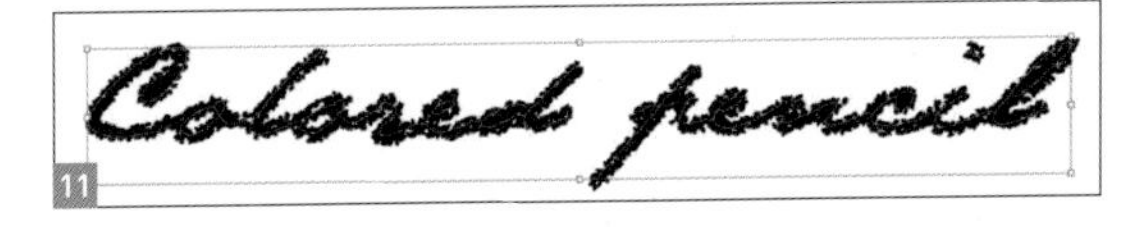

Colored pencil

12

memo

장식의 선이나 일러스트 등 브러시의 굵기나 색을 변경하여 그립니다. Scatter Brush를 사용하면 손으로 그린 듯한 일러스트를 쉽게 만들 수 있습니다.

memo

Scatter Brush는 패스에 따라 랜덤하게 산포하는 브러시입니다. Art Brush처럼 패스 길이에 따라 외형이 변화되지 않는 장점이 있습니다.

Ps No.078 슬라이스한 문자 만들기

이미지를 슬라이스하여 움직임이 있는 문자를 만듭니다.

POINT 문자 전체를 직선으로 슬라이스하면 자연스러운 어긋남이 생긴다

HOW TO USE 문자나 이미지를 슬라이스하여 인상적으로 만들고 싶을 때 사용

01 문자를 입력하고 이미지로 변환하기

예제 파일 [배경.jpg]를 엽니다.

[Tool] 패널에서 [Horizontal Type Tool]을 선택하고 "ARCHITECT"라고 입력합니다.

폰트는 [Font : Futura PT], [Style : Medium], [Size : 100pt], [Color : #000000]으로 설정합니다. 01 02

[ARCHITECT] 문자 레이어를 선택한 후 마우스 오른쪽 버튼을 클릭하고 [Rasterize Type]을 선택합니다. 03 텍스트가 이미지로 변환됩니다. 04

01

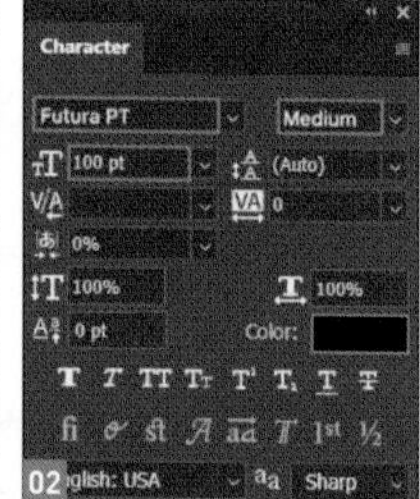

02

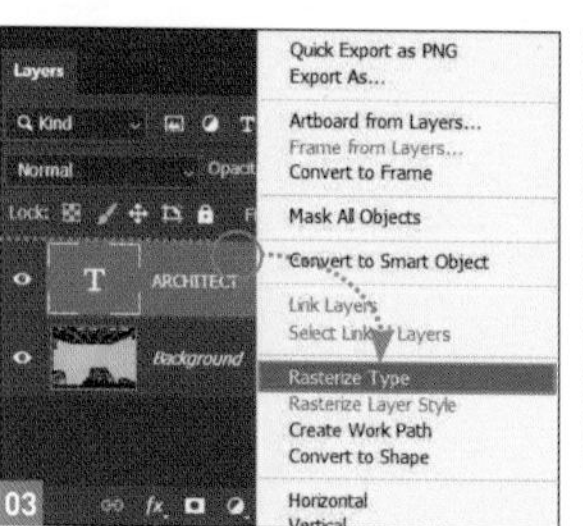

03

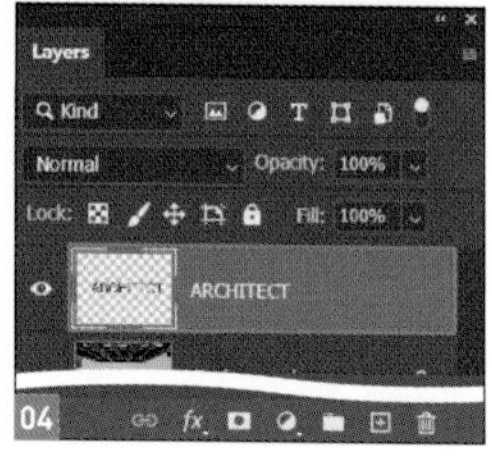

04

02 슬라이스할 위치에 직사각형 모양을 사용하여 자르기

[Tool] 패널에서 [Rectangle Tool]을 선택합니다.05 [옵션] 바에서 [Tool Mode : Path]로 설정합니다.06

07과 같이 문자 중심에 직사각형 형태를 만듭니다. [Edit]-[Free Transform Path]를 선택합니다.08

자를 부분을 생각하면서 변형시킵니다. 예제에서는 시계방향으로 3.5° 정도 회전시켜 09와 같이 패스를 변형시켰습니다.

위치가 정해진 작업화면에서 마우스 오른쪽 버튼을 클릭하고 [Make Selection]을 선택합니다.10 [Make Selection] 패널에서 그대로 [OK]를 클릭합니다.11

선택 범위가 만들어지면 [Layer]-[New]-[Layer Via Cut]을 선택합니다.12 [Layer 1] 레이어가 작성됩니다. [Layer 1] 레이어는 [Layers] 패널의 눈 모양 아이콘을 체크하여 잠시 숨깁니다.13

03 문자를 3개로 슬라이스하고 레이어 이름 변경하기

[ARCHITECT] 레이어를 선택하고 [Tool] 패널에서 [Polygonal Lasso Tool]이나 [Lasso Tool]을 선택하여 14와 같이 위쪽만 선택 범위를 만듭니다. 앞의 순서와 같이 마우스 오른쪽 버튼을 클릭하고 [Layer Via Cut]을 선택합니다.

숨겼던 [레이어 1] 레이어를 나타냅니다. 작업화면에서 이미지를 쉽게 알아보기 위해 레이어의 위치와 레이어 이름을 변경해 둡니다.

[레이어 2] 레이어는 맨 위에 배치하고 [상]으로 이름을 변경합니다. [레이어 1] 레이어는 [중], [ARCHITECT] 레이어는 [하]로 이름을 변경합니다.15

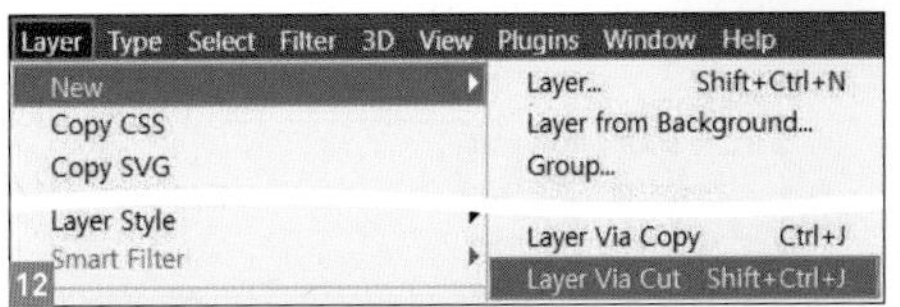

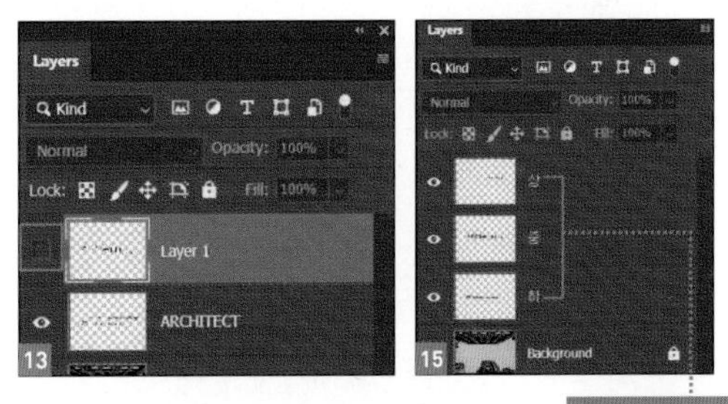

04 각 레이어를 이동시키고 중앙만 색상을 변경하기

[Tool] 패널에서 [Move Tool]을 선택합니다. 각 레이어를 선택하고 키보드의 화살표 키를 사용하여 상하좌우 방향으로 이동시킵니다.16

[중] 레이어의 섬네일을 클릭하여17 선택 범위를 만듭니다. [Image]-[Adjustments]-[Levels]를 선택하고 [Output Levels : 65/255]로 설정하여 검은색을 회색으로 바꾸어 완성합니다.18 19

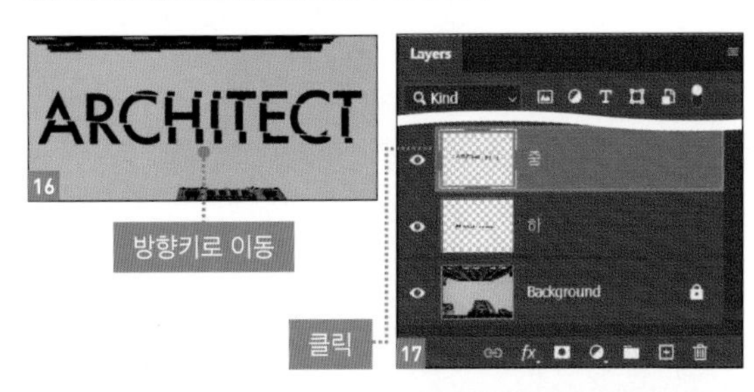

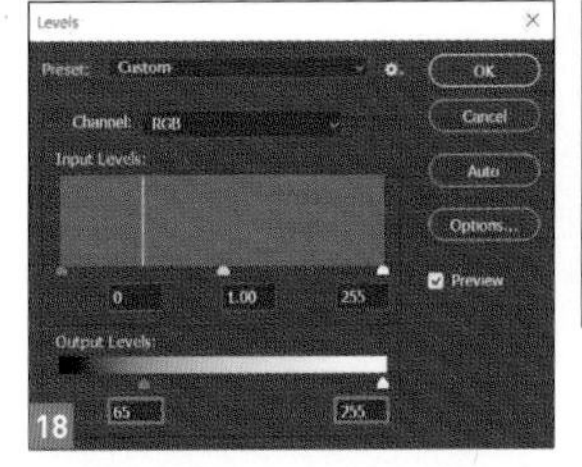

Ps No.079 입체적으로 문자 배치하기

문자를 잘라서 [Free Transform]만을 사용해 입체적으로 배치합니다.

POINT [옵션] 바에서 수치로 변형을 적용한다

HOW TO USE 입체적인 움직임을 가진 표제나 로고 제작에 사용

01 문자를 입력하고 이미지로 변환하기

예제 파일 [배경.jpg]를 엽니다. 오래된 필름 같은 질감의 바탕 이미지입니다.

[Tool] 패널에서 [Horizontal Type Tool]을 선택하여 문자를 입력합니다.

폰트는 [Font : Futura PT], [Style : Heavy], [Size : 150pt], [Color : #000000]으로 설정합니다. 01

[Horizontal Type Tool]로 "BLACK"이라고 입력합니다. 02

[Layers] 패널에서 [BLACK] 문자 레이어를 선택한 후 마우스 오른쪽 버튼을 클릭하고 [Rasterize Type]을 선택합니다. 03

이미지 레이어로 변환됩니다. 04

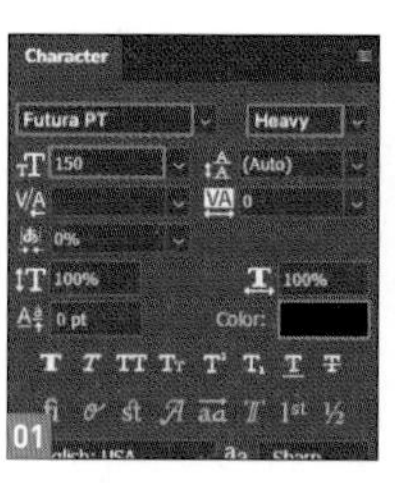

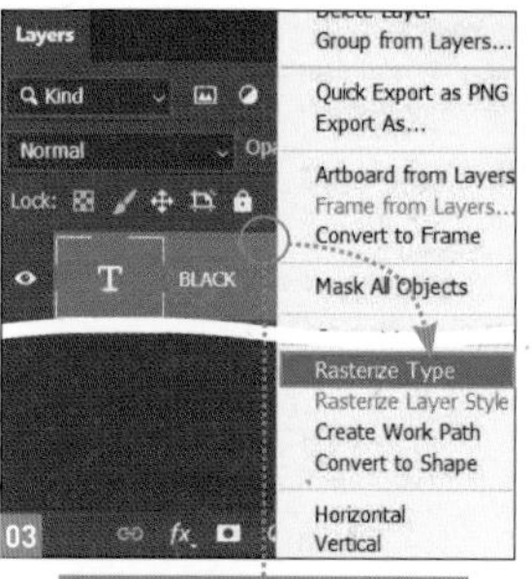

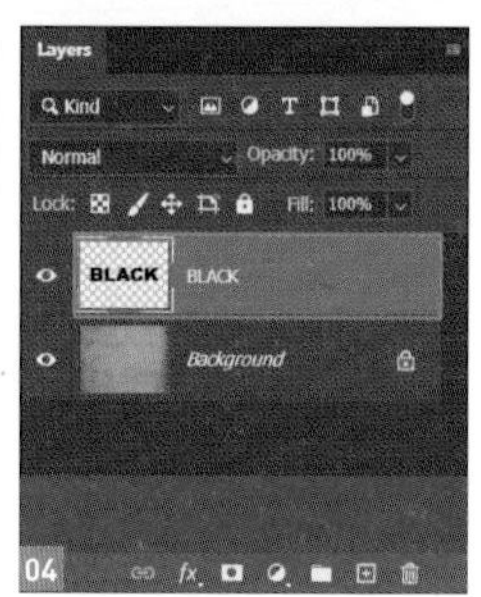

02 문자를 슬라이스하기

[Tool] 패널에서 [Rectangular Marquee Tool]을 선택하고 05와 같이 선택 범위를 만듭니다.

작업화면에서 마우스 오른쪽 버튼을 클릭하고 [Layer Via Cut]을 선택합니다. 06

잘린 부분의 레이어 이름을 [BLACK_왼쪽]으로 합니다. 07

같은 방법으로 [BLACK] 레이어를 선택하고 08과 같이 선택 범위를 만든 후 작업화면에서 마우스 오른쪽 버튼을 클릭하고 [Layer Via Cut]을 선택합니다.

잘린 부분의 레이어 이름을 [BLACK_오른쪽]으로 하고, [BLACK] 레이어는 레이어 이름을 [BLACK_중간]으로 바꿉니다. 레이어의 순서도 위에서부터 [BLACK_왼쪽], [BLACK_중간], [BLACK_오른쪽]으로 알기 쉽게 나열합니다. 09

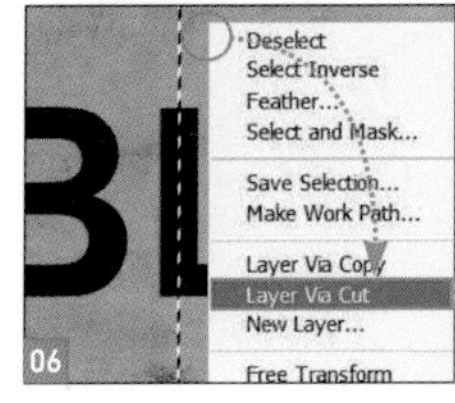

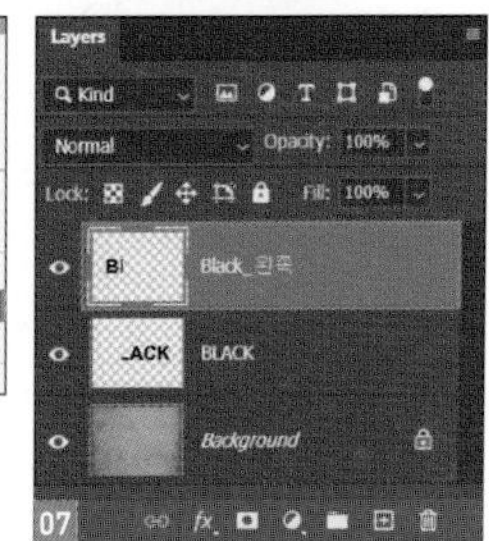

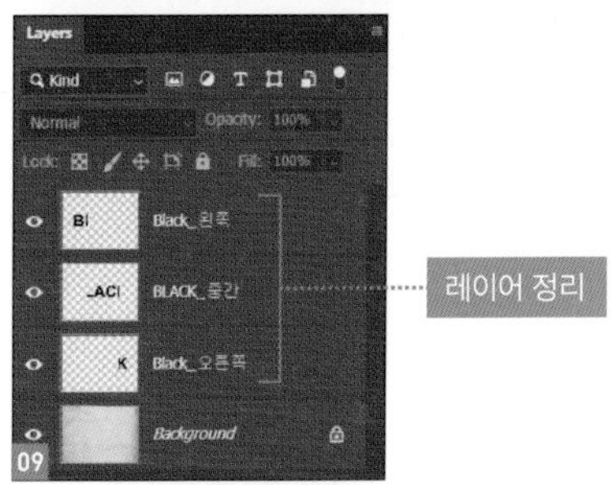

03 슬라이스한 문자를 변형시켜 입체적으로 보이게 하기

[BLACK_왼쪽] 레이어를 선택하고 [Edit]-[Free Transform]을 선택합니다. [옵션] 바에서 [Rotate : 30°], [Horizontal Skew : 30°]로 설정하고 [OK]를 선택합니다. 10 11

[BLACK_중간] 레이어를 선택하고 [Edit]-[Free Transform]을 선택합니다. [옵션] 바에서 [Rotate : −30°], [Horizontal Skew : −30°]로 설정하고 [OK]를 선택합니다. 12 13

[BLACK_오른쪽] 레이어를 선택하고 [Edit]-[Free Transform]을 선택합니다. [옵션] 바에서 [Rotate : 30°], [Horizontal Skew : 30°]로 설정하고 [OK]를 선택합니다. 14 15

[Tool] 패널에서 [Move Tool]을 선택하고 각각의 레이어를 16과 같이 배치합니다.

[BLACK_중간] 레이어를 선택하고 [Layers] 패널에서 [Opacity : 75%]로 설정합니다. 17

면에 따라 농도를 조금 다르게 하여 입체감을 표현합니다. 18

04 같은 방법으로 다른 문자 입력하기

[Tool] 패널에서 [Horizontal Type Tool]을 선택하고 "WHITE"라고 입력합니다. 19

[Font : Futura PT], [Style : Heavy], [Size : 100pt], [Color : #ffffff]로 설정합니다. 20

여기서부터는 [BLACK]을 작업한 순서와 같습니다.

[Layers] 패널에서 [WHITE] 문자 레이어를 선택한 후 마우스 오른쪽 버튼을 클릭하고 [Rasterize Type]을 선택합니다.

"WHITE"의 "I"의 중심 부근에서 좌우로 레이어를 분할합니다. 21

레이어 이름을 [WHITE_왼쪽], [WHITE_오른쪽] 등의 알기 쉬운 이름으로 합니다.

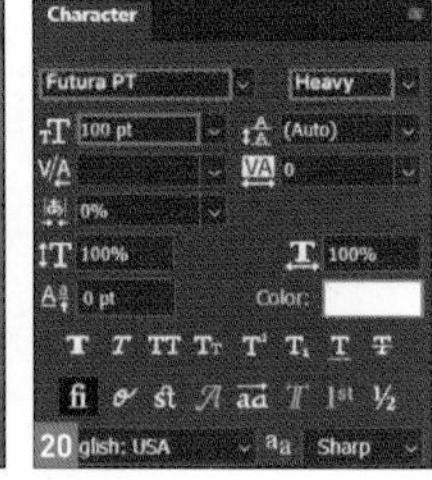

05 WHITE를 입체적으로 만들기

[WHITE_왼쪽] 레이어를 선택하고 [Edit]–[Free Transform]을 선택합니다. [옵션] 바에서 [Rotate : –30°], [Horizontal Skew : –30°]로 설정하고 [OK]를 선택합니다. 22

[WHITE_오른쪽] 레이어를 선택하고 [Edit]–[Free Transform]을 선택합니다. [옵션] 바에서 [Rotate : 30°], [Horizontal Skew : 30°]로 설정하고 [OK]를 선택합니다. 23

24와 같이 위치를 이동시키고 [WHITE_오른쪽] 레이어는 [Layers] 패널에서 [Opacity : 60%]로 설정합니다.

[WHITE_오른쪽] 레이어의 [Opacity : 60%]로 지정

06 문자를 추가하고 전체를 정리하기

[Tool] 패널에서 [Horizontal Type Tool]을 선택하고 "GRAY"라고 입력합니다. 25

[Font : Futura PT], [Style : Heavy], [Size : 80pt], [Color : #666666]으로 설정합니다. 26

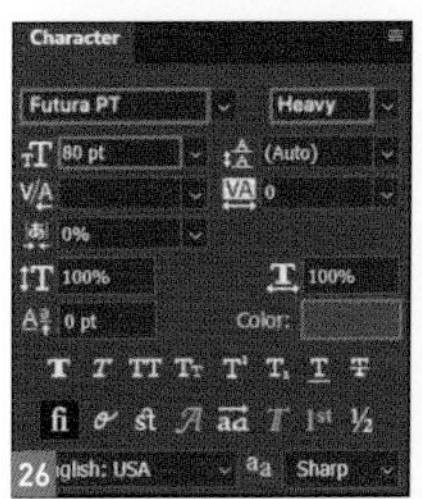

[GRAY] 문자 레이어를 선택하고 [Edit]–[Free Transform]을 선택합니다.

[옵션] 바에서 [Rotate : –30°], [Horizontal Skew : 30°]로 설정하고 [OK]를 선택합니다. 27

전체의 밸런스를 보고 각 레이어의 위치를 미세하게 조정하여 완성합니다. 28

No. 080 Match Font 사용하기

Match Font를 사용하여 이미지 안의 문자에 가까운 글꼴을 검색하여 적용해 봅니다.

POINT 여러 폰트 중에서 자신이 원하는 이미지에 가까운 폰트를 골라 조정한다

HOW TO USE 이미지 안의 문자에 가까운 폰트를 빠르게 검출하고 싶을 때 사용

01 문자 입력하기

예제 파일 [배경.jpg]를 엽니다. 네온사인 오른쪽 아래에 문자를 입력합니다.

[Tool] 패널에서 [Horizontal Type Tool]을 선택하고 "welcome"이라고 입력합니다. 01

01

memo

다음 순서에서 폰트를 검색할 때 선택되지 않도록 네온사인에서 조금 떨어진 위치에 문자를 배치해 두세요.

02 폰트 검색하기

[welcome] 문자 레이어를 선택한 상태에서 [Type]–[Match Font]를 선택합니다. 02 작업화면 위에 테두리가 표시되므로 드래그하여 검색 대상이 되는 문자를 선택합니다. 03

04와 같이 선택 범위 내의 문자에 가까운 폰트가 표시됩니다.

[Fonts available on Adobe :] 이하에 있는 폰트는 구름 아이콘을 클릭하면 자동으로 다운로드 됩니다.

폰트 이름을 선택하면 [welcome] 문자 레이어의 폰트가 자동으로 변경되므로 간단하게 비교할 수 있습니다. 05

예제에서는 [Font : Braisetto], [Style : Bold], [Size : 87pt]로 설정하고 06, 네온사인의 오른쪽 아래에 배치했습니다. 07

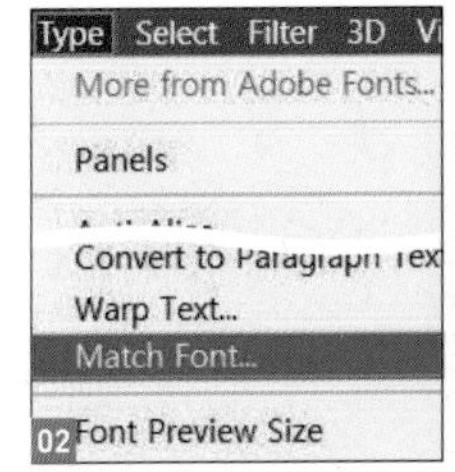

02

03

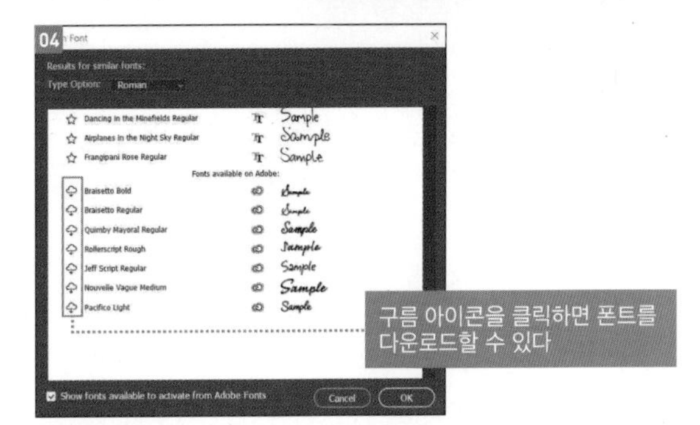

04

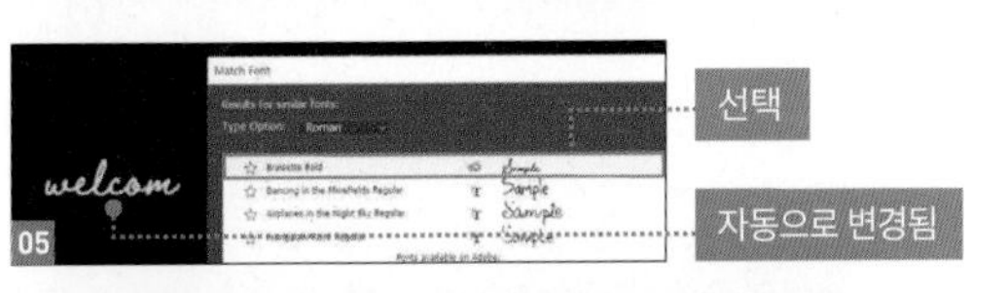

05

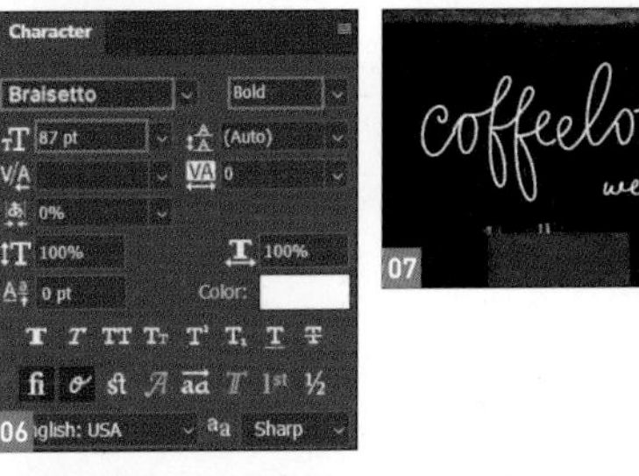

06

07

03 Layer Style 적용하여 완성

[welcome] 문자 레이어를 선택하고 [Layer]–[Layer Style]–[Outer Glow]를 선택합니다. 08

09와 같이 [Blend Mode : Normal], [Color : #ff8d27], [Elements]–[Size : 4px]로 설정하여 바깥쪽이 조금 빛나는 것처럼 효과를 적용합니다. 10 11

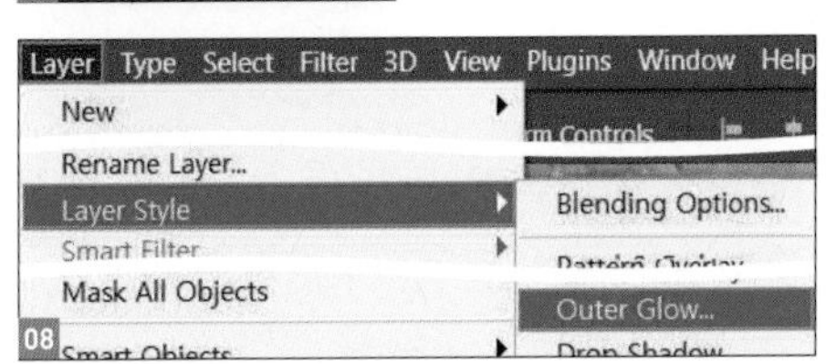

08

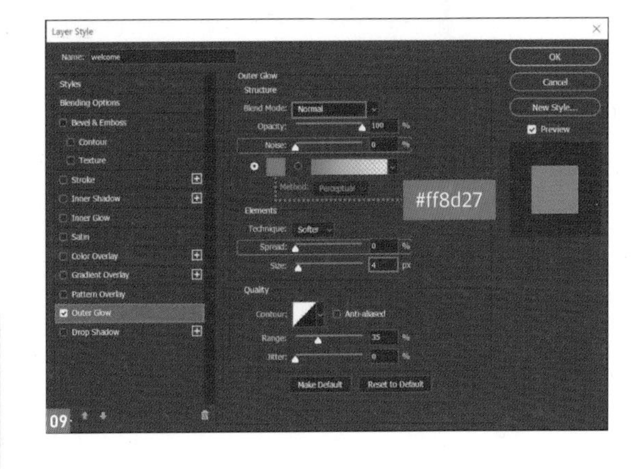

09

memo

[Layer Style]–[Outer Glow]에 사용한 [#ff8d27]의 색상은 이미지의 네온사인 주변 색상에서 추출했습니다.

10

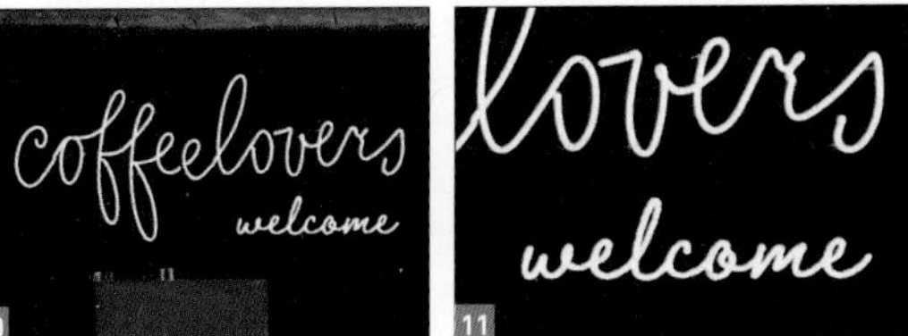

11

CHAPTER 08

No.081 집중선 만들기

필터를 사용하여 만화의 집중선과 같은 표현을 합니다.

POINT Noise, Offset, Polar Coordinates의 3단계로 쉽게 표현한다

HOW TO USE 일러스트나 코믹풍 표현에 사용

01 세로줄 만들기

예제 파일 [일러스트.psd]를 엽니다. [Layers] 패널을 보면 미리 [배경], [흰색선], [풍선] 레이어를 나누어 놓았습니다. 이미지 왼쪽 위에 집중선을 표현합니다. 01

01

[흰색선], [풍선] 레이어는 비표시 상태로 작업을 시작합니다. [흰색선] 레이어의 아래에 새로운 [집중선] 레이어를 만들고 선택합니다.

[Tool] 패널에서 [Paint Bucket Tool]을 선택하고 [Foreground Color : #ffffff]로 칠합니다. 02

[Filter]–[Noise]–[Add Noise]를 선택하고 03과 같이 설정합니다.

[Filter]–[Other]–[Offset]을 선택하고 04와 같이 설정합니다. 세로로 된 라인이 만들어졌습니다. 05

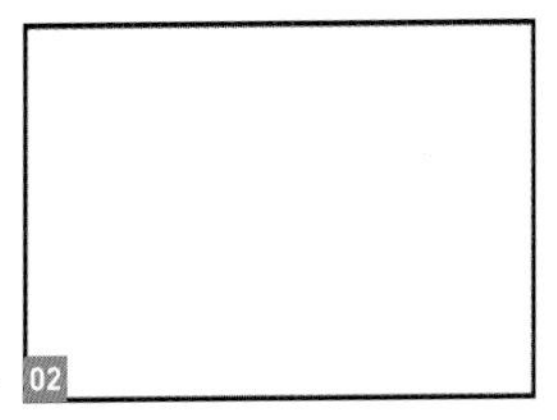
02

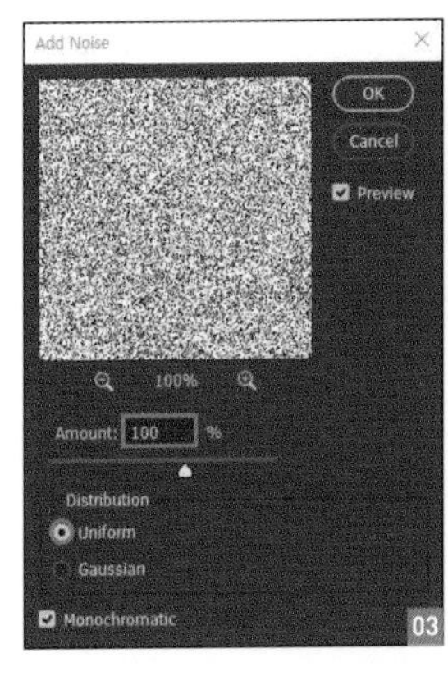

03

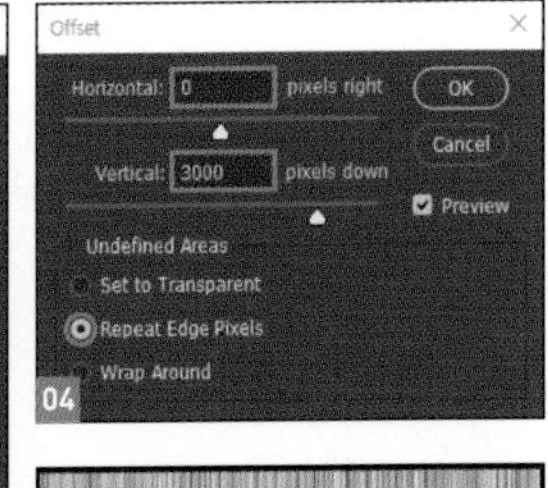

04

05

02 방사상으로 변형하기

[Filter]–[Distort]–[Polar Coordinates]를 선택하고 06과 같이 설정합니다. 중심에 집중선이 만들어 졌습니다. 07

[집중선] 레이어를 선택하고 [Blending Mode : Multiply]로 설정합니다. 08 09

[Image]–[Adjustments]–[Levels]를 선택하고 10과 같이 설정합니다.

콘트라스트를 조정하여 집중선의 밀도를 바꿀 수 있습니다. 11

06

07

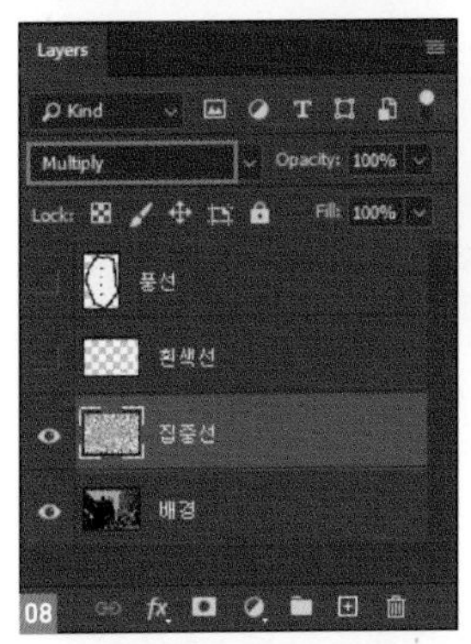

08

09

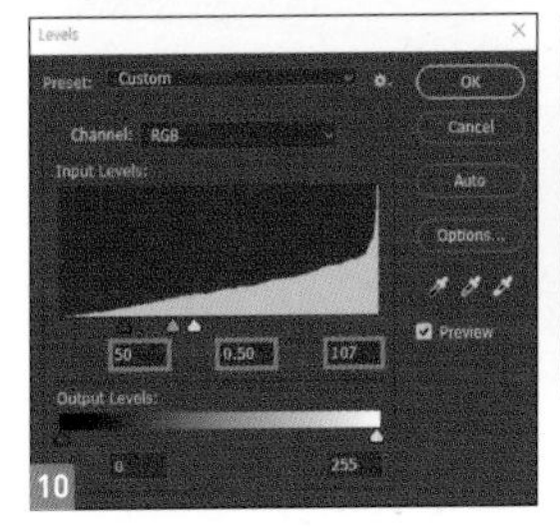

10

11

03 컷 안에 집중선이 적용되도록 마스크하기

[흰색선], [풍선] 레이어를 표시합니다.

왼쪽 위의 컷 안에만 집중선을 표시하고 싶기 때문에 12와 같이 [Polygonal Lasso Tool]을 사용하여 컷의 안쪽을 선택합니다.

선택 범위를 작성한 상태에서 [Layers] 패널에서 [Add layer mask]를 선택합니다. 13

집중선의 위치는 [레이어 마스크의 링크(쇠사슬 마크)]를 해제하고 인물의 머리에 중심이 오도록 위치를 조정합니다. 14

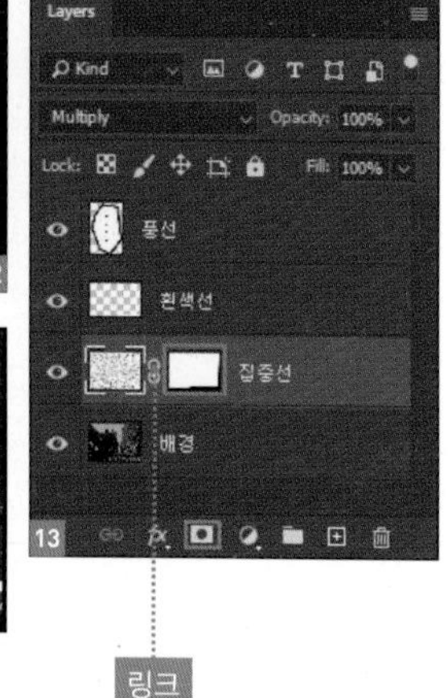

04 집중선의 중심을 마스크하기

집중선 중심에도 마스크를 추가합니다.

15와 같이 인물의 머리를 기준으로 [Lasso Tool]을 선택하여 선택 범위를 만듭니다.

그 상태에서 [Select]–[Modify]–[Feather]를 선택하고 [Feather Radius : 20pixels]로 설정하고 [OK]를 클릭합니다. 16

[집중선] 레이어의 [레이어 마스크 섬네일]을 선택하고 [Foreground Color : #000000]으로 설정한 후 방금 작성한 선택 범위를 [Paint Bucket Tool]로 채워 마스크 합니다. 17 18

문자를 장식하여 완성합니다. 예제에서는 [Font : Arial Black]을 사용했습니다. 19

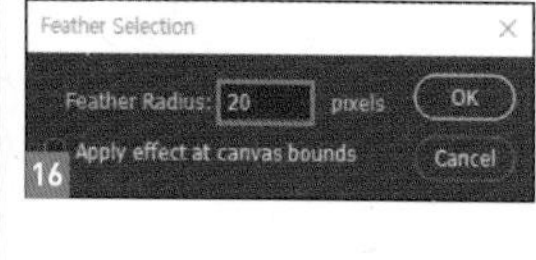

Illustrator를 이용하여 집중선 만드는 법

[Ellipse Tool]로 검은 타원을 만듭니다. [Effect]–[Distort & Transform]–[Roughen]을 선택하여 들쑥날쑥하게 합니다. [Effect]–[Distort & Transform]–[Pucker & Bloat]에서 [Bloat : 200%]로 설정합니다. 검은 집중선이 생깁니다.

이 위에 하얀 타원을 만들고 같은 작업을 반복하여 변형합니다. 러프의 수치를 변경하거나 원의 모양을 약간 확대, 축소하면 집중선처럼 됩니다. 마지막으로 필요한 부분만 마스크하여 완성합니다.

Roughen

Pucker & Bloat

하얀 타원을 만들어 적용

마스크 적용

다양한 표현의 디자인 테크닉

콜라주와 사진 합성, 광택이 없는 아름다운 질감 등 Photoshop의 다양한 기능을 사용하지 않으면 만들 수 없는 웅장한 그래픽을 만들어 봅니다. 이 장에서는 특히 난이도 있는 예제들로 구성하였으며 지금까지 배운 다양한 테크닉을 사용하여 만들 수 있습니다. 광고 등의 메인 비주얼로도 사용할 수 있는 고품질의 예제를 만들어 봅시다.

CHAPTER 09

Various expression design techniques

Ps No. 082 콜라주 만들기

여러 개의 이미지를 사용하여 빈티지풍의 콜라주를 만듭니다. 작업 과정이 많지만 하나하나 진행해 봅니다.

POINT 각 소재의 거리감과 연관성을 의식하여 배치한다

HOW TO USE 광고의 메인 비주얼 등에 사용

01 Warp를 사용하여 곡선 만들기

예제 파일에서 [배경.psd]를 엽니다. [Layers] 패널에서 새로운 [잔디베이스] 레이어를 만듭니다.

[Foreground Color : #000000]으로 설정하고 [Rectangular Marquee Tool]을 선택한 후 화면 아래에서 3분의 1 정도를 선택하고 [Paint Bucket Tool]을 선택하여 채웁니다. 01

[Edit]-[Transform]-[Warp]를 선택합니다. [옵션] 바에서 02와 같이 [Warp : Arc], [Bend : 15%]로 설정하고 [Commit]를 클릭합니다. 03

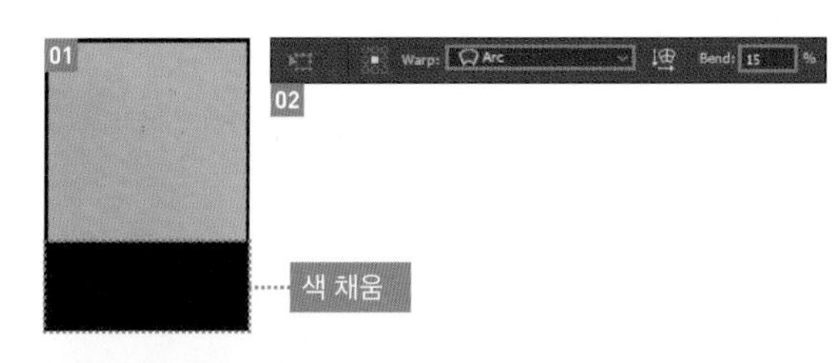

01 02

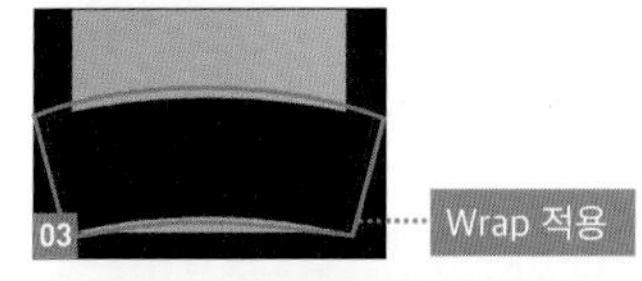

03

02 브러시로 잔디를 만들고 땅과 배경 만들기

[Brush Tool]을 선택하고, Foreground, Background Color 모두 [#000000]으로 설정합니다.

[Brush : Grass]를 선택하고 [Size : 100px]로 설정합니다. 04

[잔디베이스] 레이어를 선택하고 조금 전 Warp를 적용한 형태를 따라 풀을 그립니다. 05

Warp했을 때 생긴 아래 틈도 [Hard Round Pressure Size] 등으로 덧칠해 둡니다. 06

예제 파일에서 [배경이미지.psd]를 열고 [잔디] 레이어를 [잔디베이스] 레이어 위로 이동시켜 07과 같이 배치합니다.

[Layers] 패널에서 [잔디] 레이어를 선택하고 마우스 오른쪽 버튼 클릭 후 [Create Clipping Mask]를 선택합니다. 08

이미지 [배경이미지.psd]의 [산] 레이어를 [Background] 레이어의 위로 이동시켜 09와 같이 배치합니다.

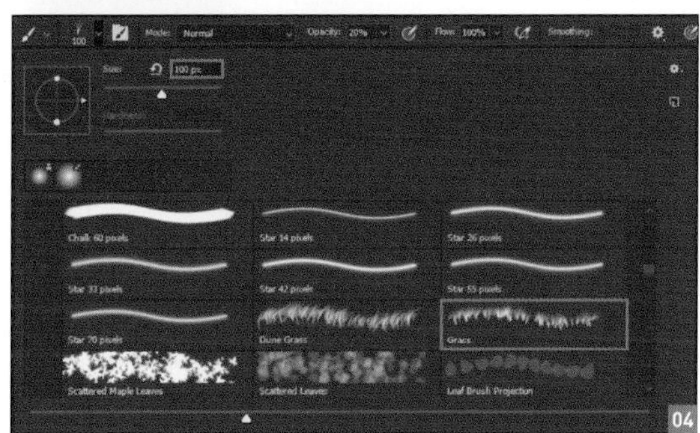

04

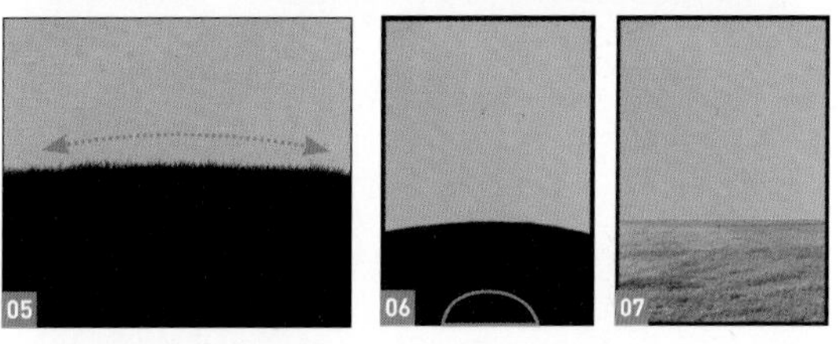

05 06 07

08

09

memo

산 이미지는 콜라주 느낌을 의식해서 일부러 직선으로 오렸습니다.
이와 같이 콜라주를 할 때는 완성된 이미지를 의식하여 미리 이미지를 다듬어 놓으면 좋습니다.

03 구멍에서 튀어나온 고양이 연출하기

[Foreground Color : #000000]으로 설정합니다. [Ellipse Tool]을 선택하고, 10과 같이 가로로 긴 원을 만듭니다.
예제 파일에서 [소스 이미지.psd]를 열고 [고양이] 레이어를 이동시켜 11과 같이 배치합니다.
[고양이] 위에 새로운 [고양이 그림자] 레이어를 만들고 마우스 오른쪽 버튼 클릭 후 [Create Clipping Mask]를 선택합니다.
[Brush Tool]을 선택하고 [Soft Round]를 사용하여 12와 같이 그림자를 그립니다. [고양이 그림자] 레이어를 [Opacity : 30%]로 설정합니다. 13

Opacity : 30%

04 고양이의 손 만들기

이미지 [소스 이미지.psd]에서 [고양이 손] 레이어를 [고양이] 레이어의 위로 이동시키고 14와 같이 배치합니다.
[Layers] 패널에서 [Add layer mask]를 선택합니다.
추가한 레이어 마스크 섬네일을 선택하고 [Soft Round]를 사용하여 15와 같이 구멍 속에서 손을 내밀고 있는 것처럼 마스크 합니다. 이미지 [소스 이미지.psd]에서 [고양이 손] 레이어를 [고양이] 레이어의 아래로 이동합니다. 16
똑같이 마스크를 추가하고 17과 같이 만듭니다.
다시 아래에 새로운 [고양이 손 그림자] 레이어를 만들고 18과 같이 [Soft Round]를 사용하여 고양이 왼쪽에 그림자를 그립니다.
레이어를 [Opacity : 50%]으로 설정합니다. 19

Opacity : 50%

05 고양이 머리에 쥐 배치하기

이미지 [소스 이미지.psd]에서 [쥐] 레이어를 이동시키고 20과 같이 [고양이] 레이어보다 아래에 배치합니다.
고양이에게 그림자를 붙였을 때와 같은 방법으로 위에 새로운 [쥐 그림자] 레이어를 만든 후 [Soft Round]를 사용하여 그림자를 그리고 레이어를 [Opacity : 30%]로 설정합니다. 21

Opacity : 30%

06 집을 배치하고 그림자 만들기

이미지 [소스 이미지.psd]에서 [집] 레이어를 이동시키고 [잔디베이스] 레이어보다 아래에 배치합니다. 22
[Pen Tool]을 선택하고 건물의 그림자 부분의 패스를 만듭니다. 23
패스를 작성하면 마우스 오른쪽 버튼 클릭 후 [Make Selection]을 선택합니다. 위에 새로운 레이어를 만들고 [Foreground Color : #000000]으로 설정한 후 [Paint Bucket Tool]로 채웁니다. 24
[Opacity : 50%]로 합니다. 25

07 배경에 소재를 추가하여 길 만들기

이미지 [소스 이미지.psd]에서 [숲] 레이어를 이동시키고 [집] 레이어보다 아래에 배치합니다. 26
[Foreground Color : #d7c5a9]로 설정합니다.
[Pen Tool]을 선택하고 [옵션] 바를 27과 같이 [Shape]을 선택합니다.
길이 되는 부분의 패스를 만듭니다. 28 여기서는 선으로 나타내었습니다.

08 나머지 소재 배치하기

이미지 [소스 이미지.psd]에서 [털실 뭉치 1~4], [나무] 레이어를 배치합니다. 29
[우산을 든 사람], [차]를 배치하고, 30 [사람], [펭귄]은 원하는 장소에 배치합니다. 31

09 달 배치하기

이미지 [소스 이미지.psd]에서 레이어를 [축음기], [여자아이], [달], [여자아이(오른쪽 다리)] 순으로 이동시켜 배치합니다. 레이어 순서에 주의합니다. 여자아이가 달에 앉아있는 것처럼 보입니다. 32

[달] 레이어를 선택하고 [Layer Style]을 표시합니다. [Drop Shadow]를 33과 같이 설정합니다.

[달] 레이어의 아래에 [여자아이], [축음기] 레이어를 복사합니다.

[Foreground Color : #000000]으로 설정하고 [Paint Bucket Tool]로 채웁니다.

복사한 [여자아이 Copy], [축음기 Copy] 레이어는 각각, [Filter]–[Blur]–[Gaussian Blur]를 [Radius : 5pixels]로 적용합니다. 34 35

2개의 레이어를 왼쪽으로 이동시키고 [Opacity : 15%]로 설정하면 하단에 그림자가 드리워진 것처럼 보입니다. 36

32

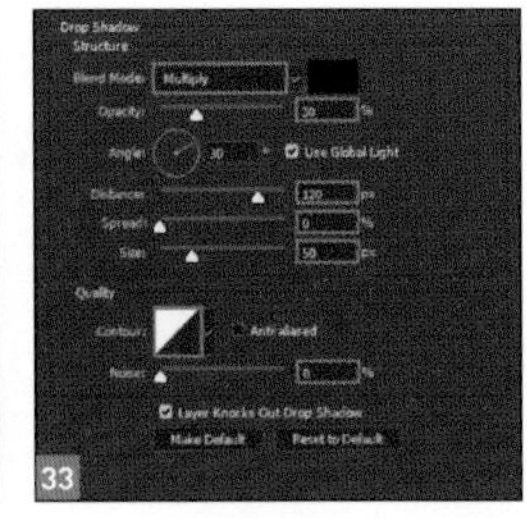
33

34

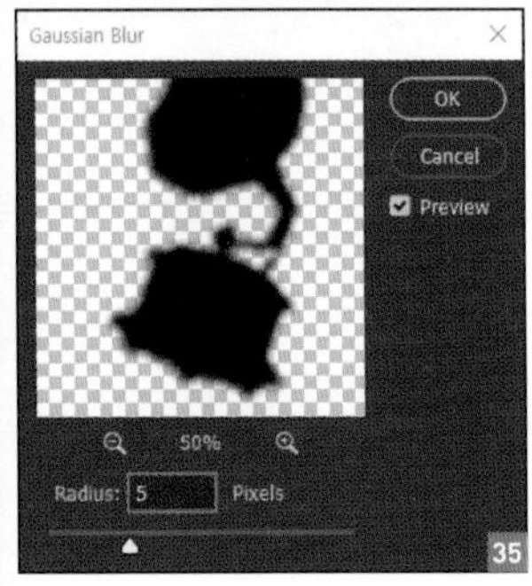

35

36

37

10 하늘에 소재 배치하기

이미지 [소스 이미지.psd]에서 레이어 [창문], [의자], [라이트], [레코드]를 이동시키고 37과 같이 배치합니다.

[창문] 레이어를 선택하고 [Layer Style]을 표시합니다. [Drop Shadow]를 38과 같이 설정합니다.

[라이트] 레이어도 [Layer Style]을 표시하고 [Drop Shadow]를 39와 같이 설정합니다. 40

[창문] 레이어의 아래에 [새] 레이어를, [숲] 레이어의 아래에 [아기고양이] 레이어를 배치합니다. 41

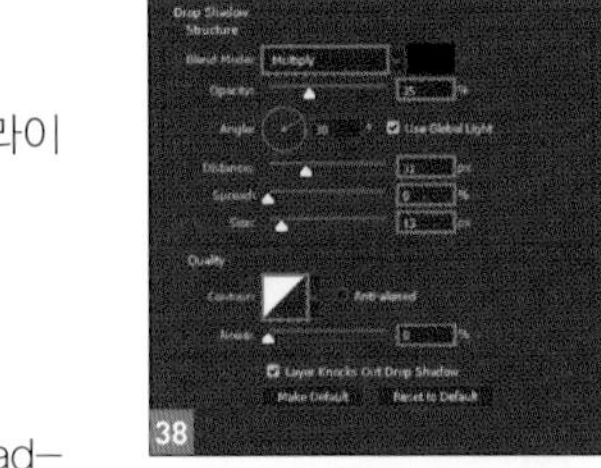
38

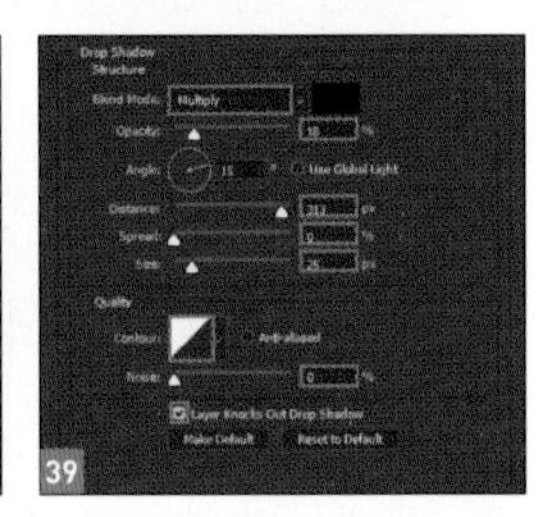
39

40

41

11 별 배치하기

이미지 [소스 이미지.psd]에서 [별1] 레이어를 이동시켜 배치합니다.

[Layer Style] 패널을 열고 42와 같이 설정합니다. 43

[별1], [별2] 레이어를 44와 같이 배치합니다.

작성한 Layer Style을 마우스 오른쪽 버튼 클릭 후 [Copy Layer Style]을 선택하여 복사하고, 배치된 [별2] 레이어를 선택하고 마우스 오른쪽 버튼 클릭 후 [Paste Layer Style]를 선택하여 적용합니다. 45

[별1] 레이어보다 아래에 [와이어] 레이어를 만듭니다.

[Foreground Color : #ffffff]를 선택하고 [Soft Round], [Size : 3px]로 설정합니다.

별을 와이어로 달고 있는 것처럼 선을 그립니다. Shift를 누르면서 그리면 직선을 그릴 수 있습니다. 46

[Layer Style]을 열고 [Drop Shadow]를 47과 같이 설정합니다. 48

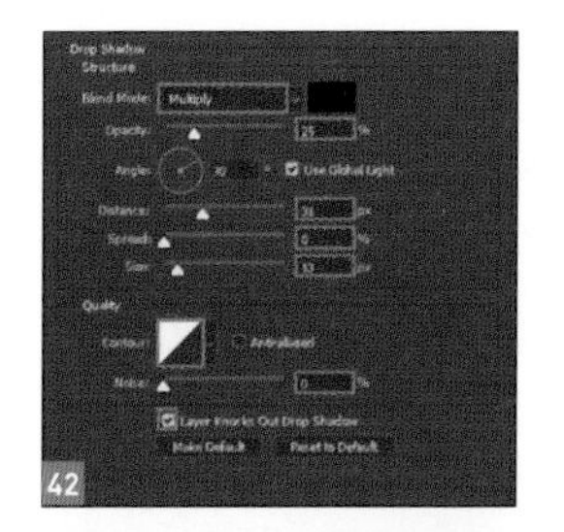
42

43

44

45

Layer Style을 Paste

46

와이어 작성

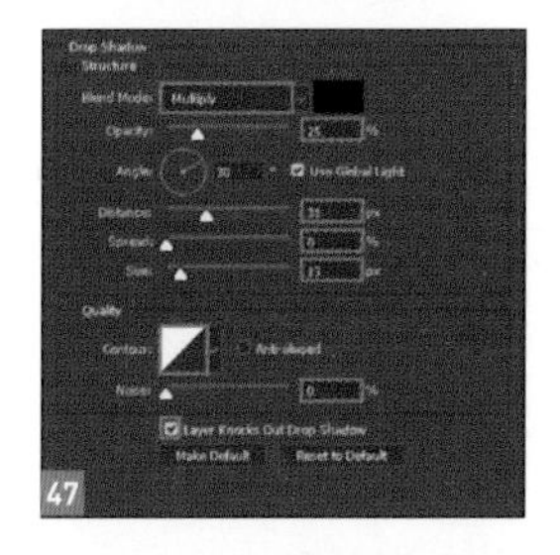
47

48

12 별2 배치하기

[별2] 레이어를 맨 위에 복사하고 작업화면 오른쪽 위에 화면 밖으로 넘치도록 배치합니다. 49

[Filter]-[Blur]-[Gaussian Blur]를 선택하고 [Radius : 10pixels]로 적용합니다. 50

[별1] 레이어를 맨 위에 복사하여 작업화면 오른쪽에 배치하고 51과 같이 [Edit]-[Transform]-[Distort]를 선택하고 변형시켜 배치합니다.

같은 방법으로 작업화면 왼쪽 앞에도 배치합니다. 52

49

50

51

52

13 라이트에 빛 추가하기

이미지 [소스 이미지.psd]에서 [빛] 레이어를 이동시키고 [라이트] 레이어의 위에 배치합니다. 53

[Pen Tool]을 선택하고 54와 같이 패스를 만들고 마우스 오른쪽 버튼 클릭 후 [Make Selection]을 선택하여 영역을 만듭니다.

[빛] 레이어를 선택하고 [Add layer mask]를 선택합니다. 55

[빛] 레이어를 위로 복사하고 레이어 이름을 [빛-오렌지]로 하여 [Blending Mode : Overlay]를 적용합니다.

레이어 마스크의 링크(체인 마크)를 풀고, [Free Transform]을 선택하여 150% 정도 확대합니다.

[Image]-[Adjustments]-[Hue/Saturation]을 선택하고 56과 같이 설정합니다. 57

53

54

55

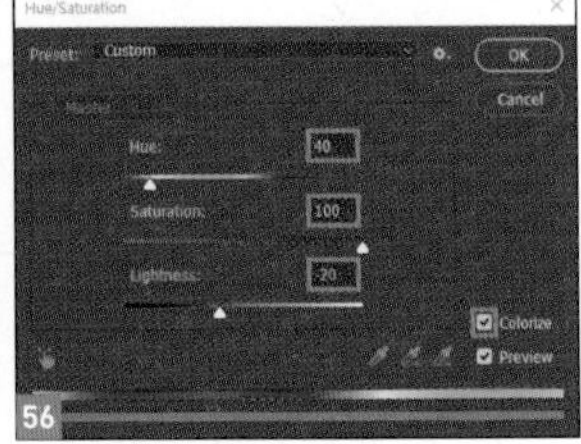

56

57

라이트에 빛이 추가됨

14 색을 조정하여 완성

이미지 [배경이미지.psd]에서 [질감] 레이어를 이동시키고 맨 위에 배치합니다.

[Blending Mode : Soft Light]로 설정합니다. 58

[Layers] 패널에서 [Create new fill adjustment layer]-[Vibrance]를 맨 위에 추가하고 59와 같이 설정합니다.

[Curves] 조정 레이어를 아래에 추가하고 60과 같이 설정합니다. 2개의 포인터를 추가하고 수치는 왼쪽에서 [Input : 0 Output : 36], [Input : 38 Output : 56], [Input : 131 Output : 142], [Input : 255 Output : 255]로 적용합니다.

아래에 [Channel Mixer]를 추가하여 61과 같이 설정하고 [Blending Mode : Soft Light]로 설정하여 완성합니다. 62

58

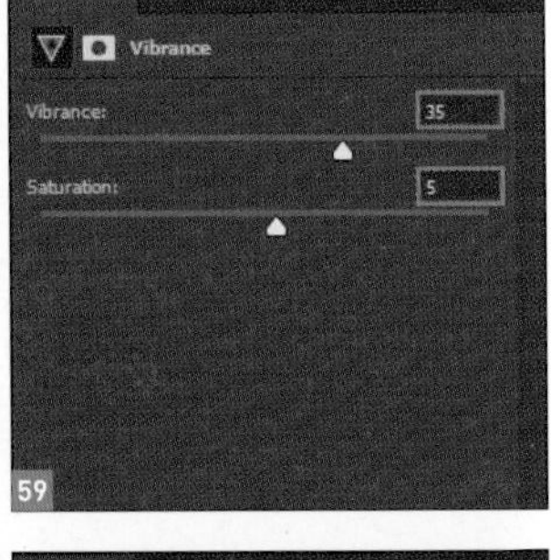

59

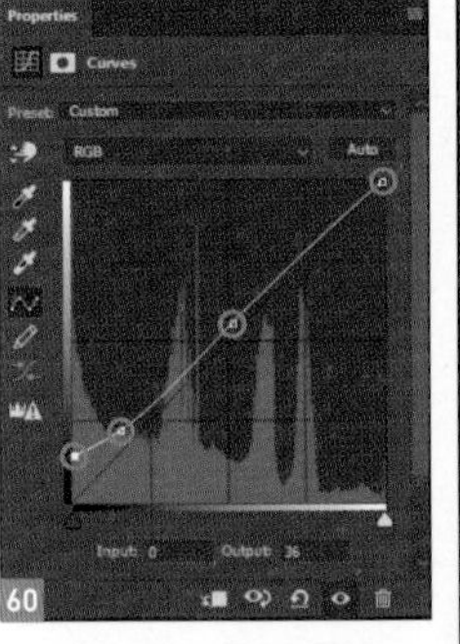
60

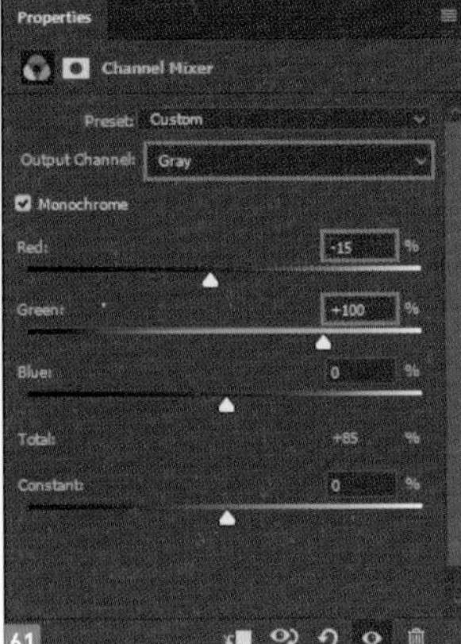

61

62

column

Move Tool의 Auto-Select를 체크하지 않으면

[Move Tool]을 선택하고 [옵션] 바에 표시되는 [Auto-Select]를 체크하면, 작업화면에서 선택된 레이어가 선택됩니다.

편리한 기능이지만 복수 레이어가 겹친 상태, 특히 [Blending Mode]를 변경한 상태나 반투명해진 레이어가 겹친 상태에서는 원하는 레이어가 선택되지 않는 등의 일이 일어납니다.

예를 들어, 오른쪽의 정물 사진은 1개의 레이어로 보이지만 레이어의 상위에 색 조정용 [필터]와 네 구석을 어둡게 한 [그늘]의 2개 레이어가 겹치고 있습니다.

이러한 경우는 [Auto-Select]이 체크되어 있으면 최하위 레이어의 [꽃]을 선택할 수 없습니다.

그럴 때는 [Auto-Select]의 체크를 해제하고 [Layers] 패널에서 [꽃]을 선택하는 것이 좋습니다.

체크를 하지 않은 상태에서도 Ctrl을 누르고 있는 동안에는 [Auto-Select]에 체크가 들어간 상태가 되므로 어느 쪽이나 대응 가능한 [Auto-Select] 체크를 하지 않고 작업할 것을 추천합니다.

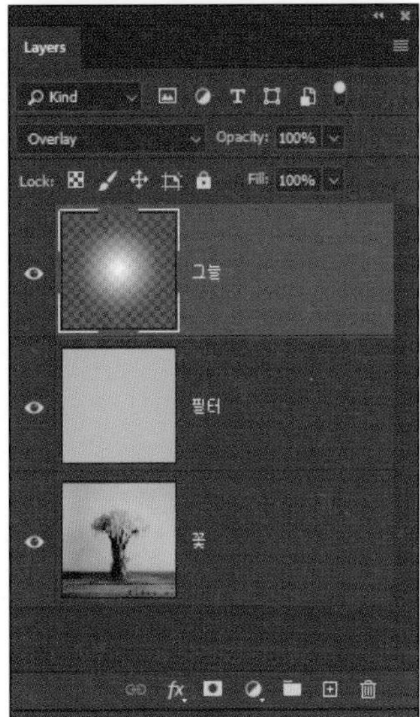

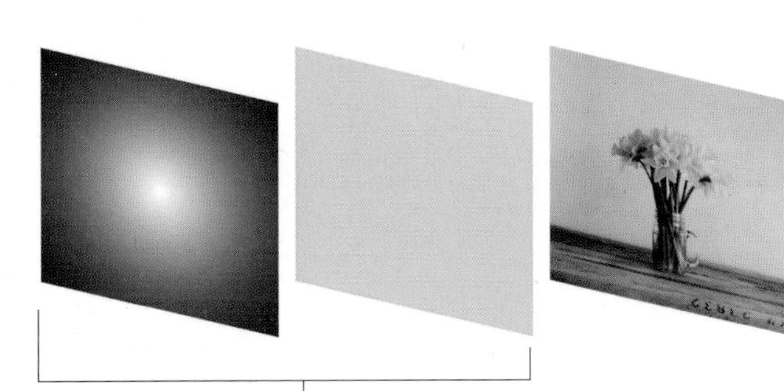

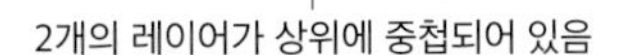
2개의 레이어가 상위에 중첩되어 있음

CHAPTER 09

01 창문 잘라내기

예제 파일에서 [창문.psd]를 엽니다. [Pen Tool]을 선택하고 범위를 지정한 창문 부분의 패스를 만듭니다. 01

이 이미지에서는 이미 [Paths] 패널에 패스 [창문]이 작업되어 있습니다.

마우스 오른쪽 버튼 클릭 후 [Make Selection]을 선택하고 02, [Feather Radius : 2pixels]로 설정하고 [OK]를 클릭합니다. 03 Delete를 눌러 삭제합니다. 04

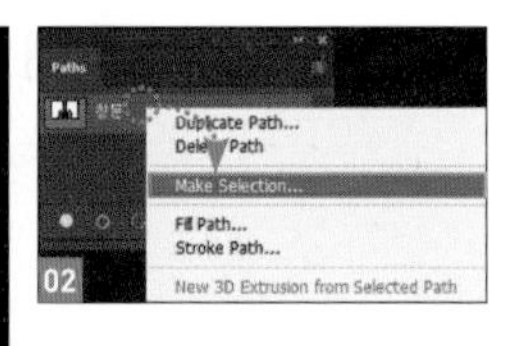

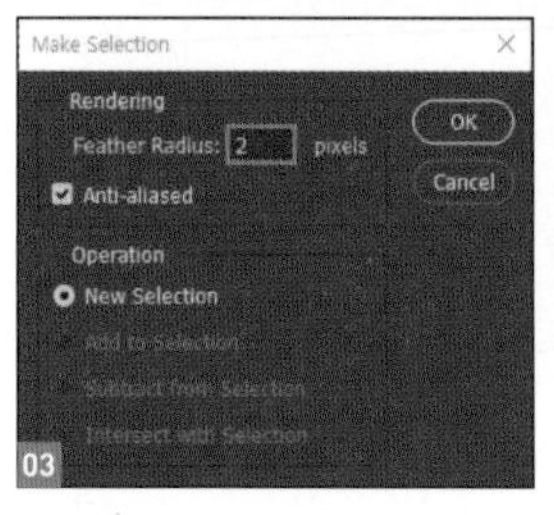

Delete로 삭제

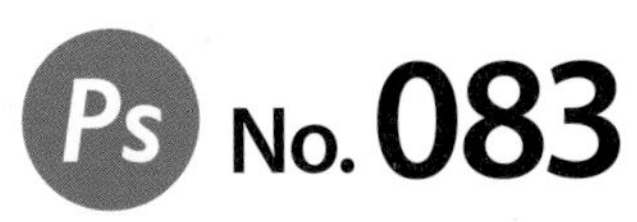

여러 개의 사진을 자연스럽게 합성하기

이미지 잘라내기와 이미지 사이의 색조 보정, 빛을 추가하는 것이 합성의 기본입니다.

POINT 원하는 색상을 정하고 보정하여 망설임 없이 작업한다

HOW TO USE 일상적이지 않은 장면이나 드라마틱한 장면 연출에 사용

05

도시를 배치

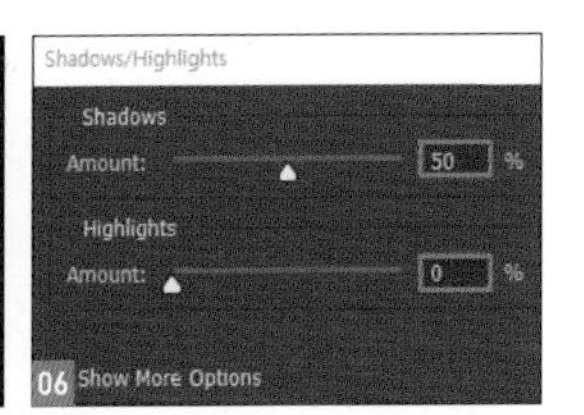

06

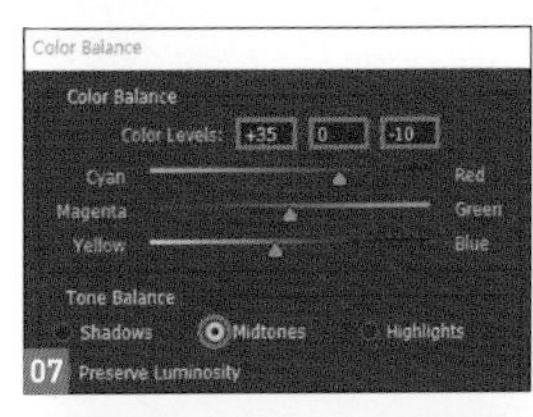

07

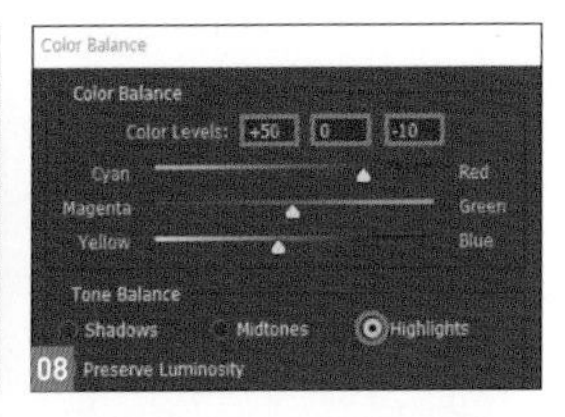

08

09

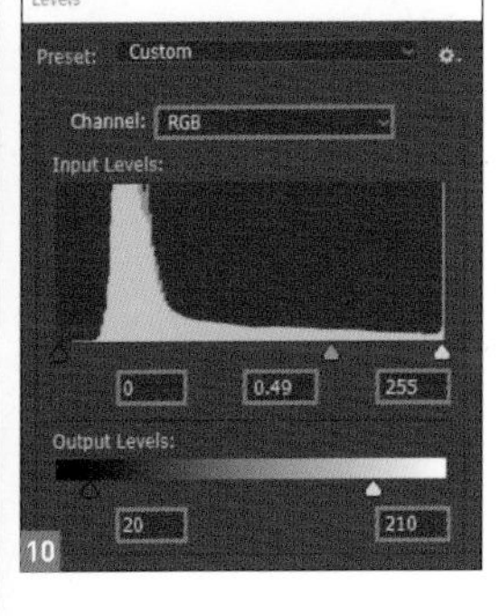

10

11

02 도시 합성하기

예제 파일에서 [도시.psd]를 열고 맨 아래에 05와 같이 배치합니다.

도시의 컬러에 맞게 창문을 보정해 갑니다.

[창] 레이어를 선택하고 [Image]–[Adjustments]–[Shadows/Highlights]를 선택한 후 06과 같이 설정합니다.

[Image]–[Adjustments]–[Color Balance]를 선택하고 Midtones를 07, Highlights를 08과 같이 설정합니다.

전체에 붉은 기가 더해졌습니다. 09

[Image]–[Adjustments]–[Levels]를 선택하고 10과 같이 설정합니다. 11

03 별 하늘 합성하기

예제 파일에서 [별하늘.psd]를 열고 [도시] 레이어의 위에 배치합니다. 12

[Blending Mode : Lighten]으로 설정합니다. 13 14

12

별하늘을 배치

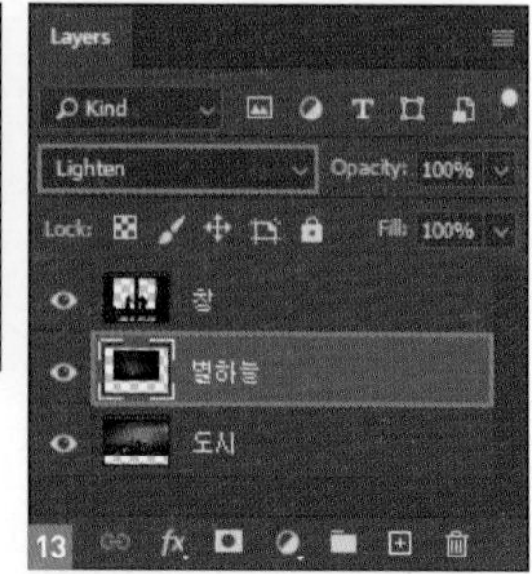

13

14

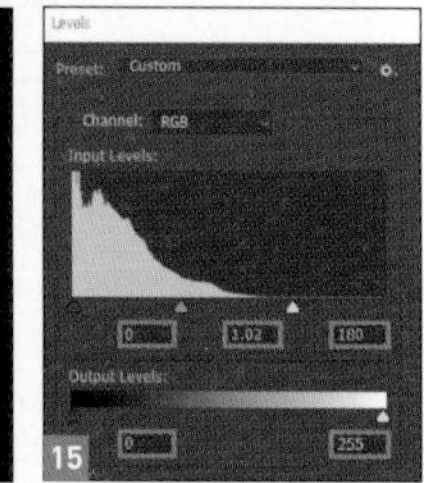

15

04 색 조정하기

[Image]–[Adjustments]–[Levels]를 선택하고 15와 같이 설정합니다.

[Image]–[Adjustments]–[Color Balance]를 선택하고 Midtones은 [–24, +2, 0] 16, Highlights를 [–21, +26, 0] 17과 같이 설정합니다.

[Image]–[Adjustment]–[Hue/Saturation]을 선택하고 [+155, –8, 0] 18과 같이 설정합니다. 19

[Layers] 패널에서 [별하늘] 레이어를 선택하고 [Add layer mask]를 선택합니다. 20

[Foreground Color : #000000]으로 설정하고 [Gradient Tool]을 선택합니다.

Gradient의 종류는 [Foreground to Transparent]를 선택합니다.

[별하늘] 레이어의 레이어 마스크 섬네일을 선택하고, 지평선에서 위 창틀을 향해 반 정도의 거리를 드래그하여 Gradient로 마스크 합니다. 21 레이어 마스크는 22와 같이 됩니다.

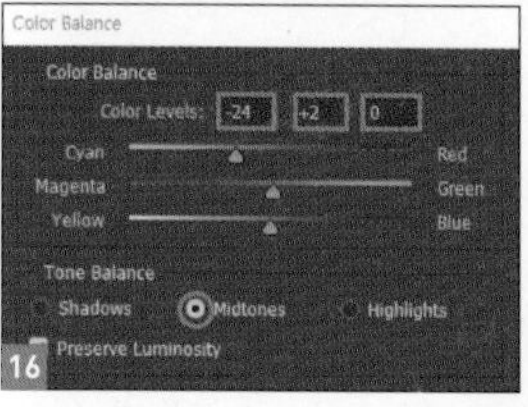

16

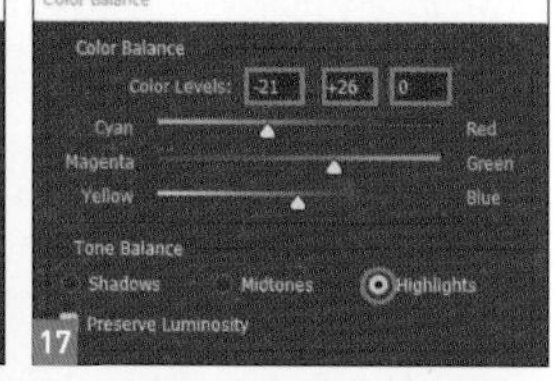

17

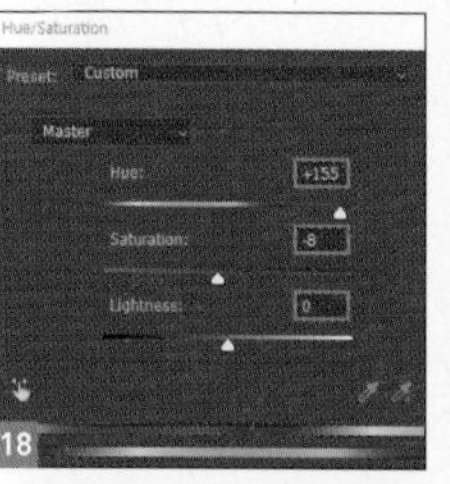

18

19

20

21

드래그

22

05 빛을 더 그리기

[창] 레이어의 위에 새로운 [빛] 레이어를 만들고 [Blending Mode : Overlay], [Opacity : 70%]로 설정합니다. [빛] 레이어를 선택하고 마우스 오른쪽 버튼 클릭 후 [Create Clipping Mask]를 선택합니다. 23

[Foreground Color : #ffffff], [Brush Tool]을 선택하고 [Soft Round Brush]로 창틀이나 인물의 윤곽에 빛을 더하듯 그립니다. 24

마지막으로 [Layers] 패널에서 [Create new fill or adjust-ment layer]-[Curves]를 선택하여 맨 위에 추가하고 25와 같이 전체를 다듬어서 완성합니다. 26

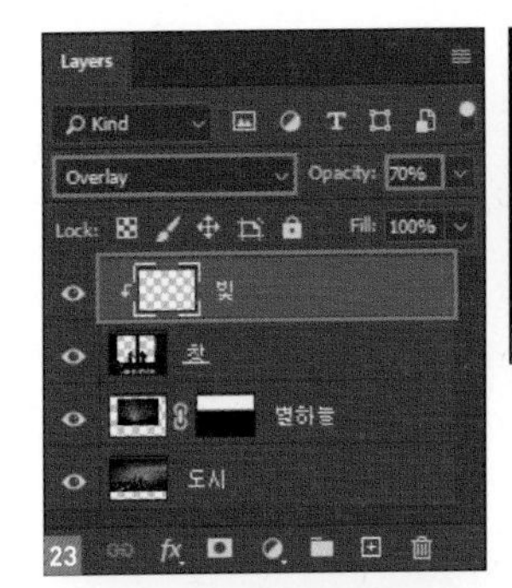

23

24

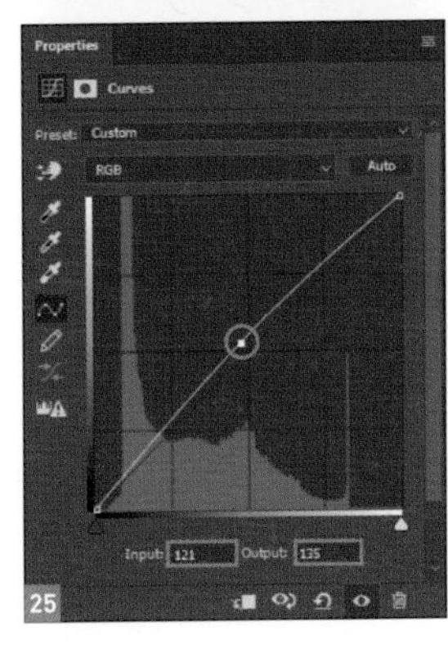

25

26

column

Adobe Color

Adobe Color(Adobe Color CC)는 Adobe사가 제공하는 균형 잡힌 컬러 테마를 작성할 수 있는 웹 사이트의 앱(appli-cation)입니다.

• 사용법 및 설명

「https : //color.adobe.com」 웹 사이트에 접속합니다.

[생성] 탭은 왼쪽의 색상 휠을 적용하거나 드래그하여 자유롭게 오리지널 배색을 작성할 수 있습니다. 01

[탐색] 탭은 키워드를 검색해, 원하는 배색을 찾을 수 있습니다. 02

[트렌드] 탭에서는 다양한 장르의 최신 컬러 트렌드를 찾을 수 있습니다. 03

검색한 모든 컬러 테마는 [내 라이브러리]에 저장할 수 있습니다.

[라이브러리]에 저장한 배색은 Photoshop나 Illustrator의 [Window]-[Libraries]에서 확인할 수 있으며 곧바로 사용할 수 있습니다. 04

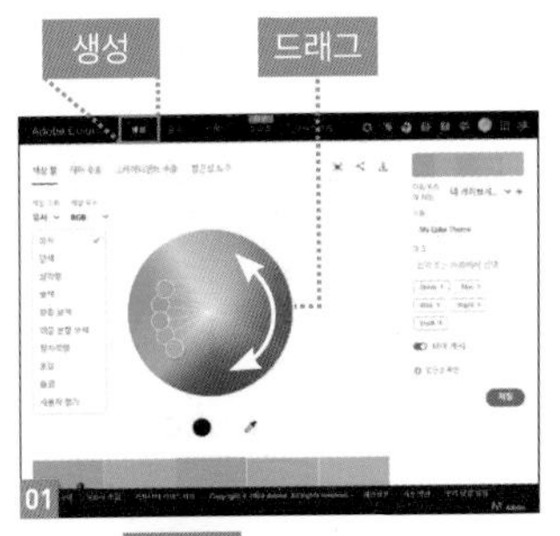

01

02

03

04

Ps No. 084 애니메이션 배경으로 만들기(낮)

풍경 사진에 손으로 그린 구름을 추가하고 애니메이션 배경과 같은 그래픽을 만듭니다.
곳곳에 지금까지 배운 테크닉을 골고루 이용하고 복습하면서 작업을 진행합니다.

POINT 사진에 구름을 추가하여 일러스트 느낌으로 만든다

HOW TO USE 광고나 애니메이션 게임의 배경으로 사용

01 선택 범위를 만들고 삭제하기

예제 파일 [도시.psd]를 엽니다. [Tool] 패널에서 [Rectangular Marquee Tool]을 선택하고 지평선 부근까지의 선택 범위를 만든 후 Delete를 눌러 삭제합니다. 01

원본

01

02 Gradient 적용하고 보정하기

[Layers] 패널에서 [Create new fill or adjustment layer]–[Gradient]를 선택하고 아래에 배치합니다. 02

[Gradient Fill] 패널을 03과 같이 설정합니다.

Gradient를 클릭하여 [Gradient Editor] 패널을 열고 04와 같이 설정합니다.

Gradient는 [Location 40%, 70%, 90%]를 [#95df2, #225ba2, #3c89b9]로 설정합니다. 05와 같이 됩니다.

[Background] 레이어를 선택하고 [Image]–[Adjustments]–[Shadows/Highlights]를 06과 같이 설정합니다.

[Filter]–[Noise]–[Reduce Noise]를 07과 같이 설정합니다.

[Image]–[Adjustments]–[Color Balance]를 선택하고 [Midtones]을 08, [Highlights]를 09와 같이 설정합니다. 10

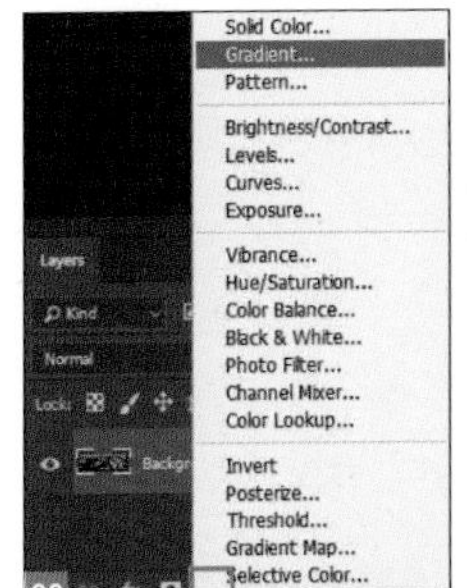

02

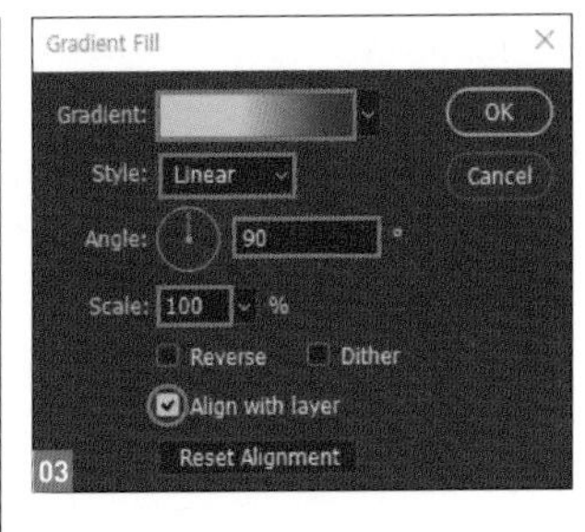

03

04

05

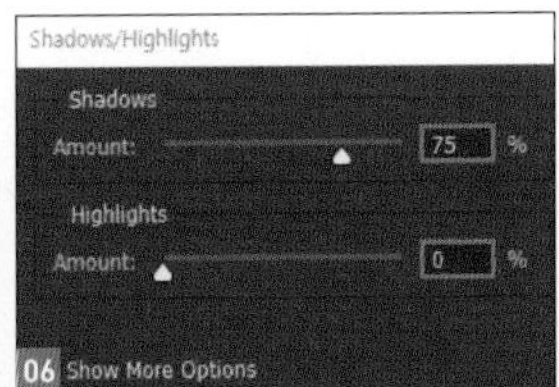

06

07

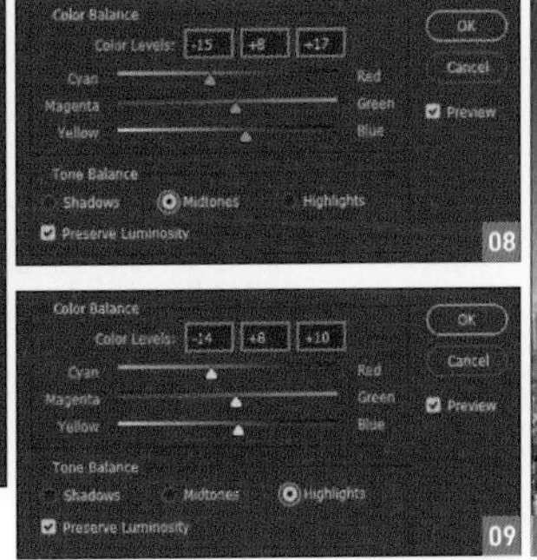

08 09

10

03 건물 잘라내기

[Pen Tool]을 선택하고 11과 같이 건물의 패스를 만듭니다.

[Path] 패널에 미리 건물에 대한 패스가 준비되어 있으므로 이용해도 좋습니다.

[Path] 패널의 [건물 Path]에서 마우스 오른쪽 버튼 클릭 후 [Make Selection]을 선택하고, [Make Selection] 패널에서 [Feather Radius : 2pixels]로 설정한 후 [OK]를 클릭합니다.

[Rectangular Marquee Tool]을 선택하고 마우스 오른쪽 버튼 클릭 후 [Layer Via Copy]를 선택합니다. 12

복사한 레이어 이름은 [앞 건물]로 입력합니다. 13

11

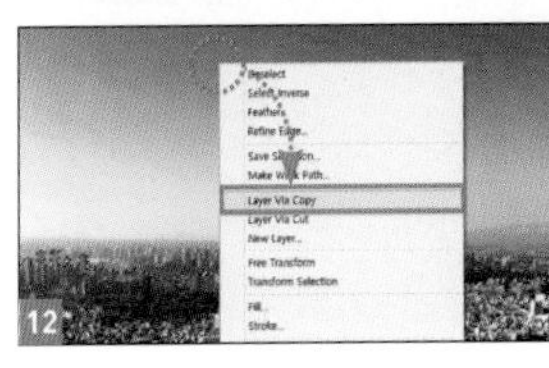
12

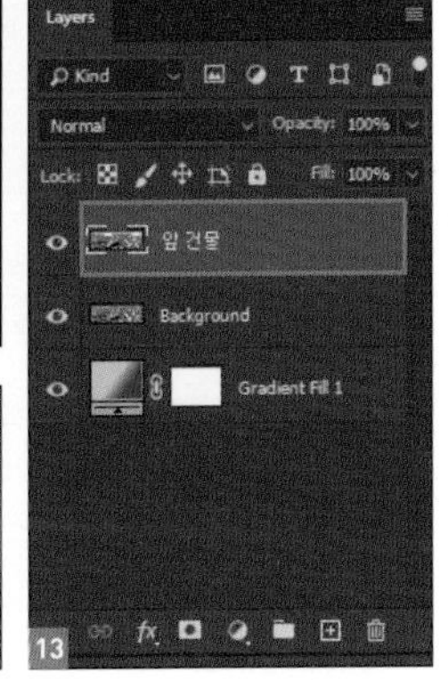

13

04 구름 그리기

[구름 그리기 브러시.abr]를 더블 클릭하여 브러시를 불러옵니다. 새로운 [구름] 레이어를 만들고 [Foreground Color : #ffffff]를 선택합니다. 불러들인 [구름 그리기 브러시]를 선택하고 [Size : 100px], [Opacity : 50%]로 설정합니다.14

15와 같이 구름을 그립니다. 빙글빙글 원을 그리듯 하면서 여러 번 겹칩니다. [Smudge Tool]을 선택하고16, [구름 그리기 브러시], [Size : 100px]를 선택합니다. 구름의 안쪽, 바깥쪽으로 드래그하여 뭉게구름을 연출합니다.17

위에 새로운 [구름 그림자] 레이어를 만듭니다. [Layers] 패널에서 마우스 오른쪽 버튼 클릭 후 [Create Clipping Mask]를 선택합니다. [Foreground Color : #b9e6e9]를 선택하고 [구름 그리기 브러시]로 구름의 어두운 부분을 그리고18 [Smudge Tool]을 선택하여 구름 모양을 조정합니다.19 같은 방법으로 구름을 그립니다.20

[구름], [구름 그림자] 레이어를 선택하고 마우스 오른쪽 버튼 클릭 후 [Merge Layers]를 선택하여 레이어를 합치고 레이어 이름을 [구름 1]이라고 입력합니다. [구름 1] 레이어를 복사하고 레이어 이름을 [구름 2]라고 입력합니다.

[Edit]–[Free Transform]을 선택하고, 작업화면에서 마우스 오른쪽 버튼 클릭 후 [Flip Horizontal]을 선택합니다. 220% 전후로 확대하고 21과 같이 배치합니다.

더 복사하여 레이어 [구름 3]으로 입력하고 22와 같이 앞에 배치합니다. 23과 같이 됩니다.

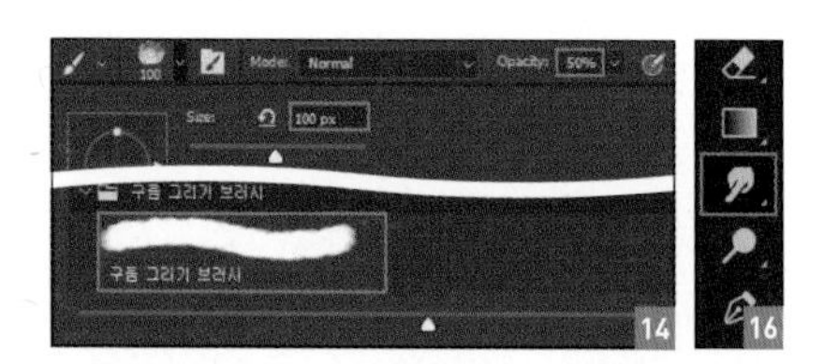

14

16

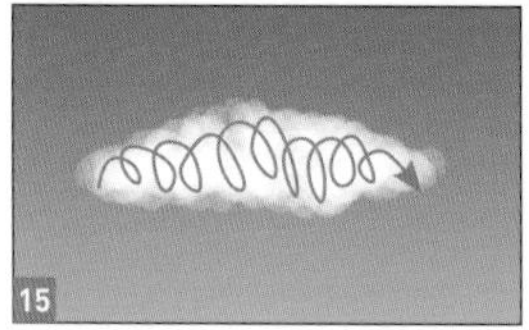
15

17

18

19

20

21

22

23

05 지평선에 구름 그리기

[앞 건물] 레이어 아래에 새로운 [지평선의 구름] 레이어를 만듭니다.

04와 같은 방법으로 구름을 그립니다. 위에 새로운 [지평선의 구름 그림자] 레이어를 만들고 [Foreground Color : #e0e0e0]으로 설정하여 구름을 그리고24, [Foreground Color : #b1d2d6]으로 설정하여 그림자를 그립니다.25 [Layers] 패널에서 새로운 그룹을 만들어 [구름]으로 지정하고 그린 구름을 정리합니다. 이것으로 낮 배경은 완성입니다.

24
25

Ps No.085 애니메이션 배경으로 만들기(해질녘)

앞에서 만든 예제를 색칠하고 합성하여 해질녘의 풍경으로 만들어 봅니다.

POINT 석양을 합성하여 건물이나 구름의 색을 맞추도록 보정한다

HOW TO USE 광고나 애니메이션 게임의 배경으로 사용

01 건물에 Gradient 적용하기

[Foreground Color : #000000]으로 설정합니다. [Layers] 패널에서 [Create new fill or adjustment layer]–[Gradient]를 선택하고 01과 같이 설정합니다.

Gradient는 [Foreground to Transparent]로 설정합니다.

[앞 건물] 레이어의 위에 배치하고, [Blending Mode : Soft Light], [Opacity : 50%]로 설정합니다.

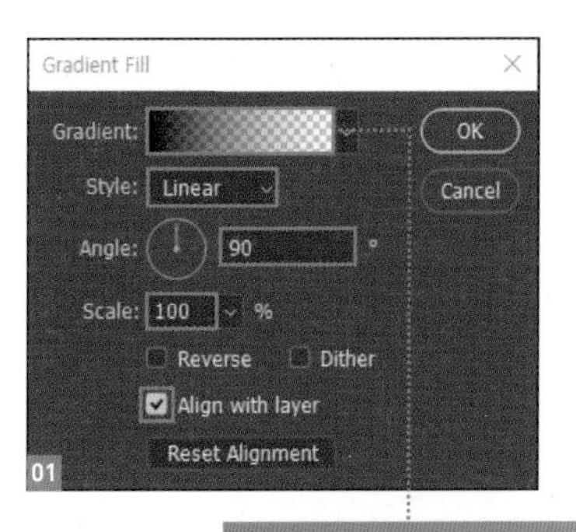

[Layers] 패널에서 [앞 건물] 레이어의 섬네일을 ⌘(Ctrl)+클릭하여 선택 범위를 만듭니다.
[Gradient Fill 2] 레이어를 선택하고 [Add layer mask]를 선택하여 추가합니다. 02 03

02 해질녘 풍경으로 바꾸기

01과 같이 [Layers] 패널에서 [Create new fill or adjustment layer]–[Gradient]를 선택하고 [지평선의 구름] 레이어의 하위에 Gradient를 배치합니다. Gradient는 04와 같이 설정하고 작업화면에서 위 방향으로 드래그하여 05와 같이 안쪽의 건물이 희미하게 될 위치에 배치합니다.
예제 파일 [석양.psd]를 열고 [구름] 레이어 그룹 보다 위에 배치합니다. [Blending Mode : Screen]으로 설정합니다. 06
[Add layer mask]를 선택하고 [Soft Round] 브러시를 사용하여 지평선에서 건물 부분을 마스크 합니다. 07

03 역광을 만들어 지평선을 빛나게 하기

위에 [역광] 레이어를 만들고 [Foreground Color : #000000]으로 채웁니다. [Filter]–[Render]–[Lens Flare]를 선택하고 08과 같이 설정합니다. [Blending Mode : Screen]으로 설정합니다. 09
[석양] 레이어의 석양과 역광의 중심이 겹치도록 10과 같이 [Free Transform]을 사용하여 확대합니다.
맨 위에 새로운 [빛–오렌지] 레이어를 만듭니다. [Blending Mode : Overlay]로 설정합니다.
[Foreground Color : #dfaf77]로 바꾸고 [Soft Round] 브러시로 지평선과 평행으로 빛을 그립니다. 지평선 주변의 하늘과 건물을 빛내는 이미지입니다. 11

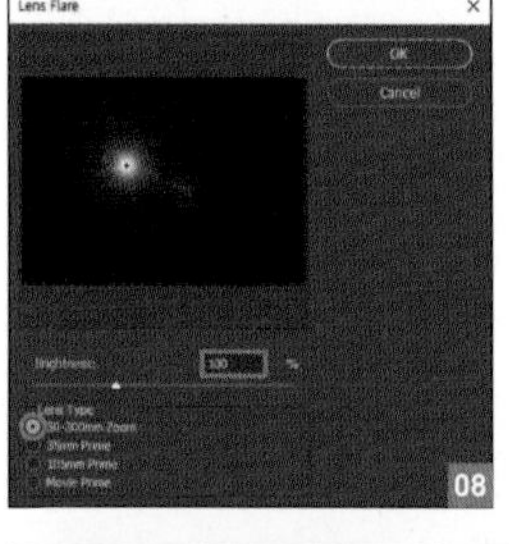

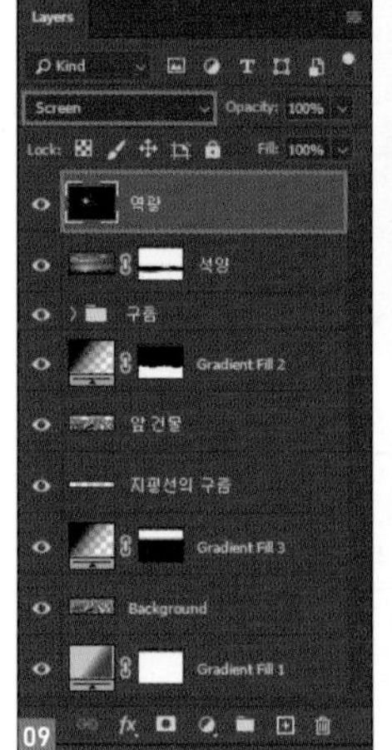

04 역광에 맞춰 건물을 보정하기

[앞 건물] 레이어를 선택하고 [Image]–[Adjustments]–[Levels]를 선택하여 12와 같이 설정합니다. 역광으로 어두워진 모습이 표현됩니다.

[Image]–[Adjustments]–[Hue/Saturation]을 선택하고 13과 같이 설정하여 석양의 은은한 색으로 보정합니다.

[구름] 아래에 새로운 [구름에서 건물의 그림자] 레이어를 만듭니다.

[Foreground Color : #280728]을 선택하고 14와 같이 [Soft Round] 브러시를 사용하여 구름에서 건물로 떨어지는 그림자를 그립니다. [Opacity : 50%]로 설정하여 건물과 어우러지도록 합니다. 15 16

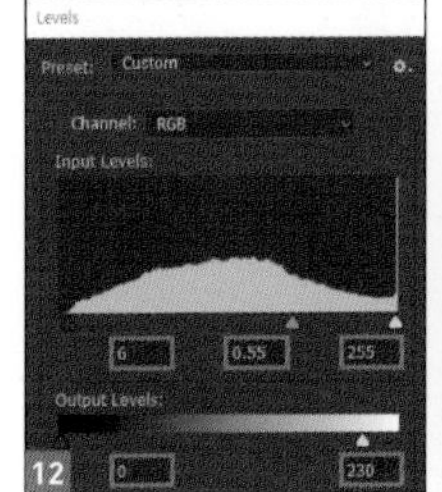
12

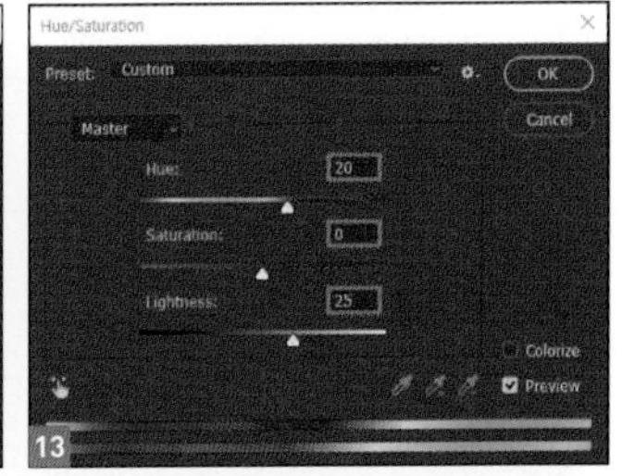
13

14

15

16

05 구름의 위치마다 배경과 색을 조정하기

[구름 3] 레이어를 선택하고 [Hue/Saturation]을 17과 같이, [Levels]를 18과 같이 설정합니다.

[구름 2] 레이어를 선택하고 [Hue/Saturation]을 19와 같이, [Levels]를 20과 같이 설정합니다.

[구름 1] 레이어를 선택하고 21과 같이 양쪽 구름의 선택 범위를 작성합니다.

[Hue/Saturation]을 22와 같이 설정하여 완성합니다. 23

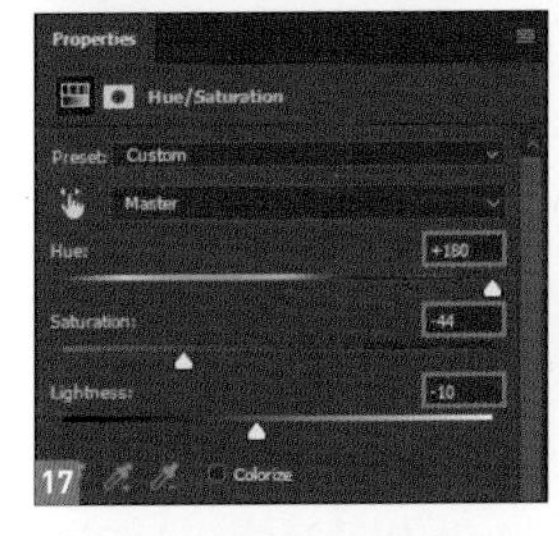
17

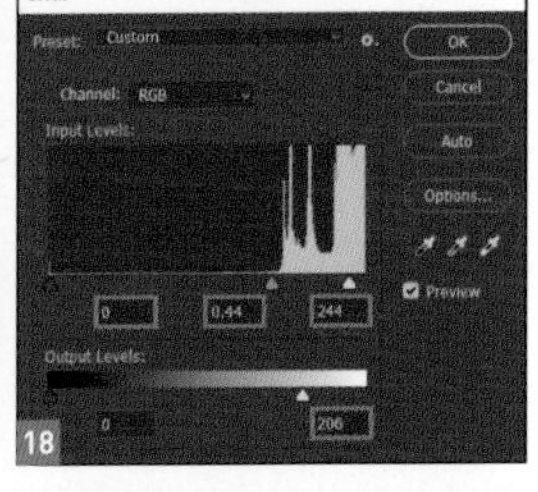
18

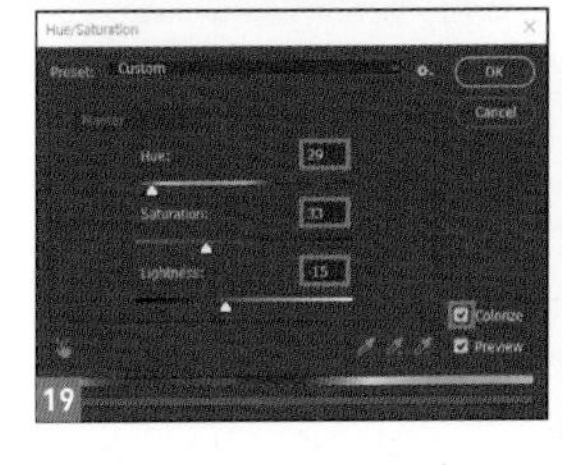
19

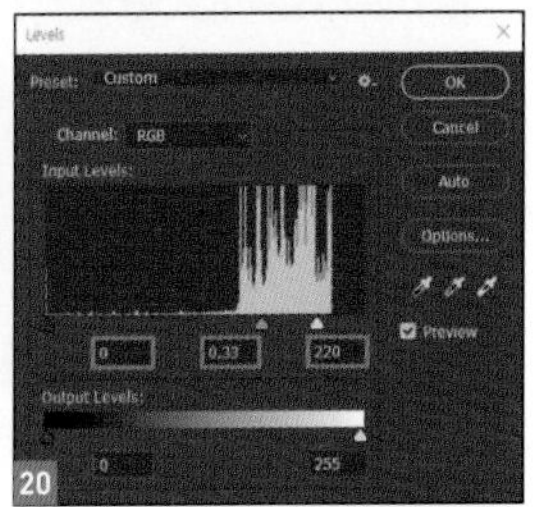
20

21

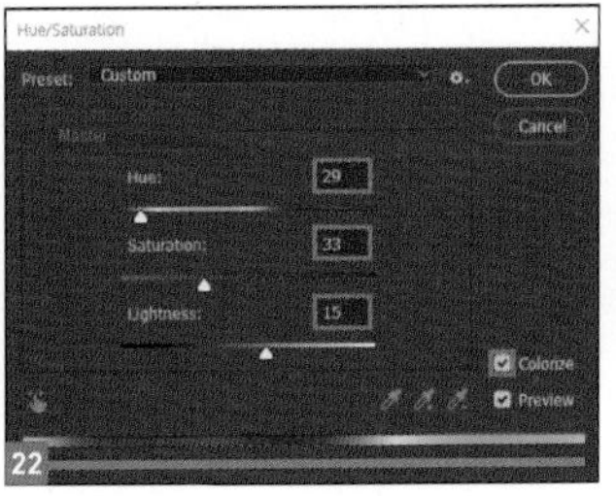
22

23

Ps No.086 애너글리프 효과 만들기

빨강, 파랑의 3D 안경으로 보면 입체적으로 보이는 애너글리프 효과의 그래픽을 만듭니다.

POINT Layer Style만으로 간단히 표현한다

HOW TO USE 애너글리프나 인상적인 그래픽에 사용

01 레이어 복사하기

예제 파일 [철길.psd]를 엽니다. 이미지를 좌우로 떼어놓기 때문에 작업화면의 크기보다 가로 폭이 큰 이미지를 준비했습니다.

[Background] 레이어를 위로 복사하여 레이어 이름을 각각 [Red], [Cyan]으로 합니다. 01

[Background] 레이어는 삭제합니다.

02 Layer Style을 사용하여 Cyan의 레이어 만들기

[Red] 레이어를 비표시로 하고 [Cyan] 레이어를 선택합니다. [Layer Style]을 표시하고 02와 같이 [Blending Options]-[Advanced Blending]의 [Channels]를 G, B만 체크합니다. Cyan에서 만들어진 색상이 되었습니다. 03

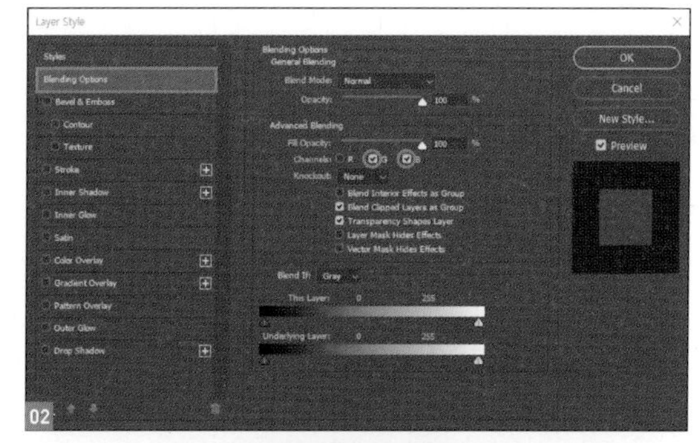

03 Layer Style을 사용하여 Red의 레이어 만들기

[Cyan] 레이어를 비표시로 하고, [Red] 레이어를 표시하여 선택합니다.

[Layer Style]을 표시하고 04와 같이 [Advanced Blending]의 [Channels]를 R만 체크합니다. Red로 만들어진 색상이 되었습니다. 05

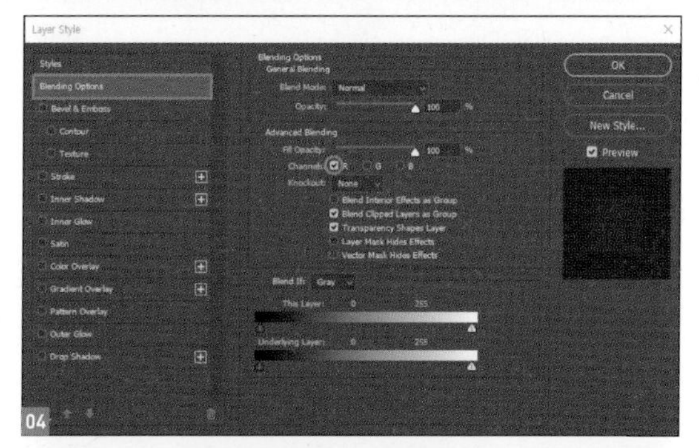

04 Cyan을 이동시켜 완성

2개의 레이어를 표시하고, [Cyan] 레이어를 선택합니다. [Move Tool]을 선택하고, Shift 를 누르면서 왼쪽으로 수평 이동시켜 완성합니다.

예제에서는 텍스트에도 같은 효과를 주고 [Blending Mode : Overlay]로 설정하여 배치했습니다.

여러 사진을 사용하여 다중 노출 적용하기

여러 개의 사진을 합성한 그래픽을 만듭니다.

POINT Blending Mode : Screen을 사용하여 이미지를 만든다

HOW TO USE 인상적인 그래픽에 사용

01 밑바탕이 되는 이미지 배치하기

예제 파일 [배경.psd]를 엽니다. 소재 이미지 [풍경들.psd]를 열고 [인물] 레이어를 이동시켜 01과 같이 배치합니다.
[Polygon Tool]을 선택하고 02 [옵션] 바에서 [Fill : #000000], [Sides : 3]으로 지정하고 03과 같이 설정합니다.
작업화면에서 드래그하여 셰이프를 작성하고 [인물] 레이어 아래에 배치합니다. [Edit]-[Free Transform]을 선택하고 15° 회전시켜 04와 같이 배치합니다.
같은 방법으로 2개의 삼각형 셰이프를 더 만듭니다. 05 레이어 이름은 머리 왼쪽의 큰 셰이프를 [삼각형 1], 그 아래의 셰이프를 [삼각형 2], 오른쪽의 셰이프를 [삼각형 3]으로 합니다.

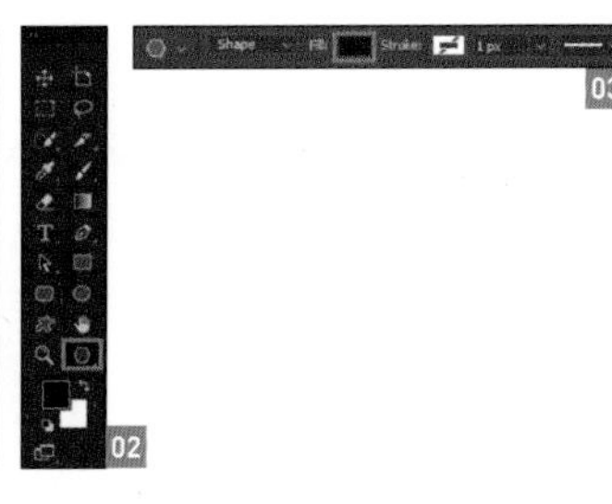

02 소재 배치하기

[삼각형 1] 레이어 아래에 [밤하늘] 레이어를 이동시켜 배치합니다. 06 [Blending Mode : Screen]으로 설정합니다. 07
이것으로 [밤하늘] 레이어 보다 아래에 있는 레이어의 검은 부분에 이미지가 나타나고 흰 부분은 제외됩니다.
[산] 레이어를 이동시켜 [인물] 레이어의 위에 배치하고 [Blending Mode : Screen]으로 설정합니다.
[Free Transform]을 사용하여 [Flip Vertical]을 적용하고 08과 같이 배치합니다. [Layers] 패널에서 [산] 레이어를 선택하고 [Add layer mask]를 선택합니다. [레이어 마스크 섬네일]을 선택하고, [Soft Round Brush]를 사용하여 이미지의 경계부분(인물의 가슴부분)을 마스크 합니다. 09

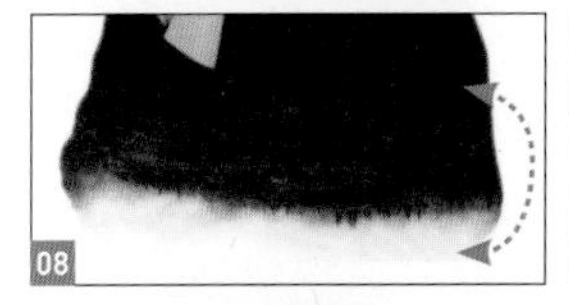

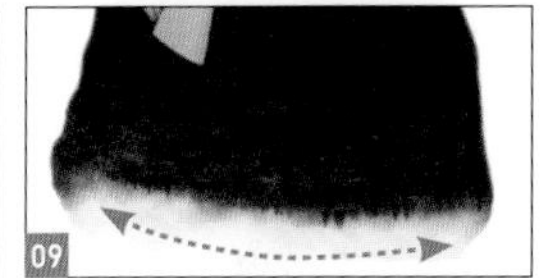

03 나머지 소재 배치하기

[산길] 레이어를 레이어 [인물]의 위로 이동시킵니다. 10
[Blending Mode : Screen]으로 설정합니다. 11
[Layers] 패널에서 [산길] 레이어를 선택하고 [Add layer mask]를 선택합니다.
레이어 마스크 섬네일을 선택하고, [Soft Round Brush]를 사용하여 이미지의 경계 부분이나, 얼굴 중심에 겹쳐 있는 부분을 마스크 합니다. 12
[잎사귀], [창문], [달] 레이어를 [인물] 레이어의 위로 이동시키고 [Blending Mode : Screen]으로 설정하고 13과 같이 배치합니다.
[호수] 레이어를 [인물] 레이어의 위로 이동시키고 14와 같이 배치합니다. 같은 방법으로 [Add layer mask]를 선택하고 얼굴의 선글라스보다 위와 [삼각형 1] 레이어만 이미지가 남도록 마스크 합니다. 마스크한 부분은 15와 같이 됩니다.

04 인물에 마스크를 추가하기

[삼각형 1] 레이어와 겹치는 머리 부분의 윤곽이 하얗게 남아서 마스크를 지정합니다.

[인물] 레이어를 선택하고 [Add layer mask]를 선택한 후 16과 같이 마스크를 추가합니다. 17과 같이 됩니다.

05 빛 추가하기

맨 위에 새로운 [빛] 레이어를 만듭니다.

[Tool] 패널에서 [Paint Bucket Tool]을 선택하고 [Fore-ground : #000000]으로 채웁니다. 18

[Filter]–[Render]–[Lens Flare]를 선택하고 19와 같이 설정하고 프리뷰 안에서 빛의 중심이 겹치도록 드래그하고 [OK]를 클릭합니다. [Blending Mode : Screen]으로 설정합니다. 20

[Filter]–[Blur]–[Radial Blur]를 선택하고 21과 같이 설정합니다.

빛의 중심을 인물의 왼쪽 목 근처로 이동시키고 [Free Transform]을 사용하여 150%로 확대합니다. 22 23

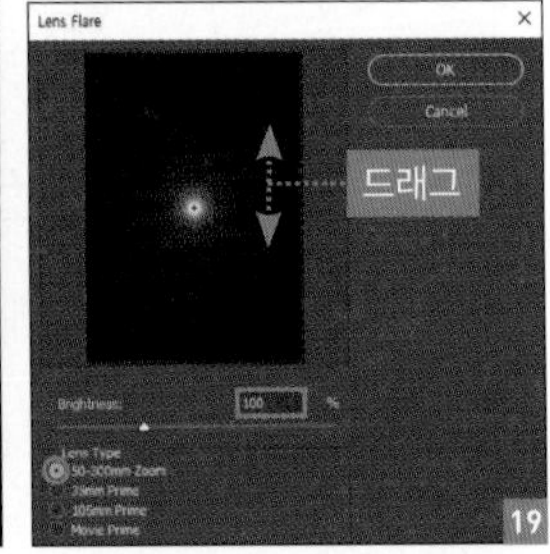

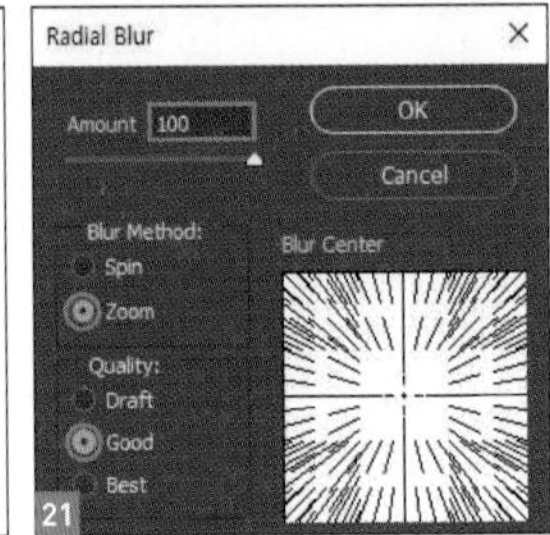

06 전체의 색상을 조정하여 완성

[Layers] 패널에서 [Create new fill or adjustment layer]–[Hue/Saturation]을 선택하고 맨 위에 배치합니다.

24와 같이 설정하여 완성합니다. 25

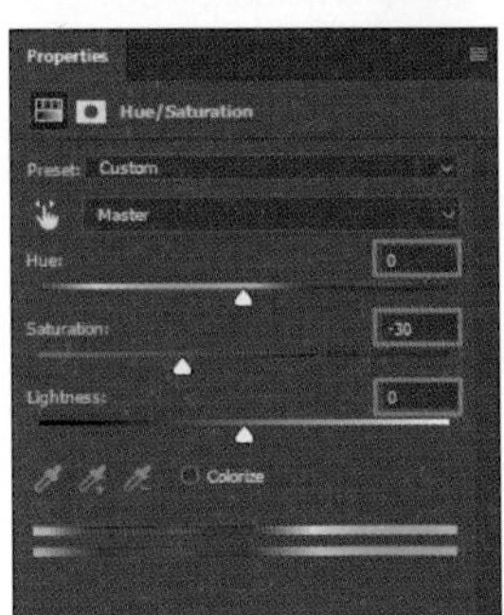

Ps

No.

088

SMOKE EFFECT

연기와 동화시킨 그래픽 만들기

브러시를 사용하여 연기와 동화시킨 인물의 그래픽을 작성합니다.

POINT 마스크를 추가하거나 삭제할 때에는 레이어 중복에 주의하여 작업한다

HOW TO USE 서늘한 느낌의 그래픽이나 광고에 사용

01 인물을 왜곡하여 연기의 바탕이 되는 부분 작성하기

예제 파일 [사람.psd]를 엽니다. [사람] 레이어를 아래에 복사하고 레이어 이름을 [연기]로 합니다. 01

[연기] 레이어를 선택하고 [Filter]-[Liquify]를 선택합니다.

[Forward Warp Tool]을 선택하고 [Bush Tool Options]에서 [Size : 1000]으로 설정하고 02와 같이 등 쪽으로 왜곡을 가합니다.

[Filter]-[Blur]-[Gaussian Blur]를 선택하고 [Radius : 70pixels]로 설정합니다. 03 04

[연기] 레이어는 비표시로 해둡니다.

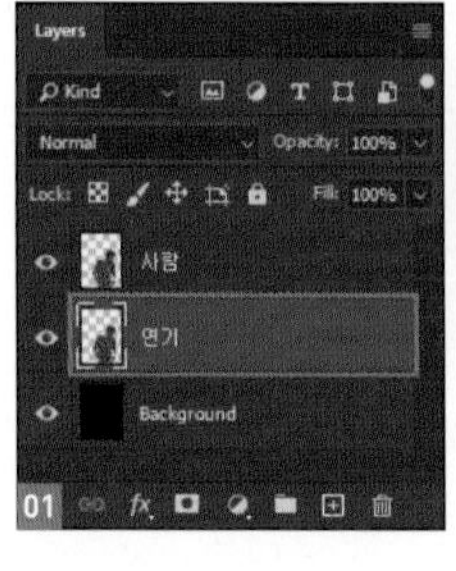

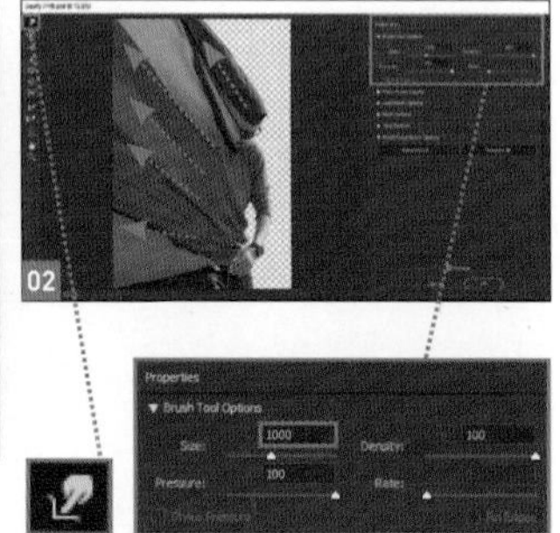

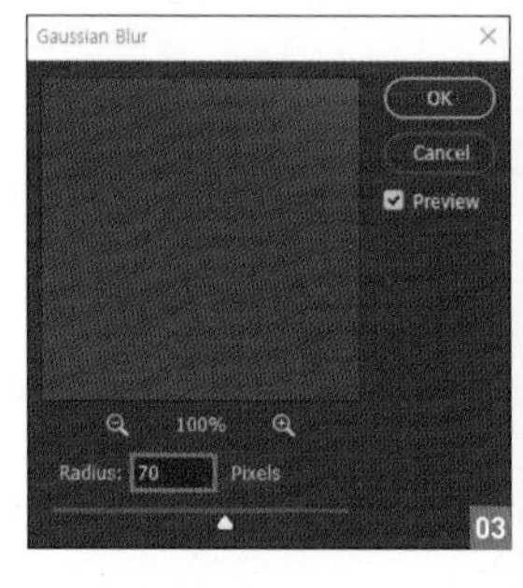

02 연기 브러시로 마스크 작성하기

[연기 브러시.abr]을 더블 클릭하여 불러옵니다.

[사람] 레이어를 선택하고 [Layers] 패널에서 [Add layer mask]를 선택합니다.

레이어 마스크의 섬네일을 선택합니다. 05

[Tool] 패널에서 [Foreground Color : #000000]으로 설정하고 [Brush Tool]을 선택한 후 불러온 [연기 01~03]의 브러시를 사용하여 마스크 합니다. 06

브러시의 종류와 크기, 각도를 바꾸면서 스트로크가 아닌 점을 찍듯이 마스크를 추가해 갑니다.

07을 참고하여 인물이 연기로 뒤덮인 것 같은 이미지로 마스크를 추가해 봅니다.

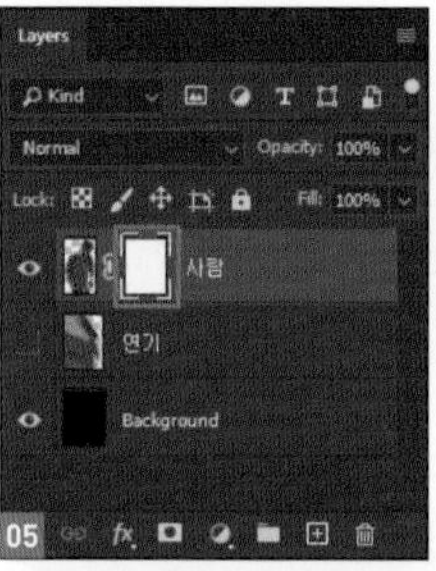

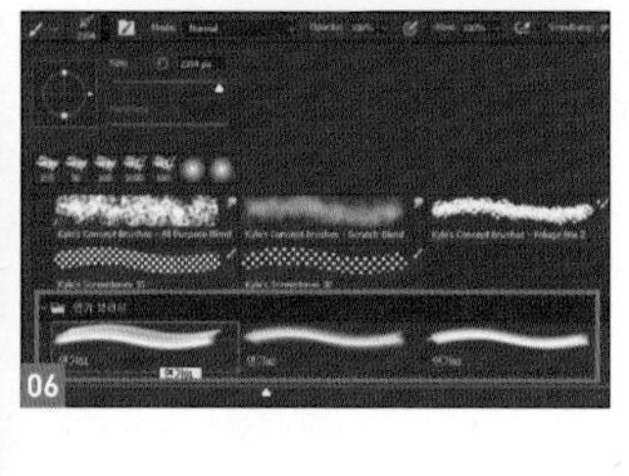

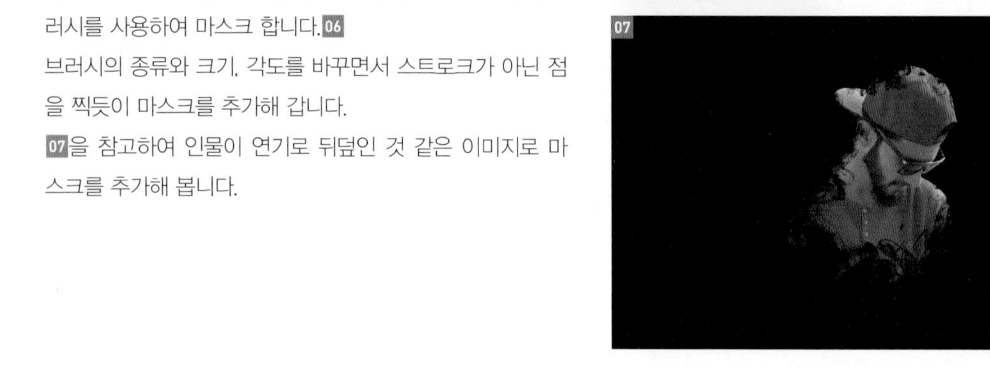

03 인물 뒤의 연기 만들기

[연기] 레이어를 표시합니다.

02와 같이 [Layers] 패널에서 [Add layer mask]를 선택합니다. 레이어 마스크의 섬네일을 선택하고 [Image]–[Adjustments]–[Invert]를 적용합니다. 08

02에서는 [Foreground Color : #000000]로 마스크를 추가했지만, 여기에서는 [Foreground Color : #ffffff]를 선택하고 마스크를 수정하면서 연기를 그립니다. 여기에서도 스트로크 하지 않고 점을 찍듯 연기를 그립니다. 09

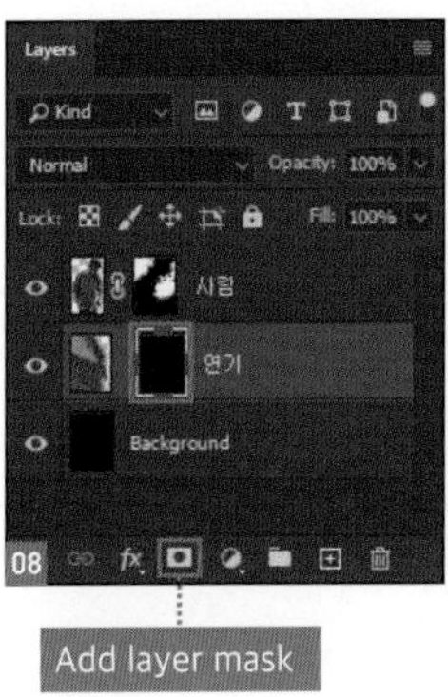

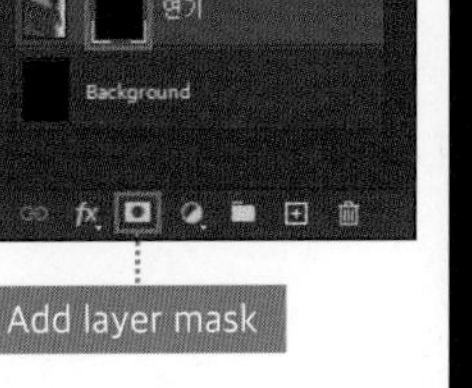

04 Gradient Map으로 통일감을 주어 완성

[Layers] 패널에서 [Create new fill or adjustment layer]–[Gradient Map]을 선택하고 맨 위에 배치합니다. 10

Gradient의 Color는 [#290a59]에서 [#ff7c00]의 Gradient로 합니다. 11 12

예제에서는 "SMOKE EFFECT"라고 문자를 배치하여 완성했습니다.

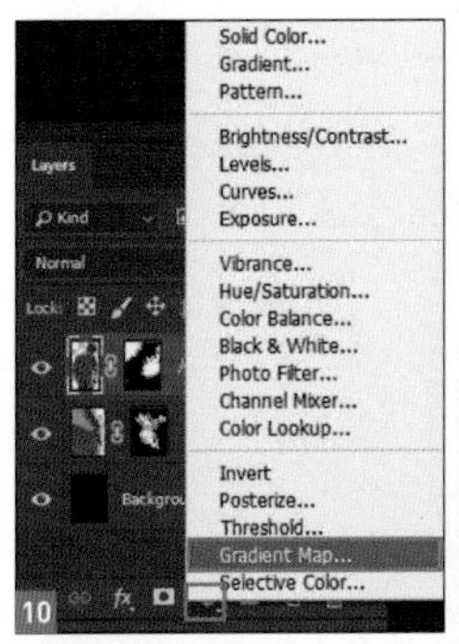

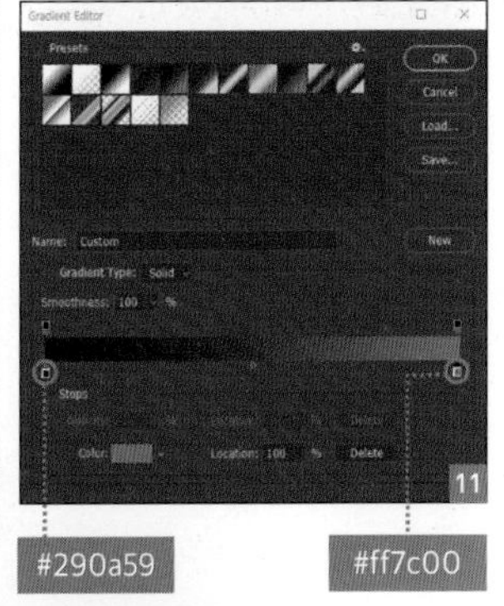

CHAPTER 09

1921

VINTAGE

KENTUCKY STRAIGHT

광택이 없는 아름다운 질감 만들기

조정 레이어나 텍스처를 사용하여 통일감 있는 분위기로 완성합니다.
잎 하나의 소재를 복사하여 아름다운 깊은 숲의 공간을 만듭니다.

POINT

이미지의 크기, 중첩 방법, 밝기에 따라 거리감이 달라지는 것을 의식한다

HOW TO USE

광고 등의 비주얼에 사용

01 근경에 잎을 늘어놓기

예제 파일 [베이스.psd]를 엽니다.01 미리 검은 [배경] 레이어와 오려낸 [잎] 레이어로 나누어놓았습니다.02

[Layers] 패널에서 [잎] 레이어 이름을 [잎_근경]으로 바꿉니다.

[잎_근경] 레이어를 복사하고 [Edit]-[Free Transform]을 사용하여 크기는 그대로 두고 회전시키거나 하여 밸런스를 보면서 작업화면의 가장자리에 03와 같이 배치합니다.

예제에서는 6개의 레이어를 사용했습니다. 6개의 레이어를 그룹 레이어로 만들고 이름을 [잎_근경]으로 합니다.04

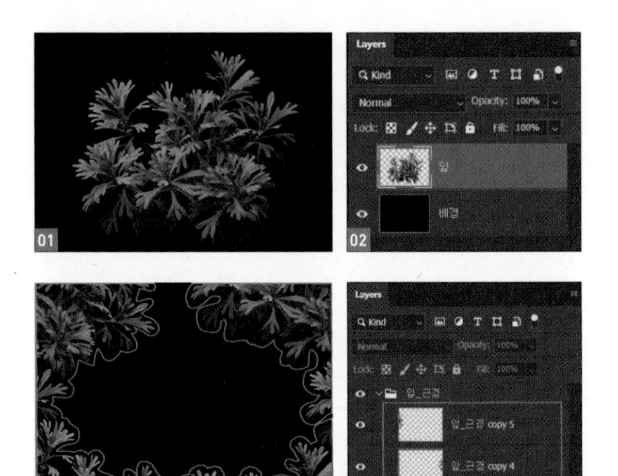

02 중경에 잎을 늘어놓기

아래에 새로운 [잎_중경] 그룹 레이어를 만듭니다.

[잎_근경] 레이어를 [잎_중경] 그룹 안에 복사합니다.

복사한 레이어는 레이어 이름을 [잎_중경]으로 합니다.

[잎_중경] 레이어를 그룹 안에서 복사하고 05와 같이 배치합니다. 예제에서는 3개의 레이어로 복사했습니다.

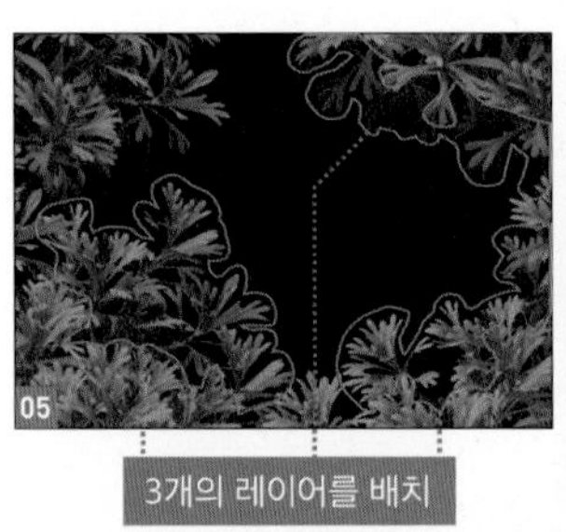

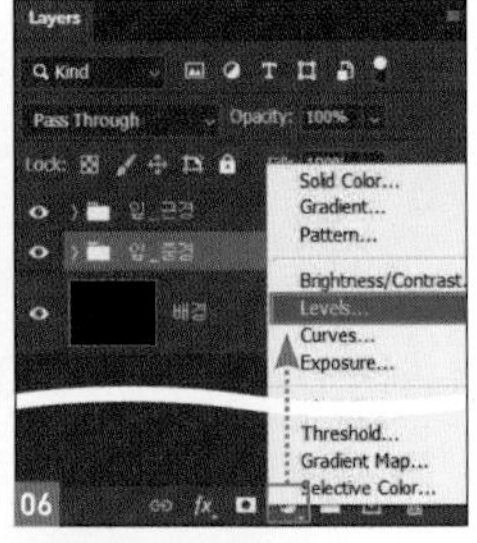

03 [잎_중경] 그룹 레이어에 레벨 보정 적용하기

[Create new fill or adjustment layer]-[Levels]를 선택합니다.06

[Output Levels : 0/150]으로 설정하여 하이라이트 측을 없애 어둡게 합니다.07

또한 [Levels 1] 조정 레이어는 [잎_중경] 그룹 레이어의 위에 배치한 후 [Layers] 패널에서 마우스 오른쪽 버튼을 클릭하고 [Create Clipping Mask]를 선택합니다.08

[잎_중경] 그룹 레이어에만 레벨 보정이 적용됩니다.09

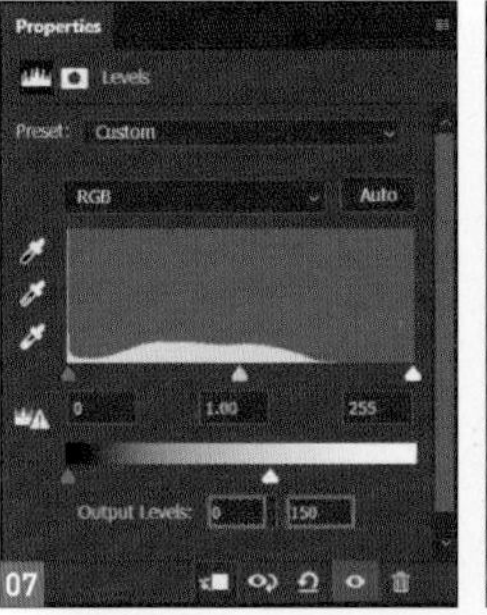

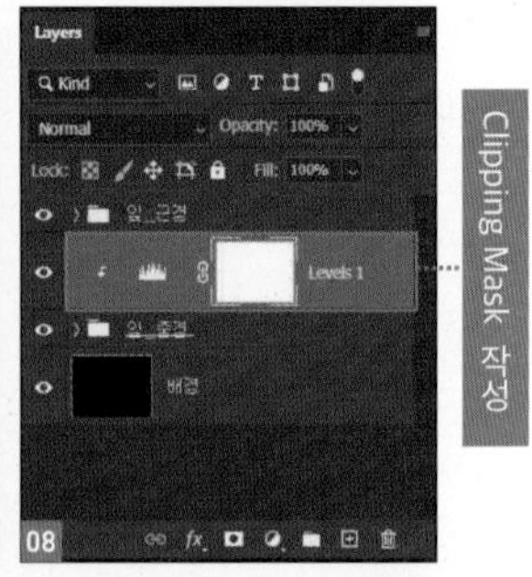

memo

[잎_중경] 그룹 레이어는 [잎_근경] 그룹 레이어보다 어둡게 하여 이미지에서 거리감이 나타나도록 연출하고 있습니다.

레벨 보정이 적용되어 어두워짐

04 네 모서리를 채우기

[잎_중경] 레이어를 그룹 레이어에서 복사하고 [Edit]–[Free Transform]을 선택합니다. 65% 정도로 축소합니다. 10

11과 같이 화면의 네 모서리를 채우도록 레이어를 복사하고 이미지를 회전시켜 배치합니다.

예제에서는 65%로 축소된 레이어를 4개 복사하여 배치했습니다. 12

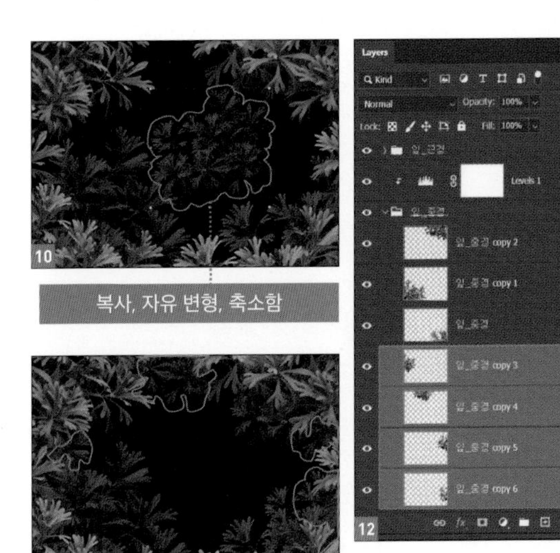

복사, 자유 변형, 축소함

05 여우를 배치하고 마스크하기

예제 파일 [여우.jpg]를 열고 [배경] 레이어 위에 배치합니다. 얼굴이 화면의 중앙 부분에 오도록 이동합니다. 13

[Image]–[Adjustments]–[Levels]를 선택합니다.

[Input Levels : 0/0.9/255], [Output Levels : 0/170]으로 설정하여 중간 부분을 조금 어둡게 해서 콘트라스트를 올리고 하이라이트 쪽을 차단합니다. 14 15

레이어 이름을 [여우]로 바꾸고, [Layers] 패널에서 [Add layer mask]를 선택합니다. 16

[Brush Tool]을 선택하고 [Soft Round], [Foreground Color : #000000]으로 선택하여 여우 이외의 부분을 마스크 합니다. 17 이때, 털 등 세세한 부분은 신경 쓰지 않고 대략적인 범위로 드래그합니다.

여우를 배치

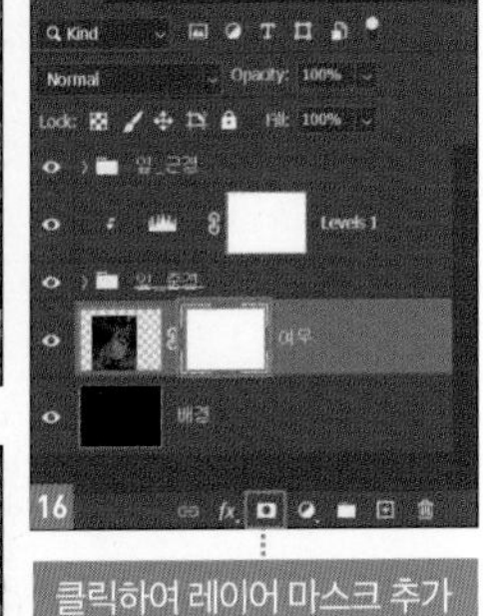

클릭하여 레이어 마스크 추가

여우는 마스크 하지 않음

> **memo**
>
> 여우는 일단 전체적으로 어둡게 해두고 다음 순서의 [Overlay] 등을 사용하여 부분적으로 밝게 함으로써 얼굴 등 눈에 띄게 하고 싶은 부분만을 강조합니다.

06 여우의 얼굴 부분에 빛을 더해 강조하기

[여우] 레이어 위에 새로운 [여우의 빛] 레이어를 만들고, [Blending Mode : Overlay]로 바꾼 후 마우스 오른쪽 버튼을 클릭하고 [Create Clipping Mask]를 선택합니다. 18

[Tool] 패널에서 [Brush Tool]을 선택하고 [Soft Round], [Foreground Color : #ffffff]를 선택합니다.

[옵션] 바에서 [Opacity : 50%] 정도로 설정하고, [Size : 1000 px] 정도의 큰 브러시로 드래그하지 않고 점을 찍듯이 여우의 얼굴 부분을 빛나게 하는 이미지로 만듭니다. 19

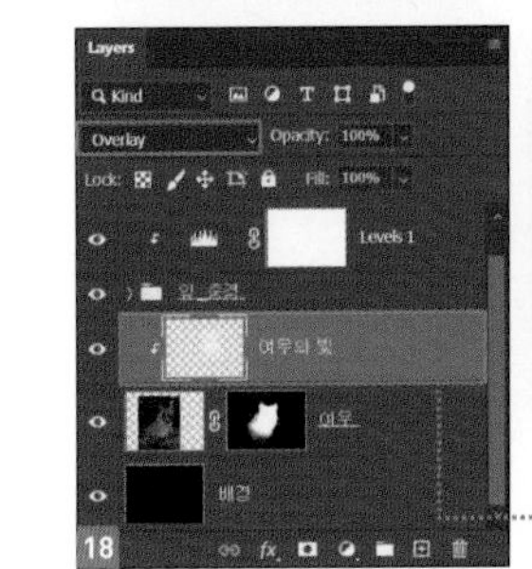

Clipping Mask 적용

CHAPTER 09

07 화면 전체에 질감을 더해 색감을 통일하기

예제 파일 [텍스처.jpg]를 열고 맨 위로 이동시킨 후 [Blending Mode : Lighten]으로 설정하여 텍스처를 합성합니다. 20

[Layers] 패널에서 [Create new fill or adjustment layer]–[Curves]를 선택합니다.

왼쪽 아래의 컨트롤 포인트를 선택하고 [Input : 0/Output : 35]로 설정합니다. 21

컨트롤 포인트를 하나 더 추가하고 [Input : 30/Output : 40]으로 설정합니다. 22

[Curves] 조정 레이어는 맨 위에 배치합니다. 화면 전체의 섀도 범위가 잘려 광택이 없는 질감이 됩니다. 23

20 예제 [텍스처.jpg] 이미지를 이동

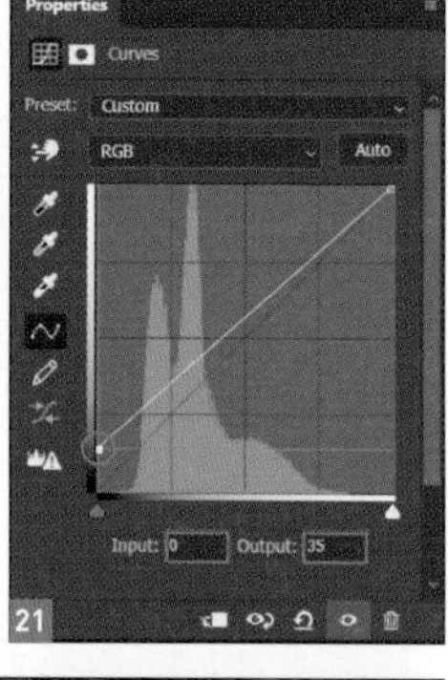

21

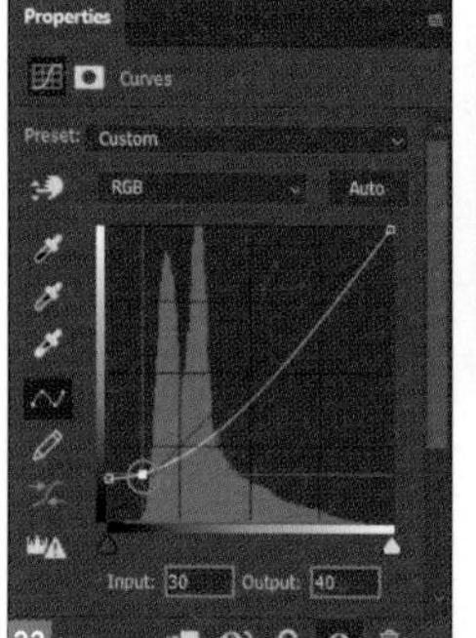

22

23 광택이 없는 질감이 됨

08 여우 주변에 잎을 배치하기

순서 **02**에서 중경을 작성했을 때와 같은 방법으로 [여우의 빛] 레이어 위에 [잎_원경] 그룹 레이어를 만듭니다. 12에서 65% 정도 축소한 레이어(여기서는 레이어 [잎_중경 copy 6])를 복사하여 [잎_원경] 그룹 레이어로 이동시킵니다.

레이어 이름을 [잎_원경]이라고 하고, 복사하여 여우의 좌우에 배치합니다. 24 잎의 일부가 여우에게 걸리도록 배치하면 거리감이 표현됩니다.

> **memo**
>
> 예제에서는 화면 왼쪽 여우의 몸을 가리도록 잎을 씌워 배치했습니다.

[Image]–[Adjustments]–[Levels]를 선택합니다.

[Output Levels : 0/110]으로 설정하여 하이라이트 쪽을 크게 없앱니다. 25

[Levels 2] 조정 레이어는 [잎_원경] 그룹 레이어의 위에 배치하고, [Layers] 패널에서 [Levels 2] 조정 레이어를 선택한 후 마우스 오른쪽 버튼을 클릭하고 [Create Clipping Mask]를 선택합니다. 26 27

24 여우를 가리도록 배치

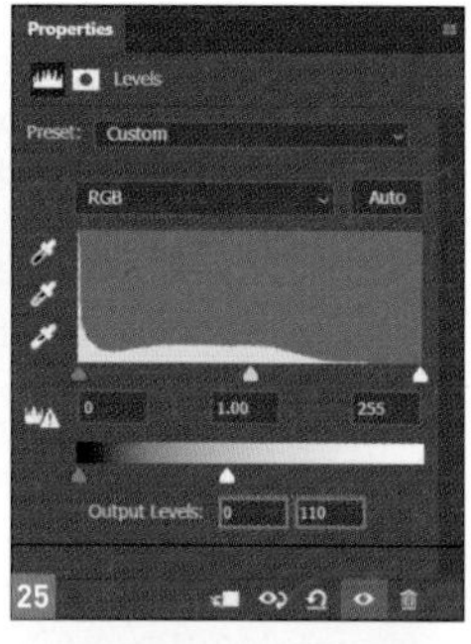

25

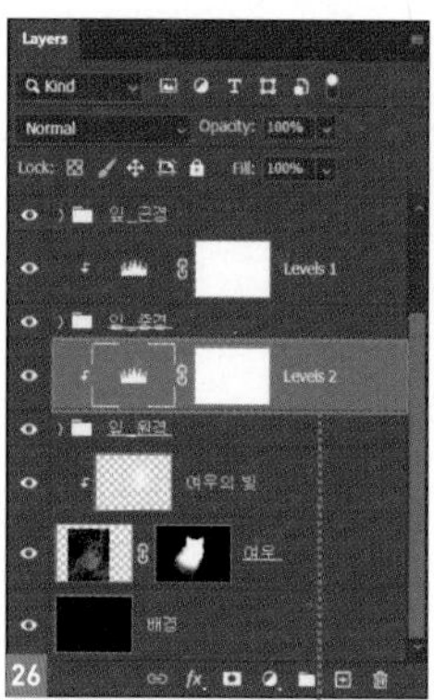

26 Clipping Mask 적용

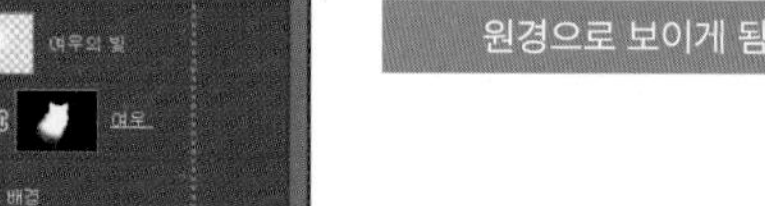

27 원경으로 보이게 됨

09 화면 전체에 잎의 그림자 만들기

[텍스처] 레이어 아래에 새로운 [잎_그림자] 그룹 레이어를 만듭니다. [잎_중경 copy 6]을 복사하고 [잎_그림자] 그룹 레이어 안으로 이동시킵니다. 레이어 이름을 [잎_그림자]로 합니다.

[Image]–[Adjustments]–[Levels]를 선택하고 [Output Levels : 0/0]으로 설정하여 검게 보정합니다. 28 29

[잎_그림자] 레이어를 선택한 후 [Filter]–[Blur]–[Gaussian Blur]를 선택하고 [Radius : 10pixels]로 적용합니다. 30

[Layers] 패널에서 [Opacity : 35%]로 설정하고 여우의 오른쪽 위에 그림자가 드리워져 있는 것처럼 31과 같이 배치합니다. 또 그룹 안에서 레이어를 복사하여 화면 전체에 잎의 그림자가 드리워지도록 배치합니다. 32

예제에서는 레이어를 5개로 복사하여 화면 전체에 배치했습니다. 33

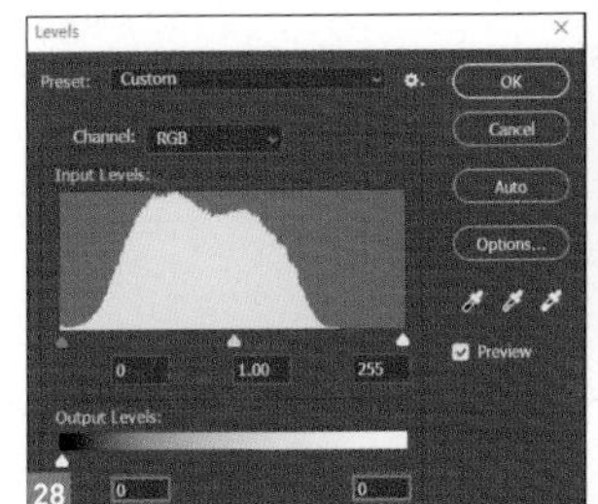

28

29

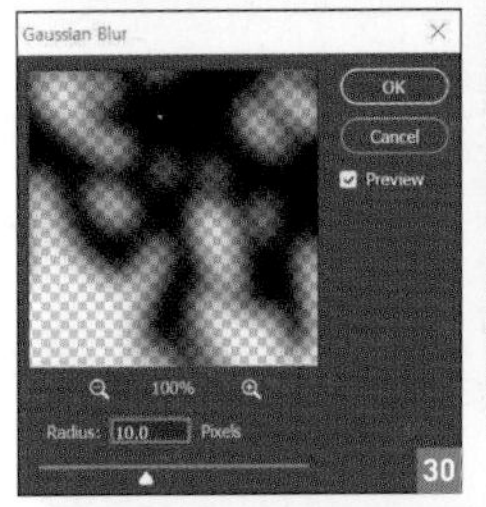

30

31

32

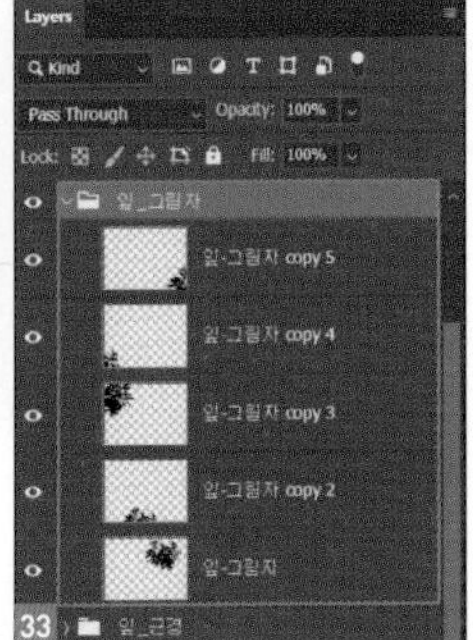

33

10 나무 사이의 빛 이미지를 사용하여 빛 추가하기

예제 [나무사이빛.psd]를 엽니다. 나뭇잎 사이로 빛이 비치는 요소만을 오려낸 레이어가 준비되어 있습니다.

[텍스처] 레이어 아래로 이동시키고 [Blending Mode : Overlay], [Opacity : 65%]로 설정합니다. 34

34

35

11 광고처럼 문자나 라인으로 장식하여 완성

예제에서는 가상의 위스키 광고를 이미지화하여 문자를 배치했습니다.

문자는 [Curves 1] 조정 레이어보다 위에 배치합니다.

[Tool] 패널에서 [Horizontal Type Tool]을 선택하고 [Font : Mrs Eaves XL Serif OT], [Style : Reg], [Color : #c68d41]로 설정합니다.

[Size : 45pt]로 "VINTAGE", "RED FOX", "1921", [Size : 18pt]로 "KENTUCKY STRAIGHT", "BOURBON WHISKEY"라고 입력합니다. 35

[1921] 문자 레이어를 선택한 후 마우스 오른쪽 버튼을 클릭하고 [Comvert to Shape]를 선택하여 변환합니다. 36

[Edit]–[Transform]–[Perspective]를 선택하고 37와 같이 왕관 형태로 변형시킵니다.

마지막으로 새로운 레이어를 만들고 문자 위아래에 라인을 넣습니다. [Brush]나 [Shape]를 사용해 원하는 디자인으로 만들어 봅니다. 38

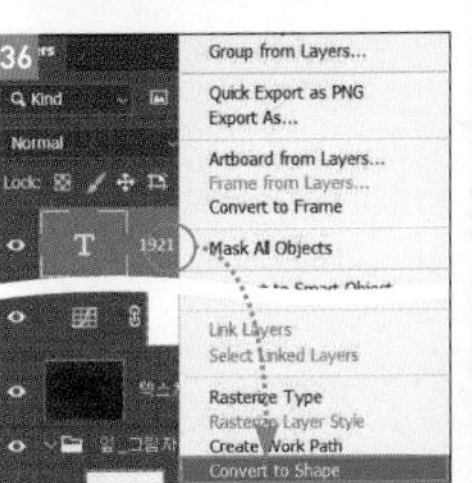

36

37

38

CHAPTER 09

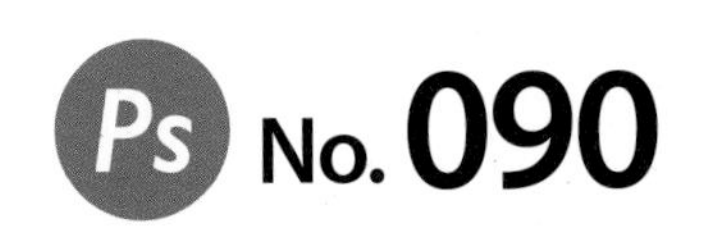

No.090 고래가 떠다니는 장대한 풍경

지금까지 배워온 Photoshop의 각 기능을 활용하여 웅장한 포토콜라주 작품을 제작합니다.

POINT 다양한 도구의 기능을 활용한다

HOW TO USE 광고 비주얼이나 작품 제작에 사용

01 베이스가 되는 풍경 가공하기

예제 파일 [배경.jpg]를 엽니다. 01

예제 파일 [소재집.psd]를 엽니다. 이번에 사용할 소재를 미리 오려낸 상태로 준비되어 있습니다. 02 이 문서에서 [배경.jpg] 레이어로 이동시켜 제작해 갑니다.

[달] 레이어를 이동시키고 [Blending Mode : Screen]으로 설정합니다. 03 [Layer]–[Layer Style]–[Outer Glow]를 선택합니다. 04

[Blending Mode : Overlay], [Color : #ffffff], [Elements Size : 100px]로 설정하고 [OK]를 선택합니다. 05 달 바깥쪽에 흰빛이 생깁니다. 06

[별] 레이어를 이동시키고 [Blending Mode : Screen]으로 설정합니다. 07

[Layers] 패널에서 [별] 레이어를 선택한 후 [Add layer mask]를 선택합니다. 08

01

02

03

[달]을 이동시킴

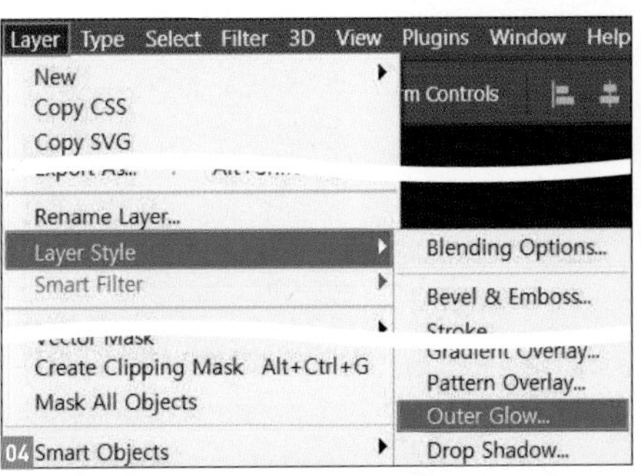

04

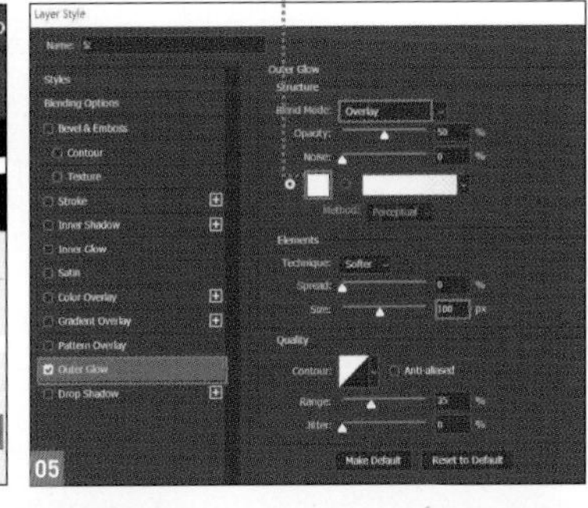

05

Color : #ffffff

06

달 바깥쪽에 흰빛이 생김

07

[별] 레이어를 이동시킴

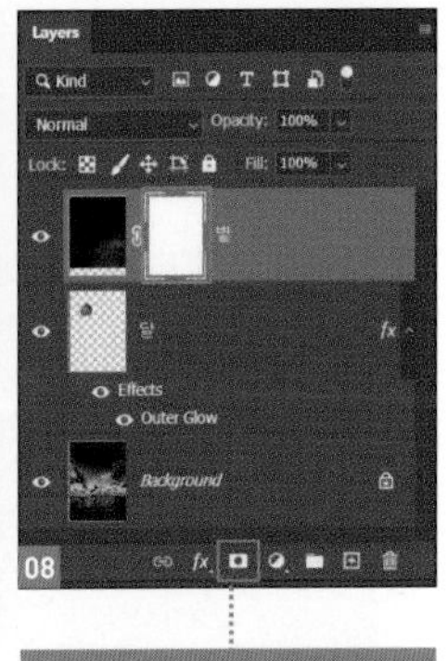

08

클릭하여 레이어 마스크를 추가함

02 필요한 곳을 남기고 마스크 하기

09를 참고하여 하늘의 어두운 부분에만 별이 남도록 마스크 합니다.

달이나 구름 등 별이 보이면 부자연스러운 부분도 마스크를 합니다.

[유성] 레이어를 [달] 레이어 아래에 이동시키고 [Blending Mode : Screen]으로 설정합니다. 10

달 주변을 말끔하게 하기 위해 조금 전과 같이 [Layers] 패널에서 [Add layer mask]를 추가하여 달 주변의 유성을 마스크 합니다. 11

03 화면 앞쪽에 초원 만들기

[초원] 레이어를 선택하고 맨 위로 이동시킵니다. 12

앞에 언덕길을 만들고 싶으므로 [Edit]-[Free Transform]을 선택하여 13과 같이 반시계 방향으로 –15° 정도 회전시킵니다.

[Layers] 패널에서 [Add layer mask]를 선택하고, 14 레이어 마스크 섬네일을 선택한 상태로 [Image]-[Adjustments]-[Invert]를 선택합니다. 15 화면 전체가 마스크 되어 작업화면에서는 초원이 없는 상태가 됩니다.

memo

[Image]-[Adjustments]-[Invert] 단축키 : ⌘(Ctrl)+I

레이어 마스크 섬네일을 선택한 상태로 [Tool] 패널에서 [Brush Tool]을 선택합니다. [Foreground Color, Background Color : #ffffff]로 설정합니다. 16

브러시의 설정은 [Default Brushes : Grass]를 선택하고 [Size : 250px]로 설정합니다. 17 18과 같이 화면 아래쪽에 언덕길을 만드는 이미지로 마스크를 조정합니다.

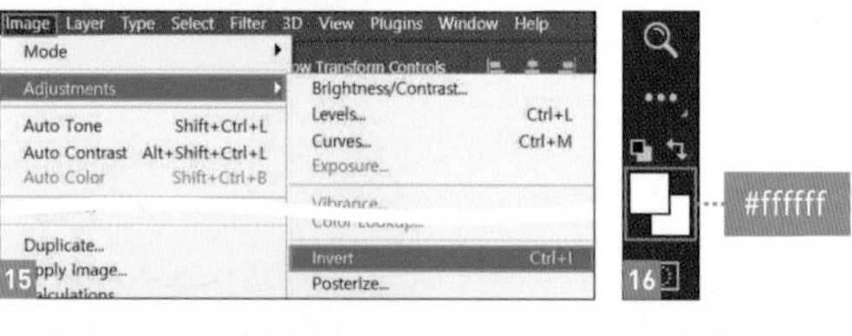

memo

만약 [Brushes : Grass]가 잘 발견되지 않는 경우는 [Search Brushes]에서 "Grass"라고 검색합니다.

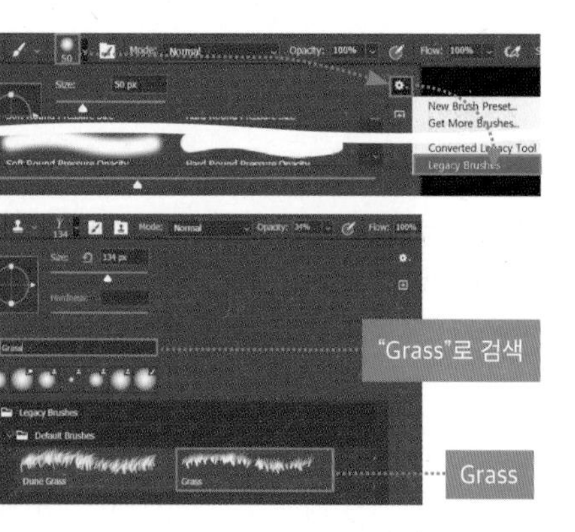

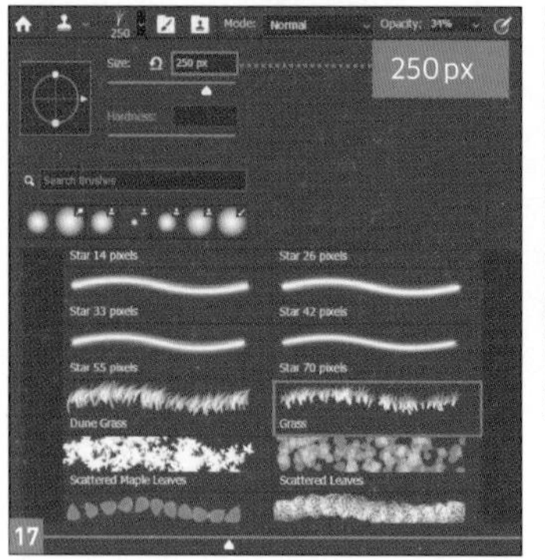

04 초원의 색조 조정하기

[초원] 레이어를 선택하고 [Image]–[Adjustments]–[Levels]를 선택합니다.

배경 밝기에 맞게 [Output Levels : 0/100]으로 설정하여 하이라이트 쪽을 크게 줄여 어둡게 합니다. 19

[Image]–[Adjustments]–[Hue/Saturation]을 선택합니다. [Hue : –50], [Saturation : –35]로 설정하여 배경의 색감과 비슷하게 만듭니다. 20

배경과 밝기, 색상을 조정했습니다. 21

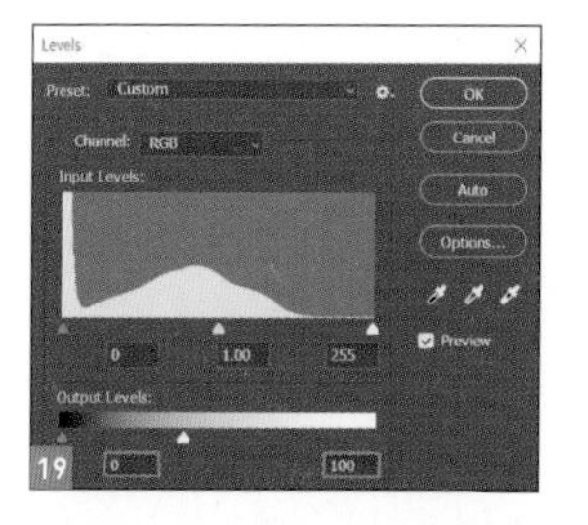

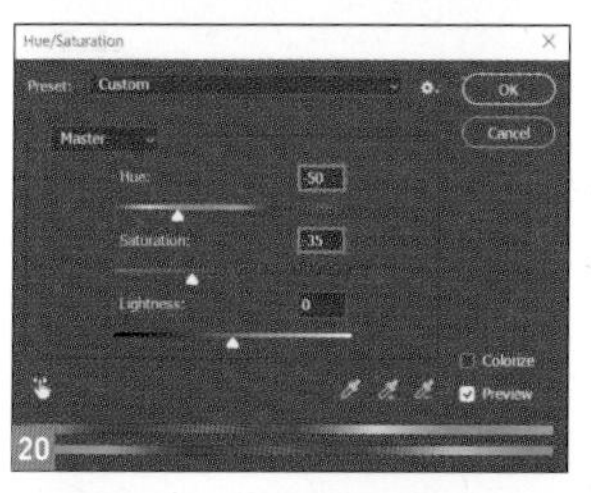

05 초원에 빛을 추가하고 쓰러진 가로등 설치하기

[초원] 레이어 위에 새로운 [초원의 빛] 레이어를 만들고 [Blending Mode : Overlay]로 설정합니다. [초원의 빛] 레이어를 선택한 후 마우스 오른쪽 버튼 클릭하고 [Create Clipping Mask]를 선택합니다. 22

[Brush Tool]을 선택하고 [Soft Round], [Foreground Color : #ffffff]를 선택합니다. 초원과 배경의 경계 부분과 바로 앞을 드래그하여 빛을 추가합니다. 23

그린 빛의 농도를 보고 레이어의 불투명도를 조정합니다. 예제에서는 [Opacity : 75%]로 설정했습니다.

[가로등] 레이어를 이동시켜 맨 위에 배치합니다.

[Edit]–[Free Transform]을 선택하고 24와 같이 시계방향으로 65° 정도 회전시킵니다.

[Image]–[Adjustments]–[Levels]를 선택하고 [Input Levels : 7/0.9/255], [Output Levels : 0/200]으로 설정합니다. 25

[Image]–[Adjustments]–[Color Balance]를 선택하고 [Tone Balance : Midtones], [Color Levels : +30/0/–30]으로 설정합니다. 26 밝기 · 컬러를 조정했습니다. 27

[가로등] 레이어를 선택하고 [Add layer mask]를 선택합니다. 초원의 마스크와 마찬가지로 [Brush Tool]을 선택하고 [Brushes : Grass], [Foreground Color, Background Color : #ffffff]를 사용해 가로등이 초원에 파묻혀 있는 것처럼 마스크합니다. 28

세세한 부분은 브러시 크기를 줄여 조정합니다.

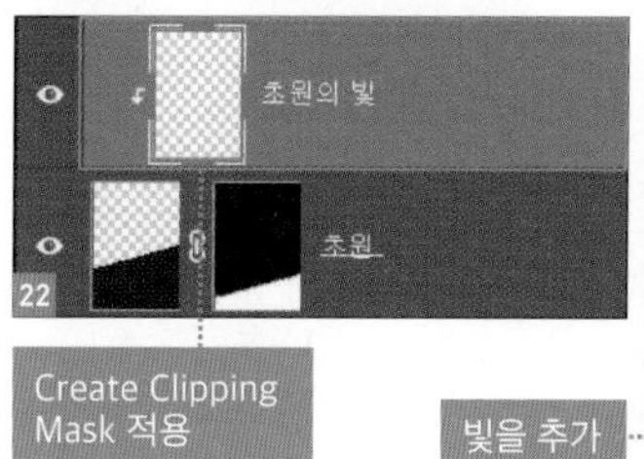

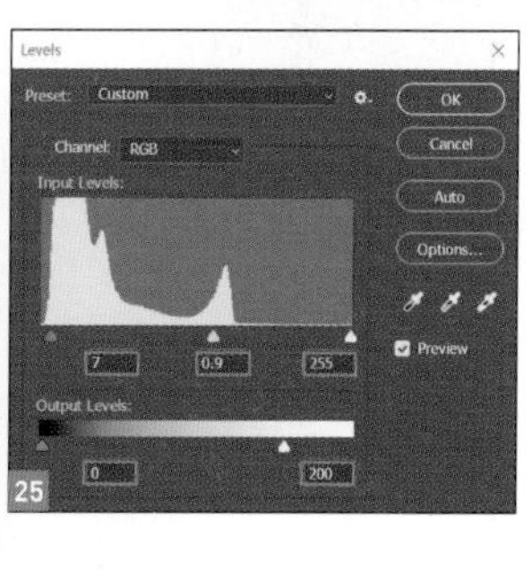

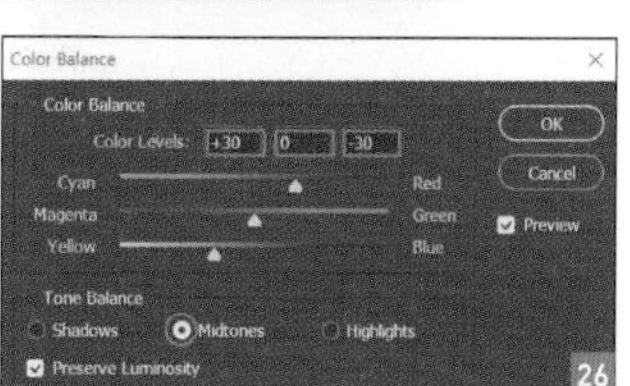

06 가로등의 불을 켜기

[역광] 레이어를 [가로등] 레이어 위로 이동시키고 [Blending Mode : Screen]으로 설정합니다. [Edit]–[Free Transform]을 선택합니다. 29를 참고하여 가로등 불빛이 켜져 있는 이미지로 크기를 줄이고 위치를 조정합니다.

[역광] 레이어 위에 새로운 [가로등 빛] 레이어를 만들고 [Blending Mode : Overlay]로 설정합니다. [Brush Tool]을 선택하고 [Soft Round], [Foreground Color : #ffffff]를 선택하여 쓰러져 있는 가로등의 주변에 빛을 더하는 이미지로 그립니다. 30

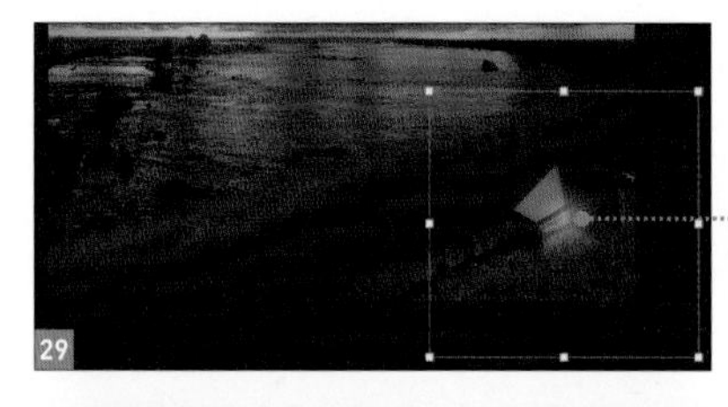

29

30

07 앞에 벼랑 추가하기

[벼랑] 레이어를 이동시켜 [초원] 레이어 아래에 배치합니다. 31

[벼랑] 레이어 위에 새로운 [벼랑 그림자], [벼랑 빛], [벼랑 가장자리] 3개의 레이어를 만든 후 마우스 오른쪽 버튼을 클릭하고 [Create Clipping Mask]를 선택합니다. 32

[Tool] 패널에서 [Brush Tool]을 선택한 후 [Soft Round]로 설정하고 [벼랑 그림자] 레이어에서 [Foreground Color : #000000]을 사용해 벼랑 바로 앞면이 그림자가 되도록 그립니다. 33 그려진 상태를 보고 [Layers] 패널에서 [Opacity : 40%]로 설정합니다.

[벼랑 빛] 레이어는 [Blending Mode : Overlay]로 설정하고 [Foreground Color : #ffffff]를 사용해 벼랑의 윗면에 빛이 비치도록 그립니다. 34

[벼랑 가장자리] 레이어는 [Foreground Color : #ffffff]를 사용해 [Size : 5px] 정도의 가는 브러시로 가장자리 부분에 빛을 추가하는 이미지로 그립니다. 35

31

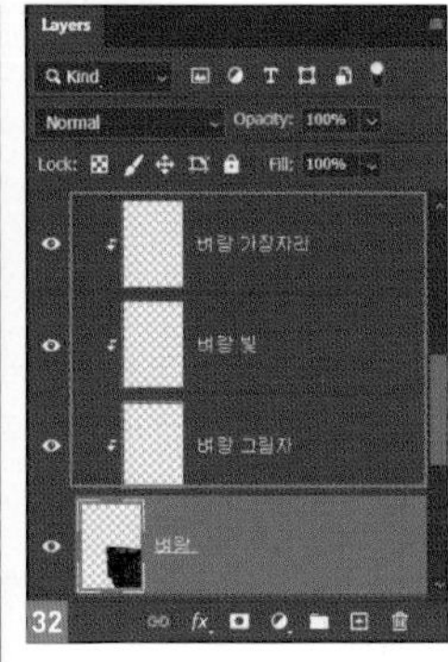

32

33

34

35

08 배경에 거리를 추가하여 아래 방향으로 확대하기

[도시] 레이어를 이동시켜 [배경] 레이어 위에 배치합니다. 36 위에 [초원] 레이어나 [벼랑] 레이어 등이 있으므로 왼쪽 윗부분만 보입니다.

위에 새로운 [지평선 색상] 레이어와 [지평선 빛] 레이어를 만듭니다. 37

[지평선 빛] 레이어는 [Blending Mode : Overlay]로 설정합니다.

[지평선 색상] 레이어를 선택하고 [Tool] 패널에서 [Brush Tool]을 선택한 후 [Soft Round], [Foreground Color : #d47a30]을 선택하여 38과 같이 지평선을 오렌지 색상으로 그립니다.

지평선 경계 부분은 [Foreground Color : #ffffff], [Size : 5px] 정도의 가는 브러시를 사용하여 직선으로 흰색 라인을 그립니다.

[지평선 빛] 레이어를 선택하고 [Brush Tool]을 선택한 후 [Soft Round], [Foreground Color : #ffffff]를 사용하여 지평선에 라인을 그려 빛나게 합니다. 39

다시 한번 위에 새로운 [도시 빛] 레이어를 만들고 [Blending Mode : Overlay]로 설정합니다.

가로등의 빛을 강조하도록 [Brush Tool]을 선택하고 [Soft Round], [Foreground Color : #ffffff]를 사용하여 빛을 추가합니다. 40

36 [도시] 레이어를 배치
37

38 지평선에 색상 넣기

39 지평선 경계 그리기

40 도시의 빛을 추가

09 벼랑에 나무를 배치하여 조정하기

[나무] 레이어를 [벼랑] 레이어 위로 이동시킵니다. 41

[Image]–[Adjustments]–[Levels]를 선택하고 [Input Levels : 30/1/225], [Output Levels : 10/105]로 설정하여 배경에 맞게 역광 이미지로 어둡게 보정합니다. 42

위에 새로운 [나무 빛], [가장자리 빛] 레이어를 만듭니다. [나무 빛] 레이어를 선택하고 [Blending Mode : Overlay]로 설정합니다. [Brush Tool]을 선택하고 [Soft Round], [Foreground Color : #d9a098]을 사용하여 나무의 가장자리 부분에 빛을 추가합니다. 43

[가장자리 빛] 레이어를 선택하고 [Brush Tool]을 선택한 후 [Soft Round], [Foreground Color : #ffffff], [Size : 5px] 정도의 가는 브러시를 사용하여 나무줄기 가장자리의 역광을 의식하여 라인을 넣습니다. 44

41

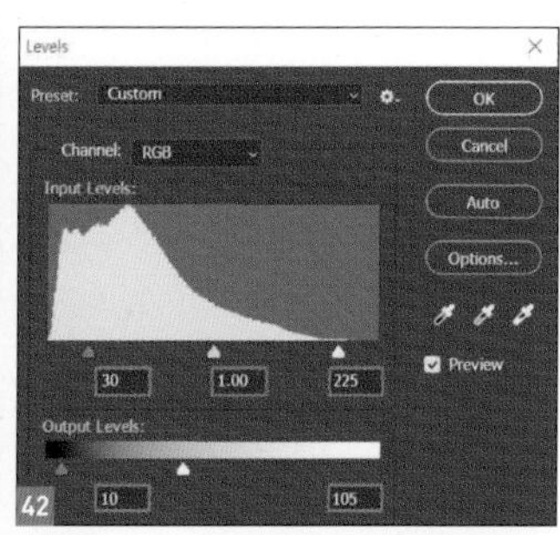

42

43 나무에 빛을 추가

44 나무 가장자리에 빛의 라인을 그린다

10 나무를 더 조정하기

[역광] 레이어를 [나무] 레이어 위로 이동시키고 [Blending Mode : Screen]으로 설정하고, 역광의 빛이 나무의 왼쪽에 걸리는 위치를 찾아 배치합니다. [Opacity : 40%]로 설정합니다. 45

[나무 그림자] 레이어를 이동시킵니다. [벼랑 가장자리] 레이어 위에 배치하고 [벼랑] 레이어에 [Create Clipping Mask]를 적용합니다. 46

[Edit]-[Free Transform]을 선택한 후 작업화면에서 마우스 오른쪽 버튼을 클릭하여 [Flip Vertical]을 선택하고 세로 방향으로 축소해 47과 같이 배치합니다. [Opacity : 60%]로 설정합니다.

[Filter]-[Blur]-[Gaussian Blur]를 선택하고 [Radius : 2pixels]로 설정합니다. 48

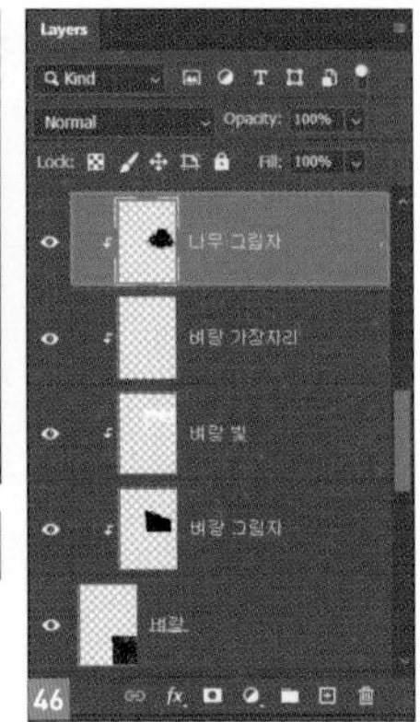

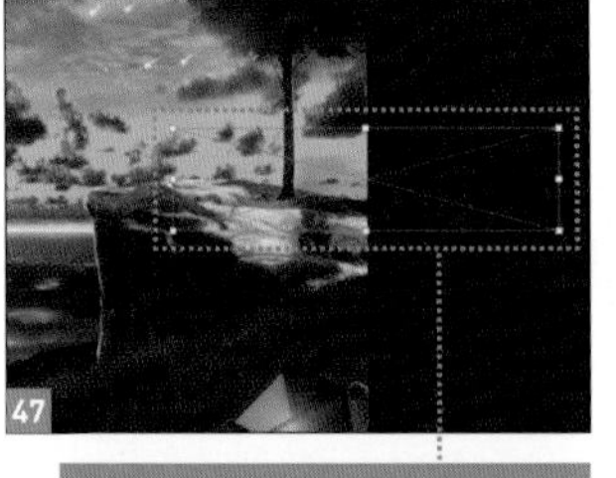

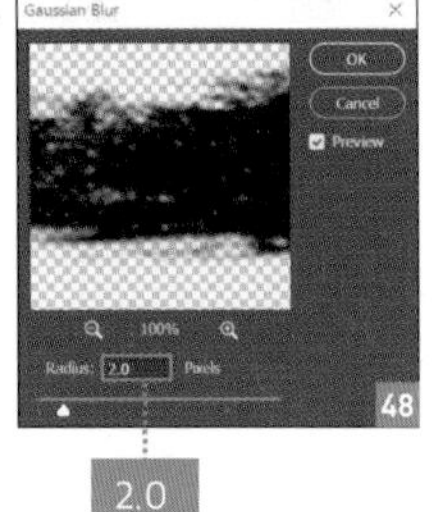

11 벼랑에 인물과 개를 배치하여 보정하기

[초원] 레이어 아래에 [인물], [개] 레이어를 이동시켜 절벽 위에 배치합니다. 49

[인물] 레이어에서 마우스 오른쪽 버튼을 클릭하고 [Create Clipping Mask]를 선택합니다. [인물] 레이어에서 [Add layer mask]를 클릭하여 레이어 마스크를 작성합니다. [Tool] 패널에서 [Brush Tool]을 선택하고 [Soft Round], [Foreground Color : #000000]을 사용하여 발이 풀에 들어가 있는 것처럼 마스크 합니다. 50

[인물] 레이어를 선택하고 [Image]-[Adjustments]-[Levels]를 선택합니다.

[Input Levels : 0/0.84/225], [Output Levels : 0/170]으로 설정합니다.

마찬가지로 [개] 레이어를 선택하고 [Image]-[Adjustments]-[Levels]를 선택한 후 [Input Levels : 0/1/255], [Output Levels : 0/80]으로 설정합니다. 각각 풍경에 맞춰 역광으로 어두워진 것처럼 보정했습니다. 51

[인물], [개] 레이어보다 아래에 새로운 [인물 · 개 그림자] 레이어를 작성합니다. [Brush Tool]을 선택하고 [Soft Round], [Foreground Color : #000000]을 선택하여 52와 같이 그림자를 그립니다. 오른쪽 아래 방향으로 그림자를 그리고 멀어질수록 그라데이션으로 연해지는 것처럼 의식해서 그립니다. 너무 진하면 불투명도를 조정합니다.

12 벼랑 주변에 빛을 추가해 배경과 어우러지게 하기

[개] 레이어 위에 새로운 [색상조정_인물 · 개 · 배경] 레이어를 만들고 [Blending Mode : Overlay]로 설정합니다.

[Brush Tool]을 선택하고 [Soft Round], [Foreground Color : #ff9368]을 선택한 후 [Size : 2500px]의 꽤 큰 브러시로 설정하여 인물이나 개를 중심으로 점을 찍듯이 1번만 클릭하여 큰 빛을 추가합니다. 53

농도를 보면서 불투명도를 조정합니다. 예제에서는 [Opacity : 80%]로 설정했습니다.

[역광] 레이어를 [개] 레이어 위로 이동시키고 [Blending Mode : Screen]으로 설정합니다.

[Edit]–[Free Transform]을 선택한 후 크기를 조정하고 인물의 왼쪽, 허리 근처에 배치하여 역광을 연출합니다. 54

[역광] 레이어를 복사하여 개 머리 근처에 배치합니다. 55

[달] 레이어 위에 새로운 [빛조정_인물 · 개 · 배경] 레이어를 만들고 [Blending Mode : Overlay]로 설정합니다.

[Brush Tool]을 선택하고 [Soft Round], [Foreground Color : #ffffff], [Size : 1500px]로 설정합니다. [옵션] 바에서 [Opacity : 50%]로 조절하여 점을 찍듯이 인물에게 2회, 인물의 왼쪽에서 1회, 오른쪽에서 1회로 총 4회 정도 클릭하여 큰 빛을 추가합니다. 56 인물을 중심으로 좌우에 그라데이션의 빛이 그려집니다.

큰 빛을 한 번만 추가

[역광] 레이어를 인물 허리 부근에 배치

[역광] 레이어를 복사하여 개의 머리 근처에 배치

13 고래를 배치하여 컬러 조정하기

[고래1], [고래2] 레이어를 이동시킵니다. 57

[고래1] 레이어를 선택하고 [Image]-[Adjustments]-[Levels]를 선택합니다.

[Input Levels : 0/0.95/255], [Output Levels : 5/60]으로 설정합니다. 58

[Image]-[Adjustments]-[Color Balance]를 선택하고 [Color Balance] 패널에서 [Midtones]을 선택하여 [Color Balance : +10/−5/+15]로 설정합니다. 59

마찬가지로 [고래2] 레이어를 선택한 후 [Image]-[Adjustments]-[Levels]를 선택하고 [Output Levels : 30/50]으로 설정합니다. 60

[Image]-[Adjustments]-[Color Balance]를 선택하고 [Color Balance] 패널에서 [Midtones]을 선택하여 [Color Balance : −10/−20/+25]로 설정합니다. 61

앞쪽 고래는 노란색이나 빨간색을 강하게 하고, 안쪽 고래는 멀리 있으므로 약간 푸른 빛을 더해줍니다. 62

57

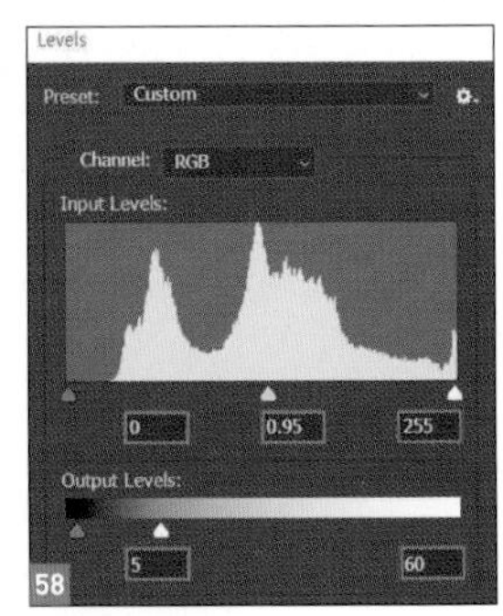

58

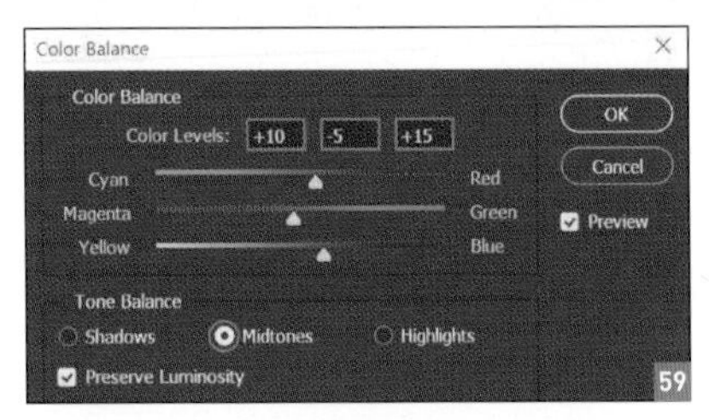

59

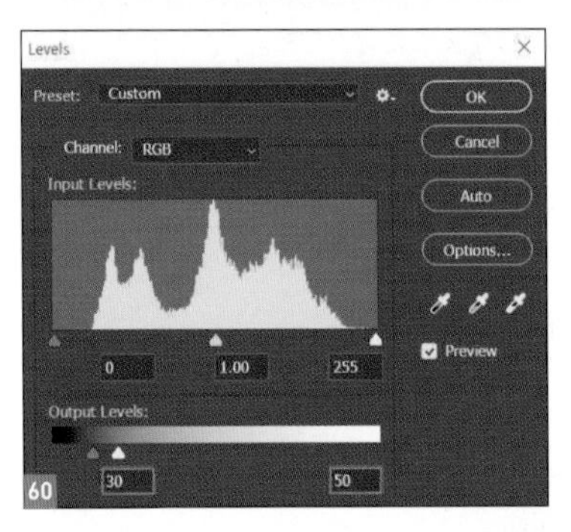

60

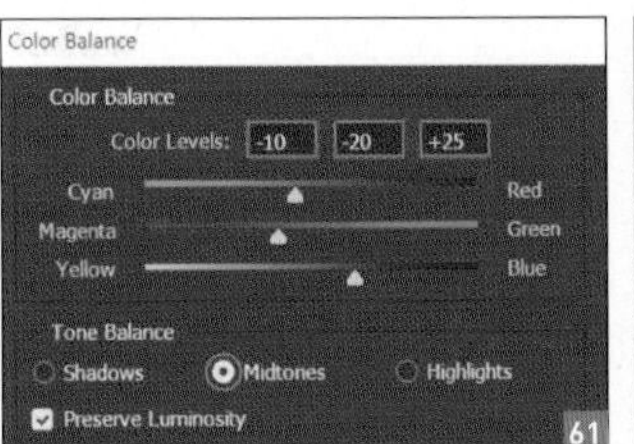

61

62

14 고래에 빛 그리기

[고래1] 레이어 위에 새로운 [고래1_빛] 레이어를 만들어 [Blending Mode : Overlay]로 설정하고, 또 새로운 [고래1_빛가장자리] 레이어를 만들어 [Blending Mode : Normal]로 설정합니다. 한 번 더 [고래2] 레이어 위에도 새로운 [고래2_빛] 레이어를 만들어 [Blending Mode : Overlay]로 설정하고, 또 새로운 [고래2_빛가장자리] 레이어를 만들어 [Blending Mode : Normal]로 설정합니다.

[Brush Tool]을 선택하고 [Soft Round], [Foreground Color : #ffffff]로 설정하여 [고래1_빛]과 [고래2_빛] 레이어에 위에서 떨어지는 빛을 의식하며 [Size : 300px] 정도의 크기로 조정하여 부드럽게 빛을 그립니다. 63

[고래1_빛가장자리]와 [고래2_빛가장자리] 레이어는 몸의 가장자리 부분에 [Size : 5px] 정도의 가는 브러시를 사용하여 빛의 라인을 그립니다. 64

[고래1], [고래2] 레이어와 [고래1_빛], [고래1_빛가장자리], [고래2_빛], [고래2_빛가장자리] 6개의 레이어는 그룹으로 만들고 그룹 이름을 [고래]로 정리해 둡니다.

[역광] 레이어를 [고래] 그룹 레이어 위로 이동시킨 후 마우스 오른쪽 버튼을 클릭하고 [Create Clipping Mask]를 선택합니다. 그룹에 클리핑 마스크가 적용됩니다.

65와 같이 [고래1] 레이어 오른쪽 아래에 역광을 넣어 배경과 어우러지게 합니다.

그 위에 역광을 복사하고 [고래2] 레이어의 배 아래 근처에 배치합니다. 66

63

64

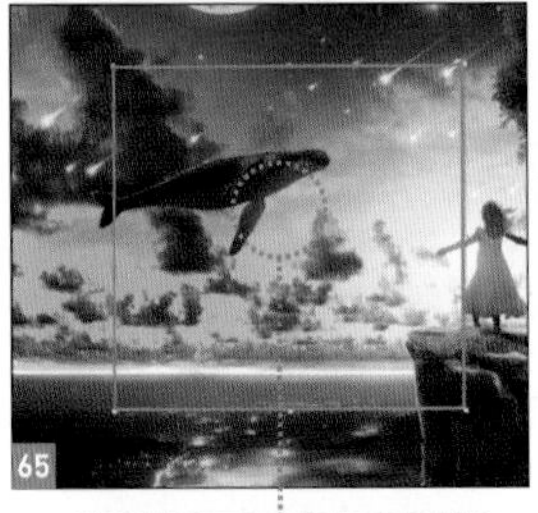
65

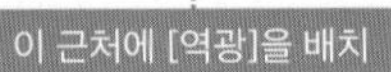

66

15 화면 전체에도 구름을 약간 추가하여 부드러운 느낌 만들기

[안개] 레이어를 이동시켜 맨 위에 배치하고 [Opacity : 20%]로 설정합니다. 67

[초원] 레이어 아래에 새로운 [벼랑 경계] 레이어를 만듭니다. [Brush Tool]을 선택하고 [Soft Round], [Foreground Color : #ffffff], [Size : 600px]로 설정합니다. [옵션] 바에서 [Opacity : 20%] 정도의 크고 연한 브러시를 만들어 점을 찍듯 벼랑과 배경의 경계에 안개를 넣어 경계를 확실히 합니다. 68

[구름] 레이어를 이동시켜 [벼랑] 레이어 하위에 배치합니다. 69

앞을 부드럽게 하고 인상을 약하게 하여 벼랑과 배경의 경계를 분명히 하고, 고래가 있는 하늘에는 구름을 추가하여 분위기가 나도록 표현했습니다.

[안개] 레이어 배치

[구름] 레이어 배치

16 풀과 꽃잎을 추가하기

[풀] 레이어를 화면 오른쪽 아래로 이동시킵니다. [Filter]-[Blur]-[Gaussian Blur]를 선택하고 [Radius : 10pixels]로 설정합니다. 70

크게 흐려진 요소를 앞에 넣어 거리감을 연출하고 있습니다.

[꽃잎] 레이어를 이동시켜 맨 위에 배치합니다. 71

[꽃잎] 레이어를 아래에 복사하고 [Edit]-[Free Transform]을 선택하여 180° 회전시켜 배치합니다. 72

복사한 [꽃잎 copy] 레이어는 화면 아래에 배치하면 인상이 강하기 때문에 [Image]-[Adjustments]-[Hue/Saturation]을 선택하여 [Colorize]에 체크하고 [Hue : 350], [Saturation : 75], [Lightness : −67]로 설정하여 어우러지게 합니다. 73

[꽃잎 copy] 레이어를 선택하고 [Add layer mask]를 클릭합니다. 균형을 보고 구름에 있는 부분이나 거리에 쓰고 있는 부분을 마스크합니다. 74

[꽃잎] 레이어 배치

[꽃잎] 레이어를 복사하고 회전시켜 배치

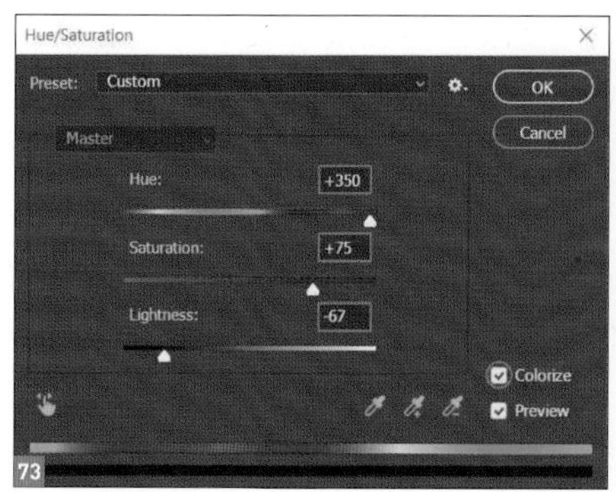

17 전체 색상을 조정하여 완성

맨 위에 [Create new fill or adjustment layer]-[Gradient]를 추가합니다.75 그라데이션의 색상은 [Foreground to Background]를 기본으로, 왼쪽에서 [#e56db8], 오른쪽이 [#3830de]의 그라데이션을 사용하고 있습니다.76

[Gradient Fill 1] 조정 레이어를 선택하고 [Blending Mode : Overlay], [Opacity : 30%]로 설정합니다.

[Add layer mask] 추가한 후 [Polygonal Lasso Tool]을 선택하고 77과 같이 선택 범위 내에 그라데이션이 적용되도록 마스크를 작성합니다. 왼쪽 위에서 그라데이션 빛이 내리는 이미지로 작성했습니다.

마지막으로 맨 위에 [Create new fill or adjustment layer]-[Curves]를 적용합니다.

왼쪽 아래의 컨트롤 포인트를 [Input : 10/Output : 10]78으로 설정합니다. 컨트롤 포인트를 추가한 후 [Input : 125/Output : 145]79로 설정하고 전체를 조정해 완성합니다.80

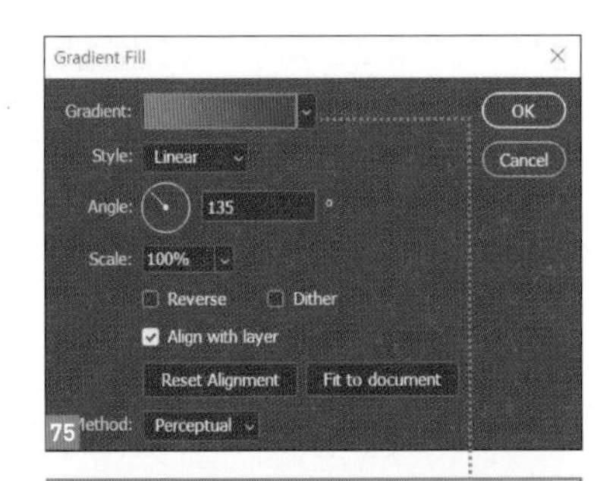

75

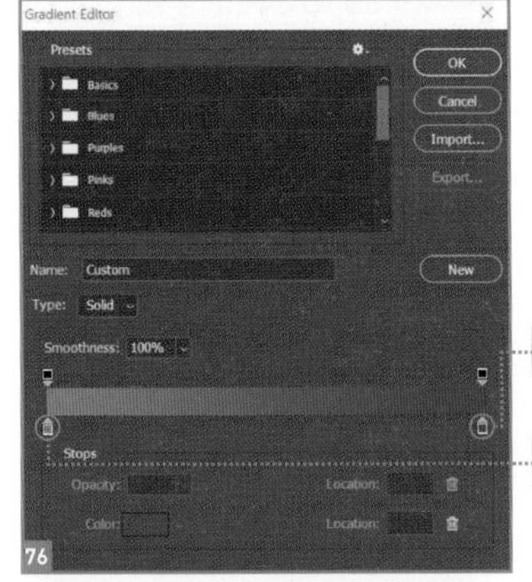

76

77

선택 범위에 그라데이션 적용

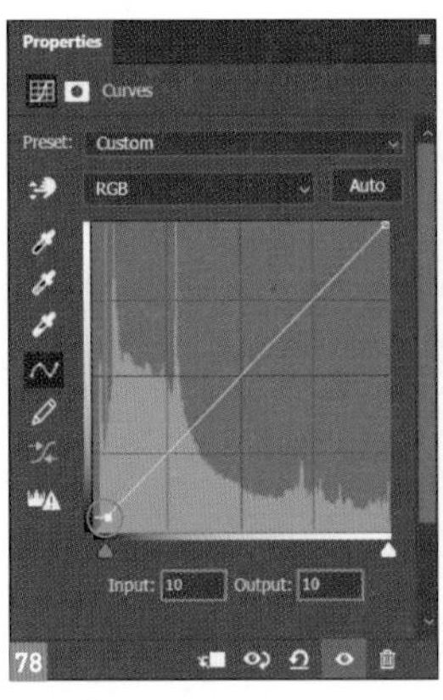

78

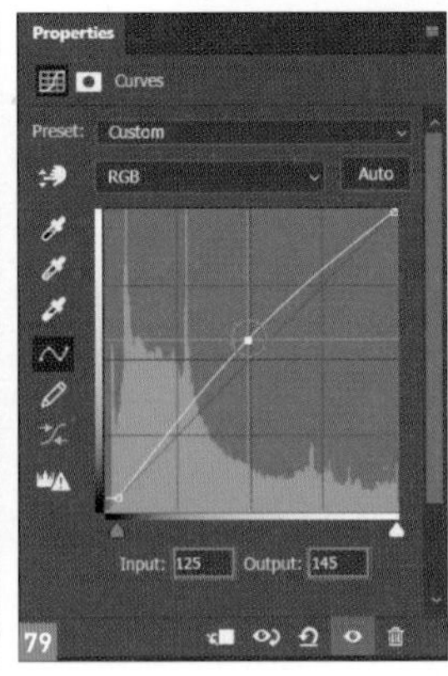

79

80

조작 테크닉

오리지널 브러시나 빛의 가공 등, Photoshop과 Illustrator에서 기억해 두면 도움이 되는 조작 테크닉을 정리해 두었습니다. 더 깊이 있는 조작을 배우고 싶을 때 활용해 보세요.

CHAPTER 10

Photoshop & Illustrator operating techniques

Ps *Techniques*

Layer Style(레이어 스타일) No.091

Photoshop의 Layer Style은 레이어에 입체감이나 컬러, 그라데이션, 그림자 등 다양한 효과를 세밀하게 적용할 수 있습니다. 설정 후에도 편집이 가능하고, 추가로 작성한 Layer Style을 복사하여 다른 레이어에 적용할 수도 있습니다.

Layer Style 표시 방법

[Layers] 패널에서 적용하고 싶은 레이어를 선택합니다. [Layer]–[Layer Style]–[Blending Options]를 선택01, 또는 레이어 이름의 오른쪽에서 더블 클릭하면02 [Layer Style]이 표시됩니다.03

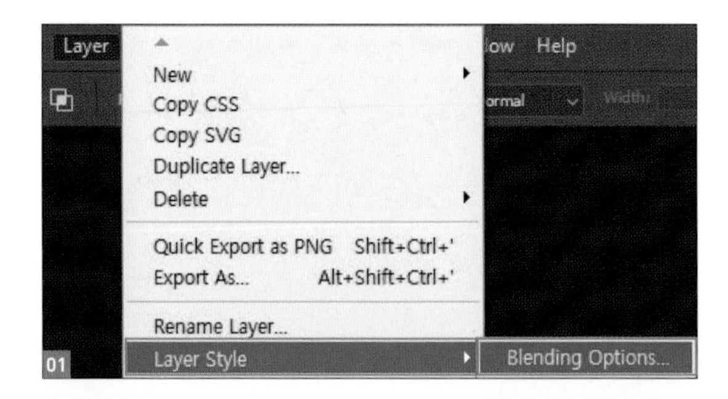

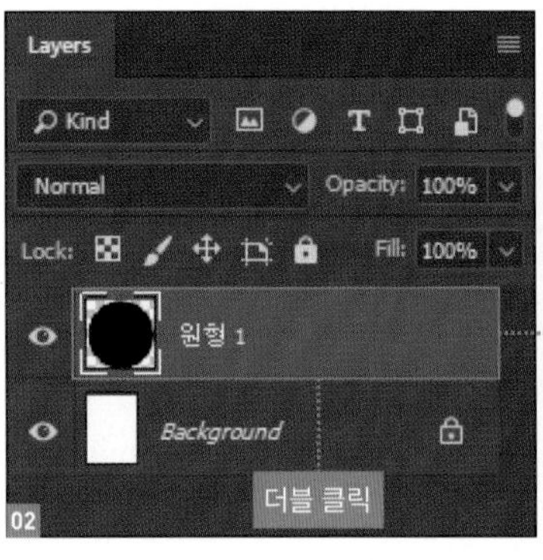

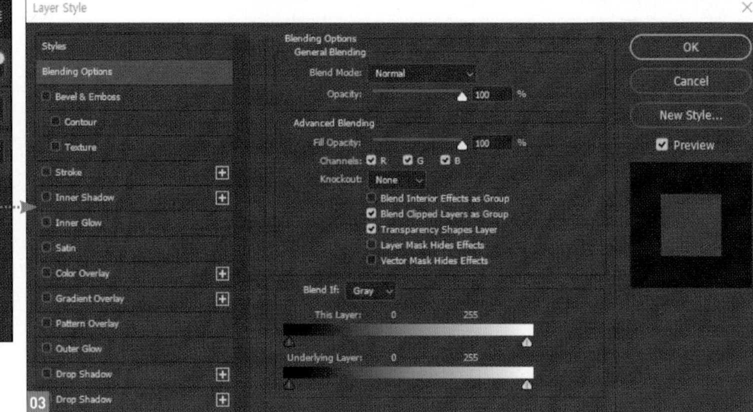

Layer Style 편집하기

● Blending Options

• [Blend If]–[Underlying Layer]

자동차 사진 위에 로고를 배치한 예제입니다.04

05와 같이 [Blend If]를 설정합니다.

Shadow는 [0(최소)~118]은 마스크 되고(Shadow에 겹치는 로고 부분이 안 보이게 됨), Highlight는 [255(최대)]라서 마스크 되지 않으며(Highlight에 겹쳐는 로고 부분이 남음), [118~175, 190~255]는 그라데이션으로 매끈하게 마스크가 적용됩니다.

오른쪽 조정 포인트의 약간 왼쪽, 왼쪽 조정 포인트의 약간 오른쪽에서 option(Alt)를 누르면서 드래그하면 조정 포인트가 분할됩니다.

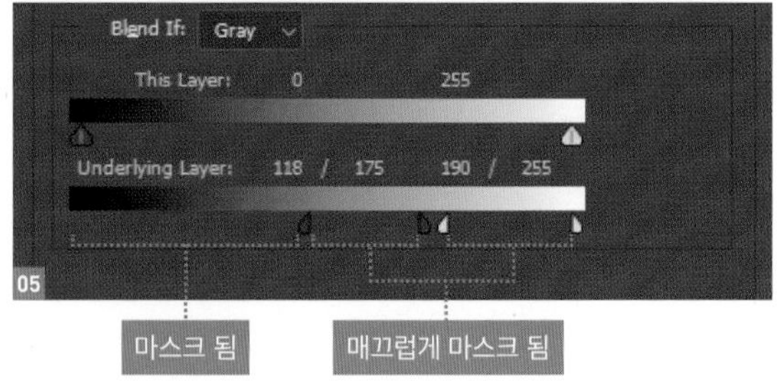

● **Bevel & Emboss**

• Structure

Size : 돌출 높이를 조정합니다. 06

Size : 5px 07, Size : 20px 08

• Technique

Chisel Hard : 샤프한 질감이나 얼음, 금속, 유리와 같은 딱딱한 질감의 표현에 적합합니다. 09

Chisel Soft : 측면이 거칠게 깎인 것 같은 질감이 됩니다.

• Shading

Altitude : 빛을 받는 방법이나 질감을 조정합니다.

[Structure]–[Size : 20px]에서 [Altitude : 30°]에서는 부드러운 빛으로 금속 질감이 됩니다. 10

[Altitude : 70°]는 날카로운 빛으로 딱딱한 질감이 됩니다.

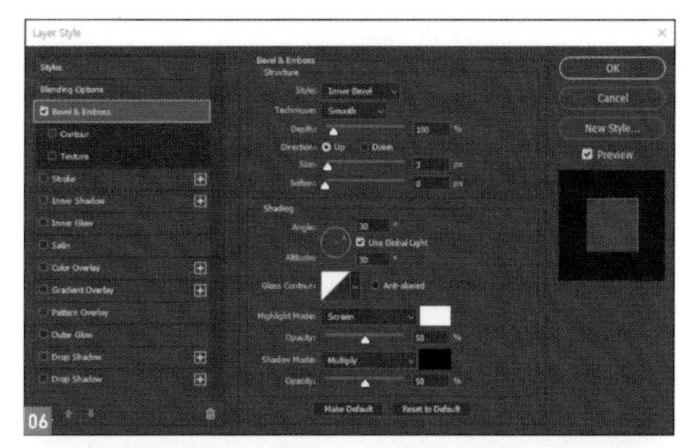

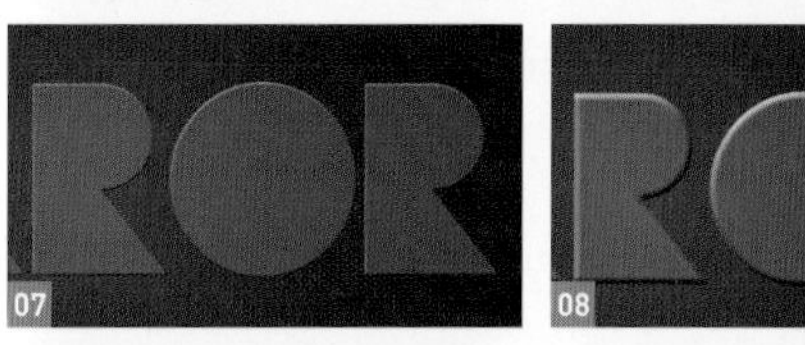

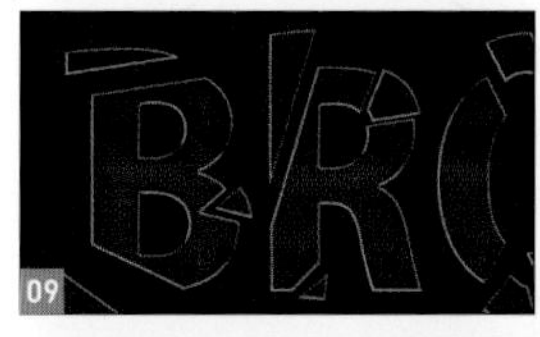

● **Contour**

Contour : [Bevel & Emboss]에서 적용한 윤곽을 조정합니다.

11과 같이 [Bevel & Emboss]에서 설정한 것에 12와 같이 복잡한 윤곽을 설정하면 13과 같은 질감이 됩니다.

● **Drop Shadow**

Structure : 그림자를 추가합니다.

[Use Global Light]를 체크하면 [Drop Shadow] 뿐만 아니라 [Bevel & Emboss]에서 설정한 음영도 동시에 변경됩니다. 다른 레이어에도 반영되니 주의합니다.

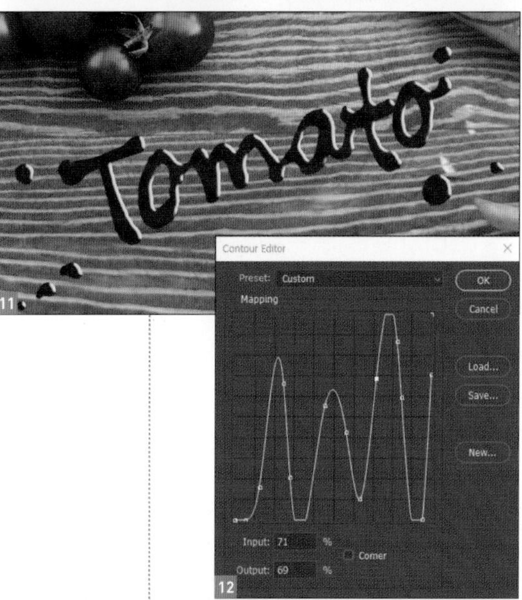

Techniques

브러시 설정

No.092

Photoshop에는 다양한 브러시가 설정되어 있습니다.
미리 설정된 브러시를 기본으로 새로운 브러시를 작성할 수 있고 사진에서 브러시를 등록할 수도 있습니다.

브러시 설정의 표시

[Tool] 패널에서 [Brush Tool]을 선택함으로써 [Brush Settings] 패널을 편집할 수 있습니다. 01
[Brush Settings] 패널이 화면에 표시되지 않은 경우는 [Window]–[Brush Settings]를 선택하면 표시됩니다. 02

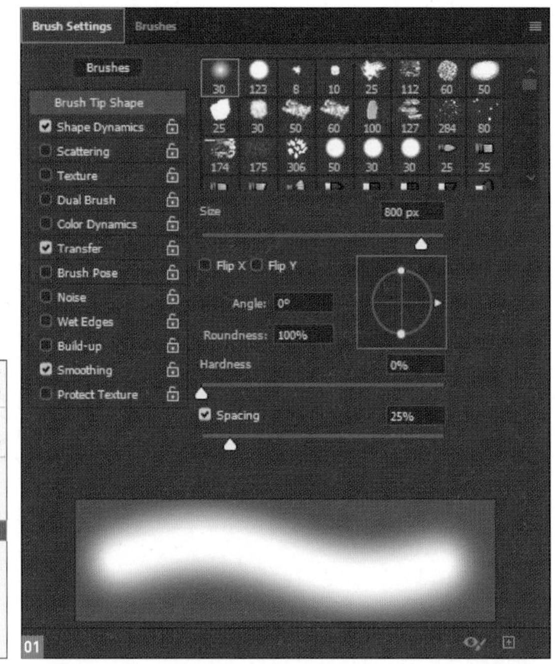

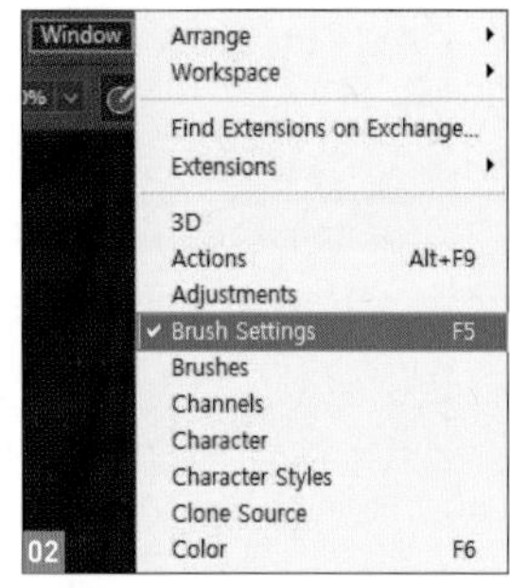

브러시 설정(본 도서에서 특히 이용하는 항목)

- Brush Tip Shape

[Spacing]의 수치를 크게 함으로써 점선과 같은 표현이 가능합니다. 03

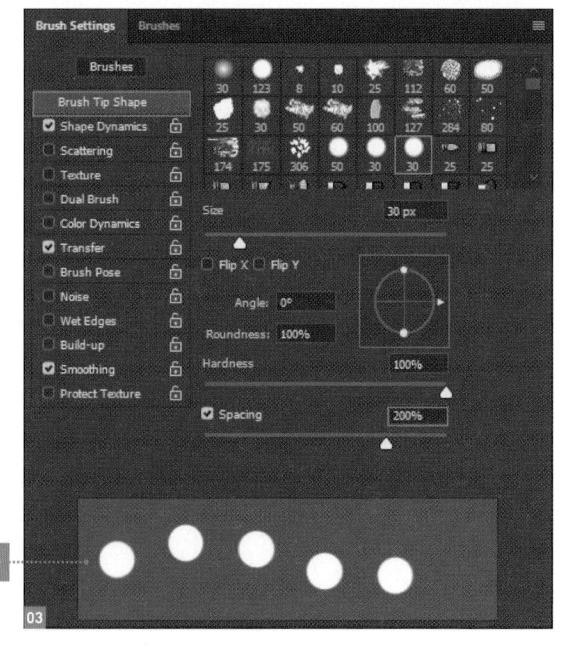

점선과 같은 표현 가능

• Shape Dynamics

[Size Jitter]의 수치를 크게 할수록 브러시의 크기가 랜덤으로 변화합니다. 04

[Minimum Diameter]으로 최소 크기를 컨트롤할 수 있습니다.

[Angle Jitter]의 수치 크기에 랜덤으로 각도가 변화합니다. 05

• Scattering

[Scatter] : 수치를 크게 할수록 광범위하게 살포됩니다. 06

[Count]로 살포량을 변경하고 [Count Jitter]에서 더 랜덤하게 살포를 설정할 수 있습니다.

• Wet Edges

수채화처럼 가장자리가 번진 듯한 표현이 됩니다. 07

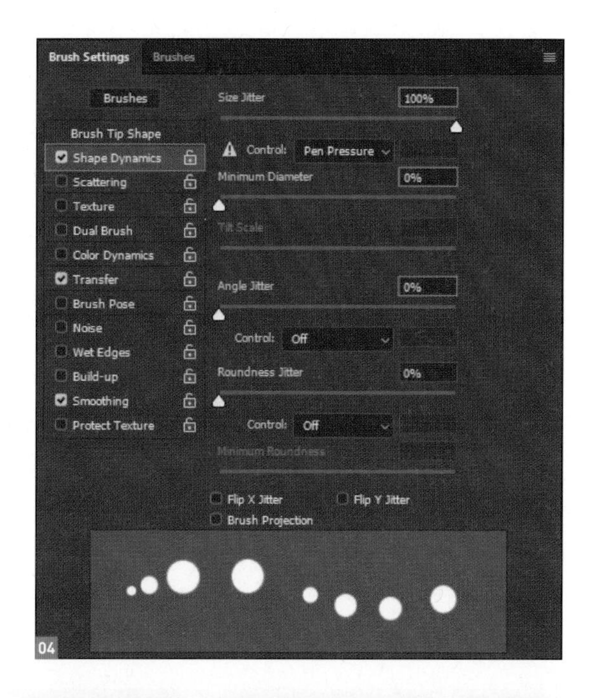

04

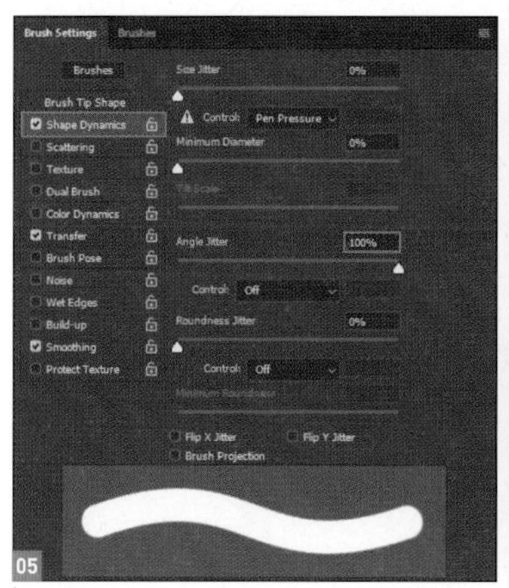
05

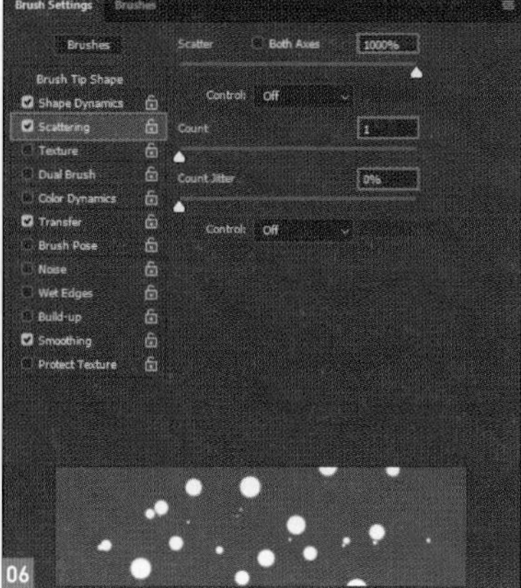
06

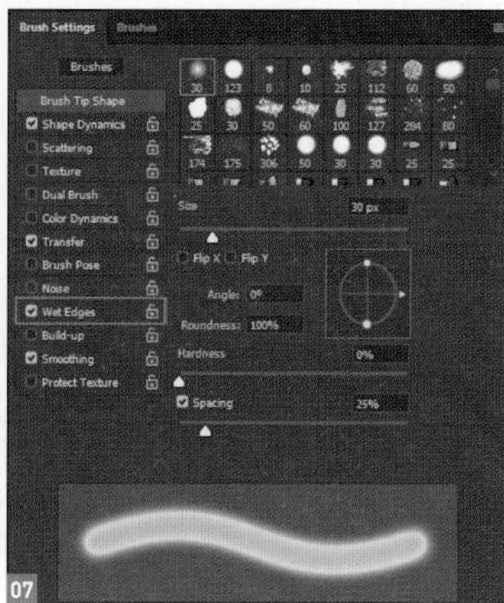
07

프리핸드로 라인 그리기

[Brush Tool]을 선택할 때 표시되는 [옵션] 바의 [Smoothing]을 변경함으로써 프리핸드로의 원활한 드로잉이 가능합니다. 08
프리핸드로 그릴 때 마우스와 펜 태블릿은 [Smoothing : 0%]으로 설정합니다.

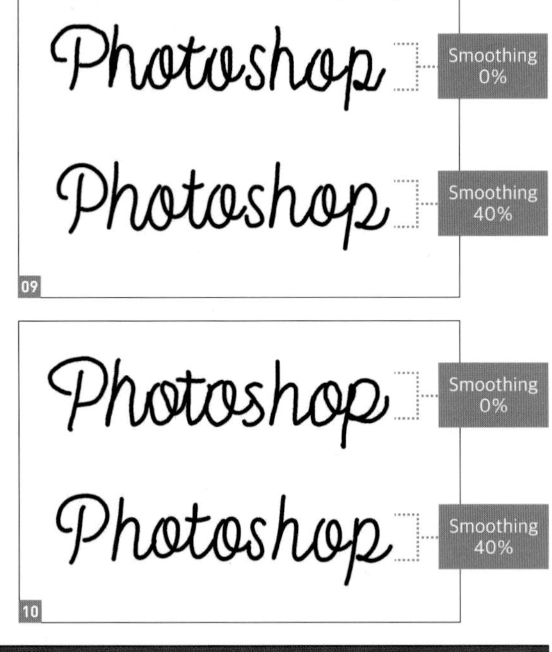

- Smoothing : 40%의 드로잉 예

마우스 09 펜 태블릿 10

[Smoothing]의 수치를 크게 하면, 컴퓨터 사양에 따라서는 약간 동작이 느려집니다.
천천히 세심하게 그리는 경우는 수치를 크게 설정하고, 거칠거나 강약이 있는 선이 필요한 경우는 수치를 낮게 설정합니다.
환경이나 그리는 것에 맞게 다루기 쉬운 수치를 찾아봅니다.

사진을 브러시로 작성하기

[Edit]–[Define Brush Preset]을 선택하면 그 시점에서 작업 화면에 표시되어 있는 이미지를 브러시로써 등록할 수 있습니다.
주의할 점은 11과 같이 컬러 이미지를 [Define Brush Preset]하면 12와 같이 그레이스케일로 변환됩니다.
[Image]–[Mode]–[Grayscale]로 작업하면 마무리를 예측하면서 작업할 수 있습니다.
정의한 브러시를 P.320–321의 01~07과 같이 설정하면 다양한 효과를 낼 수 있습니다. 13

11

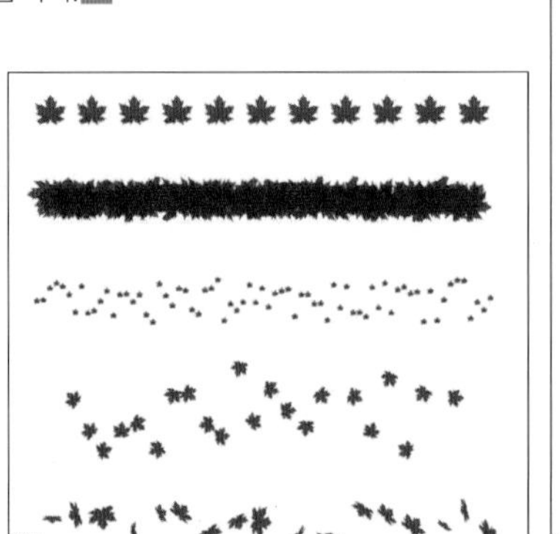
13

12

Techniques

텍스처 · 패턴

No.093

다채로운 표현이 가능한 필터와 필터 갤러리에서 텍스처 작성에 유용한 필터를 선택하고 이미지에 질감을 추가하는 활용 예를 소개합니다.

- Fibers

효과를 적용하고 싶은 레이어의 위에 새로운 레이어를 작성합니다.

[Foreground Color : #ffffff]를 선택하고 [Paint Bucket Tool]로 칠합니다.

[Foreground Color : #ffffff], [Background Color : #000000]으로 선택합니다.

[Filter]−[Render]−[Fibers]를 선택하여 선호하는 질감을 작성합니다.

여기서는 어렴풋이 섬유 질감을 내고 싶어 01과 같이 설정합니다.

또 [Randomize]를 선택할 때마다 랜덤으로 적용 상태가 변화합니다.

[Blending Mode : Screen]으로 설정하고 아래 레이어와 어우러지게 하여 완성합니다. 02

원본

01

02

CHAPTER 10

• Reticulation

효과를 적용하고 싶은 레이어의 위에 새로운 레이어를 작성하고 [Foreground Color : #ffffff]로 칠합니다. [Foreground Color : #ffffff], [Background Color : #000000]을 선택해 둡니다. [Filter]–[Filter Gallery]를 선택합니다. [Reticulation]을 선택하고 03과 같이 설정합니다. [Blending mode : Screen]으로 설정합니다. 먼지가 부착된 것과 같은 빈티지풍의 표현을 할 수 있습니다. 04
이 텍스처는 밤하늘과 겹치면 별처럼 표현할 수도 있습니다. 05
[Levels]를 06과 같이 설정하여 콘트라스트를 강하게 하고 [Filter]–[Blur]–[Motion Blur]를 07과 같이 설정하면 비의 표현도 가능합니다. 08

04

05

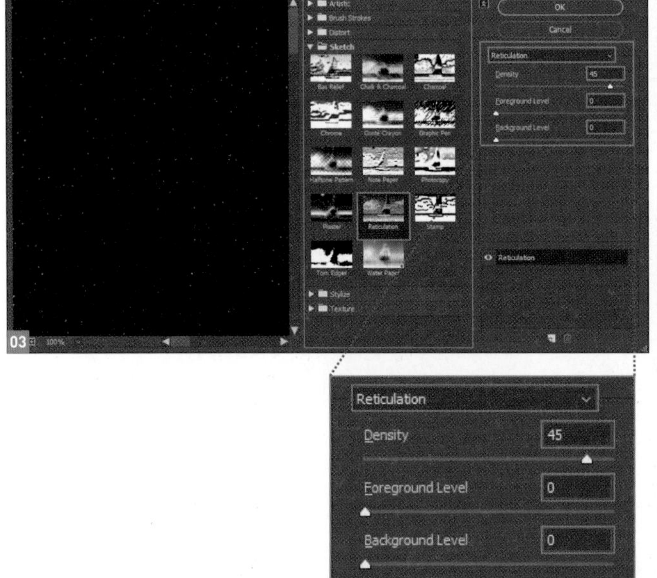

03

06

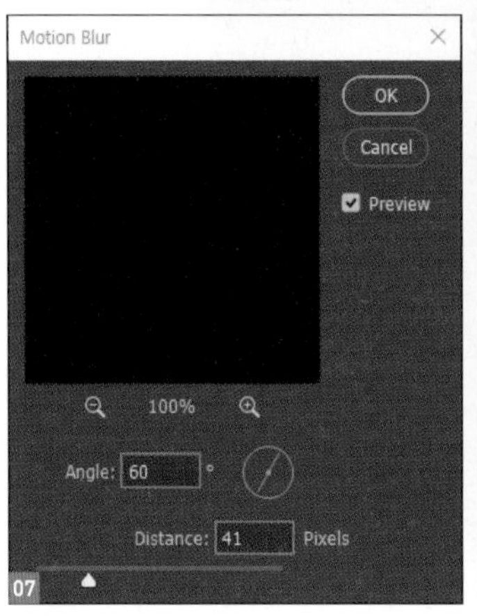

07

08

- Halftone Pattern

효과를 적용하고 싶은 레이어의 위에 새로운 레이어를 작성하고 [Foreground Color : #ffffff]로 칠합니다. [Filter]-[Filter Gallery]를 선택합니다.

[Halftone Pattern]을 선택하고 09와 같이 [Pattern Type : Dot]를 선택합니다. [Blending Mode : Overlay]로 설정합니다. 점 효과가 표현되었습니다. 10

그 외에 [Pattern Type : Line] 11, [Pattern Type : Circle] 12처럼 간단하게 점, 선, 원의 가공이 가능합니다.

물론 [Blending Mode : Normal]에서 3가지 종류의 패턴을 그대로 사용할 수도 있습니다. 13 14 15

10

11

12

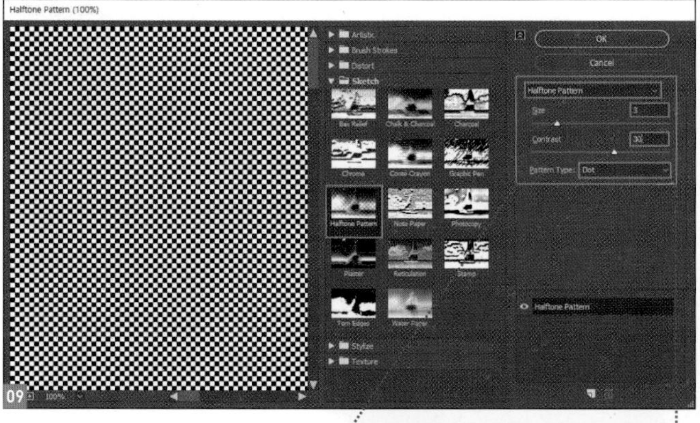

09

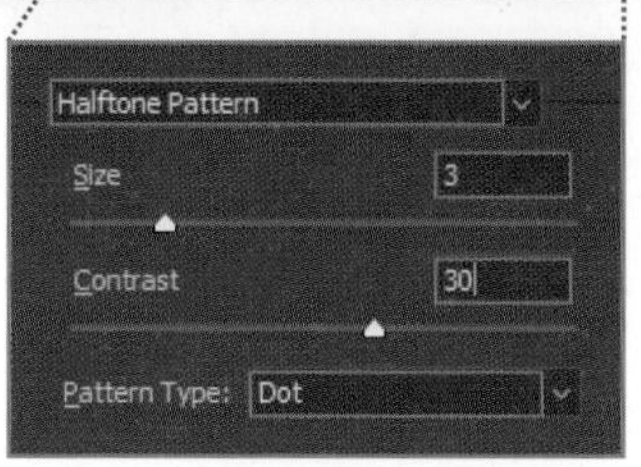

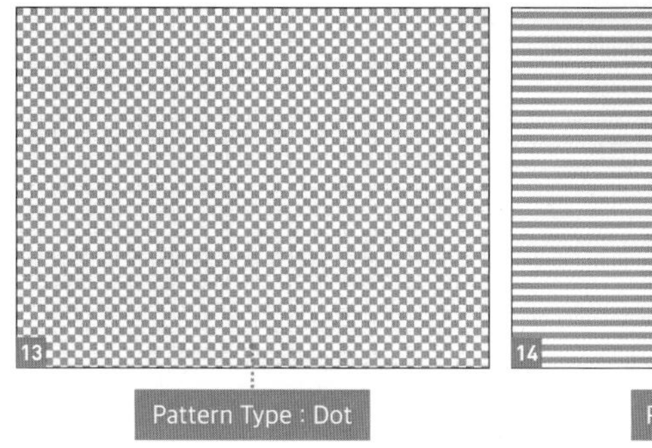
13

Pattern Type : Dot

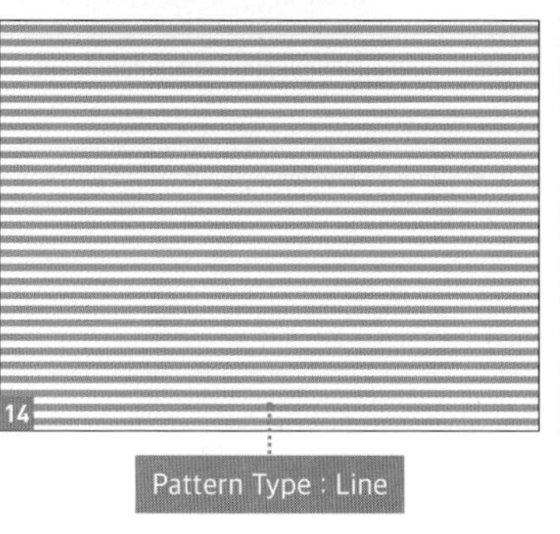
14

Pattern Type : Line

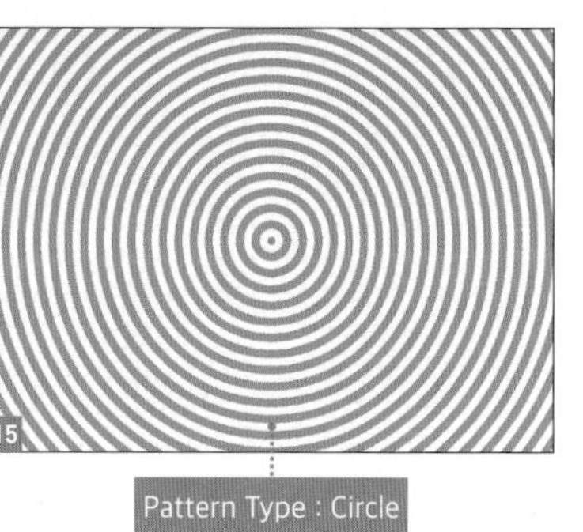
15

Pattern Type : Circle

Techniques

그리드와 가이드, 그리고 정렬

No.094

속도가 중요한 작업을 할 때 기억해 두고 싶은, 효율이 좋은 소재의 정렬 방법이나 환경 설정을 소개합니다.

지정한 크기로 그리드 표시하기

가로 세로 1000px의 작업화면을 사용합니다.

[View]−[Show]−[Grid]를 선택합니다(단축키 : ⌘(Ctrl)+@). 01

[Edit]−[Preferences]−[Guides, Grid & Slices]를 선택합니다. 02

[Preferences] 패널이 열리고 [Guides, Grid & Slices]가 선택된 상태가 됩니다.

[Guides] 항목에서 [Color], [Gridline Every], [Subdivisions]를 원하는 수치로 설정합니다. 03

여기에서는 [50pixels]의 그리드를 [Subdivisions : 2]로 했으므로 [50pixels]의 그리드가 가로, 세로 2개로 분할되며 [25pixels]의 정방형이 4개의 구성이 됩니다. 04

[View]−[Snap To]−[Grid]에 체크를 넣습니다. 05

소재에 그리드가 붙도록 하여 제대로 된 레이아웃을 하고 싶을 때나, 프리핸드로 얼른 도형을 그리고 싶을 때, 웹 제작 등 픽셀 단위로 지정된 작업을 할 때 도움이 됩니다. 06

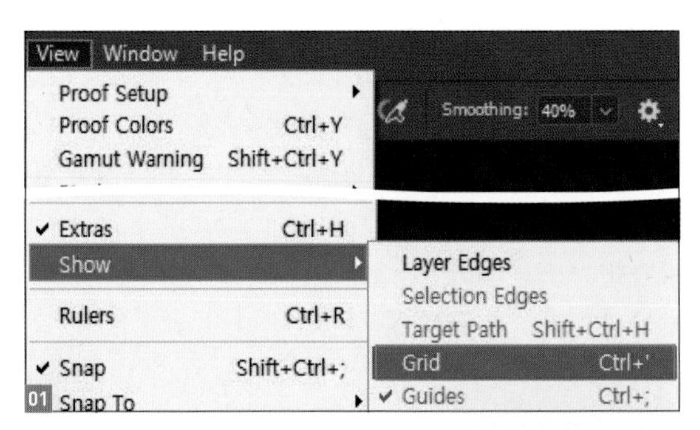

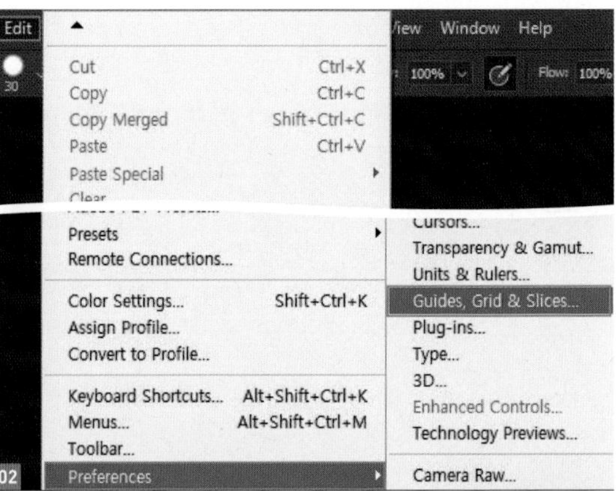

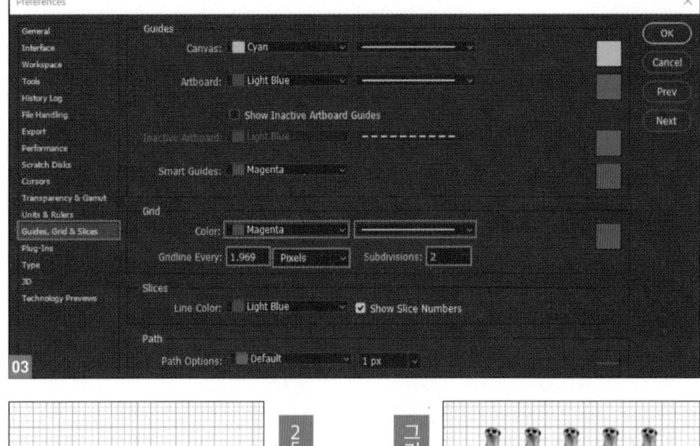

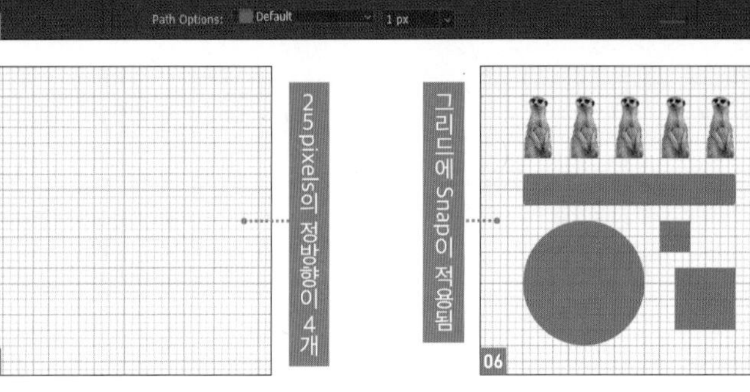

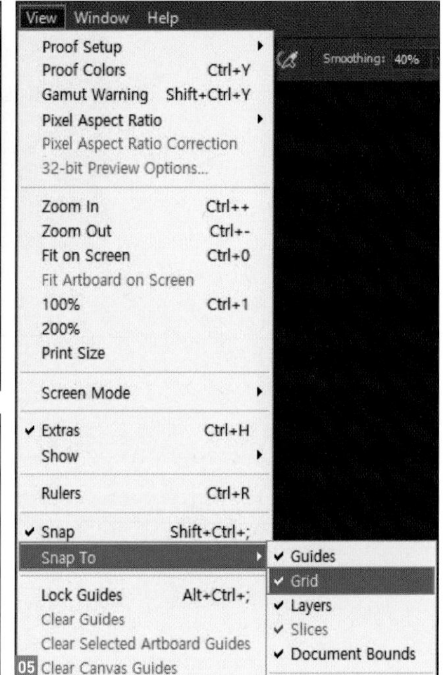

가이드 작성 방법

• **가이드 작성하기**

[View]–[New Guide]를 선택합니다. 07

08과 같이 수평, 수직의 기호에 맞는 방향을 선택하여 위치를 지정하고 [OK]를 클릭합니다. 09

수동으로 가이드를 작성하는 경우에는 [View]–[Rulers]를 선택합니다(단축키 : ⌘(Ctrl)+R).

작업화면의 가장자리에 자가 표시됩니다. 10

눈금자 위에서 작업화면 안으로 드래그하면 가이드를 작성할 수 있습니다.

또한 가이드는 [Move Tool]로 움직일 수 있습니다.

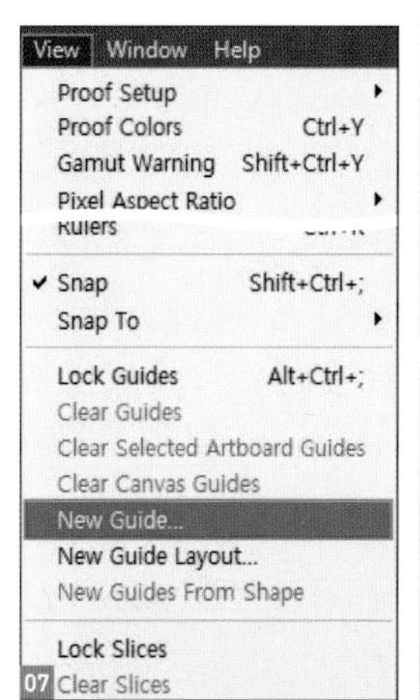

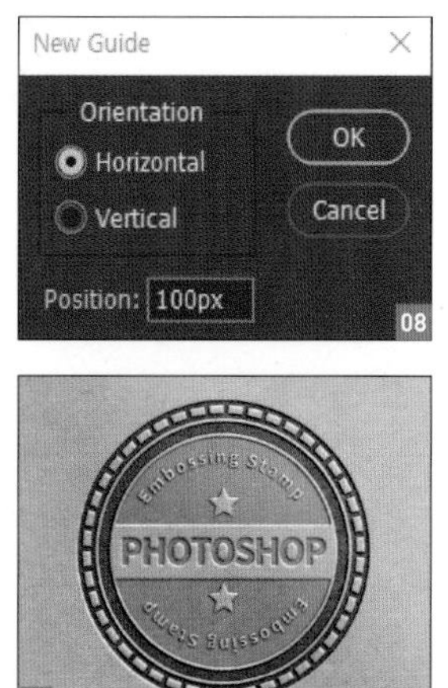

09

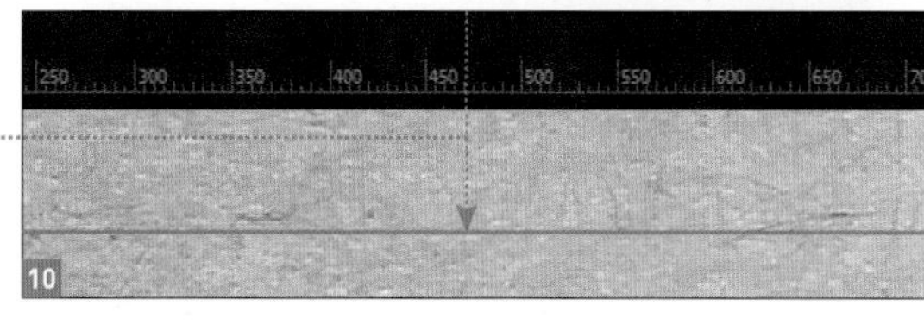

• **작업화면의 가로 세로 중앙 위치에 가이드 작성하기**

[View]–[New Guide Layout]을 선택하고 11, 12와 같이 설정합니다.

작업화면 모서리와 가로, 세로, 중앙 위치에 가이드가 생성됩니다. 13

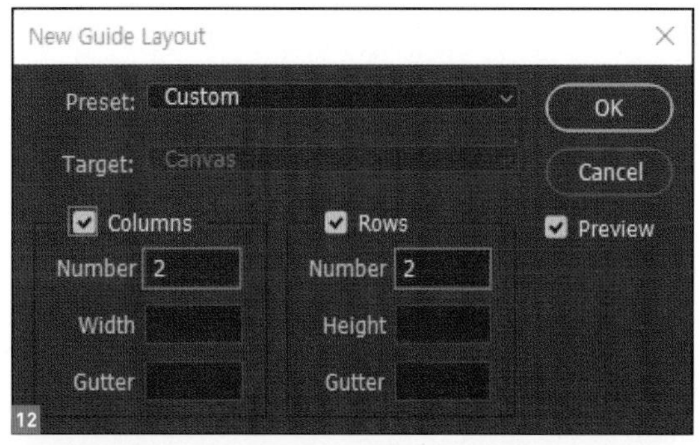

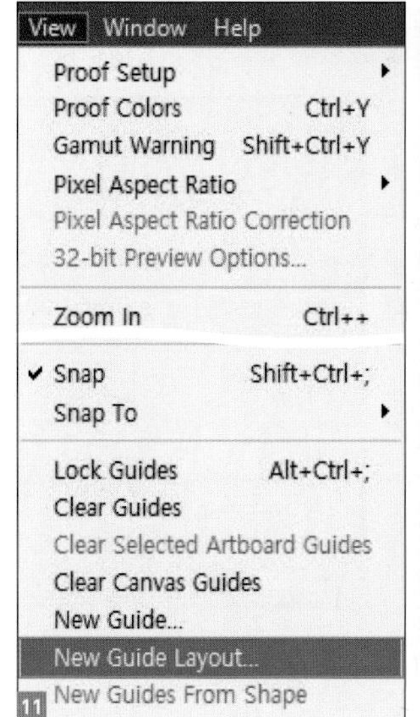

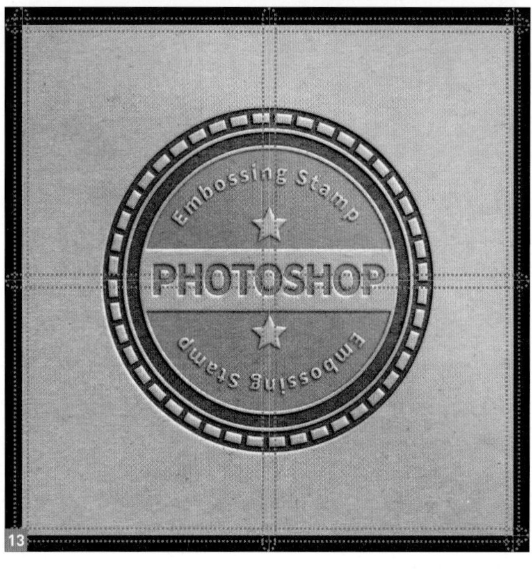

• 가장자리 안쪽 3mm 위치에 가이드를 작성하기

[View]–[Guide]–[New Guide Layout]을 선택하고, 14와 같이 설정합니다.

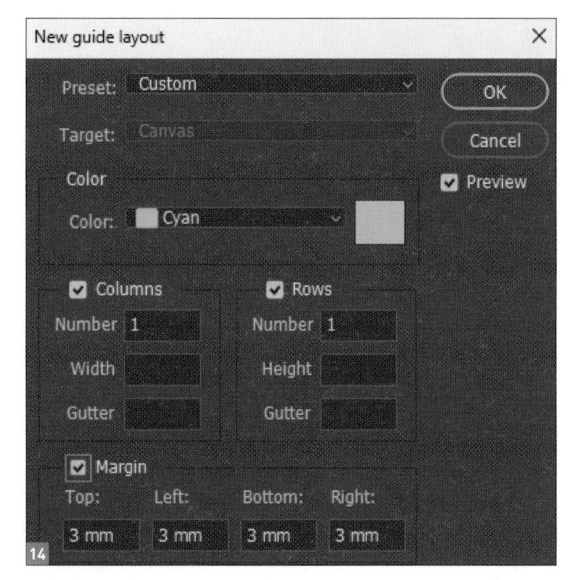

memo

[Margin]에 체크하고 숫자 입력란을 마우스 오른쪽 버튼으로 클릭하면 [pixel]이나 [mm] 등의 단위로 변경할 수 있습니다. 15

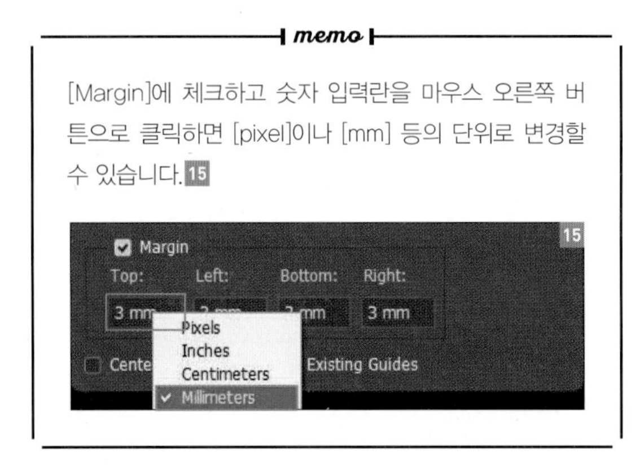

레이어나 그룹을 중앙에 배치하기

• 레이어를 중앙에 배치하기

[Select]–[All](단축키 : ⌘(Ctrl)+A)을 선택합니다. 16

작업화면 크기로 선택 범위가 작성됩니다.

[Move Tool]을 선택한 후 이동시키고 싶은 레이어를 선택합니다.

[Align vertical centers], [Align horizontal centers]를 선택하면 레이어가 중앙으로 이동합니다. 17 18

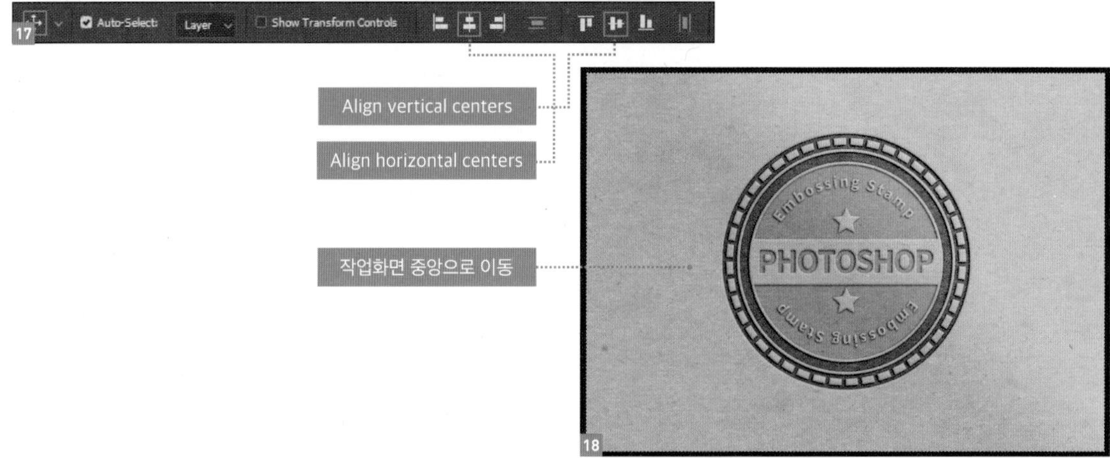

• **복수의 레이어 배치를 유지한 채로 중앙에 배치하기**

2개의 레이어가 배치된 19와 같은 경우 앞의 순서에서 [Select]–[All]로 하면 20과 같이 모두 중앙에 배치됩니다.

2개의 레이어를 그룹화하여 그룹을 선택한 후 21 [Select]–[All], [중앙 정렬]을 하면 22와 같이 그룹 내 배치를 유지한 채 이동할 수 있습니다.

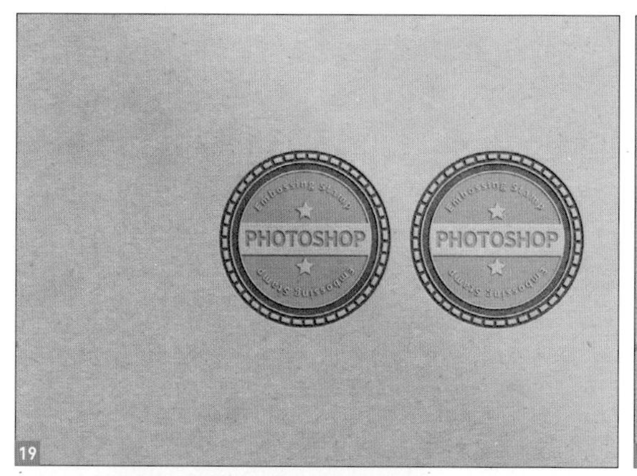

19

20

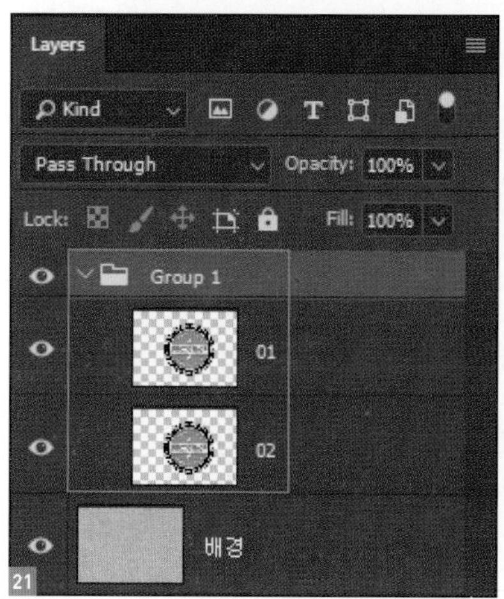

21

22

Techniques

빛의 연출

No.095

Photoshop에서는 다양한 빛의 연출이 가능합니다. 그래픽 제작에 유용한 빛의 연출 테크닉을 소개합니다.

브러시로 빛 그리기

빛을 추가하고 싶은 레이어의 위에, 새로운 레이어를 작성하고 [Blending Mode : Overlay]로 설정합니다. 01

[Foreground Color : #ffffff]를 선택하고 [Brush Tool]을 선택한 후 [브러시 종류 : Soft Round Brush]로 빛을 그리면 02 와 같이 핀 포인트로 빛을 그릴 수 있습니다.

또 색이 있는 Foreground Color로 그리면 03과 같이 착색되면서 빛을 표현할 수도 있습니다. [Foreground Color : #ff1cc2]를 사용하고 있습니다.

작성한 빛은 레이어의 [Opacity]를 바꾸면서 효과를 조정할 수 있습니다.

원본

02

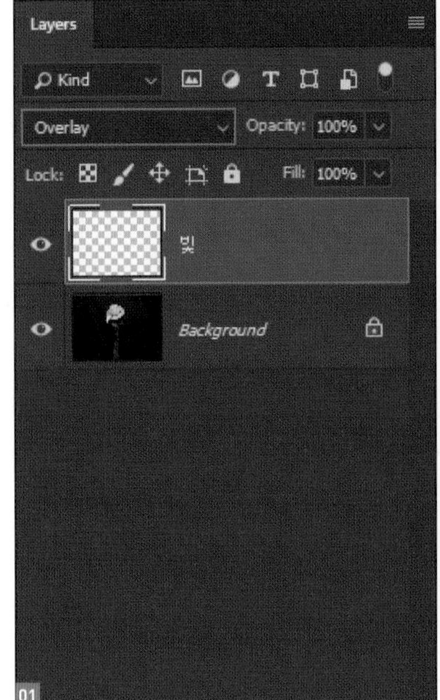

01

03

역광 필터로 광원 추가하기

빛을 적용한 레이어의 위에 새로운 레이어를 작성하고 [Foreground Color : #000000]으로 채웁니다. 04

[Filter]−[Render]−[Lens Flare]를 선택하고 05와 같이 적용합니다.

[Blending Mode : Screen]으로 설정합니다. 06 복잡한 광원을 간단하게 작성할 수 있습니다.

필터 [Lens Flare]에는 그 외에 35mm 07, 105mm 08, Move Prime 09가 있습니다.

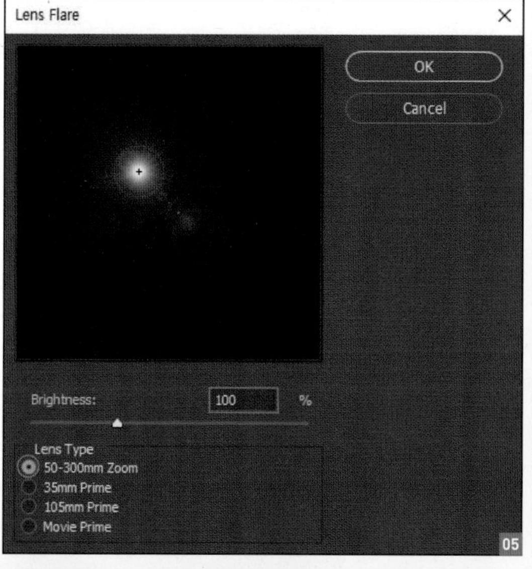

역광 필터로 밝기 바꾸기

[Brightness]의 퍼센트를 바꾸면 광원의 세기를 바꿀 수 있습니다. 10
(50−300mm Zoom을 [Brightness : 150%]로 적용).

10

Layer Style 사용하기

11의 달을 빛냅니다. 어두운 배경과 오려낸 달의 이미지가 배치된 상태입니다.
[Layers] 패널에서 [달] 레이어의 오른쪽에서 더블 클릭하여 [Layer Style]을 엽니다. 12
[Inner Glow]를 13과 같이 설정하고, [Outer Glow]를 14와 같이 설정합니다.
양쪽 모두 컬러는 달의 색과 가까운 #eaf5a1을 사용하고 있습니다.
[Contour]에서 안쪽, 바깥쪽으로 빛을 더하면 자연스러운 빛을 표현할 수 있습니다. 15
일러스트나 문자 등 다양한 요소에 적용 가능합니다. 16 17

11

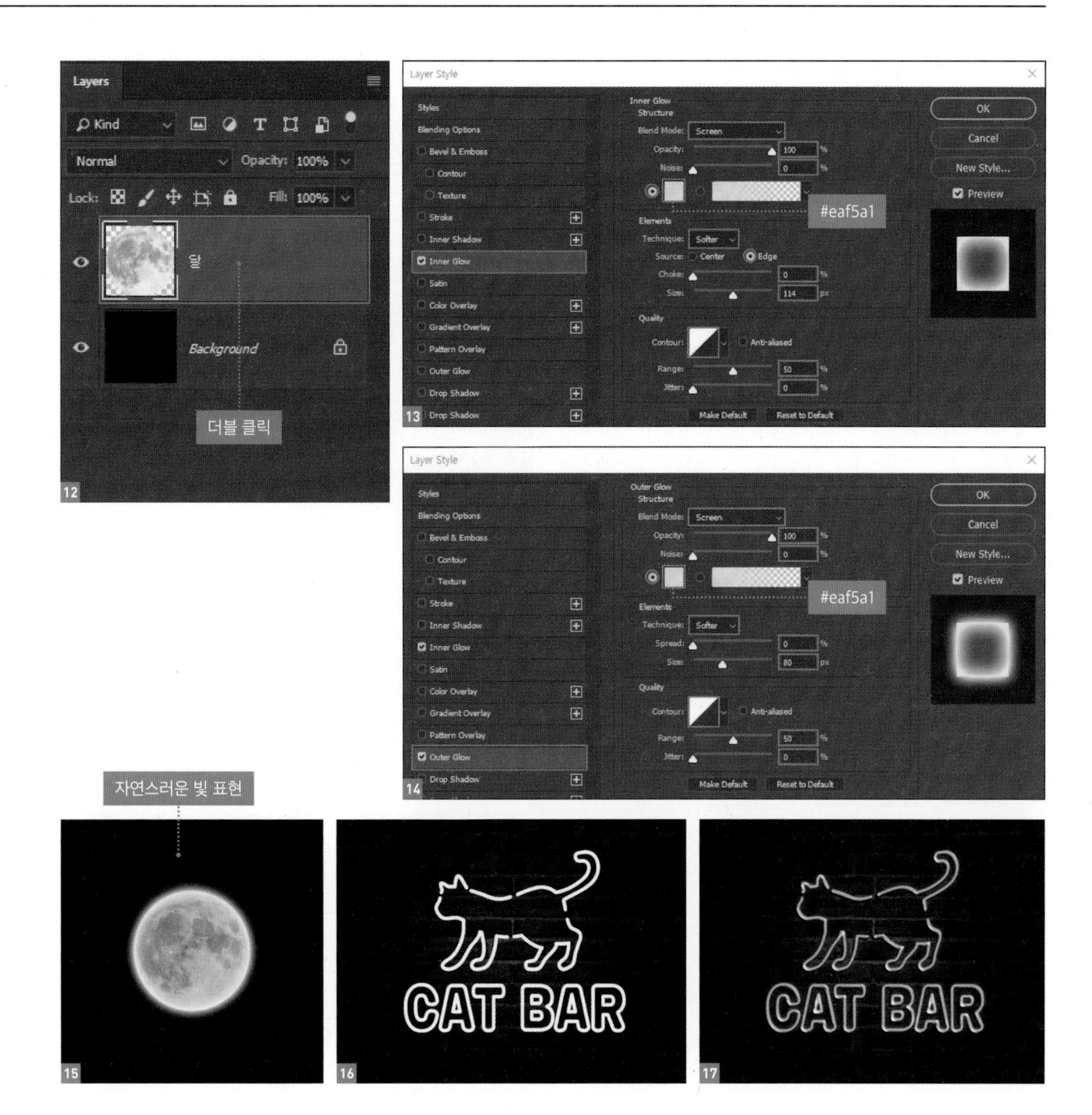
더블 클릭
#eaf5a1
#eaf5a1
자연스러운 빛 표현
CAT BAR
CAT BAR

Techniques

오리지널 브러시

No. 096

브러시는 Preset뿐만 아니라 오리지널 브러시를 등록할 수 있습니다. 프리핸드로 그린 것이나, 모양, 이미지 등 다양한 소재를 브러시로 만들 수 있습니다.

지퍼 브러시 만들기

● 순서 01

가로, 세로 500pixels의 작업화면을 만듭니다. 01
[View]–[Show]–[Grid]를 선택합니다.
[View]–[Snap To]–[Grid]를 선택합니다.
[Photoshop CC(Edit)]–[Preferences]–[Guides, Grid & Slices]를 선택하고 [Grid]를 02와 같이 [Gridline Every : 20pixel], [Subdivisions : 4]로 설정합니다. 03

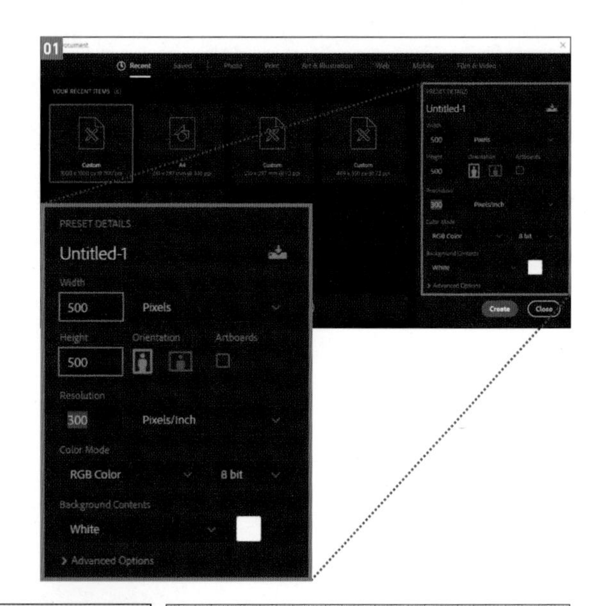

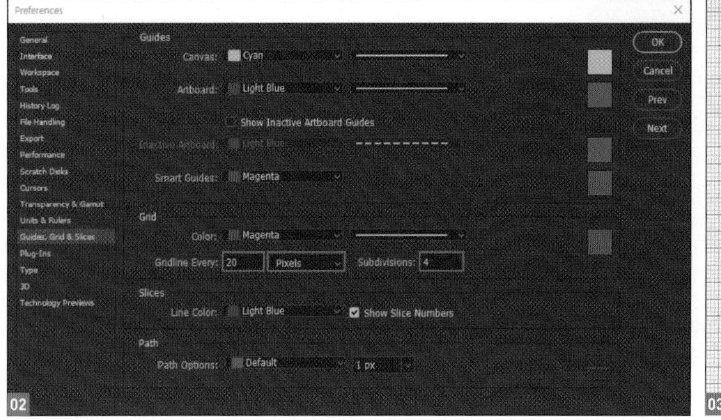

● 순서 02

[Pen Tool]을 선택하고 [옵션] 바를 04와 같이 [Shape], [Fill : #ffffff]로 설정합니다.
그리드에 흡착시키면서 05~10과 같이 패스를 작성합니다. 작성할 때는 좌측 반을 작성하면, 11과 같이 핸들의 각도가 좌우 대칭이 되도록 패스를 작성합니다.

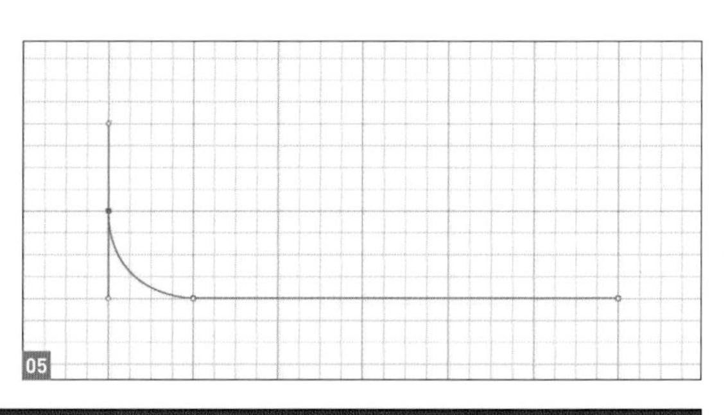

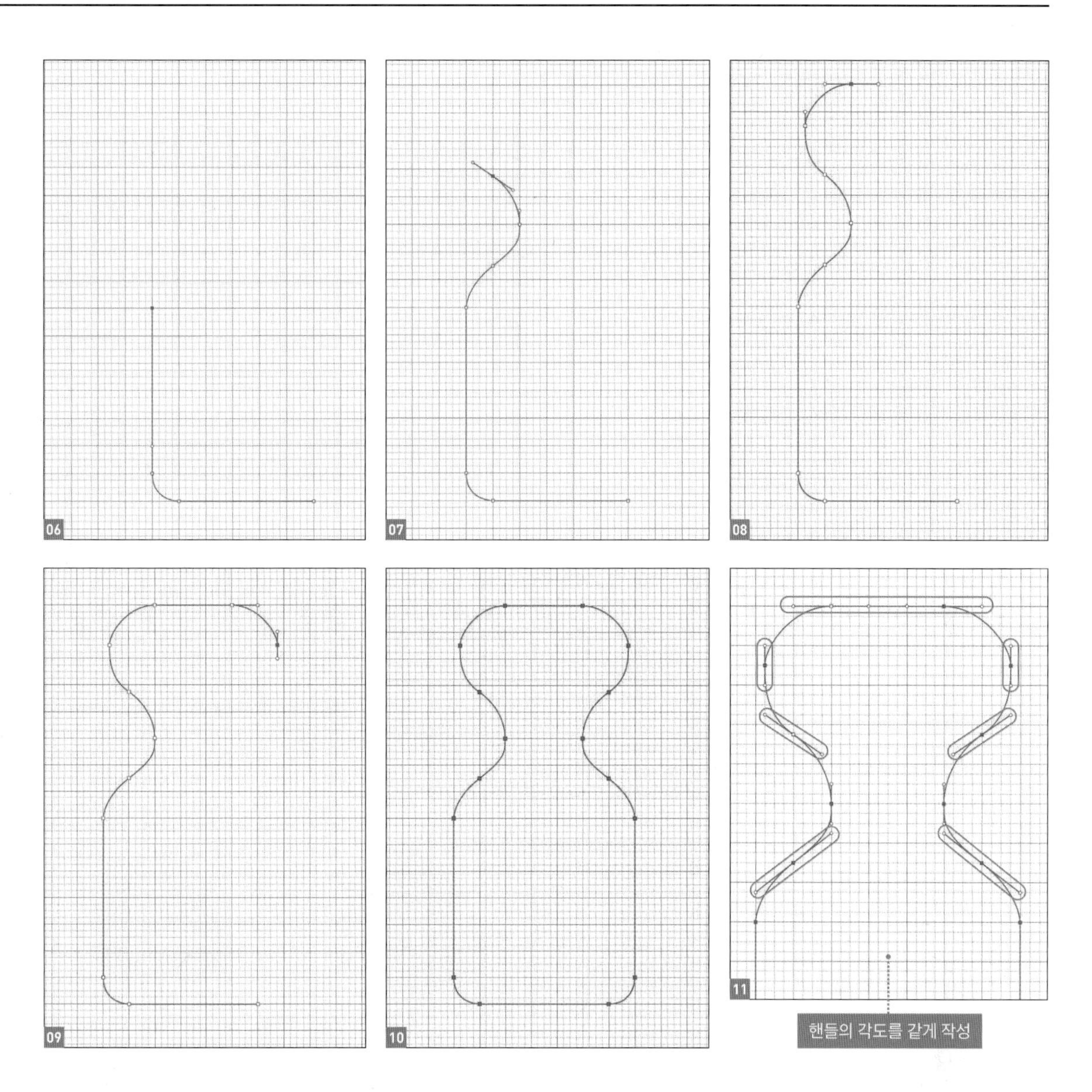

● **순서 03**

작성한 Shape의 [Fill : #000000]으로 합니다. 12

13과 같이 반전하여 배치합니다. 중앙에 배치할 필요는 없습니다.

[Edit]–[Define Brush Preset]을 선택하고 원하는 이름을 설정한 후 [OK]를 클릭하면 완성됩니다. 14

여기에서는 이름을 [지퍼]로 했습니다.

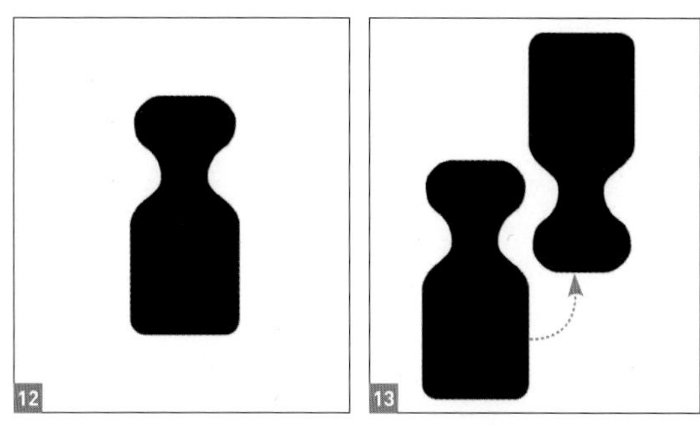

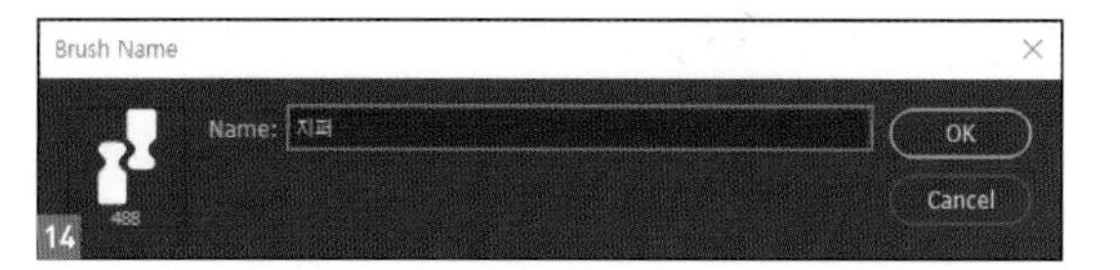

야구공의 솔기를 재현한 브러시 작성하기

프리핸드로 그린 소재는 [Define Brush Preset]을 지정하는 것만으로 어떤 이미지도 등록할 수 있습니다.
15와 같이 같은 간격의 라인을 그리는 브러시의 경우 16과 같이 브러시 작성 시점에서 같은 간격이 되도록 합니다.
등록한 브러시가 루프로 그려지므로 17과 같이 불균형한 소재를 브러시로 등록한 경우 18과 같이 등 간격에서 차이가 발생합니다.

15

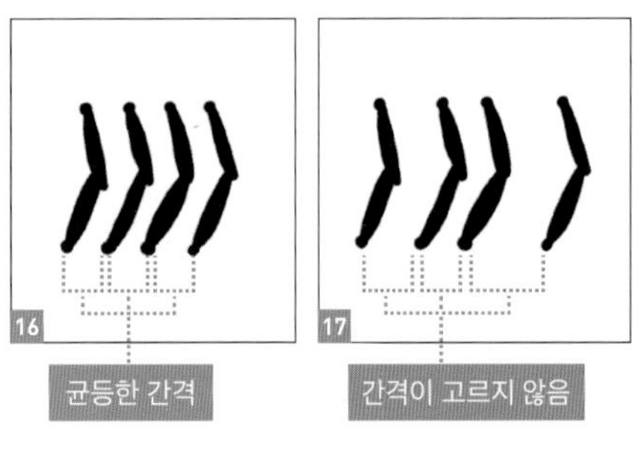

16

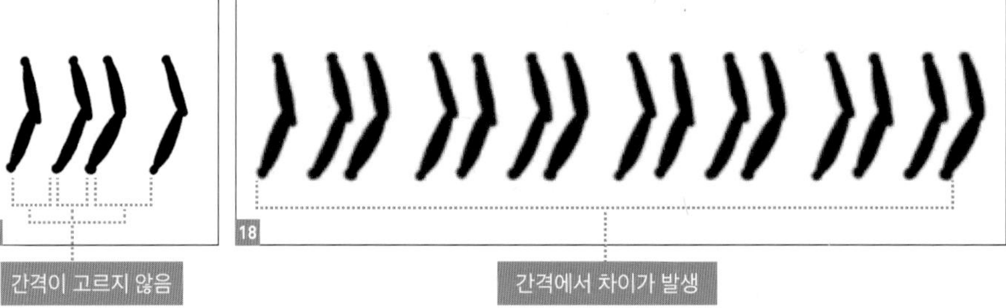

17 18

이미지에서 브러시 작성하기

이미지도 마찬가지로 [Define Brush Preset]을 지정하는 것만으로 등록할 수 있습니다.
이미지를 브러시로 등록할 때 조심해야 할 포인트는 [Grayscale]로 변환된다는 것입니다.
19와 같이 컬러 이미지를 브러시로 등록하면 20과 같은 브러시가 됩니다(Foreground Color : #000000).
브러시의 완성 상태를 알기 어렵기 때문에 [Image]-[Mode]-[Grayscale]로 변환하여 작업하면 완성에 가까운 상태에서 작업을 진행할 수 있습니다.21

19

20

Image Layer Type Select Filter 3D View Window

Image menu		Mode submenu
Mode ▸		Bitmap
Adjustments ▸		Grayscale
Auto Tone	Shift+Ctrl+L	Duotone
Auto Contrast	Alt+Shift+Ctrl+L	Indexed Color...
Auto Color	Shift+Ctrl+B	✔ RGB Color
Image Size...	Alt+Ctrl+I	CMYK Color
Canvas Size...	Alt+Ctrl+C	Lab Color
Image Rotation ▸		Multichannel
Crop		✔ 8 Bits/Channel
Trim...		16 Bits/Channel
Reveal All		32 Bits/Channel
		Color Table...

21

Ai Techniques

브러시

No.097

Illustrator에는 다양한 종류의 브러시가 있습니다. 선폭과 브러시를 잘 사용하면 수작업 느낌의 디자인을 간단하게 만들 수 있습니다.

펜 툴과 연필 툴, 그리고 브러시 툴

선을 그릴 때 사용하는 3개의 툴이 있습니다.

• Pen Tool

베지어(Bezier) 곡선을 그리기 위한 도구입니다.

• Pencil Tool

프리핸드로 그린 선이 반영됩니다. 브러시 설정은 반영되지 않으므로, 매번 브러시를 다시 설정하게 됩니다.

• Paintbrush Tool

[Pencil Tool]과 매우 비슷하지만 펜 태블릿 등으로 그리면 펜 압에 따라 선의 강약이 변경됩니다. 한번 선택하면 브러시의 설정이 계속되므로 브러시 기능을 이용할 때는 이 툴을 선택하면 좋습니다.

브러시 설정

• Width Profile

브러시에 수작업과 같은 강약을 줄 수 있습니다.

[옵션] 바 또는 [Window]-[Stroke]-[Profile]에서 편집이 가능합니다. 01

표준으로 균등을 포함하여 7가지 종류가 있습니다. 02 또한 [Width Tool]로 작성한 것을 등록할 수도 있습니다.

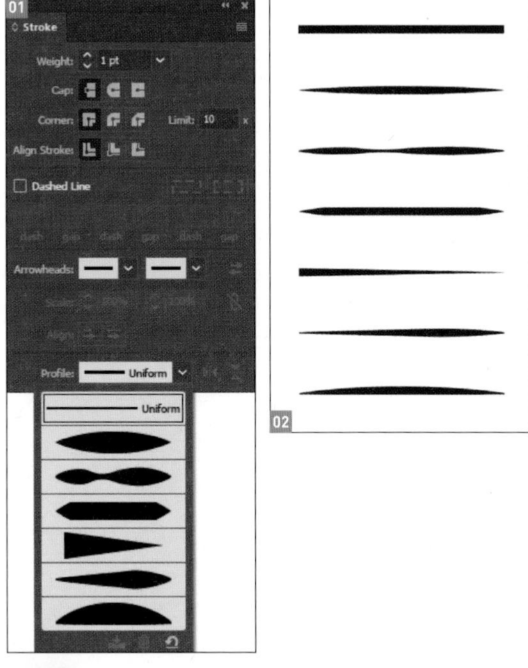

• Width Tool

[Tool] 패널에서 [Width Tool]을 선택하고 패스에 강약을 주고 싶은 부분을 드래그하면 선폭이 변경됩니다. 03 04

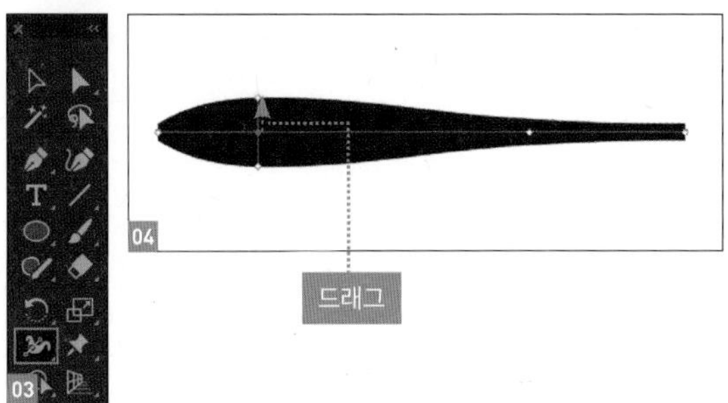

CHAPTER 10

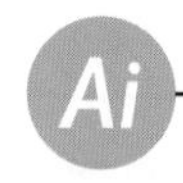

Techniques

• Width Profile에 추가

작성한 선은 [Profile]을 클릭하여 05 목록 하단의 [Add to Profile] 버튼을 클릭하면 프로파일에 등록됩니다. 06 07

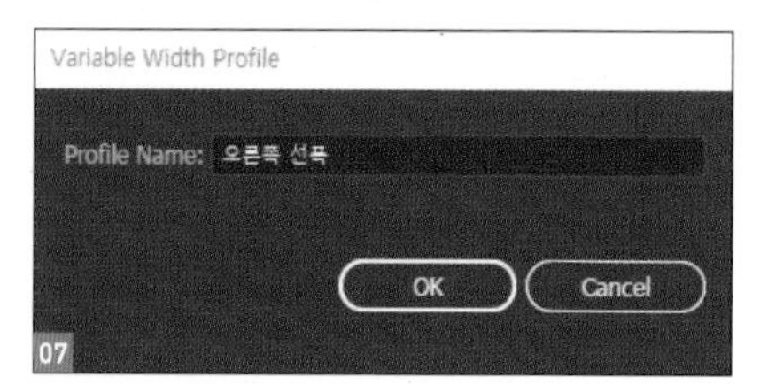

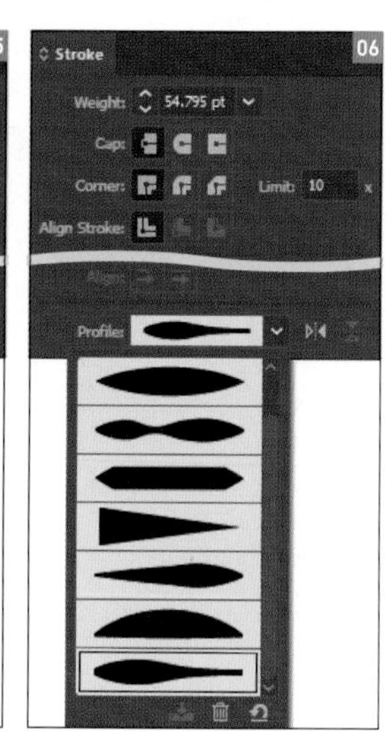

브러시의 종류

이 브러시들을 사용하는 것만으로 수작업 느낌이나 다양한 표현이 가능합니다.

① Calligraphic Brush

패스의 중심을 기준으로 캘리그라피 펜으로 그린 것 같은 선을 작성할 수 있습니다.

② Scatter Brush

패스를 따라 랜덤으로 객체가 배치되는 브러시입니다.

④ Pattern Brush

패스 형태의 패턴을 작성할 수 있습니다.

⑤ Bristle Brush

화필과 같은 브러시 스트로크를 작성할 수 있습니다.

③ Art Brush

패스 길이에 따라 스트로크가 신축되는 브러시입니다. 연필이나 목탄 등의 아날로그 느낌 등 다양한 브러시 작성이 가능합니다.

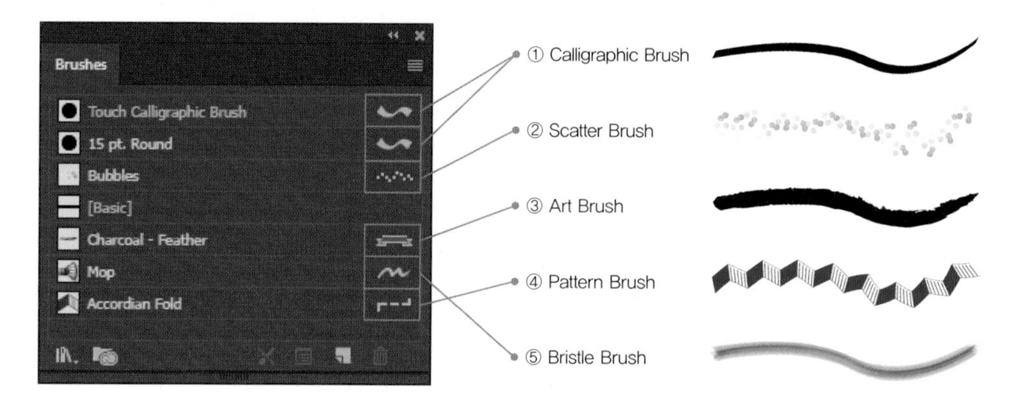

빛의 가공

No.098

Blending Mode나 Effect를 이용하여 다양한 빛의 디자인을 만들 수 있습니다.
Blending Mode는 문서의 칼라 모드(RGB와 CMYK)에 따라 차이가 있습니다. 아래 예제에서는 RGB 모드의 환경에 맞게 설명하고 있습니다.

Blending Mode

[Window]–[Transparency]를 선택하여 [Transparency] 패널 또는 [Control] 패널에서 사용할 수 있습니다.
Blending Mode는 2개 이상의 오브젝트나 이미지의 색깔이 혼합됩니다.
Blending되는 오브젝트의 전후에 따라 이미지가 변화됩니다.

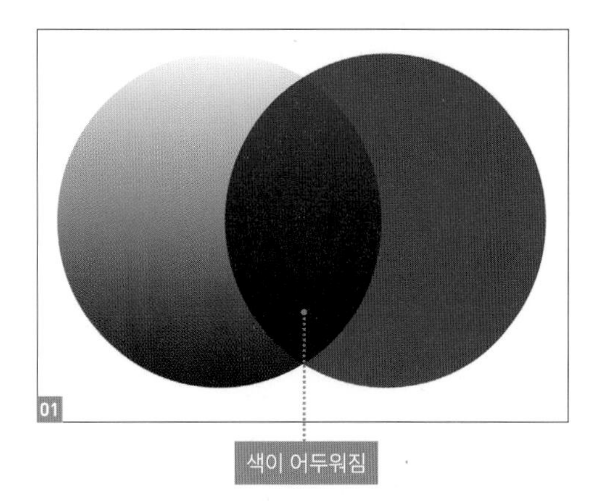

자주 사용하는 Blending Mode

• Multiply
컬러의 셀로판을 겹치거나 마커로 그린 것처럼 아래의 색이 섞이게 됩니다. 01

• Screen
겹치면 밝아집니다. 02

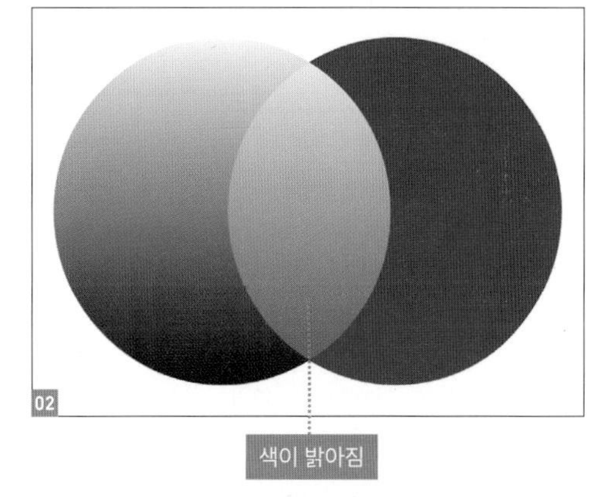

• Overlay
밝은 부분은 더 밝게, 어두운 부분은 더 어두운 색이 됩니다. 03

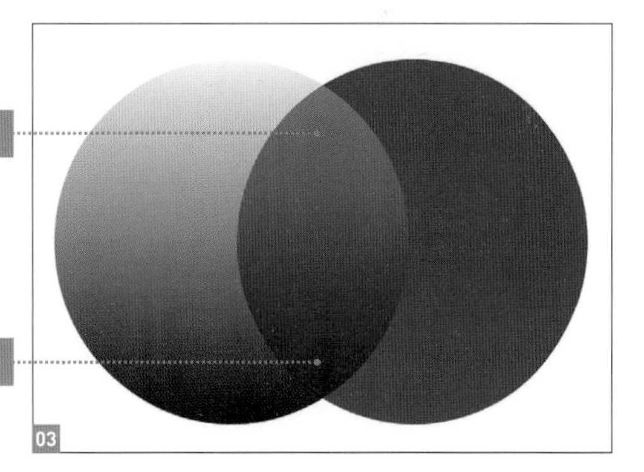

• Soft Light
확산하여 스포트라이트를 비춘 것과 같은 효과를 얻을 수 있습니다. 04

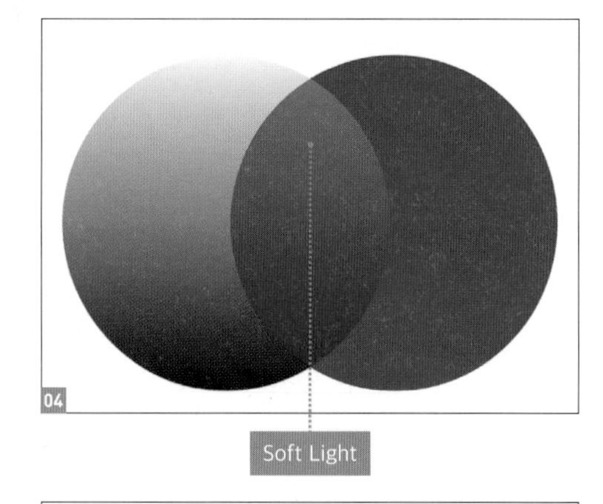

04

• Hard Light
강한 스포트라이트를 비춘 것과 같은 효과를 얻을 수 있습니다. 05

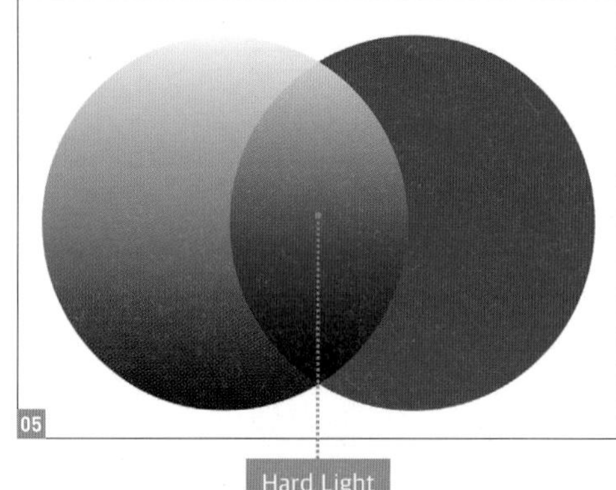

05

Effect 사용하기

[Effect]를 사용하면 Blur나 Drop Shadow나 Glowing, Roughen 등 다양한 시각적 효과를 줄 수 있습니다.
[Effect]는 한 번 변경해도 원래 오브젝트의 정보는 손실되지 않으므로 [Appearance] 패널에서 자유롭게 편집할 수 있습니다. [Effect Gallery]에서는 결과를 보면서 수치를 변경할 수 있기 때문에 원하는 변형을 할 수 있습니다. 06

06

아날로그 효과

No.099

Roughen와 텍스처를 사용하여 아날로그 효과의 디자인을 만들 수 있습니다.

Roughen을 사용하여 아날로그 느낌 주기

[Effect]-[Distort & Transform]-[Roughen]을 선택하면 간단하게 뒤틀린 러프감이 표현됩니다. 01 02 03

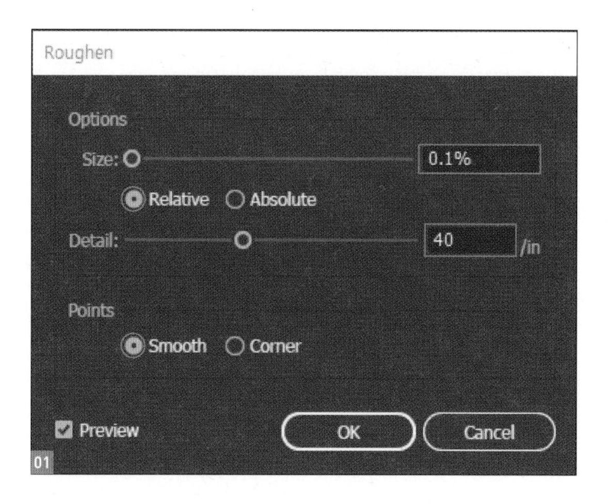

01

02

03

오리지널 브러시 사용하기

오브젝트를 브러시에 등록하면 자유로운 표현이 가능합니다.

[Window]-[Brushes]를 선택하고 [Brushes] 패널에서 새로운 브러시를 작성할 수 있습니다. 04 05

자세한 것은 P.223을 참조하세요.

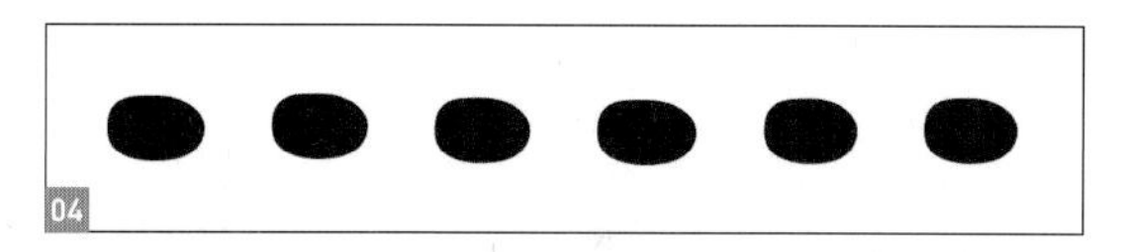

04

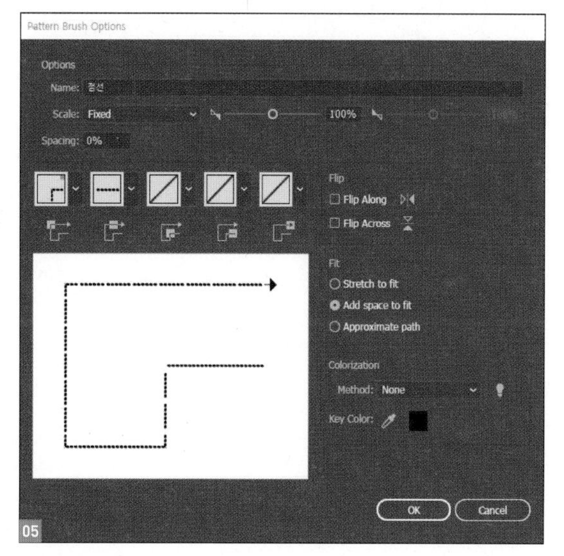

05

Techniques

오브젝트 재배색

No. 100

그라데이션이나 패턴, 브러시 등을 이용하여 복잡하게 그린 오브젝트는 색상 변경이 어렵지만, [Recolor Artwork]을 이용하면 정보를 유지한 채 쉽게 색상 변경을 할 수 있습니다.

오브젝트 재배색 사용법

오브젝트를 선택하고 [Edit]–[Edit Colors]–[Recolor Art–work] 또는 [옵션] 바의 [Recolor Artwork] 아이콘을 선택합니다.

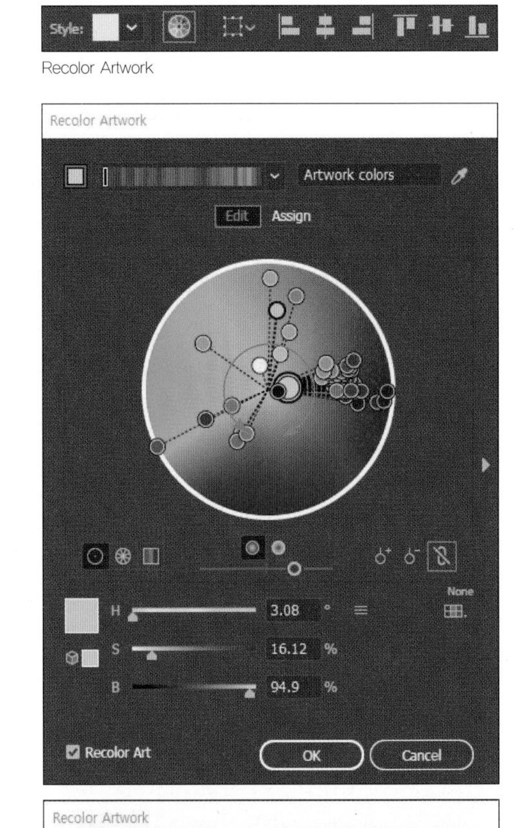

• 편집(Edit) 탭 사용법

[Edit] 탭을 선택하고 [Recolor Artwork]을 체크하고 [Link harmony colors]를 체크 합니다. 컬러 휠을 돌리거나 컬러 그룹 선택 등 색상을 편집하고 [OK]를 클릭합니다.

• 지정(Assign) 탭 사용법

[Assign] 탭을 선택하고 [Preset : Custom]을 선택합니다. 하단의 항목에서 색상을 변경하거나 새로운 항목을 더블 클릭하여 색상을 지정할 수 있습니다.

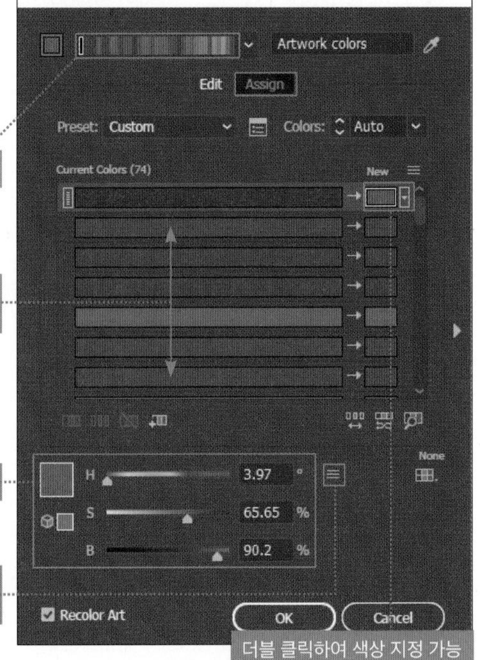

포토샵 & 일러스트레이터

100가지 디자인테크닉

1판 1쇄 발행 2024년 4월 8일
1판 2쇄 발행 2024년 12월 18일

저 자 | 쿠스다 사토시
역 자 | 고영자, 최수영
발 행 인 | 김길수
발 행 처 | (주)영진닷컴
주 소 | (우)08512 서울특별시 금천구 디지털로9길 32 갑을그레이트밸리 B동 10층
등 록 | 2007. 4. 27. 제16-4189호

ISBN | 978-89-314-7466-4

YoungJin.com Y.
영진닷컴